V&R

Veröffentlichungen
des Max-Planck-Instituts für Geschichte

Band 212

Vandenhoeck & Ruprecht

Kulturelle Konsequenzen der »Kleinen Eiszeit«

Cultural Consequences of the »Little Ice Age«

Herausgegeben von
Edited by

Wolfgang Behringer, Hartmut Lehmann
und Christian Pfister

Mit 14 Abbildungen, 13 Tabellen und 33 Grafiken

Vandenhoeck & Ruprecht

Bibliografische Information der Deutschen Bibliothek

Die Deutsche Bibliothek verzeichnet diese Publikation in der
Deutschen Nationalbibliografie; detaillierte bibliografische Daten sind
im Internet über <http://dnb.ddb.de> abrufbar.
ISBN 3-525-35864-4

© 2005, Vandenhoeck & Ruprecht GmbH & Co. KG, Göttingen/www.v-r.de
Alle Rechte vorbehalten. Das Werk und seine Teile sind urheberrechtlich geschützt.
Jede Verwertung in anderen als den gesetzlich zugelassenen Fällen bedarf der vorherigen schriftlichen Einwilligung des Verlages. Hinweis zu § 52a UrhG: Weder das
Werk noch seine Teile dürfen ohne vorherige schriftliche Einwilligung des Verlages
öffentlich zugänglich gemacht werden. Dies gilt auch bei der entsprechenden Nutzung für Lehr- und Unterrichtszwecke. Printed in Germany.
Gesamtherstellung: Hubert & Co., Göttingen
Umschlagkonzeption: Markus Eidt, Göttingen

Gedruckt auf alterungsbeständigem Papier.

Inhalt/List of Contents

Wolfgang Behringer, Hartmut Lehmann und Christian Pfister
Kulturelle Konsequenzen der »Kleinen Eiszeit«? Eine Annäherung an
die Thematik 7

I. Ökologie und Ökonomie / Ecology and Economy

Christian Pfister
Weeping in the Snow. The Second Period of Little Ice Age-type
Impacts, 1570–1630 31

Erich Landsteiner
Wenig Brot und saurer Wein. Kontinuität und Wandel in der zentraleuropäischen Ernährungskultur im letzten Drittel des 16. Jahrhunderts. 87

Otto Ulbricht
Extreme Wetterlagen im Diarium Heinrich Bullingers (1504–1574) 149

II. Religion und Mentalität / Religion and Mentality

Benigna von Krusenstjern
»Gott der allmechtig, der das weter fiehren kan, wohin er will.«
Gottesbild und Gottesverständnis in frühneuzeitlichen Chroniken 179

Manfred Jakubowski-Tiessen
Das Leiden Christi und das Leiden der Welt. Die Entstehung des
lutherischen Karfreitags 195

Hartmut Lehmann
»Die Wolken gießen allzumal / die Tränen ohne Maß und Zahl.«
Paul Gerhardts Lied zur »Kleinen Eiszeit« 215

III. Gesellschaft und Mentalität / Society and Mentality

Robert Jütte
Klimabedingte Teuerungen und Hungersnöte. Bettelverbote und
Armenfürsorge als Krisenmanagement 225

H. C. Erik Midelfort
Melancholische Eiszeit? 239

David Lederer
Verzweiflung im Alten Reich.
Selbstmord während der »Kleinen Eiszeit« 255

IV. Transformationen in der Kunst / Changes in the Arts

Patrice Veit
»*Gerechter Gott, wo will es hin / Mit diesen kalten Zeiten?*«
Witterung, Not und Frömmigkeit im evangelischen Kirchenlied 283

Lawrence O. Goedde
Bethlehem in the Snow and Holland on the Ice. Climatic Change and
the Invention of the Winter Landscape, 1560–1620 311

Bernd Roeck
Renaissance – Manierismus – Barock. Sozial- und klimageschichtliche
Hintergründe künstlerischer Stilveränderungen 323

V. Die Überwindung der Krise / The Struggle for Stability

Peter Becker
Zur Theorie und Praxis von Regierung und Verwaltung in Zeiten der
Krise 347

Henry Kamen
Climate and Crisis in the Mediterranean. A Perspective 369

VI. Forschungsperspektiven / Perspectives for Future Research

Mariano Barriendos
Climate and Culture in Spain. Religious Responses to Extreme Climatic
Events in the Hispanic Kingdoms (16th–19th Centuries) 379

Wolfgang Behringer
»Kleine Eiszeit« und Frühe Neuzeit 415

Personenregister 509

Kulturelle Konsequenzen der »Kleinen Eiszeit«?

Eine Annäherung an die Thematik

von

WOLFGANG BEHRINGER, HARTMUT LEHMANN, CHRISTIAN PFISTER

Sebastian Schertlin von Burtenbach (1496–1577), ein Landsknechtsführer und General, der als rechter Haudrauf im Zeitalter Karls V. (1500–1558) keine Schlacht ausließ und neben großer Politik, Kriegen und Streit um Eigentumsrechte in seinem Tagebuch wenig zu berichten weiß, verblüfft den Leser seines Tagebuchs in höherem Alter mit Einträgen, die wenig mit den bisherigen Themen zu tun haben: Für das Jahr 1562 berichtet er von großer Kälte, dem Erfrieren des Weins in Württemberg, großer Teuerung und einem »großen Sterben an der Pestilenz« in ganz Deutschland. Im Jahr des Augsburger Reichstags von 1566 macht er wieder auf eine schreckliche »Winterkälte«, bei der das Getreide erfroren sei, auf »eine ungeheure Teuerung« und »groß Sterben« aufmerksam, und 1570, 1571 und 1572 verdirbt erneut das Getreide, was zu einer mehrjährigen »grausamen Teuerung« führt.[1] Handelt es sich dabei um eine Veränderung der Wahrnehmung, die mit dem vorrückenden Alter des Autors zu tun hatte? Vermutlich nicht, denn das Tagebuch wurde kurz vor Schertlins Tod redigiert und die Ereignisse in Perspektive gerückt. Der Kriegshauptmann war nicht der einzige Zeitgenosse, der auf ungewöhnliche Klimaereignisse hinwies. Die Briefwechsel und Tagebücher sind davon geradezu durchzogen. Und die Selbstzeugnisse der Zeitgenossen machen darauf aufmerksam, dass nicht nur Missernten, Teuerung, Hunger und Krankheiten mit diesen klimatischen Extremereignissen zu tun hatten, sondern dass diese praktische Konsequenzen bis in Details der eigenen Lebensführung hatten: Dem Kölner Ratsbürger Hermann Weinsberg (1518–1597) gehen die Vorräte an trinkbarem Rheinwein aus, er

---

[1] Leben und Taten des weiland wohledlen Ritters Sebastian Schertlin von Burtenbach. Durch ihn selbst deutsch beschrieben. Aufs neu in Druck geben von ENGELBERT HEGAUR. München [o. J.] S. 185, 202, 214–218.

muss sich ein frostsicheres Esszimmer in sein Haus einbauen lassen und pelzgefütterte Schlafröcke bestellen.[2]

Der schwäbische Adelige Hans Fugger (1531-1598) bestellte besondere Winterkleidung und Hüte für seine Bediensteten, berichtet über die »langanhaltende feuchte Witterung« und Kälte, leidet wochenlang an den Folgen der weltweiten Grippe-Pandemie von 1580 und berichtet von den Erkrankungen anderer Standespersonen: In Prag grassierte die Grippe bereits im April und erneut im September, Jörg Graf von Montfort erkrankte heftig an der »Krankheit, so schier die ganz Christenheit ußgangen«, und drohte aufgrund des »Cataro« zu erblinden. In Speyer litt sein Bruder Hans Graf von Montfort daran. Kardinal Antoine Perrenot de Granvelle (1517-1586) war in Spanien dem Tode nahe, bei Kaiser Rudolf II. wussten die Ärzte keinen Rat mehr. Der kaiserliche Reichspfennigmeister Georg Ilsung (1510-1580) verstarb ebenso an der Grippe wie die bayrische Herzoginmutter Jacobäa von Baden (1507-1580).[3] Der kaiserliche Botschafter in Spanien, Hans Khevenhüller (1538-1606), erkrankte mit seinem gesamten Gesinde am 29. August 1580 daran und litt noch ein Jahr danach an Schwäche. Mehrere seiner Diener starben an der Grippe. Khevenhüller stellt Betrachtungen an, wie sich der Lauf der Weltgeschichte verändert hätte, wenn an diesem »Generalcatarrh« der am 6. September schwer erkrankte König Philipp II. von Spanien (1527-1598) gestorben wäre, der sich gerade auf einer militärischen Kampagne befand, um den verstorbenen portugiesischen Regenten Kardinal Heinrich (1512-1580) zu beerben. Seine junge Frau, Anna von Österreich (1549-1580), infizierte sich bei der Pflege des Königs und starb an der Grippe. Auch die Kaiserinmutter Maria von Spanien, überhaupt der gesamte spanische Hof, war schwer erkrankt, allein in Madrid starben tausende von Menschen an der Grippe. Die Influenza führte zu schweren Depressionen beim spanischen König, bei Kaiser Rudolf II. und auch bei Hans Khevenhüller.[4] Angesichts der Entwicklungen in den Niederlanden, in Deutschland, in England, in Italien und in Böhmen stimmte der politische Beobachter Hans Fugger zu, »der Tod des Königs [Philipp II.] hätte fürwahr in der ganzen

---

[2] Das Buch Weinsberg. Kölner Denkwürdigkeiten aus dem 16. Jahrhundert, V: Kulturhistorische Ergänzungen. Hg. JOSEF STEIN. Bonn 1926 S.121, 213 (Schlafanzüge), 360 f. (Esszimmer).

[3] CHRISTL KARNEHM, Die Korrespondenz Hans Fuggers von 1566 bis 1594. Regesten der Kopierbücher aus dem Fuggerarchiv, 1574-1581 (Quellen zur Neueren Geschichte Bayerns III, Band II/1). München 2003 S.771, 779, 784 (Winterkleidung und Hüte), 759 (Hans Montfort), 681, 760 (Jörg Montfort), 762 (Granvelle), 793 (Kaiser Rudolf), 795 (Witterung), 795, 796 f. (Ilsung).

[4] HANS KHEVENHÜLLER, Geheimes Tagebuch 1548-1605. Hg. GEORG KHEVENHÜLLER-METSCH. Graz 1971 S.108 ff.

Christenheit große Verwirrung gestiftet«.⁵ Auch wenn dies von Medizinhistorikern bisher nicht so gesehen worden ist,⁶ gehörten Erkältungskrankheiten und die Grippe womöglich zu den gefährlichsten Auswirkungen jener Klimaverschlechterung, die unter dem Etikett »Kleine Eiszeit« auch in die Nomenklatur der Geschichtswissenschaften Eingang gefunden hat. Es entbehrt nicht einer gewissen Ironie, dass die Beiträge zum Tagungsband dieser internationalen Fachkonferenz ausgerechnet im heißesten europäischen Sommer der Neuzeit seit 1500 ausformuliert worden sind.⁷

Der vorliegende Band macht es sich zur Aufgabe, anhand der zweiten Hauptphase der Kleinen Eiszeit im späten 16. und frühen 17. Jahrhundert Brücken zu bauen zwischen den Ergebnissen der historischen Klimaforschung und dem Wissen der Geschichtsbücher und der Historiker. Im Mittelpunkt stehen erstmals die »Kulturellen Konsequenzen der Kleinen Eiszeit«, wie der Titel der internationalen Konferenz am Max-Planck-Institut für Geschichte in Göttingen (3. bis 6. September 2002) lautete. Das Konzept der Tagung bestand darin, gezielt Neuland zu betreten, indem eine Reihe zeittypischer Erscheinungen in den allgemeineren Krisenzusammenhang gerückt wurden.

Für das Thema dieses Bandes ist Folgendes bedeutsam: Die Kleine Eiszeit war alles andere als eine Periode einer langfristigen Klimaverschlechterung oder eines durchgängig kalten und feuchten Klimas. Die kennzeichnende gletschergeschichtliche Eigenschaft dieser multisäkularen, vom frühen 14. bis ins ausgehende 19. Jahrhundert reichenden Periode besteht vielmehr darin, dass die Zungen der meisten Gletscher dieser Welt weiter vorgeschoben waren als heute. In klimageschichtlicher Hinsicht steht mit Blick auf Mitteleuropa zugleich fest, dass Vorstöße von kalt-trockener Festlandluft im Winterhalbjahr (Oktober bis März) häufiger waren als im 20. Jahrhundert, doch lässt sich dieses Ergebnis nicht in einen direkten kausalen Zusammenhang zu den größeren Gletscherständen setzen. Die Kleine Eiszeit ist ein häufig missverstandenes Konstrukt der Naturwissenschaften, ein Gefäß, das Komplexität reduzieren sollte, aber diese Funktion nur unzureichend erfüllt.

Am Beispiel der Mikrogeschichte hat sich in den letzten zwei Jahrzehnten die Einsicht durchgesetzt, dass wir oft nahe an das Geschehen herangehen müssen, um Zusammenhänge zu verstehen. Für den Bereich der Klima-

---

[5] KARNEHM, Korrespondenz Hans Fuggers (wie Anm. 2) S. 764 und 775.

[6] ANDREW B. APPLEBY, Epidemics and Famine in the Little Ice Age, in: Journal of Interdisciplinary History 10. 1980 S. 643–663.

[7] JÜRG LUTERBACHER / DANIEL DIETRICH / ELENA XOPLAKI / MARTIN GROSJEAN / HEINZ WANNER, European Seasonal and Annual Temperature Variability, Trends, and Extremes Since 1500, in: Science 303. 2004 S. 1499–1503.

geschichte trifft dies ebenfalls zu. In der Sprache der Quellen erscheint Klimageschichte üblicherweise in Form von Witterungsgeschichten, in denen Prozesse mit einer Dauer von Stunden bis zu Jahreszeiten geschildert werden. Solche Quellen sind in unendlicher Fülle vorhanden, beispielsweise in Form von Chroniken, Amts- und Privatkorrespondenzen, offiziellen Protokolleinträgen oder privaten Tagebüchern, mit der interessanten Sonderform der Witterungstagebücher, die eine spezifische Erscheinung der Neuzeit zu sein scheinen. Derartige Quellen bilden den »Rohstoff« für humangeschichtlich orientierte Rekonstruktionen des Klimas. Die Menschen des vorwissenschaftlichen Zeitalters waren noch weniger als wir Heutigen in der Lage, ein Abstraktum wie »Klima« oder gar »Klimaveränderung« anhand eigener sinnlicher (nicht medial vermittelter!) Erfahrungen zu fassen. Bezeichnenderweise standen ihnen die entsprechenden Begriffe nicht zur Verfügung.

Was den Alltag der frühneuzeitlichen Menschen bewegte und immer wieder Ängste schürte, das waren Witterungsextreme und Klimaanomalien, längere oder kürzere Abschnitte, in denen das Wetter aus dem Rahmen langjähriger Erfahrung fiel, also extrem kalte, feuchte, allenfalls auch heiße und dürre Wochen, Monate und Jahreszeiten. Nur in wenigen Perioden der Kleinen Eiszeit, unter anderem im späten 16. und im frühen 17. Jahrhundert, dürften sich solche Erfahrungen zum Eindruck einer eigentlichen Krisenperiode verdichtet haben. Aufgabe einer an der Humangeschichte orientierten Klimageschichte ist es, die Brücke zu schlagen zwischen einer quellennahen Mikro-Geschichte und den Makro-Rekonstruktionen der Klimageschichte. Die Zielsetzung der Klimageschichte besteht darin, die aus den letzten zweihundert Jahren vorliegenden Messreihen der Temperatur und des Niederschlags anhand von Daten aus historischen Dokumenten in die vorinstrumentelle Vergangenheit zurück zu verlängern. Dabei stehen zunächst Veränderungen von langjährigen Mittelwerten im Vordergrund. Die humangeschichtlich orientierte Klimageschichte will dagegen die Veränderungen in der Häufigkeit jener Witterungskonstellationen herausstellen, die für die meisten Menschen des vorindustriellen Zeitalters nach ihren eigenen Erfahrungen und den Erkenntnissen der Geschichtswissenschaft die Gefahr von Subsistenzkrisen bargen und sich zur existentiellen Bedrohung auswachsen konnten. Mit dieser Zielsetzung ist das Konzept der »Little Ice Age Type Impacts« (LIATIMP) entwickelt worden, das in diesem Band erstmals vorgestellt wird.[8] In der durchschnittlichen Häufigkeit und Schwere der mit diesem Begriff bezeichneten krisenträchtigen Klima-Belastungen lassen sich

---

[8] Siehe den Beitrag von CHRISTIAN PFISTER, Weeping in the Snow. The Second Period of Little Ice Age-Type Impacts, 1570–1630, in diesem Band S. 31–86.

längerfristig signifikante Unterschiede nachweisen. Damit soll gezeigt werden, ob und inwieweit die Betroffenen die in der Frühen Neuzeit angesiedelte Ungunstperiode des späten 16. und frühen 17. Jahrhunderts als solche wahrgenommen und gedeutet haben, welche Anpassungsstrategien entwickelt worden sind und wie Obrigkeiten die häufigen Krisen allenfalls zum Ausbau ihrer Herrschaft instrumentalisiert haben.

Sowohl auf der Mikroebene wie auf der Makroebene ist es nicht ohne weiteres möglich, Forschungsstrategien zu entwickeln, die eine Antwort auf diese Frage ermöglichen. Die Auseinandersetzung mit Fragen der Klimageschichte setzt auf Seiten der Kulturhistoriker die Bereitschaft voraus, sich in einem gewissen Maße mit den Methoden und Ergebnissen der historischen Klimatologie vertraut zu machen. Wenn man Selbstzeugnisse heranzieht, dann besteht immerhin eine gewisse Aussicht, Reaktionen auf Klimaveränderungen im Leben frühneuzeitlicher Menschen zu finden. Welche Konsequenzen hat es aber für unser Verständnis von Gegenreformation, Dreißigjährigem Krieg und Absolutismus, wenn wir davon ausgehen müssen, dass die Zeit vom ausgehenden 16. bis ins frühe 17. Jahrhundert in Nord- und Mitteleuropa eine Phase erhöhter Klimabelastung darstellte? Was bedeutet diese Tendenz für makrohistorische Interpretationsparadigmata wie Renaissance und Barock, was für unser Verständnis kultureller, religiöser und geistiger Großperioden wie die von der Konfessionalisierung bestimmte Orthodoxie, neue Bewegungen wie den Pietismus und dann die frühe Aufklärung? Die Rhythmen der Religionskriege, um ein Beispiel zu nennen, machen auch im Licht der Klimageschichte Sinn: Im Jahr des Massakers von Vassy begannen auch die ersten großen Hexenverfolgungen nach der Reformation.[9] Bereits John Elliott mokierte sich angesichts der Debatte um die »Krise des 17. Jahrhunderts«,[10] die auf John Merrimens Aufsatz über *Six Contemporaneous Revolutions* in den 1640er Jahren zurückgeht,[11] dass man genauso von einer »Krise des 16. Jahrhunderts« sprechen und auf »seven contemporaneous revolutions« in den 1560er Jahren hinweisen könnte: Der schottische Aufstand, die Revolte der Vaudois gegen Savoyen, den Beginn des französischen Bürgerkriegs, der Aufstand der Niederlande gegen Spanien, der Aufstand Korsikas gegen Genua, der Aufstand der Mauren von

---

[9] WOLFGANG BEHRINGER, Weather, Hunger and Fear. The Origins of the European Witch Persecution in Climate, Society and Mentality, in: German History 13. 1995 S. 1–27.
[10] GEOFFREY PARKER / L. M. SMITH (Hg.), The General Crisis of the Seventeenth Century. London 1978.
[11] ROGER B. MERRIMAN, Six Contemporaneous Revolutions. Glasgow 1937.

Granada, und die *Northern Rebellion* in England.[12] Der calvinistische Bildersturm in den Niederlanden ereignete sich vor dem düsteren Hintergrund eines Hungerjahres.[13] Die Schrecken der Bartholomäusnacht fanden auf dem Höhepunkt einer gesamteuropäischen Hungerkrise statt.[14] Dem Sturm auf Paris gingen mehrere Misserntejahre und dramatische Preissteigerungen voraus. Frankreich war bereits ganz unabhängig von den Religionskriegen eine »Society in Crisis«.[15]

Dasselbe ist wahr für die Zeit der Ausrüstung und des Untergangs der Großen Armada. Damit soll allerdings nicht, wie verschiedentlich bereits vorgeschlagen, suggeriert werden, diese Ereignisse seien vom Wetter verursacht worden.[16] Beim Untergang der Armada wurde zwar bereits von den Zeitgenossen behauptet, Gott habe die Spanier mit seinen widrigen Winden besiegt; die minutiöse Rekonstruktion der Ereignisse hat jedoch gezeigt, dass widrige Witterung zwar den Aufbruch der Armada erheblich behindert, keineswegs jedoch den Ausgang der Seeschlachten vor der Küste Englands entschieden hat. Erst nachdem die Invasion bereits gescheitert war, wurden die Reste der Armada bei der Nordumfahrung der Britischen Inseln von Stürmen zerlegt, so dass am Ende nur wenige Schiffe nach Spanien zurückkehrten.[17] Die Bestimmung des Einflusses der Witterung auf die Ereignisse bedarf der jeweils delikaten Analyse im Einzelfall. Sicher wurden die revolutionären Ereignisse in den Niederlanden oder in Paris nicht durch das Wet-

---

[12] JOHN ELLIOTT, Revolution and Continuity in Early Modern Europe, in: Past and Present 42. 1969 S. 35–56; hier zitiert nach: DERS. (Hg.), Spain and Its World. Yale 1989 S. 92–114, hier 94 f.

[13] ERICH KUTTNER, Das Hungerjahr 1566. Eine Studie zur Geschichte des niederländischen Frühproletariats und seiner Revolution. Mannheim 1997.

[14] WOLFGANG BEHRINGER, Die Hungerkrise von 1570. Ein Beitrag zur Krisengeschichte der Neuzeit, in: Um Himmels Willen. Religion in Katastrophenzeiten. Hg. MANFRED JAKUBOWSKI-TIESSEN / HARTMUT LEHMANN. Göttingen 2003 S. 51–156.

[15] R. WOLF, Der kalte Winter von 1572/73; der kalte Winter von 1586/87; zur Witterungsgeschichte des Jahres 1589 und 1590, in: Vierteljahrsschrift der Naturforschenden Gesellschaft Zürich 18. 1873 S. 166 f., 276 f.; JOHN H. M. SALMON, Society in Crisis. France in the Sixteenth Century. London 1975 S. 224 f.

[16] K. S. DOUGLAS / HUBERT H. LAMB / C. LOADER, A Meteorological Study of July to October 1588. The Spanish Armada Storms. Climatic Research Unit Research Publications 6. Norwich 1978; S. DAULTREY, The Weather of Northwest Europe during the Summer and Autumn of 1588, in: God's Obvious Design. Papers for the Spanish Armada Symposion. Hg. PATRICK GALLAGHER / D. W. CRUIKSHANK. London 1990 S. 113–141.

[17] GARRETT MATTINGLY, The Defeat of the Spanish Armada. London 1959; DERS, Die Armada. Sieben Tage machen Weltgeschichte. Aus dem Englischen von CURT MEYER-CLASON. München 1960; COLIN MARTIN / GEOFFREY PARKER, The Spanish Armada. London 1988 (Revised Edition London 1999).

ter verursacht, doch kann man fragen, ob sich die Volksmassen ohne den Hintergrund akuter Versorgungs- und Hungerkrisen in derselben Form hätten mobilisieren lassen. Niemand wird behaupten, klimabedingte Missernten hätten den Dreißigjährigen Krieg ausgelöst. Niemand sollte aber auch behaupten, die enormen Bevölkerungsverluste des Dreißigjährigen Krieges seien allein durch den Krieg verursacht worden, wie dies lange geschah, mitunter aus ideologischen Gründen,[18] und teilweise immer noch geschieht. Die enormen zentraleuropäischen Mortalitätskrisen der späten 1620er und mittleren 1630er Jahre, die vielerorts zu einer Halbierung der Bevölkerung führten, waren bedingt durch die Seuchen im Gefolge einer 1626 einsetzenden Klimavariation, die 1628 in einem »Jahr ohne Sommer« kulminierte. Die Hexenverfolgungen erreichten daher in Deutschland genau zu diesem Zeitpunkt ihren Höhepunkt.[19] Wie soll man es interpretieren, dass auch die religiösen Spannungen mit dem Erlass des Restitutionsedikts ihren Höhepunkt erreichten? Mehrere Krisen bündelten sich zu diesem Zeitpunkt, doch ist es ganz bezeichnend, dass ihre gegenseitige Bedingtheit bisher noch nicht erforscht wurde, da die Präferenzen der politischen Geschichtsschreibung oder der soziologischen Theorie dies nicht zugelassen haben.[20] Kriege und Bürgerkriege, Bauernkriege und Revolten, Judenpogrome und Hexenverfolgungen haben immer ihre ganz eigenen Ursachen. Die Jahre, in denen sie ausbrachen, kommen Umwelthistorikern nicht selten aus ganz anderen Gründen signifikant vor.[21]

In der bisherigen Literatur zur Erforschung der Kleinen Eiszeit lag der Akzent auf der Betonung des gesellschaftlichen Krisenaspekts, dem Zusammenhang zwischen Missernten, Hungersnöten und erhöhter Mortalität, oder solchen zwischen »unnatürlicher« Witterung und der Suche nach Schuldigen, nach Sündenböcken, zum Beispiel angeblichen Hexen, die für das

---

[18] WOLFGANG BEHRINGER, Von Krieg zu Krieg. Neue Perspektiven auf das Buch von Günther Franz »Der Dreißigjährige Krieg und das deutsche Volk« (1940), in: Zwischen Alltag und Katastrophe. Der Dreißigjährige Krieg aus der Nähe. Hg. BENIGNA VON KRUSENSTJERN / HANS MEDICK. Göttingen 1999 S. 543–591.

[19] WOLFGANG BEHRINGER, Climatic Change and Witch-Hunting. The Impact of the Little Ice Age on Mentalities, in: Climatic Variability in Sixteenth Century Europe and Its Social Dimension. Hg. CHRISTIAN PFISTER / RUDOLF BRAZDIL / RÜDIGER GLASER (= Climatic Change. An Interdisciplinary, International Journal Devoted to the Description, Causes and Implications of Climatic Change 43. Special Issue. September 1999). Dordrecht usw. 1999 S. 335–351.

[20] JACK A. GOLDSTONE, Revolution and Rebellion in the Early Modern World. Berkeley 1991.

[21] WINFRIED SCHULZE, Untertanenrevolten, Hexenverfolgungen und »Kleine Eiszeit«? Eine Krise um 1600, in: Venedig und Oberdeutschland in der Renaissance. Beziehungen zwischen Kunst und Wirtschaft. Hg. BERND ROECK / KLAUS BERGDOLT / ANDREW JOHN MARTIN. Sigmaringen 1993 S. 289–312.

Wetter, für Missernten, für Krankheiten oder Tod verantwortlich gemacht wurden.[22] Zu fragen ist jedoch, ob wir daneben nicht auch andere Zusammenhänge stärker als bisher zur Kenntnis nehmen sollten; und zu fragen ist, wie plausibel solche weiteren Zusammenhänge sind. Dazu ein Beispiel einer möglichen Interdependenzkette, die von der Ebene der Ökologie auf die der Politik führt: Als Folge der Klimaverschlechterung kam es im ausgehenden 16. Jahrhundert zum Rückgang landwirtschaftlicher Produktion, speziell in Berggegenden und auf marginalen Böden, gelegentlich sogar zur Aufgabe von Siedlungen.[23] Dies führte wiederum zum Rückgang von Abgaben und Steuern und bei denen, die über diese Einnahmen verfügten, zu finanziellen Engpässen. In der Folge erhoben Fürsten mit ihrem gesteigerten Finanzbedarf gegenüber Landständen den Anspruch, sie könnten, wenn sie von den Ständen nicht gehindert würden, die wirtschaftliche und finanzielle Krise überwinden. Tatsächlich wurden die Stände im Laufe des 17. Jahrhunderts vielerorts aus der politischen Verantwortung gedrängt.

Allerdings darf man sich die Kausalitäten nicht so einfach vorstellen, wie hier angedeutet, denn Ansprüche werden selten ohne Einbettung in kulturelle Bezüge erhoben. Gerade deshalb nimmt die Frage nach den »kulturellen Konsequenzen« eine so zentrale Rolle ein. Stellt man sich die Frage, warum überhaupt Klimaereignisse historisch relevant werden konnten, so stößt man neben den bereits angesprochenen ökologischen Krisen und ihren physikalischen Folgen sowie den ökonomischen Knappheitskrisen und ihrer sozialen und biologischen bzw. demographischen Folgen[24] auf die Frage, wie diese Krisenphänomene kulturell interpretiert und verarbeitet wurden. Hier geht es also sowohl um die Geistes- als auch um die Mentalitätsgeschichte dieses Zeitraums, im weiteren Sinne um das weite Feld der kulturellen Äußerungen in Kunst, Musik und Literatur.

Krisenphänomene mussten individuell verarbeitet werden, etwa der Tod naher Verwandter, der Verlust von Eigentum oder Heimat. Hierzu sind zweifellos die Ergebnisse der modernen Krisenforschung relevant, die sich mit der Verarbeitung von Unglück auf mehreren Ebenen beschäftigt.[25] Darüber hinaus gab es jedoch zeitgenössisch eine professionelle Interpretation von Unglück, die von Medizinern, Politikern und Theologen geleistet werden musste. Die Hauptlast lag dabei – bei noch weitgehender Abwesenheit

---

[22] HARTMUT LEHMANN, The Persecution of Witches as Restoration of Order. The Case of Germany, 1590s-1650s, in: Central European History 21. 1988 S. 107–121.

[23] MARVIN L. PARRY, Climatic Change. Agriculture and Settlement. Folkestone 1978.

[24] GUSTAV UTTERSTRÖM, Climatic Fluctuations and Population Problems in Early Modern History, in: Scandinavian Economic History Review 3. 1955 S. 3–47.

[25] DAVID ALEXANDER, Natural Disasters. London 1993.

der Naturwissenschaften – im 16. Jahrhundert zunächst bei den Theologen. Unabhängig von der Konfession wandten diese das archaische *Paradigma der Sündenökonomie* an, wie es in der Heiligen Schrift, insbesondere dem Alten Testament vorgezeichnet war. In einer Art semiotischen Theorie wurden damit Katastrophen aller Art – Erdbeben, Krieg, aber eben auch Kälte, Hagelschlag, Dauerregen, Missernten, Hungersnöte und Krankheiten – als Zeichen Gottes gedeutet, mit denen auf die Sünden der Menschen aufmerksam gemacht werden sollte. Dabei handelte es sich nicht um einen herrschaftsfreien Dialog, sondern um eine patriarchalische Anweisung: Reagierten die Menschen nicht mit Reue und Buße, mussten sie sich auf weitere, schlimmere Strafen gefasst machen. Sünden erregten den Zorn Gottes,[26] daher wurde in Katastrophenzeiten starker ideologischer Druck erzeugt. Das eiserne Regime der »Zuchtruten Gottes« wurde von den Theologen aller Couleur als Argument verwendet, um reale Änderungen im Verhalten zu bewirken. Nicht selten wurde in den Jahrzehnten um 1600 gar der Schluss gezogen, die in der Johannesoffenbarung vorhergesagte Endzeit sei bereits angebrochen. Dies enthob jedoch nicht von praktischen Konsequenzen, im Gegenteil: Fromme zogen die Schlussfolgerung, es gelte sich intensiver als bisher auf Gottes Endgericht vorzubereiten, durch Reue und Buße, auch durch die Lektüre von Erbauungsschriften und regelmäßigem Gebet.[27]

Die vermeintliche Sündenökonomie, derzufolge die Größe des Unglücks oder der Not in direktem Verhältnis zum Ausmaß der Sünden innerhalb der Gesellschaft stand, diente gewissermaßen als Transmissionsriemen, durch welchen die Klima-Ungunst der Frühen Neuzeit auf das weite Gebiet der Kultur einwirkte. Sicher lassen sich Beispiele für direkte Reaktionen auf die größere Frequenz von Extremwintern aufführen, etwa die eingangs erwähnten Veränderungen im Bereich der Kleidung und der Inneneinrichtung. Im Bereich der materiellen Kultur wird man an die Architektur denken, die steigende Zahl beheizbarer Räume und die steigende Bedeutung der Beheizung und Wärmeisolierung überhaupt. Die Bauweise musste wegen intensiverem Regen und schweren Schneelasten solider werden. In Steinhäusern gewannen Tapeten, Tapisserien und Vorhänge an Bedeutung. Der Gefahr der Hypothermie wurde mit schweren Hüten, dichten Krägen und Halskrausen, schweren Mänteln, warmer Unterkleidung, Handschuhen und schwerem Schuhwerk, bei Schnee und Schlamm mit hohen Stiefeln, entgegengewirkt. Die Veränderungen der Mode lassen sich jedoch kaum verstehen ohne die

---

[26] Neue Konkordanz zur Einheitsübersetzung der Bibel. Erarbeitet von FRANZ JOSEF SCHIERSEE. Neu bearbeitet von WINFRIED BADER. Darmstadt 1996 S. 373 f. (Erziehung), 782–784 (Hunger), 1241 (Pest), 2024–2031 (Zorn Gottes).
[27] BEHRINGER, Die Hungerkrise von 1570 (wie Anm. 14).

ideologischen und mentalen Veränderungen, welche durch Serien von Bußpredigten hervorgerufen worden waren. Frauen sollten auch aus religiösen Gründen wenig Haar und Haut zeigen, weite Décolletés und kurze Röcke, bunte Farben und leichte Stoffe, wie sie in der ersten Hälfte des 16. Jahrhunderts üblich waren, verboten sich auch aus religiösen Gründen. Modehistoriker können die Veränderungen darüber hinaus aus Stilentwicklungen heraus begründen, denn die strenge Spanische Mode beruhte schließlich auf dem älteren Burgundischen Stil. Viele Darstellungen entheben sich überhaupt jeder Notwendigkeit einer Begründung.[28]

Ähnliche Schwierigkeiten treten bei der Interpretation der Veränderungen in Musik und Literatur, Architektur und Malerei auf. Während Umwelthistoriker das vermehrte Auftreten von Wolken als Abbildung einer veränderten Wirklichkeit interpretieren möchten, sehen Kunsthistoriker darin eine rein stilistische Veränderung. Dies ist sogar bei einem Kernstück der Interpretation der Fall, nämlich der Erfindung der »Winterlandschaft« in den 1560er Jahren. Während Kunsthistoriker dies bisher allein dem Genius Pieter Breughels zuschreiben, der damit ein neues Genre als Unterabteilung der Landschaftsmalerei begründet habe, ziehen Umwelthistoriker eine zeitliche Parallele zum Auftreten von Extremwintern nach dem Einsetzen der zweiten Phase der Kleinen Eiszeit und verweisen darauf, dass das Genre der »Winterlandschaft« – mit immerhin mehreren tausend Gemälden – genau so lange Konjunktur hatte, wie diese Phase der Kleinen Eiszeit andauerte.[29] Während bei der Winterlandschaft mit der Gleichzeitigkeit der Innovation argumentiert werden kann, entfällt dieses Argument bei topischen Stoffen wie dem Sujet des Schiffbruchs, das in den Jahrzehnten um 1600 als Allegorie des Scheiterns besonders beliebt war, aber eine Tradition bis in die Antike aufweist.[30] Noch schwieriger wird es bei der Interpretation von Stiländerungen, etwa einer Parallelisierung von nordalpinem Manierismus in seinen übersteigerten Formen mit der zeitgenössischen Unsicherheit des Lebens. Ältere Kunstsoziologen wie Arnold Hauser scheinen eine solche Interpretation zu stützen, während neuere Epochendarstellungen keinen Sinn mehr für eine

---

[28] J. ANDERSON BLACK / MADGE GARLAND, A History of Fashion. London 197; MICHAEL BATTERBARRY / ARIANE BATTERBERRY, Fashion. The Mirror of History. London 1982; ERIKA THIEL, Geschichte des Kostüms. Die europäische Mode von den Anfängen bis zur Gegenwart. Wilhelmshaven ⁶1985.

[29] MICHAEL BUDDE (Hg.), Die »Kleine Eiszeit«. Holländische Landschaftsmalerei im 17. Jahrhundert. Berlin 2001.

[30] LAWRENCE OTTO GOEDDE, Tempest and Shipwreck in Dutch and Flemish Art. Convention, Rhetoric, and Interpretation. London 1989.

sozialgeschichtliche Interpretation von Epochenstilen zeigen. Hier dürfte die Interpretation zur Glaubensfrage werden.[31]

Auf ähnlich unsicherem Boden bewegt sich der Historiker, wenn es um Fragen der Veränderung von Mentalitäten geht. Vonseiten der französischen Mentalitätsgeschichte ist ja seit langem argumentiert worden, das späte Mittelalter und die Frühe Neuzeit könnten als »Zeitalter der Angst« interpretiert werden,[32] doch wurden solche flächendeckenden Etiketten eher mit Skepsis aufgenommen, da sie die Probleme möglicherweise eher verdecken als verdeutlichen. Anders sieht es aus, wenn man einzelne Perioden gezielt unter die Lupe nimmt, etwa die Generationen von 1560 bis 1590, wo man tatsächlich gravierende Veränderungen des Gottesverständnisses und der Frömmigkeit zeigen kann, die ihrerseits auf die Kunstformen einwirkten, die im religiösen Ritual eine Rolle spielten, zum Beispiel dem Kirchenlied. Hier wird deutlich, wie durchschlagend die konkreten Veränderungen im Leben der Menschen dieser Generation sein konnten, nicht nur der Geistlichen, die von direkten disziplinarischen Maßnahmen betroffen waren, sondern auch der allgemeinen Bevölkerung, die sich mit der Frage konfrontiert sah, wie sie ihre Einstellung gegenüber der Kirche, gegenüber neuen Frömmigkeitsformen – Verehrung alter und neuer Schutzpatrone und Annahme der neuen marianischen Frömmigkeit bei den Katholiken, Annahme der Leidenstheologie und der Karfreitagsheiligung bei den Protestanten – und vor allem gegenüber ihren eigenen Bedürfnissen verändern sollten. Eine Umstellung der Mode genügte dabei nicht, denn die Kleidungsreformen zielten auf den Kern der Sünde, den Umgang mit der Sexualität und damit auf eine Veränderung des Verhaltens. Der »gesellschaftliche Zwang zum Selbstzwang«, den Norbert Elias als mechanisches Ergebnis einer Verhöflichung der Gesellschaft betrachtete,[33] ist sehr viel wahrscheinlicher das Ergebnis des neuen Sündenbewusstseins einer Krisenepoche. Das soll nicht bedeuten, dass die Anstrengungen bei der Affektkontrolle nur Ergebnis einer Sozialdisziplinierung waren. Vielmehr muss man anerkennen, dass das Erklärungsmuster der Sünden-

---

[31] ARNOLD HAUSER, Der Manierismus. München 1964; ANDREAS TÖNNESMANN, Der europäische Manierismus 1520–1610. München 1997.

[32] JEAN DELUMEAU, La peur en occident (XIVe–XVIIIe siècles). Une cité assiégée. Paris 1978; DERS., Angst im Abendland. Die Geschichte kollektiver Ängste in Europa des 14. bis 18. Jahrhunderts, 2 Bde. Reinbek 1985; DERS., La péché et la peur. La culpabilisation en occident XIIIe–XVIIIe siècles. Paris 1983; DERS., Sin and Fear. The Emergence of a Western Guilt Culture, 13th–18th Centuries. Transl. by ERIC NICHOLSON. New York 1990.

[33] NORBERT ELIAS, Über den Prozeß der Zivilisation. Soziogenetische und psychogenetische Untersuchungen, 2 Bde. Frankfurt a. M. 1978.

ökonomie nicht nur unter Theologen verbreitet war und viele Zeitgenossen das ernsthafte innere Bedürfnis hatten, ihren Lebenswandel zu ändern.[34]

Mit einer einheitlichen Reaktion auf die zeitgenössischen Bußpredigten kann natürlich nicht gerechnet werden. Aus der modernen Erforschung traumatischer und posttraumatischer Situationen wissen wir, dass neben Reflexion und Einkehr auch die gerade gegenteilige Reaktion möglich ist und eine Überschreitung normativer Grenzen erfolgen kann. Mit einem *carpe-diem-Syndrom* muss man auch zur Zeit der Kleinen Eiszeit rechnen, sowohl bei den einfachen Leuten, die das beste aus der Not machen wollten, als auch in gehobenen gesellschaftlichen Schichten, die aus unterschiedlichen Gründen ein Recht beanspruchten, für sich allgemeine Normen außer Kraft zu setzen. Die Hofkunst Rudolfs II. mit ihren allegorischen Nuditäten steht etwa in denkbar größtem Gegensatz zum strengen spanischen Kleidungsstil.[35] Unter solchen Gesichtspunkten lohnt vielleicht ein neuer Blick auf die besondere Atmosphäre an den Höfen der Zeit: Tanz und Musik, Jagden und Feuerwerk, exquisite Bauten in prunkvollem Stil, elaboriertes Zeremoniell bis hin zu den Speisefolgen, kurzum: Ein demonstrativer Luxus, den man angesichts der Not der Zeit nicht nur als Ausdruck eines neuen fürstlichen Selbstbewusstseins und einer neuen höfischen Kultur deuten kann, sondern vielleicht auch als eine Art Kompensation, als Versuch, die Omnipräsenz des Todes zu überwinden, als Distinktionsbeweis gegenüber der Normgebundenheit der einfachen Bevölkerung in Stadt und Land sowie als Demonstration der höfischen Unabhängigkeit gegenüber den moralinsauren Predigten der Geistlichkeit.

Hinzuweisen ist schließlich auf kulturelle Reaktionen, die über Krisenstimmung und Eskapismus hinausweisen, indem sie auf eine Veränderung der Lebensverhältnisse abzielten. Im weiteren Sinn geht es dabei um Versuche einer Neuordnung der Verhältnisse, um eine Anpassung der gesellschaftlichen Möglichkeiten an die widrigen Umweltverhältnisse, einst von Theodore K. Rabb in der genialen Phrase *Struggle for Stability in Early Mo-*

---

[34] WOLFGANG BEHRINGER, »Ettlich Hundert Herrlicher und Schöner Carmina oder Gedicht / von der langwirigen schweren gewesten Teuerung / grossen Hungersnot / und allerley zuvor unerhörten Grausamen Straffen / und Plagen«. Zwei Krisengedichte, in: Um Himmels Willen (wie Anm. 14) S. 294–356.

[35] THOMAS DA COSTA KAUFMANN, The School of Prague. Painting at the Court of Rudolf II. Chicago usw. 1988; ELISKA FUCÍKOVÁ / JAMES M. BRADBURNE / BEKET BUKOVINSKA u. a. (Hg.), Rudolf II. and Prague. The Court and the City. Prag 1997; DIES., Rudolf II. und Prag. Kaiserlicher Hof und Residenzstadt als kulturelles und geistiges Zentrum Mitteleuropas (Ausstellungskatalog). Prag usw. 1997; CHRISTIAN BEAUFORT, Prag um 1600. Kunst und Kultur am Hofe Kaiser Rudolfs II., 2 Bde. Freren/Emsland 1988.

dern Europe zusammengefasst.[36] Eine zentrale Rolle spielten dabei die gezielten Versuche, die Ordnung der Natur zu erkunden. Der Aufschwung der Naturwissenschaften erfolgte teils in dem Glauben, dass Gott in der Endzeit Zusammenhänge offenbare, die er bisher verschlüsselt gehalten habe, teils aber auch getragen von dem Wunsch, hinter dem Chaos, das man tagtäglich erlebte, in der Natur doch die eigentliche Ordnung von Gottes Schöpfung zu erkennen, gewissermaßen als Garantie dafür, dass Not und Elend nicht ewig andauerten. Spätestens mit Francis Bacon mündete dieses Erkenntnisstreben programmatisch in den eudaimonistischen Versuch, durch Erfindungen das Leben der Menschen zu vereinfachen und zu verbessern, also in eine dezidierte Philosophie des menschlichen Fortschritts. Zu Beginn der Wissenschaftsrevolution war damit der Ausweg aus der Krise bereits mitgedacht, wohl eines der gelungensten Beispiele aus der Geschichte der Menschheit, aus der Not eine Tugend zu machen. An die Stelle der archaischen Sündenökonomie trat damit bereits auf dem Höhepunkt der Krise die Prophezeiung einer besseren Zukunft,[37] die zumindest in Bezug auf das Ende der Krisen vom Typ *Ancien* zu einer *self-fulfilling prophecy* wurde. Die Gründe dafür waren vielfältig und verweisen wohl in letzter Instanz auf Veränderungen im Bereich der Hygiene, im Transportwesen, in der Lagerhaltung und in der landwirtschaftlichen Produktion.[38]

Nicht übersehen werden sollten freilich die vielen offenen Fragen, die das hier behandelte Thema impliziert: Welches Resistenzpotential, welche mentalen, sozialen und ökonomischen Reserven besaßen mitteleuropäische Gesellschaften der Frühen Neuzeit, als sie im späten 16. Jahrhundert mit den Folgen einer Klimaverschlechterung konfrontiert wurden? Auf welche Erklärungsmodelle konnte rekurriert werden? Wie rasch wuchsen Verzweiflung und Angst, als klar wurde, dass die Missernten und Versorgungsengpässe der 1570er Jahre keine einmalige Ausnahme darstellten, sondern der Beginn einer ganzen Serie, eines neuen »eisernen Regiments« von Hungersnöten und Seuchen waren? In welchem Maße konnten Versorgungsengpässe in einer Region durch Überschüsse in anderen Regionen ausgeglichen werden? Wer profitierte vom Fernhandel? Wäre der Aufstieg der Niederlande allenfalls als eine Art Folgeerscheinung dieser Krisenperiode einzuschätzen? Konnten die Folgen von Missernten durch Pufferungsstrategien wie Ver-

---

[36] THEODORE K. RABB, The Struggle for Stability in Early Modern Europe. New York 1975.
[37] DAVID C. LINDBERG, Conceptions of the Scientific Revolution from Bacon to Butterfield, in: Reappraisals of the Scientific Revolution. Hg. DAVID C. LINDBERG / ROBERT S. WESTMAN. Cambridge 1990 S. 1–26.
[38] MARK OVERTON, Agricultural Revolution in England. The Transformation of the Agrarian Economy, 1500–1850. Cambridge 1996.

änderungen in der Anbaustruktur oder der vermehrten Anlage von Vorräten teilweise aufgefangen werden? Welche sozialen Schichten wurden von der Not am stärksten betroffen, und wie unterschieden sich die Überlebensstrategien in den einzelnen sozialen Schichten?

Ferner: Ist es notwendig und sinnvoll, die Periode der erhöhten Klimabelastung im späten 16. und frühen 17. Jahrhundert bei Deutungen der europäischen Geschichte der Frühen Neuzeit als ausschlaggebenden Referenzrahmen einzuführen, oder eher als einen zusätzlichen Faktor, der zwar viele Veränderungen verdeutlicht, aber nicht alle Zusammenhänge erklären kann? In jedem Falle dürfte die Annahme richtig sein, dass die Klimaverschlechterung des späten 16. Jahrhunderts auf Grund ihrer langen Dauer Folgen hatte, die weit über eine verringerte Agrarproduktion und Ernährung hinausgingen. Wenn man dies unterstellt, welche Bedeutung besitzt die zweite Phase der Kleinen Eiszeit dann für eine Periodisierung der Frühen Neuzeit? Die erste Phase beginnt in der ersten Hälfte des 14. Jahrhunderts. Die zweite folgte dann von den späten 1560er Jahren an. Inwieweit sie epochenbildend war, steht zur Diskussion. Noch schwieriger ist es, die Reichweite dieser zweiten Phase der Kleinen Eiszeit zu bestimmen, da die sozialen, ökonomischen, politischen und religiösen Folgen der Klimaverschlechterung schon nach wenigen Jahren ganz wesentlich durch Anpassungs- und Umstellungsprozesse, kurzum durch mehr oder weniger flexible Strategien der Krisenbewältigung und des Krisenmanagements modifiziert wurden, die dann ihrerseits nach 1618 noch einmal durch die Folgen des Dreißigjährigen Krieges weiterer Veränderung unterlagen. Die Regierungen der Territorien versuchten jeweils ihr eigenes Krisenmanagement, das unter anderem in einer gesteigerten Gesetzgebungstätigkeit und umfangreichen Policey-Ordnungen zum Ausdruck kommt. Ein Augenmerk auf die Entgrenzung der künstlerischen Phantasie als Folge der Krisenerfahrung oder auf die Intensivierung des individuellen Heilsstrebens ist gewiss nicht fehl am Platz, wenn man nach kulturellen Konsequenzen der häufigeren Klimabelastung sucht. Um diese Anpassungsleistungen aber zu erklären, sind mikrohistorische Studien dringend geboten, Forschungen, in denen regionale und lokale Milieus untersucht und chronologische Differenzierungen vorgenommen werden, um an das veränderte Klima in spezifischen Milieus und in relativ kurzen Zeiträumen heranzukommen. Nur auf diese Weise können Unterschiede zwischen den Reaktionen von Angehörigen verschiedener Konfessionen oder verschiedener sozialer Schichten in ihrer Bedeutung erkannt werden. Diese Differenzierung sollte auch die Folgen beachten, die das veränderte Klima auf das Leben im Jahresablauf hatte, bei Familien sowie in städtischen wie ländlichen Gemeinschaften. Davon unterschieden werden sollte die Perzeption der Wetterveränderung auf Regierungsebene sowie die kurz-, mittel- und längerfristigen Schlussfolgerungen, die daraus gezogen wurden. Denn so eindeutig die Klimaverschlechterung in den rückblickenden Rekonstruktionen auch erscheinen mag, so vielfältig waren ihre Perzeption und die daraus abgeleiteten und dadurch ausgelösten Reaktionen.

Besondere Probleme stellen sich schließlich, wenn man die religiösen Folgen der Klimaverschlechterung untersucht. Wenn man unterstellt, dass in Europa bis weit ins 16. Jahrhundert auch der christliche Gott ganz selbstverständlich als »Wettergott« verstanden wurde, der Sonne und Regen und gute Ernten brachte, sowie als der Schöpfergott, dem die ganze Natur untertan war, dann liegt die Schlussfolgerung nahe, dass die Klimakrise auch eine Glaubenskrise auslöste. Ist es nun aber richtig, einen direkten Bezug zwischen der Klimaverschlechterung und der beginnenden Glaubensskepsis und damit zu den Anfängen der Aufklärung herzustellen? Oder sind die Auswirkungen der Klimakrise zunächst und vor allem in verzweifelten Versuchen zu sehen, Glaubensgewissheit und Heilssicherheit wiederzugewinnen und damit eher in intensiveren als in abgeschwächten Formen der Gläubigkeit? Oder verliefen beide Reaktionen parallel? Wäre dies der Fall, dann würde die Klimaverschlechterung des späten 16. und des frühen 17. Jahrhunderts zu einer elementaren und in der Folge nicht mehr aufhebbaren religiösen Differenzierung führen, sie wäre, wenn man so will, der Beginn der Säkularisierung in Europa.

Zu den interessantesten und am schwersten nachweisbaren Folgen gehören die psychischen Folgen der Klimaverschlechterung. Schwierig auch deshalb, weil bisherige historiographische Experimente mit kollektiven Mentalitäten und Psychohistorie nicht gerade als durchschlagender Erfolg bezeichnet werden können, nicht zuletzt deshalb, weil eine solide Fundierung in der zeitgenössischen Krankheitslehre lange fehlte.[39] Zwar wissen wir durch die Forschungen Erik Midelforts, dass nicht nur Kaiser Rudolf II. (1552–1612, reg. 1576–1612) und zahlreiche Mitglieder der habsburgischen Dynastie seit Johanna der Wahnsinnigen, sondern auch viele andere regierende Häuser erheblich mit ihrer psychischen Balance zu kämpfen hatten,[40] doch bleibt nicht zuletzt aufgrund der Quellenlage im Unklaren, ob psychische Erkrankungen nach 1560 nur häufiger registriert wurden als zuvor oder ob sie tatsächlich häufiger auftraten. Zweifellos war Melancholie die Modekrankheit des Zeitalters, und nicht nur Fürsten wurden damit in Verbindung gebracht,

---

[39] H. C. Erik Midelfort, A History of Madness in Sixteenth-Century Germany. Stanford/CA 1999.

[40] Ders., Mad Princes of Renaissance Germany. Charlottesville/VA 1994; Ders., Verrückte Hoheit. Wahn und Kummer in deutschen Herrscherhäusern. Aus dem Amerikanischen von Peter E. Maier. Stuttgart 1996.

sondern auch Künstler und Kaufleute, Verbrecher und Hexen. Eigens für ihre Verteidigung erfand der Hofarzt Johann Weyer (1515-1588), der zwei verrückte Herzöge von Jülich-Kleve behandelte, die Verteidigung wegen Unzurechnungsfähigkeit: Hexen seien nicht böse, sondern – falls sie selbst darauf bestanden, schuldig zu sein – nur krank.[41] Publikationen zur Melancholie erlebten gerade während der Hochphase zwischen 1560 und 1630 eine Hochkonjunktur, die gewissermaßen mit Johann Weyer begann und mit dem anglikanischen Bischof Robert Burton (1577-1640) und seiner enzyklopädischen *Anatomy of Melancholy* endete.[42] Zwar erwähnt Burton schlechtes Wetter nur als eine von vielen Ursachen für die Melancholie, aber diese depressive Verstimmung galt wohl nicht von ungefähr als das prototypische seelische Leiden des Zeitalters von Elisabeth I. von England (1533-1603, reg. 1558-1603).[43] Wenn es stimmt, dass das Zeitalter der Kleinen Eiszeit zeitweise von einem Mangel an sommerlichem Sonnenschein geprägt war und immer wieder »Jahre ohne Sommer« auftraten, dann ist es allerdings nach neueren Erkenntnissen vielleicht nicht allzu weit hergeholt, ein verstärktes Auftreten der »Seasonal Affective Disorder« (SAD) zu erwarten.[44] Zumindest ist dies für das durch mehrere tropische Vulkanausbrüche verursachte »Jahrzehnt ohne Sommer« (1585 bis 1597) zu vermuten. Das ständige Gefühl der Bedrohung durch übernatürliche Mächte und reale Gefahren, die Furcht um die Subsistenz und vor Naturkatastrophen,[45] die am Ende des 16. Jahrhunderts feststellbare Zunahme des Vaganten- und Bettelwesens,[46] die tatsächliche oder scheinbare Bedrohung durch Verbrechen und der alltägliche Anblick hingerichteter Verbrecher vor den Toren der Stadt,[47] könnten zur seelischen Verstimmung ebenso beigetragen haben wie die schwindenden materiellen Ressourcen, die steigenden sozialen Spannungen

---

[41] JOHANN WEYER, De Praestigiis Daemonum. Basel 1563; H.C. ERIK MIDELFORT, Johann Weyer and the Transformation of the Insanity Defense, in: The German People and the Reformation. Hg. RONNIE PO-CHIA HSIA. Ithaca usw. 1988 S. 234-262.

[42] ROBERT BURTON, Anatomy of Melancholy. London 1621.

[43] LAWRENCE BABB, The Elizabethan Malady. A Study of Melancholia in the English Literature from 1580 to 1642. East Lansing/MI 1951.

[44] GERALD C. DAVISON / JOHN M. NEALE, Abnormal Psychology. New York [7]1998 S. 230.

[45] R.W. PERRY, Environmental Hazards and Psychopathology. Linking Natural Disasters With Mental Health, in: Environmental Management 7. 1983 S. 331-339.

[46] ALBERT L. BEIER, Masterless Men. The Vagrancy Problem in England, 1560-1640. London 1985.

[47] RICHARD VAN DÜLMEN, Theater des Schreckens. Gerichtspraxis und Strafrituale in der frühen Neuzeit, München 1985; DERS. (Hg.), Verbrechen, Strafen und soziale Kontrolle. Frankfurt a.M. 1990.

und die Zurückdrängung der Lebensfreude durch die Bußprediger aller Konfessionen.

Bei der Planung der Tagung und des Tagungsbandes sind die Veranstalter von der Überlegung ausgegangen, dass es bereits eine ganze Reihe von Veröffentlichungen zur Klimageschichte der Kleinen Eiszeit im engeren Sinn gibt[48] sowie auch einige Arbeiten, in denen Jahre besonderer Klima-Ungunst mit ökonomischen und sozialen Krisen verbunden worden sind.[49] Dagegen gibt es bisher keine umfassenderen Versuche, die Erkenntnisse dieser Forschungen mit Erscheinungen der allgemeinen Geschichte bzw. der Kultur- und Mentalitätsgeschichte zu verbinden. Daher wurden gezielt Forscher beiderseits des Atlantiks eingeladen, deren jüngere Ergebnisse vermuten ließen, dass sie der Fragestellung gegenüber aufgeschlossen sein würden. Die Beiträge zu diesem Sammelband gruppieren sich in fünf Sektionen und beschäftigen sich mit Ökologie und Ökonomie, Religion und Mentalität, Gesellschaft und Mentalität, Transformationen in der Kunst sowie der Überwindung der Krise. Abschließend sollte noch einmal versucht werden, Perspektiven der Forschung aufzuzeigen. Dass die Beiträge zu diesen einzelnen Sektionen, die in dieser Einführung zum Teil bereits angesprochen worden sind, sehr unterschiedlich ausfallen, liegt in der Natur der Sache. Gezielt wurden auch Skeptiker des Konzepts der Kleinen Eiszeit zu dieser Tagung eingeladen und Forscher, die dem Konzept unentschieden gegenüberstanden, um die mögliche Spannweite der Interpretation auszuschöpfen.

---

[48] Vgl. den neuesten umfassenden Review Artikel von: RUDOLF BRÁZDIL / CHRISTIAN PFISTER / HEINZ WANNER, HANS VON STORCH / JÜRG LUTERBACHER, Historical Climatology in Europe. The State of the Art, in: Climatic Change (accepted); sowie CHRISTIAN PFISTER, Klimawandel in der Geschichte Europas. Zur Entwicklung und zum Potenzial der Historischen Klimatologie, in: Österreichische Zeitschrift für Geschichtswissenschaften 12/2. 2001 S. 7–43.

[49] WILLIAM CHESTER JORDAN, The Great Famine. Northern Europe in the Early Fourteenth Century. Princeton/NJ 1996; KIRSTEN A. SEAVER, The Frozen Echo. Greenland and the Exploration of North America, ca. A.D. 1000–1500. Stanford 1996; PETER CLARK (Hg.), The European Crisis of the 1590ies. Essays in Comparative History. London 1985; W. GREGORY MONAHAN, Years of Sorrows. The Great Famine of 1709 in Lyon. Columbus/Ohio 1993; JOHN D. POST, Food Shortage, Climatic Variability, and Epidemic Disease in Preindustrial Europe. The Mortality Peak in the early 1740s. Ithaca usw. 1985; CHRISTIAN PFISTER, Das Klima der Schweiz von 1525 bis 1860 und seine Bedeutung in der Geschichte von Bevölkerung und Landwirtschaft. Bern ³1988; GASTON R. DEMARÉE / ASTRID E. J. OGILVIE, Bons Baisers d'Islande. Climatic, Environmental and Human Dimensions Impacts of the Lakagigar Eruption (1783–1784) in Iceland, in: History and Climate. Memories of the Future? Hg. PHIL D. JONES / ASTRID E. J. OGILVIE / TREVOR D. DAVIES / KEITH R. BRIFFA. Dordrecht 2001 S. 219–246; JOHN D. POST, A Study in Meteorological and Trade Cycle History. The Economic Crisis Following the Napoleonic Wars, in: Journal of Economic History 34. 1974 S. 315–349.

Zu den »Kulturellen Konsequenzen der Kleinen Eiszeit« soll mit diesem Band keine einheitliche Interpretation dargeboten werden, sondern vielmehr der Blick für mögliche neue Perspektiven und Fragestellungen geschärft werden. Das »Konzept Kleine Eiszeit« dient dabei als Werkzeug, um die Vielfalt sozialökonomischer und kultureller Verwerfungen, mit denen wir es vornehmlich im 16. und 17. Jahrhundert zu tun haben,[50] unter einem neuen Blickwinkel zu sehen. Dies wird bereits am einführenden Beitrag von *Christian Pfister* (Universität Bern, Schweiz) deutlich. Ausschlaggebend für Gruppen und Gesellschaften sind nicht Unterschiede von längerfristigen Mittelwerten der Temperatur und des Niederschlags, wie dies die ältere Forschung angenommen hatte, sondern Veränderungen in der Häufigkeit und Schwere von Extremwerten. Dabei gelingt es ihm, Zusammenhänge zwischen sogenannten kleineiszeitlichen Misserntemustern (»Little Ice Age-type Impacts«) und Teuerungsschüben aufzuzeigen. Namentlich stellt er in seinem Beitrag deutlich heraus, dass mehrere Jahrzehnte umfassende Phasen von hoher Klimabelastung mit solchen von geringer Klimabelastung alternierten. Dies steht im Gegensatz zur gängigen, an Wilhelm Abel orientierten Lehrmeinung. Dass sich im Zusammenhang mit Missernten, Hungerkrisen und dem Rückgang des Realeinkommens die Ernährungskultur verändert hat, zeigt *Erich Landsteiner* (Universität Wien, Österreich) in seinem Beitrag »Wenig Brot und saurer Wein. Kontinuität und Wandel in der zentraleuropäischen Ernährungskultur im letzten Drittel des 16. Jahrhunderts«.

Worauf sich die Anstrengungen der Beiträge zu diesem Band vor allem richten, ist die Verknüpfung mit den meist als Zeichen oder Strafen Gottes interpretierten Katastrophen in eher unerwarteten kulturellen Bereichen. Für den Bereich der privaten Aufzeichnungen leistet dies exemplarisch *Otto Ulbricht* (Universität Kiel) mit seinem Beitrag über »Extreme Wetterlagen im Diarium Heinrich Bullingers«. Für den Bereich der zeitgenössischen Frömmigkeitsformen geben *Benigna von Krusenstjern* (Max-Planck-Institut für Geschichte, Göttingen) mit ihrem Aufsatz zum »Gottesbild und Gottesverständnis in frühneuzeitlichen Chroniken« und *Manfred Jakubowski-Tiessen* (Max-Planck-Institut für Geschichte, Göttingen) mit seiner originellen Untersuchung zur »Entstehung des lutherischen Karfreitags« neue Aufschlüsse. Für die Bereiche Literatur und Kirchenlied präsentieren *Hartmut Lehmann* (Max-Planck-Institut für Geschichte, Göttingen) und *Patrice Veit* (Mission Historique Francaise am Max-Planck-Institut für Geschichte, Göttingen) interessante Funde zu »Paul Gerhardts Lied zur Kleinen Eiszeit« und zur »Witterung, Not und Frömmigkeit im evangelischen Kirchenlied«. In den

---

[50] Trevor Aston (Hg.), Crisis in Europe 1560–1660. London 1965.

schwierig zu interpretierenden Bereichen Kunst und Malerei schlagen *Lawrence Goedde* (University of Virginia, Charlottesville/VA, USA) mit seinen Darstellungen über »Bethlehem in the Snow and Holland on the Ice« und *Bernd Roeck* (Eidgenössische Technische Hochschule Zürich, Schweiz) über »Klimageschichtliche Hintergründe künstlerischer Stilveränderungen« breite Schneisen. Ihnen gelingt der Nachweis, dass sich im Einzelfall Bezüge sowohl von Inhalt als auch Stil zu den klimatischen Veränderungen herstellen lassen, allerdings stets nur in vielfacher Brechung, bezogen auf vorhandene künstlerische Traditionen und aktuelle Auseinandersetzungen darüber.

Die Fruchtbarkeit einer Fragestellung zeigt sich nicht nur an neuen Befunden, sondern auch an Forschungskontroversen. Dies zeigt sich am Beispiel der Diskussion über die Frage einer möglichen Auswirkung der Klimaverschlechterung auf die menschliche Psyche. Diesen Zusammenhang stellt *H. C. Erik Midelfort* (University of Virginia, Charlottesville/VA, USA) in seinem Beitrag über die »Melancholische Eiszeit?« insofern in Frage, als er demonstriert, dass ein Nachweis mit geistes- und medizingeschichtlichen Methoden schwer fallen dürfte, da sowohl die Statistiken als auch die Diagnosen mit zu vielen Unwägbarkeiten belastet sind und die ganze Melancholiediskussion seit dem 17. Jahrhundert eine beträchtliche Eigendynamik entwickelt hat. Hingegen zeigt *David Lederer* (University of Ireland/Maynooth, Irland) in seinem Beitrag über »Verzweiflung im Alten Reich. Selbstmord während der Kleinen Eiszeit«, dass es mit dem Zählen von Buchtiteln nicht getan ist. Bei einer sozialhistorischen Herangehensweise, die sich mit konkreten Fällen von psychischer Not beschäftigt,[51] spricht doch einiges dafür, die zeitgenössischen Diskussionen um Seelennöte mit den Notzeiten der Extremjahre in Beziehung zu setzen. Uneinigkeit besteht noch über den Klimawandel und seine Folgen in der Mittelmeerwelt. *Henry Kamen* (Higher Council of Scientific Research, Barcelona, Spanien) kommt trotz früherer Publikationen zum »Eisernen Jahrhundert« zwischen 1560 und 1660[52] und klimatischen Extremjahren in Katalonien[53] in seinem Beitrag »Climate and Crisis in the Mediterranean. A Perspective« zu dem Ergebnis, dass das Konzept der Kleinen Eiszeit für den Mittelmeerraum vollkommen irrelevant ist. Und er hat sicher recht, wenn er auf unzulässige Schlussfolgerungen von Au-

---

[51] DAVID LEDERER, Aufruhr auf dem Friedhof. Pfarrer, Gemeinde und Selbstmord im frühneuzeitlichen Bayern, in: Trauer, Verzweiflung und Anfechtung. Selbstmord und Selbstmordversuche in mittelalterlichen und frühneuzeitlichen Gesellschaften. Hg. GABRIELA SIGNORI. Tübingen 1994 S. 189–209.

[52] HENRY KAMEN, The Iron Century. Social Change in Europe, 1550–1650. London 1971.

[53] DERS., The Phoenix and the Flame. Catalonia and the Counter Reformation. New Haven 1993.

toren wie Brian Fagan verweist,[54] denen es nur darum geht, ihre vorgefasste These zu beweisen. Der spanische Umwelthistoriker *Mariano Barriendos* (University of Barcelona, Spanien) plädiert jedoch mit einigem Angebot an Spezialliteratur dafür, auf der Iberischen Halbinsel einen mediterranen Typus der Klima-Ungunst zu erkennen. Neben den auch hier vorhandenen Beispielen von außerordentlicher Kälte, durch die in Andalusien die Flüsse zufroren, waren es große Unregelmäßigkeiten in den Niederschlägen, überreicher Regen oder langanhaltende Dürre, welche die Landwirtschaft vor Probleme stellte. Angesichts fehlender praktischer Maßnahmen der Kompensation schlug sich diese Problematik religiös nieder, in einem ausgefeilten System von Fürbitten um Regen.

Das weite Feld des Krisenmanagements konnte in diesem Rahmen nur anhand konkreter Beispiele angedacht werden. *Robert Jütte* (Institut für Geschichte der Medizin, Stuttgart) stellt das drängende Problem von Vagantentum und Bettelei in den Mittelpunkt seiner Untersuchung über »Bettelverbote und Armenfürsorge als Krisenmanagement«. *Peter Becker* (Institut für Europäische Geschichte, Florenz, Italien) untersucht in mehr allgemeiner Form die »Theorie und Praxis von Regierung und Verwaltung in Zeiten der Krise«. Anders als Theologen oder Schriftsteller konnten sich die politisch Verantwortlichen nicht darauf beschränken, mit Identifikationsangeboten Trost zu spenden oder göttliche Strafen anzudrohen, sondern sie mussten mit konkretem Verwaltungshandeln Konsequenzen ziehen und wenigstens im gesellschaftlichen Bereich dem verbreiteten Eindruck großer Unordnung entgegenwirken. Den systematischen Zusammenhang zwischen »Kleiner Eiszeit und Früher Neuzeit« versucht ein abschließender Beitrag von *Wolfgang Behringer* (zum Zeitpunkt der Tagung University of York, England, jetzt Universität des Saarlandes, Saarbrücken) herzustellen, der verschiedene Diskussionspunkte noch einmal aufgreift und versucht, Forschungsperspektiven im Bereich der historischen Anthropologie und Kulturforschung aufzuzeigen. Dabei wird versucht, einige Defizite aufzufangen, deren Lösung bei der Planung der Tagung nicht gelungen ist, etwa die Einbeziehung der Diskussion um die medizinischen Folgen der Notzeiten, die bisher noch auf einem unbefriedigenden Niveau verharrt.

Dies alles bedeutet, dass die Diskussion um die Kleine Eiszeit noch nicht abgeschlossen ist, sondern weiteres Potential birgt. Die Herausgeber und die Autoren dieses Bandes wollen die Diskussion über die Krisenphänomene der

---

[54] Dazu die Rezension von WOLFGANG BEHRINGER, Brian Fagan, The Little Ice Age. How Climate Made History, 1300–1850, New York 2001, in: The Times Higher Education Supplement 7. Dezember 2001.

Frühen Neuzeit und ihren möglichen Zusammenhang mit klimatischen Einflüssen mit diesem Band stimulieren. Es wäre in ihrem Sinne, wenn dieser Tagungsband zu einer lebhaften, auch kontroversen Diskussion über die Interpretation der Epoche sowie über den Zusammenhang von Klima und Gesellschaft beiträgt. Mit Diskussionen über historische Verhältnisse spiegeln wir immer auch Debatten unserer eigenen Zeit. Und die gegenwärtigen Ängste lassen sich nirgends besser reflektieren als in den Diskussionen über einen quellenmäßig gut belegten Klimawandel, also mit der Diskussion über die »kulturellen Konsequenzen der Kleinen Eiszeit«.

Es ist uns eine angenehme Pflicht, allen zu danken, die bei der Vorbereitung und Durchführung der Tagung über die »Kulturellen Konsequenzen der ›Kleinen Eiszeit‹« geholfen haben, insbesondere der Fritz-Thyssen-Stiftung für die großzügige finanzielle Unterstützung dieses Projekts, sowie Miriam Dittrich, Marie Luisa Allemeyer und Jan Kiepe für ihre Hilfe bei der Vorbereitung der Manuskripte für den Druck und dem Verlag Vandenhoeck & Ruprecht für die zügige Drucklegung.

I. Ökologie und Ökonomie / Ecology and Economy

Weeping in the Snow

The Second Period of Little Ice Age-type Impacts, 1570–1630

by

CHRISTIAN PFISTER[1]

1. Which Climate Histories Are Needed?

On the morning of April 26, 1688, fresh snow covered the ground around the Swiss convent at Einsiedeln (Canton Schwyz). The snow continued to fall relentlessly all day long. Weeks before most of the peasants living nearby had already run out of hay. During the previous days, the exhausted animals still had to be driven out on the bare ground, where they at least had a chance to find some rotting blades of grass. With deep snow again covering the ground, most of the peasants were at their wit's end. Many of them broke out into tears, as Father Joseph Dietrich noted in the diary which he kept in the Einsiedeln monastery. To make things worse, the hungry animals throughout the villages were crying night and day, thus causing an unbelievable stress on the inhabitants. The local people suffered not only with their animals. They knew from experience that the vociferous protest of hungry animals announced an approaching dearth for humans. Joseph Dietrich was a gifted and alert observer of nature and humans. His account – perhaps for the first time – enables a more detailed glimpse at one of the typical situations of physical and psychological stress in which people were thrown by the vagaries of the "Little Ice Age" climate.[2] It is very likely that such incidents were common during the period 1570–1630, however thus far no such record is known.

---

[1] Christian Pfister and Jürg Luterbacher were supported by the Swiss NCCR »Climate« Program: http://www.nccr-climate.unibe.ch (9 February 2004). Paul-Anthon Nielson is acknowledged for carefully reading the manuscript for style corrections. Dr. Franz Mauelshagen is acknowledged for helpful suggestions.

[2] CHRISTIAN PFISTER, Das Klima der Schweiz von 1525–1860 und seine Bedeutung in der Geschichte von Bevölkerung und Landwirtschaft, 2 vols. (Academica Helvetica, vol. V), (Bern, 1984), vol. II, p. 53.

This episode exemplifies the lesson learned from microhistory during the last two decades: that it is quite often necessary to get pretty close to events in order to grasp their meaning and their significance for others. This claim also needs to be made for the history of climate. In the language of sources, climatic events are usually coined in terms of weather histories which deal with processes having a duration from hours to seasons. Climate anomalies are frequently mentioned in autobiographical sources because the writers believed that God gave warning and punished humanity for digression from His commandments.[3] Weather is notably an overarching component in peasant memory books because it was a fundamental experience of daily life for the rural population.[4]

On a whole, weather observations in documentary sources are known to be copious. They are the raw material for reconstructions of climate which are tailored to the needs of the historian. People in the early modern period had even less the ability to comprehend an abstraction such as "climate", let alone "climatic change", from their sensory perception, i.e. not arranged through the media. It is characteristic that such terminology was not known at that time. Rather than climate, weather extremes and anomalies are known to have affected everyday life in the early modern period. Episodes that were thought to be "unnatural" were particularly prone to arouse existential anxieties and fears.

This has been impressively demonstrated in two episodes pointed out by Wolfgang Behringer. On 3 August 1562, a hailstorm hit central Europe. It destroyed crops and vineyards, killing birds and some animals, including a number of unprotected horses and cows. The fields were pictures of devastation. Since observers of the period had no recollection of similar climatic disasters "for a hundred years", many considered this hailstorm as "unnatural" and looked for an explanation. Three possible interpretations arose: the hailstorm could be seen as a sign from God, as the work of the Devil or as the result of witchcraft. Although a number of official councils' decisions since the early Middle Ages had banned the idea of weather-making by human beings, there had always been reluctance to accept this negation of human influence on climate. Behringer proposes that the hailstorm initiated a chain

---

[3] Kaspar von Greyerz, "Religion in the Life of German and Swiss Autobiographers (Sixteenth and Early Seventeenth Century)", in Id., ed., Religion and Society in Early Modern Europe (London, 1984), p. 228.

[4] Klaus-Joachim Lorenzen-Schmidt / Bjørn Poulsen, Bäuerliche (An-)Schreibebücher als Quellen für die Wirtschafts- und Sozialgeschichte (Neumünster, 1992); Paul Münch, Lebensformen in der Frühen Neuzeit (Frankfurt a. M., 1992), pp. 127-54.

of events which – under the influence of the ongoing second "Little Ice Age-type events" – lead to a wave of witch hunts. Small political entities in particular turned out to be susceptible to the popular demands for witchcraft persecution. The little Barony of Illeraichen set the trend in 1562. Count Hans von Rechberg (†1574) finally yielded to the demand of his peasants to imprison some women suspected of weather-making and having caused crop failure, inundations and cattle disease.[5]

The second episode is documented in the diary of the astronomer Friedrich Rüttel (1579–1634):[6] on 24 May 1626, Rüttel reported a hailstorm in the Stuttgart area which accumulated hailstones the size of walnuts to an alleged depth of seven feet. In the afternoon of 26 May, he observed a sharp icy wind. The subsequent night was so bitter cold that on the morning of 27 May, ice was found on the water in several locations.[7] This is perhaps the most spectacular late spring cold relapse ever registered in southern Germany. It almost annihilated the vine harvest. It also affected the rye and barley. Even the leaves on many trees turned black. Although the cold relapse of May 1626 lasted but only a few hours, it triggered the most important witch hunt in southern Germany considering the number of victims.[8] The occurrence of a polar-frost night on the eve of summer was a shock for most people and justly considered to be "unnatural", i.e. far outside the known spectrum of extremes.

In comparing these two episodes, the following observation needs to be stressed: in retrospect the hailstorm of 1562 is situated in the final phase of a multi-decadal phase of favourable climate, whereas the episode of extreme frost in 1626 occurred in the final phase of a multi-decadal phase of enhanced climatic stress. This may have had an affect on the reaction of people. Whereas the initial witch hunt of 1562 still had a local dimension, the

---

[5] WOLFGANG BEHRINGER, "Climatic Change and Witch-Hunting. The Impact of the Little Ice Age on Mentalities", in CHRISTIAN PFISTER / RUDOLF BRÁZDIL / RÜDIGER GLASER, eds., Climatic Variability in Sixteenth-Century Europe and Its Social Dimension (Dordrecht, 1999), pp. 323–34.

[6] Rüttel was a physician and astronomer who was engaged in the administration of the Duchy of Württemberg. He was a correspondent of Johannes Kepler (1571-1630). Between 1625 and 1633, Rüttel kept a detailed weather diary that was analysed in an unpublished licentiate thesis. PHILIPP STÄMPFI, Nasses Korn, saurer Wein. Witterungsrekonstruktion für Württemberg 1625–1633, anhand des Tagebuches von Friedrich Rüttel und der Einfluss der Witterung auf Wirtschaft und Bevölkerung (Lizentiatsarbeit, Institute for History, University of Bern, 1992).

[7] Ibid., p. 52; WOLFGANG BEHRINGER, Hexen. Glaube, Verfolgung, Vermarktung (München, 1998), p. 54.

[8] Ibid.

upsurge against the witches in the late 1620s swept through several territories in southern Germany. Was this collective angst rooted in the experience of knowing that earlier shocks of "unnatural weather" had turned out to be forerunners of subsistence crises (which again proved true in the case of 1626 when seen in view of the extreme hardships during the years of 1627 and 1628)? Or was it rather due to the fact that the witchcraft paradigm had become more widely known since the late sixteenth century? Regardless of the answers, the climatic context in which such episodes occurred is of importance. It is for this reason that it needs to be interpreted with reference to the history of climate, one which is close to people's minds, past and present. Such a history of climate should focus on building bridges between micro-weather histories based on record sources and the macro-reconstructions of climatic change.

Most historians became acquainted with the history of climate through the path-breaking work of Emmanuel Le Roy Ladurie. Having been a student of Fernand Braudel (1902–1985), the French historian wrote his *History of Climate* according to the Braudelian scheme of historical temporalities. It is well known that Fernand Braudel defined three levels of history (*res gestae*) which were both chronological and operational. The superficial level is one of short-term historical events and individuals; the middle level comprises conjunctures (cyclical phenomena) which occur over medium-length timescales; and the basal level is of long-lasting structures. The short-term, rapidly changing levels of historical events, chance occurrences and individual men and women comprise what Braudel viewed as the traditional approach to history, and it was against this that he reacted. He played down its importance, seeing events and individuals as the "ephemera" or "trivia" of the past. Among the temporalities of very long duration, Braudel mentioned changes in climate.[9] Emmanuel Le Roy Ladurie took up his concept.

Indeed, Le Roy Ladurie's classical historiographical concept of the "Little Ice Age" fits perfectly into the Braudelian scheme of "long duration". From evidence concerning glaciers and based on vine harvest dates, Le Roy Ladurie concluded that all seasons had undergone a more or less synchronous cooling at the end of the sixteenth century. He likewise assumed that the warming from the late nineteenth century was more or less synchronous in all seasons.[10] His book leaves the impression that there was a distinct "Little

---

[9] FERNAND BRAUDEL, The Mediterranean and the Mediterranean World in the Age of Philippe II, trans. by SIAN REYNOLDS (Fontana, 1995).

[10] EMMANUEL LE ROY LADURIE, Times of Feast, Times of Famine. A History of Climate Since the Year 1000, trans. by BARBARA BRAY (London, 1972), p. 237.

Ice Age" climate which was predominantly cold and rainy. The French historian impressively illustrated his point from pictorial representations of historical glaciers. The Rhone Glacier near Gletsch (Canton Valais) is undoubtedly the most spectacular example in this respect. At the time of its largest expansion (shortly after 1600 and again in 1856), the valley was filled with an enormous block of ice. Today, the Rhone Glacier has melted so far back that it no longer can be seen from the valley. Consequently, Le Roy Ladurie was looking for human impacts of the hypothesized changes in long-term average climate. He concluded that "*in the long term* [emphasis added by the author] the human consequences of climate seem to be slight, perhaps negligible, and certainly difficult to detect".[11] For several decades this claim of an influential pioneer has served as a key argument to shun attempts to assess the human significance of past climate change.

Whereas the macro-history of climate aims at reconstructing temperature and precipitation for the period prior to the creation of national meteorological networks both in terms of time series and spatial patterns, a history of climate tailored to the needs of the historian should rather highlight changes in the frequency of those climate patterns which are known to have affected everyday life in the early modern period. This mainly regards such spells of temperature and precipitation as were known by contemporaries to bear the risk of widespread weather-related crop failures.

These two kinds of accounts on climate are difficult to bring in line. Reports on the micro-level focus on single climate anomalies and are close to the sources. They show in which ways extreme events affected humans and their decision making. However, such episodes are too fragmented to be integrated into narratives of climatic change over a long period of time.

Histories of climate, on the other hand, provide impressive overviews of climatic change but without providing conclusive links to human history. Differences in average temperature and precipitation over several decades are not convincing in this respect. Rather, they come up against the argument that in such situations people may adapt their way of living to a changing climate. Innovations will become accepted that are better suited to the new situation, whereas older outdated practices may tacitly disappear.[12] Rather, climate history on the macro-level should offer an interpretative frame in which significance may be attached to individual climate anomalies. It is im-

---

[11] Ibid., p. 119.
[12] This issue is discussed more detailed in: Tom M. L. Wigley et al., "Historical Climate Impact Assessments", in Robert W. Kartes / Jesse H. Ausubel / Mimi Berberian, Climate Impact Assessment. Studies of the Interaction of Climate and Society (Chichester, 1985), pp. 529–64, here pp. 530–1.

portant for human perception and interpretation, as well as for the measures being taken, to know whether such episodes occur surprisingly after a pause of several decades, whether they remain isolated outliers or whether they occur repeatedly.

This article suggests how the frequency and severity of short-term climate impacts may have become an important element of an integrated history of climate and human history. The arguments are structured as follows: in the subsequent section the methodology for obtaining continuous and quantitative high-resolution data on both past weather and climate from documentary evidence is outlined. The third section deals with the "Little Ice Age" both in terms of glacier fluctuations and seasonal climates. It is argued that there is no single long-term climatic trend which agrees with the advanced position of glaciers during the "Little Ice Age". Rather, this period is made up of a manifold spectrum of monthly and seasonal temperature and precipitation patterns, including warm phases and extremes. In certain periods which Heinz Wanner has named "Little Ice Age-type Events" (LIATE)[13], temperature and precipitation patterns promoted far-reaching glacier advances. The issue of climate impacts is discussed in the fourth section with regard to food production. An ideal type-model of "Little Ice Age-type Impacts" (LIATIMP) is developed from monthly temperature and precipitation indices on the basis of crop-specific considerations. In the fifth section the output of this model is compared to fluctuations of grain prices and vine production. A focus is placed on the period between 1585 and 1597 in which chilly summers became the dominant climatic mode. The final section discusses whether the seven decades between 1570 and 1630 are to be understood as "a period of crisis" or whether the term of "Second Period of Little Ice Age-type Impacts, 1570 to 1630" seems to be more appropriate.

Climate history and human history are usually written separately. Many historians understand history as being limited to an account of what man does to mankind. Environmental history has put this focus into perspective, at first in the United States from the 1980s, subsequently in Europe and elsewhere.[14] The quasi natural environment of man is increasingly accepted as being the fourth basic category of history on an equal level with governance,

---

[13] Heinz Wanner, "Vom Ende der letzten Eiszeit zum mittelalterlichen Klimaoptimum", in Heinz Wanner / Dimitrios Gyalistras / Jürg Luterbacher / Ralph Rickli / Esther Salvisberg / Christoph Schmutz / Stefan Brönnimann, eds., Klimawandel im Schweizer Alpenraum (Zürich, 2000), p. 77.

[14] The European Society for Environmental History (ESEH, http://www.eseh.org (February 2004)) was founded in 2001, and as of early 2005 has more than 420 members.

economy and culture, as Wolfram Siemann recently argued.[15] Though climate and environmental change is gradually being accepted as a part of the historical narrative, such aspects are often still ignored or faded out. For example, recent respectable textbooks on "Early Modern Europe" do not contain a single index entry for "climate".[16] During the last two decades, the mainstream of historiographers has moved away from dealing with the facts of material life in order to explore the promising new field of cultural history.[17] This has been the case even in fields such as demography and agrarian history, where climate change was previously given at least some consideration.[18] Some early modern historians still stick to the argument brought forth in the 1970s and 1980s, namely, that the needed climate data for sophisticated analyses of economic or demographic data is insufficient.[19] Although this may have been true at that time, a lot of things have changed since then Historical climatology has made astonishing progress since the early 1990s,[20] even though the fact has generally not been noticed by historians because most new results are published in scientific journals.

Whereas the study of future climatic impacts on humankind has developed into a well-funded area of research, the climatic vulnerability of past societies has only received limited attention.[21] According to oceanographer Wolfgang H. Berger, there is good reason why many historians are disinclined to tackle climate as a factor "in history". One is that effects of climatic fluctua-

---

[15] WOLFRAM SIEMANN / NILS FREYTAG, "Umwelt. Eine geschichtswissenschaftliche Grundkategorie", in WOLFRAM SIEMANN, ed., Umweltgeschichte. Themen und Perspektiven (München, 2003), pp. 7–19, here p. 10.

[16] EUAN CAMERON, ed., Early Modern Europe. An Oxford History (Oxford, 1999); ANETTE VÖLKER-RASOR, ed., Frühe Neuzeit (München, 2000).

[17] STEFAN MILITZER, "Sachsen. Klimatatsachen und Umriss von Klimawirkungen im 17. Jahrhundert", in UWE SCHIRMER, ed., Sachsen im 17. Jahrhundert. Krise, Krieg und Neubeginn (Beucha, 1998), pp. 69–100. Militzer is one of the very few who dealt with the issue in the 1990s, however he was not further supported upon the completion of his thesis.

[18] E.g., neither in: NEITHARD BULST, "L'essor (Xe–XIVe siècles)", in JEAN-PIERRE BARDET / JACQUES DUPÂQUIER, Histoire des Populations de l'Europe, 3 vols. (Paris, 1997), vol. I, pp. 168–84, nor in: WIM BLOKMANS / HENRI DUBOIS, "Le temps de crises (XIVe et XVe siècle)", in ibid., pp. 185–217, are the issues of climate addressed. Likewise, MASSIMO LIVI BACCI, The Population of Europe. A History (The Making of Europe) (Oxford, 1999), does not quote one single reference concerning the history of climate.

[19] LE ROY LADURIE, Times of Feast (see note 10).

[20] RUDOLF BRÁZDIL / CHRISTIAN PFISTER / HEINZ WANNER / HANS VON STORCH / JÜRG LUTERBACHER, "Historical Climatology. The State of the Art", Climatic Change (accepted).

[21] The term "vulnerability" designates the extent to which climatic extremes and natural disasters may damage or harm a group or a society. It depends on the group's sensitivity and ability to adapt to new climatic conditions. See: http://www.grida.no/climate/vital/25.htm (13 September 2003).

tions "on the course of history" are difficult to show because societies and their economies have many internal mechanisms compensating for adverse climatic effects.[22] To some, the reluctance of historians to view climatic variability as a factor of historical explanation is connected to the long tradition of climatic determinism, which postulated that climatic factors have been among the greatest factors in determining the course of human history.[23] It needs to be emphasized that investigating past climate and its significance for and its perception by humans does not imply as a matter of course that climate is considered to be a determinant factor. Rather, it is assumed that climate is among those conditions – like population and wars – which may be potentially significant to account for a given situation. Dealing with exogenous shocks – be it climate impacts or natural disasters – offers the opportunity to assess the significance of non-anthropogenic contingencies as factors in human history as opposed to structural restraints. In emergency situations, mental and structural barriers are significantly lowered when attempting novel solutions to given problems. Alert persons involved thus often use crises as windows of opportunity to expand the power of their institution at the expense of others. There is no doubt whatsoever that climate is part of the basic natural conditions for life and human culture. Dealing with vicissitudes of climate has been among the most fundamental challenges human groups have had to face, and the experience of crises has contributed to the development of a keen sense of the properties of local environments prior to the Industrial Age.

---

[22] WOLFGANG H. BERGER, "Climate History and the Great Geophysical Experiment", in GEROLD WEFER ET AL., eds., Climate Development and History of the North Atlantic Realm (Berlin, 2002), pp. 1–16, here p. 13.

[23] E.g., ELLSWORTH HUNTINGTON / SUMNER W. CUSHING, Principles of Human Geography (New York, 1924 [1907]); SIDNEY FRANK MARKHAM, Climate and the Energy of Nations (London, 1947); and ROBERT CLAIRBORNE, Entscheidungsfaktor Klima. Der Einfluß des Wetters auf Entwicklung und Geschichte der Menschheit (Wien, 1973 [1970]). Particularly crude and unscientific examples of this position were recently provided by RICHARD A. BECK, "Climate, Liberalism and Intolerance", Weather, 48 (1993), p. 63–4, and in a work by ETH emeritus KENNETH Hsü, Klima macht Geschichte. Menschheitsgeschichte als Abbild der Klimaentwicklung (Zürich, 2000).

2. How to Convert Narratives into Quantitative Data on Weather and Climate

Information on past climates is obtained from data on two different time-scales: palaeoclimatological data cover a time-scale of 10^3 years and longer,[24] whereas historical climatology focuses on high-resolution documentary evidence in the last millennium of the pre-instrumental period. Proxy data[25] from "natural archives" are of little value to assess the human significance of climate. The historian would need evidence that offers a high resolution in terms of time, space and climate elements. Most natural proxy data, however, have a low temporal resolution and effects of temperature and precipitation often cannot be disentangled. Moreover, scientists preferably provide smoothed curves on a high level of spatial aggregation. Outliers in which historians would have the most interest are suppressed. Given this situation, historians had to develop their own approach of climate reconstruction. Unfortunately the implementation of such a concept was hampered for a long time by the role which history seemed to play as the "handmaiden" of such sciences as seismology, climatology and hydrological engineering.

According to Emmanuel Le Roy Ladurie, a conclusive investigation of the impact of climatic variations on societies should involve two steps. Firstly, climate in the pre-instrumental period should be studied for its own sake, separately from its possible impacts on societies. In a second step, the evidence obtained should be used to set up models enabling the exploration of the impacts of climatic variations upon economies and societies. He suggested that such a picture of climate without mankind in the historical period might be reconstructed from data describing the meteorological nature of certain years, seasons, months and days, i.e., from long series of documentary proxy data. The ultimate goal of such a reconstruction should be setting up series of continuous, quantitative and homogeneous climatic indicators.[26]

An approach to quantify qualitative observations in a more or less standardized way was developed from the late 1960s. It consists of deducing con-

---

[24] RAYMOND S. BRADLEY, Paleoclimatology. Reconstructing Climates of the Quaternary (Orlando, 1999).

[25] The term "proxy" is used to denote any material that provides an indirect measure of climate in contrast to instrumental measurement or descriptions of weather patterns. For example, this applies to the date of a vine harvest. Such information needs to be calibrated, i.e. statistically compared with series of temperature measurement before it can be used for reconstructions of climate.

[26] LE ROY LADURIE, Times of Feast (see note 10).

tinuous, quantitative and more or less homogeneous time-series of intensity indices for temperature and precipitation from documentary data that are used as substitutes for instrumental measurements.[27] The classical procedure of data analysis and reconstruction starts with the search of suitable climatic evidence. In most cases a reconstruction involves different kinds of documentary data supplemented by high-resolution natural proxy data. The characteristic nature of reports from western and central Europe, including northern Italy, can be summarized as follows:[28]

- Prior to 1300: reports of socio-economically significant anomalies and natural disasters.
- 1300 to 1500: more or less continuous reports on the characteristics of summers and winters (as well, to some extent, as those of spring and autumn), including references to "normal" conditions.
- 1500 to 1800: nearly complete descriptions of monthly weather patterns, including a number of daily weather reports and a growing number and diversity of continuous proxy records related to the increase of early local, regional and state bureaucracies.
- 1680 to 1860: instrumental measurements made by separate individuals and the first short-lived international network of observations (Breslau-Network 1717–1726[29] and Palatina-Network 1780–1792).[30]
- Since 1860: instrumental observations in the framework of national and international networks.

This list needs to be understood in a cumulative way. Older kinds of weather and climate observations are not replaced by, but rather superposed on more recent ones. In sum, the quality of the data improves with time, and its density, spatial coverage and time resolution increases.

The entire set of data available for each month or season is then transformed into intensity indices of temperature and precipitation that are either

---

[27] Brázdil et al., "Historical Climatology in Europe" (see note 20).

[28] Christian Pfister / Rudolf Brázdil / Mariano Barriendos, "Reconstructing Past Climate and Natural Disasters in Europe Using Documentary Evidence", in Christian Pfister / Heinz Wanner, eds., Documentary Evidence (PAGES [Past Global Changes] News 10/3) (2002), pp. 6–8.

[29] Gustav Hellmann, "Die Vorläufer der Societas Meteorologica Palatina", Beiträge zur Geschichte der Meteorologie 1, 5 (1914), pp. 139–47. The articles were published in: Sammlung von Natur- und Medicin, wie auch hierzu gehörigen Kunst- und Literatur-Geschichten, a review edited by Johann Kanold (1679–1729), a physician in Breslau between 1718 and 1729 (see Jan Munzar, "Environmental History of Central Europe in the First Half of the 18th Century" [according to the so-called 'Wrocław' collection], Moravian Geogr. Reports, 10 [2002], pp. 37–45).

[30] John Kington, The Weather of the 1780s over Europe (Cambridge, 1988).

on a three-degree classification (e.g., 1 = warm, 0 = normal, -1 = cold) or on a seven-degree classification (e.g., 3 = extremely warm, 2 = very warm, 1 = warm, 0 = normal, -1 = cold, -2 = very cold, -3 = extremely cold).[31] This process is not to be understood as a mathematical problem because it involves methodological, source-specific, ecological and context-specific considerations.[32] At present, such series are available for Switzerland,[33] Germany,[34] the Low Countries,[35] the Czech Republic,[36] Hungary,[37] Andalusia,[38] Portugal[39] and Greece.[40]

The approach of deducing numbers from weather narratives needs to be adequately documented. In order to check the quality of the procedure, the wording of the basic sources should be made available along with the climatological quantification being made from it. At the same time, such source texts provide valuable evidence for cultural historians investigating biographies and world views of the authors who were writing diaries or looking for the ways in which people responded to climate anomalies and impacts. Quite often, such narratives provide a bridge between the micro- and the macrolev-

---

[31] Brázdil et al., "Historical Climatology in Europe" (see note 20); Christian Pfister, "Klimawandel in der Geschichte Europas. Zur Entwicklung und zum Potenzial der historischen Klimatologie", Österreichische Zeitschrift für Geschichtswissenschaften (ÖZG) 12, 2 (2001), pp. 1-43.

[32] E.g., ibid.; Rüdiger Glaser, Klimarekonstruktion für Mainfranken, Bauland und Odenwald anhand direkter und indirekter Witterungsdaten seit 1500 (Stuttgart, 1991).

[33] Pfister, Das Klima der Schweiz (see note 2); Id., Wetternachhersage. 500 Jahre Klimavariationen und Naturkatastrophen 1496-1995 (Bern, 1999), pp. 44-6.

[34] Rüdiger Glaser, Klimageschichte Mitteleuropas. 1000 Jahre Wetter, Klima, Katastrophen (Darmstadt, 2001).

[35] Jan Buisman / Aryan van Engelen, Duizend Jaar weer, wind en water in de lage landen, 4 vols. (Franeker, 1995-2000): vol. I, to 1300 (1995); vol. II, 1300-1450 (1996); vol. III, 1450-1575 (1998); vol. IV, 1575-1675 (2000).

[36] Rudolf Brázdil / Petr Dobrovolny / Oldrich Kotyza, "Climate Fluctuations in Czech Lands during the 16th Century in the Central European Context", Zeszyty Naukowe Uniwersytetu Jagiellonskiego, Prace Geograficze-Zeszyt, 102 (1996), pp. 497-502.

[37] Lajos Racz, Climate History of Hungary since the 16th Century. Past, Present and Future (Pécs, 1999).

[38] Fernando Rodrigo Sanchez / Maria Jesus Esteban-Parra / Yolanda Castro-Diaz, "The Onset of the Litte Ice Age in Andalusia (Southern Spain). Detection and Characterization from Documentary Sources", Climatic Change, 27 (1994), pp. 397-418.

[39] Maria Alcoforado / Maria Fatima Joao Nuñes / Joao Carlos Garcia / Joao Paulo Taborda, "Temperature and Precipitation Reconstructions in Southern Portugal during the Late Maunder Minimum, 1675-1715", The Holocene, 10 (2000), pp. 333-40.

[40] Eleni Xoplaki / Panagiotis Maheras / Jürg Luterbacher, "Variability of Climate in Meridional Balkans during the Periods 1675-1715 and 1780-1830 and Its Impact on Human Life", Climatic Change, 48 (2001), pp. 581-614.

el, between the quantitative and the qualitative dimension of climate history, as it is demonstrated in the introductory paragraph.

In view of putting these objectives into practice, a specific data-base named *Euro-ClimHist* has been developed by Urs Dietrich of the NCCR "Climate" (University of Bern). It allows accessing climate and environmental evidence at different levels of time (year, season, month, day) in different areas of Europe. The results of queries are displayed in terms of original source texts, time-series of ordinal indices or charts on the basis of a geographical information system (GIS). In this way, observations at the microlevel can be linked to time-series of ordinal indices on temperature and precipitation at the level of seasons and months derived from a multitude of so-called proxy information in the same region. At the same time, such a multi-level data-structure allows the definition of properties of climate on a time scale of decades and highlights the characteristics of extreme seasons, months and days or even short-term events of merely a few hours.[41]

The latest and perhaps most spectacular step in climate reconstruction was achieved by Jürg Luterbacher and his colleagues at the University of Bern. They demonstrated that a few spatially well-distributed instrumental series of temperature, precipitation and air pressure are sufficient for assessing the field of air pressure at sea-level throughout Europe and the adjacent North Atlantic, thereby enabling the positioning of low and high pressure.[42] Luterbacher and his fellow scientists were able to statistically derive spatial charts of monthly (back to 1659) and seasonal (back to 1500) air pressure and surface temperature for the whole of Europe from early instrumental observations and series of indices.[43]

The problem of data availability that has plagued the history of weather and climate for a long time thus seems to be solved. Without a doubt, many historians will hardly be able to fully grasp the statistical procedures that are behind these results. For example, the environmental historian Joachim Rad-

---

[41] Urs Dietrich, "Using Java and XML in Interdisciplinary Research. A New Data-Gathering Tool for Historians as Used with EuroClimHist", Historical Methods 10,2 (2004), pp. 174–85.

[42] Each temperature chart consists of 5050 grid points (distance between grid points, 60 km) (see graphs 2, 3, 4); in the case of sea-level pressure, 135 grid points. See: Jürg Luterbacher / Eleni Xoplaki / Daniel Dietrich / Ralph Rickli / Jucundus Jacobeit / Christoph Beck / Dimitrios Gyalistras / Christoph Schmutz / Heinz Wanner, "Reconstruction of Sea-Level Pressure Fields over the Eastern North Atlantic and Europe Back to 1500", Climate Dynamics, 18 (2002), pp. 545–62.

[43] Jürg Luterbacher / Daniel Dietrich / Eleni Xoplaki / Martin Grosjean / Heinz Wanner, "European Seasonal and Annual Temperature Variability, Trends, and Extremes since 1500", Science, 303 (2004), pp. 1499–1503 (DOI:10.1126/science.1093877).

kau cast doubt on the quality of the reconstructions because "outsiders may find it difficult to understand them".[44] Fortunately, Luterbacher's results have been scrutinized by statisticians and climatologists,[45] and are widely used by many scholars from different scientific fields.

3. Was There a Little Ice Age Climate?

This paragraph tackles the issue of defining the Little Ice Age (LIA), dealing with whether weather and climate from the fourteenth to the late nineteenth century was somehow different from that prevailing in the preceding "Medieval Warm Period" (from about 900 to the fourteenth century) and in the "warm twentieth century". The Little Ice Age was the most recent period during which glaciers maintained an expanded position on most parts of the globe, whereas their fronts oscillated about in advanced positions.[46] The concept of LIA was coined in 1939 by US-American François Matthes and only related to the position of glaciers.[47] As of the late nineteenth century, the Little Ice Age gave way to the "warm period of the twentieth century" (until about 1988),[48] during which most glaciers melted back about to the position of the "Medieval Warm Period", and even farther back.[49]

The LIA was a simultaneous, world-wide phenomenon which nonetheless allowed for considerable regional and local variation. According to the sophisticated reconstructions made by Hanspeter Holzhauser, it is known that the Aletsch Glacier, the largest in the Alps, was in an advanced position from the late fourteenth to the late nineteenth centuries. This epoch was the longest period of glacial expansion in the Alps for at least 3000 years.[50]

---

[44] JOACHIM RADKAU, Natur und Macht. Eine Weltgeschichte der Umwelt (München, 2002), p. 48.

[45] JÜRG LUTERBACHER ET AL., "Reconstruction of Monthly Mean Sea Level Pressure over Europe for the Late Maunder Minimum period, 1675-1715", International Journal of Climatology 20, 10 (2000), pp. 1049-66; ID. ET AL., "The Late Maunder Minimum, 1675-1715. A Key Period for Studying Decadal Scale Climatic Change in Europe", Climatic Change, 49 (2001), pp. 441-62.

[46] JEAN M. GROVE, "The Initiation of the 'Little Ice Age' in Regions round the North Atlantic", Climatic Change, 49 (2001), pp. 53-82.

[47] FRANÇOIS MATTHES, "Report of the Committee on Glaciers", Transactions American Geophysical Union, 20 (1939), pp. 518-23.

[48] Since that time, climate changed sensitively and increasingly by global warming.

[49] BRÁZDIL ET AL., "Historical Climatology in Europe" (see note 20).

[50] HANSPETER HOLZHAUSER, "Gletscherschwankungen innerhalb der letzten 3200 Jahre am Beispiel des Grossen Aletsch- und Gornergletschers. Neue Ergebnisse", in SCHWEIZERISCHE GLETSCHERKOMMISSION, ed., Gletscher im ständigen Wandel (Zürich, 1995), pp. 101-22.

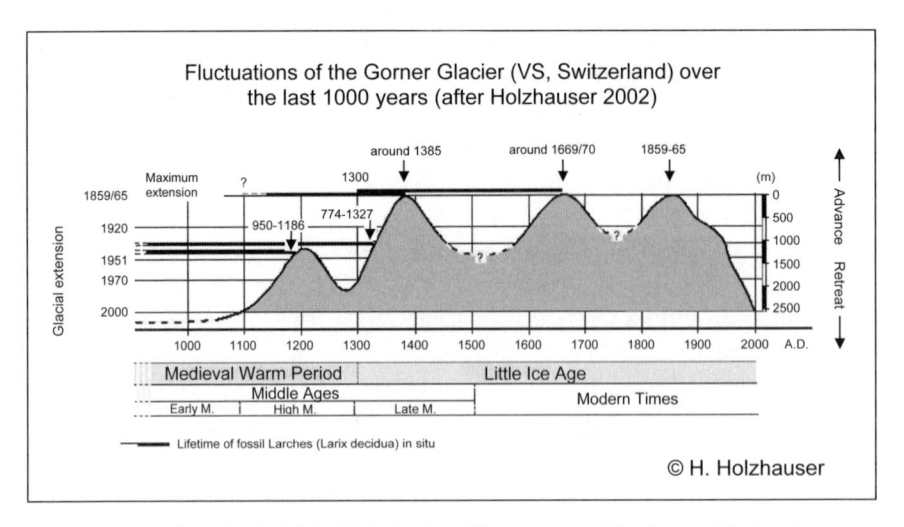

Graph 1. The Three Peaks of the Little Ice Age: Fluctuations of the Gorner Glacier (Canton Valais, Switzerland) since the Middle Ages (Holzhauser, "Dendrochronologische Auswertung fossiler Hölzer zur Rekonstruktion der nacheiszeitlichen Gletschergeschichte", [see note 51] Exh. 9).

The fluctuations of Gorner Glacier (Canton Valais in the Swiss Alps) were precisely dated from the dendrochronological analysis of logs found in the forefront by Hanspeter Holzhauser. The Gorner Glacier displays three phases of maximum expansion over the last millennium: the first one occurred around 1385, the second one about 1669/70 and the third one between 1859 and 1865.[51] The occurrence of the first maximum in the late fourteenth century confirms an earlier assumption made by the author,[52] who had related the main thrust for the far-reaching glacial advance in the fourteenth century to a cluster of three chilly summers from 1345 to 1347, which were followed by a subsequent period of cool-moist summers through 1370.[53] The second maximum of Alpine glaciers during the seventeenth century was related to frequent cold and wet summers between 1566 and 1605 and again from 1616 to 1645 (see graph 4). The first phase was more intensive: the Lower Grindelwald Glacier – the best documented glacier in the

---

[51] The approach is explained in detail in: ID., "Dendrochronologische Auswertung fossiler Hölzer zur Rekonstruktion der nacheiszeitlichen Gletschergeschichte", Schweizerische Zeitschrift für Forstwesen, 153 (2002), pp. 17–28.

[52] CHRISTIAN PFISTER, "Variations in the Spring-Summer Climate of Central Europe from the High Middle Ages to 1850", in HEINZ WANNER / ULRICH SIEGENTHALER, eds., Long and Short Term Variability of Climate. Lecture Notes in Earth Sciences 16 (Berlin, 1988), pp. 57–82.

[53] HOLZHAUSER, "Dendrochronologische Auswertung fossiler Hölzer" (see note 51).

Alps – reached its maximum around 1603, after advancing more than a kilometre since 1580.[54] There is good agreement on the existence and, to some extent, on the duration of the LIA in Europe as a glacial feature.

Whereas the Little Ice Age is well defined, the term "Little Ice Age Climate" causes confusion. It is a misleading construction of the natural sciences, a labeling which should reduce complexity but which is rather inappropriate in this respect. The term suggests that the expansion of glaciers can be related to some set of long-term average climate conditions which differ from those prevailing in the preceding and subsequent warm periods. Such a view is inadequate. An explanation must be made as to why the term "Little Ice Age climate" should be avoided and why the expression "climate during the LIA" seems to be more appropriate. Primarily, it must be stressed that the six centuries between 1300 and 1900 were not continuously cold. The cold phases were repeatedly interrupted by phases of "average climate". In central Europe, for example, this refers to the period between 1630 and about 1670. In some periods, e.g., from 1380 to 1420 and again from 1718 to 1730, the summer half-year was even somewhat warmer than the "warm twentieth century". Secondly, fluctuations in the front of a glacier may not be readily interpreted in terms of specific climatic parameters. Rather, the ice-body integrates positive and negative climate stimuli on its mass balance.[55] The mass balance varies according to seasonal temperature and equivocal precipitation patterns. When a surplus of ice accumulates in the upper parts of a glacier, it takes some time until it reaches the front end of the ice and causes an expansion. The response of a glacier tongue to climatic stimuli varies according to the size, the altitude and the orientation and individual properties of the glacier from between one or two years to a decade or more. This must be kept in mind when interpreting the evidence.[56]

It is in this context that Heinz Wanner coined the term of "Little Ice Age-type events" (LIATE) to designate the three far-reaching advances known

---

[54] CHRISTIAN PFISTER / HANSPETER HOLZHAUSER / HEINZ J. ZUMBÜHL, "Neue Ergebnisse zur Vorstossdynamik der Grindelwaldgletscher vom 14. bis zum 16. Jahrhundert", Mitteilungen der Naturforschenden Gesellschaft Bern, NF 51 (1994), pp. 55-79.

[55] This term designates the difference between the accumulation (i.e., the "income") and the ablation (i.e., the "expenditures") of ice in the mass of the glacier.

[56] For example, LE ROY LADURIE described the 1640s as follows: "This decade characterized by extremely cool and damp summers, late wine harvests and famines, and by a very low rate of ablation, gave great impulse to the growth of Alpine glaciers, already voluminous enough." (LE ROY LADURIE, Times of Feast [see note 10], p. 173). This statement draws from known glacier expansion and vine harvest dates. However, the decisive climatic impulse for the glaciers came in the late 1620s and, as LE ROY LADURIE could not yet know when he wrote his best-seller, the timing of the vine harvest depended mainly on the temperatures in May and June.

from the last millennium[57] (see graph 1). Reconstructions of glacier and climate history have yielded the result that each of the three LIATE was the outcome of a specific combination of seasonal patterns of temperature and precipitation.[58] Besides these individual properties, of course, there is a set of overarching factors promoting LIATE. The mass balance of Alpine glaciers is positively affected by the following seasonal patterns: a moist winter, cold relapses in spring, a cool and rainy summer with frequent snow-falls down to low altitudes and a lack of warm anticyclonic situations in autumn. Conditions in midsummer are crucial.[59] These conditions should be understood as an ideal-type model in the Weberian sense.[60]

There are several episodes in the history of climate during the last millennium which approach these ideal-type conditions. The best known example is 1816, the famous "year without a summer".[61]

Examples of Years Without a Summer

From the reconstruction of spatial temperature patterns it can be concluded that the extreme cold of the summer of 1816 was the result of a persistent large anomalous low covering large parts of the European continent, in conjunction with the advection of cool and moist air masses from the northwest and the north. The Azores anticyclone remained at the western fringe of the continent (see graph 2–1). Considering Europe as a whole, this summer was around 0.3 °C cooler than the average of 1901–1995.[62] It snowed in the Alps clear down to the valleys every fortnight and sledges had to be used until mid-July. The weather in the Geneva region was so oppressive that nineteen-year old Mary Shelley (1797–1851) was inspired to write the story of Frankenstein.[63] It is well known that the frosty summer was mainly a conse-

---

[57] WANNER, "Vom Ende der letzten Eiszeit" (see note 13), p. 77.

[58] JÜRG LUTERBACHER, "Die Kleine Eiszeit ('Little Ice Age', AD 1300–1900)", in Klimawandel im Schweizer Alpenraum (see note 13), pp. 101–102.

[59] BRUNO MESSERLI / PAUL MESSERLI / CHRISTIAN PFISTER / HEINZ J. ZUMBÜHL, "Fluctuations of Climate and Glaciers in the Bernese Oberland, Switzerland, and their Geoecological Significance, 1600–1975", Artic and Alpine Research 10, 2 (1978), pp. 247–60; PFISTER, Das Klima der Schweiz, II (see note 2), p. 144.

[60] STEPHEN KALBERG, Max Weber's Comparative-Historical Sociology (Cambridge, 1994), p. 46.

[61] Numerous articles in: CHARLES RICHARD HARINGTON, ed., The Year Without a Summer? World Climate in 1816 (Canadian Museum of Nature, Ottawa, 1992).

[62] LUTERBACHER ET AL., "European Temperature Variability" (see note 43); ID. ET AL., "Reconstruction of Sea Level Pressure Fields" (see note 42).

[63] http://www.kimwoodbridge.com/maryshel/summer.shtml (KARL W. BRITTON, 21 June 2001).

Summer SLP 1816 minus 1901-98 mean

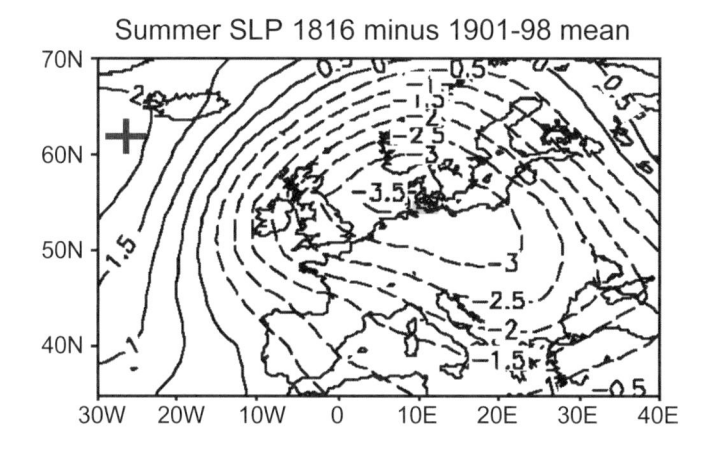

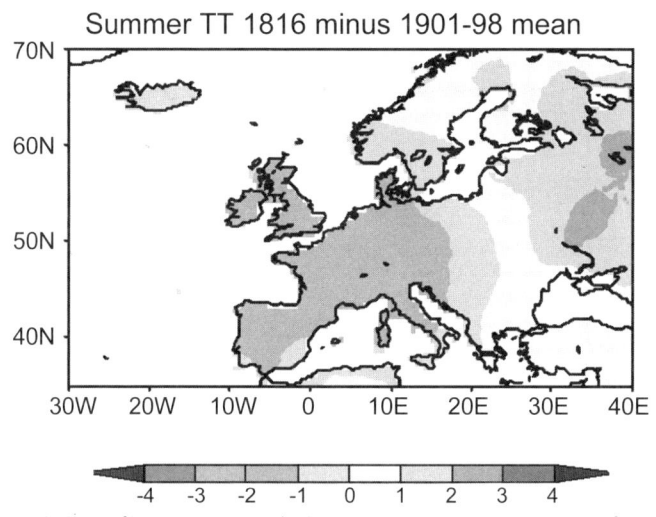

Summer TT 1816 minus 1901-98 mean

Graph 2-1. Deviations of Temperature and Air Pressure at Sea Level in Europe from the Twentieth Century Average during the Summer of 1816.

quence of the explosion of the volcano Tambora (Indonesia) in April of 1815. Tambora blew between 37 and 100 cubic kilometers of dust, ashes, cinders and sulphur-dioxide gas into the stratosphere, generating a globe-girdling veil of volcanic dust.[64]

---

[64] MICHEAL R. RAMPINO, "Eyewitness Account of the Distant Effects of the Tambora Eruption of April 1815", in The Year Without a Summer? (see note 61), pp. 12–15; VLADIMIR BRUZEK, "Major Volcanic Eruptions in the Nineteenth and Twentieth Centuries and Temperatures in Central Europe", in The Year Without a Summer? (see note 61), pp. 422–8.

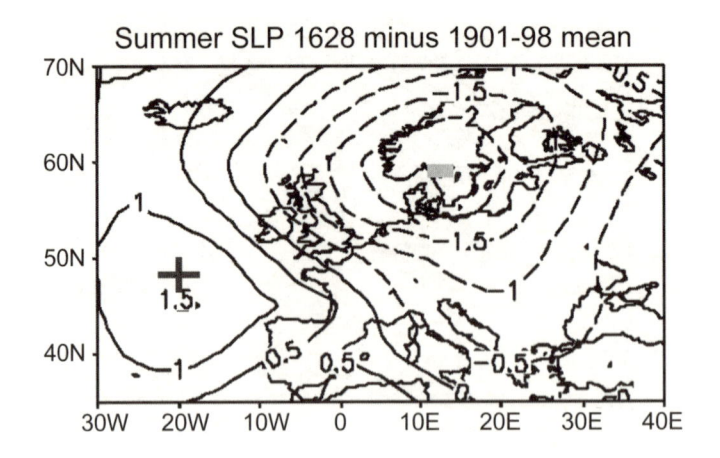

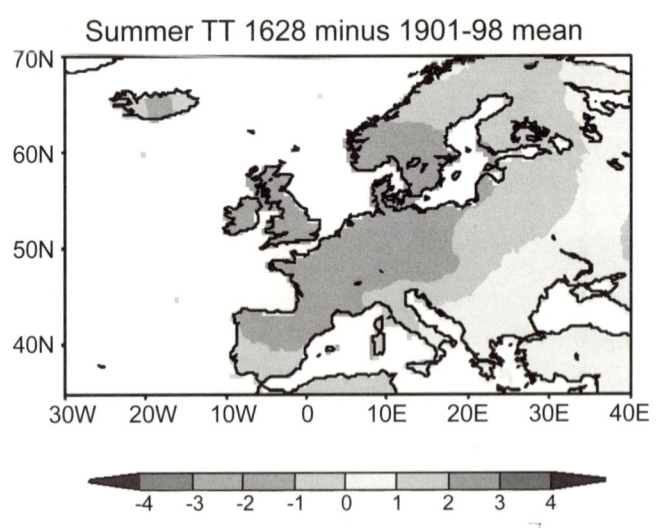

Graph 2-2. Deviations of Temperature and Air Pressure at Sea Level in Europe from the Twentieth Century Average during the Summer of 1628.

Aerosol particles thrown into the stratosphere are rapidly distributed around the globe through advection. They form a veil that back-shatters part of the incoming solar radiation. The result is a cooling during the summer half-year which can take as long as two years to appear[65] and can then per-

---

[65] ANNE S. PALMER / TAS D. VAN OMMEN / MARK A. J. CURRAN / VIN MORGAN / JOE M. SOURNEY / PAUL A. MAYEWKSI, "High Precision Dating of Volcanic Events (AD 1301-1995). Using Ice Cores from Law Dome, Antarctica", Journal of Geophysical Research 106, D 22 (2001), pp. 28089-96.

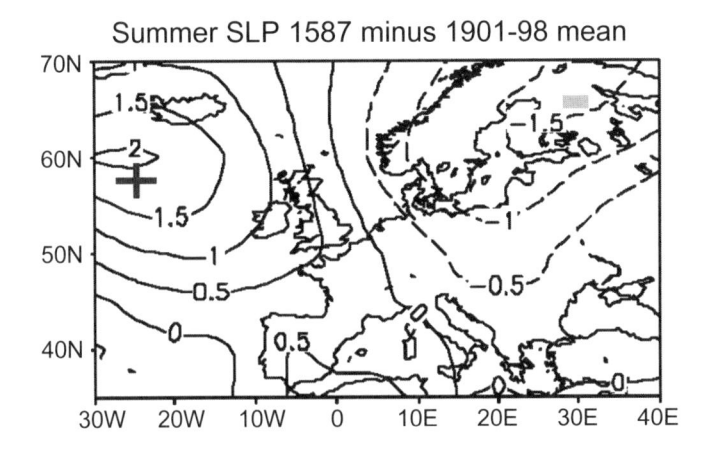

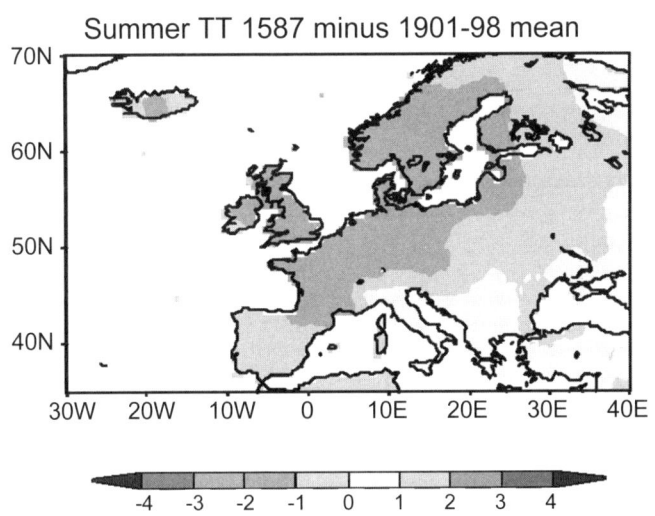

Graph 2-3. Deviations of Temperature and Air Pressure at Sea Level in Europe from the Twentieth Century Average during the Summer of 1587.

sist for anywhere from one to three years on certain parts of the globe.[66] Undoubtedly, such events have a substantial positive impact on the glacial mass balance and in this way they contributed to triggering far-reaching glacier advances.

---

[66] HANS-F. GRAF, "Klimaänderungen durch Vulkane", Promet 28, 3/4 (2002), pp. 133-8; ALAN ROBOCK, "Volcanic Eruptions and Climate", Review of Geophysics 38, 2 (2000), pp. 191-219; GREGORY A. ZIELINSKI, "Use of Paleo-Records in Determining Variability within the Volcanism Climate System", Quarternary Science Review, 19 (2000), pp. 417-38.

The cold summer of 1628 was likewise the result of a lower-than-average sea level pressure centered over southern Scandinavia and extending far into the south. With this pressure constellation, low pressure systems were often heading from the Atlantic towards the European continent and bringing precipitation and lower than usual temperatures. Snow fell in the village of Frutigen (Bernese Oberland, 770 m) in every month of the entire year. It snowed in the Swiss town of St. Gallen (670 m) on 1 July. Up on the Engstligen-Alp (Bernese Oberland, 2000 m), it snowed no less than 23 times between 10 July and 23 August. The fresh snow was so deep on three separate occasions that the cows began to starve and had to be driven downhill. A deep layer of fresh snow covered the Swabian mountains (about 1000 m) in Germany three times during the month of July. The flowering of the grapes in the valleys took five weeks.[67] Rooms in Stuttgart had to be heated. Landgrave Hermann IV of Hesse (1607–1658) recorded 21 rainy days in his diary.[68] August was somewhat better. Nevertheless, oats and grapes did not ripen completely.[69] Considering the delay of vegetation, the summer half-year of 1628 may only be compared to those of 1675 and 1816. Conditions in the previous summer had not been much better.[70] The clustering of cold and rainy spells in the summer half-years of 1627 and 1628 must have provided an important thrust to the Alpine glaciers which advanced during the following three decades. It looks like the fingerprint of a volcanic impact, but the pertinent explosion has not yet been detected.

The year 1587 included another cold mid-summer. Compared to normal summer conditions, over the eastern Atlantic, between Iceland and the Azores Islands, the sea level pressure was higher. On the other hand, over Scandinavia the pressure was below normal. Between these two anomalous pressure systems, frequent incursions of (sub-) polar air was advected towards central Europe (graph 2–3). Snow fell in the Swiss lowlands (450m) in June and July, and again in September, whereas August was warm and dry.[71] The summer was also cold in northern Germany.[72] The subsequent summer

---

[67] STEFAN MILITZER, Klima – Umwelt – Mensch (1500–1800). Studien und Quellen (ClimDat) zur Bedeutung von Klima und Witterung in der vorindustriellen Gesellschaft. Abschlussbericht zum DFG Projekt MI-493 (Leipzig, 1998).

[68] GLASER, Klimageschichte Mitteleuropas (see note 34), p. 141.

[69] ID. / RUDOLF BRÁZDIL / CHRISTIAN PFISTER, "Seasonal Temperature and Precipitation Fluctuations in Selected Parts of Europe during the Sixteenth Century", in Climatic Variability (see note 5), pp. 169–200, here p. 196.

[70] Ibid.; GLASER, Klimageschichte Mitteleuropas (see note 34), p. 141.

[71] ID. ET AL., "Seasonal Temperature and Precipitation Fluctuations" (see note 69), p. 198; ID., Klimageschichte Mitteleuropas (see note 34), p. 143.

of 1588 was dominated by westerly winds, floods and hailstorms.[73] In the Swiss town of Lucerne, it rained on 77 of the 93 days during June, July and August.[74] This cluster of two bad summers is related to the 1586 eruption of Kelut (Java).[75]

Admittedly, "years without a summer" were the most crucial elements underlying the LIATE, i.e., the far-reaching glacier advances. However, these episodes were not a consistent element of the LIA climate. Rather, they were counterbalanced from time to time by clusters of warm and dry summers (e.g., in the 1720s) or more general conditions in other seasons, which caused melting on the glaciers. Another example is seen in Norway, where winter and summer precipitation seem to be dominant elements for glacier expansion. This prevalent situation caused glaciers in southern Norway to reach their maximum during the early eighteenth century, i.e., out of phase with those in the Alps, mainly as a consequence of mild wet winters.[76] These facts all lead to the remarkable conclusion that in the long run, in the Alps summers during the LIA were not significantly cooler than those in the "short twentieth century", i.e., up to 1988.

Rather than cool summers, extended cold spells during the winter halfyear (October through March or April) were the ear-marking feature of climate during the LIA.

Examples of Severe Winters in the Little Ice Age and Beyond

Such spells are a consequence of blocking anticyclones in high latitudes. Heavy winters include both an element of duration and severity. During such climatic modes, cold and dry air masses extend over large parts of the European mainland and block the warm and humid westerly winds from penetrating the continent. The last severe winter occurred in 1962/63. The cold air mass extended from Paris to Minsk. The bitter cold lasted about two months and caused Lake Constance to become ice-bound. The ice cover was so thick that small airplanes were able to land on it. The intensity and duration of the cold and the extension of the cold air mass was more pronounced during the winter of 1829/30. In the winter of 1694/95, the cold – in conditions very similar to those during the winter of 1572/73[77] – possibly reached

---

[72] Ibid., p. 125.

[73] Ibid., p. 126.

[74] GLASER ET AL., "Seasonal Temperature and Precipitation Fluctuations" (see note 69), p. 198.

[75] ANNE S. PALMER ET AL., "High Precision Dating of Volcanic Events" (see note 65).

[76] ATLE NESJE / SVEIN OLAV DAHL, "The 'Little Ice Age'. Only Temperature?" The Holocene, 13 (2003), pp. 139–45.

[77] Ibid.

Winter SLP 1963 minus 1901-98 mean

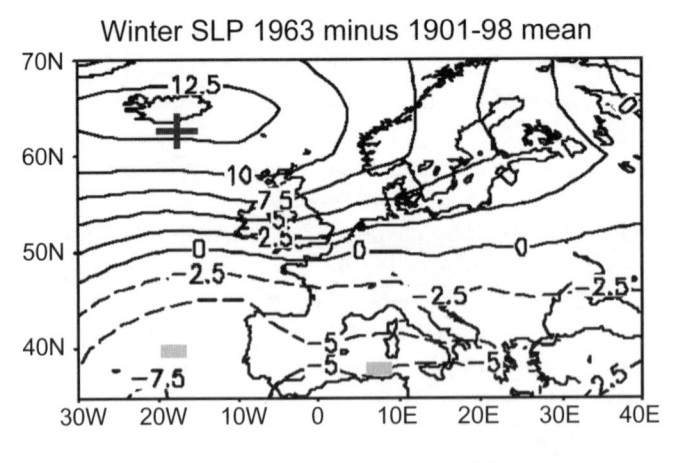

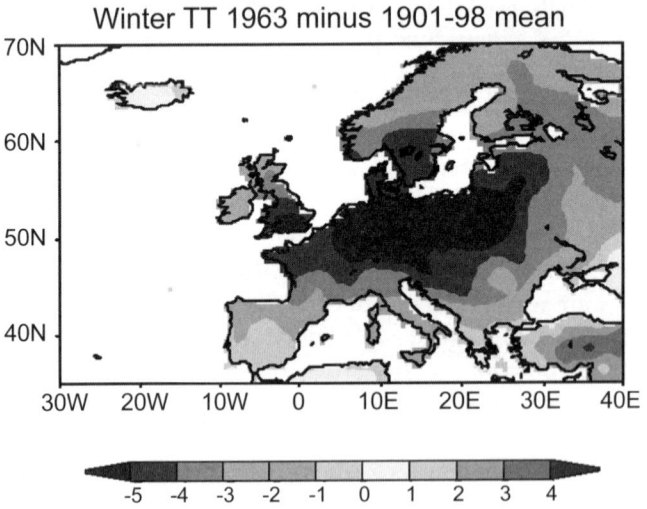

Winter TT 1963 minus 1901-98 mean

Graph 3-1. Deviations of Surface Air Temperature and Sea Level Pressure in Europe from the Twentieth Century Average (1901–1995) during the Winter 1962/63.[78]

a maximum of the last 500 years. It must be emphasized that the cold air was often limited to the region north of the Alps. Depressions moved through the Mediterranean where rainfall increased as a consequence. When such situations included outbreaks of cold air into the Mediterranean region – usually either in the western or eastern parts of the Mediterranean basin, leaving the other parts unaffected – heavy snow-falls could occur.[79] The worst episode of this kind over the last five hundred years took place in Jan-

---

[78] LUTERBACHER ET AL., "Reconstructions of Sea-Level Pressure Fields", (see note 42), p. 550.
[79] XOPLAKI ET AL., "Variability of Climate" (see note 40).

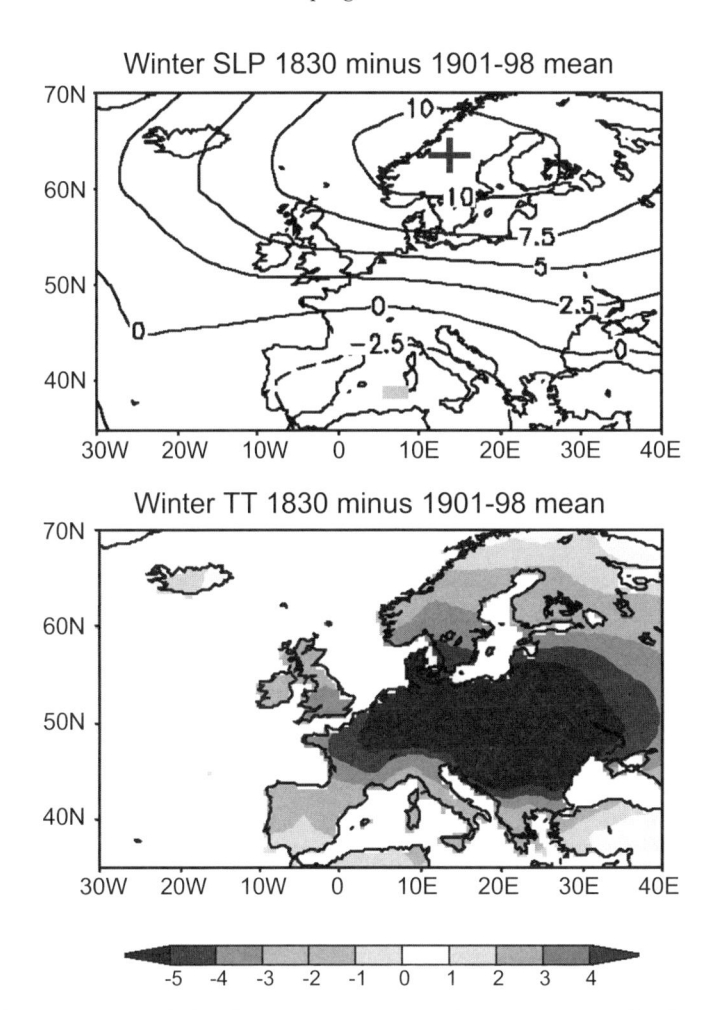

Graph 3-2. See 3-1 Deviations in Temperature and Air Pressure at Sea Level in Europe during the Winter 1829/30.

uary of 1709, when a steam-roller of polar air passed directly through the Rhone Valley to the Mediterranean and killed most of the subtropical plants such as citrus, olive and almond trees.[80] Jürg Luterbacher and scientists working with him have recently shown that this winter, with 3.6 °C lower temperature in comparison to 20th-century temperatures, was the coldest in Europe during at least the last 500 years.[81]

---

[80] Marcel Lachiver, Les années de misère. La famine au temps du Grand Roi 1680–1720 (Paris, 1991), pp. 268–304.
[81] Jürg Luterbacher et al., "European Temperature Variability" (see note 43).

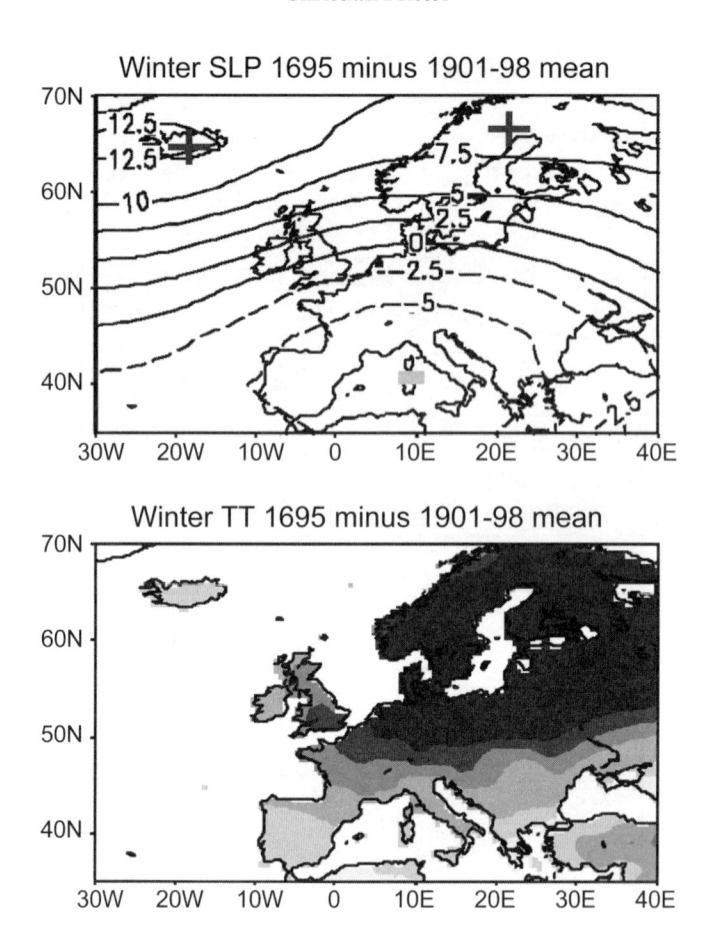

Graph 3–3. See 3-1 Deviations in Temperature and Air Pressure at Sea Level in Europe during the Winter 1694/95.

Severe winters were more frequent and more drastic during the period of the Little Ice Age than during the Medieval Warm Period and the twentieth century. Sometimes the cold air remained until March or even April. The month of April in 1595, for example, was completely dominated by "harsh" northerly to easterly winds, snow and frost. The snow-cover did not melt during the entire month.[82] Cold springs were a recurrent feature. The moan-

---

[82] CHRISTIAN PFISTER / RUDOLF BRÁZDIL / RÜDIGER GLASER, "Daily Weather Observations in Sixteenth Century Europe", in Climatic Variability (see note 5), pp. 111–50, here p. 123.

ings of church-goers about the endless duration of winter and their hopes for the beginning of a warm spring are based on experiences people never had in the twentieth century.

Springs in central and eastern Europe were the most severe in the last 500 years between 1687 and 1717.[83] Cold-dry air advection was frequent in March and April, and as a consequence the change from winter to summer circulation was often delayed. Such an observation traces back to the episode of hungry cattle in Einsiedeln, as depicted in the spring of 1688 by Father Joseph Dietrich. Indeed, it may be concluded from the reconstruction of climate that springs prior to 1687 had been extraordinarily warm and sunny. This promoted an expansion of the herds, as earlier observed in the diary entries of Father Dietrich. Obviously, the experience of a first cold spring in 1687 had not lead the peasants to adapt the size of their herds to the changed conditions. It needed a second, more drastic episode to oblige them to do so.[84]

The 1680s and the 1690s, in general, were at the very climax of the so-called "Maunder-Minimum" (1645–1715), which was a period of lower solar activity, numerous volcanic eruptions and world-wide climatic disturbances. This period was the coldest during the last 500 years. Average European temperatures between 1680 and 1699 were around 1 °C lower than the 20th-century mean.[85] The rapid climate change during the "Late Maunder-Minimum" (1675–1715) can be possibly explained by external forcing factors such as solar variability, volcanic impact and internal oscillation in the North Atlantic.[86] However, it needs to be stressed that the cold period at the end of the seventeenth century did not invoke a substantial advance of glaciers. This seems to be connected to the weak, cold and wet signals in summer and to the low precipitation in the winter half-year. This period demonstrates the known fact that glaciers do not react to all important temperature fluctuations, but rather to specific temperature and precipitation patterns.[87]

---

[83] CHRISTIAN PFISTER, "Spatial Patterns of Climatic Change in Europe, 1675–1715", in BURKHARD FRENZEL / ID. / BIRGIT GLAESER, eds., Climatic Trends and Anomalies in Europe, 1675–1715. High Resolution Spatio-Temporal Reconstructions from Direct Meteorological Observations and Proxy Data. Methods and Results. Special Issue. European Palaeoclimate and Man, no. 8. Paläoklimaforschung Band 13 (Mainz, 1994), pp. 287–317, here p. 300.

[84] PFISTER, Das Klima der Schweiz, II (see note 2), p. 102.

[85] JÜRG LUTERBACHER ET AL., "European Temperature Variability" (see note 43).

[86] ID. / RALPH RICKLI / ELENI XOPLAKI / CHANTAL TINGUELY / CHRISTOPH BECK / CHRISTIAN PFISTER / HEINZ WANNER, "The Late Maunder Minimum, 1675–1715. A Key Period for Studying Decadal Scale Climatic Change in Europe", Climatic Change, 49 (2001), pp. 441–62.

[87] CHRISTIAN PFISTER, "Switzerland. The Time of Icy Winters and Chilly Springs", in Climatic Trends (see note 83), pp. 205–24.

Climatologists usually describe climatic variations and changes in terms of differences in mean temperatures to a selected baseline which is averaged over several decades. According to a recent reconstruction, for example, summer temperatures in central Europe during the last third of the sixteenth century were about 0.4 °C below the 1901–1960 mean.[88] This difference seems slight, almost negligible, and certainly was not noticeable to the inhabitants of agricultural societies. However, it may be argued that changes in long-term averages are not the appropriate measure for grasping the societal link to climatic change. Rather than noting the gradual changes in average conditions, humans and their economy are sensitive to the frequency and severity of extremes. Chroniclers deliberately put a focus on memorable extreme events which disturbed the ordinary rhythm of seasons. If statistics are set up just for the number of extremely cold and warm months per decade, the picture of the second LIATE changes profoundly.

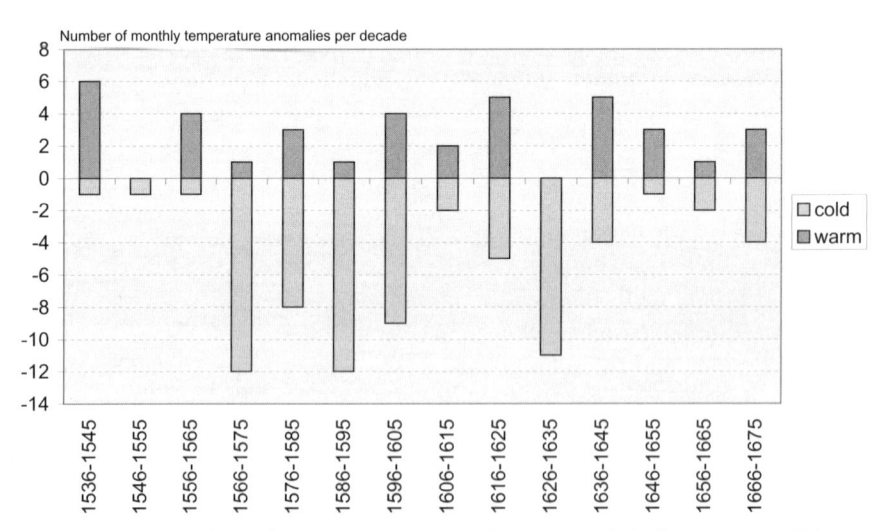

Graph 4. Number of Monthly Temperature Anomalies per Decade in the Summer Half-Year (April to September) in the Swiss Midlands (1536 to 1675).

Graph 4 focuses on the summer half-year (April to September) because this part of the year was of particular importance to agrarian societies. In the mid-sixteenth century, extremely cold months were not more frequent than in the twentieth century. However, during the subsequent three decades the number of extremely cold months increased eleven-fold between the thirty

---

[88] ID. / RUDOLF BRÁZDIL, "Climatic Variability in Sixteenth-Century Europe and its Social Dimension. A Synthesis", in Climatic Variability (see note 5), pp. 5–53, here p. 23.

year periods 1536–1565 and 1566–1595. After a transitional decrease, the icy trend of the late sixteenth century returned for a short period during the late 1620s. Subsequently, the number of cold extremes declined markedly. Detailed narratives on climate anomalies and natural disasters within this time period, month by month, may be found in recent reconstructions of climate in central Europe.[89]

At the conclusion of this chapter, the basic properties of climate during the LIA are briefly recalled:

- The Little Ice Age was the most recent period during which glaciers in most parts of the globe maintained an expanded position, with their fronts oscillating about in advanced positions. In Europe, the LIA began around 1300 and it ended in the late nineteenth century.
- In the Alps, the LIA consists of three "Little Ice Age-type Events" (LIATE). This term designates multi-decennial phases of climate which, on the whole, promote far-reaching glacier advances: the first LIATE occurred from the 1340s to the end of the 1370's, the second one between 1570 and 1630, and the last one from 1810 to about 1860.
- There is no single long-term climatic trend which agrees with the advanced position of glaciers during the LIA. A multitude of interacting seasonal patterns of temperature and precipitation either positively or negatively affected the mass-balance of glaciers.
- However, there is a common climatic denominator for the LIA climate in central Europe: spells of cold advection in the winter half-year were more frequent, more persistent and more severe than in the preceding "Medieval Warm Period" and the subsequent "warm twentieth century". These conditions, however, did not significantly affect the mass balance of glaciers.
- Superposed on this long-term trend of frequent severe cold spells during the winter half-year were incidental clusters of one to three extremely chilly and wet mid-summers. Most, indeed probably all of these clusters resulted from large-scale volcanic explosions in the tropics. The superposition of these two factors resulted in far-reaching glacier advances. At the same time, these elements were the major climatic ingredients of subsistence crises, as will be shown hereafter in the subsequent section.
- Mention should be made that the summer half-year in the LIA included several periods of "near-average" climate, even periods of frequent warm and dry summers such as those between 1718 and 1731. Moreover, some of the hottest and driest summers of the second millennium, e.g., 1473

---

[89] PFISTER, Wetternachhersage (see note 33); GLASER, Klimageschichte Mitteleuropas (see note 34).

and 1540, occurred during the LIA. Warm extremes are even documented during LIATE: the summers of 1590, 1616 and 1623 were among the warmest and driest of the last five centuries but nonetheless occurred during a period of predominantly cold summers.
- The adverse climatic properties of the LIA – the long frosty winters and the occasional occurrence of chilly summers – primarily affected the area of central Europe north of the Alps as well as southern Scandinavia. With the exception of some extreme instances, the Mediterranean and to some extent the western-most part of the continent, were only marginally affected by the LIA climate, if at all.

Historians using the conception of the LIA should be aware of its climatic and spatial limitations.

4. Exploring the Climate Sensitivity of Early Modern Economies[90]

4.1 Preliminary Considerations

When series of continuous, quantitative and quasi-homogeneous climatic indicators are set up for the pre-instrumental period, such series may be used as models which enable the exploration of the impacts of climatic variations upon economies and societies. Whereas the study of future climatic impacts on humankind has developed into a well-funded channel of research, the climatic vulnerability of past societies has only found limited attention, to say the least. There is good reason why many historians are disinclined to consider climate as a potentially significant factor of pre-industrial societies. The effects of climatic fluctuations "on the course of history", for instance, are difficult to demonstrate because most of the factors included many internal mechanisms compensating for adverse climatic effects.[91] It is frequently overlooked that both "climate" and "history" are blanket terms, situated on such a high level of abstraction that relationships between them cannot be investigated in a meaningful way in accordance with the rules of scientific methodology. On a very general level, it could be said that beneficial climatic effects tend to enlarge the scope of human action, whereas climatic shocks

---

[90] The essence of the following chapter is also contained in: CHRISTIAN PFISTER, "Klimaverlauf und Agrarkonjunktur im weiteren zeitlichen Umfeld des Schweizerischen Bauernkrieges (1550–1670)", in JONAS RÖMER, ed., Bauern, Untertanen und "Rebellen". Zur Geschichte eidgenössischer Landbevölkerungen im Ancien Régime (Zürich, 2004).
[91] BERGER, "Climate History" (see note 22), p. 13.

tend to restrict it. Which sequences of climatic situations mattered depends upon the impacted unit and the environmental, cultural and historical context.[92] However, this statement needs to be restricted in the sense that the term "climatic shock" itself is ambiguous, as it is well known that some of the people and groups involved always take advantage of situations of general distress, both economically and politically.

In order to become more meaningful, "climate and history", as a collective issue, needs to be broken down to lower scales of analysis, e.g., with a specific focus, for example, on the food system, the health system or the energy system, or on specific activities such as transportation, communication, and military or naval operations. Particular focus must also be given to short-term and medium-term events. Moreover, concepts need to be worked out in order to disentangle the severity of climate impacts and the efficiency of measures for coping with them.

The closer that details are investigated, the higher the probability of finding significant coherences.[93] On the other hand, results obtained on lower levels are only valid within these specific contexts. This implies that generalizations need to be made within similar contexts. In the long run, climate impacts are only one factor to be considered with others. Whether and how far climatic factors mattered for individual crises needs to be determined through empirical analyses.

Many historians assume that the productivity of agriculture in the Medieval and Early Modern periods depended just upon the relative scarcity of two prime factors of production: land and labour. The fundamental fact that agricultural output also depends on weather and climate is simply ruled out. Among the few who have really dealt with this issue, Paul Münch needs to be mentioned in addition to Arthur E. Imhof and Hartmut Lehmann.[94] In the previous chapter it was argued that humans chiefly react to challenges in the short and medium term, and in this chapter it is explained how far the effects on these temporal levels really mattered. This is a difficult question and the reader will soon find out that simple answers are not offered.

---

[92] PFISTER, "Klimawandel in der Geschichte Europas" (see note 31), p. 20.

[93] ELLEN ROY, Environment, Subsistence and System. The Ecology of Small-Scale Social Formations (Cambridge, 1982), p. 7.

[94] MÜNCH, Lebensformen (see note 4), has devoted an entire chapter to this issue: pp. 127–54; Arthur E. Imhof has repeatedly addressed this issue in his numerous books. E.g., ARTHUR E. IMHOF, Die gewonnenen Jahre. Von der Zunahme der Lebensspanne seit dreihundert Jahren. Oder von der Notwendigkeit einer neuen Einstellung zu Leben und Sterben (München, 1981). See also: HARTMUT LEHMANN, "Frömmigkeitsgeschichtliche Auswirkungen der 'Kleinen Eiszeit'", in WOLFGANG SCHIEDER, ed., Volksreligiosität in der modernen Sozialgeschichte (Göttingen, 1986), pp. 31–50.

Whatever the choice of events concerning which impacts are to be studied, an impacted group, activity or area exposed to these events must be selected. In general, the focus is on individuals, populations or activities in the form of livelihoods or regional ecotypes. The most difficult choices of study elements are those of impacts and consequences. After having reconstructed past climate in the area under study, biophysical impact studies may identify the direct effect of climate anomalies on plants, domestic animals and disease vectors through a study of their climatic sensitivity. The social-impact assessment studies then examine how biophysical impacts – i.e., effects of climate anomalies upon biota – are propagated into the social and the political system. Such an integrated approach – including the potential of people to adapt and adjust to climatic stress – reflects historical reality far better than a straight-impact model[95] and it raises more fruitful research questions.[96] Robert W. Kates suggested that such studies should be arranged in the order of propagation (first, second, …nth order) to events, although these may be arbitrary in the sense that the real time process actually takes place simultaneously or that the sequence is unknown to climatic processes.[97]

First-Order Impacts: Biophysical Impacts on Crops, Energy Availability and Animals (Wild and Domestic)
↓
Second-Order Impacts: Food Prices; Hunger, Malnutrition and Disease; Population Decline
↓
Third-Order Impacts: Economic Disruption and Social Disturbance
↓
Cultural Consequences of First- to Third Order-Impacts

---

[95] Jan De Vries, "Analysis of Historical Climate-Society Interaction", in Robert W. Kates / Jesse H. Ausubel / Mimi Berberian, eds., Climate Impact Assessment (Chicester, 1985), pp. 273–92, here p. 276. See also: Wolfgang Behringer, "Die Krise von 1570. Ein Beitrag zur Krisengeschichte der Neuzeit", in Manfred Jakubowski-Tiessen / Hartmut Lehmann, eds., Um Himmels Willen. Religion in Katastrophenzeiten (Göttingen, 2003), pp. 51–156.

[96] Robert W. Kates, "The Interaction of Climate and Society", in Climate Impact Assessment (see note 95), pp. 7–14.

[97] Ibid., p. 10.

The more distance from the first level, the less stringent are climate impacts, the broader are the options open to individuals or groups and the more complex is the web of factors masking the climatic effect. In 1980, cliometrician Jan De Vries, postulated that any test of climatic influences on economic life in general should take the form of an econometric model, which in addition to climatic data includes "all the other significant variables".[98] Such a proposition is chimerical. Given the fragmentary nature of relevant sources and their limited potential for quantification, there is little hope of getting enough reliable quantitative data to drive such a model for a given territory, not to mention the several case studies necessary for a generalization. Rather, integrated studies should investigate how individuals or groups perceived, explained and interpreted climatic stress and how they reacted to challenges.

Another approach was chosen by the author of the present paper. In an earlier work he argued that as long as the first order impacts are not well established, the analyses of the climatic vulnerability of early modern societies should focus on biophysical impacts according to the model suggested by Kates. In this context the author developed a climate-impact model tailored to food production within the agrarian economies in the mixed economies of southern central Europe, where grain was the staple crop on the basis of the three-field system in combination with dairy or wine production. In order to solve a specific question, viz. the manner in which climate influenced the everyday life of people, the vulnerability of the main sources of food – i.e., grain, wine and dairy products – to climatic impacts was investigated, using both present and historical knowledge. It turned out that a given set of specific sequences of weather spells over the agricultural year was likely to affect all sources of food, at the same time leaving little margin for substitution. This yielded a model of a worst-case crop failure and, inversely, of a year of plenty.[99] In a subsequent article, the significance of this ideal-type model was tested using empirical high-resolution climate and grain price data for Switzerland. The tuning of the variables was done by comparing the graphic-model output with a Swiss grain price series. The resulting model quite satisfactorily simulated most of the major price peaks, inasmuch as these primarily resulted from climatic shocks. On the other hand, the model was not geared to price surges which were chiefly related to non-climatic factors.[100]

---

[98] JAN DE VRIES, "Measuring the Impact of Climate on History. The Search for Appropriate Methodologies", Journal of Interdisciplinary History 10, 4 (1980), pp. 599–630, here p. 608.

[99] PFISTER, Das Klima der Schweiz, II (see note 2), pp. 34–64.

[100] ID., "Fluctuations du climat et prix céréaliers en Europe 16ème-20ème siècles", Annales E.S.C. 43, 1 (1988), pp. 25–53.

4.2 The Concept of "Little Ice Age-Type Impacts"

Dieter Groh has convincingly argued in a seminal article that for most members of early modern societies, avoidance was the fundamental strategy for coping with risk.[101] It is true that the known risks – war, dearth and epidemics – were not always present in reality. But these threats were more or less constantly present in people's minds. Thus, the avoidance of worst-case impacts was a lasting concern that impinged on most of the individual and social decisions which had to be made. Regarding food production, the key strategy was a spreading of risk. A broad pattern of resources and a broad horizontal and/or vertical distribution of plots provided a surprisingly good protection against a limited amount of climatic stress. If one crop failed, it could be replaced by another.[102] However, the question must be raised as to whether there were sequences of weather spells which were likely to paralyse such sophisticated systems of risk avoidance. Are there climatic patterns which are likely to affect most or even all resources at the same time? This will be investigated below. The climatic vulnerability of specific resources is considered in a first step. Secondly, the results are included in a model of biophysical climatic impacts simultaneously affecting different crops.

Grain Production

The nutrients contained in the soil, notably nitrogen, are the most critical factors influencing the level of *grain output*. This level depends to some extent on precipitation patterns: too much precipitation, particularly during autumn and winter, reduces the calcium, phosphates and nitrogen in the soil. Sequences of wet years had a cumulative impact.[103] In Britain and elsewhere, there is an inverse relationship between autumn rainfall and the autumn sowing of grains, which is generally reflected in the total annual sowing.[104] For example, the extreme wetness in September and October of 1570 was an im-

---

[101] DIETER GROH, "The Temptation Conspiracy Theory, or: Why Do Bad Things Happen to Good People", in CARL F. GRAUMANN / SERGE MOSCOVICI, eds., Changing Conceptions of Conspiracy (New York, 1986), pp. 1–37, here p. 19.

[102] Ibid.

[103] BERNHARD HENDRIK SLICHER VAN BATH, "Agriculture in the Vital Revolution", in EDWIN ERNEST RICH / CHARLES WILSON, eds., The Cambridge Economic History of Europe, vol. V (Cambridge, 1977), pp. 42–132, here p. 59; JEAN GEORGELIN, "L'écologie du froment en Europe occidentale", in JOSEPH GOY / EMMANUEL LE ROY LADURIE, eds., Prestations paysannes, dîmes, rente foncière et mouvement de la production agricole à l'époque préindustrielle (Cahiers des Etudes rurales IV, vol. II) (Paris, 1982), pp. 569–82.

[104] MARTIN L. PARRY, Climatic Change. Agriculture and Settlement (Dawson, 1978), p. 70.

portant component for the subsequent crisis because it reduced the acreage which could be sown in the available time until winter.[105]

On the other hand, according to results obtained by agronomists, temperatures are far more involved in mobilizing nitrogen from the soil than was previously believed. The main factors for yield-formation are operative before the end of April. A warm April is beneficial for yield-formation.[106] Since temperature trends are spatially far more uniform than rainfall patterns, this leads to the conclusion that yields tended to react in a similar way within large regions. It is already known from previous studies that a long duration of snow-cover persisting into April promoted the infection of young plants with snow-mold (*Fusarium nivale*) which lead them to rot under the snow.[107] One of the worst impacts of this kind in central Europe was observed in the spring of 1614, which was among the coldest and snowiest in the last 500 years.[108]

Long wet spells during the harvest period lower the flour content of the grain and make it more vulnerable to mold infections and attacks of grain weevil (*Sitophilus granarius*).[109] Huge losses caused by insects and fungi during winter storage lead to surges of grain prices in the subsequent spring.

Dairy Production

Livestock in traditional agriculture not only served the actually exclusive purpose of providing animal protein for human nutrition; rather, their vital role was grounded in their multifunctional use of providing muscular power, manure and milk (meat). They provided a large part of the required labour-input and allowed for active management of plant nutrients.[110]

An extreme delay in sowing time seems to be one of the main reasons for the famine of 1693/94 in France (LACHIVER, Les années de misère (see note 80), pp. 97–123.)

[105] BEHRINGER, "Die Krise von 1570" (see note 95), pp. 51–6, GLASER, Klimageschichte Mitteleuropas (see note 34), p. 120.

[106] HERBERT HANUS / OSKAR AIMILLER, Ertragsvorhersage aus Witterungsdaten (Berlin, 1978), pp. 79–81.

[107] http://www.inra.fr/hyp3/pathogene/6fusniv.htm (21 August 2003).

[108] GLASER, Klimageschichte Mitteleuropas (see note 34), p. 137; PFISTER, Wetternachhersage (see note 33), p. 197.

[109] http://www.inspection.gc.ca/english/plaveg/grains/pesorg/coleoptera/prim/sit_-gra_e.pdf; http://entomology.de/addpests/sitophilusgranarius.pdf (21 August 2003). For a discussion of net grain yields, flour content and the multiplying effects, see: STEVEN LAURENCE KAPLAN, Bread, Politics and Political Economy in the Reign of Louis XV, 2 vols. (The Hague, 1976), vol. I, pp. 253–4. See also: KARL GUNNAR PERSSON, Grain Markets in Europe, 1500–1900. Integration and Deregulation (Cambridge, 1999), pp. 47–64.

[110] FRIDOLIN KRAUSMANN, "Milk, Manure and Muscular Power. Livestock and the Transformation of Pre-Industrial Agriculture in Central Europe", Human Ecology (submitted).

The milk yields of cows and goats depended on the size of the daily food ratio available per animal and on its content in nutrients, mainly raw proteins. The size of the feed ration varied according to the duration of winter snow-cover and temperatures in autumn and spring. In a frosty spring, the animals ran out of feed, as seen from the example of Einsiedeln in 1688 (see chapter 1). The longer the starvation lasted, the longer it took for the animals to recover and resume their usual level of milk production.[111]

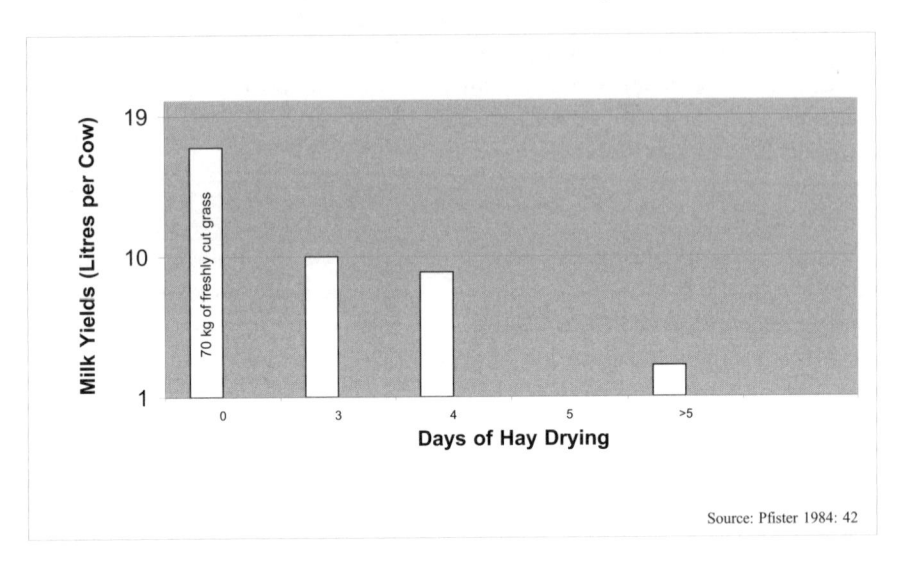

Graph 5. Milk Production per Animal, Depending on the Duration of Hay-Drying.
If hay remained on the ground for more than five days because of being repeatedly drenched, it's content in nutrients declined substantially and that subsequently affected milk production.

A long wet spell during the hay harvest in July and early August could lower the raw protein content of hay by as much as two-thirds, thus causing the cows to cease producing milk during the subsequent winter (graph 5).

Vine Production
In climatically suitable regions, wine was the most important cash crop. It was either produced by small owners or share-croppers. Large wine estates were divided into small plots which were farmed out to share-croppers. In most cases the vine-dressers sold their share of the production to the land-

---

[111] PFISTER, Klimageschichte der Schweiz, II (see note 2), pp. 37–47; ID., "Fluctuations du climat" (see note 100).

lord in order to buy bread on the market. The price of wine related to that of grain was crucial for the well-being of this group.[112] The vine is sensitive to late frosts in April or May, particularly when the buds are well developed after an initial warm period. The most critical phase is the period between late June and early August. A long wet spell during and after flowering greatly reduces the size of the harvest. Finally, the sugar content of the grapes (i.e., the sweetness of the wine) chiefly depends on warmth and sunshine in September and early October. In sum, the timing, the amount and the sugar content of the harvest depends on three different sub-periods of the year which are April-May, midsummer and September.[113] A very late harvest, which is at the same time poor and low in sugar content, is a clear indicator for "years without a summer", as seen from the lists compiled for Switzerland: 1529, 1587, 1628, 1675, 1692 and 1816.[114]

Widespread Weather-Related Crop Failures

The results obtained from the consideration of single sources of food are now combined in order to get a model of a widespread weather-related crop failure (table 1).

Table 1. Weather Related Impacts Affecting the Agricultural Production of Traditional Temperate-Climate Agriculture in Europe

Critical Months	Agricultural Products		
	Grain	Dairy Products	Vine
September-October	*Wet*	*Cold*	**Cold and Wet**
March-April	**Cold**	*Cold*	*(Late Frost)*
July-August	*Wet*	*Wet*	*Cold and Wet*

Italics: Weather Conditions Affecting the Volume of Harvests or Animal Production.
Bold: Weather Conditions Affecting the Quality (i.e., the Content in Nutrients or Sugar) of Crops.

Table 1 summarizes the impact of adverse temperature and precipitation patterns on grain, dairy forage and vine production during the critical periods

---

[112] Id., "Die Fluktuation der Weinmosterträge im schweizerischen Weinland vom 16. bis ins frühen 19. Jahrhundert. Klimatische Ursachen und sozioökonomische Bedeutung", Schweizerische Zeitschrift für Geschichte, 31 (1981), pp. 136-73; ERICH LANDSTEINER, "The Crisis of Wine Production in Late Sixteenth-Century Central Europe. Climatic Causes and Economic Consequences", Climatic Change, 43 (1999), pp. 323-34.
[113] PFISTER, "Die Fluktuation der Weinmosterträge" (see note 112).
[114] Id., Klimageschichte der Schweiz, I (see note 2), p. 84.

of the year. It comprises the following weather patterns: cold periods in March and April, which lower the volumes of the grain harvest and dairy forage production; wet mid-summers, which affect all sources of food production; cold spells in September and October, which lower the sugar content of wine; and wet spells in autumn, which reduce the amount of area sown and lower the nitrogen content of the soil. Most importantly, the simultaneous occurrence of rainy autumns with cold springs and wet mid-summers in subsequent years had a cumulative impact on agricultural production. This same combination of seasonal patterns largely contributed to triggering far-reaching advances of glaciers. Chilly springs and rainy mid-summers were shown to be the most representative elements of climate during the Little Ice Age, even though they are not causally related. This economically adverse combination of climatic patterns is labelled "Little Ice Age-type Impacts" (LIATIMP). Such biophysical impacts need to be understood as ideal-types in the sense of Max Weber. They are constructed from elements and characteristics of the phenomena under investigation, but they are not intended to fully agree with any specific case. Rather, they are heuristic tools against which a given evidence can be compared.[115]

LIATIMP may not be equated with crises. A subsistence crisis is an integrated process in which nature and society interact. Its severity, however measured, depends on one hand on the magnitude of the impact. On the other hand, it also hinges on the preparedness of the people involved and on the efficiency of the measures and strategies that are taken to deal with the crisis. The concept of LIATIMP yields a yardstick to measure the severity of an impact. At the same time it allows considering changes in the vulnerability of the affected group or society. The term of vulnerability stands for a multitude of factors such as social stratification, the availability of substitute foods, the efficiency of provisioning buffers (e.g. private and public grain stores) as well as measures of poor relief. Biophysical climate impacts in terms of duration of cold spells and wetness in particular phases of the year may be relatively similar without being fully identical. Human responses to such impacts on the other hand are often different over time. Such differences may be the starting point for in-depth studies of changing vulnerability.[116]

---

[115] KALBERG, Max Weber (see note 60), p. 86.
[116] BEHRINGER, "Die Krise von 1570" (see note 95).

4.3 Modelling Little Ice Age Impacts

In order to demonstrate the impact of climate on pre-industrial populations and societies in central Europe, the second Little Ice Age-type Event (LIATE) from about 1570 to 1630 is certainly the most appropriate one. For the first event in the fourteenth century, continuous quantitative evidence on both climate and impacts is lacking. The last event in the nineteenth century already coincides with the early phase of the Industrial Revolution when the cost and the capacity of transport were quite different from those prevailing prior to 1820.

This paragraph outlines the properties of an impact-model which is explained elsewhere in more detail.[117] The analysis involves the relationship between the amount of food staples (grain, dairy products, wine) available for consumption and grain prices. The model has to account for variations in the content of the grain used for flour, the sensitivity of wetness related to the losses in storage, and it has to allow for substitution between different varieties of grain on one hand and dairy products on the other hand. In addition, it has to agree with the fact that such relationships are known to be non-linear, whereas the critical thresholds are not known. The complexity of this bundle of relationships is such that an empirical approach was chosen.

The numerical model which finally corresponds best to the curve of grain prices comprised the following six seasonal impact factórs:

1. Autumn Rainfall =   (P-Sep + P-Oct) / 2
2. Autumn Temperature = (3* T-Sep + T-Oct) / –5
3. Spring Rainfall =   (2* P-Mar + 2* P-Apr + P-May) / 5
4. Spring Temperature = (P-Mar + P-Apr) / –2
5. Summer Temperature = (T-May + T-Jun + T-Jul + T-Aug) / –4
6. Summer Rainfall =   (4* P-Jul + P-Aug) / 5

T = Temperature indices   P = Precipitation Indices

Annual aggregate impacts were computed by summing up the seasonal impact factors, including allowance for lag effects. Conditions during a crop-year mattered for prices in the crop-year following the harvest. A rainy autumn could even affect grain prices two calendar-years later. Adapting the model to the grain-price curve included the weighing of temperature and precipitation factors and assessing thresholds for seasonal impacts. A particular weight had to be attributed to the combination of cold springs and wet

---

[117] PFISTER, "Fluctuations du climat" (see note 100).

mid-summers.[118] This is due to the fact that such conditions affect both the quality and the quantity (i.e., the content of nutrients) of the major food staples.

5. Climate Impacts and Crises During the Second LIATE (1568–1630)

5.1 The Multi-Decadal Perspective

This paragraph displays the results of the biophysical impact model for the period 1500–1670. The model-output is compared on the one hand with a long series of grain prices in Nuremberg which serves as an indicator of crisis. On the other hand, it is compared with aggregate vine production which stands at the same time for the well-being of vine growers and the *joie de vivre* of vine consumers. The main period of Little Ice Age-type Impacts (1568–1630) is distinguished by vertical lines.

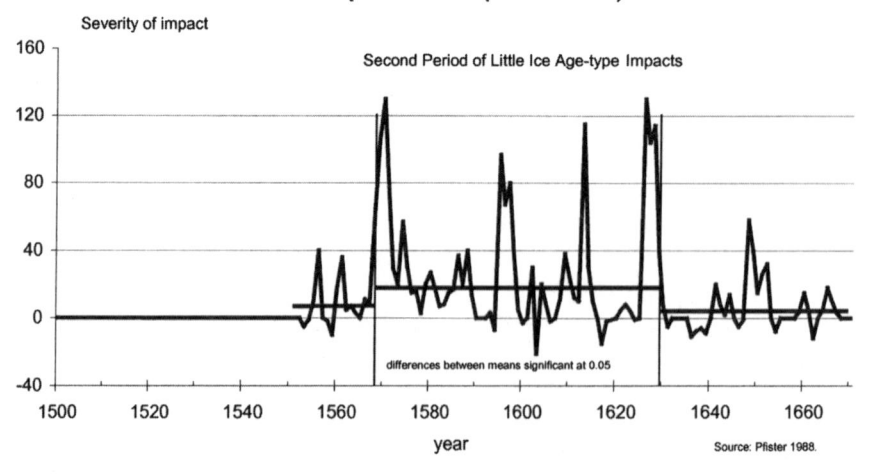

Graph 6. The Level of Little Ice Age-type Impacts (LIATIMP) in South-Central Europe from 1550 to 1670.

Graph 6 displays the output of the climate impact model for the period from 1550 to 1670. The curve indicates how well the interplay of monthly

---

[118] Ibid.

temperature and precipitation agrees with the ideal-type model of the LIA-TIMP. The curve peaks at the beginning of the period of Little Ice Age-type crises in 1568–71 and again in its final phase in 1626–28. Somewhat minor impacts are visible in 1614 and in the late 1590s. On a whole, values are above average from 1568 to 1615 except for short phases of lessening around 1590 and 1605. The link to peaks of grain prices, i.e. to subsistence crises, is most obvious for the cluster of impacts in 1568–71 and 1626–28.

The many facets of the crisis in 1570/71 have been ingeniously described by Wolfgang Behringer, including the economic, social and demographic impacts, their consequences on mentalities and religious life, and finally, the strategies of those who profited economically and politically from the public distress.[119]

The crisis of 1626–29 has not yet been the object of a similar in-depth analysis. Thus far, these years of distress have been cited as being side-effects of the Thirty Years' War. However, it seems that the impacts of war were superimposed on a substantial amount of climate stress. Besides the initial and the terminal peak, the permanence of an elevated level of climate impacts between 1585 and 1614 needs to be given consideration. This feature of duration particularly affected vine growing (see graph 7) and cattle breeding.[120]

The statistical analysis of the entire series yielded the important result that the average climate impact level for the period from 1568 to 1630 was significantly higher than for the preceding and subsequent periods.[121] This outcome contradicts the influential statement by Wilhelm Abel, one of the pioneers of German economic history, who inferred from the many unsuccessful attempts to find climatic cycles of any length that the influence of climate on agricultural production was random.[122] Rather, we have to assume that periods of low and high climate impact levels need to be distinguished in the "*durée moyenne*".

Clustering effects were also demonstrated in conjunction with the frequency and severity of natural disasters. For example, periods of low and

---

[119] BEHRINGER, "Die Krise von 1570" (see note 95).

[120] PFISTER, Bevölkerung, Klima und Agrarmodernisierung 1626–1860. Das Klima der Schweiz, II (see note 2), pp. 83–85.

[121] Previous period to 1629: Climate significant at five percent, April temperatures at five percent and July precipitation at five percent. Period 1568 to 1670: Climate significant at five percent. Significant results were also obtained for the temperature index of April (at five percent) and for the precipitation index for July precipitation at ten percent.

[122] WILHELM ABEL, Massenarmut und Hungerkrisen im vorindustriellen Deutschland (Göttingen, 1972), p. 35.

high flooding frequency were identified for the Rhine, the Danube, the middle section of the Elbe and the Weser over the last five hundred years. Within that period of time a period of high flooding frequency stands out between 1560 and 1590, thus adding to the burden of climate stress with which people were saddled in those years.[123] The occurrence of severe floods, of course, is not necessarily related to the climate during the Little Ice Age, except for those events that are produced by ice-damming which is a consequence of the freezing and thawing of rivers.

Vine production (Swiss Mittelland)

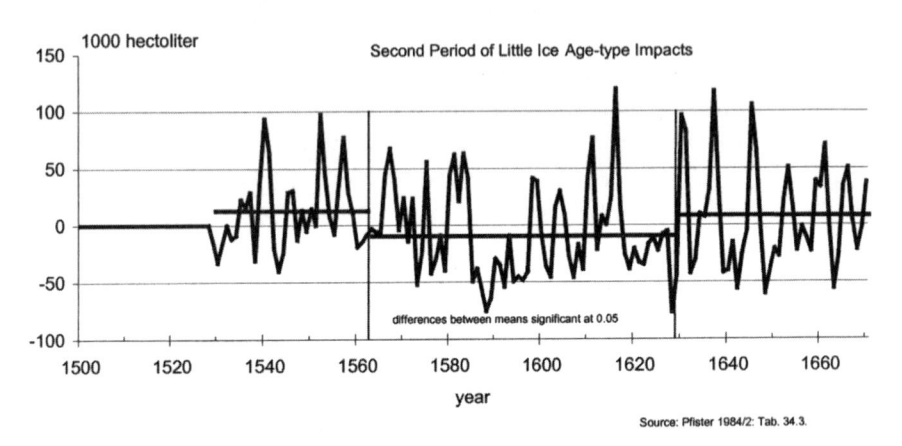

Graph 7. Vine Production (Swiss Midlands). Source: Pfister, Das Klima der Schweiz (see note 2).

Vine production for Switzerland was estimated from series of receipts paid by share-croppers to the institutions who owned the vineyards, and from series of tithes paid in wine, which were obtained from the authorities' account books. The aggregate series (graph 7) shows residuals, i.e., deviations from a positive long-term trend. Two levels are distinguished between 1530 and 1670: higher levels from 1530 to 1584, and again between 1630 and 1670, and a lower level in the period in between.[124] After 1585, vine production plummeted to very low levels, from which it gradually recovered by the

---

[123] Rudolf Brázdil / Rüdiger Glaser / Christian Pfister / Petr Dobrovolný / Jean-Marc Antoine / Mariano Barriendos / Dario Camuffo / Mathias Deutsch / Silvia Enzi / Emilia Guidoboni / Oldrych Kotyza / Fernando Rodrigo Sanchez, "Floods Events of Selected European Rivers in the Sixteenth Century", Climatic Change, 43 (1999), pp. 239–85.; Glaser, Klimageschichte Mitteleuropas (see note 34), p. 197.

[124] Level of significance five percent.

turn of the century. A second drop in production occurred in the 1620s.[125] During the second period of Little Ice Age-type Impacts, vine yields were significantly lower than in the previous and subsequent periods. The slump in vine production after 1585 was a general feature in the vine regions north of the Alps, such as in Württemberg, lower Austria und western Hungary. Slumps in production primarily mattered for the share-croppers, but also mattered for the authorities who suffered a loss of taxes and dues. Wine did not only become rare and expensive. Because autumns were prevailingly cold and rainy, it was generally also sour in most such years. This had an impact on consumption standards. People in the Vienna region, for example, temporarily switched from the traditional *"Heurigen"* wine to beer. In other areas the lower classes had to do without alcohol, which may have caused an increase in the widespread psychic depression.[126]

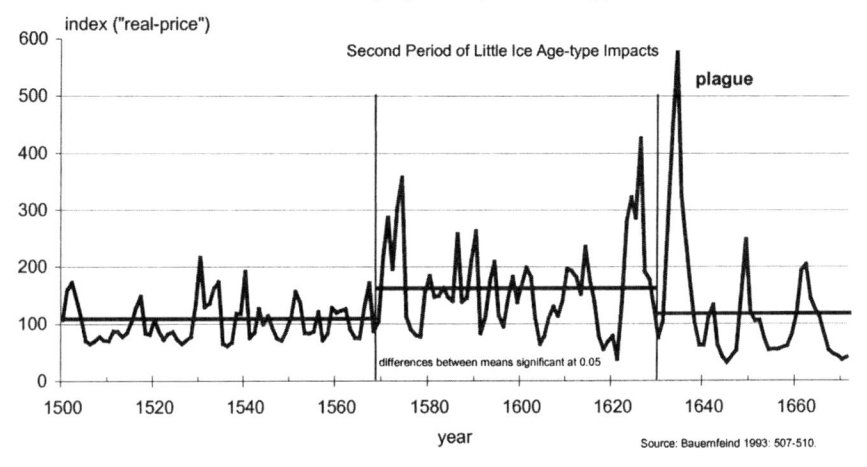

Graph 8. Detrended Rye Prices in Nuremberg, 1500 to 1670. Source: BAUERNFEIND, Materielle Grundstrukturen (see note 126).

Grain prices belong to the group of second-order impacts. These are only an indirect measure of food production. Intervening variables such as inventory formation, trade and markets have also to be considered. The theory of pre-industrial trade cycles promoted by Ernest Labrousse in the 1970's considers the harvest as being the critical determinant which influences urban income and rural employment levels. A sharp rise in food-prices promoted

---

[125] PFISTER, "Die Fluktuationen der Weinmostertträge" (see note 112).
[126] LANDSTEINER, "The Crisis of Wine Production" (see note 112).

widespread unemployment, begging and vagrancy, which further propagated infectious diseases and increased crisis mortality.[127] Walter Bauernfeind set up a long series of rye prices from 1339 to 1670, which was used for graph 8. The data have been corrected for changes in the content of the precious metals of the local currency, thereby eliminating the long-term inflationary trend.[128] The results of the statistical analysis of the Nuremberg series (graph 8) show that the differences in the level of rye prices are significant for the periods 1500 to 1567 and 1568 to 1630, but not for the later period.[129] This result suggests that extensive differences in climatic stress also emerged on the level of second-order impacts.

Admittedly, however, this issue is controversial. Jan De Vries concluded from the extrapolation of the Dutch case that "in early modern Europe, the level of economic integration was sufficient […] to loosen greatly the asserted links between weather and harvests and between harvests and economic life more generally".[130] Most researchers seem to have shared de Vries' assessment, inasmuch as over the last two decades, extensive literature has been published on the importance of economic policy, technological change, and population trends on food prices, while the impact of climatic variation has attracted hardly any attention.[131] Accordingly, market integration – mainly determined by the level of technology and trade policy – became of central interest for the movement of prices. In his attempt to measure the extent of market integration of European grain markets from 1500 to 1900, Karl Gunnar Persson observed that adjustments to supply shocks became quicker while prices in different markets tended to converge to a

---

[127] JOHN DEXTER POST, Food Shortage, Climatic Variability and Epidemic Disease in Pre-Industrial Europe. The Mortality Peak in the Early 1740s (London, 1985).

[128] WALTER BAUERNFEIND, Materielle Grundstrukturen im Spätmittelalter und der Frühen Neuzeit, Preisentwicklung und Agrarkonjunktur am Nürnberger Getreidemarkt von 1339 bis 1670 (Nürnberg, 1993).

[129] Significance level five percent for 1500 to 1629 and ten percent for 1568 to 1670. This is due to the extreme peak of 1534 related to the plague. If this value is not considered, the difference also becomes significant.

[130] DE VRIES, "Measuring the Impact of Climate" (see note 98), p. 602.

[131] KEVIN O'ROURKE / JEFFREY G. WILLIAMSON, Globalisation in History. The Evolution of a Nineteenth-Century Atlantic Economy (Cambridge/MA, 1999); METTE EJRNAES / KARL GUNNAR PERSSON, "Grain Storage in Early Modern Europe", Journal of Economic History 59, 3 (1999), pp. 762–72; KARLA HOFF / AVISHAY BRAVERMAN / JOSEPH E. STIGLITZ, eds., The Economics of Rural Organisation (Oxford, 1993); JOHN WALTER / ROGER SCHOFIELD, eds., Famine, Disease and Crisis Mortality in Early Modern Society (Cambridge, 1989); PAUL BAIROCH, "European Trade Policy, 1815–1914", in PETER MATHIAS / SIDNEY POLLARD, eds., The Cambridge Economic History of Europe, vol. VIII (Cambridge, 1989), pp. 1–160.

stable price ratio. From this he concluded that "in the mid-eighteenth century, there were consistent signs of an emerging integrated European wheat market".[132] However, the evidence from prices which should support the view of early market integration is not a definitive proof regarding the period before 1820, which appears rather murky. Although there are obviously still good reasons to believe that climate was a crucial determinant for price formation in particular, and more generally for the economy prior to the transport revolution of the nineteenth century, quantitative research thus far remains rare. The careful analysis carried out by Walter Bauernfeind for Nuremberg during the period 1339–1670 is a definite exception. Bauernfeind concluded that population and climate were the two most important determinants for price formation.[133] Likewise, Ronald Findlay und Kevin O'Rourke have argued strong doubts on whether a substantial long-distance trade in homogeneous bulk commodities such as grain is documented for the period prior to 1820.[134]

Besides the Baltic,[135] the Mediterranean needs to be mentioned as one potential area of compensation, inasmuch as crop / weather relationships are fundamentally different from those in central Europe. Mediterranean climate is characterised by relatively low and highly variable rainfall, of which the lion's share falls during the winter half-year.[136] The worst climatic effects resulted from extended drought during the winter half-year, which, however, did not affect agriculture in central Europe.[137] However, the issue of grain imports from the Mediterranean or Baltic regions needs to be differentiated according to the geographical location of impacted regions in central Europe, particularly when considering their distance from the sea and their access to cheap water transport. Considering the significance of transportation for economic history, it is surprising that, thus far, no specific research

---

[132] KARL GUNNAR PERSSON, Grain Markets in Europe (see note 109), p. 100.

[133] BAUERNFEIND, Materielle Grundstrukturen (see note 128).

[134] RONALD FINDLAY / KEVIN H.O. ROURKE, Commodity Market Integration, 1500–2000. Working Paper 8579, National Bureau of Economic Research (Cambridge, 2001); http://papers.nber.org/papers/w8579.pdf (17 September 2003).

[135] MILJA VAN TIELHOF, The "Mother of All Trades". The Baltic Grain Trade in Amsterdam from the Late Sixteenth to the Early Nineteenth Century (Leiden, 2002).

[136] AGUSTÍN YOSHIYUKI KONDO, La Agricultura española del siglo XIX (Madrid, 1990).

[137] Among the most severe episodes of this kind were the droughts of 1565/66 in the western Mediterranean (JAVIER MARTÍN-VIDE / MARIANO BARRIENDOS, "The Use of Rogation Ceremony Records in Climatic Reconstruction. A Case Study from Catalonia [Spain]", Climate Change, 30 [1995], pp. 201–21), and of 1712–14 in the Meridional Balkans (XOPLAKI ET AL., "Variability of Climate" [see note 40], pp. 581–615).

has been devoted to the cost and capacities of river transports.[138] Most researchers tend to overlook that inland waterways, at least in sections with a strong current, were in fact one-way streets, thereby causing vast differences in the cost and in the capacity of transportation upstream and downstream.[139] As a consequence, grain could not be imported in sufficient quantities and in adequate time into the major landlocked areas of Europe prior to 1820, not even in periods of subsistence crises, when prices were much higher there than in coastal areas.[140]

5.2 Years Without a Summer. The Gloomy End of the Sixteenth Century

Besides Little Ice Age-type Impacts (LIATIMP), the period between 1568 and 1630 includes a particular kind of impact in the last two decades of the sixteenth century. In order to highlight the outstanding character of this period, the average air pressure at sea-level was reconstructed by Jürg Luterbacher for the period 1585 to 1597,[141] and it is most revealing.

It may be concluded from graph 9 that during this period, summers in central Europe were dominated by recurrent low-pressure systems. This is indicated by the below-normal pressure over large parts of central Europe. This lead to cool and rainy weather related to the passage of frontal systems from the west and northwest. The somewhat higher pressure over Iceland points

---

[138] The overview provided by ANDREAS KUNZ / JOHN ARMSTRONG, Inland Navigation and Economic Development in Nineteenth-Century Europe (Mainz, 1995), does not contain any substantial contribution on this issue. The article by RUSSELL R. MENRAD, "Transport Cost and Long-Range Trade, 1300–1800. Was There a European 'Transport Revolution' in the Early Modern Era?", in JAMES D. TRACY, The Political Economy of Merchant Empires. Studies in Comparative Early Modern History, 6 vols. (Cambridge, 1991), vol. II, pp. 230–75, deals only with maritime transport.

[139] The MA thesis by ERICH WEBER needs to be mentioned as an exception. WEBER provides a comprehensive synthesis for the history of navigation on the Rhine between 1750 and 1850 which includes quantitative data on the duration and the cost for the carriage of goods both upstream and downstream on different sections of the river according to seasonality and water level. ERICH WEBER, Der Güterverkehr auf dem Rhein 1750 bis 1850. Fahrstrasse, Technik, Organisation, Fahrtdauer, Kosten, Transportmengen und Saisonalität der Rheinschifffahrt, ([Unpublished] Licentiate Thesis, Institute of History, University of Bern, Bern, 2002). This is also the topic of his PhD.

[140] For the crisis of 1570/71, see: ABEL, Massenarmut und Hungerkrisen (see note 122). For the crisis of 1816/17, see the analysis by JOHN D. POST, The Last Great Subsistence Crisis in the Western World (Baltimore, 1977), pp. 54–9, pp. 150–8.

[141] Dr. JÜRG LUTERBACHER from the National Center for Climate Research (NCCR) in Bern is acknowledged for setting up this reconstruction from his data-base.

Mean SLP Summer 1585-1597

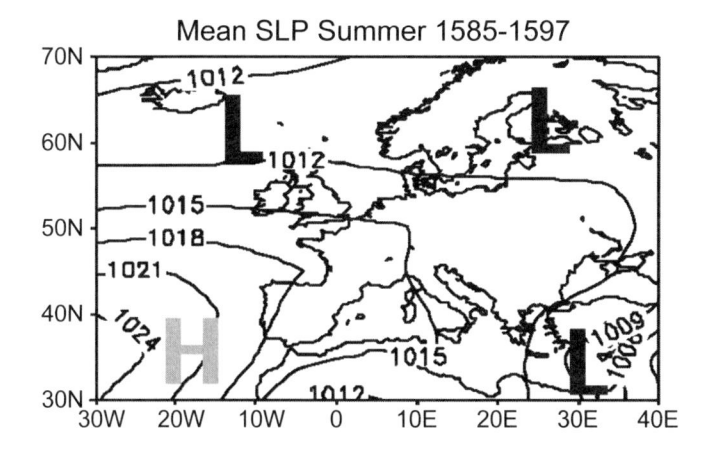

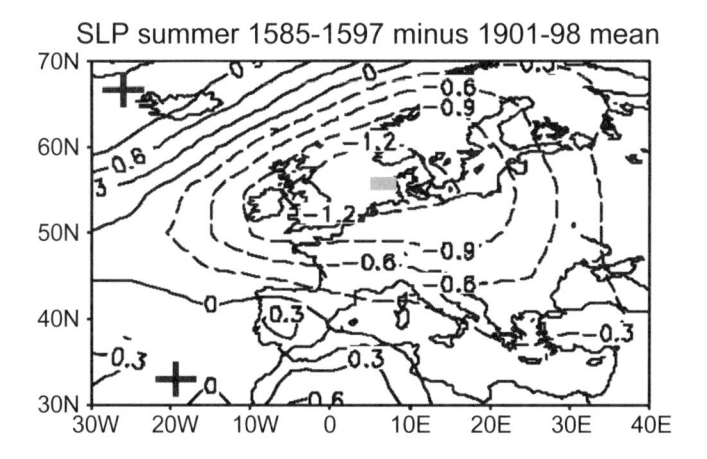

SLP summer 1585-1597 minus 1901-98 mean

Graph 9. Average Air Pressure in Europe during the Summer, from 1585 to 1597.[142]

to occasional northerly flows which moved polar air through the eastern Atlantic towards central Europe. Currently, such situations may last for a week, and in some cases even up to a month. However, throughout the years from 1585 to 1597, this situation became the dominant climatic mode in the area north of the Alps, from the Massif Central to Poland (although this period also included an extremely hot summer in 1590). The summers from 1585 to 1597 were on average 0.6 °C cooler than those of the twentieth century. In Catalonia the number of "rogations for rain" was far below the aver-

---

[142] Source: JÜRG LUTERBACHER, NCCR "Climate", University of Bern.

age for the period from 1588 to 1610. This suggests that droughts in the winter half-year were less frequent during that time. Disastrous floods, on the other hand, were more numerous during the same period.[143]

How did the nature of summer change under such extreme conditions? Fortunately, a few diarists have documented noteworthy changes in considerable detail. David Fabricius (1564-1617) was undoubtedly the most meticulous among them. From 1585 to 1612 he kept a weather diary in Emden (eastern Friesland, Germany). Walter Lenke has assessed the number of days with "frost",[144] as well as the number of rainy, of "hot" and "warm" days from the Fabricius diary in order to compare the "historical" averages with those of the period 1881-1930. The summarized results: late frosts occurred 27 days later on average, whereas early frosts occurred 37 days earlier i.e., the frost-free period was almost two months shorter. The number of "warm" days in the summer half-year (April to September) was 36 percent lower. The largest decline was observed in July. It rained more often in summer, particularly in July, whereas the months in the winter half-year were somewhat drier.[145]

The Danish astronomer Tycho Brahe (1546-1601) left a detailed meteorological diary in Danish for the period 1582 to 1597. His observations were made on the small island of Hven, situated in the Danish Sound. The diary was probably kept by Brahe's assistant Elias Olsen. The entries provide a concise description of the weather, including wind directions during the day and quite often during the night.[146] When considering the changes in summer climate as compared to the conditions in the first half of the twentieth century, the observations of Tycho Brahe agree with those of David Fabricius. The number of days with precipitation was lower in the winter half-year

---

[143] MARIANO BARRIENDOS VALLVÉ, "El clima histórico de Catalunya (siglos XIV-XIX). Fuentes, métodos y primeros resultados", Revista de Geografía, XXX-XXXI (1996-1997), pp. 69-96.

[144] I.e., frozen ground and/or water with negative temperatures.

[145] WALTER LENKE, "Das Klima Ende des 16. und Anfang des 17. Jahrhunderts nach Beobachtungen von Tycho Brahe auf Hven, Leonhard III Treuttwein in Fürstenfeld und David Fabricius in Ostfriesland", Berichte des Deutschen Wetterdienstes 15, 110 (1968); PFISTER ET AL., "Daily Weather Observations" (see note 82), pp. 143 ff.

[146] VICTOR. E. THOREN, "Tycho Brahe", in RENÉ TATON / CURTIS WILSON, eds., Planetary Astronomy from the Renaissance to the Rise of Astrophysics. Part A: From Tycho Brahe to Newton (Cambridge, 1989), pp. 3-21; JAN MUNZAR / JAN PAREZ, "Tycho Brahe as a Meteorologist", in JOHN ROBERT CHRISTIANSON / ALENA HADRAVOVA / PETR HADRAVA / MARTIN SOLC, eds., Tycho Brahe and Prague. Crossroads of European Science, (Frankfurt a. M., 2002), pp. 360-75.

and somewhat higher in July and August than in the first half of the twentieth century. Likewise, local thunderstorms were less frequent.[147]

The third set of outstanding observations was made in Lucerne by the self-made man, Renward Cysat (1545-1613), who was the son of Italian immigrants. Cysat created a well-known botanical garden near his home in Lucerne, thereby laying the foundation for his scientific reputation. Furthermore, he became one of the most influential Swiss politicians working in favor of the Counter-Reformation. Cysat's weather observations, made over the period from 1570 to 1612, are included in his large collection of miscellaneous information known as the "*Collectanea*".[148]

Before the crisis of 1587, Cysat reported on anomalies in the style of a chronicle. He subsequently changed the style of his observations to quantitative monthly summaries of weather features, such as the number of rainy days. This suggests that Cysat must have kept a detailed weather diary which, however, no longer exists. The tendencies drawn from his observations are in close agreement with those obtained from the diaries kept by Brahe and Fabricius. In central Switzerland winters were drier, whereas June and July were considerably wetter than in the first half of the twentieth century, and Cysat also reports the rare occurrence of thunderstorms as an eye-catching feature of the change in climate. Cysat was accustomed to climbing the mountains near Lucerne - Rigi (1797 m) and Pilatus (2121 m) - during the summer months. On his hikes he used to talk with local herdsmen, who had a good knowledge of their local environment. At that time, such an attitude was quite unusual for a man of his status. Nonetheless, the statesman and scientist seemingly learned in this manner about the astonishing changes of mountain climate and included the acquired knowledge in his accounts. Mountain areas are known to be particularly sensitive to climate changes. The cooling of the summer half-year became manifest through a delay in the snow-melt and, consequently, in the forced postponement of the march with the cattle to the summer alpine meadows. Moreover, long cold spells during the period of alpine grazing lead to frequent snowfalls on the meadows. If

---

[147] LENKE, "Das Klima Ende des 16. und Anfang des 17. Jahrhunderts" (see note 145); PFISTER ET AL., "Daily Weather Observations" (see note 82), pp. 126 ff.

[148] JOSEF SCHMID, ed., Renward Cysat. Collectanea pro Chronica Lucernensi et Helvetiae. Stationes annorum. Witterung, Missjahre, Teuerung, 2 vols. (Lucerne, 1969). The data scattered throughout this publication were compiled by PFISTER, Bevölkerung, Klima und Agrarmodernisierung 1525-1860. Das Klima der Schweiz, II (see note 2); MARTIN HILLE, "Mensch und Klima in der frühen Neuzeit. Die Anfänge regelmäßiger Wetterbeobachtung. 'Kleine Eiszeit' und ihre Wahrnehmung bei Renward Cysat (1545-1613)", Archiv für Kulturgeschichte, 83 (2001), pp. 63-92, has mainly drawn on PFISTER's, Das Klima der Schweiz (see note 2).

such situations persisted for more than a day or two, the cows had less than sufficient to satisfy their hunger and had to be driven downhill. During the 1590s, Cysat recorded that most of the rainfalls were "cold" and that snow on the "Alps" – i.e., on the Rigi and Pilatus peaks near Lucerne – fell "almost every fortnight". At that time the summit of Pilatus only became snow-free in July, which is almost a month later than in the twentieth century.[149]

In about 1600, Cysat took a retrospective view of the recent past in the foreword to his "*Collectanea*", and maintained that "[…] during recent years the weather and other things have taken such a peculiar and astounding course and undergone such extraordinary alterations" that he

"was able to do nothing other than record the same as a warning to future generations; for, unfortunately because of our sins, for already some time now the years have shown themselves to be more rigorous and severe than in the earlier past, and deterioration amongst creatures, not only among mankind and the world of animals but also of the earth's crops and produce, have been noticed, in addition to extraordinary alterations of the elements, stars and winds."[150]

Considering the climatic context in which Cysat made his observations, there is no doubt but what the Swiss scientist described a change in climate without, of course, yet knowing the term "climate". He stressed the enduring nature of the alteration and the repetitive sequence of anomalies, as opposed to familiar short-term deviations from "normal". In attempting an explanation, he pointed out changes in the wind system, meteorological causes, as well as considering the stars as possible influencing forces – this latter point may conceal an astro-meteorological belief. Finally, he addressed impacts on vegetation, agricultural production, wild and domestic animals, and even population in ways which may denote apocalyptic beliefs in terms of signs of degeneration pointing to an imminent end of the world. Seemingly many contemporary thinkers shared Cysat's prospects. William Bouwsma identifies a growing concern with personal identity, shifts in the interests of major thinkers, a decline in confidence about the future, and a heightening of anxiety at this time.[151]

On the other hand there is evidence that Cysat's remarks also related to observed changes in the physical world. For example, the cold summers between 1812 and 1817 in the Bernese Oberland caused intensive changes in the vegetation. As may be deduced from the observations then made, this se-

---

[149] ID., "Snow Cover, Snow-Lines and Glaciers in Central Europe since the 16th Century", in MICHAEL J. TOOLEY / GILLIAN M. SHEIL, eds., The Climatic Scene (London, 1985), pp. 154–74.

[150] PFISTER / BRÁZDIL, "Climatic Variability. A Synthesis" (see note 88), p. 44.

[151] WILLIAM JAMES BOUWSMA, The Waning of the Renaissance, 1550–1640 (Yale, 2001).

quence of exceedingly cold summers degraded a number of alpine meadows which remained permanently snow-covered for several successive years.[152] Moreover, clusters of cool summers led to an enhanced pressure from grazing cattle on forests at the upper tree line. When the alpine meadows were covered with fresh snow, cows and goats were driven downhill into the so-called refuge forests where they reportedly fed on shrubs and trees. A simulation of climate impacts on sub-alpine environments suggests that the series of cold summers in the late sixteenth century led to a strong recession of the natural tree-line.

Circumstantial evidence also exists for massive impacts on biota. 1603, the authorities of the Republic of Bern forbade the hunting of snow hares and certain species of birds because the number of both had dwindled alarmingly.[153] This seems to be a consequence of the reduced length of the vegetative period due to frequent severe frost and snow spells which must have drastically reduced biomass availability. The cooling also affected biota in the lowlands. Martin Körner drew up the number of moles that were captured and turned over to the authorities for a fee during the period 1538 to 1643 in the small Republic of Solothurn. The number of animals delivered to the authorities fell drastically after 1565 when the long-term cooling started, even though the incentives to catch these animals in compensation for a small amount of money increased during this period of frequent dearth. Only with the return of summer after 1600 did the number of catches rise, thereby suggesting a gradual recovery of the population.[154]

Other than vine production, the effects of such climatic deterioration on agriculture have not been systematically investigated. Perhaps the best analysis for Germany was attempted for the area of south-western Vogelsberg and based on sixteen qualitative and quantitative indicators drawn from the district accounts and stewards' accounts of the territorial ruler. Vogelsberg is a hilly area north-east of Frankfurt/Main reaching up to 800 m above sea level. During the first half of the sixteenth century, grain yields in the Vogelsberg area were relatively high, especially for rye, corresponding to the favourable climatic conditions. Moreover, years with poorer yields could be always compensated for by the better harvests of the immediately preceding or successive years. However, in the wake of the climatic deterioration, the growing period became shorter. Sources between 1584 and 1622 frequently

---

[152] MESSERLI ET AL., "Fluctuations of Climate" (see note 59).
[153] HARALD BUGMANN / CHRISTIAN PFISTER, "Impacts of Interannual Climate Variability on Past and Future Forest Composition", Regional Environmental Change, 1 (2000), pp. 112–25.
[154] MARTIN KÖRNER, "Geschichte und Zoologie interdisziplinär. Feld- und Schermäuse in Solothurn 1538–1543", Jahrbuch für Solothurnische Geschichte, 66 (1993), pp. 441–54.

mention snow, excessive cold, late frosts, and unseasonably heavy rainfalls. The average annual yield for rye declined remarkably, especially as a result of frost damage. A massive increase in mould damaged the grain for storage because it had to remain on the stalk longer and be brought in wet (which also reduced the baking quality). The fields could often not be tilled in autumn because of persistent rainfall. As a consequence of the cumulative frequency of bad rye harvests, a growing proportion of the population lived on grain which they borrowed in part from their territorial lord, thereby falling increasingly into debt and poverty. Even territorial lords found it impossible to pay their official overseers the quantities of rye stipulated as part of their salaries, resulting in their having to be content with oats, barley, or buckwheat. It may be assumed that there was a particularly serious decline of dietary protein, thus increasing the population's susceptibility to epidemic diseases.[155]

There is some fragmentary evidence from western Switzerland at the turn of the century which suggests that draught animals such as oxen and cows became rare in some areas of western Switzerland, perhaps as a consequence of (climate related?) epizootics. As a consequence, large plots had to be laid fallow.[156]

Population belongs to the class of second-order impacts where climate is only one amongst the set of various factors. Most victims of crises died from diseases. Connections between nutritional deficiencies, diseases and climate are known to be complex. Some diseases (e.g., cholera) are climate-related, whereas others (e.g., bubonic plague) are probably not.[157]

Susan Scott and Christopher Duncan recently provided a new interpretation of plagues in Europe. It challenges the widely held view that the infective agent of bubonic plague was solely responsible for the most devastating plagues of the last millennium. They argue that a second type of epidemic which they call "haemorrhagic plague" took by far the most lives. In contrast to the bubonic plague, the spread of haemorrhagic plague is promoted by

---

[155] HELMUT HILDEBRANDT / MARTIN GUDD, "Getreidebau, Missernten und Witterung im südwestlichen Vogelsberg und dem angrenzenden Vorland während des 16. und frühen 17. Jahrhunderts", Archiv für hessische Geschichte und Altertumskunde, NF 49 (1991), pp. 85–146.

[156] PFISTER, Bevölkerung, Klima und Agrarmodernisierung 1525–1860. Das Klima der Schweiz, II (see note 2), p. 86.

[157] ANONYMOUS, "The Relationship of Nutrition, Disease, and Social Conditions. A Graphical Presentation", in ROBERT I. ROTBERG / THEODORE K. RABB, eds., Hunger and History. The Impact of Changing Food Production and Consumption Patterns on Society (Cambridge, 1983), pp. 305–8. SCOTT and DUNCAN advocate the view that winter temperatures and the spread of plague are connected. See: SUSAN SCOTT / CHRISTOPHER J. DUNCAN, Biology of Plagues (Cambridge, 2001).

malnutrition and immunodeficiency. Thus, biophysical climate impacts become essential in their argumentation.[158]

The economic and demographic crises of the late sixteenth century are sufficiently known from published literature. A first book of essays entitled *Crisis in Europe, 1560-1600* appeared in 1965.[159] It received great attention and has inspired a great deal of research. The first two authors, Eric Hobsbawm and Hugh Trevor-Roper, established the fundamental interpretation which, with variations, underlies the remainder of the volume. For Hobsbawm, the fact that the great economic and population boom of the sixteenth century came to an end and was succeeded by the stagnation and frequent recessions of the seventeenth century indicated that there was a "crisis" both in the "old colonial system" and in internal production. Wealth had grown too fast and had been used unproductively, especially by a wasteful aristocracy. Hobsbawm only briefly mentioned population, but a lot of research on which his synthesis is based suggests that demographic stagnation or decline went hand in hand with economic trends.[160]

In most analyses, the causes of this crisis are related to population growth outstripping food production, i.e., a clearly Malthusian situation. It is true that the population grew at a very rapid pace during the relatively warm period between 1520 and 1570.[161] An annual growth rate of 1.4 percent has been attested for the Swiss Cantons of Zurich and Berne, as well as for parts of Thuringia in Germany, a figure not reached again until the nineteenth century; and there are even figures of over three percent per annum attested for the principality of Hohenlohe in the years 1528-1562.[162] Using calculations for German-wide trends in the development of dwellings and settlements made by Fritz Koerner between 1520 and 1600,[163] it has been shown that the increase in the number of dwellings was more than seven percent per annum between 1520 and 1560. Afterwards, the growth rate declined progres-

---

[158] Ibid.

[159] Trevor H. Aston, ed., Crisis in Europe (London, 1969³).

[160] Eric Hobsbawm, "The Crisis of the Seventeenth Century", in Crisis in Europe (see note 159), pp. 5-95; Theodore Rabb, The Struggle for Stability in Early Modern Europe (Oxford, 1975), pp. 17-34, summarizes the findings of the Aston volume.

[161] Christian Pfister, Bevölkerungsgeschichte und historische Demographie 1500-1800 (Enzyklopädie Deutscher Geschichte, vol. 28) (München, 1994), p. 11.

[162] Id., "The Population of Late Medieval and Early Modern Germany", in Sheilagh Ogilvie / Bob Scribner, eds., Germany. A New Social and Economic History, vol. I: 1450-1630 (London, 1996), pp. 33-64.

[163] Fritz Koerner, "Die Bevölkerungsverteilung in Thüringen am Ausgang des 16. Jahrhunderts", Wissenschaftliche Veröffentlichungen des Deutschen Instituts für Länderkunde, NF 15/16 (1958), pp. 178-315.

sively until the end of the century. Considering the evidence thus far available, it may not be assumed that food production remained on the same level during the climatic downturn of the late sixteenth century. Rather, the likely situation needs to be conceived in terms of a scissors-effect, in which an increasing demand for food coincided with a decline in production. In the end, this may have throttled down population growth.

Finally, the likely causes for the climatic disturbances in the final decades are addressed. This reference to the global dimension of climatic processes is likely to somewhat counterbalance the usual focus of the humanities on proximate and manageable topics which went along with the post-modernist turnaround.[164] Two causes are provided in scientific literature. Firstly, there is physical evidence pointing to a phase of a low solar activity around 1595.[165] Second, this "solar" cooling effect was superimposed by a phase of enhanced volcanic activity. Five large volcanic explosions in low latitudes are known between 1580 and 1600: Billy Mitchell (Bougainville, Melanesia), exploded in 1580,[166] Kelut (Java) in 1586, Raung (Java) in 1593, Ruiz (Colombia) in 1595, and Huaynaputina (Peru) in 1600.[167] Considering the number and density, this series of explosions seems to be unique within the last millennium.

6. A Period of Crisis or a Period of Crises?

It is open to debate whether the six decades between 1570 and 1630 should be labelled as "a period of crisis" in their entirety. To some extent, this depends on how the blanket-term of "crisis" is understood. Theodore Rabb defines "crisis" as having three criteria. Firstly, it must be short-lived. Secondly, conditions in a crisis need to differ from previous and subsequent ones. Thirdly, the situation in a crisis should be worse than "ordinary conditions", regardless of how such are defined.[168]

The discussion should consider two strands of evidence that are interrelated, namely the reconstruction of biophysical impacts on the one hand and the reconstruction of crises in people's minds on the other. The relationship between the two dimensions should not be understood in terms of basis and superstructure. Rather, the continued exploration of this relationship should

---

[164] RICHARD J. EVANS, In Defense of History (London, 1997).
[165] PFISTER / BRÁZDIL, "Climatic Variability. A Synthesis" (see note 88), pp. 33 ff.
[166] Or 1579, concluding from the disastrous summer of that year.
[167] PALMER ET AL., "High Precision Dating" (see note 65), p. 1953.
[168] RABB, The Struggle for Stability (see note 160), pp. 29–30.

become the main objective of historians dealing with cultural consequences of the Little Ice Age.

Based on a broad and consistent body of data from both man-made and natural archives, it is demonstrated here that conditions in the six decades from 1570 to 1630 differed in several ways from those prevailing in the preceding and the subsequent ones. The outstanding character of climate became manifest through far-reaching advances of Alpine glaciers. Their outstanding economic character was demonstrated with the high level of climatic stress in the long term, as expressed by the biophysical impact model, and with the high level of grain prices. Likewise, vine production north of the Alps repeatedly almost collapsed for a few years. Such impacts were felt in most of northwestern and central Europe. However, they usually did not affect the Mediterranean and the territory of present-day Russia. Thus, the term "European" would be misleading.

Crises were more frequent and severe between 1570 and 1630 than in any other period in the last millennium, with the exception of the 1340s. It is true that subsistence crises belonged to the experience of people in the early modern period. But in between the crises, there was usually a considerable number of average or abundant years which enabled a recovery. During the period from 1570 to 1630, however, there was hardly a recurrence to "normal" conditions. Before people had recovered from one shock, they were already confronted with the next one. The sheer absence of summer warmth in the final two decades of the sixteenth century was widely perceived as a feature departing from ordinary experience, as the appraisal by Renward Cysat shows. In this respect the statesman and scientist from Lucerne may have acted as an organ of popular belief. In sum, climatic impacts between 1570 and 1630 concatenated in such a way that to speak of a period of crises seems to be justified.

For a long time, climatic anomalies and natural disasters were considered to be exogenous, short-lived shocks without any long-term consequences for society. As the cliometrician Jan de Vries observed: "A sceptic might feel justified in concluding that short-term climatic crises stand in relation to economic history as bank robberies to the history of banking."[169] This statement mirrors the world view of neoclassical economists who assume that after an exogenous shock, a market economy always returns to its previous equilibrium.

For Peter Borscheid, on the other hand, getting across the volatile, short-winded world of unique events to building bridges toward slow-moving

---

[169] DE VRIES, "Measuring the Impact of Climate" (see note 98), p. 23.

structures is a main challenge of historiography.[170] Crises and (natural) disasters are fundamental in this respect because they create a pressing need for action, at the same time providing occasions and opportunities to communicate attitudes and beliefs with regard to the natural and to the supra-natural world. Processes in the natural world are usually not a topic of public discussion. Sociologist Niklas Luhman has pointed out that such events are only noticed and communicated if and when they interfere with daily routines.[171] If a crisis or a disaster occurs, nature puts itself on the agenda and thus becomes a primary object of discourse. Economic historian Hansjörg Siegenthaler has argued that crises provide(d) incentives to "fundamental learning" as opposed to routine learning. Whereas routine learning aims at acquiring a set of known solutions to given problems, fundamental learning is directed towards finding novel solutions.[172] Siegenthaler's conclusions apply not only to economic and political crises, but also to climatic anomalies and natural disasters.

The crisis of 1570/71 took everybody by surprise. For three generations situations of climatic stress had been relatively rare and of short duration. Thus, no adequate measures were prepared to deal with the disarray in the physical world and in people's minds which resulted from the situation of extreme hardship as it occurred in the early 1570s. During the subsequent six decades crises became a recurrent feature. This chain of events created repeated opportunities for the development of a crisis consciousness, to improve measures taken in the context of former crises or to adapt known measures taken in other areas. Above all, emergency situations provided chances for central authorities to extend their competence at the expense of traditional rights. To which degree such initiatives were already taken during the second period of Little Ice Age-type impacts needs to be further explored.

---

[170] Peter Borscheid / Hans J. Teuteberg, Ehe, Liebe, Tod. Zum Wandel der Familie, der Geschlechts- und Generationenbeziehungen in der Neuzeit (Studien zur Geschichte des Alltags) (Münster, 1983), pp. 11–12.

[171] Niklas Luhmann, Soziologie des Risikos (Berlin, 1991), pp. 121–2.

[172] Hansjörg Siegenthaler, Regelvertrauen, Prosperität und Krisen. Die Ungleichmäßigkeit wirtschaftlicher und sozialer Entwicklung als Ergebnis individuellen Handelns und sozialen Lernens (Tübingen, 1993).

Zusammenfassung

Dieser Artikel zeigt Wege auf, wie lange, hoch aufgelöste, auf die Bedürfnisse der Geschichtswissenschaft zugeschnittene, aber naturwissenschaftlich dennoch aussagekräftige Zeitreihen über Temperatur und Niederschläge auf der Basis von Wetterbeobachtungen in historischen Dokumenten rekonstruiert werden können. Im Unterschied zu naturwissenschaftlichen Zeitreihen sind die auf Dokumentendaten beruhenden monatlichen und jahreszeitlichen Näherungswerte für Temperatur und Niederschlag (»Indices«) an die Kultur- und Wirtschaftsgeschichte anschlussfähig: Einerseits können sie für Modellierungen von *Impacts* verwendet werden. Andererseits kann über Kommentare zum Witterungsverlauf, in die häufig Deutungen der Ereignisse sowie Reaktionen und Maßnahmen von Betroffenen einfließen, eine Verbindung zwischen Mikro- und Makrogeschichte hergestellt werden. Eine auf diese Bedürfnisse abgestimmte Software (Euro-ClimHist) ist entwickelt worden.

Während der »Kleinen Eiszeit« (ca. 1300–1900) waren die Gletscher zwar weltweit etwas größer als heute. Doch kann diese Periode nicht als einheitliche Kaltzeit bezeichnet werden. Kennzeichnend für das mitteleuropäische Klima waren vielmehr oftmalige kalt-trockene Winter und Frühjahrsperioden, denen sich – ausgelöst durch Vulkanausbrüche in den Tropen – gelegentlich zwei bis drei aufeinanderfolgende kalt-feuchte Hochsommer überlagerten. Die für Gletschervorstöße bedeutsamen Klimaphasen, die Heinz Wanner »Little Ice Age-type Events« (LIATE) nennt, alternierten mit Gruppen von Jahren mit »ruhigem« Klima und solchen mit warm-trockenen Sommern, in denen die Gletscher wieder etwas zurückschmolzen. Zusammenhänge mit den Ergebnissen der Historischen Klimawirkungsforschung sind offensichtlich: Getreide-, Weinbau und Milchwirtschaft litten gleichermaßen unter kalten Frühjahrsperioden (v. a. April) in Verbindung mit wochenlangen Regenperioden im Hochsommer. Die jährliche Klimabelastung der Agrarproduktion ist für die Zeit von 1550 bis 1670 auf der Basis der erwähnten monatlichen *Indices* für Temperatur und Niederschlag anhand eines idealtypischen Modells geschätzt worden. Im zeitlichen Verlauf zeigt die Intensität der Klimabelastung starke Schwankungen. Namentlich treten Gruppen von Jahren mit hohen Belastungswerten auf, die als »kleineiszeitliche Misserntemuster« (»Little Ice Age-type Impacts«) bezeichnet werden. Diese lösten häufig Teuerungen aus (u. a. 1570–1574, 1627–1629), wobei die Intensität des Preisauftriebs durch Kriegsereignisse verschärft, durch Pufferungsstrategien (Kulturwechsel, Vorratshaltung etc.) unter Umständen abgeschwächt wurde. Während der Jahre *1568–1630* lag die *durchschnittliche*

Klimabelastung in Mitteleuropa und Südskandinavien (nicht dagegen im Mittelmeerraum) signifikant *höher* als vorher und nachher, weshalb diese sechs Jahrzehnte als »Second Period of Little Ice Age-type Impacts« (im Anschluss an eine erste Periode erhöhter Klimabelastung im 14. Jahrhundert) bezeichnet werden. Völlig aus den Fugen geriet das Klima in den Jahren 1585 bis 1597. Aufmerksame Beobachter wie der Luzerner Naturforscher Renward Cysat erwähnen diese »unnatürlichen« Veränderungen, ohne schon über den Begriff des Klimas zu verfügen. Es wird postuliert, dass die hohe Dichte von klimainduzierten Krisen zwischen 1570 bis 1630 in Verbindung mit Kriegen für die werdenden Territorialstaaten Voraussetzungen schuf, um unter Berufung auf den wiederholten Notstand ihre Befugnisse zu erweitern.

Wenig Brot und saurer Wein

Kontinuität und Wandel in der zentraleuropäischen Ernährungskultur im letzten Drittel des 16. Jahrhunderts

von

ERICH LANDSTEINER

Wer nach den Zusammenhängen und Wechselwirkungen zwischen den Veränderungen der Ernährungskultur und dem Klimawandel fragt, sieht sich mit dem Problem konfrontiert, dass er zwei uneinheitliche und ungleiche Serien von Daten, Prozessen und Ereignissen mit ihrer je eigenen Periodizität aufeinander beziehen muss. Er muss Aussagen über Parallelen und eventuelle Kausalbeziehungen zwischen sozialen Tatsachen und solchen, die nicht der Sphäre der Gesellschaft, sondern der Natur angehören, machen, und das ist, wie jeder Sozialwissenschaftler weiß, ein riskantes Unterfangen.

Fernand Braudel sah in der Fixierung ganzer Zivilisationsräume auf die Kultivierung bestimmter Nutzpflanzen als Hauptnahrungslieferanten eines der von ihm propagierten »Gefängnisse der langen Dauer«.[1] Damit wollte er zum Ausdruck bringen, dass Veränderungen der grundlegenden Charakteristika der Ernährungskultur bis in die jüngste Vergangenheit sehr langsam und träge vor sich gingen. Produktion, Zubereitung und Konsum von Grundnahrungsmitteln waren zu tief in der materiellen und immateriellen Kultur ganzer Zivilisationen verankert, als dass sich Veränderungen in diesen Bereichen einfach und rasch hätten einstellen können. »Diese alten ›Kulturpflanzen‹ haben das materielle Dasein und manchmal auch das Seelenleben der Menschen sehr tiefgreifend geprägt und damit nahezu unveränderli-

---

[1] FERNAND BRAUDEL, Sozialgeschichte des 15.-18. Jahrhunderts, I: Der Alltag. München 1985 S. 103–188. Der Ausdruck »Gefängnis der langen Dauer« kommt in diesem Abschnitt des Werkes nicht vor, trifft aber die Intention Braudels ziemlich genau. Siehe DERS., Geschichte und Sozialwissenschaft. Die longue durée, in: MARC BLOCH / DERS. / LUCIEN FEBVRE ET AL., Schrift und Materie der Geschichte. Hg. CLAUDIA HONEGGER. Frankfurt a. M. 1977 S. 47–85, hier 55; sowie MAURICE AYMARD, L'Europe des nourritures végétales. Une nouvelle visite aux prisons de longue durée, in: Alimentazione e nutrizione, secc. XIII-XVIII, a cura di SIMONETTA CAVACIOCCHI (Istituto Datini - Atti della »Ventottesima settimana di studio«). Florenz 1997 S. 91–112.

che Strukturen geschaffen.«² Im europäischen Fall hängen mit der Getreidekultur ein spezifisches, im Verlauf des 9. bis 12. Jahrhunderts entstandenes Agrarsystem mit den dafür charakteristischen Flurformen und Fruchtwechselsystemen, ein oft prekäres Zusammenspiel von Ackerbau und Viehzucht und ein ganzer technologischer Komplex (Pflüge, Mühlen etc.) zusammen; des Weiteren eine spezifische Sozialstruktur – Pflug und Zugtiere besitzende Vollbauern, handarbeitende unterbäuerliche Gruppen, eine Renten beziehende Herrenschicht, die unter Ausnutzung der Arbeitskraft und Betriebsmittel ihrer Untertanen mitunter selbst in der Produktion engagiert war; ein über lange Zeit hinweg akkumuliertes Wissen, das Sicherheit bot; eine eigentümliche Art der Nahrungszubereitung, die im Brot das Nahrungsmittel schlechthin sah; schließlich auch eine spezifische Religiosität, die unter anderem auf die Sakralisierung von Brot (und Wein) hinauslief.³

Selbstverständlich erschöpft sich die europäische Ernährungskultur nicht im Getreide und dessen Gebrauchsweisen, aber hier gilt es zweifellos anzusetzen, wenn man der Frage nachgehen will, ob der Wandel des Klimas die Menschen in bestimmten Zeitperioden zu einer Umstellung ihrer Ernährung gezwungen hat. Mag sein, dass in den oberen Geschossen des »Gefängnisses«, um im Bild Braudels zu bleiben, die Anpassungsmöglichkeiten vielfältiger waren und Veränderungen leichter vonstatten gingen; entscheidend für das Wohlergehen der großen Masse waren aber die Zwänge und Spielräume im Erdgeschoss des großen Gebäudekomplexes. Auch hier waren die Pforten nicht hermetisch verschlossen, zumal sich die Produktion des Grundnahrungsmittels der europäischen Gesellschaften weit weniger einheitlich präsentiert, als dies bisweilen behauptet wird; und immobil war sie, wenn man sie aus der Perspektive der langen Zeiträume betrachtet, ebenfalls nicht in jeder Hinsicht.

In der Formierungsphase der mittelalterlichen europäischen Wirtschafts- und Gesellschaftsstruktur wurde dem Weizen als Hauptgetreide der Antike

---

[2] BRAUDEL, Sozialgeschichte I (wie Anm. 1) S. 107.

[3] Aus der sehr umfangreichen Literatur zu diesem Themenkomplex seien hier lediglich einige zentrale Werke genannt: GEORGES DUBY, L'économie rurale et la vie des campagnes dans l'occident médiévale. Paris 1962; LYNN WHITE JR., Medieval Technology and Social Change. Oxford 1962; ASTILL GRENVILLE / JOHN LANGDON (Hg.), Medieval Farming and Technology. Leiden 1997; GEORGES COMET, Le paysan et son outil. Essai d'histoire technique des céréales (France VIIIe-XVe siècle). Rom 1992; MICHAEL MITTERAUER, Roggen, Reis und Zuckerrohr. Drei Agrarrevolutionen des Mittelalters im Vergleich, in: Saeculum 52. 2001 S. 245–265; DERS., Warum Europa? Mittelalterliche Grundlagen eines Sonderwegs. München 2003 S. 17–41; MASSIMO MONTANARI, Der Hunger und der Überfluß. Kulturgeschichte der Ernährung in Europa. München 1993, bietet einen ausgezeichneten Überblick über das Zusammenspiel von agrarischem Produktionssystem und Ernährungskultur in Europa.

der Roggen zur Seite gestellt. Das war einerseits eine Anpassung der Getreidekultur an die ökologischen Bedingungen Nordwesteuropas mit seinen schweren Böden, regenreichen Klimata und frostigen Wintern, andererseits eine Folge der Kontraktion der Marktsphäre nach dem Zusammenbruch des römischen Imperiums und der Ausrichtung der Produktion auf die unmittelbaren Subsistenzbedürfnisse der Produzenten und ihrer Herren.[4] Zugleich leitete dieser Prozess die allgemeine Durchsetzung der Brotnahrung in fast allen Räumen und Schichten der europäischen Gesellschaft ein, eignete sich doch das gegenüber dem Weizenmehl qualitativ zweitrangige Mehl des Roggens gut zur Herstellung eines haltbaren Brotes, jedoch kaum für Breispeisen. In weiterer Folge gesellte sich zum geographischen Kontrast zwischen dem Weizen essenden Süden und dem Roggen essenden Norden Europas derjenige der Weißbrot essenden Reichen und der Schwarzbrot essenden Armen – ein mit hohem Symbolgehalt aufgeladener Kontrast.[5]

Die Etablierung des Roggenanbaus in der nordwest- und mitteleuropäischen Landwirtschaft hatte den Rückgang einer anderen, im Frühmittelalter aufgrund ihrer Ertragssicherheit, guten Lagerfähigkeit und der relativ hohen Qualität des daraus gewonnenen Mehls geschätzten Getreideart, des Dinkels, zur Folge. Der Dinkelanbau blieb aber bis ins 19. Jahrhundert in Schwaben, der deutschsprachigen Schweiz, Teilen Frankens und Württembergs sowie des heutigen Belgiens (insbesondere in den Ardennen), des Weiteren in Asturien, Istrien und Dalmatien von größerer Relevanz für die Ernährungsbasis breiter Bevölkerungsschichten. Der wesentlichste Grund für den Rückgang der Dinkelkultivierung dürfte in der Notwendigkeit zu sehen sein, die Kerne vor dem Mahlen entspelzen zu müssen, was einen zusätzlichen Mühlgang erforderte.[6]

---

[4] Siehe dazu MITTERAUER, Roggen (wie Anm. 3); ALAIN GUERREAU, L'étude de l'économie médiéval. Genèse et problèmes actuels, in: Le Moyen Age aujourd'hui. Hg. JACQUES LE GOFF / GUY LABRICHON. Paris 1997 S. 31–82, hier 49f.

[5] MONTANARI, Hunger (wie Anm. 3) S. 42–45. Siehe auch VALENTIN GROEBNER, Ökonomie ohne Haus. Zum Wirtschaften armer Leute in Nürnberg am Ende des 15. Jahrhunderts. Göttingen 1993 S. 84–86.

[6] Siehe dazu FRANCOIS SIGAUT, Considération élémentaires sur la géographie des céréales dans l'Europe pré-moderne, in: Géographie historique et culturelle de l'Europe. Hommage au Professeur Xavier de Planhol. Hg. JEAN-ROBERT PITTE. Paris 1995 S. 354–379, hier 366–369; JEAN-PIERRE DEVROEY, Entre Loire et Rhin. Les fluctuations du terroir de l'épeautre au Moyen Age, in: L'épeautre (Triticum spelta), histoire et ethnologie. Hg. DERS. / JEAN-JACQUES VAN MOL. Treignes 1989 S. 89–105; MANFRED RÖSCH / STEFANIE JACOMET / SABINE KARG, The History of Cereals in the Region of the Former Duchy of Swabia from the Roman to the Post-Medieval Period. Results of Archaeobotanical Research, in: Vegetation History and Archaeobotany 1. 1992 S. 193–231; MITTERAUER, Europa (wie Anm. 3) S. 20; die stammesgeschichtliche Argumentation von ROBERT GRADMANN, Der Dinkel und die Alamannen, in: Württembergische Jahrbücher für

So wie nach der Zurückdrängung des Dinkels der Verbreitungsraum des Weizens als primärem Brotgetreide in Europa gewissermaßen das Negativ der Roggenzone darstellt – mit einem breiten Überlappungsbereich, in dem die Bauern gerne beide Arten als Risikominimierungsstrategie mischten (»Halbtraid« im ostösterreichischen Raum, »méteil« in Frankreich) – so verhält es sich auch mit den beiden wichtigsten, im Frühjahr gesäten Getreidearten Hafer und Gerste. Sie dienten primär als Viehfutter und, in den Bierkonsumzonen, als Braurohstoff, wurden aber in einigen Regionen (etwa Irland und Schottland) auch zur Brotherstellung genutzt.[7] Hinsichtlich der Frage, wie sehr sie, insbesondere in Krisenzeiten, auch in anderen Gebieten als Substitute für Roggen und Weizen herangezogen wurden, gibt es eine breite Diskussion, auf die noch zurückzukommen sein wird.

Zu diesem Quartett der vier Getreidearten, das zweifellos das Fundament der europäischen Nahrungskultur darstellte und das sich im Rahmen der regional unterschiedlichen Anbausysteme tendenziell zu zwei Paaren (Weizen-Gerste; Roggen-Hafer) formierte, gesellten sich im Verlauf des zweiten Jahrtausends unserer Zeitrechnung im Zuge von Kulturkontakten, interzivilisatorischen Austauschprozessen und räumlichen Expansionsbewegungen eine Reihe von Neuankömmlingen: Die verschiedenen Hirsearten wären hier zu nennen; auch der Reis, der über Vermittlung der expansiven islamischen Kultur nach Europa gelangte, aber nur in der norditalienischen Ebene in größerem Stil angebaut wurde; vor allem aber der Buchweizen (*fagopyrum sagittatum* – ein Knöterichgewächs), der in vielen nordwest-, mittel- und osteuropäischen Regionen seit dem späten 14. Jahrhundert nachweisbar ist und in einigen Gebieten (East Anglia, Bretagne, Normandie, Kärnten sowie einige osteuropäische Regionen) in der Folge von nicht zu unterschätzender Bedeutung für die Ernährung breiter Bevölkerungskreise war. Das aus den scharfkantigen Körnern gewonnene, grobe Mehl wurde als Brei konsumiert oder mit anderem Mehl zur Brotherstellung verwendet, die Kleie diente als Viehfutter.[8] Schließlich der Mais, der im Zuge des durch den *Columbian Exchange* in Gang gesetzten – ungleichen – Austauschprozesses[9] zwischen zwei

---

Statistik und Landeskunde 1901 S. 103–159, wirkt aus heutiger Sicht reichlich kurios. Zu Biologie und Verarbeitung des Dinkels siehe UDELGARD KRÖBER-GROHNE, Nutzpflanzen in Deutschland. Kulturgeschichte und Biologie. Stuttgart 1987 S. 68–86.

[7] Siehe AYMARD, Europe (wie Anm. 1) S. 99–105, im Anschluss an THEODOR H. ENGELBRECHT, Die Landbauzonen der außertropischen Länder. Berlin 1899.

[8] MICHEL NASSIET, La diffusion du blé noir en France à l'époque moderne, in: Histoire et Sociétés Rurales 9. 1998 S. 57–75; JOHANN RAINER, Geschichtliche Bemerkungen über den Buchweizen, in: Carinthia I, 151. 1961 S. 705–710.

[9] ALFRED W. CROSBY, The Columbian Exchange. Biological and Cultural Consequences of 1492. Westport 1972.

über einen sehr langen Zeitraum hinweg völlig getrennt von einander existierenden Biosphären im Lauf des 16. Jahrhunderts in einigen südeuropäischen Regionen (Nordportugal und Nordspanien, Nord- und Mittelitalien sowie die Balkanländer) in die jeweiligen agrarischen Produktionssysteme Eingang fand und sich in weiterer Folge langsam nach Norden verbreitete.

Dieser durch zahlreiche Importe nach und nach bereicherte, ziemlich vielfältige Bestand an Bodenfrüchten zur Sicherung des Bedarfs an Grundnahrungsmitteln könnte den Schluss nahe legen, dass Europa gegen kurz- und mittelfristige Angebotsschwankungen aufgrund negativer klimatischer Einflüsse relativ gut gewappnet war, ist es doch unwahrscheinlich, dass angesichts des unterschiedlichen agrometeorologischen Potentials dieser Nutzpflanzen alle gleichzeitig und in gleichem Ausmaß betroffen waren. Die Verbreitungsgeschichten von Buchweizen und Mais lassen zudem vermuten, dass gerade in den kritischen Phasen des Zeitalters der »Kleinen Eiszeit« Substitute für die beiden zentralen Brotfrüchte Weizen und Roggen verfügbar wurden, die aufgrund ihrer Wachstumseigenschaften (relativ kurze Wachstumsphasen, die eine Aussaat im Frühjahr angesichts absehbarer Missernten bei den im Herbst gesäten Getreidearten ermöglichten) eine bedrohliche Verknappung an Grundnahrungsmitteln in zahlreichen Regionen hätte abwenden können. Wie noch zu zeigen sein wird, sind solche Überlegungen aber insofern kurzschlüssig, als die Verfügbarkeit von Alternativfrüchten nicht automatisch zu ihrer Verwendung als Nahrungsmittel führt. Not mag zwar erfinderisch machen, aber auch diese Binsenweisheit hat lediglich im Rahmen eines komplexen Systems materieller und ideeller Bezüge Gültigkeit. Die Nutzung der Natur ist eben eine eminent kulturelle Angelegenheit.[10] Auf der Produktionsseite muss eine ganze Reihe von ökologischen, ökonomischen und sozialen Rahmenbedingungen gegeben sein, damit es zur Integration neuer Nahrungspflanzen in ein über lange Zeit hinweg etabliertes und der Routine sowie vielfältigen sozioökonomischen Zwängen unterliegendes Produktionssystem kommt. Auf der Konsumseite steht dem Wechsel von einem altbewährten Grundbestandteil der Ernährungsweise zu einem neuartigen Element ein fest gefügtes kulturelles System entgegen, das über weite Strecken festlegt, was der menschlichen Ernährung dienen kann und soll und was, obwohl es grundsätzlich essbar wäre, für den menschlichen Konsum nicht statthaft ist oder einem expliziten Verbot unterliegt. Es sind eben nicht bloß ökologische und ökonomische Bedingungen, sondern

---

[10] Siehe dazu grundsätzlich Claude Levi-Strauss, Das wilde Denken. Frankfurt a. M. 1968; und Marshall Sahlins, Kultur und praktische Vernunft. Frankfurt a. M. 1994, insbes. S. 288–311.

ein tief in das gesamte kulturelle System eingelagerter kulinarischer Komplex, der darüber entscheidet, was gegessen und getrunken wird und was nicht.

Landwirtschaft ist, auch heute, eine Auseinandersetzung mit natürlichen Umweltbedingungen mit ungewissem Ausgang. Witterungsbedingungen spielen dabei eine zentrale Rolle, sind – gewiss auch in Abhängigkeit vom Stand der Technik – bisweilen entscheidend für den Ertrag von Mühsal und Arbeit und damit auch für das Wohlergehen der Produzenten und Konsumenten. Dank der beeindruckenden Leistungen und Fortschritte der historischen Klimaforschung in den letzten Jahrzehnten wissen wir heute, dass die Witterungsbedingungen, an die die agrarischen Produktionssysteme in den einzelnen Regionen über lange Zeiträume hinweg angepasst wurden, ihre eigene Periodizität aufweisen. Von einer hochmittelalterlichen Warmphase, einer spätmittelalterlichen Klimaverschlechterung oder eben auch einer Kleinen Eiszeit ist die Rede. Angesichts der Tatsache, dass im Rahmen vorindustrieller Agrarsysteme das Sonnenlicht die wichtigste Energiequelle und der landwirtschaftlich genutzte Boden der Energiekonverter schlechthin war,[11] ist die Versuchung groß, mehr oder weniger explizite Zusammenhänge zwischen diesen großen Perioden des Klimawandels und der sozioökonomischen Periodisierung der europäischen Geschichte – »hochmittelalterliche Expansionsphase«, »spätmittelalterliche Krise«, »Krise des 17. Jahrhunderts«, etc. – zu konstruieren. Es ist jedoch nach wie vor weitgehend ungeklärt, was genau eine Ab- oder Zunahme der mittleren, über mehrere Jahrhunderte hinweg berechneten Jahrestemperatur um ein bis zwei Grad Celsius oder die langfristigen Schwankungen der jährlichen Niederschlagsmenge um einige Millimeter an sozialen oder ökonomischen Konsequenzen zeitigte. Dass Gesellschaften, die ihr Produktionssystem über lange Zeiträume an die jeweiligen ökologischen Bedingungen angepasst hatten, diesen Schwankungen völlig hilflos ausgeliefert waren und keine Adaptationsstrategien an die natürliche Variabilität des Klimas gerade in den gemäßigten Klimazonen der Erde entwickelt hatten, wird man wohl ausschließen dürfen. Dazu kommt das methodische Problem, dass Klimatologen in der Regel in Zeit-Räumen denken, die sich über mehrere Jahrhunderte, wenn nicht Jahrtausende, und über ganze Weltregionen erstrecken, für eine sozialgeschichtliche Analyse aber zu weitläufig sind – zumindest so lange, wie wir über keine ausreichende Zahl detaillierter Fallstudien über die konkreten Auswirkungen von Klimaschwankungen auf die materiellen Existenzbedingungen

---

[11] Siehe etwa PAOLO MALANIMA, Energy Systems in Agrarian Societies. The European Deviation (Quaderni del Istituto di Studi sulle Società del Mediterraneo 1). Napoli 2002.

lokaler Gesellschaften verfügen. Solche Studien sollten sich in zeitlicher und räumlicher Hinsicht auf überschaubare Einheiten konzentrieren und den sozioökonomischen und kulturellen Folgen einer Häufung von extremen Witterungsbedingungen nachspüren.[12] Damit ließe sich auch klären, unter welchen Umständen und ab welcher Schwelle sich die sozialen Problemlösungskapazitäten und Anpassungsmöglichkeiten als ineffektiv erwiesen haben und wer darunter zu leiden hatte.

Der Begriff der Kleinen Eiszeit wird von Klimatologen und Geologen seit geraumer Zeit zur Bezeichnung einer sich vom Beginn des 14. bis zum Ende des 19. Jahrhunderts erstreckenden Periode verwendet, in der die Gletscher offensichtlich stärker wuchsen und die durchschnittlichen, über lange Zeiträume hinweg berechneten Jahrestemperaturen etwas tiefer lagen als in den Klimaperioden davor und danach.[13] Wie immer man zu diesem Begriff, seiner chronologischen Unschärfe und unklaren geographischen Erstreckung steht,[14] man darf sich von ihm nicht zu der Annahme verleiten lassen, dass es in diesen sechs Jahrhunderten ständig kalt oder zumindest kälter war als in der vorhergehenden oder darauf folgenden Periode. Die tieferen Durchschnittstemperaturen sind eben nur statistische Konstrukte, die allenfalls ein »Hintergrundgeräusch« von geringer gesellschaftlicher Relevanz darstellen. Sehr wohl lassen sich aber in der als Kleine Eiszeit bezeichneten Periode Phasen von einigen Jahren bis mehreren Jahrzehnten ausmachen, die sich durch eine Häufung von Witterungsanomalien, insbesondere Cluster von sehr kalten Wintern sowie feuchten und kalten Frühjahrs- und Sommermonaten, auszeichnen, die man als »Krisen der kleinen Eiszeit« bzw. »Little Ice Age-type Events« bezeichnen kann und die von aufmerksamen Zeitgenossen

---

[12] Es gibt inzwischen eine Reihe von Studien, die Klima- und Sozialgeschichte in differenzierter Weise im Hinblick auf unterschiedlich weite Räume, aber in der Regel kurz- und mittelfristige Zeitabschnitte miteinander in Beziehung setzten. Siehe etwa JOHN D. POST, The Last Great Subsistence Crisis in the Western World. Baltimore 1977; MARCEL LACHIVER, Les années de misère. La famine au temps du Grand Roi. Paris 1991; MIKE DAVIS, Late Victorian Holocausts. El Nino Famines and the Making of the Third World. London usw. 2001; WOLFGANG BEHRINGER, Die Krise von 1570. Ein Beitrag zur Krisengeschichte der Neuzeit, in: Um Himmels Willen. Religion in Katastrophenzeiten. Hg. MANFRED JAKUBOWSKI-TIESSEN / HARTMUT LEHMANN. Göttingen 2003 S. 51-156; ERICH LANDSTEINER, Trübselige Zeit? Auf der Suche nach den wirtschaftlichen und sozialen Dimensionen des Klimawandels im späten 16. Jahrhundert, in: Österreichische Zeitschrift für Geschichtswissenschaften 12/2. 2001 S.79-116.

[13] Siehe JEAN M. GROVE, The Little Ice Age. London 1988 S. 1-3.

[14] Kritisch über seine Nützlichkeit äußern sich u.a. RAYMOND S. BRADLEY / PHILIP D. JONES, Climatic Variations over the last 500 Years, in: Climate since A. D. 1500. Hg. DIES. London usw. 1992 S. 649-665, hier 658-659; JOHN F. RICHARDS, The Unending Frontier. An Environmental History of the Early Modern World. Berkeley usw. 2003 S. 58-85, versucht den Begriff in eine globale Umweltgeschichte der Frühen Neuzeit einzupassen.

als außerordentliche, wenn nicht gar apokalyptische Zeiten erlebt und interpretiert wurden.[15]

Das letzte Drittel des 16. Jahrhunderts war in Mitteleuropa, wie wir dank der historischen Klimaforschung, die inzwischen in der Lage ist, Witterungsverläufe in jahreszeitlicher Auflösung zu rekonstruieren,[16] heute wissen, eine Periode relativ niedriger Temperaturen in allen Jahreszeiten und einer Zunahme der Niederschläge besonders in den Frühjahrs- und Sommermonaten. Obwohl auch diese mehr als drei Jahrzehnte andauernde »trübselige Zeit« (Johann Jakob Wick)[17] in der erste Hälfte der achtziger und neunziger Jahre durch relativ warme und trockene Phasen unterbrochen wurde, hebt sie sich doch deutlich von den ersten beiden Dritteln des 16. Jahrhunderts und dem in klimatischer Hinsicht phasenweise auch nicht gerade freundlichen 17. Jahrhundert ab. Zu einer ähnlichen Häufung klimatisch extremer Jahre kam es erst wieder an der Wende vom 17. zum 18. Jahrhundert.[18]

Diese Periode bietet sich daher für einen genaueren Blick auf mögliche Veränderungen der Ernährungskultur aufgrund negativer klimatischer Einflüsse auf das agrarische Produktionssystem an. In räumlicher Hinsicht möchte ich die Erörterungen auf den zentraleuropäischen Raum beschränken. Als empirische Grundlage verwende ich hauptsächlich die detailreichen und über fast zwei Jahrhunderte hinweg homogenen Jahresrechnungen des Wiener Bürgerspitals. Meine Ausführungen konzentrieren sich dabei auf vier Aspekte des weitläufigen, im Rahmen dieses Beitrags keineswegs erschöpfend behandelbaren Themas:

---

[15] Siehe dazu ausführlich CHRISTIAN PFISTER, Weeping in the Snow. The Second Period of Little Ice Age-Type Impacts, 1570–1630, in diesem Band, S. 31–86. ROBERT B. DUNBAR, Climate Variabilitiy during the Holocene. An Update, in: The Way the Wind Blows. Climate, History and Human Action. Hg. RODERICK J. MCINTOSH / JOSEPH A. TAINTER / SUSAN KEECH MCINTOSH. New York 2000 S. 45–88, plädiert für Existenz einer relativ großen Zahl von regionalen Klimasystemen mit für sie charakteristischen langfristigen Varianzspektren, die von kurzen, einige Jahre bis mehrere Jahrzehnte andauernden Phasen rapiden Klimawandels (»mode shifts«) überlagert werden.

[16] Siehe die Überblicke in CHRISTIAN PFISTER, Wetternachhersage. 500 Jahre Klimavariationen und Naturkatastrophen. Bern usw. 1999; sowie RÜDIGER GLASER, Klimageschichte Mitteleuropas. Darmstadt 2001.

[17] ERICH LANDSTEINER, Trübselige Zeit? (wie Anm. 12) S. 83.

[18] Siehe die Pionierarbeit von CHRISTIAN PFISTER, Klimageschichte der Schweiz 1525–1860, I. Bern usw. 1984, insbes. S. 118–131; sowie die Beiträge in: Climatic Variability in Sixteenth-Century Europe and its Social Dimensions. Hg. CHRISITAN PFISTER / RUDOLF BRÁZDIL / RÜDIGER GLASER. Dordrecht usw. 1999, wo das Bebachtungsfeld auf den mitteleuropäischen Raum ausgedehnt wird.

Angesichts der grundlegenden Bedeutung von Getreide und Brot für die mittelalterliche und frühneuzeitliche europäische Ernährungskultur werden am Beispiel der Getreidemissernten um 1570 deren Auswirkungen auf den Haushalt des Wiener Bürgerspitals und das Wohlergehen seiner Insassen untersucht. Daran schließen sich Überlegungen hinsichtlich der Möglichkeiten an, aufgrund von Missernten verursachte Engpässe in der Versorgung mit den ortsüblichen Getreidearten durch den Rückgriff auf andere, bislang nicht für die menschliche Ernährung genutzte oder neuartige Getreidesorten zu bewältigen. Der im Verlauf der zweiten Hälfte des 16. Jahrhunderts in einigen europäischen Regionen langsam an Bedeutung gewinnende Maisanbau steht hier im Zentrum der Aufmerksamkeit. Des Weiteren wird die Frage diskutiert, ob derartige Sequenzen von Getreidemissernten zu einer Intensivierung und räumlichen Ausdehnung des in normalen Zeiten großteils auf die regionale Ebene beschränkten Getreidehandels führten. Der in der europäischen Wirtschaftsgeschichtsschreibung hinlänglich bekannte und aufgrund seiner Rolle in der räumlichen Restrukturierung des europäischen Wirtschaftsraumes viel beachtete Import großer Getreidemengen aus dem Ostseeraum nach Oberitalien in den neunziger Jahren des 16. Jahrhunderts dient hier als Beispiel. Schließlich werde ich am Ende des Beitrags vom grundlegenden Nahrungsmittel Getreide zum Wein als Genuss- und Nahrungsmittel, das im Unterschied zu den Brotgetreidearten wesentlich einfacher substituierbar war, übergehen und, wiederum am Beispiel Wiens und des Wiener Bürgerspitals, den Konsequenzen einer achtjährigen Sequenz von Weinmissernten in den achtziger und neunziger Jahren des 16. Jahrhunderts nachgehen.[19]

---

[19] Hinsichtlich des ersten und des vierten Aspektes basieren meine Erörterungen zum Teil auf bereits publizierten Aufsätzen. Siehe LANDSTEINER, Trübselige Zeit? (wie Anm. 12); und DERS., The Crisis of Wine Production in Late Sixteenth Century Central Europe. Climatic Causes and Economic Consequences, in: Climatic Variability (wie Anm. 18) S. 323–334. Daher wird einerseits an einigen Stellen auf eine detaillierte Auflistung von Quellenbelegen und Literaturzitaten verzichtet und auf die entsprechenden Passagen in diesen Aufsätzen verwiesen. Andererseits habe ich im Zuge der Arbeit an diesem Beitrag das Quellenmaterial, insbesondere die Wiener Bürgerspitalsrechnungen, hinsichtlich einiger Aspekte einer neuerlichen Analyse unterzogen und bin zu Ergebnissen gelangt, die das bisher Geschriebene ergänzen, fallweise aber auch revidieren und korrigieren.

1. Zu wenig Brot. Die Getreidemissernten um 1570 und ihre Folgen, insbesondere in Wien

Dass in Gesellschaften, deren Wirtschaftstruktur durch ein Übergewicht des Agrarsektors gekennzeichnet ist, von Jahr zu Jahr mehr oder weniger stark von einander abweichende Erntemengen und, im Fall von »arbeitsteiligen Verkehrswirtschaften« (Wilhelm Abel) wie dem frühneuzeitlichen Europa, die daraus resultierende Preisschwankungen der grundlegenden Nahrungsmittel erhebliche wirtschaftliche und soziale Auswirkungen zeitigten, bedarf keiner weiteren Begründung. Aber bereits hinsichtlich der Frage, wie groß denn die Ertragsschwankungen waren, die als Ursache heftiger Getreidepreisausschläge mangels repräsentativer Daten für größere Räume eher vermutet als belegt werden können, herrscht Uneinigkeit unter den mit ihr befassten Historikern und Ökonomen. Noch viel größer sind die Meinungsverschiedenheiten hinsichtlich der sozialen und demographischen Folgen von Ernte- und Teuerungskrisen. Starben die Menschen im frühneuzeitlichen Europa mehr oder weniger regelmäßig an Hunger? Taten sie das in so großer Zahl, dass diese Hungerkrisen nachhaltige Auswirkungen auf die demographische Struktur und Entwicklung ganzer Regionen hatten? Gibt es also einen unmittelbaren Zusammenhang zwischen Getreidemissernten, Teuerungs- und den ebenfalls hinlänglich belegten Mortalitätskrisen, die die frühneuzeitliche europäische Gesellschaft immer wieder heimsuchten? Und welche ihrer Mitglieder hatten in welcher Weise unter den Auswirkungen der ungleichen Ernten und ihrer wirtschaftlichen Folgen zu leiden?

Angesichts der Komplexität der frühneuzeitlichen europäischen Wirtschafts- und Sozialstruktur – des Ausmaßes der Arbeitsteilung, der Intensität und der Reichweite des Handels mit Nahrungsmitteln, der stark ausgeprägten Ungleichheit zwischen den Ständen und Klassen, etc. – ist es ein heikles Unterfangen, Kausalbeziehungen zwischen den Ernteschwankungen – damit auch den sie nicht ausschließlich, aber doch hauptsächlich verursachenden Witterungseinflüssen – und wirtschaftlichen, demographischen und sozialen Phänomenen und Prozessen herzustellen.[20] Allzu simple Modelle dieses komplexen Zusammenhangs laufen Gefahr, die kontextuelle Bedeutung von Klimaschwankungen in eine klimatische Interpretation der Geschichte zu verkehren und damit gewissermaßen der Natur anzulasten, wofür letztlich

---

[20] Grundlegend dazu und bislang zu wenig beachtet: JEAN-YVES GRENIER, L'économie d'Ancien Régime. Paris 1996, hier S. 279–285, zum Verhältnis von Nahrungsmittelangebot und Witterungsverlauf.

die sozioökonomische Organisationsweise der Gesellschaft verantwortlich war.[21] Nicht zuletzt daraus resultiert die Skepsis vieler Ökonomen und Wirtschaftshistoriker gegenüber Versuchen, wirtschaftliche Konjunkturen und Krisen auf klimatische Ursachen zurückzuführen.[22] Besonders auffällig ist in diesem Zusammenhang die Zurückhaltung derjenigen Historiker, die den sozioökonomischen und demographischen Folgen von Erntekrisen im vorindustriellen Europa nachgingen und das lange Zeit weithin akzeptierte Modell der wirtschaftlichen beziehungsweise demographischen »Krisen alten Typs« (crise de l'ancien type) grundgelegt haben. Weder Ernest Labrousse[23] noch Jean Meuvret[24] oder Pierre Goubert[25] hielten es für notwendig, die klimatischen Ursachen dieser Krisen im Detail zu untersuchen. Dass Missernten vor allem durch ungünstige Witterungseinflüsse zustande kamen, war für sie so offensichtlich, dass sie in der Regel nicht mehr als einen Satz auf diese Feststellung verwendeten. Ihr Interesse galt den sozialen und ökonomischen Folgen dieser Krisen und nicht ihren meteorologischen Ursachen.[26] Klimatische Bedingungen wurden als Konstante der naturräumlichen Voraussetzungen gesellschaftlicher Verhältnisse gesehen, nicht als Variable, so dass ein möglicher Wandel dieser Bedingungen daher auch kaum in Betracht gezogen wurde.[27] Karl Gunnar Persson hat diese Haltung in einer systematischen Arbeit zu den Funktionsmechanismen des Getreidemarktes im frühneuzeitli-

---

[21] Davor hat bereits EMMANUEL LE ROY LADURIE, Histoire du climat depuis l'an mil, I. Paris 1967 S. 11-29, gewarnt; siehe auch MICHAEL WATTS, Silent Violence. Food, Famine and Peasantry in Northern Nigeria. Berkeley usw. 1983, insbes. S. 82-89.

[22] Vgl. etwa den einflussreichen Artikel von JAN DE VRIES, Measuring the Impact of Climate on History. The Search for Appropriate Methodologies, in: Journal of Interdisciplinary History 10. 1980 S. 599-630.

[23] ERNEST LABROUSSE, Esquisse du mouvement des prix et des revenus en France au XVIIIe siècle. Paris 1932; DERS., La crise de l'économie française à la fin de l'Ancien Régime et au début de la Révolution. Paris 1944.

[24] JEAN MEUVRET, Études d'histoire économique. Paris 1971; DERS., Le problème des subsistances à l'époque Louis XIV, 3 Bde. Paris 1977-1988.

[25] PIERRE GOUBERT, Beauvais et le Beauvaisis de 1600 à 1730. Paris 1982 (1960) S. 45-82.

[26] Siehe dazu auch PIERRE VILAR, Réflexions sur la »crise de l'ancien type«, in: Conjoncture économiques - structures sociales. Hommage à Ernest Labrousse, Paris 1974 S. 39-58, der vor der »tentation du climatique« warnt.

[27] Dies ist umso bemerkenswerter, als sich für Fernand Braudel der Verdacht einer Klimaverschlechterung im Verlauf der zweiten Hälfte des 16. Jahrhunderts von der ersten zur zweiten Auflage des »Méditerranée« zur Gewissheit erhärtete: »Wohin wir den Blick auch wenden, das frühe 16. Jahrhundert war überall vom Klima begünstigt, während die zweite Hälfte überall unter atmosphärischen Störungen litt.« FERNAND BRAUDEL, Das Mittelmeer und die mediterrane Welt in der Epoche Phillips II, I. Frankfurt a. M. 1990 S. 385-398, zit. 398.

chen Europa jüngst folgendermaßen ausgedrückt: »That the price fluctuations [...] were triggered by output shocks is too obvious to dispute.«[28]

Aber selbst dieser scheinbar so offensichtliche Zusammenhang zwischen Angebot und Preis des Grundnahrungsmittels Getreide ist im Lichte neuerer Forschungen über rezente Hungerkrisen in Frage gestellt worden. Diskussionen über die Beziehung zwischen Getreideangebot und Getreidepreis haben in der politischen Ökonomie eine lange Tradition, die bis zu den diesbezüglichen Äußerungen von Gregory King und Charles Davenant im England des späten 17. Jahrhundert zurückreicht.[29] Der von ihnen hergestellte Zusammenhang zwischen Erntedefiziten und den daraus resultierenden Preissteigerungen wurde von Ökonomen und Wirtschaftshistorikern in der Folge so interpretiert, dass man ausgehend von den Preisen Rückschlüsse auf die Ertragsschwankungen und die Veränderungen der Nachfrage ziehen könnte.[30] Zuletzt hat Robert W. Fogel diesen – mangels Daten über die tatsächlichen Ertragsschwankungen – selten empirisch überprüften Zusammenhang mittels eines ökonometrischen Verfahrens reformuliert und aufgrund der damit erzielten Resultate zu widerlegen versucht (siehe Anhang). Er geht davon aus, dass zum Zeitpunkt der Getreideernte in der Regel noch ein Vorrat für vier bis fünf Monate vorhanden gewesen sei und die minderen Getreidesorten, die als Futtergetreide dienten, als Reserve für den menschlichen Konsum zur Verfügung standen, und zieht aus alledem den Schluss, dass das Ausmaß der Ertragsschwankungen im frühneuzeitlichen Europa bislang beträchtlich überschätzt wurde. Fogels Argumentation zielt darauf ab, die traditionelle Sichtweise, in der die starken Getreidepreissteigerungen ihre Ursache in witterungsbedingten Missernten hatten, durch eine auf die strukturellen Eigen-

---

[28] KARL GUNNAR PERSSON, Grain Markets in Europe, 1500–1900. Cambridge 1999 S. 47.

[29] In der diesbezüglichen Literatur wird der angenommene Zusammenhang zwischen Ernteerträgen und Getreidepreisen meist als »King's law« bezeichnet, obwohl nicht klar ist, ob seine Formulierung auf Gregory King oder Charles Davenant zurückgeht. Siehe dazu JOHN CREEDY, On the King-Davenant »Law« of Demand, in: Scottish Journal of Political Economy 33/3. 1986 S. 193–212; JEAN-PASCAL SIMONIN, Des premiers énoncés de la loi de King à sa remise en cause, in: Histoire & Mesure 11/3-4. 1996 S. 213–254; PERSSON, Grain Markets (wie Anm. 28) S. 47–49.

[30] Als klassische Beispiele der Ableitung von Ernteschwankungen aus der Preisbewegung in der wirtschaftsgeschichtlichen Literatur seien die Aufsätze von WILLIAM G. HOSKINS, Harvest Fluctuations and English Economic History, 1480–1619, in: The Agricultural History Review 12. 1964 S 28–46, und DERS., Harvest Fluctuations and English Economic History, 1620–1749, in: The Agricultural History Review 16. 1968 S. 15–31, genannt. Siehe auch EDWARD A. WRIGLEY, Some Reflections on Corn Yields and Prices in Pre-Industrial Economies, in: Famine, Disease and the Social Order in Early Modern Society. Hg. JOHN WALTER / ROGER SCHOFIELD. Cambridge 1989 S. 235–304, hier 235–239; und BERNARD H. SLICHER VAN BATH, The Agrarian History of Western Europe, A. D. 500–1850. London 1963 S. 118–120.

arten vorindustrieller Gesellschaften mit ihrer sehr ungleichen Einkommensverteilung und der zentralen Rolle des Landbesitzes als Einkommensquelle rekurrierenden Interpretation zu widerlegen. »These crises were man-made rather than natural disasters, and clearly were avoidable within the technology of the age. [...] Famines were caused not by natural disasters but by dramatic redistributions of ›entitlements‹ to grain.«[31] Während die Preiselastizität der Nachfrage von landbesitzenden Getreideproduzenten sehr gering gewesen sei und diese auf einen Anstieg des Getreidepreises nicht mit einer Erhöhung der Marktquote reagierten, hätten die Getreidepreissteigerungen in Folge relativ geringfügiger Erntedefizite in den lohnabhängigen Gesellschaftsschichten und der handwerklichen Bevölkerung aufgrund der Rigidität des Lohn- und Preisgefüges zu massiven Kaufkraftverlusten geführt. Somit wären die vom Markt abhängigen, überwiegend städtischen Konsumenten mit niedrigem Einkommen die hauptsächlichen Leidtragenden dieses Mechanismus, das Phänomen der Hungerkrisen aber keine Folge witterungsbedingter Missernten, sondern eine Konsequenz der durch den Preisanstieg verschärften ungleichen Einkommensverteilung gewesen.[32] Ausgehend von der Annahme, dass es große Ähnlichkeiten in den sozioökonomischen Strukturen der europäischen Gesellschaften der Frühen Neuzeit und den gegenwärtigen Entwicklungsländern gäbe, beruft sich Fogel in seiner Argumentation auf neuere Studien über rezente Hungerkrisen, insbesondere auf die Arbeiten von Amartya Sen, der am Beispiel von mehreren Hungersnöten in Asien und Afrika im 20. Jahrhundert die Annahme, dass diese eine Folge von Missernten oder Überbevölkerung seien, zu widerlegen versucht hat. Laut Sen lenkt diese Interpretation von der Tatsache ab, dass Hunger kein Versorgungs-, sondern ein Verteilungsproblem ist, das aus den wirtschaftlichen und sozialen Verhältnissen der betroffenen Gebiete resultiert, man daher im Rahmen eines *entitlement approach* die Zugangsmöglichkeiten der einzelnen Bevölkerungsgruppen zu Nahrungsmitteln im Rahmen der jeweiligen sozioökonomischen Strukturen untersuchen müsse, um die Ursachen von Hungerkrisen zu verstehen.[33]

---

[31] ROBERT W. FOGEL, Second Thoughts on the European Escape from Hunger. Famines, Chronic Malnutrition, and Mortality Rates, in: Nutrition and Poverty. Hg. SIDDIQUR. R. OSMANI. Oxford 1992 S. 243–286, zit. 255.
[32] Ebd. S. 255–261.
[33] AMARTYA SEN, Poverty and Famines. Oxford 1981, insbes. S. 45–51 u. 154–166; siehe auch BRIAN MURTON, Famine, in: The Cambridge World History of Food, II. Hg. KENNETH F. KIPLE / KRIEMHILD CONÈE ORNELAS. Cambridge 2000 S. 1411–1427, der einen ausgezeichneten Überblick über neuere Ansätze zur Erklärung von Hungerkrisen bietet.

Folgt man Fogel und Sen, so erübrigt sich jedes weitere Nachdenken über die möglichen Folgen klimatisch bedingter Missernten. Nicht das von menschlicher Einflussnahme unabhängige Wettergeschehen, sondern die jeweiligen gesellschaftlichen Produktions- und Verteilungsverhältnisse müssten dann unsere gesamte Aufmerksamkeit auf sich ziehen. Nun kann man aber die Tatsache von wesentlich größeren Ernteschwankungen, als Fogel anzunehmen geneigt ist, schwerlich ignorieren. Die für einige Regionen vorliegenden Datenreihen belegen, dass Abweichungen im Ausmaß von 30–50 Prozent vom langfristigen Trend beziehungsweise Mittel nicht selten waren.[34] Aus einer Perspektive, die nach den Folgen von Klimaveränderungen für die Nahrungsmittelversorgung fragt, stellt sich zudem die Frage nach einer eventuellen Häufung witterungsbedingter Missernten in bestimmten Perioden. Nötig ist eine Herangehensweise an das Problem, die man, in Analogie zur politischen Ökonomie, als politisch-ökologisch bezeichnen könnte, und die unter Einschluss aller relevanten wirtschaftlichen, sozialen, politischen und kulturellen Beziehungen auf die Analyse von Ökosystemen abzielt, die zwar in hohem Maß, aber nicht vollständig, gesellschaftlich konstituiert sind.[35] Ausgehend von den Klimarekonstruktionen der historischen Klimatologie wäre in diesem Rahmen zunächst nach den agrometeorologischen Potentialen der wichtigsten Nutzpflanzen im Kontext des jeweiligen agrarischen Produktionssystems und den daraus resultierenden Folgen negativer Witterungseinflüsse zu fragen. Unter Berücksichtigung der jeweiligen ökonomischen und soziostrukturellen Konstitution der betroffenen Regionen und Gesellschaften müsste dann den möglichen wirtschaftlichen, sozialen und politischen Folgewirkungen nachgegangen werden. Hinsichtlich der sozioökonomischen Auswirkungen von Ernteschwankungen auf die frühneuzeitlichen europäischen Gesellschaften bietet das von Ernest Labrousse formulierte Modell des durch Missernten ausgelösten vorindustriellen Krisenmechanismus nach wie vor eine gute Ausgangsbasis für konkrete Analysen.[36] Die dem Modell der *crise de l'ancien type* zugrunde liegende Kausalkette geht

---

[34] Vgl. etwa GIUSEPPE PARENTI, Prezzi e mercato del grano a Siena (1546–1765). Florenz 1942 S. 216 (Neudruck in: DERS., Studi di storia die prezzi. Paris 1981); WALTER BAUERNFEIND, Materielle Grundstrukturen im Spätmittelalter und der Frühen Neuzeit. Preisentwicklung und Agrarkonjunktur am Nürnberger Getreidemarkt von 1339 bis 1670. Nürnberg 1993; sowie PERSSON, Grain Markets (wie Anm. 28) S. 52–54.

[35] Siehe dazu programmatisch JAMES B. GREENBERG / THOMAS K. PARK, Political Ecology, in: Journal of Political Ecology 1. 1999 S. 1–12. Ansätze dazu finden sich in WATTS, Silent Violence (wie Anm. 21); DAVIS, Holocausts (wie Anm. 12); und LACHIVER, Années (wie Anm. 12).

[36] Siehe neben LABROUSSE, Esquisse (wie Anm. 23); und DERS., Crise (wie Anm. 23), auch die synthetische Darstellung dieses Modells in ERNEST LABROUSSE, Les ruptures de la prosperité. Les crises économiques du XVIIIe siècle, in: Histoire économique et sociale de la France, II. Hg.

von Schwankungen der Getreideernten von bis zu 50 Prozent gegenüber dem langfristigen Durchschnitt aus. Anlässlich einer unterdurchschnittlichen Ernte reduzierten der hohe Saatgutaufwand und die Belastungen der bäuerlichen Produzenten mit (Feudal-)Renten den kommerzialisierbaren Teil der Ernte in überproportionalem Ausmaß, wobei die konkreten Auswirkungen auf die einzelnen Produzentengruppen von ihrer wirtschaftlichen und sozialen Stellung im Rahmen der agrarischen Produktionsverhältnisse abhingen. Kleinere Produzenten, die in normalen Jahren gerade noch ihr Auskommen fanden, wurden in einer derartigen Situation selbst als Käufer auf den Markt getrieben und gerieten in einen Verschuldungskreislauf. Zehent und Naturalrenten dezimierten im Verein mit dem hohen Saatgutaufwand und dem Eigenbedarf der bäuerlichen Haushalte die für den Verkauf zur Verfügung stehende Menge so sehr, dass ein großer Teil der bäuerlichen Lieferanten vom Markt verschwand. Neben der Produktion der – regional ungleich verteilten – großen Gutsbetriebe und Pachtwirtschaften stellte dieses Rentengetreide in Jahren mit Erntedefiziten eine der wichtigsten Quellen kommerzialisierbarer Getreidevorräte dar. Die verringerte Marktquote und die daraus resultierende Nahrungsmittelteuerung hatten sowohl starke Reallohnverluste als auch ein generelles Sinken der Kaufkraft in weiten Teilen der Bevölkerung zur Folge, wodurch die agrarische Krise sich zu einer Absatzkrise in denjenigen gewerblichen Produktionszweigen, die Massengüter erzeugten, ausweitete und zu einem Rückgang des Handelsvolumens führte.[37] Arbeitslosigkeit, Hunger und Wanderungsbewegungen von kranken und unterernährten Menschen auf der Suche nach Nahrung und Almosen waren die Folge.

Ausgehend von der Beobachtung, dass Missernten und Teuerungsjahre häufig auch Zeiten erhöhter Sterblichkeit waren, wurde das wirtschaftliche

---

Fernand Braudel / Ernest Labrousse. Paris 1970 S. 529–563; des Weiteren Vilar, Réflexions (wie Anm. 26).

[37] Das Labrousse'sche Krisenmodell scheint trotz zahlreicher Kritiken der Revision besser standzuhalten als seine Methode der Konjunkturanalyse. Siehe etwa Jean-Pascal Simonin, La crise d'Ancien Régime. Une essai de justification théorique, in: Histoire & Mesure 7/3 u. 4. 1992 S. 231–247. Im deutschsprachigen Raum hat die ablehnende Haltung Wilhelm Abels eine Rezeption lange Zeit verhindert. Ganz auf die säkularen Trends der Preise und Löhne und deren Auswirkungen auf die Agrarwirtschaft fixiert, hat Abel die Bedeutung der Erntezyklen und deren sozioökonomischen Folgen für wenig relevant erachtet. Während dies im Hinblick auf die »Agrarkrisen«, wo Abel auf die Folgen für die landwirtschaftlichen Produzenten abhebt, bis zu einem gewissen Grad verständlich ist, lässt sich seine Ablehnung im Zusammenhang mit »Massenarmut und Hungerkrisen« eigentlich nur durch eine Konkurrenzhaltung gegenüber der »französischen Schule« erklären. Vgl. zuletzt Walter Achilles, Grundsatzfragen zur Darstellung von Agrarkonjunkturen und -krisen nach der Methode Wilhelm Abels, in: Vierteljahrsschrift für Sozial- und Wirtschaftsgeschichte 85. 1998 S. 307–351, hier 309f.

Krisenmodell um die Dimension eines daraus abgeleiteten demographischen Krisenmechanismus erweitert. Dieser basiert auf der Feststellung, dass der Anstieg der Getreidepreise von einer Zunahme der Todesfälle und einer Verminderung der Heiratsfrequenz begleitet wurde. Parallel dazu ging aufgrund der verringerten Heiratshäufigkeit während der Sterbekrise und einer durch Unterernährung verursachten Hungeramenorrhöe auch die Zahl der Konzeptionen zurück. Nach dem Ende der Mortalitätskrise setzte eine kompensatorische Reaktion ein, die durch den kurzfristigen Anstieg der Heiratshäufigkeit im Zuge von Wiederverehelichungen und verbesserten ökonomischen Heiratschancen ausgelöst wurde und in einem Anstieg der Geburtenzahlen mündete, die rasch wieder das Niveau vor Ausbruch der Krise erreichten. Langfristige Auswirkungen auf den demographischen Prozess hatten diese Mortalitätskrisen vor allem dadurch, dass die geringe Anzahl der Konzeptionen während der Krise im Verein mit der hohen Kindersterblichkeit zahlenmäßig amputierte Altersklassen hervorbrachte, die, sobald sie ins reproduktionsfähige Alter gelangten, das Bevölkerungswachstum bremsten.[38] Weniger klar ist in diesem Zusammenhang, wodurch der oft dramatische Anstieg der Mortalität verursacht wurde. Da der Tod durch Verhungern auch im 16. und 17. Jahrhundert kein massenhaft auftretendes Phänomen war, wird auf die Koinzidenz von Missernten, Getreidepreissteigerung und Epidemien verwiesen, deren Ausbruch und rasche Verbreitung wiederum auf die geschwächte Konstitution der von der Mangelsituation betroffenen Menschen, den Konsum von gesundheitsschädlicher Ersatznahrung und die Migration Hunger leidender Bevölkerungsgruppen zurückgeführt wird.[39]

Im Unterschied zur ökonomischen hat die demographische Seite des Subsistenzkrisenmodells der kritischen Revision weniger gut standhalten können.[40] Abgesehen davon, dass sich damit die langfristige demographische

---

[38] PIERRE GOUBERT, Beauvais (wie Anm. 25) S. 45–69; LACHIVER, Années (wie Anm. 12) S. 191–196.

[39] Siehe dazu die Pionierarbeit von JEAN MEUVRET, Les crises de subsistence et la démographie de la France d'Ancien Régime, in: Population 1. 1946 S. 643–650 (auch in MEUVRET, Études [wie Anm. 24] S. 271–278); des Weiteren DERS., Demographic Crisis in France from the Sixteenth to the Eighteenth Century, in: Population in History, Hg. DAVID V. GLASS / DAVID E. C. EVERSLEY. London 1965 S. 508–522.

[40] Es ist nicht möglich, an dieser Stelle die Fülle von Literatur zu diesem Thema auch nur auszugsweise wiederzugeben. RICHARD M. SMITH, Periods of »Feast and Famine«. Food Supply and Long Term Changes in European Mortality c. 1200 to 1800, in: Alimentazione e nutrizione (wie Anm. 1) S. 159–186, bietet einen guten Überblick. Wichtige Beiträge sind im Journal of Interdisciplinary History 14. 1983 (»Hunger and History. A Special Issue«), und in Famine (wie Anm. 30) enthalten.

Entwicklung nicht erklären lässt,[41] erscheint auch der vormals scheinbar so offensichtliche Zusammenhang zwischen Missernte, Getreideteuerung und Mortalitätsanstieg inzwischen weniger eindeutig und unproblematisch. Zahlreiche Untersuchungen haben gezeigt, dass nicht alle Teuerungsphasen bzw. Missenrtejahre zu einem Ansteigen der Mortalität in den betroffenen Bevölkerungen führten und die Sterblichkeit auch in Zeiten niedriger Getreidepreise oft Rekordwerte erreichen konnte.[42] Das bedeutet nun nicht, dass der Zusammenhang zwischen Getreideteuerung und Mortalität nicht existieren würde, sondern dass das Bindeglied zwischen beiden nicht primär durch einen biologischen Mechanismus (Tod durch Verhungern) konstituiert wurde, sondern aus der wirtschaftlichen, sozialen und politischen Strukturierung der betroffenen Gesellschaften und der Zerrüttung dieser Strukturen in Krisenzeiten resultierte. Ebenso wie heute in der so genannten »Dritten Welt« starben auch im Europa der Frühen Neuzeit die meisten Opfer einer Hungerkrise nicht am Nahrungsmangel, sondern an Infektionskrankheiten.[43] Es gibt offenbar eine synergetische Beziehung zwischen Unterernährung und Epidemien, die über den Teufelskreis von abnehmender Resistenz gegen Infektionen aufgrund mangelhafter Ernährung und Unterernährung als Folge von Krankheit konstituiert wird. Allerdings kommen hierfür primär bakterielle Infektionskrankheiten in Frage, da durch Viren verursachte Epidemien kaum mit der Ernährungslage in Zusammenhang stehen. Während diejenigen, die im Zuge von Missernte und Teuerung Hunger litten, bisweilen in großer Zahl an Erkrankungen der Atemwege und des Verdauungsapparates, an Masern und Cholera starben, und die soziale Lage, das Alter und das Geschlecht dabei über Leben und Tod entscheiden konnten, grassierten Pest

---

[41] Dies ist seit dem Erscheinen der *Population History of England* offensichtlich. Siehe insbesondere RONALD LEE, Short Term Variation: Vital Rates, Prices and Weather, in: EDWARD A. WRIGLEY / ROGER S. SCHOFIELD, The Population History of England 1541–1871. Cambridge 1989 S. 356–401. Daran schließt ROBERT W. FOGEL, The Conquest of High Mortality and Hunger in Europe and America. Timing and Mechanisms, in: Favorites of Fortune. Hg. PATRICE HIGONNET / DAVID S. LANDES / HENRY ROSOVSKY. Cambridge/MA. usw. 1991 S. 33–71, an.

[42] Sowohl ROGER S. SCHOFIELD, The Impact of Scarcity and Plenty on Population Change in England 1541–1871, in: Journal of Interdisciplinary History 14. 1983 S. 265–291, als auch GIUSEPPE FELLONI, Prezzi e populazione in Italia nei secoli XVI–XIX, in: DERS., Scritti di storia economica. Genua 1998 S. 1231–1287, konnten nachweisen, dass es in den von ihnen untersuchten Gebieten nur in etwa 50 Prozent der Fälle eine positive Korrelation zwischen Getreideteuerung und Mortalitätsanstieg gab.

[43] Siehe dazu allgemein MASSIMO LIVI-BACCI, Population and Nutrition. Cambridge 1991 S. 40–42, sowie am Beispiel der großen irischen Hungersnot Mitte des 19. Jahrhunderts JOEL MOKYR / CORMAC Ó GRÁDA, What Do People Die of during Famines. The Great Irish Famine in Comparative Perspective, in: European Review of Economic History 6. 2002 S. 339–363.

und Pocken unabhängig von der jeweiligen Ernährungslage und machten keinen Unterschied zwischen Arm und Reich.[44]

Diese in der Wirtschafts- und Sozialgeschichtsschreibung sowie der historischen Demographie nun schon seit geraumer Zeit diskutierten Zusammenhänge verweisen im Verein mit den Forschungen zu rezenten Hungerkrisen[45] darauf, dass Hunger nicht einfach eine Folge verminderten Nahrungsangebotes ist, sondern dass die örtlich und zeitlich je spezifischen Konfigurationen von ökologisch-technologischem Potential (hierzu zählen auch die agrometeorologischen Bedingungen), sozialer Stratifikation, Marktlage sowie ökonomischen und politischen Zugangsmöglichkeiten soziale wie geographische Anfälligkeitsräume (*spaces of vulnerability*)[46] erzeugen. Erst deren Definition ermöglicht ein Urteil, wer aus welchen Gründen wann und wo Hunger litt. Das mag banal klingen, aber wir geben uns angesichts der Hungersnöte in der Sahelzone doch auch nicht mit der Erklärung zufrieden, dass diese einfach nur eine Folge ausbleibenden Regens sind. Warum sollte es im Hinblick auf die europäische Vergangenheit anders sein?

An dieser Stelle ist es angebracht, den Rahmen der allgemeinen und daher zwangsläufig abstrakten Reflexion dieser Thematik zu verlassen und auf ein konkretes Beispiel zu rekurrieren.

Wohl jedem, der einmal eine Getreidepreisreihe für das 16. Jahrhundert aus dem mitteleuropäischen Raum genauer betrachtet hat, ist der starke Anstieg des Preises um das Vier- bis Sechsfache in den Jahren um 1570 aufgefallen. Wilhelm Abel hat diesem – aufgrund seiner »Größe, Dauer und räumlichen Weite der Not« außerordentlichen – Ereignis in seinem Buch über *Massenarmut und Hungerkrisen im vorindustriellen Europa* ein ausführliches Kapital gewidmet und es mit einer ganzen Serie von Missernten in Verbindung gebracht,[47] die eine breite, von Lemberg im Osten bis Orléans im Westen reichende Zone Kontinentaleuropas betraf, während in den mediterranen Regionen und entlang der Ost- und Nordseeküsten der Preisanstieg großteils nicht die 200 Prozent-Marke überschritt. Den Rekord hielt nach den Beobachtungen Abels Wien, wo der Getreidepreis (Roggen) zwischen 1563 und 1571 um mehr als 600 Prozent anstieg.[48] Der Zürcher Pfarrer La-

---

[44] Siehe dazu vor allem The Conferees, The Relationsship of Nutrition, Disease, and Social Conditions. A Graphical Presentation, in: Journal of Interdisciplinary History 14. 1983 S. 503–506.

[45] Hier sei nochmals auf den Überblick in MURTON, Famine (wie Anm. 33) verwiesen.

[46] MICHAEL J. WATTS / HANS G. BOHLE, The Space of Vulnerability. The Causal Structure of Hunger and Famine, in: Progress in Human Geography 17/1. 1993 S. 43–67.

[47] WILHELM ABEL, Massenarmut und Hungerkrisen im vorindustriellen Europa. Hamburg usw. 1974 S. 70–98, zit. 70.

[48] Vgl. ebd. S. 74, die kartographische Darstellung des Getreidepreisanstieges in den einzelnen Städten.

vater berichtete denn auch in einer seiner Hungerpredigten, dass man 1570 »zu Wien und im ganzen Österreich« aller Orten Tote herumliegen sah, »deren etlich Grasbüsche in ihrem Mund gehabt«.[49]

Für Wien lassen sich die Ursachen und sozialen Folgen, nicht zuletzt auch im Hinblick auf die Nahrungsmittelversorgung, dieses weite Teile Kontinentaleuropas erfassenden Getreidepreisschocks,[50] der das gesamte Preis- und Lohngefüge grundlegend veränderte, dank der ausführlichen Jahresrechnungen des Wiener Bürgerspitals,[51] das einerseits selbst bedeutende Mengen an Roggen und Hafer produzierte,[52] andererseits die weitaus wichtigste und größte Fürsorgeeinrichtung der Stadt für Arme, Kranke, Findel- und Waisenkinder war,[53] relativ gut rekonstruieren. Konfrontiert man die Preisdaten für Wien[54] mit den Erntemengen und Erträgen des Ackerbaubetriebes des Bürgerspitals, so zeigt sich, dass der von Abel konstatierte, außerordentlich starke Preisanstieg für das wichtigste Brotgetreide (Roggen) durch die beiden miserablen Ernten der Jahre 1569 und 1571 verursacht wurde und offenbar auch durch die relativ reichhaltige Ernte des Jahres 1570 nicht abgeschwächt werden konnte (Abb. 1). Die Kornziffer betrug in den beiden Katastrophenjahren lediglich 2,1 bzw. 2,0, wobei in der Erntemenge auch ein geringer Anteil an Zehentgetreide enthalten ist, sodass davon auszugehen ist, dass die tatsächliche Kornziffer noch etwas unter diesen Werten lag. Ein im Herbst gesätes Roggenkorn erbrachte somit bei der Ernte im folgenden Jahr nicht einmal zwei Körner. Gut die Hälfte der Ernte musste als Saatgut

---

[49] Zitiert in ABEL, Massenarmut (wie Anm. 47) S. 83.

[50] Siehe auch WALTER BAUERNFEIND / ULRICH WOITEK, The Influence of Climatic Change and Price Fluctuations in Germany during the 16th Century Price Revolution, in: Climatic Variability (wie Anm. 18) S. 303–321; DIETRICH EBELING, Versorgungskrisen und Versorgungspolitik während der zweiten Hälfte des 16. Jahrhunderts in Köln, in: Zeitschrift für Agrargeschichte und Agrarsoziologie 27. 1979 S. 32–59; CHRISTIAN PFISTER, Fluctuations climatiques et prix céréaliers en Europe du XVIe au XXe siècle, in: Annales E.S.C. 1988 S. 25–33, hier 38 u. 40.

[51] Stadt- und Landesarchiv Wien (StLA Wien); Bürgerspitalsrechnungen 1565–1599 (Es fehlen die Rechnungen für die Jahre 1579–1582).

[52] Das Volumen des vom Bürgerspital eingebrachten Roggens belief sich im letzten Drittel des 16. Jahrhunderts auf durchschnittlich 2.771,5 Metzen (1.129 hl) pro Erntejahr, was eine Gewichtsmenge von ca. 79.000 kg ergibt. Diese entspricht dem Jahresverbrauch von rund 250 Erwachsenen, wenn man von einem Konsum von 200–300 kg und einem Ausmahlungsverlust von 20 Prozent des Getreidegewichts ausgeht. Siehe dazu ausführlicher LANDSTEINER, Trübselige Zeit? (wie Anm. 12) S. 87.

[53] MICHAEL ALTMANN, Das Wiener Bürgerspital. Wien 1860. Es gibt leider keine neuere Arbeit zur Geschichte des Wiener Bürgerspitals in der Neuzeit.

[54] Die in ALFRED F. PRIBRAM, Materialien zur Geschichte der Preise und Löhne in Österreich, I. Wien 1938 (mehr nicht erschienen), publizierten Preisreihen für Wien stammen ebenfalls aus Bürgerspitalsrechnungen.

106 Erich Landsteiner

beiseite gelegt werden, wollte man den Anbau im bestehenden Ausmaß fortsetzen. Ähnlich geringe Erträge erbrachten im letzten Drittel des 16. Jahrhunderts nur die Jahre 1585 (Kornziffer 2,3) und 1595 (Kornziffer 2,7). In beiden Jahren stieg der Roggenpreis jedoch nicht in derart astronomische Höhen wie in den Jahren 1569–1571. Das war erst wieder in den Jahren 1598 und 1599 bei Kornziffern um 3,5 der Fall, wobei hier auch der generell ansteigende Trend der Preise für Grundnahrungsmittel während des letzten Drittels des 16. Jahrhunderts in Rechnung zu stellen ist. Rätselhaft ist das Jahr 1590, in dem bei einem überdurchschnittlichen Ernteertrag (Kornziffer 6,5) ein ebenfalls sehr hoher Roggenpreis registriert wurde.[55]

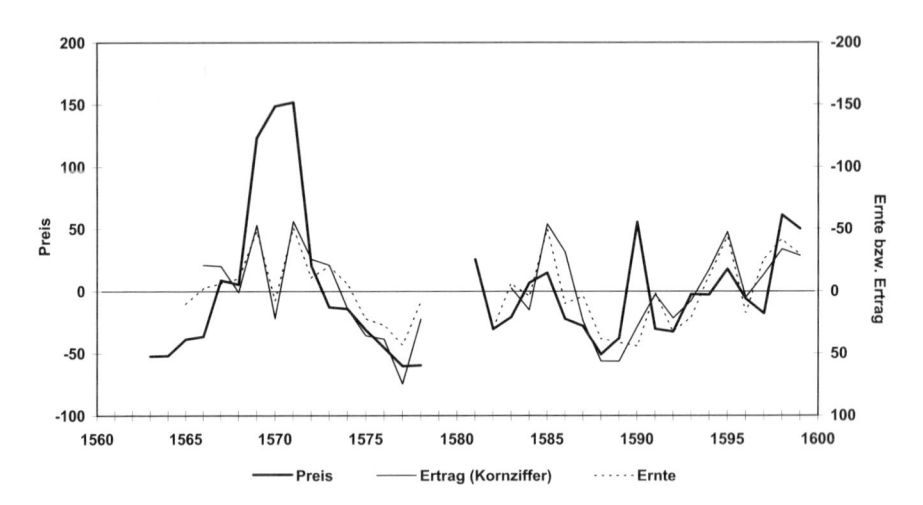

Abbildung 1. Roggenpreis und Ernteerträge in Wien (Bürgerspital) 1563–1599 (prozentuelle Abweichungen vom linearen Trend).[56]

Die Witterungsverhältnisse dieser Jahre waren, dem allgemeinen Klimatrend des letzten Drittels des 16. Jahrhunderts entsprechend, fast durchweg durch sehr harte, schneereiche Winter sowie kalte und niederschlagsreiche Frühjahrs-, Sommer- und Herbstmonate gekennzeichnet.[57] Dies sind denk-

---

[55] Hier handelt es sich möglicherweise um einen Datenfehler. Daher wurde das Jahr 1590 bei allen weiteren Analyseschritten ausgeklammert. Wenn hier von »Jahren« die Rede ist, so handelt es sich durchwegs um Erntejahre, das heißt, die Preise wurden für einen Zeitraum von August bis Juli des folgenden Jahres gemittelt.
[56] Quellen: StLA Wien, Bürgerspitalsrechnungen 1563–1599 (es fehlen die Jahre 1564 und 1579–1581); Pribram, Materialen (wie Anm. 54) Reihe 398. Lücken in der Roggenpreisreihe habe ich durch Interpolation der Preise anderer Getreidesorten, die mit den Roggenpreisen eng korrelieren, so weit wie möglich zu schließen versucht.
[57] Siehe die Jahreschronik in Rüdiger Glaser, Klimageschichte (wie Anm. 16) S. 119–130.

bar ungünstige agrometeorologische Bedingungen für den Getreidebau, insbesondere aber für das Gedeihen des Wintergetreides (Roggen und Weizen, die im Unterschied zu Gerste und Hafer im Herbst ausgesät und im Sommer des Folgejahres geerntet werden). Ein nasser Herbst beeinträchtigt die Stickstoffversorgung der Wintersaat; eine lang anhaltende, verharschte Schneedecke kann die Saat ersticken oder verschimmeln lassen; ein kaltes und regenreiches Frühjahr verzögert die Blüte und beeinträchtigt die Kornbildung. Anhaltende Niederschläge während der Erntezeit führen dazu, dass das Getreide auf den Feldern auszuwachsen beginnt, was im Extremfall den Verlust der gesamten Ernte nach sich ziehen konnte, zumal die technologischen Bedingungen keine Mittel zur Beschleunigung der Erntearbeiten boten. Ausgewachsenes Getreide ist kaum haltbar, das daraus gewonnene Mehl eignet sich nur schlecht zum Backen. Und schließlich ist das aus der Ernte eines solchen Jahres gewonnene Saatgut von schlechter Qualität und beeinträchtigt dadurch die Ernte des Folgejahres.[58]

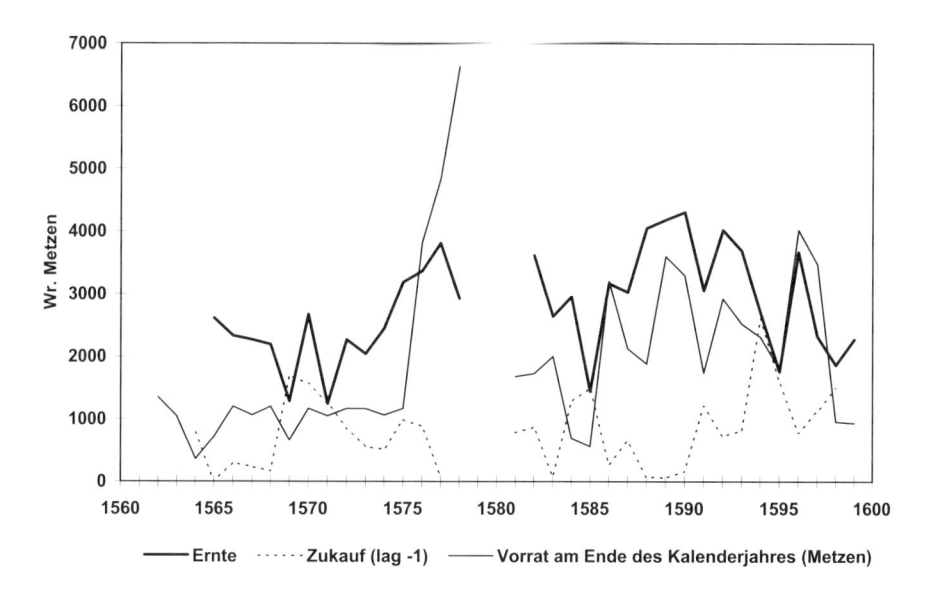

Abbildung 2. Roggenbilanz des Wiener Bürgerspitals 1565–1599.[59]

---

[58] Vgl. dazu PFISTER, Klimageschichte, II (wie Anm. 18) S 34–37; JEAN GORGELIN, L'écologie du froment en Europe occidentale, in: Prestations paysannes, dîmes, rente foncière et mouvement de la production agricole à l'époque préindustrielle, II. Hg. JOSEPH GOY / EMMANUEL LE ROY LADURIE. Paris 1982 S. 569–582; JEAN-YVES GRENIER, Vaches maigres, vaches grasses. Une reconstitution des données agroclimatiques en France du Nord (1758–1789), in: Histoire et Sociétés Rurales 6. 1996 S. 77–93.

Wie wirkte sich die defizitäre Getreideversorgung auf den Großhaushalt des Wiener Bürgerspitals und die Nahrungsmittelversorgung seiner Insassen aus? Betrachten wir zunächst die Roggenbilanz des Spitals (Abb. 2).

Nachdem bereits die ganze zweite Hälfte der sechziger Jahre hindurch die Ernten nicht sonderlich üppig ausgefallen waren und der Roggenpreis sich zwischen 1564 und 1568 mehr als verdoppelt hatte, verfügte das Spital am Beginn der Krise nur über geringe Lagerbestände. Am Ende des Jahres 1569, nach der ersten schweren Missernte, war der Vorrat an Roggen auf eine Menge geschrumpft, die nur geringfügig größer war als der durchschnittliche Saataufwand in diesen Jahren. Im folgenden Halbjahr mussten daher große Roggenmengen zu hohen Preisen zugekauft werden. Da dies die Finanzen des Spitals erheblich belastete, ging man 1571 dazu über, 808,5 Metzen Gerste (329,5 hl) zu Brot zu verbacken – eine Maßnahme, die im Verlauf des hier analysierten Zeitraums nur in diesem Jahr ergriffen wurde. Da das Spital selbst keine Gerste produzierte und nur geringe Mengen an Zehentgerste bezog, musste auch diese großteils zugekauft werden, allerdings zu einem etwas geringeren Preis als der Roggen. Erst im Zuge der reichlichen Ernten in der zweiten Hälfte der siebziger Jahre gelang es, einen Vorrat aufzubauen, der sich zum Jahresende 1578 immerhin auf fast das Doppelte der Erntemenge dieses Jahres belief. Diese Strategie konnte jedoch – vermutlich aufgrund einer defizitären Ernte im Jahr 1579, über die keine Daten zur Verfügung stehen – nicht lange durchgehalten werden. In den Jahren 1584 und 1585 sah sich das Spital bereits wieder in eine Lage versetzt, die derjenigen des Jahres 1569 glich. Im Verlauf der zweiten Hälfte der achtziger Jahre ging das Bürgerspital dazu über, Zehent- und Zinsgetreide, das aus Bezugsrechten in von der Stadt entlegenen Gebieten Niederösterreichs stammte, nicht wie bislang gegen Geld oder einen Naturalanteil zu verpachten, sondern nach Wien bringen zu lassen. Das lässt den Schluss zu, dass der Preisanstieg die Einziehungs- und Transportkosten für dieses Rentengetreide zumindest ausgeglichen hat. Anlässlich der geringen Ernte des Jahres 1595 mussten jedoch wiederum große Roggenmengen zugekauft werden.

Betrachtet man die Verteilung der Ausgaben für Lebensmittel vor und während der Getreidemissernten um 1570, treten die Folgen der kostspieligen Getreidezukäufe für die Diät der Spitalsinsassen deutlich zu Tage.

---

[59] Quelle: StLA Wien, Bürgerspitalsrechnungen 1565–1599. Um die Zukäufe besser mit den nach Erntejahren geordneten Ernteerträgen in Einklang zu bringen, wurden diese ein Jahr nach hinten verschoben.

Tabelle 1. Ausgabenstruktur für Lebensmittel des Wiener Bürgerspitals 1565/68 und 1569/72.[60]

	1565/68 fl.	%	1569/72 fl.	%	Veränderung %
Getreide	328	12,0	1.620	43,4	394,0
Fleisch	951	35,6	958	26,6	0,7
Fisch	186	7,1	147	4,1	-39,0
Fett, Gemüse, Obst	514	19,1	362	10,3	-29,7
Gewürze	148	5,7	106	2,9	-28,4
sonstiger wöchentl. Küchenbedarf	536	20,5	457	12,7	-14,9
Summe	2.663	100,0	3.649	100,0	37,0

Gegenüber dem Durchschnitt der Jahre 1565–1568 wuchsen die Ausgaben für Nahrungsmittel im Mittel der Jahre 1569–1572 um 37 Prozent an. Diese Kostensteigerung resultierte ausschließlich aus dem Aufwand für Getreidezukäufe,[61] der im Vergleich der beiden Perioden um 400 Prozent zunahm und sich daher in den Missernteijahren auf fast die Hälfte der gesamten Lebensmittelausgaben belief. Man muss sich vor Augen halten, dass wir es hier mit einem Großhaushalt zu tun haben, der unter normalen Umständen in der Lage war, sich weitgehend selbst mit Roggen und Hafer zu versorgen. Offenbar wurde nun bei Fisch, Schmalz, Gemüse, Obst und Gewürzen gespart, um das tägliche Brot auf den Tisch bringen zu können, zumal der Ausgabenrückgang mit Preissteigerungen für einige dieser Nahrungsmittel einherging. So stieg etwa der Preis für eine Tonne Hering im Vergleich der beiden Perioden um zwölf Prozent.[62] Lediglich die Ausgaben für Fleisch blieben gleich, wobei das Bürgerspital seinen Fleischbedarf größtenteils durch den Zukauf von Ochsen, Schafen und Kälbern deckte. Aus dem eigenen Wirtschaftsbetrieb stammten hauptsächlich die geschlachteten Schweine. Aber auch beim Fleisch verbergen sich hinter den gleich bleibenden absoluten Kosten nicht unbeträchtliche Preissteigerungen. So stieg der Preis für Schlachtochsen im Vergleich der beiden Perioden um elf Prozent, derjenige für Schafe sogar um 14 Prozent.[63] Statt 300 Schafen pro Jahr wurden nur mehr etwa 250 gekauft, während die Ochsenkäufe lediglich von durch-

---

[60] Quelle: StLA Wien, Bürgerspitalsrechnungen 1565–1572.
[61] Es handelt sich um Ausgaben für Roggen- und Haferkäufe. Eine saubere Trennung der beiden Posten war nicht möglich. Allerdings handelt es sich in den Missernteijahren hauptsächlich um Roggeneinkauf.
[62] PRIBRAM, Materialien (wie Anm. 54) Reihe 433.
[63] Ebd. S. 287, Reihe 426 (Ochsen) S. 290, Reihe 432 (Schafe).

schnittlich 52 Stück pro Jahr auf 49 sanken. Dieser nur geringfügig verkleinerte Fleischverbrauch angesichts der eklatanten Getreideknappheit in einer Einrichtung, die ja primär der Versorgung armer und kranker Stadtbewohner zu dienen hatte, noch dazu in einer Periode, von der gemeinhin angenommen wird, dass sie im Hinblick auf die Ernährung durch einen deutlichen Rückgang des Fleischkonsums gekennzeichnet war,[64] mag zunächst verwundern. Er ist aber vor dem Hintergrund einer im 16. Jahrhundert aufgrund der Importe aus Ungarn sehr günstigen Versorgung der Stadt Wien mit Schlachtvieh zu sehen. Die Verwüstung weiter Teile des Königreichs Ungarn im Zuge der osmanischen Expansion hatte in der großen ungarischen Tiefebene eine Extensivierung der Landwirtschaft und eine markante Ausweitung der Rinderzucht zur Folge. Mitte des 16. Jahrhunderts wurden pro Jahr 50.000–60.000 Schlachtochsen und große Schafherden nach Wien und auf die Ochsenmärkte im Südosten der Stadt getrieben, wovon allerdings im Fall der Ochsen nur ein geringer Teil in Wien verblieb, der weitaus überwiegende Teil aber weiter nach Westen getrieben wurde und der Versorgung der großen oberdeutschen Reichsstädte diente.[65] Diese reichliche Zufuhr von Frischfleisch scheint einen relativ hohen Fleischkonsum in Wien auch noch im letzten Drittel des 16. Jahrhunderts ermöglicht zu haben.

Insgesamt wurde die Diät der Spitalsinsassen in diesen hinsichtlich der Getreideversorgung kritischen Jahren also deutlich eintöniger. Roggenbrot und Rind- bzw. Schaffleisch waren nun ihre wesentlichen Bestandteile. Wie verhielt es sich mit den Portionsgrößen? Die Spitalsrechnungen enthalten kontinuierliche Angaben über die pro Woche ausgegebenen »Portionen«, die, wenn ich recht sehe, der Zahl der verköstigten Personen entsprechen (Abb. 3). Die Daten erlauben leider keine Berechnung des Pro-Kopf-Konsums an Brot und Fleisch, unter anderem auch deshalb, weil die Belagsziffern starke jahreszeitliche Schwankungen aufweisen. In der Regel waren sie in den Wintermonaten am höchsten, gingen im Lauf des März und Aprils deutlich zurück und erreichten im Juli und August ihren Tiefststand, um dann im Verlauf des Septembers und Oktobers wiederum langsam anzusteigen. Lediglich das Jahr 1570 weicht im Zeitraum 1565–1574 insofern deutlich von diesem Muster ab, als die Zahl der verköstigten Spitalsinsassen über den Sommer hinweg nur geringfügig sank und bereits ab August stark anstieg. Angesichts dieser Schwankungen drängt sich die Vermutung auf, dass

---

[64] Siehe WILHELM ABEL, Stufen der Ernährung. Göttingen 1981 S. 39–44.
[65] Siehe dazu ERICH LANDSTEINER, Zur Geschichte des Wiener Ungarnhandels am Ende des 16. Jahrhunderts, in: FONS 9/1–3. 2002 S. 61–74, hier 69, und die dort zitierte Literatur.

die im Frühling und Sommer zunehmende Nachfrage nach Arbeitskräften einen Einfluss auf die Belegungsziffer des Spitals ausübte. Im 16. Jahrhundert stellte der Weinbau den quantitativ bedeutendsten Sektor der Wiener Wirtschaftsstruktur dar,[66] und ab März/April stieg der Arbeitskräftebedarf aufgrund der aufwendigen Bodenbearbeitung in den Weingärten stark an. Trifft diese Annahme zu, dann müssten wir davon ausgehen, dass die Spitalsinsassen zu einem beträchtlichen Teil dem Weinbauproletariat der Stadt entstammten, dessen Angehörige sich in den Wintermonaten ins Spital flüchteten und im Frühjahr wiederum Arbeit und häufig auch Unterkunft bei den bürgerlichen Weingartenbesitzern fanden. Möglicherweise spiegelt sich in den steigenden Belegungsziffern während der Wintermonate aber auch nur die steigende Zahl von Krankheitsfällen in dieser Jahreszeit wider. Wie dem auch sei, in der Krisenperiode 1569–1572 stieg die Zahl der im Spital verköstigten Personen deutlich an. Summiert man die ausgeteilten Essensportionen über das Jahr hinweg, so ergibt sich für diese Jahre eine Zunahme von rund 13 Prozent gegenüber 1565–1568. Schon allein aus diesem Grund müssten die Rationen an Fleisch und anderen Nahrungsmitteln, möglicherweise mit Ausnahme des Roggenbrots als Fundament der gesamten Diät, in dieser Phase kleiner geworden sein.

Da das Bürgerspital die Totengräber nach der Zahl der bestatteten Leichen entlohnte, beinhalten die Rechnungen auch einen Indikator für die Mortalität der Spitalsinsassen (Abb. 3). Obwohl die Herkunft der von den Totengräbern des Spitals bestatteten Personen nicht bekannt ist, kann man aufgrund der Tatsache, dass das Spital in Epidemiejahren neben dem Haupthaus auch ein Lazarett in einer der Vorstädte unterhielt,[67] in das infizierte Personen aus der Stadt verbracht wurden, davon ausgehen, dass sich in diesen Zahlen die Krisenmortalität besonders deutlich widerspiegeln müsste.[68]

---

[66] Siehe etwa DERS., Wien – eine Weinbaustadt?, in: Wien. Geschichte einer Stadt. Hg. PETER CSENDES / FERDINAND OPLL, II: Die frühneuzeitliche Residenz (16. bis 18. Jahrhundert). Hg. KARL VOCELKA / ANITA TRANINGER. Wien 2003 S. 141–146.
[67] ALTMANN, Bürgerspital (wie Anm. 53) S. 27 f.; siehe auch FELIX CZEIKE, Historisches Lexikon Wien, III. Wien 1994 S. 364 f.
[68] Davon ging auch MEUVRET, Crises (wie Anm. 39) S. 277 f., der das Modell der missserntebedingten Subsistenzkrisen begründete, aus.

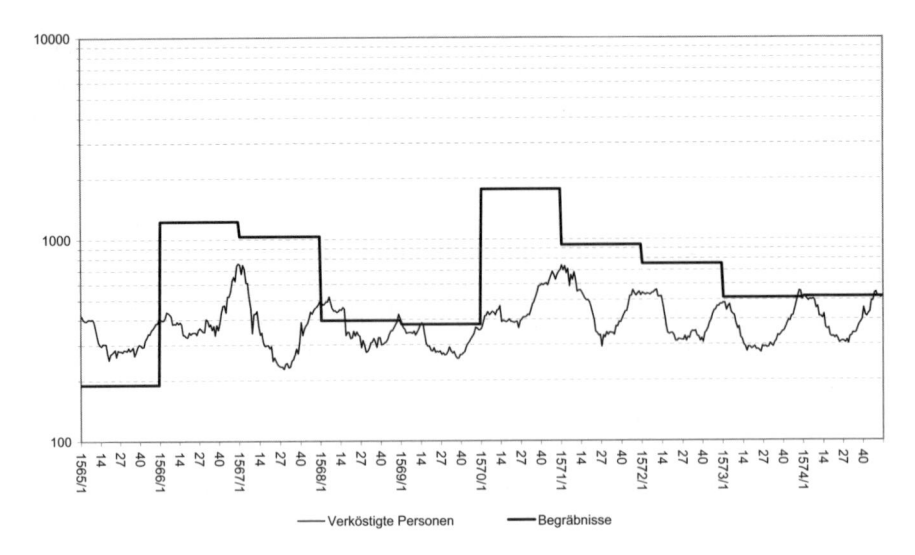

Abbildung 3. Bürgerspital Wien: Verköstigte Personen (pro Woche) und Begräbnisse (pro Jahr) 1565–1574.[69]

Die jährlichen Begräbniszahlen variieren außerordentlich stark. Ihre Spannweite reicht von einem Minimum von 190 Begräbnissen im Jahr 1563 bis zu einem Maximum von 2.620 im Seuchenjahr 1597, wobei sich im Verlauf dieser Periode ein deutlich steigender Trend abzeichnet. Parallelen zwischen den Getreidepreisausschlägen während des letzten Drittels des 16. Jahrhunderts und den Begräbniszahlen lassen sich durchaus feststellen. So etwa in den Jahren 1570/71, 1585/86 und 1595, die auch in anderen Quellen als »Pestjahre« dokumentiert sind.[70] Ebenso gibt es aber auch Jahre mit einer hohen Mortalität der Spitalsinsassen, die sich nicht durch hohe Getreidepreise auszeichnen, etwa 1566/67, 1575 und 1597. Der statistisch fassbare Zusammenhang zwischen der Zahl der von den Spitalstotengräbern unter die Erde gebrachten Leichen und der Höhe des Roggenpreises ist denn auch mit einem Korrelationskoeffizienten von 0,39[71] nicht sonderlich stark.

---

[69] Quelle: StLA Wien, Bürgerspitalsrechnungen 1565–1574.

[70] Siehe etwa MATHIAS FUHRMANN, Alt- und Neues Wien, II. Wien 2003 (1739) S. 807 (Pestjahr 1570) S. 818 (1586).

[71] Da die Roggenpreise auf Durchschnittswerten für das Erntejahr basieren, die Begräbniszahlen hingegen nur als Summen für das Kalenderjahr zur Verfügung stehen, wurden zur Berechnung des Korrelationskoeffizienten die Roggenpreise des Folgejahres mit den Begräbnissummen in Beziehung gesetzt. Damit wurde in rudimentärer Form der Tatsache Rechnung zu tragen versucht, dass ein epidemischer Mortalitätsanstieg häufig nicht auf ein einzelnes Teuerungsjahr beschränkt war, sondern sich über mehrere Jahre erstreckten konnte. Der Korrelationskoeffizient ist signifikant auf einem Niveau von fünf Prozent Irrtumswahrscheinlichkeit.

Das bedeutet, dass sich mit der Preisbewegung nur etwa 15 Prozent der Varianz der Begräbniszahlen erklären lassen.[72] Die Frequenz von Epidemien weist ganz offensichtlich eine eigene Periodizität auf, die sich nur manchmal mit derjenigen der Erntekrisen deckt und ebenso, wenn nicht stärker, von exogenen wie von sozioökonomischen Faktoren determiniert ist.[73] Das untergräbt die letztlich malthusianische Logik des oben skizzierten demographischen Krisenmodells, das die demographischen Zyklen hauptsächlich von wirtschaftlichen Faktoren determiniert sieht und einen sehr engen Zusammenhang von Nahrungsmittelversorgung und Mortalität postuliert.

Am Ende dieses Abschnitts drängt sich schließlich noch die Frage auf, wie repräsentativ die Situation der Spitalsinsassen für die Lage der ärmeren Schichten und damit der Mehrzahl der Stadtbevölkerung in dieser Krisenperiode ist. Dürfen wir davon ausgehen, dass ihre Verpflegung dem damaligen Existenzminimum entsprach? Der relativ hohe und tendenziell stabile Fleischkonsum scheint dem zu widersprechen. Bereits Ulf Dirlmeier hat in seinen zu Recht viel zitierten Untersuchungen zu den Lebenshaltungskosten in oberdeutschen Städten die Vermutung geäußert, dass die Spitalsverpflegung in den spätmittelalterlichen Spitälern nicht unbedingt einem Armenessen gleichkam, sondern den Normen eines »bürgerlichen Auskommens« entsprechen sollte.[74] Obwohl das Wiener Bürgerspital im Verlauf des 16. Jahrhunderts immer weniger dem gleichnamigen spätmittelalterlichen Institut mit seinen Pfründnerstellen und einer statusmässig sehr differenzierten Stellung seiner Insassen auch im Hinblick auf die Nahrung glich[75] und, insbesondere nach seiner Verlegung ins Stadtzentrum im Gefolge der ersten Belagerung der Stadt durch osmanische Truppen 1529, immer mehr zur zentralen und nahezu einzigen Anstalt für die Armen- und Krankenpflege aus-

---

[72] Ronald Lee konnte für England mittels eines wesentlich ausgefeilteren und aufwendigeren Verfahrens unter Verwendung von demographischen Daten mit monatlicher Auflösung nur einen geringfügig stärkeren Zusammenhang zwischen den beiden Variablen feststellen. Siehe LEE, Short Term Variation (wie Anm. 41) S. 375. Siehe auch LANDSTEINER, Trübselige Zeit? (wie Anm. 12) S. 105–108, wo sich auch ein Vergleich mit Augsburg findet.

[73] Siehe dazu ALFRED PERRENOUD, La mortalité, in: Histoire des populations de l'Europe, II. Hg. JEAN-PIERRE BARDET / JAQUES DUPÂQUIER. Paris 1997 S. 287–315.

[74] ULF DIRLMEIER, Untersuchungen zu Einkommensverhältnissen und Lebenshaltungskosten in oberdeutschen Städten des Spätmittelalters (Abhandlungen der Heidelberger Akademie der Wissenschaften, philosophisch-historische Klasse, Jg. 1978-1. Abhandlung). Heidelberg 1978 S. 308 u. 364. ROBERT JÜTTE, Die »Küche der Armen« in der Frühen Neuzeit am Beispiel von Armenspeisungen in deutschen und westeuropäischen Städten, in: Tel Aviver Jahrbuch für deutsche Geschichte 16. 1987 S. 24–47, hier 45, schließt sich dieser Meinung an.

[75] Siehe dazu BRIGITTE POHL-RESL, Rechnen mit der Ewigkeit. Das Wiener Bürgerspital im Mittelalter (Mitteilungen des Instituts für Österreichische Geschichtsforschung, Ergänzungsband 33). Wien usw. 1996 S. 96–110.

gebaut wurde,[76] scheint diese Vermutung zutreffend zu sein. Wie sonst ließe sich der merkwürdige Kontrast erklären, dass die Spitalsinsassen auch in ausgesprochenen Notzeiten Roggenbrot und Fleisch aßen, während das Spital gleichzeitig (1570) die Kleie, die sonst als Schweinefutter diente, »denen armen Hauern, Weinzierln und sonst hausarmen Leutten [...] zum Bakken«[77] verkaufte. »Hauer« und »Weinzierl« sind Bezeichnungen für Lohnarbeiter im Weinbau.[78] Diese unscheinbare Notiz wirft somit ein Schlaglicht auf die Ernährungssituation der zweifellos größten Lohnarbeitergruppe der Wiener Gesellschaft des ausgehenden 16. Jahrhunderts angesichts der grassierenden Brotgetreideknappheit. Bezieht man den Taglohn, den ein Hauer für die physisch sehr anstrengende Arbeit des Weingartengrubens (das Absenken der Weinstöcke in Erdgruben zwecks deren Verjüngung) erhielt, so ergibt sich, dass der Gegenwert dieses Lohns von 30 Litern (etwa 21 Kilogramm) in den »guten Jahren« 1563/64 bzw. 1577/78 auf 5,7 Liter (etwa vier Kilogramm) 1569/70 sank. Einem Maurergesellen erging es nur unwesentlich besser:

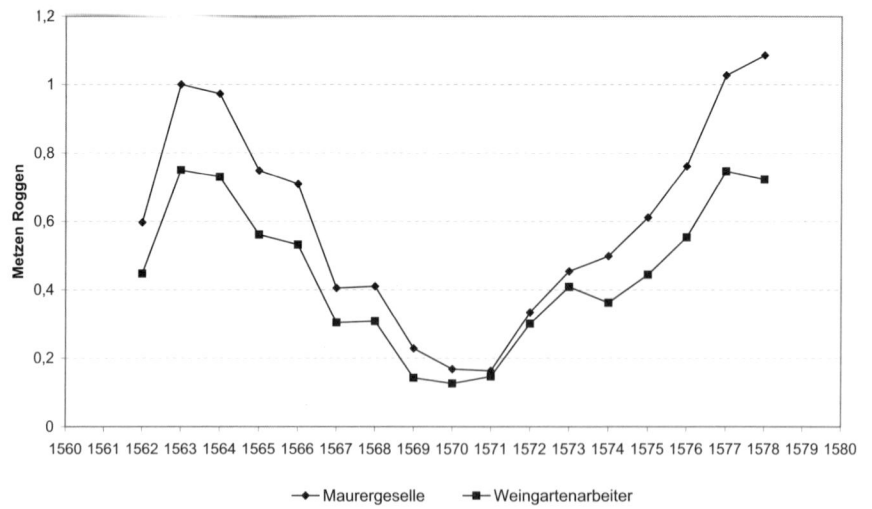

Abbildung 4. Kaufkraft von Taglöhnen in Metzen Roggen in Wien 1562–1578.[79]

---

[76] ALTMANN, Bürgerspital (wie Anm. 53) S. 22 f.
[77] StLA Wien, Bürgerspitalsrechnung 1570, Rubrik »Einnahmen aus dem Getreideverkauf«. Dass die Kleie in der Regel an die Schweine verfüttert wurde, geht aus einer Notiz in der Bürgerspitalsrechnung des Jahres 1565, fol. 35, hervor, in der erwähnt wird, dass man die Kleie verkauft hatte, weil das Spital gerade keine Schweine hielt.
[78] Siehe dazu ERICH LANDSTEINER, Einen Bären anbinden, in: Österreichische Zeitschrift für Geschichtswissenschaften 4. 1993 S. 218–245.
[79] Quelle: PRIBRAM, Materialien (wie Anm. 54) Reihen 397, 398 549, 554. Es handelt sich um Sommertagslöhne ohne Verköstigung.

Bei diesen nicht in einem wohlhabenden bürgerlichen oder herrschaftlichen Haushalt integrierten und dort verpflegten Lohnarbeitern handelt es sich wohl um jene Schicht der Stadtbevölkerung, die – im Sinne der oben erwähnten »spaces of vulnerability« – in ihrer Lebenshaltung und Ernährungslage am härtesten von der Getreideknappheit betroffen war, härter jedenfalls als die Spitalsinsassen. Oder sollten wir besser sagen: Diese Wiener Proletarier des 16. Jahrhunderts waren angesichts der Getreideknappheit, die durch die Klimakapriolen dieser Jahre verursacht wurde, und aufgrund der rigiden Preis-Lohn-Struktur dazu gezwungen, Kleie zu essen, wurden (davon?) häufig krank, landeten im Spital, durften dort noch ein, zwei Wochen ordentlich essen, um dann vielfach auch im Spital zu sterben.

2. Anderes »Brot«. Haferbrei, Heidensterz und Polenta

Robert Fogel geht in seinem Frontalangriff auf die Annahme, dass die Getreidepreisausschläge in der Frühen Neuzeit primär durch witterungsbedingte Missernten verursacht wurden, unter anderem davon aus, dass neben einer unterschätzten Vorratshaltung in Mangelsituationen auch das üblicherweise an die Tiere verfütterte Getreide, also vor allem Hafer und Gerste, als Reserve für den menschlichen Konsum zur Verfügung stand.[80] Überprüfen wir diese These zunächst wiederum anhand der Verpflegung der Insassen des Wiener Bürgerspitals im letzten Drittel des 16. Jahrhunderts. Das Spital erzeugte bis in die achtziger Jahre lediglich Roggen und Hafer. Weizen und Gerste wurden entweder als Zehentgetreide oder, zum überwiegenden Teil, über den Markt bezogen. Hafer diente in der hier untersuchten Periode ausschließlich als Viehfutter. Fiel die Haferernte sehr schlecht aus, wie im Jahr 1573, so wurde auch Gerste, die ansonsten als Braurohstoff diente, an Pferde und Schweine verfüttert.[81] Lediglich in einem einzigen Jahr – 1571 – wurden neben 2.510 Metzen Roggen auch 808,5 Metzen Gerste gemahlen, um aus dem Mehl Brot zu backen.[82] In allen anderen Jahren war fast ausschließlich der Roggen, und zwar in Form von Brot, für den menschlichen Konsum bestimmt. Zu einigen Festtagen wie Lichtmess, im Fasching, zur Kommunion in der Karwoche und zu Ostern erhielten die Spitalsinsassen auch so genannte »Semmeln«, ein Weißgebäck, das aus Weizenmehl hergestellt und vom Spital meist zugekauft wurde.[83] 1567 wurde auch der Zehentweizen, den

---

[80] Fogel, Second Thoughts (wie Anm. 31) S. 253.
[81] StLA Wien, Bürgerspitalsrechnung 1573, fol. 35 v.
[82] Ebd., Bürgerspitalsrechnung 1571, fol. 23.
[83] Vgl. etwa ebd., Bürgerspitalsrechnung 1566, fol. 78.

man in der Regel an Müller und Bäcker verkaufte, im Spital zu Brot verarbeitet, allerdings nur deshalb, weil er von so schlechter Qualität war, dass er nicht am Markt abgesetzt werden konnte.[84] Seit 1565 scheint in den Bürgerspitalsrechnungen immer wieder Dinkel auf. Er wurde zunächst nur fallweise zugekauft, ab 1585 aber in zunehmenden Mengen auch auf den vom Spital bewirtschafteten Feldern angebaut. Aber selbst diese Getreideart, die durch ihre geringere Anfälligkeit für Auswinterungsschäden und ihre hohe Auswuchsresistenz gerade in den nassen und kalten Jahren des späten 16. Jahrhunderts nicht zu unterschätzende Vorteile gegenüber dem Roggen bot[85] und sich zudem gut zur Brotherstellung eignet, wurde ausnahmslos gemeinsam mit dem Hafer an das Vieh verfüttert, selbst in so kritischen Jahren wie 1570 oder 1572.[86]

Keine Spur also vom viel beschworenen Haferbrei und Gerstenbrot als Armenspeise, wenn wir von 1571 absehen, aber Ausnahmen bestätigen bekanntlich die Regel. Dieser Befund deckt sich mit anderen, ebenfalls aus der Analyse der Verpflegung in frühneuzeitlichen Spitälern gewonnenen Erkenntnissen.[87] Der bereits erwähnte Verkauf von Kleie an die »armen Hauer« im Jahr 1570 verweist jedoch darauf, dass die Verpflegung der Spitalsinsassen, zumindest in Mangeljahren, nicht repräsentativ für die von der Teuerung besonders hart betroffenen Bevölkerungsgruppen sein musste. Noch viel unsicherer ist die Sachlage im Hinblick auf die Ernährungssituation der Landbevölkerung. Die weite Verbreitung von Hirse, Buchweizen und anderen, nicht für die Brotherstellung geeigneten Kornarten deutet einerseits auf beträchtliche Unterschiede zwischen Stadt und Land hin. Andererseits scheint mir die Annahme, dass bis ins 18. Jahrhundert Breispeisen aus Hafer, Gerste und Hirse in der Verpflegung der Landbevölkerung vorgeherrscht hätten und erst danach von Roggen- bzw. Weizenbrot abgelöst worden seien,[88] angesichts der offenkundigen Abneigung in den städtischen Spitälern,

---

[84] Ebd., Bürgerspitalsrechnung 1567 (Rubrik Getreideverkauf).

[85] Siehe dazu PFISTER, Klimageschichte, I (wie Anm. 18) S. 36 f. Pfister weist auch darauf hin, dass im Aargau und im Kanton Zürich der Dinkel den Roggen im späten 16. Jahrhundert bisweilen aus dem Winterfeld verdrängte. Ebd. I S. 80.

[86] StLA Wien, Bürgerspitalsrechnungen 1565, fol. 29; 1570 (Rubrik Getreideeinkauf); 1572, fol. 81; 1585 ff. (Rubrik Getreideeinnahmen).

[87] Vgl. etwa BARBARA KRUG-RICHTER, Zwischen Fasten und Festmahl. Hospitalsverpflegung in Münster 1540 bis 1650. Stuttgart 1994 S. 207: »Zumindest für das Magdalenenhospital [...] trifft der weit verbreitete Topos von der Dominanz des Brei- und Musstandards der vorindustriellen Jahrhunderte nicht zu. Nicht Brei, sondern Brot bildete innerhalb der Getreidespeisen das Hauptnahrungsmittel.« Auch im Münsteraner Spital wurde Hafer ausschließlich als Viehfutter verwendet und das Brot fast zur Gänze aus Roggenmehl hergestellt (S. 201–203).

[88] Siehe etwa ROMAN SANDGRUBER, Die Anfänge der Konsumgesellschaft. Wien 1982 S. 135–144.

selbst in Mangeljahren Viehfutter oder ungewohnte Getreidearten als menschliche Nahrungsquelle heranzuziehen – zumindest was den österreichischen Raum betrifft, von entlegenen Alpentälern abgesehen – doch etwas übertrieben. Ein zugegebenermaßen spätes Beispiel, der Bericht des Verwalters der Herrschaft Lengberg im unteren Drautal (heutiges Osttirol) aus dem Jahr 1806 über den Getreideverbrauch dreier Dörfer, deutet vielmehr auf eine große Vielfalt an möglichen Getreide- und Kornsorten zur Brot- und Breiherstellung hin. Hafer wurde allerdings auch hier ausschließlich als Pferdefutter verwendet, die Dorfbevölkerung hingegen ernährte sich von Roggen (54 Prozent des Getreideverbrauchs), Gerste (20 Prozent), Buchweizen (9 Prozent), Weizen (8 Prozent), Mais (8 Prozent) und Hirse (1 Prozent).[89]

In dieser Liste sind zwei Kornarten enthalten, die als mögliche Kandidaten für eine Verbreitung im Zuge der Klimaturbulenzen des späten 16. Jahrhunderts gelten können, nämlich Buchweizen und Mais. Es gibt Hinweise darauf, dass der Buchweizenanbau im Verlauf des 16. Jahrhunderts in einigen europäischen Regionen, etwa in der Bretagne und der Normandie[90] sowie den Niederlanden,[91] aber auch in Tirol, Kärnten und der Steiermark,[92] zunehmend weitere Verbreitung erfuhr und um 1600 einen Höhepunkt erreichte. Die Namen, die man dem Buchweizen in den einzelnen Regionen seines Verbreitungsraumes gab (»Heiden« in Kärnten, »blé sarassin« in Frankreich, »grano saraceno« in Italien; »pohanka« oder »tatarka« im Tschechischen) scheinen samt und sonders darauf hinzudeuten, dass es sich um einen Import aus dem nichtchristlichen Osten handelt. Archeobotanische Untersuchungen haben jedoch ergeben, dass Buchweizen zumindest in Nordwesteuropa bereits in der Eisenzeit kultiviert wurde und in der Folge offenbar zeitweilig in Vergessenheit geriet.[93] Ob seine Wiederentdeckung bzw. zunehmende Verbreitung in Zusammenhang mit der Suche nach Alternativen zu den üblichen Brotgetreidesorten in einer Periode, als deren Erträge durch die Witterungskapriolen zunehmend unsicherer wurden, steht, ist mangels eingehender Detailstudien in größerer Zahl kaum zu beurteilen. Bekannt war der Buchweizen im Unterschied zum Mais in zahlreichen Regionen bereits lange vor dem klimatisch so turbulenten Ende des 16. Jahrhunderts.[94] Allerdings teilt der Buchweizen mit dem Mais nicht nur eine merk-

---

[89] Ebd. S. 137f.
[90] Nassiet, Diffusion (wie Anm. 8) S. 58–62.
[91] De Vries, Impact (wie Anm. 22) S. 625.
[92] Rainer, Bemerkungen (wie Anm. 8) S. 708 f.
[93] Nassiet, Diffusion (wie Anm. 8) S. 58.
[94] Siehe etwa Wilhelm Neumann, Wie alt ist der Heiden in Kärnten?, in: Carinthia 153. 1963 S. 379–384.

würdige Art der Benennung, sondern einige weitere Eigenschaften, die seinen zunehmenden Anbau in dieser Periode nahe legen könnten. Er stellt geringe Ansprüche an den Boden und gedeiht auch in feuchten Jahren, er eignet sich aufgrund seines raschen Wuchses als Ersatzsaat bei drohender Missernte der Wintersaat, und er läßt sich gut in bestehende Fruchtwechselsysteme integrieren. Buchweizen und Mais scheinen, wie gleich zu sehen sein wird, im Rahmen der Agrarsysteme, die sich für sie aufnahmefähig erwiesen, ähnliche Funktionen zu erfüllen, wobei sich ihre Verbreitungsgebiete tendenziell unterschieden, zumal die südliche Verbreitungsgrenze des ersteren, mit Überlappungen, in der Periode vom Beginn des 17. bis an den Anfang des 19. Jahrhunderts mit der nördlichen Verbreitungsgrenze des Mais zusammenfiel.[95]

Mit dem Mais betreten wir dank des regen historiographischen Interesses, das seine Einführung und Verbreitung in Europa seit geraumer Zeit erregt, wesentlich sichereren Boden, wenn auch die weitreichenden und zum Teil konträren Interpretationen eine Einschätzung seiner Rolle für die Nahrungsmittelproduktion und den Konsum vor allem auch im Hinblick auf mögliche Zusammenhänge mit dem Klimawandel des späten 16. Jahrhunderts nicht gerade erleichtern. Der frühneuzeitliche europäische Maisgürtel, der sich von Nordportugal über das atlantische Spanien (Galizien, Asturien, Baskenland), die an die Pyrenäen angrenzenden Regionen Südwest- und Südfrankreichs, Oberitalien, Slowenien, die Steiermark und Ungarn bis nach Siebenbürgen und die Wallachei erstreckt, konstituierte sich im Verlauf des 17. Jahrhunderts.[96] Da die Anfänge des Maisanbaus im nördlichen Portugal, in Galizien und dem Baskenland sowie in der venezianischen *terra ferma* auf die Wende vom 16. zum 17. Jahrhundert datiert werden können, drängt sich angesichts der agrometeorologischen Ansprüche des Mais die Vermutung auf, dass die ersten Schritte zur Verbreitung dieser in Europa neuartigen Kornart mit den klimatischen Extremsituationen dieser Periode in Zusammenhang stehen könnten. Betrachten wir also zunächst die Geochronologie des Einzuges des amerikanischen Korns in die europäischen Agrarregionen.

Obwohl Maiskörner bekanntlich von Kolumbus im Zuge seiner ersten Amerikafahrt nach Spanien überführt wurden[97] und erste Anbauexperimente

---

[95] Nassiet, Diffusion (wie Anm. 8) S. 61 u. 65.
[96] Antonio Eiras Roel, Los productos alimentarios de ultramar. La Europa mediterránea, in: Prodotti e tecniche d'oltremare nelle economie europee, secc. XIII–XVIII. Hg. Simonetta Cavaciocchi (Istituto Datini – Atti della »Ventinovesima settimana di studio«). Florenz 1998 S. 99–144, hier 105–110, bietet einen guten Überblick.
[97] Zur weltweiten Verbreitungsgeschichte des Mais, der nach 1500 nicht nur in Europa, sondern auch in Westafrika, Kleinasien und China Eingang ins Nahrungssystem fand, und dies

in Südspanien bereits am Beginn des 16. Jahrhunderts stattfanden, verließ der Mais die Gärten und Experimentierfelder nicht im heißen und trockenen Klima Andalusiens, sondern in den feuchten und milden Regionen Nordportugals und des atlantischen Spaniens, um sich im Verlauf des ersten Drittels des 17. Jahrhunderts zusehends auf den Getreidefeldern breit zu machen. Im Baixo Mondego (der Umgebung von Coimbra in Nordportugal) ist er seit 1587 nachweisbar und verbreitete sich von dort aus im Minho.[98] Aus den ersten Jahren des 17. Jahrhunderts gibt es Belege für den Maisanbau in Galizien, ab den zwanziger Jahren dieses Jahrhunderts eroberte er auch hier die Felder.[99] Aus den vom atlantischen Klima geprägten Teil des Baskenlandes liegt eine erste Erwähnung von Maiskultivierung schon aus dem Jahr 1576 vor, 1615 sind die Erträge des Maisanbaus hier bereits zehentpflichtig,[100] und auch auf der Nordseite der Pyrenäen scheint die Aufnahme des amerikanischen Korns zumindest in die Gärten sehr früh erfolgt zu sein, wenn man einem Beleg aus Bayonne für das Jahr 1570 Glauben schenkt. Ein weiteres frühes Diffusionszentrum der Maiskultur in Europa war Venedig. Bekannt war die neue Kornart hier bereits ab der Mitte des 16. Jahrhunderts. Nach den Zehentdeklarationen der venezianischen Bürger zu schließen, wurde sie in den achtziger Jahren des 16. Jahrhunderts auf den feuchten und von Überschwemmungen bedrohten Feldern des Polesine (des Landstriches zwischen dem Unterlauf der Etsch/Adige im Norden und des Po im Süden vor ihrer Mündung in die Adria) und in der Umgebung von Padua angebaut. Um 1600 ist Mais auch bereits ein am venezianischen Getreidemarkt gehandeltes Produkt, und zwanzig Jahre später scheint er zumindest im Veneto allgemeine Verbreitung gefunden zu haben.[101] Sehr rasch verbreitete sich der Maisanbau von der Umgebung der Serenissima aus nach Norden und Osten. 1573 wird er in den Rechnungen des Amtes Salurn im Südtiroler Etschtal als Zehentkorn erwähnt, um 1600 war er bis ins Bozener Becken

---

möglicherweise rascher als in Europa, siehe ARTURO WARMAN, Corn and Capitalism. How a Botanical Bastard Grew to Global Dominance. Chapel Hill 2003 (1988).

[98] EIRAS ROEL, Productos (wie Anm. 96) S. 107.

[99] Ebd. S. 119; PEGERTO SAAVEDRA, Petite exploitation et changement agricole à l'intérieur d'un »vieux complexe agraire«. Les campagnes de la Galice entre 1550 et 1850, in: Histoire et Sociétés Rurales 12. 1999 S. 63–109, hier 83–86.

[100] LUIS MARÍA BILBAO, L'expansion de la culture du maïs et le déplacement des centres de gravité économique dans le Pays Basque espagnol, in: Agricoltura e trasformazione dell'ambiente, secc. XIII–XVIII. Hg. ANNALISA GUARDUCCI (Istituto Datini – Atti della »Undicesima settimana di studio«). Florenz 1984 S. 577–620, hier 596.

[101] MICHELE FASSINA, L'introduzione della coltura del mais nelle campagne venete, in: Società e storia 15. 1982 S. 31–59, hier 36–40; FRANCO CAZZOLA, L'introduzion del mais in Italia e la sua utilizzazione alimentare (sec. XVI–XVIII), in: PACT 26. 1991, S. 109–127.

vorgedrungen[102] und 1615 ist er auch schon in der Umgebung von Innsbruck nachweisbar.[103] Aus dem Kärntner Lavanttal stammt ein Beleg für erste Experimente adeliger Grundherren mit Maisanbau aus dem Jahr 1559, allerdings blieben diese für die nächsten hundert Jahre ohne Folgen.[104] 1572 schließlich ist Mais auch in der Umgebung von Graz in der Steiermark nachweisbar.[105]

Lässt sich aus dieser Chronologie schließen, dass die Anfänge der Maiskultur in den genannten europäischen Regionen mit den schwierigen Bedingungen für den Getreidebau an der Wende vom 16. zum 17. Jahrhundert in Zusammenhang standen? Insbesondere Franco Cazzola hat mehrfach darauf insistiert, dass es die Getreidekrise in Oberitalien am Beginn der neunziger Jahre war, die die Bauern und Pächter der Poebene dazu veranlasste, Mais auf ihren von Regen und Überschwemmungen malträtierten Felder auszusäen.[106] Seine Argumentation stützt sich auf die Tatsache, dass das Klima sich an der Wende vom 16. zum 17. Jahrhundert südlich der Alpen vor allem durch eine massive Zunahme der Niederschläge auszeichnete und dies in der Poebene zu vermehrten Überschwemmungen, Sedimentablagerungen, die die bestehenden Drainageeinrichtungen lahm legten, und insgesamt zu einer Erschwerung des Getreidebaus führte. Während der Weizen auf den feuchten Böden entweder gar nicht keimte oder vor der Ernte auf den Feldern verrottete, begünstigte eine derartige Witterung den Anbau von Mais. Die vom amerikanischen Kontinent nach Europa gebrachten Varietäten brauchten zu ihrem Gedeihen viel Wasser und Wärme und vertrugen Trockenheit sowie zu kühle als auch zu heiße Temperaturen sehr schlecht. Die Wachstumsphase von der Aussaat bis zur Kornreife dauert etwa 150 Tage. Während dieser Zeit braucht die Pflanze möglichst gleichmäßig verteilte Niederschläge von 500 bis 700 mm. Auch kurze Trockenphasen führen zu einem Entwicklungsstopp und Trockenheit während der Blütezeit bedingt beträchtliche Ernteverluste.[107] Das erklärt auch, warum der Maisanbau sich zuerst in Gegenden

---

[102] ROLAND WALCHER, Geschichte und Kultur des Maisanbaus im Überetsch und Südtiroler Unterland. Diplomarbeit, Universität Innsbruck 2000 S. 14 u. 16.

[103] OTTO STOLZ, Zur Geschichte der Landwirtschaft in Tirol, in: Tiroler Heimat Neue Folge 3. 1930 S. 120 f.

[104] WILHELM WADL, Alter und Entwicklung der Maiskultur in Kärnten, in: Carinthia I 177. 1987 S. 239–251, hier 240 f.

[105] WALTER BRUNNER, Frühe Nachrichten über den Maisanbau in der Steiermark, in: Blätter für Heimatkunde 68. 1994 S. 5–15, hier 9 f.

[106] FRANCO CAZZOLA, Clima e produzione agricola nell'Italia del Seicento. Qualche ipotesi per l'area padana, in: La populazione italiana nel Seicento. Hg. SOCIETÀ ITALIANA DI DEMOGRAFIA STORICA. Bologna 1999 S. 319–338, hier 333 f.; CAZZOLA, Introduzione (wie Anm. 101) S. 112 f.

[107] MARTIN RÖSER, Biologie und Naturgeschichte des Mais, in: Mais. Geschichte und Nut-

feststellen lässt, die sich wie das atlantische Spanien, die Poebene und die feuchten Ebenen des Piemont und der Lombardei durch ein niederschlagsreiches und mildes Klima auszeichnen. In den Überschwemmungsgebieten entlang der Flussläufe wurde der Mais im übrigen auch als Bonifizierungspflanze eingesetzt.[108] Zudem eignete er sich aufgrund seines kurzen Wachstumszyklus (April bis September) gut zur Frühjahrssaat, wenn die Weizenernte fehlzuschlagen drohte.

Neben den agrometeorologischen Verhältnissen bedurfte es noch einer Reihe weiterer günstiger Umstände, damit das amerikanische Korn in die bestehenden Produktions- und Konsumverhältnisse eindringen konnte. In nahezu allen Gegenden, in denen sich eine frühe Integration des Mais in die Agrarsysteme feststellen lässt, trat er an die Stelle der Hirse, zumal er höhere Erträge abwarf als die verschiedenen Hirsearten, aber in ähnlicher Weise kultiviert werden konnte.[109] Daher nahm er auch vielfach ihren Namen an,[110] was wiederum dazu führt, dass er in der Frühzeit seiner Verbreitung nur schwer von der Hirse zu unterscheiden ist. In einigen Gegenden Nordspaniens und Südfrankreichs ermöglichte die Substitution der Hirse durch den Mais auch den Übergang von der Zwei- zur Dreifelderwirtschaft.[111] Die Tatsache, dass Mais eine Hackkultur ist, die am Beginn des Wachstumszyklus eine intensive Bodenbearbeitung mit Handgeräten erforderte, erleichterte seine Aufnahme in den Produktionszyklus der Kleinbauern und -pächter, die den höheren Kornertrag mit einer sinkenden Arbeitsproduktivität er-

---

zung einer Kulturpflanze. Hg. DANIELE INGRUBER / MARTINA KALLER-DIETRICH. Wien 2001 S. 35–42, hier 38.

[108] FASSINA, Introduzione (wie Anm. 101) S. 36; WALCHER, Geschichte (wie Anm. 102) S. 19.

[109] CAZZOLA, Introduzione (wie Anm. 101) S. 115–117; GIOVANNI LEVI, Innovazione tecnica e resistenza contadina. Il mais nel Piemonte del' 600, in: Quaderni storici 42. 1979 S. 1092–1100, hier 1094.

[110] »Sorgo turco« im Veneto, »meliga rossa, bianca, paesana« oder auch »siciliana« im Piemont, »milho grosso« in Portugal, »mijo de Indias« in Spanien; »gros millet« in Südfrankreich. Siehe ROEL, Productos (wie Anm. 96) 105–109; FASSINA, Introduzione (wie Anm. 101) S. 36 f.; LEVI, Innovazione (wie Anm. 109) S. 1094 f. Daneben finden sich Bezeichnungen wie »grano turco«, »Türkischer Weizen« oder schlicht »Türken«, was nicht auf einen Import über den osmanischen Herrschaftsbereich, sondern – ähnlich wie beim Buchweizen – auf seine Neu- bzw. Fremdartigkeit hindeutet. Siehe WALCHER, Geschichte (wie Anm. 102) S. 10; BRUNNER, Nachrichten (wie Anm. 105) S. 14 f. Der Name »Mais«, der sich von »mahiz«, mit dem die karibischen Ureinwohner die Pflanze bezeichneten, ableiten lässt, wurde von Linné in den botanischen Gattungsnamen (*zea mays*) aufgenommen, fand aber bis ins 20. Jahrhundert in Europa praktisch keinen Eingang in die lokalen Umgangssprachen.

[111] PAUL HOHENBERG, Maize in French Agriculture, in: Journal of European Economic History 6. 1977 S. 63–101, hier 69 f.; ROEL, Productos (wie Anm. 96) S. 114; GAURO COPPOLA, Il mais nell'economia agricola lombarda. Bologna 1979 S. 51–55.

kauften. In diesen Milieus fand er zuerst Eingang in die Diät, und auch in diesem Zusammenhang ergibt sich eine Verwandtschaft mit der Hirse. Zum einen galt diese – ebenso wie der Mais – als Armenessen, eher geeignet als Viehfutter denn zur menschlichen Ernährung, wenn der Hunger nicht dazu zwang. Zum anderen wurde Hirse, in Wasser oder Milch gekocht und allenfalls mit Butter oder Käse angereichert, als Brei zubereitet, zumal sie sich ebenso wie der Mais nicht gut zur Brotherstellung eignet. Der Hirsebrei wurde in Oberitalien »Polenta« genannt und eben dieser Name übertrug sich mit dem Auftauchen des Mais auch auf die Art und Weise, in der letzterer hauptsächlich für den menschlichen Konsum aufbereitet wurde.[112]

Hier fügt sich ein Argument ins andere, so dass es scheint, als hätten wir es bei der Einführung und Verbreitung der Maiskultur tatsächlich mit einem Prozess zu tun, der vor dem Hintergrund des Klimawandels im späten 16. und frühen 17. Jahrhundert zu einer Veränderung der Nahrungskultur in einigen Regionen des atlantischen Spaniens und Oberitaliens führte. Zieht man allerdings die quantitativen Dimensionen des Anbaus und damit auch des Konsums von Mais in der Frühzeit seiner Verbreitung in Europa in Betracht, dann kommen rasch Zweifel über die Tragweite dieses Prozesses auf. Der erste Beleg für den Maisanbau in der Steiermark, der chronologisch – 1572 – so gut zur Getreidekrise um 1570 passt, mag hier als Beispiel dienen. Es handelt sich um Akten eines Gerichtsverfahrens, in dem zwei Bauern aus dem Dorf Hardt westlich von Graz wegen des Holzdiebstahls ihrer Ehefrauen im grundherrlichen Forst angeklagt waren. Im Verlauf der Auseinandersetzung stellte sich heraus, dass die beiden Frauen 150 Ruten oder Stangen geschnitten hatten, mit denen sie vorhatten, »türggischen waitz oder was sy für aine inen seltsame sadt gethan, die dann zu besteckhen«.[113] Die Tatsache, dass zwei Bauersfrauen den Holzdiebstahl zu dem Zweck begangen hatten, mit den erbeuteten Holzstangen Maisstauden, die offenbar ein von ihnen nicht erwartetes Höhenwachstum aufwiesen und umzubrechen drohten, zu unterstützen – eine Praxis, die ihnen vermutlich aus dem Weinbau vertraut war –, deutet darauf hin, dass wir es hier mit den ersten Versuchen von Maisanbau in dieser Gegend zu tun haben, die sich aller Wahrscheinlichkeit nach in den Hausgärten abspielten. Dass diese Experimente auch bereits Auswirkungen auf die Ernährungskultur dieser Bauern zeitigten, ist hingegen nicht sehr wahrscheinlich. Wenn in einigen oberitalienischen Gegenden der Mais schon an der Wende vom 16. zum 17. Jahrhundert auch auf den Äckern auftauchte, so ist es mit wenigen Ausnahmen doch

---

[112] CAZZOLA, Introduzione (wie Anm. 101) S. 121–124.
[113] BRUNNER, Nachrichten (wie Anm. 105) S. 9–11, zit. 10.

so, dass die geernteten Mengen, sofern die frühen Belege darüber Auskunft geben, zu gering waren, als dass sie eine größere Rolle in der Ernährung breiterer Bevölkerungsschichten hätten spielen können, wenn sie überhaupt für den menschlichen Konsum bestimmt waren. Der »Triumphzug des Mais« durch die oberitalienischen Agrarregionen vollzog sich erst im 18. Jahrhundert.[114] Dies und die eng beschränkte geographische Verbreitung entziehen der Annahme, der Mais hätte maßgeblich zur Vermeidung einer angenommenen malthusianischen Krise im Europa des 17. Jahrhunderts beigetragen,[115] jegliche Plausibilität. Allenfalls kann man das vom Trend im übrigen Spanien bzw. Italien abweichende Bevölkerungswachstum in Galizien und Teilen Oberitaliens vor allem in der zweiten Hälfte des 17. Jahrhunderts mit der sich ausbreitenden Maiskultur in Verbindung bringen.[116]

Die endgültige Etablierung des Mais in weiten Teilen Oberitaliens im 18. Jahrhundert ging mit einer Veränderung der agrarischen Produktionsverhältnisse einher, im Zuge derer sich der charakteristische Dualismus: Mais als hauptsächliches *food crop* der kleinen Pächter, Bauern und Landarbeiter – Weizen als *cash crop* für die städtischen Märkte etablierte, zumal die Ausbreitung des Maisanbaus im Piemont und in den Hügelzonen der Lombardei und des Veneto einer Veränderung der Pachtkontrakte nach sich zog, die darauf hinauslief, dass die Pächter nicht mehr den halben Teil ihrer Produktion an die Landbesitzer ablieferten, sondern der Großteil ihrer Weizenerzeugung als Pacht (»fitto a grano«) zahlten und sich selbst und ihre Familien hauptsächlich von Mais ernährten.[117] Dieser Prozess, der die Marktquote des Weizens deutlich erhöhte, steigerte auch den Kontrast zwischen dem ländlichen und dem städtischen Getreidekonsum, wobei die Stadtbevölkerung sich großteils von Weizenbrot ernährte, während weite Kreise der Landbevölkerung Polenta essen mussten.[118] In der lombardischen Tiefebene,

---

[114] So schon Aldo de Maddalena, Il mondo rurale italiano nel Cinque e nel Seicento, in: Rivista storica italiana 76. 1964 S. 349-426, hier 378-380, in Auseinandersetzung mit Emilio Sereni, Storia del paesaggio agraria italiano. Bari 1961 S. 178-181, der von einer weiten Verbreitung der Maiskultur in der venezianischen Terra ferma in der zweiten Hälfte des 16. Jahrhunderts ausging und »la marcia trionfale del mais« durch Oberitalien ins 17. Jahrhundert datierte. Vgl. auch Coppola, Mais (wie Anm. 111) S. 31 f.; Giovanni Levi, L'energia disponibile, in: Storia dell'economia italiana, II. Hg. Ruggiero Romano. Turin 1991 S. 141-168, hier 155-165.

[115] So Alfred W. Crosby, The Demographic Effect of American Crops in Europe, in: Ders., Germs, Seeds, and Animals. Studies in Ecological History. New York 1994 S. 148-166.

[116] Roel, Productos (wie Anm. 96) S. 118-120; Levi, Energia (wie Anm. 114) S. 152 f.

[117] Coppola, Mais (wie Anm. 111) S. 105-142; Raul Merzario, Il capitalismo nelle montagne. Strategie famigliari nella prima fase di industrializzazione nel Comasco. Bologna 1989 S. 101-107.

[118] Siehe die diesbezüglich sehr instruktive Erhebung des Getreidekonsums im venezia-

wo im 18. Jahrhundert die Proletarisierung der Landbevölkerung rasch voranschritt und die Landarbeiter zum Teil mit Mais bezahlt wurden oder vom Gutsbesitzer ein Stück Land zum Maisanbau zugewiesen erhielten (»diritto di zappa«), war die Verarmung der Ernährungskultur und ihre Ausrichtung auf den Maiskonsum noch dramatischer.[119] In diesem Milieu wurde im 19. Jahrhundert die Pellagra, die man nicht zufällig »mal della miseria«[120] nannte, endemisch.[121]

Kann man angesichts des langen Zeitraums, den es brauchte, bis der Mais tatsächlich die Produktion und den Konsum der Grundnahrungsmittel ganzer Regionen zu prägen begann, auch angesichts der vielen Widerstände, die die Grundbesitzer, die Pächter und die Bauern seiner Diffusion entgegensetzten, tatsächlich von einem kausalen Zusammenhang zwischen Klimawandel und der Integration des amerikanischen Korns in die landwirtschaftliche Praxis und die Diät der Landbevölkerung konstruieren, ohne dabei auf die unscharfe Rede von der Kleinen Eiszeit zu rekurrieren? Lässt sich, anders gesagt, eine Beziehung zwischen den chronologisch klar umrissenen »Little Ice Age-type Events« an der Wende vom 16. zum 17. Jahrhundert und der Verbreitung der Maiskultur und des Maiskonsums zumindest in einigen Pionierregionen herstellen, oder haben wir es hier nicht doch eher mit zwei unterschiedlichen Prozessen mit ihren je eigenen Kontinuitäten und Brüchen zu tun? Giovanni Levi hat, eine Überlegung Marc Blochs aufgrei-

---

nischen Herrschaftsbereich aus dem Jahr 1764 in MAURICE AYMARD, Venise, Raguse et le commerce du blé pendant la seconde moitié du XVIe siècle. Paris 1966 S. 18, nach der in den Städten der Terra ferma ein Drittel der Bevölkerung von Mais und anderen minderen Getreidesorten lebte, während es auf dem Land zwei Drittel waren.

[119] COPPOLA, Mais (wie Anm. 111) S. 105-107.

[120] Ebd. S. 116.

[121] Pellagra wird durch einen Mangel an Niacin, einem lebenswichtigen Bestandteil des Vitamin-B-Komplexes, verursacht. Der Zusammenhang mit einseitiger Maisernährung besteht darin, dass Mais einen sehr niedrigen Gehalt an Triptophanin besitzt, einer Aminosäure, die der Aufschließung des Niacin bei der Verdauung dient. In den amerikanischen Maiskulturgebieten wurde bzw. wird dieses Problem nach wie vor dadurch bewältigt, dass die Maiskörner vor ihrer Verarbeitung in einer Kalklösung eingeweicht und dann in dieser gekocht werden. Es muss in diesem Zusammenhang allerdings betont werden, dass Pellagra nur bei einer sehr einseitigen Maisernährung endemisch werden kann und die agrarischen Systeme Südeuropas in der Regel fähig waren, diesen Mangel durch die Ergänzung von Hülsenfrüchten und anderen Nahrungspflanzen auszugleichen. So wurde der Mais in weiten Teilen Nordspaniens, Norditaliens und des Balkans im Rahmen eines polikulturellen Systems mit Bohnen und Kürbissen gepflanzt. Es besteht Grund zur Annahme, dass nicht nur der Mais, sondern das gesamte symbiotische Pflanzsystem von den amerikanischen Kulturen übernommen wurde. Siehe dazu ROEL, Productos (wie Anm. 96) S. 112. Zu den demographischen Folgen der Pellagra siehe MASSIMO LIVI-BACCI, Fertility, Nutrition and Pellagra. Italy during the Vital Revolution, in: Journal of Interdisciplinary History 16. 1986 S. 431-454.

fend, darauf hingewiesen, dass agrarische Innovationen, die im Vergleich zur Routine, die Sicherheit gewährt, ein hohes Risiko für ihre Akteure darstellen, eher in Krisenzeiten stattfinden, in denen althergebrachte technische Paradigmen, Produktionsformen und Konsumgewohnheiten durch externe Einflüsse, zu denen er auch den Wandel der ökologischen Bedingungen der Nahrungsproduktion zählt, in Frage gestellt oder verunmöglicht werden. Er verweist auf die Pestepidemie in Oberitalien im Jahr 1630, die aufgrund der ungemein hohen Mortalität das ganze soziale System aus dem Gleichgewicht brachte, und die witterungsbedingten Getreidekrisen der neunziger Jahre des 17. Jahrhunderts.[122] Neuere Forschungen lege es nahe, dass zumindest in einigen Regionen Oberitaliens auch die Getreidekrise am Beginn der neunziger Jahre einen solchen Moment darstellte. Das Versagen der tradierten Produktions- und Konsummuster angesichts der Unbarmherzigkeit des Wetters und die Angst vor dem Hunger ließen gewissermaßen die Tür zu den unteren Stockwerken des »Gefängnisses der langen Dauer« einen Spalt weit aufgehen und den Mais Einzug in einige Zellen halten. Sicher ist jedoch auch, dass nicht der Mais in den tragischen neunziger Jahren des 16. Jahrhunderts in Oberitalien, zumindest in den Städten, den Hunger linderte, sondern Weizen und Roggen aus dem Norden.

3. Getreide aus der Ferne

Jan de Vries hat in einer Kritik aus dem Jahr 1980 der Ableitung von wirtschaftlichen Krisen aus witterungsbedingten Missernten die These entgegengehalten, dass in den meisten europäischen Regionen der Frühen Neuzeit das Ausmaß der wirtschaftlichen Integration ausgereicht habe, um den Zusammenhang zwischen klimatischen Bedingungen, Ernten und der allgemeinen Wirtschaftskonjunktur, wie dieser allenfalls für abgeschlossene und technologisch wenig entwickelte Subsistenzökonomien unterstellt werden könnte, weitgehend zu lockern.[123] Adam Smith wiederum hat schon 1776 behauptet, dass die Getreideversorgungskrisen des 17. und 18. Jahrhunderts zwar eine Folge von Missernten waren, Hungersnöte hingegen durch Regierungen verursacht worden seien, die mit untauglichen Mitteln der Getreide-

---

[122] Levi, Innovazione (wie Anm. 109) S. 1096–1099. Siehe auch Marc Bloch, Les transformations des techniques comme problème de psychologie collective, in: Ders., Mélanges historiques, II. Paris 1983 S. 791–799, hier 794–796. Als Beispiel zur Veranschaulichung seiner Gedanken über die Bedingungen grundlegender technischer Neuerungen und der Einführung neuer Kulturpflanzen wählte Bloch die Verbreitung des Roggens im 8./9. Jahrhundert.
[123] De Vries, Impact (wie Anm. 22) S. 602.

knappheit abzuhelfen versuchten. Smith war fest davon überzeugt, dass ein uneingeschränkter Getreidehandel die negativen Folgen des Getreidemangels durch interregionale und intertemporale Ausgleichsbewegungen hätte minimieren können.[124] Amartya Sen wiederum geht davon aus, dass zahlreiche große Hungersnöte des 20. Jahrhunderts in der »Dritten Welt«, etwa diejenige in Bengalen 1942/43, nicht primär durch Nahrungsmittelmangel, sondern durch Marktversagen verursacht wurden.[125]

Damit stellt sich die Frage nach der Rolle des Getreidemarktes und des Handels mit Getreide angesichts der zahlreichen Missernten in der hier betrachteten Periode. War die Integration der Märkte für Grundnahrungsmittel in dieser Zeit tatsächlich so weit fortgeschritten, dass das freie Spiel der Marktkräfte die Not in der einen Region durch die Zufuhr aus anderen Regionen lindern konnte, oder entschieden in letzter Konsequenz doch die Ernte und damit der Witterungsverlauf über Verfügbarkeit und Preis des Brotes? Zur Beantwortung dieser Frage ist zunächst ein Blick auf die Funktionsweise des Getreidehandels im frühneuzeitlichen Europa notwendig, wobei es sich empfiehlt, zwischen Küstenregionen und Binnenland sowie zwischen Städten, insbesondere den großen Agglomerationen, und dem flachen Land zu unterscheiden. Die optimistische Sichtweise Jan de Vries' scheint stark von den relativ günstigen Bedingungen für den Getreidehandel entlang der europäischen Küstensäume im Allgemeinen und insbesondere in Nordwesteuropa beeinflusst zu sein. So konnten die Niederlande seit dem ausgehenden 15. Jahrhundert mit der Zulieferung von Getreide aus den Ostseeraum rechnen. Im Verlauf der zweiten Hälfte des 16. Jahrhunderts gelangten die in dieser Periode stark ansteigenden Überschüsse Polens und der an die Ostsee angrenzenden ostdeutschen Territorien bis nach Lissabon und Sevilla. Auch waren holländische, italienische und hanseatische Kaufleute und Transportunternehmer in der Lage, den hungernden nord- und mittelitalienischen Städten am Beginn der neunziger Jahre des 16. Jahrhunderts großen Mengen Getreide aus dem Ostseeraum zuzuführen. Aber selbst Danzig und Amsterdam, die beiden großen Drehscheiben des maritimen Getreidehandels in dieser Epoche, sperrten während der Versorgungskrise zu Beginn der siebziger Jahre zeitweilig die Getreideausfuhr.[126]

Die technischen, wirtschaftlichen und politischen Rahmenbedingungen des interregionalen Handels mit Getreide im kontinentaleuropäischen Raum

---

[124] ADAM SMITH, An Inquiry into the Nature and Causes of the Wealth of Nations. Oxford 1976 (1776) S. 526–534.
[125] SEN, Poverty (wie. Anm. 33).
[126] ABEL, Massenarmut (wie Anm. 47) S. 79.

unterschieden sich grundlegend von denjenigen in den Küstenregionen. Die Transportkosten für Getreide auf dem Landweg waren in der Regel so hoch, dass auch große Preisgefälle zwischen Kernregionen und peripheren Gebieten in normalen Jahren nicht ausreichten, um den Handel mit Getreide über größere Distanzen hinweg rentabel zu machen. Einzig die schiffbaren Wasserläufe boten hierfür einen Ausweg, aber auch in ihrem Einzugsbereich machte die Flussrichtung einen erheblichen Unterschied hinsichtlich der Transportkosten aus. Der Verkehr mit Getreide hing von der Existenz regelmäßiger Handelsbeziehungen ab, da der kommerzielle Getreidetransport eine Gegenzufuhr zur Voraussetzung hatte, die die Kosten der Getreidezufuhr mittrug. Dazu kam noch, dass im lokalen Rahmen jeder Zwischenhandel mit Lebensmitteln (»Fürkauf«) häufig verpönt war oder zumindest peinlich genau überwacht wurde. Im Hinterland der Städte waren die Produzenten meist an die städtischen Marktplätze gebunden, im territorialen Rahmen lenkten Widmungsbestimmungen die Produktion von Überschussgebieten in angrenzende Gewerbe- und Bergbaugebiete. Angesichts von großflächigeren Erntedefiziten unterbanden die territorialen und staatlichen Instanzen den grenzüberschreitenden Handel mit Lebensmitteln. Auch wenn bei lokalen oder regionalen Versorgungskrisen eine Vielzahl von Interessenten auf den Plan traten, die von den sich vergrößernden interregionalen Preisgefällen zu profitieren versuchten, boten diese allgemeinen Rahmenbedingungen meist keine ausreichende Voraussetzung dafür, dass allein das Wirken der Marktmechanismen Abhilfe hätte schaffen können.[127] Neuere Untersuchungen der Reichweite und Wirkung des interregionalen Getreidehandels in Frankreich konnten selbst für die zweite Hälfte des 18. Jahrhunderts eine Korrelation der Getreidepreisschwankungen nur in benachbarten Regionen nachweisen, zwischen weiter voneinander entfernten Gebieten des Landes aber kaum einen Zusammenhang feststellen.[128] Anhand der Getreidekrisen der Jahre 1693/94 und 1709/10, die jeweils 500.000 bis zu einer Million Todesopfer zur Folge hatten, wurde festgestellt, dass der Getreidehandel in diesen Jahren keinen größeren oder geringeren Einfluss auf die Preisentwicklung und die Versorgung hatten als in normalen Jahren. Nicht Marktversagen oder Maßnahmen zur Regulierung des Getreidehandels, sondern die katastrophal schlechten Ernten dieser Jahre und das Fehlen öffentlicher Unterstützungsmaßnahmen haben offenbar derart vielen Men-

---

[127] Siehe MEUVRET, Problème, III/1 (wie Anm. 24) S. 47–96; BRAUDEL, Mittelmeer, II (wie Anm. 27) S. 322–372.
[128] Siehe etwa DAVID WEIR, Markets and Mortality in France 1600–1789, in: Famine (wie Anm. 30) S. 201–234, hier 209–211.

schen das Leben gekostet.[129] Von einer Integration der Getreidemärkte über größere Distanzen kann also selbst in dieser Periode noch keine Rede sein. Ansonsten hätten Abweichungen in den Preisbewegungen nur kurzfristig auftreten dürfen und sich anhaltende interregionale Differenzen der Preisniveaus nur aus den Transportkosten ergeben können. Vielmehr deutet in den Binnenregionen alles auf hochgradig segmentierte Getreidemärkte aufgrund der hohen Transaktionskosten und, sofern territoriale Grenzen überschritten wurden, der politischen Maßnahmen zur Kontrolle des Getreidehandels hin. Dazu kommt noch, dass die schweren Misserntekrisen keine Ereignisse waren, die lediglich einzelne Landstriche betrafen, sondern sich über ganze Großregionen mit ähnlichen klimatischen Rahmenbedingungen erstreckten.

Und dennoch aßen die vom Hunger bedrohten Bewohner der großen Städte selbst in solchen Krisenmomenten bisweilen Brot aus Getreide, das in weiter Ferne vom Konsumort geerntet worden war. Allerdings bedurfte es dazu einer spezifischen Konstellation von Angebot und Nachfrage, und bei der Beschaffung waren Akteure am Werk, die über die notwendige wirtschaftliche und politische Macht zur Abwicklung dieser nicht alltäglichen Transaktionen verfügten. »Nur die Großstädte können sich den Luxus leisten, eine so raumverschlingende, schwere Ware über weite Entfernungen zu transportieren«, bemerkt Fernand Braudel in seiner Betrachtung des Getreidehandels im Mittelmeerraum während des 16. Jahrhunderts.[130] Überall im Europa des Spätmittelalters und der Frühen Neuzeit waren die großen Städte bestrebt, einen Vorrat an Getreide für Notzeiten zu speichern, um in Mangelsituationen der Gefahr der Desintegration des städtischen Sozialgefüges zu begegnen und Unruhen unter der hungrigen Bevölkerung durch Preiskontrollen und die Verteilung von Brot an die Bedürftigen zu begegnen.[131] Reichten die Vorräte nicht aus, um den Markt zu beruhigen und den Brotpreis zu drücken, gingen die städtischen Magistrate und Regierungen dazu über, entweder selbst oder in Kooperation mit Kaufleuten, die über die entsprechenden Handelsbeziehungen und das notwendige Kapital verfügten,

---

[129] CORMAC Ó GRÁDA / JEAN-MICHEL CHEVET, Famine and Market in Ancien Régime France, in: Journal of Economic History 62. 2002 S. 706–733.

[130] BRAUDEL, Mittelmeer, II (wie Anm. 27) S. 322.

[131] Vgl. etwa L'approvisionnement des villes de l'Europe occidentale au Moyen Age et aux Temps modernes. Hg. CENTRE CULTUREL DE L'ABBAYE DE FLARAN. Auch 1985; ANNA MARIA PULT QUAGLIA, Politiche annonarie, risorse e alimentazione nel Seicento in Italia, in: La populazione italiana (wie Anm. 106) S. 437–453; IVO MATTOZZI / FRANCESCO BORELLI / CARMEN CHIASERA / DANIELA SABBIONI, Il politico e il pane a Venezia (1570-1650). Calmieri e governo della sussistenza, in: Società e storia 20. 1983 S. 271–303; BERND ROECK, Bäcker, Brot und Getreide in Augsburg. Sigmaringen 1987 S. 96–101.

Getreide aus entlegenen Gegenden, die über Überschüsse verfügten, herbeischaffen zu lassen. Zwei Beispiele mögen dies verdeutlichen.

Bereits kurz nachdem sich die Situation am Getreidemarkt nach der Krise 1569–1572 beruhigt hatte, wurden aus Niederösterreich beträchtliche Mengen an Brotgetreide donauaufwärts nach Süddeutschland exportiert. Da der Getreideexport aus den österreichischen Ländern in dieser Zeit an Exportlizenzen (»Passbriefe«) gebunden war, lassen sich die Mengen und die Bestimmungsorte gut verfolgen. Im Verlauf der Erntejahre 1573 und 1574 wurden Passbriefe für 4.665 beziehungsweise 4.974 metrische Tonnen (t) Roggen und Weizen ausgegeben. Hauptbegünstigte waren die oberdeutschen Reichsstädte Augsburg und Nürnberg, deren Anteil am Gesamtvolumen der genehmigten Exporte sich 1573 auf 33 Prozent, 1574 auf 21 Prozent belief. Dieser plötzliche Exportboom so kurz nach der Hungerkrise in Niederösterreich findet seine Erklärung in der unterschiedlichen Chronologie der Missernten im ostösterreichischen und süddeutschen Raum, die beträchtliche Veränderungen im relativen Preisgefüge bewirkten. Die Witterungsverhältnisse, die in den Jahren 1569–1574 die Getreideernten dezimierten, breiteten sich offenbar in ost-westlicher Richtung über Mitteleuropa aus.[132] Der Wiener Raum war bereits 1569 betroffen, 1570 folgten München und Augsburg. In Nürnberg, Frankfurt a. M. und Straßburg erreichten die Roggenpreise erst im Erntejahr 1571 den ersten Höhepunkt in dieser unheilvollen Sequenz. Während aber in Wien die größte Not bereits mit der Ernte des Jahres 1572 überstanden war, die Preise in München und – in geringerem Ausmaß – auch Augsburg langsam sanken, erfuhr die Versorgungslage in Nürnberg, Frankfurt a. M. und Straßburg aufgrund von neuerlichen Missernten in den Jahren 1573 und 1574 nochmals eine dramatische Verschlechterung. Aufgrund des wirtschaftlichen Gefälles zwischen den oberdeutschen Wirtschaftszentren und dem ostösterreichischen Raum war das Getreidepreisniveau in Augsburg und Nürnberg zur Mitte des 16. Jahrhunderts unter »normalen« Bedingungen etwa doppelt so hoch wie in Wien. Dieser Preisunterschied reichte in der Regel nicht aus, um einen Export größerer Getreidemengen aus Niederösterreich in die beiden Reichsstädte in Gang zu setzen. 1573/74 stand der Roggenpreis aufgrund der genannten Umstände jedoch in Nürnberg und Augsburg drei bis viermal so hoch wie in Wien. In dieser Situation schickte die Stadt Nürnberg den Ratssyndikus Joachim König nach Niederösterreich, der in der Folge die großen Grundherrschaften, die über entsprechende Vorräte an Rentengetreide sowie aus eigener Produktion verfügten, besuchte und im Jänner 1574 schließlich 472 t »Halbtraid« vom Grafen von Hardegg

---

132 Siehe ABEL, Massenarmut (wie Anm. 47) S. 78.

kaufte. Eine ganze Reihe weiterer niederösterreichischer Freiherren erscheint in diesen Jahren als Empfänger von Exportlizenzen, und obwohl wir nicht wissen, für wen dieses Getreide bestimmt war, ist doch anzunehmen, dass es zum überwiegenden Teil ebenfalls in den Reichsstädten landete und der Kauf in ähnlicher Weise vonstatten ging wie im Fall der gut dokumentierten Getreidebeschaffungsaktion der Stadt Nürnberg 1573/74.[133]

Auf ganz ähnliche Vorgänge, aber ganz andere quantitative Dimensionen der Getreidebeschaffung stoßen wir im Zusammenhang mit der Getreidekrise in Italien am Beginn der neunziger Jahre des 16. Jahrhunderts. Nachdem bereits die Ernten der Jahre 1588 und 1589 in Oberitalien aufgrund von exzessiven Niederschlägen nicht sehr reichlich ausgefallen waren, folgten in den Jahren 1590–1592 drei wahre Katastrophenernten, die ganz Italien an den Rand einer Hungersnot brachten.[134] Besonders dramatisch war die Lage in Ober- und Mittelitalien aufgrund des hohen Bevölkerungsanteils dieser Regionen, der in Städten mit 20.000 Einwohnern und mehr lebte, zumal nach der Ernte des Jahres 1590 auch der Weizenexport aus Sizilien in die nördlichen Regionen eingestellt wurde.[135] In dieser Situation entsandte zunächst Ferdinand I., Großherzog der Toskana, im Herbst 1590 Mitglieder der Florentiner Kaufmannschaft nach Danzig zum Ankauf von Getreide und dessen Transport nach Livorno.[136] Im November schickte der Senat von Venedig ebenfalls einen Vertreter zum Getreideeinkauf nach Polen, der zunächst versuchte, Getreide aus Südpolen auf dem Landweg nach Venedig befördern zu lassen, angesichts der hohen Transportkosten – sie hätten das Getreide um das drei- bis vierfache des Preises am Einkaufsort verteuert – aber ebenfalls auf den Seeweg via Danzig, den Sund und die Straße von Gibraltar ausweichen musste.[137] 1591 wandte sich schließlich auch der Magi-

---

[133] Siehe dazu ausführlich und mit Quellenangaben LANDSTEINER, Trübselige Zeit? (wie Anm. 12) S. 100–104.

[134] Eine qualitative Evaluierung der Ernten findet sich in GIOVANNI L. BASINI, L'uomo e il pane. Risorse, consumi e carenze alimentari della popolazione modenese nel Cinque e Seicento. Mailand 1970 S. 149–153. Siehe auch MARZIO A. ROMANI, Nella spirale di una crisi. Populazione, mercato e prezzi a Parma tra Cinque e Seicento. Mailand 1975 S. 115–134, für eine Chronologie der Krise in Parma unter Berücksichtigung der Witterungsverhältnisse.

[135] Siehe MAURICE AYMARD, L'approvisionnement des villes de la Méditerranée occidentale (XVIe-XVIIIe siècles), in: L'approvisionnement des villes (wie. Anm. 131) S. 165–185, hier 179.

[136] RITA MAZZEI, Itinera mercatorum. Circolazione d'uomini e beni nell'Europa centro-orientale 1550–1650. Lucca 1999 S. 348–363.

[137] AYMARD, Venise (wie Anm. 118) S. 158–161; HENRYK SAMSONOWICZ, Relations commerciales entre la Baltique et la Méditerranée aux XVIe et XVIIe siècles. Gdansk et l'Italie, in: Mélanges en l'honneur de Fernand Braudel, I: Histoire économique du monde méditerranéen. Toulouse 1973 S. 537–545, hier 540 f.

strat von Genua an die Genueser Kaufleute in den Niederlanden und in Hamburg mit der Bitte, bei der Beschaffung von Getreide aus dem Ostseeraum behilflich zu sein.[138] Die ersten Schiffe mit Getreide aus dem Norden legten im Dezember 1590 in Livorno an. In Venedig und Genua setzten die Getreidelieferungen durch niederländische und hanseatische Schiffe im Sommer 1591 ein. In den beiden folgenden Jahren wurden jeweils etwa 40.000–60.000 t Weizen und Roggen aus Polen und den ostelbischen Territorien des Reiches in den Häfen Livorno, Genua und Venedig gelöscht (Tab. 2). Da nur für diese drei Häfen Daten über die importierten Getreidemengen vorliegen, aber auch in anderen Häfen wie Civitavecchia, La Spezia, Viareggio und Ancona Getreidelieferungen aus dem Norden ankamen, war die Gesamtmenge des in diesen Jahren aus dem Ostseeraum nach Italien transportierten Getreides gewiss um noch einiges größer.

Tabelle 2. Einfuhr von Getreide aus dem Ostseeraum nach Livorno, Genua und Venedig (in hl) 1590–1593.[139]

	Livorno*	Genua	Venedig
1590			
	} 61.767		
1591		52.169	85.742
	} 168.307		
1592		352.471	209.057
	} 199.513		
1593		183.438	196.116
	* nur Weizen		

Wenn man bedenkt, dass aus Sizilien, einer der ganz großen Getreidekammern des Mittelmeerraumes, in der zweiten Hälfte des 16. Jahrhunderts etwa 40.000–50.000 t Weizen pro Jahr exportiert wurden,[140] wird deutlich, wel-

---

[138] EDOUARDO GRENDI, I nordici e il traffico del porto di Genova. 1590–1666, in: Rivista storica italiana 83. 1971 S. 23–71, hier 24–30.

[139] Livorno: FERNAND BRAUDEL / RUGGIERO ROMANO, Navires et marchandises à l'entrée du port de Livourne (1547–1611). Paris 1951 S. 51–53, 107, 117 (Das Rechnungsjahr erstreckt sich vom 1. Juli bis zum 30. Juni des folgenden Jahres. Die Autoren führen lediglich die Menge des importierten Weizens auf. In der Tabelle wurden nur Importe aus dem Ostseeraum berücksichtigt.); Genua: GRENDI, Nordici (wie Anm. 138) S. 28 (das Genueser Hohlmaß »mina« wurde mit 0,86 hl umgerechnet); Venedig: AYMARD, Venise (wie Anm. 118) S. 112 f. (Aymard unterscheidet zwischen Getreide aus der *terra ferma* und Getreideimporten aus dem »Ausland«. In der Tabelle wird davon ausgegangen, dass in den genannten Jahren sämtliches ausländisches Getreide aus dem Ostseeraum stammte.)

[140] AYMARD, L'approvionnement (wie Anm. 131) S. 179.

che gewaltigen Getreidemengen und Geldsummen die italienischen Fürsten und Stadtrepubliken durch ihre Initiativen in Bewegung setzten. Glücklicherweise fielen die Ernten dieser Jahre in Nordosteuropa gut aus, so dass die Preise auf den dortigen Getreidemärkten, insbesondere in Danzig, in dieser Phase sanken.[141] Aufgrund der großen Nachfrage in Ober- und Mittelitalien verdoppelte sich die Getreidemenge, die den Sund passierte und dort verzollt wurde, von ca. 80.000 t 1590 auf ca. 160.000 t 1593,[142] die Ausfuhr aus Danzig stieg im gleichen Zeitraum von ca. 40.000 t auf 80.000 t an.[143] 80 Prozent des aus dem Ostseeraum durch den Sund verschifften Getreides entfielen auf Roggen.[144] Obwohl dies in der Literatur nicht immer angemerkt wird,[145] ist daher anzunehmen, dass ein beträchtlicher Teil des an die italienischen Städte gelieferten Getreides ebenfalls Roggen war – zum Leidwesen von deren Einwohnern, die es, abhängig von ihrem Wohlstand, gewohnt waren, Weizenbrot unterschiedlicher Feinheit und Reinheit zu essen und sich nun auf das dunkle Roggenbrot einstellen mussten.[146] In Parma beklagte man sich denn auch bitter darüber, dass der in Antwerpen ansässige Genueser Kaufmann Battista Spinola, mit dem der Herzog einen Getreidelieferungskontrakt abgeschlossen hatte, 1592 ausschließlich Roggen von schlechter Qualität lieferte.[147]

Die Getreidelieferungen zu Beginn der neunziger Jahre des 16. Jahrhunderts markieren den Einbruch der niederländischen Schifffahrt ins Mittelmeer.[148] Vor diesem Zeitpunkt wurde der Handel zwischen Italien und

---

[141] WILHELM ABEL, Hausse und Krisis der europäischen Getreidemärkte um die Wende vom 16. zum 17. Jahrhundert, in: Mélanges (wie Anm. 137) S. 19–30, hier 20. u. 22.

[142] AKSEL E. CHRISTENSEN, Dutch Trade to the Baltic about 1600. Copenhagen usw. 1941 Diagramm XVI; MILJA VAN TIELHOF, The »Mother of All Trades«. The Baltic Grain Trade in Amsterdam from the Late 16th to the Early 19th Century. Leiden 2002 S. 43.

[143] ABEL, Hausse (wie Anm. 141) S. 20.

[144] 1590–1599 bestanden die den Sund passierenden Getreidefrachten zu 80 Prozent aus Roggen, zu elf Prozent aus Weizen und zu acht Prozent aus Gerste und Malz. Siehe VAN TIELHOF, Mother (wie Anm. 142) Appendix A.

[145] BRAUDEL / ROMANO, Navires (wie Anm. 139) S. 94, berücksichtigen in ihrer Auswertung des Hafenverkehrs von Livorno ausschließlich Weizen und erwähnen Roggen nur in einer Fußnote. Immerhin kamen 1591/92 neben 179.050 hl Weizen auch ca. 80.000 hl Roggen in Livorno an. Siehe auch LUDWIG BEUTIN, Der deutsche Seehandel im Mittelmeergebiet bis zu den napoleonischen Kriegen. Neumünster 1933 S. 25.

[146] Zu Venedig siehe diesbezüglich AYMARD, Venise (wie Anm. 118) S. 19 u. 162.

[147] ROMANI, Spirale (wie Anm. 134) S. 123 u. 126.

[148] Die klassischen Arbeiten zu diesem Thema, wie BEUTIN, Seehandel (wie Anm. 145) S. 1–33; BRAUDEL / ROMANO, Navires (wie Anm. 139) S. 51; BRAUDEL, Mittelmeer, II (wie Anm. 27) S. 405–411, überschätzen den Anteil der Hanseaten und hier wiederum der Hamburger Schiffseigner, da viele Niederländer sich aufgrund des Konfliktes mit Spanien als Hanseaten

Nordwesteuropa, der sich hauptsächlich aus leichten, aber wertvollen Gütern zusammensetzte hauptsächlich, auf dem Landweg über die Alpen abgewickelt.[149] Venedig hatte die Fahrten der *galere da mercato* nach Fladern bereits am Ende des 15. Jahrhunderts eingestellt.[150] Nun verschob sich der Handel wiederum auf den Seeweg durch die Straße von Gibraltar, da das Getreide auf diesem Weg wesentlich billiger, wenn auch nicht ohne Risiko, transportiert werden konnte. Zunächst agierten die Niederländer hauptsächlich als Getreidefrächter und Kommissionäre im Auftrag von italienischen Kaufleuten, Städten und Fürsten,[151] und die Zahl der in den italienischen Häfen ankommenden Schiffe stand in deutlichem Zusammenhang mit dem Ausfall der Ernten in den italienischen Regionen. Nach 1593 brachten die Niederländer vor allem in den Jahre 1596/97, 1602, 1607 und 1619-1621 größere Getreidemengen nach Italien. Im Verlauf der zwanziger Jahre des 17. Jahrhunderts ging die Getreidelieferung stark zurück, nach 1630 wurde kaum mehr Getreide aus dem Ostseeraum nach Italien importiert. Die Niederländer jedoch blieben im Mittelmeer. Nach und nach schalteten sie sich, vor allem nach dem Waffenstillstand mit Spanien von 1609, dank ihrer kostengünstigen Frachttarife in den innermediterranen Handel ein, begannen neben und anstatt des Getreides Metalle, Textilien, Leder und Fisch in die

---

ausgaben. Siehe dazu Pierre Jeannin, Entreprises hanséates et commerce méditerranéen à la fin du XVIe siécle, in: Ders., Marchands du nord. Paris 1996 (1973) S. 311-322. Angaben über die Zahl der aus Amsterdam nach Italien auslaufenden Schiffe auf der Basis der unvollständig erhaltenen Frachtverträge finden sich in Simon Hart, Die Amsterdamer Italienfahrt 1590-1620, in: Wirtschaftskräfte und Wirtschaftswege. Festschrift für Hermann Kellenbenz, II. Stuttgart 1978 S. 145-170; Pieter C. van Royen, The Maritime Relations between the Dutch Republic and Italy, 1590-1605, in: Lucca e l'Europa degli affari, secoli XV-XVII. Hg. Rita Mazzei / Tommaso Fanfani. Lucca 1990 S. 243-272. Siehe auch Jonathan I. Israel, The Phasis of the Dutch Straatvaart, 1590-1713. A Chapter in the Economic History of the Mediterranean, in: The Organization of Interoceanic Trade in European Expansion, 1450-1800. Hg. Pieter Emmer / Femme Gastra. Aldershot 1996 (1986) S. 157-186; Marie-Christine Engels, Merchants, Interlopers, Seaman and Corsaires. The »Flemish« Community in Livorno and Genoa (1615-1635). Hilversum 1997 S. 81-123.

[149] Siehe dazu Wilfrid Brulez, L'exportation des Pays-Bas vers l'Italie par voie de terre au milieu du XVIe siécle, in: Annales E. S. C. 1959 S. 461-491.

[150] Braudel, Mittelmeer, II (wie Anm. 27) S. 70-71.

[151] Grendi, Nordici (wie Anm. 138) S. 29 f.; Engels, Merchants (wie Anm. 148) S. 84. In Venedig, wo sich zahlreiche niederländische Kaufleute niedergelassen hatten, haben diese bereits am Beginn der neunziger Jahre eine aktive Rolle bei der Getreidebeschaffung aus dem Ostseeraum gespielt. Siehe dazu Maartje van Gelder, Supplying the Serenissima. The Role of the Flemish Merchants in the Venetian Grain Import during the First Phase of the Straatvaart. N. W. Posthumus Institute. Research Group: Entrepreneurship and Institutional Context in a Comparative Perspective. Paper for Workshop 28. 11. 2003, http://www.kun.nl/posthumus/index.html (19. April 2004).

italienischen Häfen zu liefern und verdrängten, gemeinsam und in Konkurrenz mit den Engländern, die Kaufleute der oberitalienischen Städten vom levantinischen Markt.[152]

Der Vorstoß der holländischen und englischen Schiffe und Kaufleute ins Mittelmeer wird in der Wirtschaftsgeschichte als eine der bedeutendsten Veränderungen des wirtschaftlichen Kräfteverhältnisses im Europa des zu Ende gehenden 16. Jahrhunderts gewertet, die letztendlich zur Verschiebung des Zentrums des internationalen Handels aus Oberitalien nach Nordwesteuropa führte.[153] Lässt sich behaupten, dass dies in einem kausalen Zusammenhang mit dem 1590 einsetzenden Getreideimport aus dem Ostseeraum stand und damit in letzter Konsequenz eine Folge der klimatisch bedingten Missernten dieser Jahre war? Wenn dies zutrifft, dann hätten die Klimaturbulenzen am Ausgang des 16. Jahrhunderts in wirtschaftsgeschichtlicher Hinsicht tatsächlich eine Epochenwende eingeleitet. So eindeutig kann man diese Frage allerdings nicht beantworten. Immerhin waren die Engländer, die im Getreidehandel eine geringe Rolle spielten, gut zwei Jahrzehnte vor den Niederländern ins Mittelmeer vorgedrungen.[154] Wären ihnen die Niederländer nicht früher oder später ohnehin gefolgt und hätten ihre Überlegenheit auf dem Transportsektor und in der gewerblichen Produktion ausgespielt? Dennoch, der Boom des nordischen Getreides hat letzteren diesen Vorstoß zumindest wesentlich erleichtert.

4. Bier statt Wein

Kehren wir zum Abschluss wiederum nach Wien zurück und wenden wir uns einem Nahrungs- und Genussmittel zu, das sich aufgrund seiner Stellung im Rahmen der Ernährungskultur und seiner Gebrauchsweisen grundlegend vom Getreide unterschied. Im Unterschied zum Brotgetreide, das die Basis des Nahrungssystems darstellte, nicht substituierbar war und allenfalls durch mindere oder neue Kornarten ersetzt werden konnte, gab es bei den

---

[152] Siehe Braudel, Mittelmeer, II (wie Anm. 27) S. 405–423; Engels, Merchants (wie Anm. 148) S. 81–123; Israel, Phases (wie Anm. 148), der gegen Braudel polemisiert, überschätzt wohl die Rolle der spanischen Politik für den Mittelmeerhandel der Niederländer.

[153] Braudel, Mittelmeer, II (wie Anm. 27) S. 420–423; Jeannin, Entreprises (wie Anm. 148) S. 321; Richard T. Rapp, The Unmaking of the Mediterranean Trade Hegemony, in: Journal of Economic History 35. 1975 S. 499–526; John H. Elliott, Yet another Crisis?, in: The European Crisis of the 1590's. Hg. Peter Clark. London 1985 S. 301–312, hier 308; Paolo Malanima, La fine del primato. Crisi e rinconversione nell'Italia del Seicento. Mailand 1998 S. 100–121.

[154] Siehe Braudel / Romano, Navires (wie Anm. 139) S. 49–51; Gigliola Pagano de Divitiis, Mercanti inglesi nell'Italia del Seicento. Venedig 1990.

Getränken durchaus Alternativen. Im hier zur Diskussion stehenden Zeitraum springt in diesem Zusammenhang vor allem die Verschiebung der Wein- und Bierkonsumzonen ins Auge. Auf gesamteuropäischer Ebene setzte dieser Prozess bereits um 1300 ein. Während im Hochmittelalter Weinbauinseln auch in klimatisch dafür kaum geeigneten Zonen wie Mittelengland, den südlichen Niederlanden oder Ostpreußen entstanden, begann sich die Rebenkultur im Verlauf des Spätmittelalters in klimatisch begünstigten Regionen zu konzentrieren. Parallel dazu vollzog sich im nord- und mitteleuropäischen Raum zwischen 1300 und 1600 ein tiefgreifender Wandel im Konsumverhalten, im Zuge dessen der Wein als Alltagsgetränk breiter Bevölkerungsschichten vielerorts durch Bier ersetzt wurde. Voraussetzung dafür war ein technischer Innovationsprozess, durch den die auf Kräuterbasis produzierten Biersorten (»Grutbier«), die nur eine geringe Haltbarkeit besaßen, sich daher kaum als Handelsgut eigneten und meist in kleinen Hausbrauereien erzeugt wurden, durch mit Hopfen als Bierwürze gebraute Biere ersetzt wurden, die sich auch für längere Transportwege eigneten und damit exportfähig waren. Der Übergang zum Hopfenbier vollzog sich in den an den Nord- und Ostseeküsten gelegenen Hansestädten, insbesondere in Wismar und Hamburg, bereits im Verlauf des 13. Jahrhunderts. Um 1300 folgten die nördlichen Niederlande, nach 1400 Flandern und Brabant sowie England. Um 1500 hatte das Bier auch in Köln den Wein als Alltagsgetränk abgelöst. In der Folge dehnte sich die Bierkonsumzone weiter nach Osten und Süden aus. Sieht man von Böhmen ab, wo ebenfalls bereits im 15. Jahrhundert vielerorts exportfähige Hopfenbiere gebraut wurden, so vollzog sich die Ausweitung der Bierproduktion und des Bierkonsums in der südlichen Hälfte Mitteleuropas erst im Verlauf des 16. Jahrhunderts. Selbst Bayern, wo es eine nicht ganz unbedeutende Weinproduktion vor allem in der Umgebung von Regensburg gab, scheint erst in der zweiten Hälfte des 16. Jahrhunderts zu einem Bierland geworden zu sein.[155]

In den bedeutenden Weinbaugebieten des südlichen Mitteleuropa, die in der Regel auch für den überregionalen Markt produzierten und dabei vom

---

[155] Die Literatur zu diesem Thema ist weit verstreut, und es gibt wenige synthetisierende Arbeiten. Siehe vor allem RICHARD W. UNGER, Technical Change in the Brewing Industry in Germany, the Low Countries and England in the Late Middle Ages, in: Journal of European Economic History 21. 1992 S. 281–313; FRANZ IRSIGLER, »Ind machden alle lant beirs voll«. Zur Diffusion des Hopfenbierkonsums im westlichen Hanseraum, in: Nahrung und Tischkultur im Hanseraum. Hg. GÜNTHER WIEGELMANN / RUTH MOHRMANN. Münster 1996 S. 377–397; RAYMOND VAN UYTVEN, Le combat des boissons en Europe du Moyen Age au XVIIIe siècle, in: Alimentazione e nutrizione (wie Anm. 1) S. 53–89. Zu Bayern siehe ANDREAS O. WEBER, Studien zum Weinbau der altbayerischen Klöster im Mittelalter (VSWG-Beiheft 141). Stuttgart 1999 S. 19–22.

Niedergang der marginalen Weinbauzonen profitierten, waren vor allem die Städte bestrebt, die Konkurrenz des Bieres einzuschränken, indem sie entweder die Brautätigkeit und den Bierimport ganz untersagten oder zumindest streng kontrollierten. Dem Bier kam hier lediglich eine Ergänzungsfunktion zu, die dann relevant wurde, wenn die Weinernte missriet.[156] In Wien hatte das Bürgerspital seit 1432 ein Monopol auf das Brauen und den Ausschank von Bier innerhalb des Burgfriedens der Stadt. Bis ins letzte Drittel des 16. Jahrhunderts beschränkte sich das Spital allerdings im wesentlichen darauf, Importbier auszuschenken, das bis zur Mitte des 16. Jahrhunderts hauptsächlich aus Böhmen und Mähren bezogen und dann nach und nach von bayerischem Bier abgelöst wurde. Das Eigengebräu des Spitals hatte einen schlechten Ruf, größere Mengen davon wurden zunächst nur in Jahren mit kleiner Weinernte produziert.[157] In wirtschaftlicher Hinsicht war Wien auch im 16. Jahrhundert noch eine Weinbaustadt, in der ein Drittel aller steuerpflichtigen Haushalte und 53 Prozent aller hausbesitzenden Bürger eine Weinernte einbrachten und aus der große Mengen Wein die Donau aufwärts nach Oberösterreich, Bayern und Salzburg exportiert wurden. 1581 bis 1588 wurden in der Stadt und den Vorstädten jährlich durchschnittlich 45.000 hl Wein ausgeschenkt. Bei einer Bevölkerungszahl von ca. 30.000 Einwohnern entspricht diese Menge einem rechnerischen Konsum von 150 Litern pro Jahr pro Person. Dabei ist zu bedenken, dass es sich hierbei lediglich um die von der Tranksteuer erfasste Menge handelt, viele Wiener Haushalte aber zusätzlich von einer eigenen Weinproduktion zehren konnten.[158] Den größten Weinbaubetrieb der Stadt mit etwa 100 Hektar selbst bewirtschafteter Rebfläche unterhielt im 16. Jahrhundert wiederum das Bürgerspital. Das kam auch den Insassen des Spitals zugute, an die in Abhängigkeit vom quantitativen Ergebnis der Weinernte 500 bis 1.500 hl Wein pro Jahr ausgegeben wurden, während das Spital selbst aus dem Weinschank und dem Weinverkauf en gros beträchtliche Einnahmen bezog.[159]

---

[156] Siehe am Beispiel Nieder- und Oberösterreichs HERBERT KNITTLER, Dominium und Brauhaus. Herrschaftliche Bierbrauerei als vorindustrielles Gewerbe, in: Versuche und Ansätze zur Industrialisierung des Waldviertels (Studien und Forschungen aus dem niederösterreichischen Institut für Landeskunde 12). Hg. HELMUTH FEIGL / WILLIBALD ROSNER. Wien 1990 S. 331–347.

[157] LEOPOLD SAILER, Das Bierbrau- und Schankmonopol des Wiener Bürgerspitals, in: Mitteilungen des Vereins für die Geschichte der Stadt Wien 6. 1926 S. 1–33.

[158] LANDSTEINER, Wien (wie Anm. 65) S. 143–145.

[159] Diese Aussagen basieren auf den Angaben in den Bürgerspitalsrechnungen der Jahre 1565–1573. Die an die Spitalsinsassen ausgegebene Biermenge ist leider in den Rechnungen dieser Periode nicht vermerkt.

Im November 1593 klagten vor dem niederösterreichischen Landtag die
Vertreter des vierten Standes, also der landesfürstlichen Städte und Märkte,
zu denen auch Wien zählte, bitter darüber,

»was bei den in die siben Jar erstreckhten Weinmissratung über die tägliche Underhaltung erspart khünnen werden, hat dieser Stanndt also erfaren, das die jenigen, die man vor der Zeit in denen Stött und Märckhten für die Wohlhabendt und Vermügisten gehalten, anjetzo nach so großem erlidenen Schaden neben Iren Mitburgern in gleiches Unvermögen und eusseriste Armuet eingerunnen, das Inen vil fürträglicher gewest, des Weingepew sich ganz und gar zu enthalten, als mit solchem Verlust Irer Narung nachzusetzen.«[160]

Ein Blick auf die Weinerträge des Wiener Bürgerspitals zeigt, dass es sich
hier nicht bloß um den Versuch der Vertreter des Bürgerstandes handelte,
durch möglichst heftige Klagen über die eigene Armut die landesfürstliche
Steuerforderung niedrig zu halten:

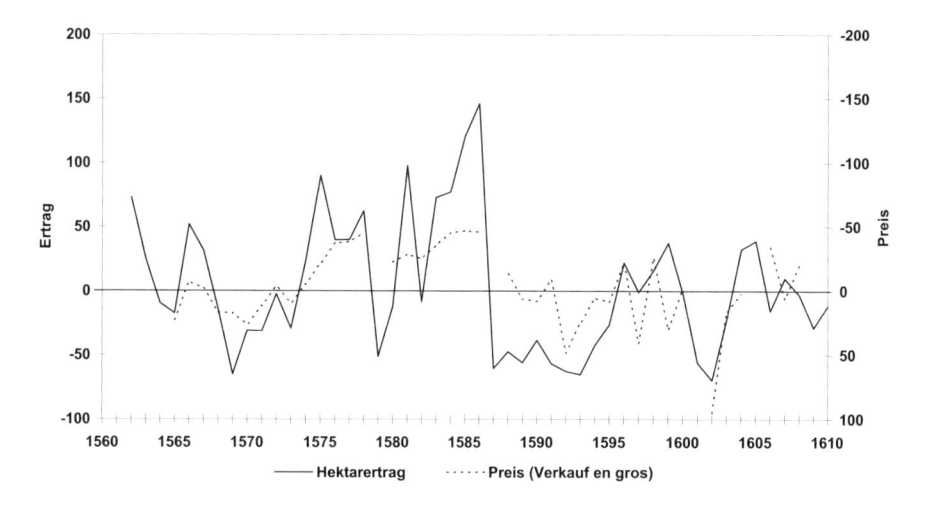

Abbildung 5. Hektarerträge des Bürgerspitals und Großhandelspreise für Wein in Wien
1560–1610 (Trendabweichungen in Prozent).[161]

Tatsächlich wichen die Erträge der Weingärten in den Jahren 1587 bis
1594 um mehr als 50 Prozent vom Trend bzw. langjährigen Mittel (20 hl/

---

[160] Niederösterreichisches Landesarchiv, Ständische Abteilung (NÖLA, S.A.), Landtagshandlungen ungebunden 1592–93, Landtag November 1593: Stellungnahme der Stadt Wien und der anderen mitleidenden Städte und Märkte zur kaiserlichen Landtagsproposition.
[161] Quellen: StLA Wien, Bürgerspitalsrechnungen; PRIBRAM, Materialien (wie Anm. 54) Reihe 474.

ha) nach unten ab.[162] Lediglich die Ernte des Jahres 1590 fiel geringfügig besser aus. Besonders markant ist der Übergang von den reichhaltigen Ernten der ersten Hälfte der achtziger Jahre zu den Katastrophenernten ab 1587, die nicht nur extrem geringe Erträge, sondern auch nahezu untrinkbare Weine ergaben. Hatten die Weingärten des Bürgerspitals im Umland von Wien 1586 noch durchschnittlich 45 hl/ha erbracht, fiel dieser Wert im darauf folgenden Jahr auf 7,2 hl/ha. Das Wenige, das im Herbst 1587 in die Fässer gefüllt wurde, war extrem sauer, da die Trauben nicht zur Reife gelangten. Im nahe gelegenen Ödenburg/Sopron notierte Georg Payr damals in seiner Chronik: »Anno 1586 ist das grose Weinjahr gewesen, darnach ist ein groser kalther unt starkher Winther khumen unt ist der Weinstockh aller erfrohrn.«[163] Offenbar waren die extrem kleinen Weinernten ab 1587 eine Folge des Extremwinters 1586/87.[164] Immerhin dauert es zwei bis drei Jahre, bis Rebstöcke, deren oberirdische Teile erfrieren, wieder Frucht tragen. Abgesehen von Winterfrostschäden, die in der Regel erst auftreten, wenn die Temperatur über einem längeren Zeitraum unter minus 20 Grad Celsius liegt, sind es vor allem Spätfröste, Regen und Kälte während der Rebenblüte (Juni) sowie kalte Sommer, die zu quantitativ und qualitativ schlechten Weinernten führen.[165] Generell zeichnen sich die Jahre von der Mitte der achtziger Jahre des 16. Jahrhunderts bis zur Mitte des ersten Jahrzehnts des 17. Jahrhunderts durch großteils sehr kalte, schneereiche Winter sowie kühle und nasse Frühjahrs- und Sommermonate aus.[166] Spätfröste im Mai, die die Reben beschädigten, traten 1592, 1594 und 1602 auf. Die Weine der Ernten der Jahre 1587, 1588, 1600 und 1601 waren aufgrund der mangelnden Traubenreife extrem sauer und nahezu untrinkbar.[167] Nur das Jahr 1599 wich deutlich positiv von dieser Serie von miserablen Weinjahren ab. Nach einem

---

[162] Ebenso wie bei den Getreidemissernten um 1570 handelt es sich hierbei nicht um ein lokales Phänomen. Der Einbruch der Weinernten in diesen Jahren lässt sich vielmehr in allen Weinbauregionen des südlichen Mitteleuropa nachweisen, wenn er auch in den weiter westlich gelegenen Anbaugebieten zwei Jahre früher, mit der Ernte des Jahres 1585, einsetzte. Siehe dazu LANDSTEINER, Crisis (wie Anm. 19).

[163] Ödenburgische Chronik von Georg und Michael Payr. Hg. KARL HEIMLER, in: Soproní Szemle 6. 1942 S. 3–99, zit. 3.

[164] Siehe GLASER, Klimageschichte (wie Anm. 16) S. 125 f.

[165] Siehe dazu auch CHRISTIAN PFISTER, Die Fluktuationen der Weinmosterträge im Schweizerischen Weinland vom 16. bis ins frühe 19. Jahrhundert. Klimatische Ursachen und sozioökonomische Bedeutung, in: Schweizer Zeitschrift für Geschichte 31. 1981 S. 445–491, hier 480–482.

[166] GLASER, Klimageschichte (wie Anm. 16) S. 125–133.

[167] Ödenburgische Chronik (wie Anm. 163) S. 3–7; Die Annalen (1590–1622) des Wolfgang Lindner. Hg. KARL SCHIFFMANN, in: Archiv für die Geschichte der Diözese Linz 6–7. 1910 S. 7–90.

heißen Sommer konnten bereits Anfang September sehr reife Trauben geerntet werden, deren Most einen außerordentlich alkoholreichen Wein ergab, der durch seine Glut viele Schmerzen geheilt haben soll, wie Wolfgang Lindner, damals Schullehrer im oberösterreichischen Steyr, notierte.[168]

Das Ausbleiben der Weinernten zeitigte vielfältige Konsequenzen. Unter anderem halbierten sich die Erträge des in Engelhartszell unterhalb von Passau erhobenen Weinausfuhrzolls. Waren 1587 dank der großen Ernte des Jahres 1586 noch 110.700 hl durch den Zoll gegangen, und hatte dieser 23.858 Gulden (fl.) an Zollgebühr erbracht, so waren es 1588 nur mehr 55.300 hl bzw. 11.917 fl.[169] In Wien fürchteten die landesfürstlichen Behörden mit dem Erzherzog an der Spitze um die fiskalischen Einnahmen aus dem Weinkonsum und dem Weinexport. Tranksteuer, Mauten und Zölle beliefen sich in den achtziger Jahren des 16. Jahrhunderts immerhin auf 106.750 fl. pro Jahr, was 49 Prozent der in diesen Jahren vorgeschriebenen direkten Steuern des Landes Niederösterreich entsprach.[170] Da die Tranksteuer für 77 Prozent dieser Summe aufkam, verfiel Erzherzog Ernst auf die Idee, den Weinexport zur Rettung der Tranksteuereinnahmen zu sperren. 1588 wurde die Weinausfuhr aus Wien untersagt und der Schankpreis auf fünf Kreuzer pro Maß limitiert, 1589 dann ein gänzliches Weinausfuhrverbot aus den niederösterreichischen Ländern (den heutigen Bundesländern Nieder- und Oberösterreich) in Erwägung gezogen. Der Erzherzog hatte die etwas naive Rechnung angestellt, dass die 1587 und die im ersten Halbjahr 1588 ausgeführte Weinmenge, wäre sie im Land konsumiert worden, anstatt 35.826 fl. an Zoll und Mauten bei einem Schankpreis von fünf Kreuzern pro Maß 200.876 fl. an Tranksteuer eingebracht hätte. Der Buchalter der niederösterreichischen Kammer, der dem Erzherzog die Datengrundlage für seine Überlegungen zusammenstellte, gab jedoch zu bedenken, dass bei einer Ausfuhrsperre der im Land bleibende Wein aufgrund des vergrößerten Angebots zu einem Sinken des Schankpreises führen müsse. Außerdem hätte »es mit dem Wein nit ain solche Mainung [...] wie mit dem Traidt und Brott, daß man dessen zu der menschlichen Underhaltung nit khundt

---

[168] Ebd. S. 56 u. 64 f.
[169] Hofkammerarchiv Wien, niederösterreichische Herrschaftsakten (HKA Wien, nö. HA) E 37/A/1, fol. 515 f.
[170] Die Tranksteuereinnahmen (22 Prozent des Ausschankerlöses) ergeben sich aus den Daten in ERICH HILLBRAND, Das Ungeld in Nieder- und Oberösterreich vom 13. bis zum 19. Jahrhundert. Phil. Diss. (masch.) Universität Wien 1953; und KARL HECHT, Der Finanzhaushalt der Stadt Wien 1570–1600. Phil. Diss. (masch.) Universität Wien 1958 S. 38. Zolleinnahmen in Engelhartszell und Vöcklabruck nach HKA, nö. HA E 37/A/1, fol. 251 f. und fol. 515 f.; ebd. E 37/A/2 fol. 758; sowie ebd., Handschrift 61, fol. 49 v.; Mauteinnahmen nach ebd., W 61/C/66c, fol. 1134–1139. Direkte Steuern nach NÖLA, S. A., B 4/17/1, fol. 395 f.

140   Erich Landsteiner

entrathen«. Bei Weinteuerung griffen die Leute eben zu Bier und Obstmost, um ihren Durst zu stillen, und von diesen würde ja auch Tranksteuer erhoben.[171]

Diese Stellungnahme zeugt von einem bemerkenswerten Verständnis der Ökonomie des Weinmarktes durch den Buchhalter. Wein wurde, da er nicht unverzichtbar war und durch andere alkoholhaltige Getränke substituiert werden konnte, wesentlich elastischer nachgefragt als Getreide bzw. Brot. Davon zeugen nicht zuletzt die angesichts der langen Reihe schwerer Weinmissernten relativ moderaten Preissteigerungen.[172] Ein Blick auf die Brauwirtschaft des Wiener Bürgerspitals und die Einnahmen des Spitals aus dem Bierschank und dem Bierverkauf zeigt, wie zutreffend der Buchhalter die Situation erfasst hatte:

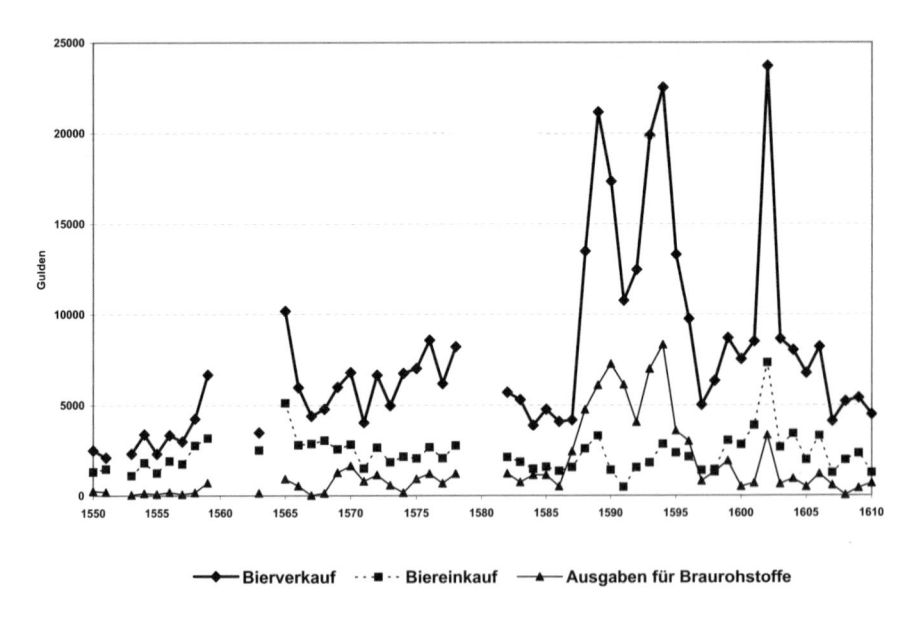

Abbildung 6. Einnahmen des Wiener Bürgerspitals aus dem Bierverkauf (Ausschank und Fassverkauf) sowie Ausgaben für Braurohstoffe und Biereinkauf 1550–1610.[173]

Die Einnahmen des Spitals stiegen, nachdem sie in den vorhergehenden Jahren 4.000–5.000 fl. betragen hatten, 1588 auf über 13.000 fl. an, erreichten 1589 den Rekordwert von rund 21.000 fl. und hielten sich bis 1595, sieht man von den Jahren 1591 und 1592 ab, in denen sich die relativ gute Wein-

---

[171] HKA, nö HA, W 61/C/66c, fol. 1134–1141, zit. 1139.
[172] Siehe dazu auch die Erläuterungen im Anhang dieses Aufsatzes.
[173] Quelle: SAILER, Bierbrau- und Schankmonopol (wie Anm. 157) Tafel C (ohne Pagina).

ernte des Jahres 1590 bemerkbar machte, auf diesem hohen Niveau. Da in den Bürgerspitalsrechnungen die an die Spitalsinsassen ausgegebene Biermenge nicht ausgewiesen ist, sind auch Angaben über die Bierproduktion des Spitals in diesen Jahren nicht möglich. Der parallele Anstieg der Ausgaben für Braurohstoffe (Gerste, Hopfen und Malz) weist aber unmissverständlich darauf hin, dass diese hohen Einnahmen mit dem Ausschank und dem Fassverkauf von Spitalsbier erzielt wurden und nicht etwa durch den vermehrten Absatz von Importbier. Offenbar griffen immer mehr Wiener angesichts der hohen Weinpreise zum Spitalsbier. Die Schankpreise für Bier und Wein in Wien zeigen, dass Wein in diesen Jahren tendenziell zum Luxuskonsumgut wurde. Während man für ein Maß Spitalsbier ab 1588 durchgehend zwei Kreuzer zahlte, was darauf hindeutet, dass der Bierpreis politisch kontrolliert wurde, zumal er vor dem Beginn der Weinmissernteserie höher lag, stieg der Preis für die gleiche Menge Schankwein, der in der ersten Hälfte der achtziger Jahre noch drei Kreuzer betragen hatte, ab 1588 auf sechs bis acht Kreuzer. Zwar hatte die Regierung 1588 versucht, den Weinschankpreis nach oben hin auf fünf Kreuzer zu limitieren, musste aber angesichts der stark zunehmenden Tranksteuerhinterziehung durch den heimlichen Verkauf kleiner Weinmengen insofern nachgeben, als sie den Preis freigab, von den Wienern aber fünfzig Prozent des über fünf Kreuzer liegenden Schankerlöses für die Abtragung der kaiserlichen Schulden bei der Stadt bzw. der Steuerrückstände der Stadt bei der Landschaft einforderte.[174]

1602 lag der Preis für ein Schankmaß Wein schließlich bei 17 Kreuzern. Im gleichen Jahr notierte der Steyrer Schullehrer Wolfgang Lindner in seinen Annalen: »Pro vino plerique cocta cervesia se ingurgitabant, cuius ubique locorum incredibilis copia cocta est.«[175] Die oberösterreichische Stadt Steyr und ihr Umland, Zentren der Eisenerzeugung- und Verarbeitung, hatte bis zu diesem Zeitpunkt große Weinmengen aus Niederösterreich bezogen. Mit dem vermehrten Bierkonsum, zu dem im Verlauf des 17. Jahrhunderts insbesondere in Oberösterreich auch noch der vergorene Obstmost hinzutrat, ging auch der Weinexport aus Niederösterreich in die donauaufwärts gelegenen Absatzmärkte stark zurück.[176] Diese Entwicklung hatte nicht nur Auswirkungen auf den Konsum alkoholischer Getränke, sondern verschob auch

---

[174] StLA Wien, Hauptarchiv, Akten Nr. 7/1589; HKA, nö. HA W 61/C/66c fol. 1155–1172.
[175] »Anstatt Wein schütteten die meisten Bier hinunter, das an allen Orten in unglaublichen Mengen gebraut wurde.« SCHIFFMANN, Annalen (wie Anm. 167) S. 86.
[176] Siehe dazu ERICH LANDSTEINER, Weinbau und bürgerliche Hantierung. Weinproduktion und Weinhandel in den landesfürstlichen Städten und Märkten Niederösterreichs in der frühen Neuzeit, in: Stadt und Wein (Beiträge zur Geschichte der Städte Mitteleuropas 14). Hg. FERDINAND OPLL. Linz 1996 S. 17–50, hier 28–29.

das sozioökonomische Kräfteverhältnis in diesem Teil Zentraleuropas. Während in den Weinanbauzonen Weinproduktion und Weinhandel Teil der städtischen Ökonomie waren, wurde die Biererzeugung vom grundherrlichen Adel und Klerus beherrscht, der im Verlauf des 17. Jahrhunderts auch die alten Braustädte vom Markt verdrängte.

Während im Hinblick auf alle anderen in diesem Beitrag behandelten Themenfelder das Urteil über vom Klimawandel ausgelöste potentielle Veränderungen der Ernährungsweise im hier behandelten Zeitraum zwiespältig, wenn nicht überhaupt negativ ausgefallen ist – von der unzweifelhaften Tatsache einer Häufung von Getreidemissernten und deren mehr oder weniger gravierenden Konsequenzen für einzelne Bevölkerungsgruppen abgesehen –, so scheinen die kalten und nassen Jahre am Ausgang des 16. Jahrhunderts, vermittelt über eine ganze Serie von Weinmissernten, doch zu einer Veränderung beim Konsum alkoholischer Getränke geführt zu haben. Aus zwei Gründen ging der Wandel in diesem Bereich leichter vonstatten als in anderen Sektoren der Ernährungskultur: Zum einen ist der Weinbau an der Nordgrenze seines Verbreitungsraumes ein auf Witterungsunbilden besonders sensibel reagierender landwirtschaftlicher Produktionszweig; zum anderen gab es mit dem Bier ein längst bekanntes und ein leicht in ausreichender Menge herstellbares Substitut für den Wein.

Anhang: Erträge, Preise und die Elastizität der Nachfrage nach Getreide und Wein

Aufgrund der Seltenheit von verlässlichen Ertragsdaten in ausreichender Zahl für größere Räume ist es in der Wirtschaftsgeschichte gängige Praxis, von den Preisschwankungen für das Grundnahrungsmittel Getreide (je nach Region Weizen oder Roggen) auf Ernte- und Ertragschwankungen zu schließen. Dabei wird im Gefolge der politischen Arithmetiker des späten 17. Jahrhunderts von der Annahme ausgegangen, dass Brotgetreide unelastisch nachgefragt wurde, ein Preisanstieg (ein Preisrückgang) bei Grundnahrungsmitteln aufgrund von deren Unverzichtbarkeit und der Nichtverfügbarkeit eines Substitutionsgutes daher nicht wie bei anderen Gütern zu einer Abnahme (bzw. Zunahme) der Nachfrage führte, sondern eine defizitäre Getreideernte in der Regel einen überproportionalen Preisanstieg zur Folge hatte. Obwohl die Preiselastizität der Nachfrage die Reaktion der Nachfrage nach einem Gut auf die Veränderung seines Preises misst, erscheint unter der Annahme, dass der interregionale Getreidehandel und die Getreidevorräte in der Regel nicht ausreichten, um das Getreidedefizit in Folge einer

Missernte auszugleichen, auch der Umkehrschluss zulässig, dass der Getreidepreis also auch Rückschlüsse auf regionale Ernte- und Ertragsschwankungen ermöglicht.

Kein Geringerer als der Nobelpreisträger für Wirtschaftswissenschaften Robert W. Fogel hat diese Annahme zu widerlegen versucht, indem er nicht nur davon ausging, dass zum Zeitpunkt der Ernte in den Getreidespeichern ausreichend Getreide für die Deckung des Bedarfs von vier bis fünf Monaten lagerte und die unter normalen Umständen als Viehfutter verwendeten Getreidearten als Reserve für den menschlichen Konsum zur Verfügung standen, sondern auch das Ausmaß der Ertragsschwankungen in Frage stellte.[177] Er verfährt dabei so, dass er für das von Charles Davenant 1699 publizierte Zahlenbeispiel zur Reaktion des Preises auf negative Abweichungen der Ernte von einer angenommenen Normalernte einen Elastizitätskoeffizienten mittels der Gleichung $Q = 1,00 \, P^{-e}$ errechnet, was für e ein Ergebnis in der Höhe von $-0,403$ ergibt.[178] Im nächsten Schritt fasst er die Preis- und Quantitätsveränderungen in die Form ihrer prozentualen Abweichungen vom jeweiligen Trend und berechnet die Elastizität anhand des Koeffizienten der Standardabweichungen dieser Trendresiduen, alles unter der Annahme, dass Preise und Ernteerträge bzw. Erntemengen perfekt negativ korrelieren, Lagerhaltung und Handel daher keine ausgleichende Rolle spielen. Indem er dann die Weizenpreise in England für den Zeitraum 1540–1840 mit den Weizenertragsdaten für England aus den Jahren 1884–1913 in dieser Form aufeinander bezieht, erhält er einen wesentlich niedrigeren Elastizitätskoeffizienten in Höhe von $-0,183$, der insbesondere aus der extrem geringen Standardabweichung der Weizenerträge in Höhe von 0,0402 resultiert. Die Verwendung von Ertragsdaten aus dieser späten Periode rechtfertigt Fogel mit der Annahme, dass die klimatischen Faktoren, die die Erträge beeinflussten, sich zwischen dem 16. und dem 19. Jahrhundert nicht verändert hätten und daher auch deren Variationskoeffizient trotz eines beträchtlichen Anstiegs der Flächenerträge gleich geblieben sei. Aus den Ergebnissen seiner Schätzungen zieht er den Schluss, dass sich hinter den heftigen Getreidepreisausschlägen lediglich geringfügige Ertragsschwankungen verbergen.[179] Die hef-

---

[177] FOGEL, Second Thoughts (wie Anm. 31) S. 248–255.
[178] Ebd. S. 249. Q steht für Ertrag bzw. Erntemenge, P für Preis, e für den Elastizitätskoeffizienten. Es sei daran erinnert, dass in einem Regressionsmodell, das die Beziehung zwischen den Variablen in Form einer geometrischen Kurve darstellt, der Regressionskoeffizient der Elastizität der Beziehung zwischen diesen Variablen entspricht.
[179] Der Elastizitätskoeffizient ist folgendermaßen zu interpretieren: Nimmt er den Wert -1 an, entsprechen Preis- und Ertragsschwankungen einander, ist er kleiner als -1, sind die proportionalen Preisänderungen größer als die proportionalen Ertragsschwankungen, ist er hingegen

tigen Preisausschläge erklärt er damit, dass die Preiselastizität der Nachfrage der Produzenten nach Getreide für den Konsum, das Saatgut und Naturalrentenzahlungen äußerst unelastisch war. Daher konnte auch eine lediglich geringfügig unter dem Durchschnitt liegende Getreideernte zu einer beträchtlichen Verminderung des Getreideangebots auf dem Markt führen. Die Konsequenzen hatten die nicht über eine eigene Getreideernte verfügenden Konsumenten, insbesondere Lohnempfänger und Handwerker, zu tragen.[180]

Wendet man Fogels Methode auf die im Haupttext verwendeten Wiener Daten an (siehe Abb. 1), ergibt sich aus den Standardabweichungen der Kornziffern und der Preise im Zeitraum 1566–1599 ein Elastizitätskoeffizient von –0,634.[181] Dieser Wert entspricht den Ergebnissen, zu denen Karl Gunnar Persson auf der Basis von Preis- und Ertragsdaten aus Dänemark für die erste Hälfte des 17. Jahrhunderts und aus Frankreich für das zweite Drittel des 19. Jahrhunderts gelangt.[182] Es drängt sich daher die Vermutung auf, dass Fogels Schlussfolgerungen hinsichtlich des Ausmaßes der frühneuzeitlichen Schwankungen der Getreideerträge zum einen durch die von ihm verwendete Weizenertragsserie mit ihrer unwahrscheinlich niedrigen Standardabweichung der Trendresiduen,[183] zum anderen durch seine Annahme, dass die klimatischen Einflussfaktoren über einen Zeitraum von vier Jahrhunderten hinweg eine Konstante darstellen, beeinflusst werden.

Werfen wir nochmals einen Blick auf die Wiener Ertrags- und Preisdaten für Roggen.[184] Deren Darstellung in Form eines Streuungsdiagramms (Abb. 7) legt ein nichtlineares Verhältnis der beiden Variablen nahe, dass sich in Form einer geometrischen Kurve darstellen lässt.

---

größer als –1, übertreffen die proportionalen Ertragsunterschiede die proportionalen Preisänderungen. Der Koeffizient hat deshalb ein negatives Vorzeichen, weil Preise und Erträge negativ korrelieren.

[180] FOGEL, Second Thoughts (wie Anm. 31) S. 260.
[181] In LANDSTEINER, Trübselige Zeit? (wie Anm. 12) S. 91, wurden die Elastizitätskoeffizienten für das Verhältnis Ertrag bzw. Kornziffer/Preis und für Erntemenge/Preis irrtümlicherweise vertauscht.
[182] PERSSON, Grain Markets (wie Anm. 28) S. 53.
[183] Deren Validität wurde bereits mehrfach in Frage gestellt. Siehe PERSSON, Grain Markets (wie Anm. 28) S. 54. RANDALL NIELSEN, Storage and English Government Intervention in Early Modern Grain Markets, in: Journal of Economic History 57. 1997 S. 1–33, hier 7 f., weist darauf hin, dass die von Fogel verwendeten Ertragsdaten auf Ernteschätzungen beruhen, die in der Regel bei kleinen Ernten die Erträge überbewerten, bei großen Ernten hingegen unterbewerten, somit die tatsächlichen Ertragsschwankungen nur gedämpft widerspiegeln.
[184] Das Erntejahr 1590 wurde aufgrund seiner inkongruenten Ertrags- und Preisdaten ausgeklammert.

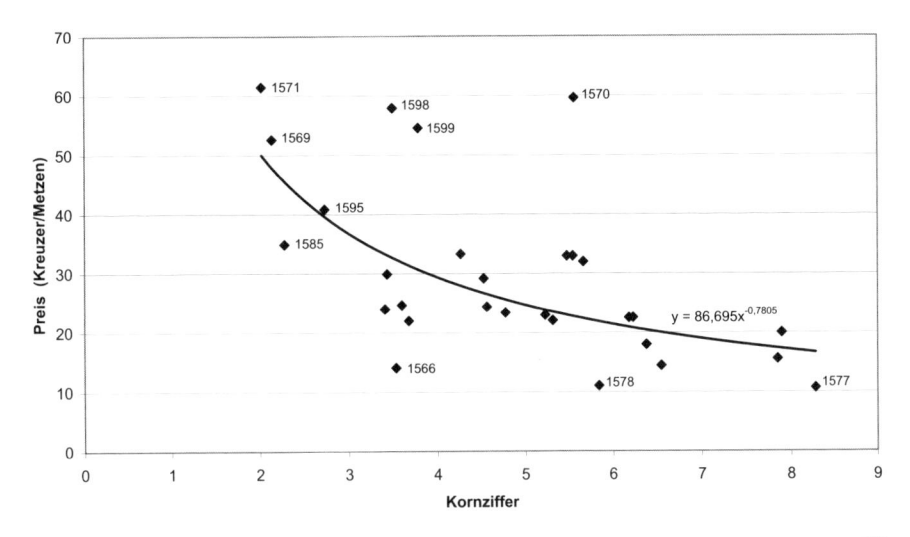

[Figure: Scatter plot with x-axis "Kornziffer" (0-9) and y-axis "Preis (Kreuzer/Metzen)" (0-70), showing data points labeled with years 1566-1599, with regression curve y = 86,695x^(-0,7805)]

Abbildung 7. Roggenerträge (Kornziffer) und Roggenpreis in Wien (Bürgerspital) 1566-1599.[185]

Der Koeffizient der Regressionsgleichung (P = 86,659 $Q^{-0,7805}$),[186] der besagt, dass der Preis über das gesamte Sample hinweg bei einem Ertragsrückgang von einem Prozent um 0,78 Prozent ansteigt, widerspricht der Annahme, dass ein Ertragsrückgang in jedem Fall zu einem überproportionalen Anstieg des Getreidepreises führt.[187] Dies ist offensichtlich erst der Fall, wenn der Ertrag bzw. die Kornziffer unter ein Niveau sinkt, das etwa dem Median der hier dargestellten Kornziffern entspricht (4,78 im Jahr 1583). Auffällig ist auch, dass vor allem zwei unmittelbar (1598/99) oder knapp aufeinander folgende Missernten (1569/71) den Preis stark nach oben trieben, während umgekehrt zwei aufeinander folgende reiche Ernten (1577/78) zu einem Preisverfall führten. Es gilt also, nicht nur auf einzelne Erntejahre, sondern auf mehr oder weniger lange Sequenzen von geringen oder großen Ernten zu achten.

Da im Verlauf des letzten Drittels des 16. Jahrhunderts das Getreidepreisniveau generell stark anstieg und die Varianz der Preise mit ihrem Niveau zunahm, empfiehlt es sich, den steigenden Preistrend durch eine logarithmische Transformation der Daten auszuschalten. Bezieht man die Standard-

---

[185] Quellen: StLA Wien, Bürgerspitalsrechnungen 1566-1599; PRIBRAM, Materialien (wie Anm. 54) Reihen 397-399.

[186] Das Ergebnis ist signifikant auf dem Niveau von einem Prozent Irrtumswahrscheinlichkeit ($r^2 = 0,383$, t = 4,092).

[187] Siehe auch PARENTI, Prezzi (wie Anm. 34) S. 191-198, der anhand von Ernte- und Preisdaten für Siena aus der zweiten Hälfte des 16. Jahrhunderts zu einem ähnlichen Ergebnis gelangt.

abweichung der Logarithmen der Ertragsziffern auf die Standardabweichung der Logarithmen der Preise, ermöglicht dies eine Schätzung der Preiselastizität der Nachfrage nach Getreide im Sinne Fogels. Dieses Verfahren ergibt einen Elastizitätskoeffizienten, der mit 0,793 noch deutlicher als der anhand der Trendresiduen errechnete Wert darauf verweist, dass die hohen Preisausschläge durch stark defizitäre Ernten bedingt wurden. Multipliziert man den Elastizitätskoeffizienten mit dem Korrelationskoeffizienten der Ertrags- und Preisdaten (r = −0,619), ergibt das einen Wert von −0,4904, der wiederum dem Regressionskoeffizienten der Beziehung zwischen den Preisen und den Ertragsziffern entspricht (Q = 22,658 $P^{-0,4904}$).

Wendet man dieses Verfahren auf das Verhältnis von Hektarerträgen und Weinpreisen an, treten die Unterschiede in der Nachfrage nach Wein und Getreide deutlich zu Tage (Abb. 8). Die Flächenerträge streuen hier deutlich stärker als beim Roggen, die Preisanstiege fallen aber selbst bei sehr kleinen Ernten wesentlich moderater aus. Der Regressionskoeffizient zeigt, dass ein Rückgang des Ertrages um ein Prozent einen Preisanstieg von lediglich 0,5 Prozent bewirkte (P = 656,44 $Q^{-0,4948}$).[188] Der Elastizitätskoeffizient der Nachfrage in Höhe von −1,641 verweist dementsprechend darauf, dass Wein wesentlich elastischer nachgefragt wurde als Roggen.

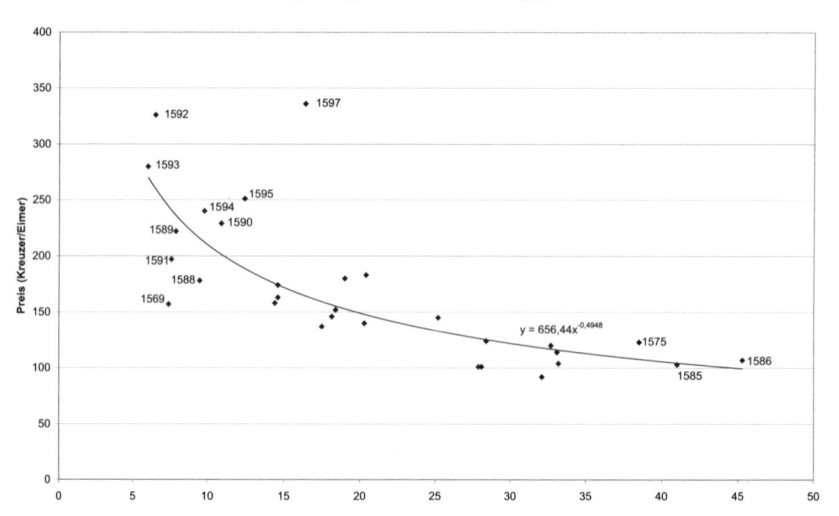

Abbildung 8. Hektarerträge und Weinpreise in Wien (Bürgerspital) 1565–1598.[189]

---

[188] Das Ergebnis ist signifikant auf dem Niveau von einem Prozent Irrtumswahrscheinlichkeit (r^2 = 0,659, t = 7,357).
[189] Quelle: StLA Wien, Bürgerspitalsrechnungen 1565–1598; PRIBRAM, Materialien (wie Anm. 54) Reihe 474.

Summary

Investigations of the relationship between changes in nutrition habits and climatic change confront the historian with the problem of making interconnections between social processes and phenomena pertaining to the realm of *nature*. This article takes the Braudelian metaphor of the "prisons of longue durée" as a starting point. Accepting the thesis that the basic elements of nutrition are deeply anchored in the material and immaterial culture of civilizations, and that changes in this field happened very slowly encountering manyfold resistence, four aspects of this vast subject are analyzed with regard to the period of "Little Ice Age-type Events" in the last third of the 16th century:

1. Given the centrality of grain and bread in the medieval and early modern European diet, the consequences of dearth caused by several deficient grain harvests around 1570 are investigated by drawing on the example of the Vienna city hospital and the nutrition status of its inmates.

2. Reflections on the possibility of substituting the main bread grains (wheat and rye) with other cereals destinated for animal feed (oats) and brewing (barley) lead to the question whether the integration of a new kind of corn (maize) into the regional agrarian systems and the local diets was related to the climatic situation of the late 16th century.

3. Did the high frequency of small grain harvests lead to an intensification of the interregional grain trade? This problem is approached by discussing the causes and consequences of the import of large quantities of Baltic grain into Northern Italy in the last decade of the 16th century.

4. Finally, the shift from wine to beer consumption caused by a sequence of very small wine harvest in the 1580's and 1590's is discussed by drawing again on evidence in the accounts of the Vienna city hospital.

Extreme Wetterlagen im Diarium Heinrich Bullingers (1504–1574)

von

OTTO ULBRICHT

Im Zentrum meines Beitrages steht ein Selbstzeugnis aus dem 16. Jahrhundert, geschrieben von einem der führenden Theologen der Zeit, von Heinrich Bullinger, dem Nachfolger Zwinglis in Zürich. Bullingers Interesse für das Wetter ist anderen Forschern nicht entgangen. Christian Pfister z. B. weist in seiner *Klimageschichte der Schweiz* auf die Angaben über den Erntebeginn und die Agrarpreise bei ihm hin.[1] Doch sind historische Klimatologen bekanntlich vornehmlich an fortlaufenden Beobachtungsreihen interessiert und da diese bei Bullinger nicht wie bei systematischen Wetterbeobachtern zu finden sind, haben sie ihn links liegen lassen und andere Zürcher Quellen wie die Aufzeichnungen seines Kollegen Wolfgang Haller herangezogen.[2] Auch die Kirchengeschichtler haben die Beschäftigung Bullingers mit dem Wetter bemerkt, ohne sie jedoch zu thematisieren.[3]

Die Quelle, die ich nutze, wird als *Diarium* bezeichnet. Die Bezeichnung könnte leicht in die Irre führen, denn es handelt sich nicht um tägliche Aufzeichnungen, wie sie in manchen anderen zeitgenössischen Werken mit gleichem Titel in großer Dichte zu finden sind,[4] sondern um einzelne Einträge

---

[1] CHRISTIAN PFISTER ET AL., Documentary Evidence on Climate in Sixteenth-Century Europe, in: Climatic Change 43. 1999 S. 55–110, hier 65; vgl. DERS., Klimageschichte der Schweiz, 1525–1860, I. Bern usw. ²1985 S. 25; ERLAND HERKENRATH, Bullinger zu Teuerung und Bettel im Jahre 1571, in: Heinrich Bullinger 1504–1575. Gesammelte Aufsätze zum 400. Todestag, I (Zürcher Beiträge zur Reformationsgeschichte 7). Zürich 1975 S. 323–338, hier 325–327.

[2] Vgl. HERMANN FLOHN, Klima und Witterungsablauf in Zürich im 16. Jahrhundert, in: Vierteljahrsschrift der Naturforschenden Gesellschaft in Zürich 94. 1949 S. 28–41.

[3] Vgl. PAMELA BIEL, Doorkeepers at the House of Righteousness. Heinrich Bullinger and the Zurich Clergy 1535–1575 (Zürcher Beiträge zur Reformationsgeschichte 15). Bern usw. 1990 S. 115.

[4] Das Diarium von Martin Crusius, das Telelis ausgewertet hat, enthält z. B. tagtägliche Wettereinträge, einmal sogar für jeden Tag des Jahres. IOANNIS G. TELELIS, The Climate of Tübingen A.D. 1596–1605, on the Basis of Martin Crusius' Diarium, in: Environment and History 4. 1998 S. 53–74.

aus verschiedenen Lebensgebieten,[5] die meist unter einem genauen Datum festgehalten werden und jahrweise angeordnet sind. Sie sind 1541 oder bald danach[6] begonnen worden und umfassen fast die gesamte Lebenszeit Bullingers – nur das Todesjahr fehlt. So wie die Zeit vor 1540 nachträglich hinzugekommen ist, so sind möglicherweise auch die Notizen zu den einzelnen Jahren nicht unmittelbar, sondern nachträglich entstanden.[7] Für die Anordnung der Gebiete, über die Bullinger Aufzeichnungen macht, lässt sich eine Grundstruktur erkennen, auch wenn ihre Reihenfolge über einen so langen Zeitraum nicht völlig gleich bleibt.

Zu den festgehaltenen Gebieten, über die Bullinger Aufzeichnungen macht, gehört, wie schon erwähnt, auch das Wetter, dem oft die Agrarpreise folgen. Wenn man einmal davon ausgeht, dass jeder Aufzeichnung ein Selektionsprozess vorangeht, insbesondere aber solchen kurzen Jahresberichten, dann gilt, dass das Klima für ihn von Gewicht war – aus welchem Grunde auch immer. Das ist nicht bei jedem so, der derartige Aufzeichnungen verfasst. Die Notizen Bullingers sind sehr kurz. Schlimmstenfalls lauten sie so: »Der früling dises jars [1570] was wie der winter kalt und naß, der winblust elend, die ernd schlächt.«[8] Ein Vergleich macht die Kürze anschaulicher: Johann Jakob Wick, zweiter Archidiakon am Großmünster, also Bullingers Untergebener, beschreibt einen orkanartigen Wind: »Uff den 6 Julij was anfangs der hundstagen noch mitztag zwüschet 6 und 7, ist unversähenlich ein grusam schwer wetter, dadurch die sunnen iren schyn gethan, dahar gefaren mit einem ungestümen wind, der vil groser böumen uss der wurzen heruss gerissen.«[9] Wick fährt dann fort, die Zerstörung in den Weinbergen der einzelnen Orte plastisch (»wie ein brach aker anzuosähen«) zu beschreiben. Bullinger hält das Ereignis folgendermaßen fest: »Dieses jars schlug der hagel häftig under der statt 6. Iulii am abent.«[10] Man kann den Eindruck gewinnen, es handle sich um Gedächtnisstützen für die eigene Erinnerung: So-

---

[5] Da die Gebiete die Struktur bestimmen, ist die Ordnung innerhalb der einzelnen Jahre nicht chronologisch.

[6] Vgl. EMIL EGLI (Hg.), Heinrich Bullingers Diarium (Annales vitae) der Jahre 1504–1574. Basel 1904 S. VIII. Im Folgenden: HBD.

[7] Es fällt auf, dass BULLINGER unter dem Jahr 1547 notiert, dass John Hopper 1550 Bischof von Gloucester geworden ist (HBD [wie Anm. 6] S. 35); unter dem Jahr 1561 hält er fest, dass eine Schrift gegen Brenz 1562 erschienen ist (HBD [wie Anm. 6] S. 66). Ich schreibe »möglicherweise«, da in der Edition vielleicht spätere Nachträge nicht kenntlich gemacht worden sind.

[8] HBD (wie Anm. 6) S. 104.

[9] MATTHIAS SENN (Hg.), Die Wickiana. Johann Jakob Wicks Nachrichtensammlung aus dem 16. Jahrhundert. Küsnacht-Zürich 1975 S. 71.

[10] HDB (wie Anm. 6) S. 68.

bald er sie liest, kommen ihm all die damit verbundenen Phänomene wieder in Erinnerung. Auch um Ereignisse in Beziehung zu setzen, reichen diese Kurznotizen. Damit sind die Schwierigkeiten einer textimmanenten Interpretation offenbar. Will man auf dieser dünnen Grundlage die subjektive und die kulturelle Dimension dahinter erschließen, so warten eine ganze Reihe von Fallgruben auf einen. Um ihre Zahl ein wenig zu verringern, habe ich mich entschlossen, nach einer ersten Annäherung, bei der ich mich auf das *Diarium* beschränke, in einem zweiten Schritt weitere Quellen ergänzend heranzuziehen. Leider musste ich dabei auf Bullingers riesigen Briefwechsel – er war »einer der großen Briefschreiber seiner Zeit«[11] – verzichten, da seine Korrespondenz für die hier entscheidende Zeit noch nicht veröffentlich ist. Dagegen sind viele Äußerungen Bullingers vor dem Zürcher Rat zugänglich;[12] ich habe diese wie auch Predigten vor allem im zweiten Teil des Beitrags herangezogen. In einem dritten Teil wird eine kulturelle Interpretation der durch den Klima-Umschwung verursachten Teuerungskrise von 1570/71 vorgeschlagen, an deren Bewältigung Bullinger an zentraler Stelle beteiligt war, bevor abschließend seine Sichtweise in einen größeren Zusammenhang gestellt wird.

Es geht mir in diesem Beitrag nicht um eine der Kernphasen der »Kleinen Eiszeit« in ihrer Gesamtheit, sondern um den Übergang von einer Zeit, in der ein bestimmtes, relativ stabiles und günstiges Klima vorherrschte, zu einer mit einem anderen, deutlich schlechterem Muster. Im Mittelpunkt steht also der Modalitätswechsel – ich übernehme den Begriff von Erich Landsteiner[13] – zu Beginn des letzten Drittels des 16. Jahrhunderts. Mit dem Beginn der sechziger Jahre begannen Kälte und Nässe die Jahre zu kennzeichnen. Zuerst wurden die Winter kälter, dann sukzessive auch die anderen Jahreszeiten. Für Zürich ist für die Jahre 1564–1576 sogar ein Temperaturrückgang im Winter von etwa 1,7 Grad im Mittel berechnet worden.[14] Die Sommer wurden wechselhafter und regenreicher. Im letzten Jahrhundertdrittel war

---

[11] FRITZ BLANKE / IMMANUEL LEUSCHNER, Heinrich Bullinger. Vater der reformierten Kirche. Zürich 1990 S. 203.
[12] Durch die Arbeit von HANS ULRICH BÄCHTOLD, Heinrich Bullinger vor dem Rat. Bern usw. 1982.
[13] ERICH LANDSTEINER, Trübselige Zeit? Auf der Suche nach den wirtschaftlichen und sozialen Dimensionen des Klimawandels im späten 16. Jahrhundert, in: Österreichische Zeitschrift für Geschichtswissenschaften 12. 2001 S. 79–116, hier 81 f.
[14] Vgl. FLOHN, Klima und Witterungsablauf in Zürich im 16. Jahrhundert (wie Anm. 2) S. 32; vgl. CHRISTAIN PFISTER / RUDOLF BRÁDZIL, Climatic Variability in Sixteenth-Century Europe and its Social Dimension. A Synthesis, in: Climatic Variability in Sixteenth-Century Europe and its Social Dimension. Hg. DIES. / RÜDIGER GLASER. Dordrecht 1999 S. 5–53, hier 23.

das Sommerklima im Schweizer Mittelland um 0,4 Grad Celsius kälter und um fünf Prozent feuchter als 1901–1960.[15]

Zuerst ist zu klären, ob und wie der Modalitätswechsel wahrgenommen wurde, und dann, ob man eventuell aus Bullingers Notizen von lapidarer Kürze Ansätze für eine Interpretation gewinnen kann. Dann wird diese, begleitet von einigen grundsätzlichen Erwägungen zu den kulturellen Implikationen, in den Kontext der Krise der beginnenden 1570er Jahre gestellt.

I.

Grundsätzlich gilt erst einmal – ich präzisiere damit die pauschale Aussage, die ich eben gemacht habe –, dass das Wetter für Bullinger nicht von vornherein von großem Gewicht war, sondern es dieses erst im Laufe der Zeit gewann. Bis zur Jahrhundertmitte haben seine Aufzeichnungen zur Witterung chronikalischen Charakter; festgehalten werden also nur außergewöhnliche Witterungserscheinungen. Folglich fehlen viele Notizen über das Wetter. In der ersten Hälfte der fünfziger Jahre macht er erstmals Einträge für drei aufeinanderfolgende Jahre (1551–1553), um dann in den 1560er Jahren jährlich regelmäßig das Wetter festzuhalten. Tabelle 1 veranschaulicht die zunehmende Intensität der Notizen über die Witterung.

Tabelle 1. Jahre mit Wetterbeobachtungen

1541–1550	1
1551–1560	6
1561–1570	9 (in dem einen fehlenden Jahr [1563] werden jedoch die Ernten und die Agrarpreise festgehalten)

Zwei Fragen stellen sich: Warum werden die Wetterbeobachtungen häufiger? Und engstens damit zusammenhängend und somit keine separate Frage, warum geschieht das gerade in den 1550er Jahren? Zweitens: Was hat es – oder hat es überhaupt etwas zu bedeuten –, dass die Wetterbeobachtungen oft am Ende des jeweiligen Jahres kommen?

Beginnen wir mit der zweiten Frage, da sie aus dem Text selbst erklärt werden kann. Da – wie bereits erwähnt – einiges dafür spricht, dass Bullinger die Jahresabschnitte nicht am Ende eines Jahres geschrieben hat, kann man nicht argumentieren, dass der unabgeschlossene Winter die Endstellung be-

---

[15] CHRISTIAN PFISTER, Klimawandel in der Geschichte Europas, in: Österreichische Zeitschrift für Geschichtswissenschaften 12. 2001 S. 7–43, hier 24.

wirkt hat. Sieht man sich den Gesamtjahresbericht an, so fällt vielmehr auf, dass er mit seiner eigenen Arbeit beginnt, dann erfolgt der Blick auf die anderen, auf die Verwandten und Bekannten, dann auf die internationale und Schweizer Politik und schließlich auf das Wetter. Er beginnt also mit dem, was in seiner Macht steht, und endet mit dem, was er nicht beeinflussen kann. Man kann noch ein wenig mehr herausbekommen, wenn man fragt, was dort steht, wenn das Wetter nicht die letzte Stelle einnimmt. Dann finden sich dort Anmerkungen über die Pest wie 1565, von der Bullinger persönlich betroffen wurde,[16] oder schwere Unglücksfälle wie der Einsturz einer vollbesetzten Brücke 1566.[17] Seuchen und Unglücksfälle stehen also in einer Reihe mit dem Wetter. Das deutet darauf hin, dass Bullinger damit nicht unbedingt etwas Gutes verband.

Zur ersten Frage: Was hat es zu bedeuten, dass ihn das Wetter in dieser Zeit stärker beschäftigt als in den 40er Jahren? Der Verweis auf die Zunahme von Wetterquellen in der zweiten Hälfte des Jahrhunderts ist zu allgemein, um weiterzuführen. Die regelmäßigen Beobachtungen von den ausgehenden 50er Jahren an könnte man so erklären, dass ihm Veränderungen des Wetters aufgefallen sind und er sich aus einem bestimmten Grund entschlossen hat, sie in Zukunft regelmäßig zu verfolgen. Oder, anders herum, dass sich seine Vorstellungen verändert haben und er deshalb dem Wetter mehr Aufmerksamkeit schenkte. Das ist eine Frage, die zu klären ist. Doch bereits an dieser Stelle kann man zwei Argumente ausschließen, weil sie zu wenig oder keine Erklärungskraft tragen. Wenig erklären kann der Hinweis auf das breitgestreute Interesse, das bei den (humanistischen) Gelehrten vorherrschte, für die Fächergrenzen nur sehr bedingt bestanden. Er ist zu allgemein. Darüber hinaus kann man ein bestimmtes Motiv bei einem Theologen vom Format eines Bullinger ausschließen oder zumindest als lediglich von sehr untergeordneter Bedeutung bezeichnen. Der Prediger am Großmünster lebte auch vom Zehnten, denn Zürich war noch eine stark agrarisch strukturierte Stadt; seine wirtschaftliche Existenz hing also unter anderem auch vom Steigen und Fallen der Preise ab. Das beweist ein Eintrag Bullingers in seinem *Diarium* während der Teuerungskrise von 1571, als der Getreidepreis über zwölf Pfund stieg (der normale Preis lag bei drei und darunter, in Teuerungszeiten bei fünf Pfund):[18] »Ich verkouft ein Malter haber

---

[16] Vgl. Otto Ulbricht, Einleitung. Die Allgegenwart der Pest in der Frühen Neuzeit und ihre Vernachlässigung in der Geschichtswissenschaft, in: Die leidige Seuche. Hg. Ders. Köln usw. 2004 S. 1–63.
[17] Vgl. HBD (wie Anm. 6) S. 83, 87.
[18] Herkenrath, Bullinger zu Teuerung und Bettel im Jahre 1571 (wie Anm. 1) S. 325 f.

umb 10 Pfund 5 Constenzer Batzen.«[19] Angesichts der rigorosen Maßstäbe, die Bullinger an das Verhalten von Amtsinhabern legte (und an sich selbst), wird er weder den Willen noch die Möglichkeit gehabt haben, solche Verkäufe in großer Zahl zu tätigen. Mit anderen Worten: Der Spekulation auf Teuerungsgewinne dienten die Wettereintragungen nicht.

Um bei der Beantwortung weiterzukommen, sehen wir uns zuerst einmal die Wahrnehmung des Umschwunges etwas genauer an. Das Wortfeld für Temperaturen stellt in den meisten Sprachen eine fein abgestufte Stufenleiter gradueller Oppositionen dar. Linguisten pflegen bei der Diskussion von Wortfeldern oft darauf zu verweisen. Zeitgenössische Wetterbeobachter nutzen sie und finden darüber hinaus eigene Wege der Differenzierung.[20] Auffällig ist, dass genau das bei Bullinger fehlt. Es tauchen fast nur Bezeichnungen für die Pole auf, die durch Adverbien verstärkt werden. Das typische Beispiel ist: »fast kalt«, also sehr kalt. Dieses fehlende Bemühen um eine ganz exakte Beschreibung muss man wohl dahin deuten, dass für ihn nicht das Wetter als solches der Grund für seine Einträge war. Will man das Wetter selbst erforschen, z. B. um eine Prognose für das kommende Jahr abgeben zu können – ein häufig anzutreffender Zweck für die Wetterbeobachtung in dieser Zeit –, muss man genauer differenzieren.

Ich habe die Ausdrücke in der zweiten Tabelle zusammengestellt. Sie beginnt mit dem Jahr 1559, da von diesem Zeitpunkt an – mit Ausnahme des Jahres 1563 – Einträge kontinuierlich vorhanden sind. In den 1550er Jahren hatte er das Zufrieren des Zürcher Sees notiert und dann u. a. mit 1556 ein Jahr, das sowohl schöne als auch schlechte Seiten zeigte – der Winter 1555/56 brachte im Januar »große[n] Schnee«, der Dezember 1556 war »uß der maßen kalt und harw«.[21]

---

[19] HBD (wie Anm. 6) S. 107. Es folgt noch ein zweiter Eintrag dieser Art. Ein weiterer liegt für das Jahr 1540 vor.

[20] Vgl. z. B. die Angaben für Windstärken von Fabricius bei WALTER LENKE, Das Klima Ende des 16. und Anfang des 17. Jahrhunderts nach Beobachtungen Tycho de Brahes auf Hven, Leonhard III. Treuttwein in Fürstenfeld und David Fabricius in Ostfriesland, in: Berichte des Deutschen Wetterdienstes 110. 1968 S. 1–49, hier 10.

[21] HDB (wie Anm. 6) S. 49, 50.

Tabelle 2. Wetterbeschreibung

	Wetterphänomen	Beschreibung
1559	Temperatur	fast kalt (Sept.)
	Niederschlag (NS): Regen	fast
1560	Temperatur	fast kalt (Juni)
	NS: Hagel	
1561	NS: Hagel	häftig
	Wind	häftiger Wind
1562	Wind	fast stark
	Überschwemmung	(Wassergröße)
1563	-	-
1564	Temperatur	fast kalt (Ende April, Mai)
	Temperatur	fast kalt und nass (Erntezeit)
	Wind	stark
1565	NS: Schnee	großer Schnee
	Temperatur	uß der maßen kalt bis 22. Feb.; vast träffenlich und uß der maßen heiß (Juli bis Ernte)
	NS: Regen	großwirig in dem winblust
1566	NS: Schnee	schneit fast; 50 Schnee (1565/66)
	NS: Regen	große starke Regen
	Überschwemmung	groß
1567	Temperatur	kalten und blib kalt und trochen (mind. 9 Wochen, 1566/67)
		Zürichsee überfroren (28. Jan.)
	NS: Nebel (Dez.)	viel
		Wienächt warm und schön wie im frühling
1568	Temperatur	schwere große kelte
	NS: Regen	vil wassers von rägen
1569	Wetter, allgemein/Jahr	unstät und harw
1570	Temperatur	kalt (Frühling u. Winter)
		nass (Frühling u. Winter)
	Überschwemmung	groß wasser (Juni)
	Überschwemmung	größer und schädlicher (Dezember)
1571	Temperatur	vast kalt (Ende Jan.); Zürcher See überfroren
	NS: Schnee	Schneedecke bis in den April
	NS: Hagel (Juli)	
1572	Wetter/allgemein/Jahr	gar wunderbar
	Temperatur	fast kalt (Januar u. Februar)
		uß der moßen kalt (Winter)
		grosser Ryffen (26. April)
	NS: Schnee	großer düffer Schnee
		Zürichsee zu Ende des Jahres überfroren
1573	Wetter/allgemein, Jahr	gar herb
	NS/Temp.	Jahr durch und durch kalt und naß
	NS: Hagel/Schnee	April u. Mai Ryffen und etlich hagel im Herbst zitlich schnee

Er registriert also den Klima-Umschwung der sechziger Jahre, und zwar in scharf konturierter Weise. Man kann, glaube ich, noch einen Schritt weiter gehen: Er registriert ihn nicht nur, sondern muss auch gesehen haben, dass die Dinge sich seit einer Reihe von Jahren geändert hatten, zumal er – im Gegensatz zu Renwart Cysat[22] – noch die Erfahrung von Jahrzehnten mit einer günstigen Witterung in Gedächtnis hatte: 1554 war er 50 Jahre alt. Die frühen Einträge bestätigen das. Die Beschreibung des berühmten heißen Sommers von 1540 hat eine Ausnahmestellung in Bullingers Aufzeichnungen; sie ist länger als alle anderen Wetterpassagen (und als viele andere aus anderen Lebensbereichen) und endet mit einem Lob Gottes.[23] Auch die einzige andere Wetteraufzeichnung zwischen diesem Zeitpunkt und 1550 – sie betrifft das Jahr 1545 – ist positiv: »Dieses jars ist vom solstitio æstivali bis in den herbst ein vast schöner, warmer und finer summer gesin; der gab vil gutes wins.«[24] Die weitere Argumentation wird die Annahme einer bewusst wahrgenommenen Veränderung stützen. Somit scheint es fraglich, ob man Renwart Cysats Notizen wirklich »das einzige witterungsgeschichtliche Zeugnis, das zeitlich ziemlich exakt in die Anfangsphase der frühneuzeitlichen Klimaverschlechterung fällt«, nennen kann.[25]

Damit haben wir aber lediglich eine Bestätigung dessen, was wir sowieso wissen. Bekannt ist diese Klimaverschlechterung seit 200 Jahren,[26] und Christian Pfister und andere historische Klimatologen haben die Verschlechterung im letzten Drittel inzwischen mit genauesten Daten für jede Jahreszeit versehen.

Den historischen Klimatologen nutzen diese Daten also nicht viel; und demjenigen, der nach den kulturellen Auswirkungen sucht, so gut wie gar nichts. Die Strategie muss also sein: in einem ersten Schritt den Text noch genauer zu durchleuchten und dann in einem zweiten den Kontext einzuarbeiten. Ich habe zuerst einmal nach Auffälligkeiten im *Diarium* gesucht. Dabei sind mir stark emotional besetzte Adjektive in Zusammenhang mit dem Wetter ins Auge gefallen. Darüber hinaus stachen noch zeitliche Grobvergleiche hervor. Ich habe sie wiederum in einer Tabelle zusammengestellt.

---

[22] HILLE meint, dass Renwart Cysat, der 1570 24 Jahre alt war, auch die günstige Wetterlage noch erlebte. Wenn man bedenkt, dass die Wetterbeobachtung nicht mit dem ersten Lebensjahr einsetzt, sondern bedeutend später, ist diese Behauptung kaum haltbar. MARTIN HILLE, Mensch und Klima in der frühen Neuzeit, in: Archiv für Kulturgeschichte 83. 2001 S. 63–91, hier 66.
[23] HBD (wie Anm. 6) S. 28.
[24] Ebd. S. 33.
[25] Ebd.
[26] Vgl. CHRISTIAN PFISTER / RUDOLF BRÁZDIL, Climatic Varialbility in Sixteenth-Century Europe and its Social Dimension, in: Climatic Change 43. 1999 S. 5–53, hier 6.

Tabelle 3. Emotionales und Einmaligkeiten

1559	–	–
1560	Hagel [...] ganz grewentlich (65)	
1561		häftiger wind als nie empfunden (68)
1562		
1563	–	–
1564	–	–
1565	unseglich unlidentlich kalt	(Schnee und Kälte): man sagt, niemand möchte dergleichen verdänken
1566	(Überschwemmung) gar grüsenlich groß	(Winter und Frühling) 50 Schnee gefallen, deß glichen kein man nie verdenken mocht; So wuchs der see vil höcher, denn man in ie gesehen hat; (Überschwemmung) größer und schüchlicher dann vor ie; brach ouch witer uß
1567	–	–
1568	wunder unstet wetter (13.–28. tag Feb.); grusam wätter ob Baden; zu Ottelfingen wasser ... tat unsaglichen schaden	
1569	–	–
1570	–	–
1571		niemand mocht verdenken ellenderen herbst (107); ward einem herren alein ein Eimer, welches ouch niemand ie gehört oder geläsen hat (108)
1572	nam der ryff merteils (die räben) dahin, mit großen Leid; grüwentlicher hagel von dem Albis und Tallwyl gen Küsnacht, Heslibach und da umm 26. Sept. unerhörter Donerklapf; der rollet mit getöß und praßen, das alles erbidmet	es ward uß der moßen kalt, der glichen niemand verdacht (10)
1573	–	–
1574	(schädlicher hagel)	

Wie in regelmäßigen täglichen Wetteraufzeichnungen zeigt sich,[27] dass die normale verbale Skala nicht mehr ausreicht und daher durchbrochen wird. Adjektive wie »grewenlich« und »grusam« tauchen bei Bullinger (und bei seinen Zeitgenossen) üblicherweise in Nachrichten über Ungeheuerlichkeiten

---

[27] Vgl. Fabricius bei LENKE, Das Klima Ende des 16. und Anfang des 17. Jahrhunderts (wie Anm. 20).

wie z. B. dem Hexenwesen oder bei Ketzern auf.[28] Diese Adjektive charakterisieren also die thematisierten Erscheinungen als außerhalb der normalen Ordnung stehend. Das Adjektiv »grewenlich« taucht, wie sich im Verlauf des Artikels zeigen wird, mit leicht anderen Konnotationen auch in einem ganz bestimmten anderen Zusammenhang auf. Es wird sich als bedeutungsschwer erweisen. Mit diesen und den anderen stark emotional besetzten Adjektiven wird gleichzeitig ein wenig von der Stimmung in diesen Zeiten eingefangen. Sie erscheint ihm als große Belastung, ja im Einzelfall als schwer erträglich und ruft Grauen, gelegentlich aber auch Verwunderung hervor. Es wird sich im Verlauf der Argumentation zeigen, dass das Grauen nur eine Seite der Medaille war.

Die zweite Spalte zeigt ein Mal über das andere, dass Bullinger registriert, dass etwas Einmaliges geschieht. Zuerst wird durch seine Ausdrucksweise klar, dass es sich nicht um eine individuelle, sondern um eine kollektive Einschätzung handelt: »*Man* sagt, niemand möchte dergleichen verdänken«, schreibt er.[29] Das impliziert, dass auch die ältesten Menschen es nicht konnten. Die Verlängerung des Erinnerungsvermögens in die Vergangenheit wird noch dadurch gesteigert, dass auch die Lektüre nicht weiter hilft: »welches ouch niemand ie gehört oder *geläsen* hat«, heißt es für das Jahr 1571.[30] Das legt die Annahme nahe, dass er (gedruckte) Chroniken zum Vergleich herangezogen hat, was übrigens auch andere Wetterbeobachter wie Renward Cysat getan haben und was bei Bullinger für die politische Geschichte direkt nachweisbar ist.[31] Interessant ist, dass bei ihm diese Wendung bereits 1561 zu finden ist; im Katastrophenjahr 1571 tritt sie dann auch bei anderen in Zürich auf.[32]

Bei der Charakterisierung der extremen Wetterlagen als »nie dagewesen« handelt es sich um eine typische Formel, um derartige Schockereignisse zu verbalisieren. Sie findet sich auch bei anderen Autoren dieser Zeit z. B. bei Wolfgang Haller, einem Kollegen Bullingers, oder bei dem schon erwähnten Wick[33] und ist auch heute noch üblich. Bei Bullinger erhalten die Einmalig-

---

[28] Vgl. HEINRICH BULLINGER, Wider die Schwartzen Kuenst, in: Theatrum de Veneficis. Franckfurt am Mayn 1586 S. 299, 303, 304.

[29] HBD (wie Anm. 6) S. 81 (Hervorhebung von mir, O. U.).

[30] Ebd. S. 108 (Hervorhebung von mir, O. U.).

[31] Im *Diarium* heißt es bei der Schilderung kriegerischer Auseinandersetzungen im Reich: »Davon lis Sleidanum.« HBD (wie Anm. 6) S. 54 f.

[32] Vgl. HANS ULRICH BÄCHTOLD, Gegen den Hunger beten. Heinrich Bullinger, Zürich und die Einführung des Gemeinen Gebets im Jahre 1571, in: Vom Beten, Vom Verketzern, Vom Predigen. Beiträge zum Zeitalter Heinrich Bullingers und Rudolf Gwalthers, Hg. DERS. / RAINER HENRICH / KURT JAKOB RÜETSCHI. Zug 1999 S. 12 für Wick, ebd. S. 40 für den Zürcher Rat.

[33] PFISTER, Klimageschichte (wie Anm. 1) S. 68 (Haller); BÄCHTOLD, Hunger (wie Anm. 32) S. 12 (Wick).

keiten aus zwei Gründen eine dramatische Dimension: Einmal weil er ihnen keinen genauen Zeitraum zuweist, zum anderen weil sie sich innerhalb eines kurzen Zeitraums häufen.

Die dramatische Störung der Ordnung wird noch dadurch verstärkt, dass er seinen Wetterbeobachtungen noch Notizen über die Auswirkungen im Bereich der Natur wie des menschlichen Lebens hinzufügt. Mit Natur meine ich nicht den Einfluss der schlechten Witterung auf die Getreide-, Wein- und Obsternte, sondern die ungewöhnlichen Eintragungen, welche die Tierwelt betreffen.[34] (Gewöhnliche Beobachtungen der Tierwelt, die zur normalen Wetterobservation gehören, wie z. B. das Eintreffen der Zugvögel, finden sich bei Bullinger nicht). Eine erste Bemerkung dieser Art findet sich für das Jahr 1556 und ist noch relativ unauffällig: Bullinger hält fest, dass es an zwei aufeinanderfolgenden Tagen zu einem Gewitter kam, das zweite »vil häftiger und länger« und fährt fort: »Da hubend ouch an die fröschen schryen.«[35] Im Jahr 1559 notiert er für den Mai, der sich durch neun kalte Tage auszeichnete, folgendes: »Die spyren [Mauerschwalben] flugend nach uff der erden, daß ihr vil hin und her uff den plätzen erschlagen ward. Die jungen schwalmen in den nästern verdurbend.«[36] Das Wetter bringt also die Tierwelt in Unordnung, vernichtet sie teilweise. 1568 notiert er folgende Beobachtung. »Im solstitio Decembris 11. stund an ein schwere kelte. Die flädermuß fielen uß den muren und löcheren, sturbent.«[37] Die Kälte macht also einer Tierart den Garaus; die Natur, so würde man modern interpretieren, wandte sich gegen sich selbst – eine Interpretation, der ein Theologe des 16. Jahrhunderts jedoch wohl kaum zustimmen würde. Doch die Kälte griff auch tief in die Alltagsroutine der Menschen ein. Für das Jahr 1567 findet sich folgende Notiz: »Die groß glogg ward von kelte wege in 9 wuchen nit geglütt.«[38] Neun Wochen hörten die Menschen den vertrauten Klang dieser Glocke nicht. Damit war die normale akustische Ordnung, nach der die Gläubigen zum Gottesdienst gerufen wurden, außer Kraft gesetzt.

Was kann man aus dem bisher Gesagten ableiten? Zwar ist die Zukunft grundsätzlich, da unbekannt, mit einem gewissen Angstfaktor besetzt;[39]

---

[34] Diesen Beobachtungen entsprechen Flugblätter in Bullingers Sammlung, vgl. z. B. FRANZ MAUELSHAGEN, Die »portenta eot ostenta mines lieben Herren vnsers säligen [...]«. Nachlassdokumente Bullingers im 13. Buch der Wickiana, in: Zwinglina 28. 2001 S. 73–117, hier 104, Nr. 18.
[35] HBD (wie Anm. 6) S. 49.
[36] Ebd. S. 63.
[37] Ebd. S. 96.
[38] Ebd. S. 90.
[39] WILLIAM J. BOUWSMA, Anxiety and the Formation of Early Modern Culture, in: After the

wenn aber das Wetter sich nicht mehr im Bereich der selbst oder von älteren Zeitgenossen erfahrenen Bahnen bewegt, und es darüber hinaus klar ist, dass es sich hier nicht um eine einmalige Erscheinung handelt, wenn die Welt der Menschen und Tiere deutliche Zeichen von Unordnung zeigen, dann vergrößern sich Angst und Unsicherheit, so könnte man argumentieren. Das scheint mir zumindest für größere Gruppen der Gesellschaft, nämlich solche, die genau beobachteten und die Beobachtungen in einen Zusammenhang bringen konnten, plausibel. Dieses bisher etwas vage bleibende Ergebnis kann nun dadurch etwas präzisiert werden, dass man weitere Äußerungen Bullingers in die Betrachtung einbezieht.

II.

Ein Standardelement der zeitgenössischen Interpretation von extremen Wetterlagen ist ihr Verständnis als Strafe Gottes. Es ist eine Erklärung von langer Dauer, die allen Konfessionen eigen ist. Es ist nun aber allgemein keineswegs so, dass der Zorn Gottes sich unbedingt im Wetter ausdrücken muss; und es ist im spezifischen Fall auch so, dass das Wetter im *Diarium*, in den Predigten und anderen Äußerungen Bullingers durchaus nicht von vornherein eine wichtige oder gar die zentrale Strafe darstellt. Vielmehr wurde sie es erst im Laufe der Zeit. Diese Verschiebung in der Gewichtung der Strafen möchte ich kurz aufzeigen.

Als Strafen zählt Bullinger im Fürtrag von dem Zürcher Bürgermeister Röst 1540 folgende auf: Krankheit, Hunger, Teuerung, Krieg, Aufruhr und Brand.[40] Das ist ein recht traditioneller Katalog, in dem extreme Wetterlagen nur implizit vertreten sind, nämlich durch die Teuerung und den Hunger.

Es lässt sich nun beobachten, dass das Wetter als Strafe von den fünfziger Jahren an direkt genannt wird, dann konkret auf die aktuelle Klimalage bezogen und schließlich die zentrale Strafe wird. Ich kann das hier nicht im Einzelnen ausführen. Deshalb nur ganz kurz: Zuerst, etwa ab Anfang der 1550er Jahre, tritt das Wetter neben oder an die Stelle der Teuerung, die zuerst allein genannt wird. 1552 beschreibt Bullinger in einer Predigt das Heer Gottes. Es umfasst »viele tausend Engel, gut und böse, alle Elemente, Feuer, Wasser, Wind« und jetzt würde man eigentlich »Erde« oder »Erdbeben« er-

---

Reformation. Essays in Honor of J. H. Hexter. Hg. BARBARA C. MALAMENT. Manchester 1980 S. 215–246, hier 218.

[40] BÄCHTOLD, Heinrich Bullinger vor dem Rat (wie Anm. 12) S. 237.

warten, es folgt aber »witterung«!⁴¹ Der neuen Bedeutung entsprechend taucht in der gleichen Predigt unter den Strafen nun auch neben der Teuerung das »Ungewitter« auf.⁴² Bald darauf wird die Witterung schon mit den Kennzeichen des Klima-Umschwungs versehen. In Bullingers berühmtem *Haußbuch*, einer Sammlung von 50 Predigten zu Grundproblemen des christlichen Glaubens, zählt er unter den Trübsalen, die einen Menschen treffen können, extreme Wetterlagen nur ganz kurz auf, wird dabei aber schon viel präziser: Er nennt »ungewitter / unfruchtbarkeit / hunger« – das ist im Grunde nichts Neues – setzt dann aber hinzu: »frost / reiffen / hagel / gewässer / erdbibem.«⁴³ Das kalte und nasse Wetter ist aber in dieser Reihung von Trübsalen nur ein Unglücksfall unter vielen; es geht in der Aufzählung eher unter, als dass es besonders hervorgehoben würde. Es bleibt eine Strafe unter vielen; den ersten Platz nimmt die Pest ein, so wie in dem Vortrag aus den 40er Jahren die Krankheit den ersten Rang einnahm.

In den 1560er werden dann extreme Wetterlagen die entscheidende Strafe. Wenn »der Zorn gottes embrünt«, so Bullinger 1560, »[...] so werdent die ungewytter, grosse kellte, wintherfrost, schnee, ryffen und haegell uns züchtigen«.⁴⁴ Gleichzeitig nimmt diese Strafe die auffälligsten Kennzeichen des Klima-Umschwungs an, von dem vielen Regen im Sommer einmal abgesehen. Diese Verschiebung von der Teuerung zum Wetter bedeutet gleichzeitig eine größere Betonung der Allmacht Gottes. Teuerungen sind durch den Menschen beeinflussbar, sie sind z. T. menschengemacht und können durch menschliches Handeln gemildert werden, das Wetter, wie wir heute wissen, zwar auch, es galt damals aber als von den Menschen unbeeinflussbar. Allein die Wendung zu Gott konnte es verändern.

Aber die extremen Wetterlagen sind für Bullinger nicht nur Strafe, sie sind gleichzeitig auch Vorzeichen. Das geht zum einen aus der Ordnung der Aufzeichnungen hervor, zum anderen aus dem Inhalt. Mehrere Male ist zu beobachten, dass er unmittelbar vor oder nach den Wetterbeobachtungen⁴⁵ oder nur durch eine andere Notiz getrennt, typische Vorzeichen, z. B. Kometen, registriert. Manchmal finden sich altbekannte Vorzeichen sogar inmitten der Wetterbeschreibung.⁴⁶ Darüber hinaus berichtet Bullinger wie-

---

⁴¹ CARL PESTALOZZI, Heinrich Bullinger. Leben und Ausgewählte Schriften. Elberfeld 1858 S. 563.
⁴² Ebd. S. 564.
⁴³ HEINRICH BULLINGER, Haußbuch, Zürich 1598 S. CV.
⁴⁴ BÄCHTOLD, Bullinger vor dem Rat (wie Anm. 12) S. 65, 250.
⁴⁵ HBD (wie Anm. 6) S. 107, 110.
⁴⁶ So folgt 1572 dem Hagel und der relativ guten Weinernte der »unerhörte donerklapf« und »ein wunderschöner sternen zu oberst am himmel ad sidus Cassiopeiae; ging in aller höche in ei-

derholt ganz kurz, dass »man« die Katastrophen ganz eindeutig interpretiert. Nach einer schweren Überschwemmung 1566 notiert er: »Mängklich sagte, doruff wurde jamer und not volgen.«[47] Auch Bullinger zweifelt nicht an dem Vorzeichencharakter von extremen Wetterlagen, nur scheinen negative Folgen für ihn nicht unausweichlich. So schreibt er nach einem Unwetter: »Gott gäbe, das nüt böses erfolge.«[48] Nachdem der Blitz 1572 in das Zürcher und in das Straßburger Großmünster geschlagen hatte, schreibt er: »Sind prognostica, besorg ich, künfftigs jamers. Gott behuet uns; dan sich sunst die zuo unradts schickend.«[49] Bullingers deutliches Interesse für die Interpretation des Volkes scheint aber zu zeigen, dass er eine schlimme Reaktion für wahrscheinlicher hält, als er zugibt.

III.

Mit der Einbeziehung des Kontextes kann nicht nur diese Frage geklärt, sondern auch eine Interpretation geliefert werden, die viele Aspekte anspricht. Es scheint mir allerdings sinnvoll, bei der Erschließung des Kontextes ein Modell zur Orientierung im Kopf zu haben. Christian Pfister hat in einem Aufsatz aus dem Jahre 2001 ein von der Agrarproduktion ausgehendes Modell präsentiert, mit dem er die Auswirkungen auf die Gesellschaft beschreibt.[50] Es scheint allgemeinere Bedeutung zu haben, auch weil er daran weitere Ausführungen anknüpft. Das Modell sieht so aus, dass die primäre Wirkung sich in den Erträgen von Pflanzen und Tieren und der Sterblichkeit von Menschen bemerkbar macht. Diese wirkt wiederum auf die Preise (sekundäre Wirkung); die tertiäre Wirkung besteht in den demographischen und politischen Auswirkungen der Preisschwankungen. Das ist auf den ersten Blick faszinierend in der logischen Stringenz, auf den zweiten Blick faszinierend in dem ökonomischen Reduktionismus. Solche Erklärungen sind m. E. dem Spätmittelalter und der Frühen Neuzeit nicht adäquat. Sie schen-

---

nem zirkel um«. Der nächste Satz lautet: »es fiel auch großer düffer schnee.« HBD (wie Anm. 6) S. 110.

[47] Ebd. S. 86.

[48] Ebd. S. 97. In diesem Verständnis von extremen Wetterlagen liegt eine zusätzliche Erklärung für die Kürze der Eintragungen: Ein Vorzeichen braucht nicht ausführlich beschrieben zu werden.

[49] Bullinger an Thomas Egli, Zürich, 6. Juni 1572, in: Bullingers Korrespondenz mit den Graubündnern, III. Teil. Hg. TRAUGOTT SCHIESS (Quellen zur Schweizer Geschichte 25). Basel 1906 S. 341.

[50] CHRISTIAN PFISTER, Klimawandel in der Geschichte Europas, in: Österreichische Zeitschrift für Geschichtswissenschaften 12. 2001 S. 7–42, hier 27.

ken auch der Entwicklung der Kulturgeschichte keine Beachtung, sondern gehen geradezu von der Nicht-Bedeutung von Kultur aus.

Grundsätzlich scheint ein interaktionistisches Modell, bei dem sowohl der Mensch wie auch Naturfaktoren auf das Klima wirken können, dem Historiker mehr zu bieten.[51] Bei einem kulturellen Verständnis gehören sowieso zuerst einmal die Menschen mit in das Interpretationsmodell hinein, weil sie die Situation deuten und gleichzeitig Gefangene ihrer Deutung sind, auf deren Basis sie handeln. Auch auf niedrigeren Ebenen kommt man ohne Kultur, verstanden als konzeptuelle Strukturen, die das soziale Handeln beeinflussen, nicht aus.[52] So ist es ein Irrtum zu glauben, Preisbildung sei ein rein ökonomischer, kulturfreier Raum. Giovanni Levi hat schon vor längerer Zeit gezeigt, dass Bodenpreise in der zweiten Hälfte des 17. Jahrhunderts nicht nur nach dem Angebot- und Nachfrage-Modell gebildet wurden.[53] Daran schließt an, dass Menschen Vorstellungen (auch: Vorurteile) vom Handeln einzelner Gruppen und Personen in besonderen Situationen hatten; ich meine nicht die wohlbekannten Hexen, sondern die Kornhändler, die Kornjuden genannt und des öfteren attackiert wurden. Darüber hinaus entwickelten die Menschen angesichts hoher Preise besondere Überlebensstrategien (Migrationen in die Städte, Bettelei, Diebstahl etc.). Hungerrevolten (*food riots*) kann man durchaus als Rituale der Untertanen verstehen, die einer spezifischen Logik folgten, wie E. P. Thompson mit der Darlegung der *moral economy* bereits vor langer Zeit gezeigt hat.[54]

Damit ich nicht falsch verstanden werde: Die Ökonomie als ein wichtiges Feld und die Quantifizierung als eine Methode, die in der Sozialgeschichte bei weitem nicht mehr das Ansehen wie in der historische Klimatologie genießt, sollten beibehalten werden, aber um die kulturelle Dimension zumindest ergänzt werden. (Entschiedenere Vertreter der Kulturgeschichte würden von der Kultur ausgehen.) Für das im Rückzug auf das Gesetzmäßige manchmal spürbare Zurückschrecken der Klimatologen vor der Komplexität menschlichen Handelns zahlen sie den Preis einer eingeschränkten Wiedergabe der »Wirklichkeit«.

---

[51] ROBERT W. KATES, The Interaction of Climate and Society, in: Climate Impact Assessment. Hg. ROBERT W. KATES / JESSE H. AUSBEL / MIMI BERBERIAN. Chichester usw. 1985 S. 12 ff.

[52] ROY G. D'ANDRADE, Cultural Meaning Systems, in: Culture Theory. Essays on Mind, Self, and Emotion. Hg. RICHARD A. SHEWDER / ROBERT A. LEVINE. Repr. Cambridge 1990 (1984), hier S. 115.

[53] Vgl. GIOVANNI LEVI, Das immaterielle Erbe. Eine bäuerliche Welt an der Schwelle zur Moderne. Berlin 1986 S. 87 f.

[54] EDWARD P. THOMPSON, The Moral Economy of the English Crowd in the Eighteenth Century, in: Past and Present 50. 1971 S. 76–136.

Abbildung 1. »Von einem grosen töfen schnee, und wie vil lüth erfroren und im schnee erstikt und umbkommen« [1570/71], aus: Wickiana (wie Anm. 9) S. 187.

Ich möchte im Folgenden ansatzweise und auch nur in einigen Punkten an der Krise von 1570/71 – weil dort die Implikationen des Verständnisses nicht nur deutlicher hervortreten, sondern sich auch verändern – versuchen, das eben Gesagte zu illustrieren.

Die Kette der Ursachen und Wirkungen sieht bei Bullinger anders aus als bei den Klimahistorikern: Sie beginnt mit dem Menschen, genau mit dem vorherrschenden Sittenverfall, der an allen Ecken und Kanten sicht- und spürbar war und gegen den er und die Zürcher Synode schon lange gekämpft hatten. Grundlage dieser Erklärung ist natürlich das christliche Weltverständnis, in dem die Lehre von der Sündhaftigkeit aller Menschen einen Grundpfeiler bildet. Im Mittelpunkt des Sittenverfalls steht nach Bullinger die Trunksucht. 1551 schreibt er in einem Brief an Blarer aus Anlass einer

Teuerung: »Wir sind von Mangel an allem gedrückt, womit eben Gott die zügellose Trunksucht straft.«[55]

Die Folge eines solchen Verständnisses ist, dass die ergriffenen Maßnahmen vielfältiger sind als unter einer reduzierten ökonomischen Perspektive. Wenn Sittenverfall die Ursache ist, dann muss zuerst einmal die Sittenlosigkeit bekämpft werden. Dazu gehört nicht nur, dass von der Kanzel intensiv auf die Verbesserung der Sitten hingewirkt wird. Dazu gehört auch, dass die Synode versuchen muss, den Rat entsprechend zu beeinflussen. Das geschah in Zürich auch seit langem.

Interessant ist nun, dass sich in der Krise der späten sechziger und beginnenden siebziger Jahre einige wichtige – sieben führe ich an – Veränderungen im Interpretationsschema und Handeln beobachten lassen.

1. Die Sittenmandate, die Bullinger forderte und der Rat auch erließ,[56] erfahren eine drastische Verschärfung: nicht mehr der gemeine Mann ist nun ausschließlich das Ziel des Kampfes gegen die Trunksucht, sondern auch die beiden oberen Schichten, die weltliche wie die geistliche. Bullinger unterstrich vor dem Rat die Gefährlichkeit der Situation; die Züchtigung durch Gott werde durch eine Wetterveränderung erfolgen, die alle Geißeln einer drastischen Abkühlung mit sich bringe.[57] Er schlug eine Säuberungsaktion unter den Prädikanten und Vertretern der Obrigkeit vor. Das implizierte im Grunde eine Machtverschiebung zugunsten der Geistlichkeit. Der Rat schloss sich diesem Vorschlag an – zehn Jahre vorher hatte er derartiges Vorgehen noch mit dem Argument der Differenzierung die Schärfe genommen – bezeichnenderweise aber nur für Prädikanten. Das heißt: Der Klima-Umschlag führte zu einem rigorosem Vorgehen gegen trunksüchtige Geistliche, die bei festgestelltem Fehlverhalten entlassen werden sollten. Das wurde aber als überzogen angesehen und nicht umgesetzt. Bezeichnend ist nun, dass in dieser besonderen Situation gewagt wird, den eigentlichen Kern des Kampfes gegen die Trunksucht, der letztlich gegen den Adel und sein Umtrinken bis zum Umfallen bzw. gegen das städtische Patriziat gerichtet war, zu attackieren – und das bei der guten Zusammenarbeit Bullingers mit dem Rat. Der bürgerlich-christliche Tugend- und Wertekatalog, der hinter dem Kampf gegen die Trunksucht steht, unterstreicht die Notwendigkeit einer Integration der kulturellen Dimension.

2. Hohe Getreidepreise führen zu Situationen intensiven Kreditgebens und -nehmens mit erheblichen Zinserhöhungen. Die grundsätzliche Berech-

---

[55] PESTALOZZI, Heinrich Bullinger (wie Anm. 41) S. 475.
[56] Vgl. BÄCHTOLD, Bullinger vor dem Rat (wie Anm. 12) S. 250.
[57] Ebd. S. 65.

tigung bzw. Höhe von Zinsen wird aber von religiösen Gesichtspunkten beeinflusst. Dies führte dazu, dass der Rat 1567 die Vorschrift von 1529 erneuerte, welche die Zinsen auf fünf Prozent festlegte. Doch schon im nächsten Jahr forderten die Stadtpfarrer ein energischeres Eingreifen und erreichten, dass der Rat die Strafen für Wucher verschärfte. Damit wurde nicht nur eine Trennungslinie gegenüber Luthers Lehre bestätigt,[58] sondern gleichzeitig dafür gesorgt, dass den Gewinnern des Klima-Umschwungs rechtlich Grenzen gesetzt wurden. Zusätzlich galt ein maßvoller Zins als Zeichen der Ehre Zürichs gegenüber so gewinnsüchtigen Städten wie Augsburg mit seinen Fuggern. Auch bei der Zinsbetrachtung kommt man also nicht ohne Kultur aus.

3. Gleiches gilt für die obrigkeitliche Preispolitik. Sie führte zur Öffnung der Kornspeicher 1571 und dem Verkauf von Getreide deutlich unter dem Marktpreis. Bullinger unterstützte diese Politik schon seit langem, wandte sich aber gegen die Ansprüche eines Teils der Bevölkerung. »Dorumm« – weil es nämlich in anderen Schweizer Städten keine Kornspeicher gab – »schrygt by innen niemand undanckbarlich: Wenn will man den kernen auffthuon? wie man hie schrygt, alls wenn es ein schuld were.«[59] Die hier natürlich nicht klar erkennbaren Vorstellungen des reicheren Teils der Bevölkerung – selbst bei geöffnetem Speicher blieben die Preise für die Armen viel zu hoch – wären also bei einer gründlichen Untersuchung zu berücksichtigen; wiederum ein kulturelles Element. Dass sie aus einer paternalistischen Haltung heraus moralisch abqualifiziert wurden, zeigt zumindest, wie unangenehm sie der Führungsschicht waren und damit: wie wichtig.

4. Als Auswirkungen auf die Politik werden Teuerungsrevolten als Folge von Preisschwankungen genannt. Der politisch-sozialgeschichtliche Bereich wird also in Betracht gezogen; deshalb braucht auf ihn hier nur ganz kurz eingegangen zu werden. Politische Probleme stellten sich ein, und zwar zwischen der Stadt und ihrem Landgebiet angesichts der verschärften Bettlerfrage. Befürchteter Unruhe in den Landgemeinden wurde durch eine sogenannte Volksanfrage, also durch verstärkte Einbeziehung des Volkes, vorgebeugt. Bullinger hatte sich stets für ein Einvernehmen mit der Landschaft ausgesprochen.

Inhaltlich wurde die Bettlerproblematik wenig originell, aber für Zürich radikaler als vorher gelöst: Ein Bettel- und Sittenmandat sah die übliche Unterstützung der einheimischen Armen durch ihre Gemeinden, ein Bettelverbot und die Ausweisung fremder Bettler vor. Hier war Bullinger insofern in-

---

[58] Ebd. S. 254 und vorher; vgl. WILHELM A. SCHULZE, Die Lehre Bullingers vom Zins, in: Archiv für Reformationsgeschichte 48. 1957 S. 225–229.

[59] Zitat nach der bei BÄCHTOLD, Bullinger vor dem Rat (wie Anm. 12), abgedruckten Quelle S. 324 f.

volviert, als die Pfarrer an der Aufsicht über das Almosenamt beteiligt waren. Das kulturelle Element liegt hier in der Vorstellung von der eigenen Gemeinde als einer Einheit, die durch die Armenfürsorge der Kirche und des Rates fester zusammengebunden wird[60] – allerdings, zumindest in heutigem Verständnis, auf Kosten anderer. Die extreme Wetterlage, die letztlich dieses Mandat bewirkt hatte, hatte auch Anteil an der Verhinderung von dessen Umsetzung. »Man sei, so hiess [1573], mit den fremden Bettlern und Landstreichern wegen des kalten Winters nachsichtig umgegangen.«[61]

5. Es fällt viel Hagel in Bullingers Diarium; und Hagel war nach zeitgenössischen Vorstellungen oft das Werk von Hexen. Deren Verfolgung setzte bekanntlich in den 1560er Jahren wieder intensiv ein. Es liegt also nahe, in dem Text nach Hexen zu fragen. Sie kommen darin jedoch nicht vor. Bullinger hatte allerdings schon lange vorher Stellung bezogen. 1552 hatte er den Kontakt mit Hexen als »wider alle göttlichen und billigen Gesetze« bezeichnet.[62] Seine Haltung ist also eindeutig. In einer postum erschienenen Schrift (1586) bejahte er noch einmal ausdrücklich die Existenz von Hexen, und, wie alle anderen Befürworter, ihren Einfluss auf das Wetter: »Sie auch durch sein hülff [des Teufels] die Früchten auff dem Felde / darzu Leut vnnd Vieh schädigen.«[63] Eine direkte Beziehung zur aktuellen Wetterproblematik oder zur Wetterhexendiskussion[64] wird jedoch nicht hergestellt. Allerdings betont er, dass alle die Unrecht haben, die meinen, die Hexen vermöchten nichts, »weder mit dem Wetter« noch bei anderen Dingen.[65] 1571 wurde in Zürich tatsächlich eine Hexe hingerichtet; aber, was passend erscheint, ist wohl passend gemacht worden: Sie gestand anfangs nur Vieh- und Krankheitszauber nach ihrem Bund mit dem Teufel; und, so ist man geneigt zu vermuten, da das in dieser Situation nicht ausreichte, musste der Teufel noch ein zweites Mal gekommen sein – nicht unbedingt üblich in Aussagen von Hexen – und »were daruf ein schwer hagel kommen, der grossen schaden gethon«.[66] Auf der Darstellung ihres Feuertodes sieht man rechts einen Geistlichen mit einem langen Bart: Es könnte Bullinger gewesen sein.[67]

---

[60] Vgl. hierzu auch BIEL, Doorkeepers at the House of Righteousness (wie Anm. 3) S. 140.

[61] BÄCHTOLD, Bullinger vor dem Rat (wie Anm. 12) S. 271.

[62] HEINRICH BULLINGER, Von rechter Hülfe und Errettung in Nöthen, abgedruckt bei PESTALOZZI, Heinrich Bullinger (wie Anm. 41) S. 561 in Zusammenhang mit Krankheiten.

[63] BULLINGER, Wider die Schwartzen Kuenst (wie Anm. 28) S. 303.

[64] WOLFGANG BEHRINGER, Climatic Change and Witch-Hunting. The Impact of the Little Ice Age on Mentalities, in: Climatic Change 43. 1999 S. 334–351, hier 339.

[65] Zu den Gegnern der Hexenverfolgung vgl. HARTMUT LEHMANN / OTTO ULBRICHT (Hg), Vom Unfug des Hexenprozesses (Wolfenbütteler Forschungen 55). Wiesbaden 1992.

[66] Wickiana (wie Anm. 9) S. 210.

[67] Ebd. S. 209. Vgl. FRANZ RUEB, Hexenbrände. Die Schweizergeschichte des Teufelswahns. Zürich ²1996 S. 55–58, 68–70.

6. Bullinger sah die Notwendigkeit einer intensiveren Hinwendung zu Gott in der Krise der beginnenden siebziger Jahre. Seine persönliche Konzentration auf das Gebet bezeugen alle seine Biographen; auch im *Diarium* ist sie in den vielen kurzen Stoßseufzern – »Gott komme uns zur hilff«[68] – bemerkbar. Das gemeinsame Gebet war für Bullinger das Mittel, der Krise entgegenzuwirken: Vielleicht konnte Gott bewogen werden einzuhalten. Das Gemeine Gebet wurde in den Gottesdienst eingeführt; jeder Haushalt musste mindestens eine Person zu dem frühen Gottesdienst am Dienstagmorgen schicken.[69] Solche Gebete waren zwar nicht völlig unbekannt; doch hatte dieses »Liturgieereignis«[70] weit mehr Gewicht als alle vorangehenden; auch wurde sie von der eidgenössischen Tagsatzung übernommen.[71] In dem Gebet kommen die Folgen des Klimaeinbruchs an erster Stelle, gefolgt von den extremen Wetterlagen selbst. Es ist die Rede von »thüre / hunger / ungewitter«[72] – das »Un«wetter ist in die entscheidende Position gerückt; es steht in doppeltem Sinne hinter Teuerung und Hunger.

Die letzte Veränderung – in diesem Fall besser: Intensivierung – erfolgte in Bullingers Theologie. Für Bullinger stand das Kommen des Jüngsten Gerichts unzweifelhaft fest. Das ist nichts Ungewöhnliches in dieser Zeit; ungewöhnlich ist es jedoch schon, dass diese Überzeugung ihn über Passagen bei den Propheten und Aposteln zur Offenbarung des Johannes führte, ein Text, vor dem die meisten großen Reformatoren des 16. Jahrhunderts eher zurückschreckten. Bullinger jedoch hatte sie »von den ersten Jahren an«, wie er schreibt, vielleicht meint er: seiner Beschäftigung mit der Bibel, »geliebt«.[73] Die fünfziger Jahre brachten dann einen Höhepunkt der Beschäftigung mit diesem Text. Von 1554 bis 1556 legte er die Apokalypse in hundert Predigten aus. Ein Jahr später erschien die *Offenbarung Jesu*, wie der Text bei ihm richtungsweisend heißt, zuerst auf Latein, dann auf Deutsch und wurde ein internationaler »Bestseller«.[74] So verwundert es nicht, dass manche Autoren

---

[68] HBD (wie Anm. 6) S. 107, 110.

[69] Seine Verfasserschaft war Bullinger so wichtig, dass er sie im *Diarium* explizit vermerkte: »Preces ego composui.« HBD (wie Anm. 6) S. 107. Hierzu ausführlich Bächtold, Hunger (wie Anm. 32).

[70] Ebd. S. 9.

[71] Vgl. Herkenrath, Bullinger zu Teuerung und Bettel im Jahre 1571 (wie Anm. 1) S. 337f.

[72] Bächtold, Hunger (wie Anm. 32) S. 42.

[73] Fritz Büsser, Zürich – »Die Stadt auf dem Berg«. Bullingers reformatorisches Erbe an der Wende zum 21. Jahrhundert, in: Zwingliana 25. 1998 S. 21–42, hier 39; und Ders., H. Bullingers 100 Predigten über die Apokalypse, in: Zwingliana 27. 2000, S. 117–131, hier 118, übersetzt »primis annis« mit »von früher Kindheit« an.

[74] Zum Druck vgl. HBD (wie Anm. 6) S. 51; Kennzeichnung des Werkes bei Büsser, 100 Predigten über die Apokalypse (wie Anm. 73) S. 117.

ihn sogar ganz unter eschatologischem Blickwinkel präsentieren.[75] Bullinger las die Offenbarung als Geschichte der Kirche. Also waren das Schicksal der Reformation und der Kampf gegen den Anti-Christen in Rom für ihn die wichtigsten Zeichen für die Nähe oder Ferne des Jüngsten Gerichts. Er vermied jedoch im Gegensatz zu anderen eine Berechnung des Weltendes aufgrund der in der Offenbarung genannten Zahlen. Ein anderes Zeichen für die Nähe des Endes waren jedoch Teuerungen: der dritte apokalyptische Reiter. »Das schwarze Rossz sampt dem der darauff sitzt / vnnd ein waag in seiner hand hat / bedeütet den vnglückhafften vnd jämerlichen lauff der theüre / vnd des hungers / vnd mangels aller dingen.«[76] Die Menschen werden viel für das Lebensnotwendige bezahlen müssen, und es trotzdem nicht immer erhalten können und also hungern – so hatte er schon 1552 argumentiert und so tat er es hier erneut. Dabei war klar, »das von Gott kompt / das etwan die saaten geschedigt werdend«.[77] Hier liegt die Wurzel für die intensivere, regelmäßigere Wetterbeobachtung. Wetter war schon immer ein Vorzeichen gewesen; jetzt aber, als Folge der intensiven Auseinandersetzung mit der Offenbarung, gewann es vermehrt an Gewicht. Extreme Wetterlagen kündigten Teuerungen an; das Wetter war also genauestens zu beobachten. Die detaillierten Eintragungen für das Jahr 1556 scheinen diese Sichtweise zu bestätigen, auch wenn für die beiden folgenden Jahre keine Notizen vorhanden sind. Als dann der Klima-Umschwung tatsächlich erfolgte, konnte Bullinger nicht anders, als ihn intensiv wahrzunehmen: eine kontinuierliche Wetterbeobachtung folgte. Ob der Kälteeinbruch 1551 und 1552, den er notiert – 1551 war der Zürichsee zugefroren, und dem schönen Jahr 1552 folgte prompt wieder ein harter Winter – vielleicht ein Anstoß für die intensive Beschäftigung mit der Apokalypse war, wird wohl nicht oder wenigstens vorerst nicht zu ergründen sein.

Im Text fehlt allerdings ein Bezug zur aktuellen Klima-Entwicklung. Die Erwähnung von Hagel, neben Pest, Geschwüren, Heuschrecken und Finsternis bot dazu eigentlich die Gelegenheit. Aber in einem Buch, das nach Bullingers Verständnis »überzeitliche, immer und überall gültige Wahrheiten« enthielt,[78] waren solche Bezüge nicht angebracht. Man ist schon erstaunt, dass Bullinger es wagt, die Geschwüre als Syphilis zu interpretieren – aber deren Auftauchen lag nun immerhin fast zwei Generationen zurück. Auch stand Bullingers Neigung, textnah zu interpretieren, dagegen wie auch

---

[75] ERNST STAEHELIN, Die Verkündigung des Reiches Gottes in der Kirche Jesu Christi, IV. Basel 1957 S. 214.
[76] HEINRICH BULLINGER, Die Offenbarung Jesu Christi. Müllhausen 1558, S. LXIII li.
[77] Ebd. S. 54 li.
[78] BÜSSER, 100 Predigten über die Apokalypse (wie Anm. 73) S. 123.

sein Bemühen um Kürze, dem aktuelle Bezüge der gehaltenen Predigten zum Opfer gefallen sind.[79]

Aber in den Äußerungen der späten 1550er Jahre drängt sich in anderen Kontexten, wie oben gezeigt, die Abkühlung des Klimas immer mehr in den Vordergrund. In den 1560er Jahren verfestigt sich dieses Verständnis der Witterungsereignisse immer mehr. Hinzu kam, dass sich im Kampf gegen Sittenlosigkeit kein Erfolg zeigte. Bullingers Weltsicht verdüstert sich mehr und mehr; er konstatiert 1566: »Man pfyffet fast uff dem letsten loechli. Gott wirts nitt lyden.«[80] Da »die empirischen Daten zur Erhärtung der Tatsache, daß die Zeiten sich verkürzen, [...] jeweils ausgetauscht werden (konnten)«,[81] sollte man eigentlich meinen, dass bei einem engagierten Theologen mit europäischem Blick jetzt die Religions- und Freiheitskriege in den Niederlanden und in Frankreich in den Vordergrund rücken. Sein leidenschaftliches Interesse daran ist auch im *Diarium* erkennbar, aber er wusste auch, dass das Klima und der Ernteausfall seine Zürcher Mitbürger unmittelbarer betrafen als der noch so aufregende Kampf im Ausland. Deshalb blieben die extremen Wetterlagen und ihre Folgen im Alltag zentral; bei der literarischen Auseinandersetzung mit dem Thema der Endzeit allerdings konnten sie den Vorrang nicht erringen.

Die von ihm und allen anderen beobachteten extremen Wetterlagen der 1560er Jahre und das Katastrophenjahr 1570 mit der Teuerung unbekannten Ausmaßes bestätigten nun Bullingers Sicht der 1550er Jahre, zumal er nicht aufgehört hatte, sich mit der Apokalypse zu beschäftigen, wie Werke aus den Jahren 1557 und 1565 beweisen.[82] Die dramatische Krise von 1570/71 führte konsequenterweise dazu, dass diese Problematik sich erneut ganz in den Vordergrund drängte. Er gab im Jahre 1572 ein »kurtzes vnd kleins büchly« heraus, in welchem er das Jüngste Gericht erneut thematisierte. Es trägt den Titel: *Von höchster Fröud vnd gröstem Leyd.*[83] Darin brachte er die Meinung zum Ausdruck, dass »die zyt [...] aller diser dingen / sich erlouffen hat / vnd des Herren tag nun me vns als vor der thüren / stadt«.[84] Dafür gebe es eine ganze Reihe von Zeichen, die er alle vorstellte, selbstverständlich der Bibel folgend. Falsche Propheten würden auftreten; Kriege ausbrechen, Pest und Teuerung über die Menschen hineinbrechen. All das hätte es

---

[79] BULLINGER, Offenbarung Jesu (wie Anm. 76), Vorrede S. 23 (meine Zählung).
[80] Zitat nach BÄCHTOLD, Bullinger vor dem Rat (wie Anm. 12) S. 252.
[81] REINHART KOSELLECK, Zeitschichten. Frankfurt a. M. 2000 S. 187.
[82] Vgl. HERKENRATH, Bullinger zu Teuerung und Bettel (wie Anm. 1) S. 325, Anm. 10; BÜSSER, Zürich (wie Anm. 73) S. 40.
[83] BULLINGER, Von höchster Fröud vnd gröstem Leyd. Zurych 1571. Zitat S. 3.
[84] Ebd. S. 37. Vgl. Neuhochdeutsch bei STAEHELIN, Die Verkündigung des Reiches Gottes (wie Anm. 75) S. 214.

zwar schon immer gegeben, wäre nun aber schwerer zu ertragen. Und auch in der Natur würde man Zeichen entdecken können: Erdbeben würden sich ereignen und »darzu werdind die wasser wüten ruschen vnnd überlouffen«. An dieser Stelle verweist er ausdrücklich auf jüngste Erfahrungen: »Welchs alles wir in diesen vnseren letsten zyten vilfaltig vnd gantz beschwerlich erfarend.«[85] Die Veränderung bestand darin, dass das Jüngste Gericht nicht nur näher gekommen war, weil viel Zeit seit der Weissagung vergangen war, sondern dass es durch viele Zeichen klar geworden war, dass die verbleibende Zeit sich deutlich verkürzt hatte, so dass es nun drohend bzw. hoffnungsversprechend vor der Tür stand. Die letzte Überschwemmung lag gerade zwei Jahre zurück; zwar waren nicht alle Orte betroffen gewesen, aber die wichtigen, »also das man daruon an allen orten grewenlich redt / schribt vnd verkündt«.[86] Am 26. September 1572, nach dem Abschluss des Büchleins im Dezember 1571, konnte er auch eine Art Erdbeben registrieren.[87] Berichte über Unwetter und Erdbeben in entfernten oder gar fernen Gegenden finden sich auch in der Prodigiensammlung Bullingers (in der allerdings Himmelserscheinungen, *Monstra* und besonders schwere Morde im Vordergrund stehen), so dass auch diese Sammlung in Zusammenhang mit der Erwartung des Jüngsten Gerichts gesetzt werden kann.[88]

Die Wetterbeobachtungen dienten also auch dazu, herauszufinden, wie nahe das Jüngste Gericht schon gekommen war. Wer aber in dieser Schrift einen deutlicheren Hinweis auf den Klima-Umschwung erwartet, sieht sich getäuscht. Für die enge fehlende Verzahnung mit der Witterungsveränderung kann man dieselben Gründe anführen wie für die gleiche Erscheinung in der *Offenbarung Jesu*: den Vorrang des Zustandes von Religion und Kirche und die Worttreue gegenüber der Heiligen Schrift, wozu hier noch die Kürze des Werkes tritt. Außerdem: Warum sollte man noch einmal niederschreiben, was jedermann vor Augen stand: auf die Interpretation kam es an.

In beiden Büchern taucht nun, und damit wird der Bogen zum Diarium geschlagen und gleichzeitig auf die große Bedeutung von Sprache für Kultur hingewiesen, auch wieder das Adjektiv »greulich« auf, das auch bei den Wetterbeobachtungen im Diarium auffiel. Vom letzten Gericht sprechend sagt Bullinger: »Dann es wirt greülicher zugan / dann kein zungen / sey so beredt als sy immer wolle / möge aussprechen.«[89] Und als er von der siebten

---

[85] BULLINGER, Von höchster Fröud (wie Anm. 83) S. 13a.
[86] Ebd. S. 13a f.
[87] Vgl. HBD (wie Anm. 6) S. 110.
[88] Vgl. MAUELSHAGEN, Die »portenta eot ostenta mines lieben Herren vnsers säligen [...]« (wie Anm. 34), bes. Nr. 4 (S. 102), Nr. 55 (S. 111).
[89] BULLINGER, Offenbarung Jesu (wie Anm. 76) S. 115 li.

Schale der Engel spricht, die über die Erde ausgeschüttet wird und das Ende bringt, heißt es: »So bald vnnd [so] aber die schalen im lufft außgeschüttet ist / vnd ein groß und greüwenlich wätter worden / so ist die stimm gangen [...].«[90] Gesteigert werden kann es noch die Kombination mit anderen Adjektiven: »greuwenlicher erschröcklicher erdbibem / deßgleichen die wält nie keinen erfaren.«[91] Auch tauchen hier dieses Adjektiv und der Hagel oft in einem Absatz auf – die im *Diarium* manchmal kombiniert werden. In einer zusammenfassenden Marginalie in *Freud und Leyd* heißt es kurz: »Der Jüngste tag grewenlich.«[92] Damit könnte man sagen: Die Wettereintragungen im *Diarium* erfolgen *sub specie iudicationis*.

Fassen wir zusammen: Radikale Sittenmandate, Liturgie-Veränderungen, Armengesetzgebung, stärkere Suche nach Konsens auf politischem Gebiet, religiös motivierte und verschärfte Wuchergesetzgebung, und die seit dem Pionier-Aufsatz von Hartmut Lehmann wohlbekannte Verstärkung eschatologischer Denkweisen und die Beziehung zum Hexenwesen:[93] Sie alle bekunden, dass weit mehr Kultur in den Auswirkungen zu finden ist, als ökonomisch orientierte Interpretationsmodelle vermuten lassen.

IV.

Kehren wir noch einmal zu Bullinger zurück. Gern wird heutzutage die Frage nach der Repräsentativität gestellt. Obwohl man bezweifeln kann, dass man mit dieser Frage der Vielfalt der historischen Erscheinungen und der Komplexität der historischen Welt gerecht werden kann, so ist sie doch für gewisse Zwecke gerechtfertigt und nicht grundsätzlich zurückzuweisen. Die Frage ist also: War Bullingers Wendung zu den Wetterphänomenen und das Verständnis dieser Erscheinungen im Horizont des Jüngsten Gerichts eine rein persönliche Angelegenheit oder wurde sie auch von anderen geteilt? Einen der üblichen, ebenso vagen wie richtigen Hinweis auf den Zeitgeist möchte ich mir sparen, im besonderen auch deshalb, weil eine solche Verallgemeinerung ignoriert, dass zu jener Zeit auch genügend Menschen lebten, die glaubten, die Rede von letzten Gericht sei »narrenwerck«.[94] Stattdessen möchte ich eine dreigliedrige, konkrete Antwort geben.

---

[90] Ebd. S. 169 li.
[91] Ebd.
[92] BULLINGER, Von höchster Fröud (wie Anm. 83) S. 26.
[93] HARTMUT LEHMANN, Frömmigkeitsgeschichtliche Auswirkungen der »Kleinen Eiszeit«, in: Volksreligiosität in der modernen Sozialgeschichte. Hg. WOLFGANG SCHIEDER. Göttingen 1986 S. 31–50.
[94] BULLINGER, Offenbarung Jesu (wie Anm. 76) S. 115 li.

Zuerst einmal kann man sagen, dass der Kreis der Männer um Bullinger in Zürich seine Anschauungen teilte. Damit vertrat aber eine Gruppe mit einer Persönlichkeit von europäischem Rang und Einfluss in ihrer Mitte diese Vorstellung. Zu diesem Kreis zählten z. B. der schon erwähnte Johann Jacob Wick, Ludwig Lavater, Wolfgang Haller oder Rudolf Gwalther, der die Apokalypse übersetzte. Typischerweise handelt Johann Hallers Vorrede zur Ausgabe des *Haußbuches* in der Auflage von 1558 »von der letzten zeit«. Sie wurde also von einem bedeutenden Zirkel in einem kulturellen Zentrum Europas vertreten, der über gute Kontakte ins Ausland, u. a. nach England verfügte,[95] wo Bullingers Auslegung der Apokalypse auf besondere Resonanz traf.

Zum anderen spricht Bullinger immer wieder davon, wie »man« die ungewöhnlichen Wetterereignisse eingeschätzt habe. Man darf vermuten, dass es sich hierbei um den gemeinen Mann handelt, allerdings – Wahrnehmung ist bekanntlich selektiv – dürfte Bullinger die Meinung derjenigen Frauen und Männer aus dem Volk wiedergegeben haben, die seiner Auffassung nahe standen. Nach einer schweren Überschwemmung 1563 notiert er: »Darumb man sagt, da wurde ellend folgen.« Notizen dieser Art wiederholen sich und treten auch in dramatischerer Form auf, so angesichts eines Unwetters oberhalb Badens 1568: »Die lüt wontend, der jüngst tag kemme.«[96] Die Äußerungen dieser Menschen zeugen von dem Verständnis der Katastrophen als Zeichen und von daraus resultierenden düsteren Vorstellungen von der Zukunft. Sie zeugen davon, dass auch ihnen der Gedanke an das Jüngste Gericht nicht fern lag.

Schließlich kann man diese Beobachtungen noch auf ein größeres Gebiet – das Reich und die Schweiz – ausdehnen, und zwar durch einen Blick auf Flugblätter und Flugschriften, die über Himmelserscheinungen und besondere Wetterereignisse berichteten. In den 60er Jahren erreichten Ereignisse, die mit mehreren Flugblättern bzw. -schriften bedacht wurden, eine neue Höchstzahl; sie stieg dann weiter in den 70er Jahren auf den Höhepunkt für dieses Jahrhundert an, um in den 80er Jahren auf ein Niveau, das immer noch über dem der 60er Jahre lag, zurückzugehen.[97] Darin spiegelt sich einmal die Häufung von ungewöhnlichen Wetterereignissen. Zum anderen ist es

---

[95] Fritz Büsser, Calvin und Bullinger, in: Ders., Die Prophezei. Humanismus und Reformation in Zürich. Ausgewählte Aufsätze und Vorträge. Hg. Alfred Schindler. Berlin usw. 1994 S. 200–222, hier 216 f., über die Aufnahme der Offenbarung Jesu in England.

[96] HBD (wie Anm. 6) S. 97.

[97] Gustav Hellmann, Die Meteorologie in den deutschen Flugschriften und Flugblättern des XVI. Jahrhunderts, in: Abhandlungen der preussischen Akademie der Wissenschaften 1921, Physikal.-mathemat. Klasse S. 13.

aber erstaunlich, dass einzelne Ereignisse viele Drucker fanden.[98] Wenn man einmal davon ausgeht, dass diese nicht an den Bedürfnissen vorbeiproduzierten, dann dokumentieren diese Zahlen eine gesteigerte Sensibilität gegenüber den extremen Wettererscheinungen. Die gesellschaftliche Empfindlichkeit steigt, wenn sich wie hier in einem Abwärtstrend eine Krise ereignet.[99] Bezeichnend ist auch die Tatsache, dass es von den deutschen Übersetzungen von Wetterereignissen im Ausland häufig mehr Ausgaben gibt als Originaldrucke. Auch dies deutet auf eine gesteigerte Aufmerksamkeit gegenüber diesen Phänomenen hin. Allerdings dominieren nach der alten Studie von Hellmann Himmelserscheinungen und Wasser- bzw. Sturmfluten – strenge Kälte und viel Schnee weisen eben nicht den gleichen Sensationsgrad auf.[100] Soweit feststellbar, handelt es sich bei den meisten Verfassern um protestantische Pastoren. Ob ihre Auslegungen das jeweilige Ereignis nicht nur mit der üblichen Mahnung zur Umkehr und Buße, sondern mit einem expliziten Hinweis auf das Jüngste Gericht verbanden, ist nicht bekannt. Es ist aber, sehr vorsichtig formuliert, durchaus nicht ausgeschlossen,[101] wie das Beispiel des folgenden Flugblattes zeigt. Wahrscheinlich erreichte es 1562 Zürich. Es trägt den Titel: »*Vber die grossen vnd erschrecklichen Zeichen am Himmel auf der Erden / so in kurtzer zeit geschehen sind*« und thematisiert Wetterereignisse aus dem vorangehenden Jahr. Gott zeige seinen Zorn, wird darin gesagt,

> »durch feurzeichen und starcke windt
> Durch gros gewitter, regn und schnee
> Welchs vor kaum geschehen mehe.
> [...]
> Ein grosse kelt die volgt hernach [nach dem Feuerzeichen]
> Und vil ein gros gewaltig schnee
> Die kelt thet manchem arm man wehe.
> Nach dem kam auch ein tewre zeit
> In deudtschen landen breit und weit.
> [...].«

---

[98] Ebd. S. 14.

[99] STEFAN MILITZER, Klima – Klimageschichte – Geschichte, in: Geschichte in Wissenschaft und Unterricht 47. 1996 S. 71–88, hier 81.

[100] Vgl. HELLMANN, Die Meteorologie (wie Anm. 97) S. 20.

[101] Man sollte aber auch darauf hinweisen, dass sich in anderen Texten die strikt oder zumindest überwiegend empirische Sichtweise durchzusetzen begann. Selbst bei WICK findet sich folgende interessante Formulierung: »Wie wol unsere sünd die gross thüre und hunger bracht, so hatt doch nütt wenig darzuo ghulfen diser groser langwiriger schnee, [...].« Wickiana (wie Anm. 9) S. 187.

Ein weiteres Feuerzeichen wurde gefolgt von einem orkanartigen Wind, der Bäume in Wäldern und Gärten entwurzelte. Gleichzeitig, so der Verfasser,

>»Schneydt und regnet an unterloss
Alle Wasser die wahren gros
Darvon uns Jhesus Christus sagt
So werds zugehn vorm jüngsten tag.«[102]

Summary

This contribution analyses the diary of Heinrich Bullinger, the leader of the Zurich Reformed Church after the death of Zwingli; at the same time, it calls for the inclusion of cultural aspects in studies on the effects of climatic change.

When looking closely at Bullinger's diary, it becomes clear that he not only sensed the climatic change beginning in the early 1560s (coldness, frost, hail, frozen over lakes, floods), but he also described it as being unique and sometimes even as a breakdown of the natural order of things. Adjectives he applied to characterise these changes have strong (and negative) emotional connotations. The extreme weather conditions – sometimes joined by famine – became the most important expression of God's wrath in his thinking, thus displacing war and pestilence as secondary.

The contribution goes on to show that purely economic concerns are inadequate for understanding the impact of climatic change in the sixteenth century. According to Bullinger, the main reason for God's scorn was heavy drinking. Therefore, he and his colleagues tried to extend mandates against it to leading secular and clerical authorities in Zurich. Religious reasons also played a role in keeping interest rates down throughout the famine of 1570/71. During this crisis, there was a major change in the liturgy through the introduction of common public prayer. As Bullinger shared the view that witches can influence the weather, it is not surprising that they were persecuted in Zurich in this period. At the same time, Bullinger's conviction grew ever stronger that the Final Judgement Day was close at hand. Owing to his intense preoccupation with the Apocalypse during the Fifties, changes in the weather made it clear that the day of the greatest joy and greatest suffering – as Bullinger depicted it in his small book published in 1572 – was approaching more quickly. The words he used to describe the climatic change appear again in this context. His sentiment not only was shared by influential circles in Zurich, but also by parts of the population in Switzerland and Germany.

---

[102] Ebd. S. 96, 99. Vgl. HELLMANN, Die Meteorologie (wie Anm. 97) S. 57; sowie BEHRINGER, Climatic Change (wie Anm. 54) S. 335; vgl. auch ebd. S. 338, mit anderer Illustration als hier.

Abbildung 2. »Über die grossen und erschrecklichen Zeichen am Himmel und auff Erden, so in kurtzer zeit geschehen sind. Ein Epigramma«, aus: Wickiana (wie Anm. 9) S. 98.

II. Religion und Mentalität / Religion and Mentality

»*Gott der allmechtig,*
der das weter fiehren kan, wohin er will.«
Gottesbild und Gottesverständnis
in frühneuzeitlichen Chroniken

von

BENIGNA VON KRUSENSTJERN

Das Titelzitat – eine Eintragung zum Jahre 1624 aus der Chronik des schwäbischen Dorfschusters Hans Heberle[1] – stellt in einer Vorwegnahme den Zusammenhang her zwischen der Thematik dieses Bandes und dem Thema dieses Aufsatzes »Gottesbild und Gottesverständnis«. Das Zitat zeigt beispielhaft auf, dass die frühneuzeitliche Wahrnehmung und Deutung klimatischer Phänomene in einer besonderen Verbindung mit dem Gottesverständnis und Gottesbild jener Zeit standen, ja von diesen gar nicht zu trennen sind. Eine nur partielle Untersuchung dieses Verständnisses, seine Reduzierung sozusagen auf eine Art »Wettergott«, könnte jedoch den Zugang zur herrschenden theozentrischen Weltsicht erschweren, ja sogar versperren. Daher scheint es angebracht, das damalige Gottesverständnis und Gottesbild – beide Begriffe werden hier komplementär verwendet – zunächst umfassender zu betrachten.

Als Quellengrundlage wurden Chroniken herangezogen, also eine Gattung, die unter den verschiedenartigen Zeit- und Selbstzeugnissen wegen ihrer Form und ihrer inhaltlichen Tradition vor allem dafür vorgesehen war, über Ereignisse nah und fern zu berichten. Die für diese Studie berücksichtigten Chroniken stammen aus der Zeit vom Ende des 16. bis ins ausgehende 17. Jahrhundert. Bei der Auswahl haben die Laien unter den Chronisten Priorität und nicht die Pfarrer. Mit anderen Worten, gefragt wird nicht nach dem theologischen Gottesverständnis jener Zeit, gefragt wird nach dem noch wenig beachteten Gottesverständnis unterschiedlicher Personen: in der Stadt und auf dem Land, gelehrt und ungelehrt, protestantisch und katholisch.

---

[1] GERD ZILLHARDT, Der Dreißigjährige Krieg in zeitgenössischer Darstellung. Hans Heberles »Zeytregister«, 1618–1672 (Forschungen zur Geschichte der Stadt Ulm 13). Ulm 1975 S. 112.

Die meisten von ihnen waren Laien, nicht nur in geistlicher Hinsicht, sondern auch als Verfasser von Chroniken. An Literatur über das Gottes- und Weltbild von Laien fehlt es bisher. Die einschlägigen Studien untersuchen ausschließlich das Gottesverständnis von Theologen und zudem zeitlich entweder früher oder später.[2]

Eine genauere Lektüre frühneuzeitlicher Chroniken ergibt, dass dort häufiger von Gott die Rede ist, als es zunächst den Anschein hat. Hiermit sind allerdings nicht solche, über alle Zeitläufe hinweg bis heute fast unbewusst verwendeten Formeln wie »gottlob« oder »Gott sei Dank« gemeint. Es gilt vielmehr deutlich zu unterscheiden zwischen Formeln – sprich Leerformeln – und formelhafter Sprache, wie sie für Chroniken überhaupt typisch ist, ohne dass dies mit einem Bedeutungsverlust gleichzusetzen ist. Beachtung verdient, dass in Chroniken mit Absicht an sehr spezifischen Stellen auf Gott Bezug genommen wird. Eine solche kann der Anfang einer Chronik sein. Der 1587 geborene Beamte Volkmar Happe aus Thüringen beispielsweise beginnt seine umfänglichen Aufzeichnungen mit einem Überblick über sein vielfältig gefährdetes Leben, das er jedoch in allen Fällen als unter dem besonderen Schutze Gottes stehend darlegt und somit seinem Lebenslauf den Charakter eines »Gotteslobs« verleiht. Dort heißt es u. a.:

»Viel und große Kranckheiten habe ich von meiner Kindheit auf ausgestanden, viel unglück, gefahr, widerwärtigkeit, feindseeligkeit, angst und noth erlitten. Gott, ach mein liber getreuer Gott, an dem ich klebe wie eine Klette am Kleide und auf den ich mich alleine festiglich verlaßen [kann], der hat mir gnädig geholfen, mich geschützet, viel meiner verechtigen feinde gestürtzet und mich mit ehren [her]ausgeführet.«[3]

Andere Chronisten wiederum wählten für die Beziehung auf Gott eine herausgehobene Stelle im Jahresverlauf – also zu Jahresbeginn oder Jahresende, mitunter auch zu Monatsbeginn oder Monatsende. Wie wenig dies frommem Zierat gleichkommt, mag das Beispiel des katholischen Färbermeisters Hans Faigele aus Füssen verdeutlichen, der in seiner Chronik den Jahresanfang jeweils mit einem selbst verfassten kürzeren oder längeren Gebet einleitet. Diese Gebete unterscheiden sich jedes Mal und nehmen die aktuellen Erfahrun-

---

[2] Als Beispiel sei hier eine für die theologische Perspektive allerdings bedeutsame Untersuchung angeführt, die dazu auch weitere Literaturangaben enthält: RALF MIGGELBRINK, Der Zorn Gottes. Geschichte und Aktualität einer ungeliebten biblischen Tradition. Freiburg i. Br. usw. 2000. In dem Bändchen von WERNER H. RITTER / REINHARD FELDMEIER / WOLFGANG SCHOBERTH / GÜNTER ALTNER, Der Allmächtige. Annäherungen an ein umstrittenes Gottesprädikat (Biblisch-theologische Schwerpunkte 13). Göttingen 1997, wird zwar der Laienaspekt berücksichtigt, es ist jedoch religionspädagogisch auf die heutige Zeit bezogen.

[3] VOLKMAR HAPPE, Chronik, Thüringer Universitäts- und Landesbibliothek Jena: Ms. Bud. Q. 17 und 18, Teil 1 Bl. 11 v.

gen des Verfassers auf. So schreibt er zu Beginn des Jahres 1623, also mitten in der sogenannten Kipper- und Wipper-Zeit: »Ich bit dich lieber gott und herr / wendt von uns disen thairung schwer. / Sieh an, o her der Armen Noth / und gib uns her dass teglich broth.«[4] Und nach dem besonders unfruchtbaren Jahr 1628, zugleich ein verheerendes Pestjahr in Schwaben, trägt der Chronist Faigele als dringende Bitten vor:

»Her Jessu Christ du thraier Gott / die weill diß Jar so grossen Nott / in ganz schwabenland wiert gehert / so welest einmall den beschwert / von Uns so gnedigklich abwenden / und uns so veterlich Zue senden / waß uns ist nutz an Sell und leib / All Bössen suchten von uns threib / krieg thairung und Auch Bestelentz, wa dass Regiert in Allen grentz / gib uns Allen fir dißen gfahr / ein gsunds und auch ein fruchtbars Jar. / Darum wir kindtlich biten dich / dass du uns wöllest veterlich / mit gnaden Augen sehen An / weil mir in Angst und Nöthen stohn / so wöllest du uns nit verlohn.«[5]

Der lutherische Marktrichter Georg Leopold aus Marktredwitz wiederum hielt am Ende besonders schwer erträglicher Jahre Rückschau. So heißt es in seiner Haus-Chronik zum Jahresende 1634:

»Wie denn das Elend und der große Jammer, so in diesem 1634. Jahr hier in unserm Land gewesen, nit zu beschreiben. Denn Gott, der Allmächtige, hat uns seine Zornrute in diesem Jahr ziemblich vor Augen gestellet, denn wir hatten vor uns häufig alle Landplagen wie Krieg, Teuerung, Pestilenz und böse Tiere. Über dieses alles haben wir keinen wahren öffentlichen Gottesdienst gehabt, daher viel Leut trostlos dahinstarben, auch viel hungerswegen verschmachten haben müssen. Der allmächtige, ewige Gott gebe uns solches alles wohl zu erkennen, damit wir doch von Herzen mögen Buße tun. Amen.«[6]

Gewöhnlich sind jedoch die Hinweise auf Gott mitten in der chronikalischen Berichterstattung plaziert, und zwar meistens dann, wenn von besonders negativen oder positiven Vorfällen die Rede ist: wenn eine Gefahr auf ihrem Höhepunkt angelangt ist oder gerade abgewendet wurde, wenn eine extreme Witterung Ort und Region heimgesucht hat oder eine ungewöhnlich reiche Ernte eingefahren wurde, wenn eine Seuche ihre schlimmsten Ausmaße erreicht hat oder endlich im Abklingen begriffen ist. Gleiches gilt für Einschnitte im persönlichen Leben der Chronisten, sei es der Antritt eines neuen

---

[4] Die Füssener Chronik des Färbermeisters Hans Faigele (1618–1640). Eine heimatkundliche Quelle im Tiroler Landesmuseum Ferdinandeum. Hg. RICHARD LIPP, in: Alt Füssen 1990ff., hier 1990 S. 199.
[5] Ebd. 1991 S. 212.
[6] Marktredwitz im 30jährigen Krieg 1628–1648. Georg Leopolds Haus-Chronik, I. Hg. HERMANN BRAUN. Marktredwitz 1961 S. 54.

Amtes oder die Rückkehr von einer Reise, die Heimsuchung oder die Errettung von Krankheit sowie jede Geburt und jeder Tod in der Familie.

Für das Gottesverständnis erweisen sich besonders die Attribute, die die Chronisten Gott jeweils beilegten, als aufschlussreich. Es sind dies: der »liebe«, der »treue«, der »fromme«, der »gnädige«, der »barmherzige«, der »ewige« und diese alle umfassend: der »allmächtige« Gott. Man kann beobachten, dass immer dann, wenn die Chronisten etwas für die Zukunft erhofften, erbaten, erflehten, sie sich nicht an den »lieben« Gott wandten, sondern stets an Gott in seiner höchsten Eigenschaft, an Gott, den Allmächtigen. Die Chronisten schreiben sehr wohl von Gottes »Zornrute«, aber nicht von einem »zornigen« Gott, geschweige denn, dass sie die Adjektive »böse« oder »hart« mit Gottes Namen in Verbindung gebracht hätten. Auffallend wurde er auch dann als »lieber« Gott bezeichnet, wenn er den Menschen Not und Tod schickte.[7] Selbst unter diesem negativen Aspekt sahen ihn die Chronisten also von seinem gesamten Wirken, von seinen als unveränderlich angesehenen Eigenschaften eines liebenden, treuen und gnädigen Gottes her, mochten diese angesichts seiner Strafen im einzelnen Geschehen zeitweise auch nicht erkennbar sein. Nach ihrem Verständnis, das von der theologischen Auffassung keineswegs abwich, war der strafende – überdies ungern strafende – Gott der gleiche »liebe« Gott, der die Menschen mit Wohltaten und Segen begabte, sie aus Notlagen errettete und vor Heimsuchungen bewahrte. Berufungen auf solche Erfahrungen mit Gott sind in den Chroniken zahlreich. Mit anderen Worten: Der Zorn Gottes wurde von seiner Liebe nicht getrennt. Insofern ist die in Forschungsbeiträgen immer wieder konstatierte Vorstellung eines allein zornigen und strafenden Gottes im 17. Jahrhundert einseitig und geht am Kern der damaligen Gottesauffassung vorbei.[8]

Das Gottesverständnis der Chronisten entsprach im Großen und Ganzen der kirchlichen Lehre, doch diese Konformität bedeutet nicht, dass es sich bei ihren Äußerungen über Gott um einfache Wiedergaben von Lehrmeinun-

---

[7] Vgl. dazu unten S. 190f.

[8] Vgl. etwa die Feststellungen von RUDOLF SCHLÖGL, Glaube und Religion in der Säkularisierung (Ancien Régime, Aufklärung und Revolution 28). München 1995 S. 198: »an die Stelle des barocken Zornes- und Rachegottes sollte der seine Geschöpfe liebende, gütige Vatergott treten«; und von ANDREAS GESTRICH, Religion in der Hungerkrise von 1816/17, in: Um Himmels Willlen. Religion in Katastrophenzeiten. Hg. MANFRED JAKUBOWSKI-TIESSEN / HARTMUT LEHMANN. Göttingen 2003 S. 275–293, hier 279, der »strafende Gott des 17. Jahrhunderts« wäre in der zweiten Hälfte des 18. Jahrhunderts »durch einen seine Schöpfung liebenden und gütigen Vatergott abgelöst worden«. Es handelt sich hier weniger um eine Ablösung als allenfalls um eine Gewichtsverlagerung unter dem Einfluss einer zweifellos veränderten Naturauffassung. Vgl. dazu auch unten S. 189 den Hinweis auf die Unterscheidung zwischen dem *opus proprium* und dem *opus alienum* Gottes.

gen handelt. Die Kontexte zeigen vielmehr, dass der Glaube aus der Perspektive der eigenen Lebenserfahrungen zum Ausdruck gebracht wird – aus erlebter Freude, Glück und Erleichterung ebenso wie aus erlebter Angst, Not und Leid. Dabei darf man sich von der »üblichen«, der »gefassten« Sprache[9] der Chroniken nicht täuschen lassen. Wenn z. B. der Barbier Hartmann Thomas der Mitteilung eines Erdbebens den Bittruf hinzufügt: »Der allmechtige Gott wölle uns barmherzig und genedig sein«,[10] so ist dies alles andere als phrasenhaftes Beiwerk.

Das damalige Gottesverständnis und Gottesbild waren jedoch keineswegs so glatt, so stoisch hinnehmend, so unwidersprochen wie es nach dem bisher Ausgeführten den Anschein haben mag. Jede Leiderfahrung forderte den Glauben in besonderer Weise heraus. Sie war geeignet, das Gewicht zwischen Liebe und Barmherzigkeit einerseits und Zorn und Strafe Gottes andererseits zu verlagern, ohne dass sich dadurch jedoch an dem Allmachtsverständnis etwas änderte. Einzelne der herangezogenen Quellen geben auch darüber Auskunft. Diese Chronisten konnten noch so sehr von der Liebe Gottes überzeugt sein und dennoch am Leid fast zerbrechen und mit Gott hadern. Andere wiederum verschwiegen nicht, dass ihre Mitmenschen sich äußerst schwer damit taten, in Not und Tod ein Werk des »lieben« Gottes zu erkennen. Der Schwäbisch Haller Stadtarzt Johann Morhard berichtet in seiner Chronik zum Jahre 1604 anlässlich des Todes einer Bürgersfrau, dass nicht jeder vermochte, »Gott aus solchem recht zu beurteilen, ihn vielmehr für einen Tyrannen, für einen strengen und zürnenden Richter hielt oder für einen solchen, der die Frommen aus der Welt fortnimmt, die Gottlosen aber als unnütze Last der Erde beläßt«.[11] Einen weiteren Todesfall – und zwar der eines Mannes, der eine schwerkranke Frau und sechs Kinder hinterließ – kommentiert der Arzt als »ein schweres Ärgernis für die menschliche Vernunft«, welche überdies dazu neige, »den unsichtbaren Gott aus dem schrecklichen Anblick des Kreuzes verkehrt zu beurteilen«,[12] d. h. im Kreuz das Zeichen des richtenden und nicht des erlösenden Gottes zu erkennen. Morhard selbst entschied sich bei den vielfachen Herausforderungen seines

---

[9] Zur »gefassten« Sprache vgl. BENIGNA VON KRUSENSTJERN, Die Tränen des Jungen über ein vertrunkenes Pferd. Ausdrucksformen von Emotionalität in Selbstzeugnissen des späten 16. und des 17. Jahrhunderts, in: Von der dargestellten Person zum erinnerten Ich. Europäische Selbstzeugnisse als historische Quellen, 1500–1850. Hg. KASPAR VON GREYERZ / HANS MEDICK / PATRICE VEIT (Selbstzeugnisse der Neuzeit 9). Köln usw. 2001 S. 157–168, hier 165 ff.
[10] Hartmann Thomas (1588– nach 1623) Hausbuch, in: Chroniken von Friedberg in der Wetterau, I. Hg. CHRISTIAN WAAS. Friedberg 1937 S. 52–60, hier 59.
[11] JOHANN MORHARD, Haller Haus-Chronik. Hg. HISTORISCHER VEREIN FÜR WÜRTTEMBERGISCH FRANKEN. Schwäbisch Hall [1962] S. 57 f.
[12] Ebd. S. 92.

Glaubens immer wieder für die Gegenposition: »Er ist der Herr, der hat macht, mit mir zu schaffen, wie er will. Es bleibt dabei, das mich nichts soll scheiden von der Liebe Gottes.«[13] Doch ist es unverkennbar, dass auch er eine solche Position immer wieder erringen musste. So, wenn Morhard anlässlich familiärer Sorgen Gott anspricht: »Herr es ist mir gut, das ich gedemüttigt werd, darmit ich der creatur absterb und dir leb«, aber er fügt hinzu: »Züchtige mich Herr, doch mit maß, wie ein vatter und nit wie ein richter.«[14] Es darf hier der Hinweis nicht fehlen, dass alle diese Aussagen das feste biblische Fundament[15] des Glaubens von Morhard belegen, was ebenso für die anderen zitierten Chronisten gilt. Ähnlich wie der Haller Stadtarzt hat sich der calvinistische Kannengießer Augustin Güntzer aus dem Elsass in seiner Lebensbeschreibung geäußert. Auch Güntzer anerkennt die Züchtigung durch Gott, indem er schreibt: »Her, ich dancke dihr um deine vatterliche Zichtigung, Chreitz und Triebsal, darmit [ich] eiffrig werde, prinnstig[16] in der Liebe dich anzuruffen um fernere Hilffe.«[17] Er betont aber zugleich seine Erfahrung von Jugend an, dass Gott, der Herr, seine Geschöpfe nicht verderben will: »dass du deinen Kinder auff Erden gern hilffest, so sie dich anrufen in der Zeit der Anfechtung.«

Die mannigfachen Heimsuchungen Gottes, auch »Kreuzschule«[18] genannt, wurden als zum Christsein gehörig aufgefasst. Morhard berichtet, dass er ein leidgeprüftes Ehepaar besucht und dieses belehrt habe, dass es für die Erlangung der ewigen Seligkeit »vil und schwere creutz erfahren und außstehn« müsse. Auf der Rückfahrt von diesem Besuch habe er dann selbst einen bösen Schenkelbruch erlitten, denn »Gott hat es gefallen, eh ich heim komm, selbst zu bestettigen und wahr zu machen, was ich mit grossen worten [...] vorgesagt«. Es sei die größte und schwerste »creutzschul« seines Le-

---

[13] Ebd. S. 89.
[14] Ebd. S. 61.
[15] Vgl. u. a. Psalm 115,3, Römer 8,35, Psalm 118,21 und Jeremia 10,24.
[16] brünstig
[17] AUGUSTIN GÜNTZER, Kleines Biechlin von meinem gantzen Leben. Die Autobiographie eines Elsässer Kannengießers aus dem 17. Jahrhundert. Hg. FABIAN BRÄNDLE / DOMINIK SIEBER (Selbstzeugnisse der Neuzeit 8). Köln usw. 2002 S. 211.
[18] Vgl. dazu JOHAN-JACOB ÜBELIN, Creutz-Schul / Trost-Schul oder Christliche Leichpredigt [...] gehalten [...] bey [...] Bestattung des [...] Herren Melchior im Hoff [...]. Basel 1668. Im darin enthaltenen Lebenslauf beschreibt Melchior im Hoff selbst, ausgehend von Psalm 119, 71: »Es ist mir lieb, dass du mich gedemütiget hast, dass ich deine Rechte lerne«, die schweren Heimsuchungen seines Lebens, die er jedoch nicht als »Grimm des göttlichen Zorns«, sondern als Gnade und Barmherzigkeit Gottes auffasst, ebd. S. 24 f. Zur »Kreuzschule« vgl. auch MANFRED JAKUBOWSKI-TIESSEN, Das Leiden Christi und das Leiden der Welt, in diesem Band S. 197 ff.

»Gott der allmechtig, der das weter fiehren kan, wohin er will.« 185

bens gewesen.[19] Zu einer Schule des Kreuzes bekennt sich ausdrücklich auch der Iglauer Tuchmachersohn Esaias Letscher, der mit 22 Jahren an einer unheilbaren Lähmung seiner Beine erkrankt war, in einem Chronikeintrag von 1630: »Gott sei uns armen Sündern gnädig, denn kein Christ soll im Kreuz verzagen, Er selbsten das Kreuz uns hilft tragen, denn wo kein Kreuz, da ist kein Christ, das Kreuz der Christen Zeuchen ist.«[20] Die Überwindung von Kreuz und Tod aber verhieß der allmächtige Gott den Gläubigen in ihrer Hoffnung auf die Auferstehung und das ewige Leben.

Bekanntermaßen gehören Wetterereignisse zu den häufigeren Themen von Chroniken. Von besonderen Wetterchroniken oder Wetterrubriken abgesehen, ging es den Chronisten dabei nicht um eine regelmäßige Berichterstattung, sondern sie wollten nur das Außergewöhnliche, das Abweichende festhalten und griffen dann zur Feder, wenn das Wetter zum Ereignis wurde. Aber dies geschah auch nicht konsequent, vor allem dann nicht, wenn andere Ereignisse in den Vordergrund rückten. So wurden beispielsweise während des Dreißigjährigen Krieges bzw. dort, wo das Kriegsgeschehen dominierte, Mitteilungen über das Wetter seltener. Selbst bei einem so vielseitigen Chronisten wie dem schwäbischen Schuhmacher Heberle ist dies zu beobachten. Vor dem Schwedenkrieg allerdings hatte er dem Wetter, d. h. dem abweichenden Wetter, noch relativ viel Aufmerksamkeit geschenkt.

»Anno 24«, so teilt er z. B. mit,

»ist es von Weynachten büß Liechtmeß ein kalter und harter winter gewessen, das schier mangel an wasser worden. Und umb Faßnacht felt ein regenweter ein und ein lüstiger frieling wirt, das man vermeint, es sey der somer verhanden. [...] Da kompt Gott wiederumb den 8, 9 und 10 tag Mertzen mit einem grosen winterweter, das es in dem mittle winter nie kein solches weter gewesen ist, mit schne wind und kelte.«[21]

In dieser Mitteilung fällt die Nennung Gottes als direkt Handelnder auf: »Da kompt Gott mit einem grosen winterweter.« Nicht jedes Mal erwähnt Heberle Gott ausdrücklich in einem solchen Zusammenhang, aber dass Gott, wie über alles Geschehen, so auch immer Herr über die Witterung ist, daran hegte er mit allen anderen Chronisten seiner Zeit, die darin offenbar keinen Widerspruch – weder zu bereits erkannten Naturgesetzen noch zu tradierten Erfahrungsregeln – erblickten, nicht den geringsten Zweifel. Dass Wettermeldungen in Chroniken überwiegend unpersönlich gehalten sind, also ohne ausdrückliche Nennung Gottes, besagt wenig. Eine soziale oder bil-

---

[19] MORHARD, Haller Haus-Chronik (wie Anm. 11) S. 114 f.
[20] Chronik der Stadt Iglau (1563–1685) des Tuchmachermeisters Abraham Letscher. Hg. FRANZ WURZINGER. Iglau 1912 S. 85.
[21] ZILLHARDT, Heberles Zeytregister (wie Anm. 1) S. 111.

dungsmäßige Komponente spielt hier ebenfalls keine Rolle. Man könnte ja meinen, es ist der einfache Dorfschuster Heberle, der einer direkten kausalen Herleitung bedarf. Nimmt man den gelehrten Arzt Morhard zum Vergleich, so erhält man zunächst durch eine ganze Reihe unpersönlicher Wettermeldungen in der Tat den Eindruck einer alternativen Sichtweise. Zum Jahre 1604 findet sich dann jedoch vermerkt:»In diesem Jahr hat Gott als Verwalter und Haushalter der ganzen Welt der Geizigen dieser Zeit wunderbarlich gespottet.«[22] Es sah, so Morhard, nach einer sehr guten Weinernte aus, so dass kaum noch Weinfässer zu bekommen waren, aber »da hat Gott es gewendt. Das Regenwetter wollte nicht mehr aufhören.«

Als Merkmal der Herrschaft, der Allmacht Gottes, galt für alle Bereiche – und so auch für die Wetterereignisse –, dass Gott grundsätzlich in zwei Richtungen wirkte: zum Schaden der Menschen, sprich Strafe, wie zu ihren Gunsten, sprich Segen. Und so berichtet Heberle in seinem Zeitregister: »Aber Gott, der allmechtig, der das weter fiehren kann wohin er will, der kompt den 29 tag Maya mit einem fruchtbaren regen [...] der erfrischet laub und graß und alles was der mensch zu seiner zeitlichen wolfart nutzlich ist.«[23] Als besonders charakteristisch für Gottes Wirken wurde von den Chronisten das stets Unerwartete, Unberechenbare weil Verborgene hervorgehoben. So schildert Johann Morhard, dass im April 1605 Nässe, Kälte, Schnee und Frost alle Aussichten auf eine Frühobsternte beseitigt hätten, »aber *Deus mirabilis in operibus, misericors item*[24] hat es vätterlich gemiltert, das es wenig schaden geton«.[25] Aufgrund der Witterung des gesamten Jahres 1605 prophezeiten die Astrologen eine schlechte Ernte, aber – so Morhard – »dieses Jahr war so beschaffen, dass es uns allen, den Frommen wie den Gottlosen, die geheime und verborgene Vorsehung Gottes klarer als das mittägliche Sonnenlicht offenbarte«,[26] und so fiel besonders die Weinernte wider alles Erwarten überreichlich aus. Eine umgekehrte Erfahrung teilt Hans Heberle aus dem Jahre 1664 mit:

»Ist eine gutte fruchbare zeit gewesen in allerlay sachen, das jederman sich sehr erfrewet hatt. Aber der herr aller herren macht es anderst. Dan seine gedanckhen sindt nicht unsere gedancken, und seine weg sindt nicht unsere weg. [...] Dan umb die erntezeit, den 10 tag Brachmonet, an dem sontag da das Evangelium ist Lucas 5 vom reichen fischzug, da wir vermeinen, wir wollen einen reichen zug thon von früchten, so thut Gott den zug vor unß und kompt mit einem großen hagelwetter und nempt unß

---

[22] MORHARD, Haller Haus-Chronik (wie Anm. 11) S. 56.
[23] ZILLHARDT, Heberles Zeytregister (wie Anm. 1) S. 112.
[24] »Gott wunderbar in seinen Werken und auch barmherzig.«
[25] MORHARD, Haller Haus-Chronik (wie Anm. 11) S. 60.
[26] Ebd. S. 63.

den selbigen von unsern augen hinweg an etlichen orten, das man vüll ausgeseet und wenig eingesamlet hatt.«[27]

Nach den von mir herangezogenen Chroniken vom Ende des 16. bis zum ausgehenden 17. Jahrhundert lässt sich kein genaues Wetterbild gewinnen und schon gar keine zuverlässige Wetterstatistik erstellen, wie sie vor allem Christian Pfister auf einer sehr viel breiteren Quellengrundlage erarbeitet hat.[28] Das gehäufte Auftreten von extremer Witterung, vor allem von strengen Wintern oder auch Wintereinbrüchen zu ungewöhnlicher Jahreszeit sowie von Sturmwinden, Dürreperioden und schlechten Sommern, ist jedoch auch hier unschwer zu bilanzieren. So kann man in einer südhessischen Chronik zum Jahre 1586 von äußerster Kälte lesen mit Wassermangel und Mehlknappheit als ihre gravierenden Folgen. Im Jahre 1600 schneite es zu Pfingsten, 1602 erfroren die Obstbäume, aber das war alles gar nichts im Vergleich zu dem, was der Winter 1607/1608 brachte: drei Monate ununterbrochenes hartes Winterwetter mit Frost und Schnee. Die Brunnen waren vereist, Bäche und Flüsse in ganz Deutschland zugefroren, selbst auf dem Rhein konnte man gehen und reiten, der Verkehr war schwer eingeschränkt, die Holzpreise stiegen, viele Menschen und Tiere erlagen der Kälte, Jungtiere mussten in der Stube gehalten werden.[29] Mag dies auch ein Ausnahmewinter gewesen sein, so hatten die Chronisten, wie erwähnt, auch während der nächsten Jahrzehnte viel Anlass für Wettereinträge.

Diese sahen die ungewöhnlichen Witterungsfälle zwar in einer Art zeitlichem Bezug: »Ein sehr kalter Winter gewesen, dass man bei Menschen Gedenken nicht gehöret hat« heißt es da oder »dass in hundert Jahren kein so großer Hagel gewesen sei«, aber solche Erklärungen waren nur dazu gedacht, die Außergewöhnlichkeit derartiger Ereignisse hervorzuheben und nicht um einen tatsächlichen Vergleich anzustellen. Obwohl gerade Chronisten die Möglichkeit gehabt hätten, durch einfaches Zurückblättern die sich häufenden extremen Wetterereignisse gedanklich zu verbinden, findet sich bei ihnen nirgends ein Hinweis darauf, dass sie hier eine Entwicklung wahrgenommen hätten. Die Vorstellung von einem fortschreitenden Prozess wie eine Klimaverschlechterung, die sich über einen längeren Zeitraum erstreckt, wäre jedoch mit ihrem Gottesverständnis auch unvereinbar gewesen. Denn, wie oben dargelegt, handelte Gott nach ihrem Verständnis jedes Mal

---

[27] ZILLHARDT, Heberles Zeytregister (wie Anm. 1) S. 263.
[28] Vgl. CHRISTIAN PFISTER, Wetternachhersage. 500 Jahre Klimavariationen und Naturkatastrophen. Bern usw. 1998.
[29] Vgl. Die Reichenbacher Chronik (1599–1620) des Pfarrers Martin Walther, in: Südhessische Chroniken aus der Zeit des Dreißigjährigen Krieges. Hg. RUDOLF KUNZ / WILLY LIZALEK (Geschichtsblätter für den Kreis Bergstraße, Sonderbd. 6). Heppenheim 1983 S. 7–156, hier 42 f.

neu, unerwartet, unberechenbar. Damit war auch die Möglichkeit zu immer neuer Hoffnung auf gemäßigtes, auf »gutes« Wetter gegeben. An einer Vielzahl entsprechender Chronikeinträge, die sich keineswegs allein auf schlechte Meldungen konzentrierten – ist erkennbar, dass sich die Verfasser in ihrem subjektiven Erleben in dieser Hoffnung auch nicht enttäuscht sahen: Auf sehr kalte Winter folgten auch immer wieder mildere, auf schlechte Ernten folgten auch immer wieder bessere. Diese wurden von den Chronisten besonders mittels der Getreidepreise beobachtet. »Eben in diesem 1612. [Jahr] gleich nach dem Herbst hat das Korn 8 Sch. weniger dann 4 Gulden golten und der Weitz 4 ½ Gulden«, registriert der Friedberger Barbier Hartmann Thomas, »so gnadenreich und barmherzig ist Gott der allmechtig, dass er das Korn kann balt wohlfeil machen, wann er seine milte Hand auftut. Und ist die Hoffnung noch eines wohlfeilers Kauff.«[30] Den nächsten Winter beschreibt er als »so gelinde, dass es ganz und gar nit gefroren hat«.[31] Was für extreme Wettererfahrungen auch immer gemacht wurden, ja selbst wenn sie sich ungewöhnlich häuften, so wirkte in den Chroniken implizit – für die Gläubigen so selbstverständlich, dass sich eine Berufung darauf erübrigte – als Grundlage ihres Vertrauens unverändert Gottes Verheißung 1. Mose 8,22: »Solange die Erde stehet, soll nicht aufhören Same und Ernte, Frost und Hitze, Sommer und Winter, Tag und Nacht.«

Dennoch bedeuteten die Jahre von Missernten, Teuerung und Hunger eine Herausforderung des Glaubens an die Liebe und Barmherzigkeit Gottes. Es ist auffällig, dass darüber in den Chroniken nur wenig zu lesen ist. Eine Vorstellung davon vermittelt der Schweinfurter Stubenknecht Georg Salomon, wenn er zum Jahre 1626 lapidar bemerkt, »dass die Theuerung Je lenger Je größer wurde, und wolten viel Leut an der guete Gottes verzagen und Hunger sterben«.[32] Als Mitte der 30er Jahre des 17. Jahrhunderts in weiten Teilen Deutschlands eine noch erheblich größere Hungersnot herrschte, berichten mehrere Chronisten ausführlich über deren entsetzliche Folgen für so viele Menschen, aber auch hier ohne die Auswirkungen auf den Glauben der Hungernden und Sterbenden zu erwähnen. Ihre Verzweiflung bringt ausnahmsweise der Bietigheimer Chronist Christoph Raph durch ein Bibelwort aus Ezechiel 37,11 zum Ausdruck: »Unser Gebein sein verdorret, unsere Hoffnung ist verloren, und es ist aus mit uns.«[33]

---

[30] Hartmann Thomas Hausbuch (wie Anm. 10) S. 54.
[31] Ebd.
[32] GEORG SALOMON, Müssiggang Mein, Staatsbibliothek Bamberg: J.H.Msc.Hist. 88 S. 15.
[33] GÜNTHER BENTELE, Protokolle einer Katastrophe. Zwei Bietigheimer Chroniken aus dem Dreißigjährigen Krieg. Bietigheim-Bissingen 1984 S. 199.

Dieses auffällige Schweigen oder Verschweigen der Chronisten hat damit zu tun, dass Gottes Wirken in der Welt alles andere als willkürlich und beziehungslos aufgefasst wurde. Im Gegenteil galt das Eingreifen Gottes zum Nachteil der Menschen als Reaktion auf ihre Sünden.[34] Demzufolge hatten die Menschen die Strafen Gottes selbst hervorgerufen und waren dafür letztlich auch verantwortlich. Die Überlebenden besaßen jedoch die Möglichkeit, weiteres Elend abzuwehren, indem sie von ihren Sünden abließen, Buße taten und vor allem beteten. Der Konrektor Christian Conrad aus dem mecklenburgischen Friedland macht diesen Zusammenhang in einem Gedicht deutlich, das er anlässlich eines Blitzschlags in die örtliche Marienkirche im Jahre 1636 verfasste: »Wie Allmächtig ist Gott! Wie groß sind seine Werke! Wie schrecklich ist der Herr! Wie ich es izt vermerke [...].« Nachdem er zunächst den gewaltigen Einschlag und dann den unerwartet glimpflichen Ausgang geschildert hatte, denn Gott habe »mitten in seinem Zorn seine große Güte« walten lassen und dieses mit einem »Regenbogen schön zum Zeichen seiner Trew«[35] manifestiert, kommt er auf die Folgerungen zu sprechen, die aus diesem Vorfall zu ziehen seien. »Laß dichs auch reitzen an zur Buß unnd beßern Leben«, fordert Conrad, »dass nicht mit Sünden viel du Gott mögst Anlaß geben zu straffen hefftig dich«. Gott, so versichert er, straft die Menschen nicht gern.[36] Aus der gleichen Überzeugung unterschieden Theologen auch noch zu Beginn des 18. Jahrhunderts bei Gottes Handeln zwischen dem *opus proprium*, Gottes eigentlichem Werk der Gnade, Barmherzigkeit und Güte, und dem *opus alienum* der Strafen Gottes, ein ihm fremdes Werk, durch die Sünden der Menschen quasi aufgezwungen.[37] Als eine solche Reaktion Gottes auf das »ruchlose Leben der Menschen« stellt auch der Marktredwitzer Chronist Leopold das von ihm erlebte Wettergeschehen im Jahre 1646 dar:

»Kein Mensch hat sich daran erinnern können, dass das liebe Getreide jemals so schön und herrlich bei uns gestanden hat wie in diesem Jahr. Daher haben auch viele

---

[34] Vgl. dazu auch die systematisch-theologischen Ausführungen von MIGGELBRINK, Der Zorn Gottes (wie Anm. 2) passim.
[35] Eine Bezugnahme auf 1. Mose 9,12 ff., wo die Kernaussage lautet: »Das ist das Zeichen des Bundes, den ich gemacht habe zwischen mir und euch und allen lebendigen Seelen bei euch hinfort ewiglich: Meinen Bogen hab ich gesetzt in die Wolken, der soll das Zeichen sein des Bundes zwischen mir und der Erde.«
[36] OTTO NECKEL, Christian Conrad, ein Friedländer Dichter, in: Programm des Gymnasiums zu Friedland in Mecklenburg. 1897 S. 1–32, hier 24 f.
[37] Vgl. MANFRED JAKUBOWSKI-TIESSEN, Sturmflut 1717. Die Bewältigung einer Naturkatastrophe in der Frühen Neuzeit (Ancien Régime, Aufklärung und Revolution 24). München 1992 S. 92.

fromme Leute Gott, dem Allmächtigen, herzlich gedankt, dass er auf das verderbliche Kriegswesen uns mit einem so freudenreichen Feldsegen begabt hat. Die meisten Menschen aber sind durch das langwierige Kriegswesen [...] in ein so ruchloses Leben geraten und gleichsam so verwildert, dass sie weder Strafe, noch Gottes, des Allmächtigen, Segen geachtet haben und erkennen wollten. Sie haben alles in den Wind geschlagen, weshalb auch seine göttliche Allmacht über uns so heftig erzürnt ist, dass sie am 23. Juni ein so schreckliches Wetter mit Blitzen, Donnern und Hagel über uns verhängt und ergehen lassen hat, wie es bei uns noch kein Mensch erlebt. Es hat alles Getreide verdorben, nicht weniger auch das Kraut und Flachs zunichte gemacht, wie es am andern Tag mit Jammer und Herzeleid zu sehen war. [...] Gott, der Herr, hat also uns sündigen Menschen zu verstehen geben wollen, dass er in einem Augenblick alles, was wir mit großer Müh und Arbeit gebaut und gepflanzt haben und an dem wir unsere Lust und Freud haben, zugrunde richten und verderben kann. Nun segne uns Gott anderweitig und gebe uns unsere große Unbußfertigkeit zu erkennen.«[38]

Der letzte Satz macht deutlich, dass trotz dieses Strafgerichts das Vertrauen und die Hoffnung auf den Segen Gottes ungebrochen war. Aber dieses Vertrauen, diese Hoffnung hatten nichts mit einer Anspruchshaltung zu tun. Der Segen Gottes wurde als unverdiente Gnade und Barmherzigkeit aufgefasst. Ein Dankgebet, das aus Anlass einer »glücklich vollbrachten Korn- und Wein-Erndte« – also ein Gegenstück zum soeben zitierten Strafgericht – in Erfurt im Gottesdienst verwendet und 1649 dort gedruckt wurde, unterstreicht dies. Gott, der »gnädige, liebe Vater« habe, so heißt es darin, »nicht mit uns gehandelt nach unseren Missethaten, sondern / Du hast an Deine Barmhertzigkeit gedacht / die Fenster des Himmels aufgethan / und Segen herabgeschüttet die fülle.« Das Gebet stellt überdies die völlige Abhängigkeit der Menschen von Gott in allem ihrem Tun fest: »[...] weil wir arme elende Menschen / von uns selber / nicht ein Körnlein aus der Erde herfür bringen / noch demselben helffen können / wo Du nicht das Gedayen gibst zu unser Arbeit« und bringt schließlich noch die Kehrseiten einer guten Ernte zur Sprache: »Verleihe auch lieber Gott und Vater / Deine Gnade und Segen / damit wir deiner bescherten milden Gaben nicht mißbrauchen / zur üppigkeit / übermuth / oder unterdrückung des Nechsten. [...] Behüte uns vor dem Geitz / welcher ist eine Wurtzel alles Übels.«[39] Dass vom Überfluss eine Gefährdung, ja eine Verführung zum Leichtsinn ausgehen könne, einen solchen Zusammenhang sieht ebenfalls Georg Salomon, der zum Jahr 1624 in seine Chronik schreibt:

---

[38] Leopolds Haus-Chronik (wie Anm. 6) S. 54.
[39] Christliches Danckgebet [...] Anno 1649. Gedruckt zu Erffurdt bey PAUL MICHAELN, in: Bellum tricennale, I, Nr. 78.

»In diesem Jar hat der liebe Gott eine reiche Ernte bescheret, do alles wohl zu haben und zu bekommen. [...] Da haben sich die Leut sehr versündiget mit dem großen Mißbrauch und überflüssigem Sauffen, Ueben der gotteslesterlichen Verachtung. [...] Hernach hat Gott gestraft wie [...] die Erfahrung bezeuget.«[40]

Eine solche Erfahrung weiterzugeben, hielt Salomon für die unbedingte Pflicht eines Chronisten, ebenso an die Notwendigkeit zu erinnern, um das tägliche Brot zu beten. Er vermerkt zum Jahre 1637:

»Das ist widerumb gar ein denckwürdiges Jar, welcheß alle Haußvetter Ihren Kindern aufzeichnen sollten, damit sie desto fleißiger umb dass liebe tegliche Brodt bedeten und nicht dechten, sie hetten alleß ohne dass gebeed, denn in diesem Jahr ist ein überauß köstlicher Wein gewachsen [...], aber den Brodtkorb hat unß der liebe Gott über alle Maßen hoch gehenget.«[41]

Wenn die Menschen nicht beteten, so erklärt auch Hans Heberle immer wieder, so bliebe ihnen Krieg, Pest, Misswachs und Teuerung nicht erspart. Ungeachtet seiner häufig erlebten Prüfungen und Entbehrungen ließ sich der Schuhmacher in seinem Vertrauen auf Gott bis an sein Lebensende nicht beirren und teilt 1672 noch in seinem vorletzten Chronikeintrag angesichts einer befürchteten Missernte mit: »Gott ist allmechtig [...], er kann zu aller zeit helffen, wan wir im nur recht vertrauen theten.«[42]

Die Zusammengehörigkeit der Eigenschaften Gottes als allmächtiger und als liebender Gott fand seinen entscheidenden Ausdruck im Bild vom Vater. Von einem Vater wird Liebe, Treue, Fürsorge und Schutz erwartet, zu deren Erfüllung Barmherzigkeit und Macht Voraussetzung sind. Im damaligen Verständnis Gottes und im Verständnis der Obrigkeit gab es hier eine auffällige und unverkennbar voneinander – d.h. letztere vom ersteren – abgeleitete Gemeinsamkeit: Auch die Obrigkeit wurde idealiter in der väterlichen Rolle gesehen, und die daran geknüpften Erwartungen der »Landeskinder« waren, zumindest in der Zuständigkeit für Fürsorge und Schutz, denen der »Gotteskinder« nicht unähnlich. In den wenigen Studien zum Vaterbild[43] finden sich zwar Hinweise auf einen Zusammenhang zwischen dem jeweiligen Bild vom »Gott-Vater«, vom »Landesvater« und vom »Hausvater«, etwa indem die »Analogie vom himmlischen und irdischem Hausvater« und das dem Heils-

---

[40] SALOMON, Müssiggang Mein (wie Anm. 32) S. 13.
[41] Ebd. S. 49.
[42] ZILLHARDT, Heberles Zeytregister (wie Anm. 1) S. 273.
[43] Vgl. die betreffenden Studien in: HUBERTUS TELLENBACH (Hg.), Das Vaterbild im Abendland, I: Rom, Frühes Christentum, Mittelalter, Neuzeit, Gegenwart. Stuttgart usw. 1978; und PAUL MÜNCH, Die »Obrigkeit im Vaterstand«. Zu Definition und Kritik des »Landesvaters« während der Frühen Neuzeit, in: Daphnis 11, 1/2. 1982 S. 15–40.

geschehen entstammende »Prinzip paternaler Herrschaft«[44] herausgestellt wird, doch fehlt die Bezugnahme auf die realen Erfahrungen der Gläubigen bzw. Untertanen, die ihr Gottesbild ebenso wie ihr Bild von der Obrigkeit prägten.

Im ausgehenden 16. Jahrhundert und in der ersten Hälfte des 17. Jahrhunderts gab es angesichts der Klimaverschlechterung und ihrer Auswirkungen, aber auch des Dreißigjährigen Krieges und dessen Folgen, zugleich der Hungersnöte, Pestwellen und anderer Seuchen mannigfache Bemühungen der Regierenden, diesen Herausforderungen aktiv zu begegnen.[45] Desungeachtet machten die Zeitgenossen dieser Jahrzehnte angesichts der nicht enden wollenden Krise und des gleichfalls nicht enden wollenden Krieges gehäuft die Erfahrung, dass ihre Landesherren und Magistrate die erwartete Fürsorge und den erwarteten Schutz nicht gewährten, d. h. dass diese die ihnen zugedachte Vaterrolle alles andere als erfüllten oder erfüllen konnten. In allen solchen, gewiss auch besonders einprägsamen Fällen blieben sich die jeweiligen Untertanen selbst überlassen, und zwar mehr auf Verderb als auf Gedeih.[46] Die Menschen erlebten also ihre Fürsten und Potentaten Gott gegenüber nicht nur genauso sündig und sterblich[47] wie sich selbst, sondern sie hatten darüber hinaus mehr als genug Gelegenheit, deren Macht- und Hilflosigkeit und obendrein deren Eigennutz zu beobachten. Dies aber wirkte sich auf ihre Gottesbeziehung aus. Je weniger Schutz und Existenzsicherung sie von ihrer Obrigkeit, ihren »Landesvätern« erfuhren, desto mehr sahen sie sich auf Gott, auf »Gott-Vater« angewiesen, desto mehr, um das obige

---

[44] Vgl. GOTTHARDT FRÜHSORGE, Die Begründung der »väterlichen Gesellschaft« in der europäischen *oeconomia christiana*. Zur Rolle des Vaters in der »Hausväterliteratur« des 16. bis 18. Jahrhunderts in Deutschland, in: Das Vaterbild im Abendland (wie Anm. 43) I, S. 110–123, hier 116f.

[45] Etwa die Aktivitäten während der großen Hungerkrise von 1570 zur Vorratshaltung von Getreide und Verteilung an Bedürftige; vgl. dazu WOLFGANG BEHRINGER, Die Krise von 1570. Ein Beitrag zur Krisengeschichte der Neuzeit, in: Um Himmels Willen (wie Anm. 8) S. 51–156, hier S. 128ff. Zu nennen sind ebenfalls Maßnahmen zur Eindämmung der Pest und anderer Seuchen, zum Schutz und zur Verteidigung während des Krieges sowie zur Verhütung und Bekämpfung von Bränden und Überschwemmungen.

[46] Vgl. dazu mit Beispielen BENIGNA VON KRUSENSTJERN, Das Schiff, der Steuermann und die Kriegsfluten. Staatserfahrung im Dreißigjährigen Krieg, in: »Erfahrung« als Kategorie der Frühneuzeitgeschichte. Hg. PAUL MÜNCH (Historische Zeitschrift, Beiheft 31). München 2001 S. 425–432.

[47] Der Hinweis auf die Sterblichkeit bildete einen Angelpunkt der Fürstenkritik. Johann Morhard zitiert z. B., um seine Kritik am Straßburger Bischof zum Ausdruck zu bringen, ein lateinisches Distichon, in dem es u. a. heißt: »mortales mors super instat / Caesaris aut regis, vel, Leopolde, tua.« (»Über den Sterblichen steht drohend der Tod, über Kaiser und König, auch über dir, Leopold.«). MORHARD; Haller Haus-Chronik (wie Anm. 11) S. 95.

Zitat Happes aufzunehmen, »klebten sie wie ein Klette an seinem Kleide«. Erschwerend kam hinzu, dass sich vielerorts auch die institutionelle Kirche[48] in einer Krise befand und »den Menschen in ihren Ängsten und Nöten nicht den gewünschten Halt und die erhoffte Sicherheit vermitteln konnte«.[49] Als gleichsam natürliche Folge führten Krisen, Katastrophen und Krieg nicht von Gott weg, sondern zu Gott hin.

Dieses findet in der großen Nachfrage nach Frömmigkeitsliteratur[50] ebenso seine Bestätigung wie in der zunehmenden Bedeutung des Prodigienglaubens. Bei einfachen und gelehrten Menschen war es gleichermaßen verbreitet, verschiedenste Himmels-, Natur- und Wundererscheinungen, sogenannte Prodigien oder Vorzeichen, als direkte Botschaften Gottes aufzufassen.[51] Gott wurde dabei aber nicht allein als Verkünder von Unheil gesehen, sondern zugleich als die »Instanz, an die man sich im Gebet wenden konnte und auf die man vertrauen durfte, dass die Schrecken gesteuert bzw. ihnen ein Ende gesetzt werden würden«.[52] Für Prodigien wurden auch eine Reihe von Wetterphänomenen gehalten, wie etwa Sturmwinde und Kugelblitze mit unheilvoller Bedeutung, während der Regenbogen als besonderes Gnadenzeichen Gottes[53] galt.

Im Blick auf kulturelle oder religiöse Konsequenzen lässt sich aufgrund der herangezogenen Quellen keine tiefergehende Veränderung der theozentrischen Weltsicht, vielmehr deren Bestätigung feststellen. Für die Gläubigen in dieser Zeit der mehrfachen Heimsuchungen besaß die Orientierung an Gott – an seiner Liebe und seinem Zorn, an seinen Strafen und seinem Segen, d.h. insgesamt an seiner Allmacht – eine überragende Bedeutung. Da die »apokalyptischen Reiter« damals schnell hintereinander oder auch oft zusammen auftraten, ist es jedoch kaum möglich, einen dieser Reiter – nämlich den »Hunger« – hinsichtlich der Gottesauffassung isoliert zu betrachten und auf seine Konsequenzen zu befragen. Dass das Orientierungsbedürfnis an Gott sogar in einer nicht gerade für Glaubensäußerungen bekannten Gat-

---

[48] Hier ist die lutherische Kirche gemeint.
[49] MANFRED JAKUBOWSKI-TIESSEN, Kirchenkritik und neue Frömmigkeit in Schleswig-Holstein im 17. Jahrhundert, in: Kirchliches Leben in Schleswig-Holstein im 17. Jahrhundert. Hg. MARION BEJSCHOWETZ-ISERHOHT / REIMER WITT. Schleswig 2003 S. 115-134, hier 12.
[50] Vgl. dazu HARTMUT LEHMANN, Das Zeitalter des Absolutismus. Gottesgnadentum und Kriegsnot (Christentum und Gesellschaft 9). Stuttgart usw. 1980 S. 114 ff.
[51] Vgl. dazu mit zahlreichen Beispielen BENIGNA VON KRUSENSTJERN, Prodigienglaube und Dreißigjähriger Krieg, in: Im Zeichen der Krise. Religiosität im Europa des 17. Jahrhunderts. Hg. HARTMUT LEHMANN / ANNE-CHARLOTT TREPP (Veröffentlichungen des Max-Planck-Instituts für Geschichte 152). Göttingen 1999 S. 53-78.
[52] Ebd. S. 70.
[53] Vgl. dazu oben S. 189 und Anm. 35.

tung wie den vorwiegend lapidar gehaltenen Chroniken zum Ausdruck gelangt, spricht für sich. Doch auch die Grenzen dieser Gattung haben sich gezeigt. In der Regel für die Nachfahren, für die Nachwelt verfasst, sind Chroniken nicht das Medium, Zweifel oder Verzweiflung zu dokumentieren. Dennoch lassen auch sie erkennen, dass eine besondere Herausforderung der Gläubigen darin lag, angesichts der vielfältigen Leidenserfahrung an der Untrennbarkeit des Zornes und der Liebe Gottes festzuhalten, den Vatergott über den Richtergott dominieren zu lassen. Gelang ihnen dies, so lag für sie in ihrem Gottesverständnis ein Schlüssel zur Überwindung von Angst, Not und Pein.

Summary

How did people cope with the deteriorating weather, among other afflictions, towards the end of the sixteenth century and in the first decades of the seventeenth century? This question cannot be answered adequately without considering the contemporary conception of God. Despite its central importance, people's, that is non-theologians, conception of God at that time is not known.

Several personal chronicles written by craftsmen, officials, physicians and so forth serve as a basis for discerning their references to God and comments on God and his acts. These writers conceived of God acting in completely different ways: as a punishing judge and as a loving and merciful father. These ideas of God, however, were not conceived as being contradictory, but rather as being inseparable owing to God's omnipotence.

In these personal chronicles, the experiences of extreme weather and its effects on the crops are often mentioned, yet these authors did not view this as a process of deterioration, or even as a process at all. For them, God acted through the weather each time anew and, as a consequence, often contrary to human expectation. God's punishments through "bad" weather were conceived of as reactions to sins committed by human beings, while His interventions to bestow blessings through "good" weather were seen as evidence of his love and as a lasting source of hope. This hope was deeply founded on God's promise in Genesis 8:22.

Some of the chroniclers did not conceal their difficulties in acknowledging the dominance of God's love over his wrath. Nevertheless, according to these sources, the experiences of great suffering confirmed the importance of the theocentric world view as a guiding principle.

Das Leiden Christi und das Leiden der Welt

Die Entstehung des lutherischen Karfreitags

von

Manfred Jakubowski-Tiessen

I.

Teuerung und Hungersnot brächten es mit sich, dass viele

»manche Nacht vngeschlaffen ligen / vnd dagegen sinnen / dichten vnd erachten / wie sie sich mit Weib vnd Kind ernehren und durch die Thewrung hinbringen wöllen. In solchem sinnen und erachten kompt mancher dahin / daß / weil die Thewrung lang wehret / der Kinder vnd Ehehalten seind viel / das Handwerck ist böß vnd gering / die Nahrung klein vnd geschwind / es steigt alles auffs höchste / es stecket alles / vnd will weder hinder sich noch für sich / ein solcher Mensch gedenckt: es ist nicht wol müglich / daß ichs in die länge erschwingen kann. Wie nun da? Was sol ein frommer guthertziger Christ thun? Wie solle er sein sach anstellen / vnd sich selbst trösten vnd auffrichten?«

so fragt der 1589 verstorbene schwäbische Pfarrer Moses Pflacher in einer Predigt mit dem Titel »Von den Notfasten«,[1] in der er die Auswirkungen der großen Hungerkrise von 1570/71 theologisch reflektiert.[2] Pflacher[3] war sich

---

[1] Moses Pflacher, Postill / oder Predigten / Vber die Sontägliche / vnd fürnembsten Fest / Evangelien, Tübingen. Hg. Georg Anwander. Tübingen 1602 S. 226 f. Die Predigt wurde am *Sonntag Invocavit* gehalten; das Jahr ist allerdings nicht bekannt. Auf die Hungerjahre nach 1570 wird auf S. 231 Bezug genommen, wenn es heißt: »Wir haben vnlangst vor wenig jaren auch ein grosse vnd schwere Notfasten gehabt.« Es ist anzumerken, dass Pflacher in den Jahrzehnten der Not nach der großen Hungerskrise von 1570 schon ein Buch über die Kunst des Sterbens herausgebracht hatte. Ders., Die gantze Lehr vom Tod und Ableben des Menschen / in ein richtige ordnung kurtz gefasset, und geprediget. [Herborn] 1589.

[2] Über die Hungerkrise und ihre Auswirkungen, siehe Wolfgang Behringer, Die Hungerkrise von 1570. Ein Beitrag zur Krisengeschichte der Neuzeit, in: Um Himmels Willen. Religion in Katastrophenzeiten. Hg. Manfred Jakubowski-Tiessen / Hartmut Lehmann. Göttingen 2003 S. 51–156.

[3] Das Studium der Theologie hatte Pflacher 1569 mit dem Magisterexamen abgeschlossen. 1573 wurde er in Tübingen ordiniert; sein anschließender Wirkungsort ist unbekannt. Ab 1582

bewusst, dass in einer solchen Extrem-Situation seelsorgerlicher Beistand zu leisten und Trost zu spenden war; zugleich fühlte er sich als Pfarrer verpflichtet, Wege zur – vor allem mentalen und psychischen – Bewältigung einer solchen Krise aufzuzeigen. Unter Hinweis auf die Geschichte von der Versuchung Jesu (Mt 4,1–4; Lk 4,1–4) appelliert er an seine Gemeinde, Geduld zu üben und Anfechtungen zu widerstehen, wie es Christus auch getan habe während seines 40-tägigen Aufenthalts in der Wüste, in der Gott ihn nicht habe verhungern lassen.[4] Pflacher greift aber auch die nahe liegende Frage auf, »wann dann Gott vnser Vatter ist / vnd es so gut vnd trewhertzig mit vns meint / warumb gibt er vns dann nicht alle zeit genug / sondern laßt vns so lang fasten / Mangel / Hunger vnd Kummer leiden.« Pflachers Antwort: »Er thuts darumb / daß er vns gleichförmig mache dem Ebenbild seines Sohns.«[5]

Dass wir »Christo nachleiden« sollen, damit »wir ihm gleichförmig werden« (Röm. 8, 29), hatte Martin Luther unter anderem im *Sermon vom Leiden und Kreuz* dargelegt. Christi Leiden sei ein Exempel, welchem wir in unserem Leiden nachfolgen sollen; »denn Gott hat es also beschlossen, das wir nicht allein an den gecreutzigten Christum glauben, sondern auch mit ihm gecreutziget werden und leiden sollen«, heißt es dort.[6] Moses Pflacher orientiert sich in seiner Predigt an der *theologia crucis*, welche – wie Walther von Loewenich betont – ein »Denkprinzip« der gesamten Theologie Martin Luthers bildete.[7] Nach der Kreuzestheologie Luthers ist das Kreuz der einzige Schlüssel zum Verständnis von Gottes Wort. Erst wer das Kreuz kennt, kann Christus erkennen und die Hoffnung, die in seinem Tod am Kreuz be-

---

war er Hofprediger bei den Grafen von Ortenburg. Von 1585 bis zu seinem Tod 1589 war er Pfarrer und Superintendent in Kempten, wo ihn Georg Anwander, der Herausgeber seiner Predigten, noch selbst predigen hörte. Siehe Biographisch-Bibliographisches Kirchenlexikon, VII. 1994 Sp. 421–423 (SABINE HOLTZ); CHRISTIAN GOTTLIEB JÖCHER, Allgemeines Gelehrten=Lexicon, III. Leipzig 1751 Sp. 1497; sowie ebd. VI. Ergänzungsband. Hg. HEINRICH WILHELM ROTERMUND. Bremen 1819 Sp. 21 f.

[4] Ähnlich argumentiert JOHANN HABERMANN in seiner: Postilla, Das ist Außlegung der Episteln vnd Euangelien / auff alle sontage vnd fürnembste Feste / sampt der Passion / durchs gantze Jar. Wittenberg 1589 S. 176 r: »Allhie sagt der Apostel Petrus / das vns das leiden Christi sol ein Exempel sein der gedult / das wir vnsern HErrn nachfolgen im creutz vnd leiden / vnd solches mit sanfftem mut vnd geduldigem hertzen.«

[5] PFLACHER, Postill (wie Anm. 1) S. 230.

[6] Dr. MARTIN LUTHERS Werke, Kritische Gesamtausgabe, XXXII. Weimar 1906 S. 28–39, hier 29, vgl. auch 22 ff.

[7] WALTER VON LOEWENICH, Luthers Theologia crucis. München [4]1954 S. 7 f.; siehe in diesem Zusammenhang vor allem das Kapitel »Das Leben unter dem Kreuz« S. 148–196; ferner MARTIN BRECHT, Martin Luther. Sein Weg zur Reformation 1483–1521. Stuttgart 1981 S. 226 f. und 281.

gründet ist.[8] In Anknüpfung an die mit Luthers Rechtfertigungslehre verbundene doppelte Deutung des Kreuzes erklärt Moses Pflacher den Zusammenhang zwischen dem Versöhnungswerk Christi und dem irdischen Leiden:

»Dann daß Christus für vns gelitten vnd bezalt hat / hören wir gern / vnd ist vns ein liebliches Euangelium vnd süsse Predigt: aber daß wir in seine Fußstapffen tretten / vnd gleicher gestalt vmb seiner willen leiden / das will vns etwan schwer ankommen. Nu stehet es aber bey einander / vnd würdt sich nicht von einander scheiden lassen: wer das ein haben will / der muß sich in das ander auch begeben.«[9]

Die Erbauungsliteratur um 1600 ist durchzogen von der Idee der *theologia crucis*, wie uns auch das Thema der »Kreuzschule« in zahlreichen literarischen Zeugnissen begegnet.[10] Die Vorstellung eines Mitleidens mit Christus wird in Predigten und theologischen Schriften dieser Zeit besonders oft thematisiert.[11] In der Aufnahme spätmittelalterlicher mystischer Ideen ist in diesen Krisenjahren zudem ein Konzept der *imitatio Christi* entstanden, das mit der Nachfolge Christi im Leiden beginnt und seine Vollendung in der Teilhabe an der Herrlichkeit Christi findet. Ein solches Konzept hat Johann Arndt entwickelt,[12] in dessen zweitem Buch *Vom Wahren Christentum* dieser Prozess des Gleichförmig-Werdens mit Christus beschrieben wird.[13] Für Arndt ist die Leidensnachfolge die grundlegende Perspektive eines christli-

---

[8] Vgl. z.B. DANIEL HÄNICHEN, Das schöne vnd trostreiche AGNUS DEI. Leipzig 1612.
[9] PFLACHER, Postill (wie Anm. 1) S. 335.
[10] EVA-MARIA BANGERTER-SCHMID, Erbauliche illustrierte Flugblätter aus den Jahren 1570–1870 (Mikrokosmus. Beiträge zur Literaturwissenschaft und Bedeutungsforschung 20). Frankfurt a.M. usw. 1986 S. 112. Zur Kreuzschule vgl. auch BENIGNA VON KRUSENSTJERN, »Gott der allmechtig, der das weter fiehren kann, wohin er will«. Gottesbild und Gottesverständnis in frühneuzeitlichen Chroniken, in diesem Band S. 184f.
[11] Seit dem Ende des 16. Jahrhunderts bekommen die Passionslieder eine größere Bedeutung und übertreffen schon bald die Weihnachts- und Osterlieder, die vorher in großer Überzahl vorhanden waren. Siehe PATRICE VEIT, »Gerechter Gott, wo will es hin / Mit diesen kalten Zeiten?« Witterung, Not und Frömmigkeit im evangelischen Kirchenlied, in diesem Band S. 283–310.
[12] HERMANN GEYER, Verborgene Weisheit. Johann Arndts »Vier Bücher vom Wahren Christentum« als Programm einer spiritualistisch-hermetischen Theologie, II: Die metaphorische Programmatik der »Vier Bücher vom Wahren Christentum«. Berlin usw. 2001 S. 164ff.
[13] In der Erstausgabe des zweiten Buches der Braunschweiger Ausgabe von 1606 beschreibt ARNDT im Untertitel den Inhalt mit den folgenden Worten: »Also lernet man den Gecreutzigten Christum kennen, lieben, bekennen, Predigen vnd verkündigen; dasselbe aber stehet nicht allein in Worten, sondern Christum bekennen vnd Predigen heisset auch, Christi Schmach, spott vnd verachtung tragen, in Christo leben vnd wandeln, Ja mit Christo Gecreutziget vnd getödtet werden, wie ein Geistreicher Mann etwa gesagt hat: Wenn man will Christi Trost verkündigen, wie S. Paulus ermahnet, So muss man denselbigen also verkündigen, das die Leute lernen mit Christo sterben: Vnd das ist der inhalt des andern Buchs.« Zitiert nach GEYER, Verborgende Weisheit (wie Anm. 12) S. 98.

chen Lebens. Der Gedanke, »daß die Christus-Nachfolge erst im eigenen Mit-Leiden durch viel Trübsal zur Herrlichkeit führe«, sei, wie Hermann Geyer hervorhebt, von derart zentraler Bedeutung für das Arndtsche Konzept der *imitatio Christi*, dass er ihn wieder und wieder betone.[14] Der Gedanke der Leidensnachfolge steigert sich bei Arndt geradezu zu einer »religiösen Leidenssehnsucht«.[15]

Die Christen müssten mit Christus leiden, »auff daß sie mit jhm zur Herrligkeit erhalten werden«, betonte auch der Geistliche Zacharias Praetorius aus Eisleben; denn

»alle Creatur sehnet sich gegen jener herrligkeit / nit allein die Menschen / sondern die gantze Welt ist dieses Wesens vberdrüssig / wie ein alter Mensch wird des Lebens satt vnd müde / weil es so seltzam zugehet / solche Trübsal vnnd grosse schwacheit ist / Also wird die Welt des wesens müde / weil solche Vntrew ist / Vnd alle Creatur also abnimpt / der Himel / die Lufft wird seltzam / die Erde gibt nicht mehr jhr vermügen / Die Fische im Wasser / die Vögel in der Lufft verschwinden / nu will alles zu wenig werden / Vnnd wenn etwa zimliche genüge ist / so reissets der Geitz zu sich / Darumb / was thue ich denckt die Sonne / das ich die Gottlosen bediene? Was thue ich Erde / das ich so viel früchte trage den Gottlosen [...].«[16]

Praetorius[17] zeichnet in seiner 1575 veröffentlichten Predigt das Bild einer Welt, in der sich die Natur verändert hat und in Unordnung geraten ist. Das Wetter sei »seltsam« geworden, die Ernten würden schlecht ausfallen, und das Tierreich lichte sich zunehmend. Diese Veränderungen in der Natur werden als Zeichen für die Altersschwachheit der Welt gedeutet.[18] Der Glau-

---

[14] Ebd. S. 165f.
[15] Ebd. S. 166.
[16] ZACHARIAS PRAETORIUS, Sylva Pastorum. Das ist / Materienbuch allerhandt predigten für einen Christlichen Pfarrherr vnnd Seelsorger. Magdeburg 1575 S. 273 v; vgl. auch AMBROSIUS TAUBER, Bussrufer ausgesand zu verkündigen und zu ruffen [...] »Das X. Zeichen«. Magdeburg 1596: »Alle creaturen nehmen ab und sind uberdrussig / der Grund gottlosen Welt zu dienen / wie S. Paulus Röm. 9, sagt: Das engstigliche harren der Creatur / wartet auff die Offenbahrung der Kinder gottes / alle Creatur sehnet sich mit uns / und engstet sich noch immerdar.« Die Sonne verberge sich immer häufiger hinter den sich zusammenziehenden Wolken und verschwinde für lange Zeit, als ob sie gar nicht mehr erscheinen wolle: »Oftmals ist sie Blutroth gewesen / und in etlichen tagen wenig scheins von sich gegeben. Sie scheinet nicht mehr so lieblich / und ist nicht mehr so warmer frölicher und bestendiger Sommer / sondern das Wetter und alles verendert sich / und nahet sich alles Augenscheinlich zu ende [...].« Zitiert bei ROBIN B. BARNES, Der herabstürzende Himmel. Kosmos und Apokalypse unter Luthers Erben um 1600, in: Jahrhundertwenden. Endzeit- und Zukunftsvorstellungen vom 15. bis zum 20. Jahrhundert. Hg. MANFRED JAKUBOWSKI-TIESSEN / HARTMUT LEHMANN / JOHANNES SCHILLING / REINHART STAATS. (Veröffentlichungen des Max-Planck-Instituts für Geschichte 155). Göttingen 1999 S. 139f.
[17] Zu Praetorius, siehe JÖCHER, Gelehrten=Lexicon (wie Anm. 3) III, Sp. 1751f.
[18] Vgl. ZACHARIAS PRAETORIUS, Predigt von den Zeichen des Jüngsten Tages, in: DERS., Sylua

be an ein Ende des Erdzeitalters war im letzten Drittel des 16. und beginnenden 17. Jahrhunderts nicht außergewöhnlich, sondern wurde von vielen Zeitgenossen geteilt.[19] Auch dass vor dem Jüngsten Tag noch eine Zeit des Leidens zu bewältigen sei, war den bibelkundigen Gläubigen jener Zeit vertraut.[20] Neu war, dass das Leiden der Welt nun aufs engste mit aktuellen Veränderungen in Natur und Klima ursächlich verbunden und diese Veränderungen als Zeichen der herannahenden Endzeit gedeutet wurden.[21]

Auch Praetorius fühlte sich als Seelsorger bemüßigt, den Zuhörern resp. Lesern seiner Predigt zu erläutern, weshalb es den Christen auferlegt sei, hier auf Erden zu leiden. Die Christen seien Miterben Christi und somit auch Miterben seines Leidens; denn wollen sie »des guten Miterben sein«, so müssten sie auch »des Bösen Miterben« sein.[22] Das Leiden Christi und das Leiden der Welt wurden gewissermaßen in einen funktionalen Zusammenhang gebracht. Das Leiden der Welt wird aber nicht allein nach dem Sünde-Strafe-Schema, also mit der typischen Sündenökonomie erklärt, wie es zum Beispiel Thomas Rorarius in seinen 25 Predigten über die Teuerung macht,[23] sondern dem Leiden wird ein tieferer theologischer Sinn beigelegt. Der Gedanke der Nachfolge Christi im Leiden rückt jetzt in den Vordergrund. Durch das Leiden würden die Christen geläutert, zum Kampf gegen den »alten Adam« ermuntert, deshalb müsse das Leiden dankbar angenommen wer-

---

Pastorum (wie Anm. 16) S. 86 ff. »Je elter die Welt / je ärger sie würdt / wie die tägliche Erfahrung bezeuget.« So PFLACHER, Postill (wie Anm. 1) S. 397.

[19] Vgl. HARTMUT LEHMANN, Frömmigkeitsgeschichtliche Auswirkungen der »Kleinen Eiszeit«, in: DERS., Religion und Religiosität in der Neuzeit. Historische Beiträge. Hg. MANFRED JAKUBOWSKI-TIESSEN / OTTO ULBRICHT. Göttingen 1996 S. 71; und BARNES, Der herabstürzende Himmel (wie Anm. 16) S. 129 ff. und 139 ff.

[20] Über das apokalyptische Denken um 1600, siehe ROBIN B. BARNES, Prophecy and Gnosis. Apocalyptism in the Wake of the Lutheran Reformation. Stanford 1988; THOMAS KAUFMANN, 1600. Deutungen der Jahrhundertwende im deutschen Luthertum, in: Jahrhundertwenden (wie Anm. 16) S. 73–128; und HARTMUT LEHMANN, Weltende 1630. Daniel Schallers Vorhersage von 1595, in: ebd. S. 147–161.

[21] Vgl. DERS., Martin Behms Kirchenlieder als sozialhistorische Quelle, in: Historie und Eigen-Sinn. Festschrift für Jan Peters zum 65. Geburtstag. Hg. AXEL LUBINSKI / THOMAS RUDERT / MARTINA SCHATTKOWSKY. Weimar 1997 S. 227–235. Über die »Kleine Eiszeit« und ihre klimatologischen Auswirkungen siehe CHRISTIAN PFISTER, Weeping in the Snow. The Second Period of Little Ice Age-Type Impacts, 1570–1630, in diesem Band, S. 31–86. Dort finden sich auch Hinweise auf weiterführende Literatur.

[22] PRAETORIUS, Sylva Pastorum (wie Anm. 16) S. 273 v.

[23] THOMAS RORARIUS, Von der grausamen regierenden Thewrung / Darin ordentlich vnd kurtzlich vermeldet / was Thewrung / an jr selbst / woher vnd warumb sie kommen / vnd wie sich hierin zuhalten. Frankfurt a. M. 1572; zu Rorarius siehe JOHANNES JANSSEN, Geschichte des deutschen Volkes, VIII. Freiburg i. Br. 1894 S. 336 f.; und BEHRINGER, Die Hungerkrise von 1570 (wie Anm. 2) S. 64.

den. »Wir müssen durch viel Trübsal in das Reich Gottes eingehen« (Apg. 14,22) ist eines der oft zitierten Bibelworte in dieser Zeit. Wie Elke Axmacher konstatiert, ist es in der lutherischen Theologie des 17. Jahrhunderts zu einer positiven Bewertung des Leidens gekommen.[24]

Die Zeit um 1600, die von einer Klimaverschlechterung und damit verbundenen Missernten, Hungersnöten und Seuchen, aber auch von Kriegen und ökonomischen Krisen geprägt war, wurde als eine Zeit der »Not, Angst und Pein« gesehen; und es sind diese drei, in protestantischen Kirchenliedern jener Epoche häufig verwendeten Begriffe, die das Krisenbewusstsein dieser Generationen widerspiegeln.[25] In diesen Zeiten der Bedrängnis bekam die Betrachtung des Leidens Christi ohne Zweifel auch eine das eigene Leiden relativierende Funktion, wie Johannes Wingerkind aus Warza im Amt Gotha in seiner 1598 publizierten Schrift *Christus Crucifixus* anschaulich darlegt: Christus habe es selbst erfahren, wie armen, elenden, notleidenden Menschen zumute sei. Er habe Armut, Verachtung, Spott, Anfechtung, Traurigkeit, Todesangst und Not ebenfalls erlitten, »vns allen / die wir drinnen stecken / zu trost vnd gute / daß wir einen Gesellen an jhn haben / vnd nicht gedencken dürffen / wir seinds allein / die da leiden [...]«.[26] In einem erbaulichen Flugblatt mit dem Titel »Lehr- und Trostreiche Betrachtung von dem H. Creutze« ging es vor allem auch darum, »das Ausmaß des menschlichen Leidens zu relativieren«, wenn es dort heißt: »Sein [d.h. Christi] Kreuz fein offt und recht betracht / Dir alles Kreuz viel leichter macht [...] Sein Kreuz ein Last war schwer und hart / Da dein Kreuz ist ein Rüthlein zart.«[27]

Zugleich wurde aber mit der religiösen Reflexion über den Kreuzestod Christi immer auch eine über das eigene Leiden hinausgehende, verheißungsvolle Perspektive eröffnet: die Überwindung der irdischen Not und des Leidens durch den Sühnetod Christi. »Unsere eigene große Not, Jammer

---

[24] ELKE AXMACHER, »Aus Liebe will mein Heyland sterben«. Untersuchungen zum Wandel des Passionsverständnisses im frühen 18. Jahrhundert (Beiträge zur theologischen Bachforschung 2). Neuhausen usw. 1984 S. 87.

[25] Vgl. HARTMUT LEHMANN, »Not, Angst und Pein«. Zum Begriff der Angst in protestantischen Kirchenliedern des späten 16. und des frühen 17. Jahrhunderts, in: Festschrift für Reiner Haussherr (im Druck).

[26] JOHANNES WINGERKIND, Christus Crucifixus, Das ist Wie ein Armer Sünder das Bilde deß gecreutzigten Christi / seines einigen Erlösers / am Stamb deß heyligen Creutzes hangende / in seinem gantzen Leben / sonderlich aber in höchster anfechtung und Sterbensnoht / mit Glaubens Augen recht Christlich vnd seliglichen anschawen vnd betrachten soll. Erfurt 1594 (ohne Seitenzählung).

[27] BANGERTER-SCHMID, Erbauliche illustrierte Flugblätter (wie Anm. 10) S. 110 f. und 111 Anm. 32. Im Flugblatt steht für das Wort »Kreuz« jeweils ein Kreuzzeichen.

und Elend, Mühe und Arbeit, darinnen wir alle sämtlich und sonderlich stecken mit Leib und Seel«, mache es notwendig, das Leiden und Sterben Christi zu unserem eigenen Nutzen fruchtbar zu betrachten, erklärte beispielsweise Nikolaus Selnecker in seiner *Passio*,[28] welche kurze, für die Fastenpredigten des Jahres 1572 niedergeschriebene Aufzeichnungen enthält.[29] Denn Trost finde man nur im Wissen,

»dass Jesus Christus sich unserer Not hat mit Ernst angenommen und ist für uns gecreuziget und gestorben. Da sagen wir nun: Wohlan, es gehe, wie es mag gehen, so wissen wir doch, dass wir haben einen gnädigen, barmherzigen, gütigen Gott und Vater, der uns seinen eingebornen Sohn geschenkt hat und ihn uns zu gut hat lassen leiden und sterben.«[30]

Die Betrachtung und Erläuterung der Passionsgeschichte besaß folglich eine doppelte Funktion: Sie half das eigene Leiden in Gegenüberstellung zum Leiden Christi zu relativieren und eröffnete zugleich die Hoffnung auf eine alles irdische Leiden überwindende Erlösung. Nicht zuletzt wegen dieser doppelten Perspektive wurden die Werke über die Passion Christi im späten 16. und im 17. Jahrhundert zu einem besonders beliebten Zweig der Erbauungsliteratur und die Leidensgeschichte Christi gern als Predigtthema an Buß- und Bettagen gewählt, die anlässlich von Katastrophen oder Kriegsdrangsalen gehalten wurden.[31]

II.

Wenn in einer Zeit von Not und Elend nicht allein von Seiten der Kirche verstärkt der Blick auf das Leiden und den Tod Christi gerichtet wurde, sondern auch in der Bevölkerung eine starke Rezeption der Passionsliteratur

---

[28] Selnecker (1530–1582) studierte in Wittenberg, wurde 1558 Hofprediger in Dresden, 1561 Professor der Theologie in Jena, 1568 Superintendent und Professor der Theologie in Leipzig, 1570 Hofprediger und Generalsuperintendent zu Wolfenbüttel. Dazu Jöcher, Geehrten=Lexicon (wie Anm. 3) IV, Sp. 494f.

[29] Nikolaus Selnecker, Passio. Das Leiden vnd Sterben vnsers Herrn Iesv Christi, aus den Vier Euangelisten. Fromme Christen zur Lehre vnd zum Trost zusammengezogen vnd kürtzlich erkleret, 1572, zitiert nach Hermann Beck, Die Erbauungsliteratur der evangelischen Kirche Deutschlands von Dr. M. Luther bis Martin Moller. Erlangen 1883 S. 293 f.

[30] Ebd.; über die Trost spendende Funktion der *theologia crucis*, vgl. Bangerter-Schmid, Erbauliche illustrierte Flugblätter (wie Anm. 10) S. 111.

[31] Vgl. Constantin Grosse, Die Alten Tröster. Ein Wegweiser in die Erbauungsliteratur der evang.-luth. Kirche des 16. bis 18. Jahrhunderts, I. Hermannsburg 1800 S. 87; Paul Graff, Geschichte der Auflösung der alten gottesdienstlichen Formen in der evangelischen Kirche Deutschlands, I. Göttingen 1939 S. 122, 124.

festzustellen ist, ist zu fragen, wie sich eine solche Akzentuierung des christlichen Glaubens auf die religiöse Praxis, vor allem auf die religiöse Gestaltung jenes Tages ausgewirkt hat, an dem das Leiden und der Tod Christi üblicherweise im Mittelpunkt theologischer Reflexionen stehen, nämlich auf den Karfreitag.

Der Karfreitag, über dessen Geschichte es erstaunlicherweise bisher keine grundlegende Untersuchung gibt,[32] wurde vom frühesten Christentum an als ein Trauertag gesehen, an dem an die Passion und den Kreuzestod Christi erinnert wurde. Im Mittelalter gehörte der Karfreitag keineswegs zu den hohen christlichen Festen wie etwa Ostern als Tag der Auferstehung. Karfreitag galt nur als halber Feiertag, an dem die Arbeit nur während des Gottesdienstes oder bis zum Mittag ruhen sollte.[33] Außerdem war der Karfreitag ein aliturgischer Tag, an dem nur ein mit Lesungen verbundener Gottesdienst stattfand mit der *adoratio crucis*, der Anbetung des Kreuzes, als Höhepunkt.[34] Nach der Reformation wurde der Karfreitag – wie andere Festtage der mittelalterlichen Kirche auch – in vielen Landeskirchen nach alter Tradition als halber Feiertag fortgeführt.[35] Er hatte in der Karwoche neben dem Gründonnerstag aber weiterhin einen nur wenig herausgehobenen Status, wie die frühen protestantischen Kirchenordnungen zeigen. Nach der Kirchenordnung von 1528 sollte der Karfreitag im ernestinischen Sachsen, wie

---

[32] Auch das von KARL-HEINZ BIERITZ herausgegebene Buch: Das Kirchenjahr. Feste, Gedenk- und Feiertage in Geschichte und Gegenwart. München 1986, ³1991 S.111f., wird der geschichtlichen Entwicklung des Karfreitags nicht gerecht, wenn vom Mittelalter direkt auf das 20. Jahrhundert übergegangen wird und die zwischenzeitliche Entwicklung ausgeklammert bleibt. Am besten noch immer GRAFF, Auflösung der alten gottesdienstlichen Formen (wie Anm. 31) S. 119 ff.

[33] PETER BROWE, Die Kommunion an den drei letzten Kartagen, in: Jahrbuch für Liturgiewissenschaft 10. 1930 S. 64.

[34] LUDWIG EISENDORFER, Handbuch der katholischen Liturgie, I. Freiburg i. Br. 1932 S. 328 ff; GERHARD RÖMER, Die Liturgie des Karfreitags, in: Zeitschrift für katholische Theologie 77. 1955 S. 39–93; HEINRICH ALT, Das Kirchenjahr des christlichen Morgen- und Abendlandes mit seinen Festen, Fasten und Bibellectionen historisch dargestellt. Berlin 1860 S. 358 ff.; FRANZ LOEPER, Die heiligen Zeiten, Handlungen und Gebräuche der katholischen Kirche. Danzig 1890 S. 98 ff.; MARIA-LUISA LECHNER, Die Karfreitagsoblation, in: Lebendiges Mittelalter. Festgabe für Wolfgang Stammler. Freiburg / Schweiz 1958 S. 73, 75.

[35] Wie GRAFF, Auflösung der alten gottesdienstlichen Formen (wie Anm. 31) I, S. 119, mitteilt, blieb der Karfreitag bei den Reformierten schon von Calvin an völlig unbeachtet. Schon in der Züricher »Ordnung der Feiertage« von 1526 wird der Karfreitag nicht als Feiertag aufgeführt. Siehe ANTON LARGIADER, Das reformierte Zürich und die Fest- und Heiligentage, in: Zwingliana. Beiträge zur Geschichte Zwinglis, der Reformation und des Protestantismus in der Schweiz, IX. 1953 S. 510.

es heißt, »in Maßen« gehalten werden.[36] In der Kirchenordnung der Landgrafschaft Hessen von 1526 wurde der Karfreitag noch als halber Feiertag beibehalten; doch in der nur sechs Jahre später herausgegebenen Kirchenordnung wurde er als Feiertag schon nicht mehr erwähnt.[37] In vielen protestantischen Territorien und Städten scheint der Karfreitag überhaupt keine herausragende liturgische Bedeutung gehabt zu haben, obwohl er als Todestag Christi natürlich ein zentrales Ereignis der Karwoche darstellt.[38] Schon bald jedoch zeigte sich in den evangelischen Kirchen, dass die Übernahme der altkirchlichen Form der Karfreitagsfeier sich mit dem Geist reformatorischer Frömmigkeit nicht mehr vereinbaren ließ. Den Tag des Todes Christi vor allem als einen Tag der Trauer zu begehen, widersprach der reformatorischen Deutung dieses Ereignisses. Zwar bildete das Wort vom Kreuz die Mitte der lutherischen Verkündigung und die *theologia crucis* das Zentrum der lutherischen Theologie,[39] es war aber eine Christologie, die immer mit der Soteriologie der Rechtfertigungslehre verbunden blieb.

Auf strikte Ablehnung der protestantischen Kirchen stießen zudem die am Karfreitag ausgeübten katholischen Frömmigkeitspraktiken wie die Karfreitagsprozessionen,[40] die *adoratio crucis* und die Anbetung von Kreuzreliquien, also Holzpartikeln, die nach kirchlicher Überlieferung vom Kreuz Christi stammen sollten.[41] Die protestantische Polemik richtete sich gegen

---

[36] EMIL SEHLING (Hg.), Die evangelischen Kirchenordnungen des 16. Jahrhunderts, I. Leipzig 1902 S. 169.

[37] DERS., Kirchenordnungen (wie Anm. 36) VIII. Tübingen 1965 S. 49 und 75.

[38] Vgl. GRAFF, Auflösung der gottesdienstlichen Formen (wie Anm. 31) I, S. 120.

[39] So heißt es beispielsweise bei MARTIN BEHM, SPECTACULUM PASSIONIS JESU CHRISTI; Das blutige Schawspiel des bittern Leidens vnd Sterbens Vnsers lieben HERRN Jesu Christi. Wittenberg 1617 aij: »Kern und Mark« der Heiligen Schrift sei »allein JEsus Christus der gecreutzigte«.

[40] Vgl. GEORG WAGNER, Kreuztracht in Gehrden. Untersuchungen zu Geschichte, Gestalt und Sinn einer westfälischen Karfreitagsprozession, in: Rheinisch-westfälische Zeitschrift für Volkskunde 28. 1983 S. 133-142. Über eine Karfreitagsprozession im Jahr 1626 berichtet ABRAHAM KERN von Wasserburg in seinem Tagebuch: »Den 10. April am H. Charfreytag zu Nachts mehr ein stattliche Procession mit Figuren, darunder bej 54 Pferde gewest, soleniter in der Statt gehalten worden, 51 flagelanten 8 außgespant und 42 schwere Creutz getragen, Ihnen auch die Officier von Adl und die des Rats gevolget.« Aus dem Tagebuch des Abraham Kern von Wasserburg, in: LORENZ WESTENRIEDER, Beyträge zur vaterländischen Historie, Geographie, Statistik und Landwirtschaft 1. 1788 S. 169 f. Zu Abraham Kern siehe BENIGNA VON KRUSENSTJERN, Selbstzeugnisse der Zeit des Dreißigjährigen Krieges. Beschreibendes Verzeichnis (Selbstzeugnisse der Neuzeit 6). Berlin 1997 S. 134 f.

[41] Vgl. GERHARD RÖMER, Die Liturgie des Karfreitags, in: Zeitschrift für katholische Theologie 77. 1955 S. 39-93, bes. 70-86.

diese religiösen Rituale, da sie aus ihrer Sicht als abergläubische Praktiken zu bewerten seien.[42]

»Dem Creutzbild oder Zeichen / es sey gemahlet / geschnitzet / oder gegossen / würdt im Papstumb zugelegt die macht vnd gewalt / die Teuffel / vnd alle Gespenst / damit zuuertreiben: ja alles Vbel vnd Vnglück / entweder zuuerhüten / oder abzuwenden [...]. Die Menschen vertrawen jre Seelen oder Leben einem schlechten geringen Holtz. Vnd ist solches nicht allein ein Gotteslästerung wider das Verdienst Christi: sondern auch ein Abgötterey wider das erst Gebot.«[43]

»Das Creutzholtz ist ein Holtz / wie ein anders Holtz«, so Pflacher ferner; »darumb soll man nicht mehr darauff halten / als dass mans sein laß ein Memorial, Denckzeichen vnd erinnerung des gecreutzigten Christus / vnd seines Allerheiligsten Opffers am Creutz für vns volbracht.«[44]

In einigen lutherischen Kirchenordnungen werden die altkirchlichen Zeremonien der Karwoche[45] und »alle Spectacula und Schauspiel«[46] ausdrücklich verboten. Diese mit dem traditionellen altkirchlichen Karfreitag verbundenen und mit der protestantischen Lehre nicht zu vereinbarenden religiösen Rituale haben wohl dazu beigetragen, dass sich die protestantischen Kirchen zunächst schwer taten, dem Karfreitag eine eigene liturgische Ausformung zu geben. Deshalb behielt er bis in die zweite Hälfte des 17. Jahrhunderts hinein in den lutherischen Kirchen nur eine nachrangige Bedeutung. In seiner 1697 publizierten Disputation *Historica de Die Parasceves* hebt Christian Clajus hervor,[47] dass der Karfreitag im frühen Christentum heilig gewesen sei. Jedoch hätten viele abergläubische Praktiken sowie lächerliche und theatralische Riten diesen Tag im Papsttum profanisiert. Clajus Disputation be-

---

[42] Kritik gegen die *adoratio crucis* äußerten von protestantischer Seite: SIMON GEDICCUS, Postilla / Das ist: Außlegung der Euangelien / durchs gantze Jahr auff alle Sontage vnd gewönliche Feste. Leipzig 1598 S. 266v, 267r. Nach den Angaben der Messkataloge und der Datierung des Vorworts ist Gediccus' Postille nicht 1598 sondern 1588 erschienen. E. I. KOURI, Saksalaisen käyttökirjallisuuden vaikutus Suomessa 1600-luvulla. Ericus Ericin Postillan lähteet. Helsinki 1984 S. 310; PFLACHER, Postill (wie Anm. 1) S. 443 f.; BEHM, Spectaculum Passionis (wie Anm. 39) S. 112 ff.; siehe ferner: Gleichförmigkeit Zwischen den Heutigen und alten Ceremonien Oder Kirchengebräuchen. Zürich 1680. Verteidigt wurde dieses Ritual auf katholischer Seite von SEBASTIAN HEINRICH PENZINGER, Maßlegung / oder feste Ordnung / Aller Alten [...] Kirchen-Ceremonien. Wien 1697.
[43] PFLACHER, Postill (wie Anm. 1) S. 444.
[44] Ebd. S. 447 f.
[45] SEHLING, Kirchenordnungen (wie Anm. 36) III. Leipzig 1909 S. 372 (Mgft. Niederlausitz 1544).
[46] DERS., Kirchenordnungen (wie Anm. 36) XIII, 3. Tübingen 1966 S. 96 (Pfalz-Neuburg 1543); und DERS., Kirchenordnungen (wie Anm. 36) XIV. Tübingen 1969 S. 92 (Kurpfalz 1546).
[47] Christian Clajus wurde 1698 Prediger zu Falkenhayn bei Wurzen in Sachsen.

nennt zum einen die Widrigkeiten, die einer Übernahme dieses Feiertags in der lutherischen Kirche entgegenstanden, und legitimiert zum anderen zugleich die Aufwertung dieses Tages aus der älteren Tradition heraus.

Während eine große Anzahl lutherischer Kirchenordnungen des 16. Jahrhunderts den Karfreitag überhaupt nicht erwähnt, wird dieser Tag in anderen als halber Feiertag beibehalten.[48] In keiner Kirchenordnung aber wird der Karfreitag zu den hohen kirchlichen Festtagen wie Weihnachten, Ostern und Pfingsten gezählt.[49] Jedoch ist davon auszugehen, dass am Karfreitag in allen lutherischen Kirchen eine Predigt oder Lesung aus der Passionsgeschichte stattgefunden hat. In der Kirchenordung der Landgrafschaft Hessen von 1566 heißt es beispielsweise, dass am Karfreitag »des morgens eine Predigt ohne alle Feier« stattfinden solle.[50] Eine gewisse Unsicherheit über die Art und Weise der liturgischen Gestaltung des Karfreitags spiegelt sich möglicherweise noch in der Kirchenordnung von Kurland aus dem Jahre 1570 wider, in der die Pastoren aufgefordert werden, sich mit ihren Superintendenten »zu bereden und zu vereinigen«, »wie es die vasten uber oder in der marterwoche mit den predigten und gesengen sol gehalten und verrichtet werden«.[51]

Im letzten Drittel des 16. Jahrhunderts bahnt sich in der lutherischen Kirche aber ein bemerkenswerter Wandel in der Bewertung des Karfreitags an. Der Karfreitag gewinnt im religiösen Leben nun zunehmend an Bedeutung und erfährt eine deutliche Aufwertung, indem er den kirchlichen Hauptfesten Weihnachten, Ostern und Pfingsten gleichgestellt wird, so zum Beispiel in der Oldenburger Kirchenordnung von 1573.[52] In der Freien Reichstadt Nördlingen wurde der Karfreitag, wie die Kirchenordnung ausweist,

---

[48] In manchen frühen Kirchenordnungen, die den Karfreitag erwähnen, ist nicht zu erkennen, welche Bedeutung dieser Tag im Festtagszyklus tatsächlich hatte. In der Kirchenordnung der Stadt Hannover von 1536 werden der Gründonnerstag und der Karfreitag als »gewönliche ferien für Ostern« bezeichnet, womit aber nicht gesagt ist, ob diese Tage als halbe oder ganze Festtage galten.

[49] So z.B. in der Lüneburger Kirchenordnung von 1564, wo er nur »vor Mittag« gehalten werden soll. SEHLING, Kirchenordnungen (wie Anm. 36) VI, 1. Tübingen 1955 S. 1551.

[50] DERS., Kirchenordnungen (wie Anm. 36) VIII, 1. Tübingen 1965 S. 228. In der Kirchenordnung des Herzogtums Preußen von 1568 wird festgelegt, »was an den fest- und feiertagen soll vornehmlich gepredigt werden«. »Und damit sonderlichen von dem leiden und sterben Christi das arme volk gute wissenschaft habe und rechten glauben, soll ein jeder pfarrherr die historien und passion aus dem schönen Büchlein Pomerani vom leiden und auferstehung Christi an dem charfreitag für langsam und deutlich fürlesen und anfangen von dem, wie Christus in den ölberg gehet, bis zu seinem begrebnis.« SEHLING, Kirchenordnungen (wie Anm. 36) IV. Leipzig 1911 S. 86.

[51] DERS., Kirchenordnungen (wie Anm. 36) V. Leipzig 1913 S. 98.

[52] DERS., Kirchenordnungen (wie Anm. 36) VII, 2/1. Tübingen 1980 S. 1096.

seit spätestens 1579 zu den hohen Feiertagen gezählt.[53] Ein Synodalbeschluss des ernestinischen Sachsen von 1580 zeigt ebenfalls eine Aufwertung des Karfreitags, an dem nun die ganze Passionsgeschichte »in dreien unterschiedlichen predigten, dem volk kürzlich und einfältig ausgeleget« werden solle. Der Karfreitag wird hier auf eine Stufe mit dem Weihnachtsfest und Himmelfahrt gestellt.[54] Auch im albertinischen Sachsen wurde der Karfreitag im selben Jahr zu den »hohen Hauptfesten« gezählt.[55] Als ganzer kirchlicher Feiertag mit völliger Arbeitsruhe wurde der Karfreitag 1581 ebenfalls in der Herrschaft Hoya verordnet,[56] wie es dann in vielen – allerdings nicht allen – Kirchenordnungen der folgenden Jahrzehnte der Fall ist, in denen der Karfreitag als ganzer Feiertag zusammen mit Weihnachten, Ostern, Pfingsten und Himmelfahrt unter den kirchlichen Hauptfesten erscheint. Zu seiner inhaltlichen Gestaltung vermerkt die Kirchenordnung des Herzogtums Braunschweig-Lüneburg von 1657, der Karfreitag solle

»mit sonderbarer Andacht von der ganzen Gemeine zugebracht [werden] und dero Behüf den ganzen Tag bis gegen den Abens sich jeder männiglich alles essens und trinken enthalten [solle], damit ein jeder das bittere Leiden und Sterben unsers Erlösers Jesu Christi desto andächtiger beherzigen und seine Sünde mit welchen er seinen Herrn vnd Gott solche Müe und einen so schweren schmäligen Gang zum Creutz und Tot verursachet, wol erkenne.«[57]

Die Kirchenordnung gibt darüber hinaus eine detaillierte Vorschrift für die Gottesdienste an diesem Tag.

In Straßburg gehörte der Karfreitag schon seit 1598 zu den hohen Festtagen; in der Kirchenordnung von 1670 bekommt er eine nochmalige Aufwertung, indem statt der üblichen zwei nun vier Predigten für diesen Tag angeordnet werden.[58] In einigen wenigen Territorien hat der Karfreitag seine Aufwertung als hoher Feiertag allerdings offiziell erst gegen Ende des 17. Jahrhunderts erlangt, so im Jahre 1696 in Brandenburg und in Württemberg.[59] Doch ist davon auszugehen, dass die Steigerung seines Ansehens in

---

[53] DERS., Kirchenordnungen (wie Anm. 36) XII, 2. Tübingen 1963 S. 372.

[54] DERS., Kirchenordnungen (wie Anm. 36) I. Leipzig 1902 S. 255.

[55] Ebd. S. 370. Gegen Ende des 17. Jahrhunderts scheint der Karfreitag in Sachsen wieder an Bedeutung verloren zu haben, denn in CHRISTIAN GERBER, Historie der Kirchen-Ceremonien in Sachsen. Dresden / Leipzig 1732 S. 573, wird der Karfreitag nur beiläufig erwähnt.

[56] SEHLING, Kirchenordnungen (wie Anm. 36) VI, 2. Tübingen 1957 S. 1186.

[57] Agenda, oder Erster Teyl der Kirchen-Ordnung, Unser von Gottes Gnaden Augusti, Herzogen von Bruns-Wyk und Lynä-Burg. Wolfenbüttel 1657 S. 190.

[58] GRAFF, Auflösung der gottesdienstlichen Formen (wie Anm. 31) I, S. 121.

[59] DERS., Aus der Geschichte der lutherischen Liturgik des 17. Jahrhunderts, in: Monatsschrift für Gottesdienst und kirchliche Kunst 17. 1912 S. 130.

Kreisen der Theologen und im religiösen Leben der Gemeinden damals bereits vollzogen worden war, und die Kirchenordnungen dieser Entwicklung nur Rechnung trugen. Zusammenfassend lässt sich festhalten, dass der Karfreitag um 1700 in den meisten lutherischen Gebieten zu den christlichen Hauptfesten gehörte und als ganzer Feiertag begangen wurde.[60] Er nahm im Laufe des 17. Jahrhunderts allerdings immer stärker den Charakter eines Buß- und Bettages an.[61]

Im frühen 17. Jahrhundert, als der Karfreitag in vielen lutherischen Landeskirchen schon in den Kreis der hohen Feiertage aufgestiegen war, ist in der katholischen Kirche eine gegenteilige Entwicklung festzustellen.[62] Bis ins 16. Jahrhundert hinein war der Karfreitag in der katholischen Kirche, obwohl nur ein Feiertag von geringem Rang, doch immerhin ein Kommunionstag gewesen. Diese Praxis ging im Laufe des 16. Jahrhundert immer stärker verloren und damit auch die Attraktivität dieses Tages, bis die Karfreitagskommunion schließlich 1622 von der Ritenkongregation und 1679 von der Konzilskongregation verboten wurde.[63] Damit wurde der Unterschied zwischen dem katholischen und dem lutherischen Karfreitag, der zu einem der wichtigsten Kommunionstage geworden war, noch stärker hervorgehoben.[64] Diese Entwicklung zeigt außerdem, wie sich jeweils spezifische Konfessionskulturen in bewusster Abgrenzung zur jeweils anderen Konfession herausbildeten.[65]

---

[60] Vgl. Theologische Realenzyklopädie, XI. 1983 (HELMUT MERKEL).

[61] GRAFF, Auflösung der alten gottesdienstlichen Formen (wie Anm. 31) I, S. 119, 122. Einige Beispiele zur Modifizierung des Karfreitags in einen Buß- und Bettag: In Mecklenburg wurde 1654 einer der Quartalsbettage auf den Karfreitag gelegt; in Rostock wurde der Buß- und Bettag 1656 ebenfalls auf den Karfreitag angeordnet. Archiv der Hansestadt Rostock: Rag, Mandate und Anordnungen 9 S. 787. In Frankfurt a. M. war der Karfreitag 1739 zugleich der ordentliche Buß- und Bettag. CHRISTIAN MÜNDEN, Der Inbegriff der gantzen Christlichen Religion aus 1. Tim. 2,5.6. am Char=Freytage dieses 1739ten Jahrs als an dem ordentlichen Buß= und Bet=Tag der Christlichen Gemeine in der Haupt=Kirchen zu den Barfüßern vorgetragen. Frankfurt a. M. 1739. Nach GRAFF, Auflösung der alten gottesdienstlichen Formen (wie Anm. 31) I, S. 124, war es eine Folge der Annäherung an die Bußtagsliturgie, dass die Leidensgeschichte im Hauptgottesdienst keinen Platz mehr findet und in den Nebengottesdienst verlegt wird. Doch m. E. lässt sich bei dem derzeitigen Stand der Forschung über eine solche Entwicklung noch keine endgültige Aussage treffen.

[62] Vgl. die einseitige, polemische Schrift »Karfreitag und Fronleichnamsfest« (Flugschriften des Evangelischen Bundes 136). Leipzig 1897.

[63] BROWE, Die Kommunion (wie Anm. 33) S. 74.

[64] Bis Ende des 19. Jahrhunderts war der Karfreitag in den katholischen Gebieten kein Feiertag, an dem die Arbeit ruhte.

[65] Als Pendant zum protestantischen Karfreitag wurde fortan das Fronleichnamsfest angesehen.

III.

Veränderungen in der Frömmigkeit und in der Frömmigkeitspraxis müssten ihren Niederschlag in der Predigtliteratur ihrer jeweiligen Zeit gefunden haben. Einen Weg, sich über diese Entwicklungen näheren Aufschluss zu verschaffen, bietet beispielsweise eine Durchsicht der zeitgenössischen Postillen.[66] Eine Postille ist eine nach der gängigen Perikopenordnung zusammengestellte Predigtsammlung, die in der Regel von jeweils einem einzelnen Geistlichen verfasst wurde.[67] In der zweiten Hälfte des 16. Jahrhunderts ist im lutherischen Protestantismus eine enorme Zunahme an Postillen zu verzeichnen. In dieser Phase, in der die Reformation in vielen Territorien zwar obrigkeitlicherseits eingeführt, aber die reformatorische Lehre in den Köpfen und Herzen der Bevölkerung noch keineswegs fest verankert war, sollten die zumeist von bedeutenderen Theologen verfassten Postillen, allen voran der Prototyp lutherischer Postillen, die Hauspostille Luthers, für die protestantischen Laien eine Anleitung für die Hausandacht und für die Geistlichen ein Hilfsmittel für ihre Amtstätigkeit bieten.

Die Postillen dienten den Pastoren vor allem als Vorlage für ihre sonntäglichen Predigten. Diese Praxis war in der frühen Phase des entstehenden Landeskirchentums erwünscht. Es wurde keineswegs als Indolenz eines Geistlichen ausgelegt, wenn er für seine Predigt auf die Postille eines angesehenen Theologen zurückgriff und diese möglicherweise sogar wortwörtlich vortrug. Erst im 17. Jahrhundert wurde es – unter anderem in Visitationsprotokollen – als ein großes Defizit pastoraler Tätigkeit angesehen, wenn der Geistliche nicht imstande war, eine eigene Predigt zu entwerfen.[68] Aufgrund ihrer in der pastoralen Praxis begründeten Funktion sind in den Postillen, die als Sammlungen exemplarischer Predigten gelten wollten, oftmals alle auf eine lokalisierbare Gemeinde und bestimmte zeitgenössische Zeitumstände gerichteten Anmerkungen und Beispiele getilgt oder doch weitgehend beseitigt worden.

Da die Postillen den sich im Laufe des 16. und 17. Jahrhunderts wandelnden Kanon kirchlicher Feiertage widerspiegeln, lässt sich auch der sich ändernde Stellenwert des Karfreitags aus diesen Predigtsammlungen erkennen.

---

[66] Eine Auflistung der Verfasser und der wichtigsten Ausgaben deutscher evangelischer Postillen von ca. 1550 bis 1620 findet sich als Anhang des Buches von Kouri, Saksalaisen (wie Anm. 42) S. 308–325.

[67] Hans-Hendrik Krummacher, Der junge Gryphius und die Tradition. Studien zu den Perikopensonetten und Passionsliedern. München 1976 S. 69–90.

[68] Solche Geistliche wurden als »Postillenreiter« tituliert.

Eine Durchsicht der mir vorliegenden Postillen von Luthers Zeiten an bis etwa Mitte des 17. Jahrhunderts ergibt dabei ein relativ eindeutiges Bild.[69] Bis zum Ende der 1570er Jahre sind Karfreitagspredigten in den Postillen nicht enthalten. Erst für die folgenden Jahrzehnte lassen sie sich in den meisten Postillen finden, manchmal sogar zwei oder drei. Zu den ersten Postillen, in denen eine Karfreitagspredigt aufgenommen wurde, gehört Johann Habermanns (Avenarius) 1583 herausgegebene *Postilla*. Diese zwei Teile umfassende Predigtsammlung möchte, wie der Untertitel lautet »eine Außlegung der Episteln vnd Euangelien / auff alle Sontage vnd fürnembste Feste« bieten. Als Verfasser eines weit verbreiteten und oftmals nachgedruckten Gebetbuches gehörte Habermann zu den bekannteren, viel rezipierten Autoren seiner Zeit, so dass anzunehmen ist, dass auch seine Postille eine weite Resonanz gefunden hat.[70] Die Aufnahme von Karfreitagspredigten hat sich, wie die weitere Entwicklung zeigt, im späten 16. und 17. Jahrhundert bei den meisten Herausgebern von Postillen durchgesetzt. Doch erschienen auch Ende des 17. Jahrhunderts noch vereinzelt Postillen, wie die von dem orthodoxen Lutheraner Johann Friedrich Mayer 1692 herausgegebenen *Sonn- und Festtagspredigten*, in denen eine Karfreitagspredigt nicht vorkommt.[71] Vergleicht man die Aufwertung des Karfreitags in den Kirchenordnungen mit der Aufnahme von Karfreitagspredigten in den Postillen, so ist in zeitlicher Hinsicht eine ziemlich parallele Entwicklung festzustellen.

Nicht allein die Tatsache, dass Karfreitagspredigten von den 1570er Jahren an in den weitaus meisten Postillen ihren festen Platz bekommen haben, ist als Zeichen der Bedeutungszunahme dieses kirchlichen Feiertags anzusehen. Vielmehr wird auch in Karfreitagspredigten selbst die Aufwertung dieses Feiertags betont und inhaltlich begründet. In Johann Habermanns *Postille* wird hervorgehoben, dass der Karfreitag »ein guter vnd Churtag under allen Feiertagen auff erden« sei. Obwohl man jederzeit und an allen Tagen an Jesus Christus und an seine durch seinen Tod uns geschenkte Befreiung von der Hölle denken solle, »so haben doch die lieben alten Lerer gar wol

---

[69] Herangezogen wurden über 35 in der Staats- und Universitätsbibliothek Göttingen mir zur Verfügung stehende Postillen sowie etliche Sammlungen von Passionspredigten.

[70] TRAUGOTT KOCH, Johann Habermanns »Betbüchlein« im Zusammenhang seiner Theologie (Beiträge zur historischen Theologie 117). Tübingen 2001. Habermann (1516–1590) trat zum lutherischen Bekenntnis über, wurde Pfarrer in Kursachsen, 1574 Professor der Theologie in Wittenberg und 1576 Superintendent des Stifts Naumburg und Zeitz.

[71] Zu Mayer siehe Religion in Geschichte und Gegenwart, V. Tübingen [4]2002 Sp. 941f. (JOHANNES WALLMANN); DIETRICH BLAUFUSS, Der Theologe Johann Friedrich Mayer, in: Pommern in der frühen Neuzeit. Literatur und Kultur in Stadt und Region. Hg. WILHELM KÜHLMANN. Tübingen 1994 S. 319–347; VOLKER GUMMELT, Johann Friedrich Mayer. Seine Auseinandersetzungen mit Philipp Jacob Spener und August Hermann Francke. Habil.-Schr. Greifswald 1996.

bedacht / das sie einen gewissen vnd sonderlichen tag dazu bestimpt haben / daran man järlich vnd öffentlich solche für vnd für in der gantzen Christenheit thue vnd verrichte / mit predigen vnd leren«.[72] Der Karfreitag sei, wie Johann Arndt, einer der einflussreichsten Theologen des nachreformatorischen Protestantismus, ausführte,

»der Tag / welchen Gott verordnet hat zu vnserm ewigen Heil / dass wir aus dem Propheten Esaia wol sagen mögen: Diß ist der Tag des Heils / zur Bezahlung aller vnser Sünde / zum Versöhn-Fest des gantzen menschlichen Geschlechts / zur Erfüllung der gestrengen Gerechtigkeit Gottes / vnd zum öffentlichen Beweiß seiner grossen vnaussprechlichen Liebe vnd Barmhertzigkeit gegen vns armen Sünder [...]. Am heutigen Tage sind alle Wunder Mosis erfüllet / alle opffer Aaronis / alle Siege Josuae / alle streitbaren Thaten Davids / vnd was alle Propheten von der Menschen Heil vnd Seligkeit geweissaget haben.«[73]

Wir wären nicht würdig, noch einen einzigen Tag auf Erden zu leben, schreibt Johann Michael Dilherr 1642, »viel weniger alle Tag in der künfftigen Himmlischen Frewde zuzubringen«, wenn wir nicht des Karfreitags eingedenk wären und das allerwichtigste und vornehmste dieses Tages, nämlich die Kreuzigung des Herrn nicht betrachteten.[74] Welchen Bedeutungs-

---

[72] JOHANN HABERMANN, Postilla, Das ist / Außlegung der Episteln vnd Euangelien / auff alle sontage vnd fürnembste Fest / sampt der Passion / durchs gantze Jar, jitzund auffs new gemehrt vnd gebessert. Wittenberg 1589 S. 174 (Erstausgabe 1583). Habermann unterstreicht die Bedeutung des Karfreitags für die Gläubigen, indem er darauf hinweist, »das wir nur diesen Artickel wol studieren vnd lernen / Gelitten vnter Pontio Pilato / gecreutziget / gestorben vnnd begraben«, weil dieses »vnser höchster Artickel des Glaubens vnd die gröste kunst ist / Denn alles was wir sonst wissen vnd können / das ist alles nicht zurechnen gegen diesen hohen vnd fürnemsten Artickel [...].« Ebd.

[73] JOHANN ARNDT, POSTILLA: Das ist: Außlegung vnd Erklärung der Evangelischen Text / so durchs gantze Jahr an den Sontagen vnd vornehmen Festen / auch der Apostel Tage geprediget worden. Jena 1616 S. 168. Zu Johann Arndt siehe MARTIN BRECHT, Das Aufkommen der neuen Frömmigkeitsbewegung in Deutschland, in: Geschichte des Pietismus, I: Das 17. und frühe 18. Jahrhundert. Hg. DERS. Göttingen 1993 S. 130-142; dort weitere Literaturhinweise. Zu Arndts Passionspredigten der »Postilla« siehe WERNER ARNETSBERGER, Tröstende Lehre. Die Theologie Johann Arndts in seinen Predigtwerken. München 1999 S. 329ff.

[74] JOHANN MICHAEL DILHERR, Christliche Karfreitags Betrachtung / Das ist: Erklärung der Wort S. Pauli: Ich hielte mich nicht dafür (dass ich etwas wüste vnter euch / ohn allein Jesum Christum / den Gecreutzigten. In der 1. an die Corinth. Im 2. Cap. Vers. 2. Darinnen die rechte Art vnd Weise deß CreutzTodes Christi / der Christlichen Gemein in der Stadt=Kirchen zu S. Michael in Jena / den Karfreitag 1641. vorgetragen / vnd vor Augen gestellet worden. Nürnberg 1642 S. 17f. Zu Dilherr, siehe Religion in Geschichte und Gegenwart, II. Tübingen [4]1999 Sp. 852 (VOLKER WAPPMANN); GERHARD SCHRÖTTEL, Johann Michael Dilherr und die vorpietistische Kirchenreform in Nürnberg (Einzelarbeiten aus der Kirchengeschichte Bayerns 34). Nürnberg 1962.

zuwachs der Karfreitag vom 16. zum 17. Jahrhundert erfahren hat, zeigt nicht zuletzt die Tatsache, dass in Paul Gerhardts 1683 veröffentlichten *Geistlichen Andachten* elf Karfreitagslieder einem einzigen Osterlied gegenüberstehen.[75] Der Schwerpunkt frömmigkeitlicher Praxis hatte sich inzwischen vom Osterfest auf den Karfreitag verschoben.

Die Aufwertung des Karfreitags in der lutherischen Kirche wird mit Bezug auf die Tradition der alten Kirche legitimiert[76] und vor allem mit der herausragenden theologischen Bedeutung dieses Tages begründet, an dem Christus »ein herrlich testament verordnet / darinn er vns sein Leib vnd Blut / vnd zugleich den Himel vnd ewige Seligkeit bescheidet / vnd zu Erben aller Himlischen Güter instituiret vnd einsetzet«, wie Simon Gediccus 1588 formuliert.[77] Der Karfreitag wird zudem in typologischer Exegese von Leviticus 23 abgeleitet, wo über das große Versöhnungsfest der Juden (Jom Kippur) berichtet wird, an dem alle Arbeit ruhen soll.[78]

»Was dünckt euch / Meine Allerliebste! da die Juden ihren Versöhnungs=Tag so hoch geachtet / mit solcher Andacht gefeyert / und mit solcher Ehrerbietung geheyliget / sollten wir Christen denn nicht auch unsern grossen Versöhnungs=Tag heilig halten / feyern / und mit einer tiefen Devotion zubringen? [...] Fragt ihr / was denn dieses für ein Tag unserer grossen Versöhnung sey? Es ist / meine Allerliebste! der heutige Tag / der heilige Char=Freytag. [...] Billig begehen denn auch wir Christen diesen Tag / ja einen so grossen Tag / feyerlich; wir fasten billig an diesem Tage / nach Art der ersten Christen / denen ein solches Fasten im Concilio Toletana IV expresse ist anbefohlen. Wir enthalten uns billig von aller / auch vergönneten / Lust des Fleisches / und tragen Leide um den Herrn des Lebens / den wir mit unsern Sünden gecreutziget haben.«[79]

In dieser von Johann Gerhard Meuschen im Jahr 1713 veröffentlichten Karfreitagspredigt finden wir die Elemente, die den Karfreitag dann bis ins

---

[75] PAUL GERHARDT, Geistliche Andachten. Bestehend in 120 Liedern Auf alle Sonntage / und gewisse Zeiten im Jahr gerichtet. Hg. JOHANN GEORG EBELING. Nürnberg 1683. Zu Paul Gerhardt siehe CHRISTIAN BUNNERS, Paul Gerhardt. Weg, Werk, Wirkung. Berlin 1993.
[76] MARTIN CHEMNITZ, Postilla Oder Außlegung der Euangelien / welche auff die Sontage / vnd fürnembste Feste / durchs gantze Jahr in der gemein Gottes erkleret werden [...] durch Melchiorem Newkirchen. Magdeburg 1594 S. 36 f.; CHRISTIAN CLAJUS, Disputatio Historica de Die Parasceves. Leipzig 1697.
[77] GEDICCUS, Postille (wie Anm. 42) S. 510 v. Nach KOURI, Saksalaisen (wie Anm. 42). Ähnlich auch VALERIUS HERBERGER, Evangelischen Hertz-Postilla, Erster Theil. Leipzig 1612 S. 289: Der Karfreitag »bringet uns das höchste gut, summum bonum, nämlich Vergebung der Sünden, Hoffnung der frölichen Auferstehung unsers Fleisches, und das ewige Leben«.
[78] ARNDT, POSTILLA (wie Anm. 73) S. 364.
[79] JOHANN GERHARD MEUSCHEN, POSTILLA MYSTICA EVANGELICA. Das ist: der Geheime Geistliche Sinn Der Sonn= und Festtags=Evangelien. Frankfurt a. M. 1713 S. 357.

20. Jahrhundert hinein auszeichnen werden.[80] Dieser hatte sich zum »hochheiligen« Feiertag der lutherischen Kirchen entwickelt, an dem es mehr Gottesdienste und Abendmahlsfeiern gab als an anderen kirchlichen Feiertagen und an dem alle Arbeit und alle öffentlichen Vergnügungen verboten waren.[81] Mitte des 18. Jahrhunderts wurde der Karfreitag, »der große Aussöhnungstag«, bereits als der »allerheiligste unter den Festtagen« bewertet, wie es in Wilhelm C. J. Chrysanders *Char=Freytags=Betrachtung* von 1763 heißt.[82] Die Aufwertung des Karfreitags korrespondierte mit härteren Maßnahmen gegen dessen Entheiligung, die nun als besonders anstößig empfunden wurden.[83] Eine gesetzliche Verankerung staatlicherseits bekam der Karfreitag als höchster kirchlicher Feiertag schließlich im späten 18. und im 19. Jahrhundert. Da die Reichsgesetzgebung die Bestimmungen über die Festtage dem Partikularrecht überließ, wurden aber in den einzelnen Ländern gesetzliche Bestimmungen über den Karfreitag zu sehr unterschiedlichen Zeiten erlassen.[84]

Als Johann Tobias Müller 1845 die im Jahre 1546 von Veit Dietrich verfasste *Kinderpostille* und dessen Predigten über die Leidensgeschichte Christi neu herausgab, nahm er erstaunt zur Kenntnis, dass er darin nicht eine einzige Predigt für den Karfreitag vorfand.[85] Diesem Erstaunen widmete er in seiner Ausgabe eine eigene Fußnote. Mitte des 19. Jahrhunderts, als der Karfreitag zum höchsten und die lutherischen Kirchen in besonderer Weise kennzeichnenden Feiertag geworden war, war vergessen, dass er seinen herausgehobenen Status im Festtagszyklus erst in den Notzeiten um 1600 bekommen hatte.[86]

---

[80] Johann Gerhard Meuschen war seit 1708 Pastor der lutherischen Gemeinde im Haag.

[81] ALT, Das Kirchenjahr (wie Anm. 34) S. 497; ERNST CHRISTIAN ACHELIS, Lehrbuch der praktischen Theologie, I. Leipzig ²1898 S. 91 und 228; Karfreitag und Fronleichnamsfest (Flugschriften des Evangelischen Bundes 136). Hg. VORSTAND DES EV. BUNDES. Leipzig 1897 S. 2; PAUL DREWS, Das kirchliche Leben der Evangelisch-Lutherischen Landeskirche des Königreichs Sachsen. Tübingen usw. 1902 S. 91.

[82] WILHELM CHRISTIAN JUST CHRYSANDER, Char=Freytags=Betrachtung von dem Sterbe= und Begräbnißtage Christi als dem großen Versöhnungstage. Frankfurt a. M. / Leipzig 1763 S. 253 f., 357; vgl. ferner GOTTFRIED BENJAMIN EISENSCHMID, Geschichte der Sonn= und Festtage der Christen. Leipzig 1793 S. 39 f.

[83] Vgl. zum Beispiel GUSTAV KRAMER, Beiträge zur Geschichte August Hermann Franckes. Halle 1861 S. 188.

[84] Gesetzliche Bestimmungen über Karfreitag und Fronleichnam sind angeführt im Anhang der Schrift »Karfreitag und Fronleichnam« (1897) S. 20 ff. Die gesetzlichen Bestimmungen der Länder im 20. Jahrhundert sind dargelegt in: GERHARD DIRKSEN, Das Feiertagsrecht (Göttinger Rechtswissenschaftliche Studien 39). Göttingen 1961.

[85] M. Veit Dietrich's [...] Haus-Postille, das ist: Predigten über alle Sonn- und Festtags-Evangelien, sowie über die Leidensgeschichte Christi. Hg. TOBIAS MÜLLER. Stuttgart 1845.

[86] ACHELIS, Lehrbuch der praktischen Theologie (wie Anm. 81) I, S. 228, meint, dass es ein

Summary

Good Friday is regarded as the highest ecclesiastical feast of the Lutheran Church. However, it has not always been so. This essay gives an analysis of the rise of Good Friday to the highest ecclesiastical feast in history. The upgrading of the Lutheran Good Friday began during the last decades of the sixteenth century. In these times of distress and great poverty, the suffering of Christ moved into the centre of religious awareness and with it Good Friday as the day of crucifixion. Theologians elaborated the imitation of Christ and of his suffering into a conception of Christian life by taking up late medieval mystic ideas. Contemplating the suffering of Christ therefore had a double function: it helped one to see one's own suffering in relative terms and it helped to strengthen the hope for redemption in a time of despair.

Verdienst des Pietismus gewesen sei, »diesen heiligsten Tag seiner herrlichen Ehrung zurückerobert zu haben«. Als der Kurfürst von Brandenburg den Karfreitag zum ganzen Feiertag erheben und dafür drei andere kirchliche Feiertage, nämlich Mariae Reinigung (Lichtmess), den Johannistag und Mariae Heimsuchung opfern wollte, riet ihm Philipp Jakob Spener, der Vater des lutherischen Pietismus, von diesem Vorhaben ab, da er wegen der Abschaffung der Feiertage Unruhen in den Gemeinden befürchtete. Zwar begrüßte Spener die Einführung des Karfreitags, jedoch nicht unter diesen Bedingungen. »Den Charfreytag anlangend, wird niemand seyn, der nicht, wie billich S. Churfürstl. Durchl. Gnädigste intention, durch solchen tages heiligung die andächtige betrachtung des leidens und sterbens unsers Heilandes, als auf welchen der grund unserer seligkeit beruhet, desto mehr zu befördern, rühmen sollte.« PHILIPP JAKOB SPENER, Letzte Theologische Bedencken, II. Halle ²1721 S. 377 und 302 f.; ebd. III, S. 758 f. Der Kurfürst ließ sich von seinem Vorhaben nicht abbringen. Der Karfreitag wurde 1696 als ganzer Feiertag in Brandenburg eingeführt und die drei anderen kirchlichen Festtage auf den Sonntag verlegt. Es war nicht der Pietismus, der den Karfreitag zum höchsten kirchlichen Feiertag erhob; schon vorher hatte er eine deutliche Aufwertung erfahren.

»Die Wolken gießen allzumal / die Tränen ohne Maß und Zahl.« Paul Gerhardts Lied zur »Kleinen Eiszeit«

von

Hartmut Lehmann

Der für seine fröhlichen Sommerlieder bis in unsere Zeit hinein bekannte und weit über die Kreise der Kirchgänger hinaus geliebte und bewunderte protestantische Kirchenliederdichter Paul Gerhardt schrieb auch ein Lied zur »Kleinen Eiszeit«. Er nannte es einen »Buß- und Betgesang bei unzeitiger Nässe und betrübtem Gewitter«. Dieses Lied ist heute längst vergessen. Schon im 18. Jahrhundert fiel es aus dem Kanon der Paul Gerhardt-Lieder heraus, die in die Gesangbücher aufgenommen und die von den Gemeinden gesungen wurden. Wann Paul Gerhardts Lied zur Kleinen Eiszeit entstanden ist, lässt sich nicht mehr auf Jahr und Tag bestimmen.[1] Paul Gerhardt-Experten datieren es, wie im Übrigen viele seiner Lieder, auf die Zeit vor 1648. Damit wäre es ein religiöses Zeugnis über Wettersorgen aus der zweiten Generation nach Beginn der säkularen Wetterverschlechterung, die wir, wenn wir Christian Pfisters Periodisierung folgen, als die Zeit unmittelbar nach dem Ende der zweiten Phase der Kleinen Eiszeit begreifen sollten.[2]

Zu fragen ist zunächst, wie ein an der Natur als Gottes Schöpfung interessierter protestantischer Geistlicher in den 1640er Jahren die Wetterlagen seiner Zeit beschrieb; zu erklären ist ferner, worin er die Ursachen für das schlechte Wetter, das ihn und seine Zeitgenossen bedrückte, sah, und zu diskutieren ist schließlich, welche Schlussfolgerungen er aus seinen Beobachtungen für sich und seine Zeitgenossen zog. Vorweggeschickt sei, dass dieses

---

[1] Dazu und zum Folgenden: Eberhard von Cranach-Sichart (Hg.), Paul Gerhardt. Dichtungen und Schriften. München 1957 Einleitung S. VII–XXX; Christian Bunners, Paul Gerhardt. Weg, Werk, Wirkung. Berlin 1993; Hartmut Lehmann, »Ach, daß doch diese böse Zeit sich stillt in guten Tagen«. Paul Gerhardt in seiner Zeit, in: LebensArt und SterbensKunst bei Paul Gerhardt. Hg. Susanne Weidenhan / Ellen Ueberschär. Berlin 2003 S. 11–39.
[2] Siehe den Beitrag von Christian Pfister, Weeping in the Snow. The Second Period of Little Ice Age-Type Impacts, 1570–1630, in diesem Band S. 31–86.

Lied von Paul Gerhardt eine eigenwillige Gedankenführung bietet: Wetterbeobachtungen, Ursachenerklärungen und geistliche Ermahnungen folgen auf eine ziemlich unsystematische Weise aufeinander.

Zwei Wetterbeobachtungen sind dem Lied von Paul Gerhardt[3] zu entnehmen. Erstens die vierte Strophe:

> Drum wird uns auch der Himmel blind,
> Des Firmamentes Glanz verschwind't,
> Wir warten, wann der Tag anbricht,
> Aufs Tageslicht und kommt doch nicht.

Und dann die achte Strophe:

> Drum trauert auch der Freudenquell,
> Die Sonn, und scheint uns nicht so hell;
> Die Wolken gießen allzumal
> Die Tränen ohne Maß und Zahl.

Was das ausbleibende Licht und der überreichliche Regen bedeuten, führt Paul Gerhardt auf eine ungewöhnliche Ursache zurück, die er in der sechsten Strophe folgendermaßen beschreibt:

> Drum strecken auch all Element
> Hier wider uns aus ihre Händ,
> Angst kommt uns aus der Tief und See.
> Angst kommt uns aus der Luft und Höh.

Anders formuliert: Gott benützt nach Paul Gerhardt seine Schöpfung, er benützt die Kräfte der Natur, um die Menschen zu verunsichern, und um sie auf diese Weise aufzurütteln, damit sie von ihrem sündhaften Lebenswandel ablassen. Aus diesem Grunde flößt er ihnen Angst ein.

Was heißt bei Paul Gerhardt und seinen Zeitgenossen »Angst«?[4] Unter direktem Bezug auf die Situation des verzweifelten Jesus am Kreuz, der ruft,

---

[3] Das Lied trägt den Titel »O Herrscher in dem Himmelszelt« und ist abgedruckt bei CRANACH-SICHART (Hg.), Paul Gerhardt (wie Anm. 1) S. 122-124.

[4] Dazu HARTMUT LEHMANN, »Not, Angst und Pein. Zum Begriff der Angst in protestantischen Kirchenliedern des späten 16. und 17. Jahrhunderts«, in: Festschrift für Reiner Haussherr zum 65. Geburtstag (im Druck). Wenig hilfreich sind die Ausführungen von William J. Bouwsma und von Jean Delumeau zum Thema Angst. Siehe WILLIAM J. BOUWSMA, A Usable Past. Essays in European Cultural History. Berkeley usw. 1990 Kapitel 6: »Anxiety and the Formation of Early Modern Culture« (S. 157-189); zuerst in: BARBARA C. MALAMENT (Hg.), After the Reformation. Essays in Honor of J. H. Hexter. Philadelphia 1980 S. 215-246. Bouwsma benützt einen viel zu modernen Begriff von Angst, den er in die Frühe Neuzeit zurückprojiziert und vernachlässigt dabei die Vorstellungen von Angst der Menschen des 16. und 17. Jahrhunderts. Delumeau behandelt dagegen das Thema Angst so allgemein, dass es nicht möglich ist, von seinen Ausfüh-

ob ihn denn sein Vater verlassen habe, ist »Angst« bei protestantischen Liederdichtern des späten 16. und des 17. Jahrhunderts der stärkste Ausdruck dafür, dass die Heilssicherheit, dass die Heilsgewissheit abhanden gekommen ist. Der Begriff »Angst« ist somit zugleich ein Zeichen des tiefgefühlten Wunsches nach dem von Gott verbürgten Heil, es ist Ausdruck der Hoffnung auf das ewige Leben.

Zu unterscheiden ist außerdem der Hinweis auf den starken Regenfall und der Hinweis auf das ausbleibende Sonnenlicht. Nach Ansicht der Zeitgenossen gehört der starke Regen zu den Mitteln, die Gott anwenden konnte, wenn er die sündige Menschheit bestrafen wollte. Anders verhält es sich mit dem ausbleibenden Sonnenschein, denn hier wird, wiederum nach Ansicht der Zeitgenossen, ein zentraler Punkt von Gottes Schöpfungsordnung berührt. Der ausbleibende Sonnenschein ist insofern irritierender als der starke Regen. Ausbleibender Sonnenschein heißt, dass die Schöpfungsordnung gestört ist, vielleicht sogar, dass die Heilsgeschichte so weit vorangeschritten ist, dass die Welt sich dem Ende nähert. Diese eschatologische Deutung ist jedoch nicht zwingend. Möglich ist auch die Überlegung, dass sich die gestörte Schöpfung durch den vielen Regen reinigt, so wie die Zeitgenossen annehmen, dass sich ein Mensch, wenn er viele Tränen vergoss, sich von der »schwarzen Galle« und damit von der Melancholie befreien konnte.[5]

Die Ursache dafür, dass Gott es zulässt, mehr noch: dass Gott dafür sorgt, dass die Kräfte der Natur aus der Tiefe und der Höhe sich gegen die Menschen wenden, sieht Paul Gerhardt in einer ganzen Reihe von Fehlentwicklungen. Zunächst, so in Strophe zwei: Die Menschen haben sich vom Glauben abgewandt:

> Nichts anders, traun, als daß die Schar
> Der Menschen sich so ganz und gar
> Bis in den tiefsten Grund verkehrt
> Und täglich ihre Schuld vermehrt.

Ferner, so Strophe drei: Diejenigen, denen die Menschen anvertraut sind, tun nicht ihre Pflicht:

> Die, so, als Gottes Eigentum,
> Stets preisen sollten Gottes Ruhm
> Und lieben seines Wortes Kraft,
> Sind gleich der blinden Heidenschaft.

---

rungen aus die Verhältnisse in besonderen Krisenjahren wie den 1570er Jahren zu verstehen. Siehe JEAN DELUMEAU, Die Angst im Abendland. Die Geschichte kollektiver Ängste im Europa des 14. bis 18. Jahrhunderts. Reinbek bei Hamburg 1989.
[5] Diesen Hinweis verdanke ich David Lederer.

Des Weiteren: Statt Frieden bestehe Krieg, so Strophe fünf:

> Man zankt noch immer fort und fort,
> Es bleibet Krieg an allem Ort,
> In allen Winkeln Haß und Neid,
> In allen Ständen Streitigkeit.

Schließlich: Statt Gerechtigkeit herrsche Unterdrückung, so Paul Gerhardt in der siebten Strophe:

> Es ist ein hochbetrübte Zeit;
> Man plagt und jagt die armen Leut,
> Eh als es Zeit, zur Grube zu
> Und gönnet ihnen keine Ruh.

Grassierender Unglauben, weitverbreitete Pflichtvergessenheit der Geistlichen, Krieg und Unfrieden allenthalben, soziale Unterdrückung bis hin zum frühen Tod der Unterdrückten – diese Gründe sind es, nach Paul Gerhardt, warum die Natur, so ein Zitat aus der ersten Strophe, »ungestalt und traurig« ist und warum Gott auf diese ungewöhnliche Weise Paul Gerhardts Zeitgenossen zu Buße und Umkehr auffordert.

Den Themen Buße und Umkehr und der Art und Weise, wie man Gottes Gnade wiedergewinnen könne, gilt der zweite Teil seines Lieds. Die Menschen sollten weinen, über ihre Schuld trauern, sich der Laster enthalten und sich durch Buße reinigen, so Strophe neun; sie sollten auf die Knie fallen und Gott um Erbarmen bitten, damit dieser wieder gnädig gestimmt würde und seine Rache beende, so Strophe zehn; sie sollten sich Gott in Furcht und Scheu nähern und ihn um Gnade und Vertrauen bitten, so Strophe elf. In den folgenden Strophen wandte sich Paul Gerhardt wie in einem Gebet noch direkter an Gott: Dieser möge die Menschen vom Sündenjoch befreien und sich ihnen wieder zuwenden (Strophe zwölf); er möge die Bösen gut und fromm machen und alle Menschen bekehren und erhören (Strophe dreizehn); Gottes Augen sollten freundlich sein und er möge mit gnädigen Ohren das Angstgeschrei der Menschen vernehmen (Strophe vierzehn).

Alle diese Bitten münden in Strophe fünfzehn ein in die entscheidende Bitte, nämlich in die Bitte um besseres Wetter:

> Reiß weg das schwarze Zorngewand,
> Erquicke uns und unser Land
> Und der so schönen Früchte Kranz
> Mit süßem, warmem Sonnenglanz.

In der letzten, der sechzehnten Strophe seines Lieds rückt Paul Gerhardt seine Betrachtungen in eine heilsgeschichtliche Perspektive und verbindet seine

Überlegungen mit der Bitte um Aufhebung der »Angst«, also der Bitte um Gewährung neuer Heilssicherheit.

> Verleih uns bis in unsern Tod
> Alltäglich unser liebes Brot
> Und dermaleinst nach dieser Zeit
> Das süße Brot der Ewigkeit!

Was wir vor uns haben, ist somit eine Gedankenführung, die aus heutiger Sicht einigermaßen paradox erscheinen mag. Denn Paul Gerhardt formuliert in seinem Lied auf der einen Seite durchaus genaue Wetterbeobachtungen. Er beklagt den vielen Regen, und er beschreibt vor allem den Rückgang von Tageslicht und Sonnenschein. Auf der anderen Seite sieht er die Ursachen für das fehlende Sonnenlicht und den allzu vielen Regen aber nicht in klimatischen, meteorologischen Faktoren, sondern in ganz spezifischen politischen und moralischen Missständen. Durchaus konsequent folgert er deshalb, dass eine Verbesserung der klimatischen Bedingungen nur durch Buße und durch nichts anderes als durch tiefempfundene, vollständige Buße und Reue möglich sei.

Die schwierigste Frage ist damit freilich noch nicht beantwortet: Denn zu prüfen gilt es, ob die bekannten schönen Sommerlieder von Paul Gerhardt nicht Zeugnisse von konstant gutem Wetter, nicht Beweise für eine besonders günstige Wetterlage in der Mitte des 17. Jahrhunderts sind. Stimmte dies, würde sein Lied zur Kleinen Eiszeit eher eine Ausnahme schildern, seine Sonnen- und Sommerlieder kündeten dagegen vom eigentlichen Klima seiner Zeit.

Auf der einen Seite ist es durchaus möglich, dass Paul Gerhardt mit seinem Lied zur Kleinen Eiszeit direkt und vielleicht sogar etwas naiv seine Erfahrungen mit dem Wetter des Sommerhalbjahres 1639 beschrieb. Wie wir aus den Forschungen von Christian Pfister wissen, war das Jahr 1639 nämlich ein Jahr »ohne Sommer«. Demgegenüber war, wie Pfister ebenfalls betont, der Sommer in den Jahren 1643 und 1645 besonders warm und trocken.[6] Es liegt also nahe, nicht nur Paul Gerhardts Lied zur Kleinen Eiszeit als dichterische Frucht seiner Erfahrungen im Jahre 1629 einzustufen, sondern ebenfalls die Lieder, in denen er die »güldene Sonne« preist, als Ausdruck seiner Erfahrungen in den Jahren 1643 und 1645.

Auf der anderen Seite sind sich aber die meisten Paul Gerhardt-Experten einig, dass seine Verse auf die güldene Sonne, die Freud und Wonne bringe, ebenso wie alle seine weiteren ähnlichen Formulierungen nicht eigentlich

---

[6] Siehe CHRISTIAN PFISTER, Wetternachhersage. Bern 1999 S. 158. Für diesen Hinweis bin ich Christian Pfister zu Dank verpflichtet.

Wetterhinweise enthalten, sondern Glaubensaussagen.[7] Wir haben es in diesen Liedern also nicht mit einer direkten Wiedergabe von Naturbeobachtungen zu tun, sondern mit den Widerspiegelungen von Glaubensaussagen: Es ist der Glanz des wahren Glaubens, um den es Paul Gerhardt in diesen Liedern geht, es ist die Sonne der lutherischen Orthodoxie, die über ihm und seinen norddeutschen Zeitgenossen scheinen soll. Es sind die Wahrheiten des Glaubens, die das Herz erquicken, so wie die Sommerzeit den Menschen Freude mache. Gewiss hatte Paul Gerhardt die Erfahrung von schönen Sommern mit guten Ernten gemacht. Sonst hätte er seine Sommerlieder nicht schreiben, sonst hätte er auf die Weise, mit der er es getan hat, Gottes Schöpfungswerk nicht preisen können. Insofern eignen seinen Sommerliedern nicht nur allegorische Aussagen, sondern auch Elemente von Naturlyrik und Schöpfungslob. Wenn Paul Gerhardt mit Hinweis auf seine Sommerlieder aber ausschließlich als ein begnadeter Naturdichter gepriesen wird, so handelt es sich um Missverständnisse späterer Generationen, denen der Glaubensernst von Paul Gerhardt fremd geworden ist, wenn man so will: um Missverständnisse bzw. Fehldeutungen aus säkularisierter Sicht.

Bei dem Lied von Paul Gerhardt zur Kleinen Eiszeit und bei seinen Sommerliedern haben wir es also mit je unterschiedlichen Argumentationen, geradezu mit gegenläufigen Argumentationsketten zu tun: In seinen Sommerliedern ist die Sonne Sinnbild des wahren Glaubens sowie Hinweis auf Gottes Schöpferkraft, die eine wohlgestaltete und sinnvolle Ordnung geschaffen habe. Erst im populären Verständnis späterer Zeit wurden diese Lieder dagegen nur noch als Lobpreis auf die Schönheiten von Gottes Schöpfung verstanden. In seinem Lied zur Kleinen Eiszeit geht Paul Gerhardt demgegenüber von tatsächlichen Wetterbeobachtungen aus, die er dann freilich auf ihre moralische Bedeutung hin untersucht, worauf er schließlich zu erbaulich-religiösen Schlussfolgerungen kommt.

Stimmt diese Erklärung, ist diese Distinktion richtig, dann besitzt Paul Gerhardts Lied zur Kleinen Eiszeit eine doppelte Bedeutung: Zum einen ist es ein weiterer wichtiger Beleg für Erfahrungen mit der Klimaverschlechterung aus der Mitte des 17. Jahrhunderts. Zum anderen erfahren wir aus diesem Lied aber auch etwas über die kulturellen Konsequenzen, die in Zirkeln der norddeutschen lutherischen Orthodoxie aus der säkularen Wetterverschlechterung gezogen wurden.

Diese Konsequenzen sind nicht originell, sondern liegen ganz auf der Linie der christlich-erbaulichen Tradition, die wir auch aus anderen Zeugnis-

---

[7] Dazu vor allem BUNNERS, Paul Gerhardt (wie Anm. 1) S. 143–252; sowie HANS GEORG KEMPER, Deutsche Lyrik der Frühen Neuzeit, II: Konfessionalismus. Tübingen 1987 S. 266–290.

sen des 17. Jahrhunderts kennen. Buße und ein gottwohlgefälliges Leben tun Not, so wird betont; nur wenn die Menschen Buße tun und sich bekehren, können sie Gottes Gnade wieder erlangen. Die säkulare Wetterverschlechterung des späten 16. und des 17. Jahrhunderts steht damit für diese protestantischen Bußprediger in einer Reihe mit anderen Ereignissen, durch die Gott ihre Mitmenschen aufrütteln und zur Buße bewegen wollte: der Sturmflut von 1634 beispielsweise oder der Zerstörung von Magdeburg sowie mit allen übrigen Eindrücken von Kriegsgewalt, Hungersnot und Seuchen. Alle diese Ereignisse gehörten für Paul Gerhardt und seine Zeitgenossen zu den legitimen Instrumentarien der Weltregierung Gottes.[8]

Damit lässt sich auch Paul Gerhardts Lied zur Kleinen Eiszeit einordnen. In diesem Lied unterschied er nicht zwischen der Schöpfung als Natur und der Schöpfung als Heilsgeschichte, sondern ging von einer Einheit der Schöpfung aus, von einem engen Zusammenhang von »Gottes Buch der Natur« und »Gottes Buch der Geschichte«. An seinem Lied zur Kleinen Eiszeit lässt sich zeigen, dass für Paul Gerhardt Gott in diesem großen Rahmen von Natur und Heilsgeschichte wie ein guter, strenger und gerechter Vater regierte. Für Paul Gerhardt und für die protestantischen Theologen des 17. Jahrhunderts ruhten die Elemente der Natur ebenso in Gottes Hand wie Vergangenheit und Zukunft. Es lag an den Menschen, ob sie Gottes Handschrift, die sich auch in schlechtem Wetter ausdrücken konnte, lesen und verstehen wollten. In seinem »Buß- und Betgesang bei unzeitiger Nässe und betrübtem Gewitter« nahm Paul Gerhardt für sich in Anspruch, dass er die Zeichen der Zeit erkannt und die richtigen Schlussfolgerungen gezogen hatte.

Summary

The German Protestant Pastor and hymn-writer Paul Gerhardt composed not only hymns in which he praised God's wonderful creation, but also a hymn in which he described the bad weather conditions of his time. While his hymns about the pleasures of summer should be understood as praise of the true faith as revealed to his generation by the Reformation, he uses his hymn about the bad weather to exhort his flock to repent of their sins and to follow, once again, God's commands.

---

[8] Siehe dazu JOSEPH CANNING / HARTMUT LEHMANN / JAY WINTER (Hg.), Power, Violence and Mass-Death in Pre-Modern and Modern Times. Aldershot 2004 bes. S. 93–159.

III. Gesellschaft und Mentalität / Society and Mentality

Klimabedingte Teuerungen und Hungersnöte

Bettelverbote und Armenfürsorge als Krisenmanagement

von

ROBERT JÜTTE

1. Missernten und witterungsbedingte Hungerkrisen

Der englische Statistiker Gregory King schätzte im 17. Jahrhundert bei einem Ernteergebnis, das um 20 Prozent unter dem Durchschnitt lag, den Preisanstieg bei Korn auf 80 Prozent. Bei 50 Prozent unter Normal belief sich der Preisanstieg auf 450 Prozent.[1] In einer durchschnittlichen Krise war die Folge hoher Lebensmittelpreise nicht Hungersnot, sondern allgemeine Verarmung. Es gab jedoch Krisenjahre im 16. und 17. Jahrhundert, in denen die Preise für Getreide schwindelerregende Höhen erreichten und die Zeitgenossen klagten, dass Armut und Hunger in Ausmaß und Intensität zunahmen. Der Almosenschaffner der Stadt Straßburg, Lucas Hackfurt, verfasste 1532 ein Memorandum für den Stadtrat, in dem er die Gründe für die plötzliche Zunahme der Menschen skizzierte, die bei der Stadt um Almosen nachsuchten:

»So möcht man frogen: was tribt die armen lüt us allen landen hiehär? antwurt: die groß not und thürung. wohär kompt die thürung? von gott. warumb hat er sie uns zugeschickt? umb unsers unglaubens und sünden willen, nemlich der grossen undankbarkeit und eigennützigkeit halb, dohär dann eine grosse unbarmherzigkeit und unbrüderliche beschwerde unsers nechsten erwechset.«[2]

Hackfurt identifizierte als Ursache der Teuerung den Mangel. Gott wollte die Menschen für ihre Sünden strafen, indem er Reiche und Arme gleichermaßen durch verheerende Missernten in Schwierigkeiten und Not brachte.

---

[1] Vgl. ROBERT JÜTTE, Arme, Bettler, Beutelschneider. Eine Sozialgeschichte der Armut. Aus dem Englischen von Rainer von Savigny. Weimar 2000 S. 39.

[2] Abgedruckt in: OTTO WINCKELMANN, Das Fürsorgewesen der Stadt Strassburg vor und nach der Reformation bis zum Ausgang des sechzehnten Jahrhunderts. Leipzig 1922, Teil II, Nr. 108 S. 147.

Den Nahrungsmangel darf man jedoch nicht einer Hungersnot gleichsetzen. Als Zürich im Jahre 1571 wie viele andere europäische Städte unter einer schweren Versorgungskrise litt, erklärte der Schweizer Theologe Ludwig Lavater in einer seiner Predigten, dass man differenzieren müsse:

»Thüre heißt, da alles, das der Mensch haben und dessen er geleben muß, es sye Spys, Trank, Kleider, Holz, Herberg und anders, wohl vorhanden ist, ab man mags in keinem zimlichen Gelt ankommen, sondern wil man es haben, so muß man zwei oder drei Gelt darum geben. Hunger aber ist, so man Spys und Trank und andres nit find zu kaufen, wenn es einer gleich gern wollt bezahlen.«[3]

Zu Hungersnöten bzw. Versorgungskrisen kam es nach mehreren Missernten in Folge, so z. B. 1527–1534, 1565–1567, 1571–1574, 1594–1597, 1624–1625, 1637–1639, 1659–1662, 1691–1693, 1739–1741 und 1771–1774. Drei große Hungersnöte – von 1527–1531, 1594–1597 und 1659–1662 – waren für das Europa der frühen Neuzeit besonders verheerend. In diesen Jahren findet man in den Sterberegistern besonders häufig Einträge wie »ein bettelarmes, halbverhungertes Kind« oder »ein armer Bursche« seien aus »Mangel an Nahrung und Unterhalt« gestorben. Diese Jahre stimmen im großen und ganzen mit den Zeiträumen überein, in denen sich die »Kleine Eiszeit« nach den Daten der Klimahistoriker in Mitteleuropa am stärksten bemerkbar machte. Doch das Wetter war nur ein Faktor. Ausschlaggebend für die Versorgung mit Nahrungsmitteln waren ferner die Nachfrage (Anstieg der Bevölkerungszahl); der Grad der Bodennutzung (Ernteerträge); die Transportwege (Zollschranken, Zugang zu Nahrungsmittelmärkten zu Wasser oder Land) sowie Kriege (Boykottmaßnahmen, Verwüstungen).

Dieses multikausale Erklärungsmodell von Hungerkrisen, in denen die Anzahl der Armen und Bettler emporschnellte, war bereits den Zeitgenossen in groben Zügen bekannt. In einer gedruckten Predigt über Hunger- und Sterbejahre aus dem Jahre 1571 lesen wir:

»Da wird hundertfach nach den Ursachen gefragt, weßhalb in Ländern, Städten und Dörfern Alles zusehends ärmer wird und verderbt; der Eine gibt diese, der Andere wieder andere Ursachen an, die mehrsten aber liegen vor aller Welt sichtlich zu Tage: da sind Kriege und Verheerungen, Brandschatzungen, Mißwachs, Hungersnöthe, Seuchen und Pestilenz, Stocken von Handel und Gewerben, Unsicherheit der Wege, elendige Justiz, Aussaugung der Unterthanen durch Steuern, übermäßige Zölle, im Münzen Betrug aller Art, dass man schier nicht mehr zu einem rechten Pfennig kommen mag, und dazu kommt, als wäre alle Welt von Sinnen, gleichwohl übermäßige Pracht und Hoffart in den Kleidungen über den Stand und Vermögen eines Jeglichen

---

[3] Zitiert nach WILHELM ABEL, Massenarmut und Hungerkrisen im vorindustriellen Europa. Versuch einer Synopsis. Hamburg usw. 1974 S. 38.

weit hinaus, nicht weniger übermäßiger und schleckhafter Fraß und Suff, als müßt man alles verthun, was man noch in Händen hat.«[4]

Wenn die Lebensmittelknappheit auf witterungsbedingte Ernteausfälle zurückging, stellte sich der Ablauf der Ereignisse in der Regel wie folgt dar:[5]

Eine Folge schlechter Jahre mit Missernten. Die Getreidevorräte nehmen allmählich mangels ausreichenden Angebots ab. Der daraus folgende Nahrungsmittelmangel führt zu einem steilen Anstieg des Getreidepreises. Die Städter sind gezwungen, mehr Geld für Grundnahrungsmittel auszugeben. Die Nachfrage nach Dienstleistungen und Industrieprodukten geht zurück. Märkte und Handel stagnieren. Die Nachfrage nach Arbeitern sinkt. Die Löhne bleiben auf einem niedrigen Stand oder sinken zusätzlich ab. Die unteren Schichten verfügen nicht über genügend Geld, um ihre Nahrungsmittel zu den extremen Marktpreisen zu kaufen; sie beschränken sich daher auf geringere Mengen (mit dem Risiko des Hungertods) oder schlechtere Qualität (Risiko einer Mutterkornvergiftung). Die Sterblichkeitsrate steigt. Der eigentliche Hungertod ist selten, aber die Anfälligkeit für Krankheiten nimmt durch die Fehlernährung zu. Die Zahl der Eheschließungen geht zurück und führt (mit ungefähr neunmonatiger Verspätung) zu einem Rückgang der Geburtenziffern.

Wenn wieder bessere Ernten eingefahren werden, normalisiert sich die Lebensmittelversorgung und die Versorgungskrise samt ihrer Begleiterscheinung, der demographischen Krise, ist beendet. Es entwickelt sich ein Aufwärtstrend, der so lange anhält, bis neue Missernten Stadt und Land in eine weitere Krise stürzen.

Dass durch witterungsbedingte Missernten zahlreiche Menschen, die am Rande des Existenzminimums lebten, unter die Armutsgrenze fielen und auf obrigkeitliche Unterstützung oder Almosen angewiesen waren, blieb der weltlichen und kirchlichen Obrigkeit in der Vormoderne nicht verborgen. Das Risiko zu verhungern war allerdings in der Bevölkerung unterschiedlich verteilt, wie bereits die Zeitgenossen wussten. In einem Traktat über das Jahr 1630 als »Hunger- und Kummerjahr« heißt es:

»Solche vnd dergleichen / wo nicht fast kläglicher vnd erbärmlicher Hungersnoth / hat nun / leider Gottes / in diesem 1630. Jahr vnzehlich viel tausend Menschen be-

---

[4] Zitiert nach JOHANNES JANSSEN, Geschichte des deutschen Volkes seit dem Ausgang des Mittelalters, VIII, XIII. u. XIV. Freiburg i. Br. 1903 S. 356 f.

[5] Vgl. dazu u. a. ANDREW APPLEBY, Grain Prices and Subsistence Crises in England and France, 1590–1740, in: Journal of Economic History 39. 1979 S. 865–887; ROGER SCHOFIELD / JOHN WALTER (Hg.), Famine, Diseases and the Social Order in Early Modern Society. Cambridge 1989.

troffen [...], zwar nicht vornemlich bey den Reichen vnd Vermögenden / die nicht allein Geld / sondern am meisten bey den Armen vnd Vnvermögenden / die nicht allein Geld / sondern auch Brod genug gehabt [...], sondern am meisten bey den Armen vnd Vnvermögenden / vnd dem gemeinen Hauffen / vnter welchen es solcher gestalt zugangen.«[6]

Auch in der Hungerkrise Anfang der 1570er Jahre litt am meisten die Unterschicht, wie der Verfasser der *Thüringer Chronik* betont. Er berichtet, dass im Jahre 1571 »der Kornkauf von Tag zu Tag heftig gestiegen, dadurch denn groß Jammer und Elend unter den armen Leuten erfolget [...], dass auch der Armen Kinder vor großem Hunger das junge Laub von den Bäumen gegessen haben«.[7]

Ob nun in der Stadt oder auf dem Land, schon eine witterungsbedingte Missernte ließ die Ränge der Armen in kürzester Zeit erheblich anschwellen und stellte damit die Obrigkeit vor eine sozial- und ordnungspolitische Herausforderung.

2. Notstandsmaßnahmen als Kriseninstrument

Übermäßige Teuerungen zu verhindern und damit die Zahl der Armen in den gewohnten Grenzen zu halten, gehörte zu den Aufgaben einer Versorgungspolitik, die vor allem die Städte, aber auch einzelne Territorien (z. B. Frankreich und England) bereits seit dem ausgehenden Mittelalter betrieben.[8] Nehmen wir als Beispiel die Getreidehandelspolitik der Reichsstadt Frankfurt am Main. Richtungweisend war die 1508 erlassene Ordnung, die eine bestimmte Mindestgröße an Getreidevorräten in Bürgerhäusern vorsah und den sogenannten »Furkauf« einschränkte.[9] Zu den Aufgaben der beiden städtischen Kornmeister in Frankfurt gehörte es, in ausreichendem Maße Vorräte an Korn in der Stadt anzulegen. Als 1571, das zu den Krisenjahren

---

[6] SAMUEL BUTSCHKY, Des 1630. Hunger- und Kummer-Jahrs Gedenckmahl [...]. Leipzig 1633 S. 58.

[7] JOHANN BINHARD, Neue vollkommene Thüringische Chronica [...]. Leipzig 1613 S. 181.

[8] Vgl. dazu u. a. ERNST KELTER, Geschichte der obrigkeitlichen Preisregelung. Die obrigkeitliche Preisregelung in der Zeit der mittelalterlichen Stadtwirtschaft. Jena 1935; ERICH GAENSCHALZ, Die Nahrungsmittelpolitik der Stadt Erfurt bis zum Jahre 1664. Phil. Diss. Breslau 1928; MAXIMILIAN MECHLER, Die Nahrungsmittel-Politik kleinerer Städte des oberrheinischen Gebietes in älterer Zeit. Phil. Diss. Freiburg i. Br. 1909; VOLKER REINHARDT, Überleben in der frühneuzeitlichen Stadt. Annona und Getreideversorgung in Rom 1563–1797. Tübingen 1991.

[9] Vgl. dazu, wenn nicht anders nachgewiesen, ROBERT JÜTTE, Obrigkeitliche Armenfürsorge in deutschen Reichsstädten der frühen Neuzeit. Obrigkeitliches Armenwesen in Frankfurt am Main und Köln. Köln usw. 1984 S. 211 ff.

der Kleinen Eiszeit zählt, die Getreidevorräte durch die anhaltende Teuerung in Frankfurt soweit zusammengeschmolzen waren, dass sie im Falle einer Belagerung nicht einmal vier Tage lang gereicht hätten, ließ der Magistrat dreizehn Schiffsladungen Getreide aus den Niederlanden in die Stadt schaffen. Gleichzeitig erging der Befehl an die Kornherren, tausend Achtel Korn aus den städtischen Speichern zu einem Preis von zweieinhalb Gulden zu verkaufen (im Umland bezahlte man damals bereits über drei Gulden für ein Achtel). Zu Zeiten der Teuerung verbot der Rat sogleich die Kornausfuhr. Nur in Ausnahmefällen gestattete er Auswärtigen, in geringem Umfang Korn auf dem städtischen Markt zu kaufen, um so andernorts die Armut zu lindern. Um jeglichem Missbrauch vorzubeugen, bestimmte der Magistrat der Stadt Frankfurt, dass das betreffende Korn an die betroffenen Armen persönlich abzugeben sei. Zu den Notstandsmaßnahmen in der Hungerkrise zu Beginn der 1570er Jahre gehört auch die Einrichtung eines Ausschusses, der für die Brotverteilung in der Stadt zuständig war.[10]

Ähnlich reagierten andere Reichsstädte auf Versorgungsengpässe infolge von Missernten.[11] Nürnberg führte zum Beispiel 1574 Getreide aus Böhmen und Österreich ein und gestattete auswärtigen Bäckern den Verkauf von Brot in der Stadt. Erst im Mai 1576 wurde der Import auswärtiger Backwaren wieder verboten, »da die göttliche Liebe die Teuerung ziemlich gemildert hat«,[12] wie es in der betreffenden Quelle heißt. Auch die Stadt Köln erließ in den Krisenzeiten des 16. Jahrhunderts mehr oder weniger restriktive Ausfuhrverbote.[13] Spezielle Hilfsmaßnahmen für die ärmeren Bevölkerungsschichten sind für das 16. Jahrhundert nicht belegt. Die Versorgungspolitik der Stadt Köln zielte nicht auf einzelne Teile der Bürgerschaft ab, sondern hatte ausdrücklich das Gemeinwohl im Auge. Dass es der Magistrat bei diesen allgemeinen Maßnahmen beließ, dazu trug offenbar die Leidensfähigkeit der Kölner Unterschichten bei, die der Chronist Hermann Weinsberg anlässlich der Hungerkrise von 1587 wie folgt beschreibt: »Und ob das gemein folk grois jamer und honger leidt, noch war es gedultich, das man sich gnogsam verwundert.«[14] Und er fügte hinzu: »Und got troist und half. Darnach

---

[10] Vgl. MORITZ JOHN ELSAS, Umriß einer Geschichte der Preise und Löhne in Deutschland, II A. Leiden 1940 S. 117.
[11] Vgl. dazu u. a. WILHELM ABEL, Massenarmut und Hungerkrisen im vorindustriellen Deutschland. Göttingen 1972 S. 42 f.
[12] Zitiert nach DERS., Europa (wie Anm. 3) S. 85.
[13] Vgl. dazu DIETRICH EBELING, Versorgungskrisen und Versorgungspolitik während der zweiten Hälfte des 16. Jahrhunderts in Köln, in: Zeitschrift für Agrargeschichte und Agrarsoziologie 27. 1979 S. 32–59.
[14] FRIEDRICH LAU (Bearb.), Das Buch Weinsberg. Kölner Denkwürdigkeiten aus dem 16. Jahrhundert, III. Bonn 1897 S. 378.

scloich [schlug] es [der Kornpreis] ein wenig ab, ab[er] balde widder uff. Doch war die hoffnong gutten witters und arns [Ernte] vorhanden.«[15]

Nicht nur die großen Reichsstädte, auch kleinere Landstädte betrieben im zweiten Drittel des 16. Jahrhunderts eine vorausschauende Versorgungspolitik, um die wirtschaftlichen und sozialen Folgen von Missernten in Grenzen zu halten. So erließ beispielsweise der Rat der Stadt Göttingen 1570 ein Kornausfuhrverbot, an das sich aber offenbar kaum jemand hielt.[16] Im darauffolgenden Jahr stieg der Kornpreis infolge eines nassen Sommers. Und für das Jahr 1573 hielt ein Göttinger Bürger in seiner Chronik fest: »Es ist dieses Jahr ein gar harter, langer Winter gwesen, dann er im fürgangen Jahr Anno 1572 auf Simonis et Jude [28. Oktober] angfangen und gestanden bis auf Ostern [22. März 1573] gantz hart einander.«[17] Die Folge war eine weitere Verteuerung, so dass sich der Magistrat gezwungen sah, etliche hundert Malter Korn zu einem reduzierten Preis an die Bürger zu verkaufen. Auch die Bauern in den Dörfern um Göttingen kamen in den Genuss dieses verbilligten Getreides. Angesichts der Lage auf dem Kornmarkt sah sich auch der Landesherr zum Eingreifen genötigt. In einem fürstlichen Mandat vom 30. September 1573 wurde angeordnet, »dass ein jeder Kornen dem Armut [den Armen] sollt vorkäufen und keiner wieder in Klöstern noch Junkern noch sonst Bürger das Korn und Getreide außer dem Lande führen soll noch musste [durfte] bei harter und swerer Peen und Strafen«.[18] Lediglich das Bier war in diesem Winter billig zu haben; denn die Nachfrage war aufgrund der Verteuerung des Brotgetreides eher gering. Wie der Chronist bemerkte, hatten »das arme Volk, Bürger und Bauren nit so viel vordienen können, dass sie Brote umme käufen«.[19]

3. Armen- und Bettlerordnungen als Reaktion auf Ernteausfälle

Im Jahr 1586, als England von einer witterungsbedingten Teuerung heimgesucht wurde, stellte Lord Burleigh (William Cecil), einer der wichtigsten Berater von Königin Elisabeth I., Überlegungen an, wie das Armenwesen auf der britischen Insel zu verbessern sei. Ein Vorschlag war, dass die Bischöfe und Priester diejenigen, die über größere Kornvorräte verfügten, ermahnen sollten, »to deale charitablie w[i]th the pore in this tyme of dearth, but also

---

[15] Ebd.
[16] Vgl. ABEL, Europa (wie Anm. 3) S. 77 f.
[17] Abgedruckt in ebd. Anhang S. 406.
[18] Ebd.
[19] Ebd.

to let the people vnderstand that it groweth of the visitac[i]on of god, and that therefore we oughte to take it patientlie & not in tumultous mann[er]«.[20] Doch war Lord Burleigh ein zu erfahrener Politiker, um sich auf die Wirkung solcher Ermahnungen zu verlassen. Er nahm die Versorgungskrise zu Beginn einer Dekade (1586-1595), die in vielen Teilen Europa durch klimabedingte Ernteausfälle gekennzeichnet ist, zum Anlass, grundsätzliche Reformen des englischen Armenwesens zu skizzieren, die dann in der Armengesetzgebung des Jahres 1597 (»Act for the relief of the poor« sowie »Act for the punishment of rogues, vagabonds and sturdy beggars«) größten Teils umgesetzt wurden.[21] Eine der von William Cecil gutgeheißenen Maßnahmen lautet:

»That the Justices be straightlie commanded to see by all god meanes that the able people be set on worke, the ydle vagabondes punished & the impotent releived w[i]thin ev[er]ie parrish yf it may be, but at furthest w[i]thin ev[er]ie hundred [engl. Verwaltungbezirk] or division, and not wander out of the division.«[22]

Hier klingt bereits das Prinzip des Unterstützungswohnsitzes an, das für die englische Armengesetzung bis ins 19. Jahrhundert hinein charakteristisch ist.

Bereits einige Jahrzehnte zuvor wird der Zusammenhang zwischen Reform und Krise auch andernorts deutlich, so z. B. in Straßburg. Dort war 1523 eine neue Almosenordnung erlassen worden, die das Armenwesen in der Reichsstadt auf eine ganz neue Grundlage stellte.[23] Anlass war keine aktuelle Notsituation. Dahinter standen langfristige und weitsichtige Überlegungen, die man zur selben Zeit auch in anderen Reichsstädten, vor allem in solchen, die sich dem evangelischen Bekenntnis zuwandten, beobachten kann. Dazu später. Uns soll in diesem Zusammenhang lediglich interessieren, wie eine Episode der Kleinen Eiszeit gegen Ende der 1520er Jahre dazu führte, dass man über weitere Reformen und Verbesserungen nachdachte.

---

[20] British Library, Lansdowne Ms. 48, f. 123 r.
[21] Vgl. dazu u. a. PAUL SLACK, Poverty and Policy in Tudor England. London usw. 1988 S. 126 ff.
[22] British Library, Lansdowne Ms. 48, f. 123 v.
[23] Zu Straßburg vgl. neben der älteren Arbeit von OTTO WINCKELMANN, Das Fürsorgewesen der Stadt Strassburg vor und nach der Reformation bis zum Ausgang des 16. Jahrhunderts. Ein Beitrag zur deutschen Kultur- und Wirtschaftsgeschichte. Leipzig 1922, vor allem MIRIAM USHMAN CHRISMAN, Urban Poor in the Sixteenth Century. The Case of Strasbourg, in: Social Groups and Religious Ideas in the Sixteenth Century (Studies in Medieval Culture 13). Hg. MIRIAM USHER CHRISMAN / OTTO GRÜNDLER. Kalamazoo/Mi 1978 S. 59-67; sowie WARNFRID WERNER GRAMS, Die Strassburger Almosenordnung von 1523 im Spannungsfeld der Geschichte. Karlsruhe 1975.

In den Jahren 1529 bis 1532 herrschte in Straßburg eine große Teuerung, deren Auslöser verheerende Überschwemmungen und der nasskalte Sommer des Jahres 1529 waren. Im April 1530 fand man vor den Toren der Stadt eine Frau mit zwei Kindern, die verhungert waren. Bei Verteilung von billigem Getreide kam es vor dem städtischen Kornspeicher zu einem so großen Andrang, dass ein Mädchen im Gedränge zu Tode kam.[24] In Anbetracht dieser katastrophalen Lage erschienen im Winter 1529/30 die Reformatoren Caspar Hedio und Jacob Butzer vor dem Magistrat und mahnten, die vielen armen Flüchtlinge, die in dieser Zeit der Teuerung in die Stadt drängten, nicht unversorgt zu lassen. Beide Prediger setzten sich also mit Nachdruck für ein Hilfsprogramm für fremde Arme ein. Der Rat erließ kurz darauf einen Beschluss, wonach im Rahmen der bestehenden Almosenordnung von 1523 das Barfüßer-Kloster zeitweilig als Notquartier für die zahlreichen fremden Bettler eingerichtet werden sollte. Leiter dieses Aufnahmelagers war ein »Zuchtmeister«, der für die Austeilung der Speisen zuständig war und für Disziplin und Ordnung sorgen sollte. Weitere Ausführungsbestimmungen wurden erlassen: Alle auswärtigen Armen sollten bis maximal drei Monate so gut es ging versorgt werden. Die jungen und gesunden Männer unter ihnen wurden zur Arbeit an der Stadtbefestigung verpflichtet. Wer sich weigerte, dem drohte die Ausweisung. Die altersschwachen Fremden sowie Frauen und Kinder durften dagegen ihr Quartier, die beiden Konventsstuben sowie den Speisesaal des Barfüßerklosters nicht verlassen. Alle vierzehn Tage war eine Überprüfung durch Mitarbeiter des Almosenamtes vorgesehen. Zur Finanzierung dieses Notprogrammes erwog man damals eine befristete Almosensteuer.

Die nicht nur das Elsass, sondern auch andere Regionen heimsuchende witterungsbedingte Hungerkrise der Jahre 1529/30 veranlasste den Magistrat der Stadt Straßburg, das Bettelverbot der Almosenordnung von 1523 noch zu verschärfen. So sollte laut einem Ratsbeschluss vom 28. September 1530 kein fremder Bettler mehr in die Stadt hineingelassen werden. Als Grund für diese Maßnahme wird angegeben:

»Nachdem verruckten [vergangenen] winter ein grosser zulauf der armen gewesen, so ussem lande und fremden nationen her in diesse statt kommen, mit denen dann ein merklich anzal korns ufgangen, und aber zu besorgen [...], das solcher zulauf dissen winter (wie sich dann uf dissen tag insehen loßt) noch größer werde, das dann nit allein gemeiner burgerschaft zu beschwerden sondern auch unsern armen deren dann vil und vermöge christlicher pflicht fürnemblich zu bedenken sind, zu verderblichen nachteil on zwiffel gelangen würde [...].«[25]

---

[24] Vgl. zu dieser Krise ebd. S. 183.
[25] Abgedruckt bei WINCKELMANN, Fürsorgewesen (wie Anm. 23) II, Nr. 95 S. 136.

Als sich im Sommer 1531 die Lage wieder etwas entspannt hatte, reagierte der Rat bezeichnenderweise mit einer weiteren Verschärfung des Bettelverbotes. Er wies alle fremden Armen, die wegen der Teuerung auf dem Lande in der Stadt Zuflucht gesucht hatten, ab und gestattete niemandem in der Stadt das Betteln mehr, das man in Notzeiten noch toleriert hatte. Interessant ist die Begründung, die ausdrücklich auf die Erwartung einer besseren Ernte abhebt:

»Siteinmol allenthalb im land gnugsam arbeit jetz vorhanden, derglichen, als sich die ern[t] ansehen loßt und man in guter hoffnung ist, die frucht werde je lenger je mehr abschlagen, und niergent ein besonder mißwachs erhört, also das gemeinlich das land allenthalb mit früchten gespißet werden mag, dohär sich menglich bi den sinen wol erhalten und neren kan [...].«[26]

Straßburg ist außerdem ein sehr gutes Beispiel dafür, wie Städte aus früheren Hungerkrisen zu lernen versuchten und auch Jahrzehnte später noch auf einschlägige Erfahrungen zurückgriffen.[27] Als 1544 Straßburg wiederum von einer Teuerung heimgesucht wurde, begründeten die Almosenherren ihren Ratschlag an den Magistrat, die auswärtigen Armen wegen der hohen Sterbe- und Krankheitsrate nicht wieder in einem Sammellager, sondern privat unterzubringen mit der »erfarung beder nehsthievor verlofener thürungsziten des 1517^{den} und 29^{den} jors«.[28] Man verfuhr also – wenn auch mit leichten Abänderungen, was die Unterbringung anbetrifft – nach bewährtem Muster, obwohl der Leiter der Straßburger Armenverwaltung, Lucas Hackfurt, im Sommer 1544, als sich die Krise bereits abzuzeichnen begann, dazu geraten hatte, so viele arme Menschen wie möglich erst gar nicht in die Stadt hineinzulassen.[29]

Auch in einer weiteren Krisenzeit des 16. Jahrhunderts, die überwiegend klimatische Ursachen hatte, gab die durch Missernten ausgelöste Verteuerung und Verknappung des Brotgetreides in einigen Fällen Anstoß zu einer Armengesetzgebung, die sich in ihren Grundzügen zwar seit den 1520er Jahren nur unwesentlich veränderte, aber immer wieder der jeweiligen Situation angepasst werden musste. Nehmen wir die Reichsstadt Augsburg als Bei-

---

[26] Ebd. II, Nr. 108 S. 144.
[27] Zur Lernfähigkeit von Magistraten im Falle einer anderen Krise vgl. MARTIN DINGES, Süd-Nord-Gefälle in der Pestbekämpfung. Italien, Deutschland und England im Vergleich, in: Das europäische Gesundheitssystem. Gemeinsamkeiten und Unterschiede in historischer Perspektive. Hg. WOLFGANG U. ECKART / ROBERT JÜTTE. Stuttgart 1994 S. 19–51.
[28] Abgedruckt bei WINCKELMANN, Fürsorge (wie Anm. 23) II, Nr. 157 S. 202.
[29] Vgl. GRAMS, Almosenordnung (wie Anm. 23) S. 200.

spiel, deren Sozialpolitik in dieser Zeit recht gut erforscht ist.[30] Zu den eindrucksvollsten Quellen gehört die Reimchronik, die der Augsburger Bürger und Maler Barnabas Holzmann unter dem Eindruck der Anfang der 1570er nicht nur in der Stadt am Lech herrschenden Hungersnot verfasste. Er berichtet, dass der Winter 1570/71 kalt und schneereich war. Bereits im Sommer waren »Wein, Getreid und Korn trefflich aufgeschlagen«,[31] da die Ernte schlecht ausgefallen war. Der lange und harte Winter verschärfte noch die Krise, wie der Chronist weiter berichtete: »Des wurd die Stadt erst Armer voll / gefiel der Obrigkeit nit wohl.« (V 567 f.) So griff der Magistrat zu einer Maßnahme, die sich bereits in früheren Krisen als praktikabel, wenngleich nicht als besonders erfolgreich erwiesen hatte: »Damit man käm des Jammers ab / unter die Tor man gab / kein fremden Mann einlassen sollt, / der in der Stadt nur bettlen wollt.« (V. 569–572) Die Erfolglosigkeit solcher Aussperrungsmaßnahmen blieb den Zeitgenossen nicht unbekannt, so kann man es jedenfalls in der Reimchronik nachlesen: »Sie globten an, hielten's doch nicht, / deshalb man Rodler [Büttel] auf sie richt, / die ihnen, wa sie ankamen, / was erbettlet hätten, nahmen/, stießen sie zu dem Tor hinaus, / sie aber blieben drum nit aus.« (V. 573–578)

Die Augsburger Almosenordnung von 1600, die wiederum erneut zwischen bedürftigen einheimischen Armen und fremden Bettlern unterschied, kann dagegen nicht als eine direkte Folge der Kleinen Eiszeit angesehen werden. Sie sollte vielmehr die Funktionsfähigkeit des Armenwesens in der Reichsstadt sicherstellen. Bezeichnend ist das schlechte Gewissen, das die Ratsherren offenbar angesichts der Tatsache plagte, dass man fremde Arme wieder einmal ausgrenzte und das Betteln kriminalisierte. So heißt es entschuldigend in der Einleitung zu der neuen Ordnung, man würde den auswärtigen Notleidenden zwar gerne helfen, fühle sich aber wegen Gottes Gebot »mer schuldig, denen zuhilf und statten zuekommen, die inen gelübdt unnd geschworen unnd in diser rinckhmaur begriffen«.[32]

---

[30] Vgl. vor allem CLAUS-PETER CLASEN, Armenfürsorge in Augsburg vor dem Dreißigjährigen Kriege, in: Zeitschrift des Historischen Vereins für Schwaben 78. 1984 S. 65–115.

[31] Abgedruckt bei ABEL, Europa (wie Anm. 3) S. 401.

[32] Zitiert nach BERND ROECK, Eine Stadt in Krieg und Frieden. Studien zur Geschichte der Reichsstadt Augsburg zwischen Kalenderstreit und Parität. Göttingen 1989 S. I und 463.

4. Die Kleine Eiszeit als Akzelerator der Reform des Armenwesens im 16. und 17. Jahrhundert?

Zu Beginn der Kleinen Eiszeit in Europa standen die moralischen Kategorien zur Unterscheidung zwischen würdigen und unwürdigen Armen schon seit langem fest. Das Neuartige an der Fürsorgegesetzgebung der frühen Neuzeit ist im Vergleich zum Mittelalter die eingehende Benennung und Kennzeichnung von Personen, die ihren Lebensunterhalt auf unmoralische oder unlautere Weise durch Betteln verdienten. Weitgehend neu sind auch die Bemühungen der lokalen Behörden, die Verhaltensweisen der ärmeren Bevölkerungsschichten zu kategorisieren, teilweise zu kriminalisieren und mit Sanktionen zu bedrohen. Die meisten Gesetze zur Armenhilfe, die im 16. und 17. Jahrhundert von europäischen Stadtverwaltungen und Territorialherren formuliert und verabschiedet wurden, enthielten solche Ausschlusskriterien.

Die wichtigsten Neuerungen, die sich im Armenwesen in der Zeit, die Henry Kamen als »Eisernes Zeitalter« bezeichnet hat, überall in Europa und über Konfessionsgrenzen hinweg manifestierten, sind Resultat eines vielschichtigen Prozesses, an dem verschiedene Push- und Pull-Faktoren beteiligt waren. Zwar fällt auf, dass einige dieser Reformen des Armen- und Bettlerwesens mit den Eckdaten der sogenannten Kleinen Eiszeit zusammenfallen, doch war der Kausalzusammenhang meist eher ein indirekter. Dies gilt beispielsweise für das *grand renfermement* (Michel Foucault), das Wegsperren der arbeitsfähigen Bettler in Zucht- und Arbeitshäusern.[33]

Verglichen mit der stigmatisierenden körperlichen Züchtigung und anderen traditionellen Mitteln der Sozialkontrolle wie Ausweisung und Deportation, bot ein neuer reformerischer Weg bei den Strafmaßnahmen, die sogenannten Besserungsanstalten, den Behörden die Möglichkeit, Bettler und Vaganten unter Kontrolle zu bringen, ohne sie körperlich zu misshandeln. Das erste Experiment dieser Art fand Anfang der 1550er Jahre in England statt und stand ganz offenkundig nicht in Zusammenhang mit einer verschlechterten Versorgungssituation aufgrund einer oder mehrerer Missernten.[34] Im Jahr 1553 überließ König Eduard VI. unter dem Einfluss von Bischof Nicolas Ridley der Stadt London einen alten, verfallenen Palast, Bri-

---

[33] Vgl. dazu aus der Fülle der Literatur: JEAN-PIERRE GUTTON, La Société et les pauvres en Europe (XVe-XVIIIe siècles). Paris 1974 S. 122 ff.

[34] EDWARD GEOFFREY O'DONOGHUE, Bridewell Hospital. Palace, Prison, Schools from the Earliest Times to the End of the Reign of Elizabeth. London 1923.

dewell, damit dort müßiggehende Arme und Landstreicher in Gewahrsam genommen, bestraft und zur Arbeit gezwungen werden könnten. Andere englische Städte (so auch Norwich und Ipswich) folgten dem Beispiel in den sechziger Jahren desselben Jahrhunderts.

Etwa zu der Zeit, als Bridewell zum englischen Vorbild einer neuartigen Institution zur Bekämpfung des Landstreichertums wurde, brachte der holländische Humanist Dirck Volkertsz Coornhert die Idee ins Gespräch, man müsse die arbeitsunwilligen Armen durch harte Arbeit disziplinieren und in jeder Stadt eine gefängnisähnliche Einrichtung schaffen, um rüstige Bettler, Landstreicher und Außenseiter zu bestrafen.[35] In seiner *Boeventucht* (Schurkenzucht), die 1567 entstanden war, aber erst 1587 veröffentlicht wurde, vertrat er die Ansicht, mit der körperlichen Züchtigung sei man gescheitert; die richtige Lösung für das wachsende Gesellschaftsproblem sei Freiheitsentzug und Zwangsarbeit. Seine Vorstellungen wurden von zwei prominenten Holländern wieder aufgenommen: Jan Laurensz Spiegel und Sebastiaan Egberts, die beide Ende des 16. Jahrhunderts wichtige Ämter in der Amsterdamer Stadtverwaltung ausübten. Im Jahr 1589 entschieden die Stadträte, in Amsterdam ein *tuchthuis* für Männer einzurichten, dem 1596 ein *spinhuis* für Frauen folgen sollte.[36] Die Männer mussten brasilianisches Farbholz spalten und raspeln, die Frauen und jüngeren Kinder waren gezwungen zu spinnen, zu stricken oder zu nähen.

Die Einrichtung des Amsterdamer *tuchthuis* stellt zweifellos einen Meilenstein in der Geschichte des frühneuzeitlichen Armen- und Bettlerwesens dar. Es ist bezeichnend, dass diese Reform gerade in einer Stadt erfolgte, die von der Krise der 1590er Jahre weniger betroffen war als die meisten anderen europäischen Städte. Das hängt nicht zuletzt mit der Rolle der Niederlande im Getreidehandel zusammen.

Ähnliches lässt sich auch über die Reform des Armenwesens in den 1520er Jahren sagen, die durch folgende Merkmale gekennzeichnet ist: Kommunalisierung, Rationalisierung und Bürokratisierung sowie die Pädagogisierung der Fürsorge.[37] Die Almosen- und Bettlerordnungen, die zwischen 1522 und 1525 in mehreren deutschen Städten fast gleichzeitig erlassen wurden, stellen

---

[35] Zu Coornhert vgl. PIERRE BRACHIN (Hg.), Bienfaisance et répression aux XVIe siècle. Deux textes néerlandais. Paris 1984 S. 51 ff.

[36] Vgl. dazu neben THORSTEN SELLIN, Pioneering in Penology. The Amsterdam Houses of Correction in the Sixteenth and Seventeenth Centuries. Philadelphia 1944; PIETER SPIERENBURG, Prisoners and Beggars. Quantitative Data on Imprisonments in Holland and Hamburg 1597–1752, in: Quantification and Criminal Justice History in International Perspective. Hg. ERIC JOHNSON. Köln 1990 S. 33–56.

[37] Vgl. dazu u. a. JÜTTE, Armenfürsorge (wie Anm. 9) S. 356 ff.

keine Reaktion auf eine unmittelbare Versorgungskrise dar. Sie sind vielmehr das Produkt langfristiger Überlegungen, wobei neben humanistischen Einflüssen und karitativen Motiven insbesondere religiöse sowie vor allem übergreifende politische Interessen eine zentrale Rolle spielen.[38]

Gleichwohl haben die durch die Kleine Eiszeit in unregelmäßigen Abständen immer wieder verursachten Hungersnöte dem Armen- und Bettlerwesen des 16. und 17. Jahrhunderts ihren Stempel aufgedrückt. Sie brachten jedoch keine Innovation, sondern – ganz im Gegenteil – Rückschläge. So kann man den Einfluss klimatischer Veränderungen auf die Sozialpolitik jener Zeit mit Ingomar Bog wie folgt auf den Punkt bringen: »Die Not brach die weisen Sozialgesetze der Reformationszeit. Die Bettler erzwingen sich den Zutritt zu den Städten wieder. Die Naturalspendtage leben wieder auf [...]. Von Arbeitsbeschaffung und Versittlichung kann kaum mehr die Rede sein.«[39]

Summary

The new poor laws passed in the early 1520s by German magistrates and territorial rulers were not a direct response to a subsistence crisis caused by dearth. This legislation was the product of a variety of factors (Humanism, Reformation, power struggles, vested interests, etc.). However, famines that can be linked to climatic change during the so-called Little Ice Age played a role in shaping poor relief measures during the sixteenth and seventeenth centuries. However, responses by local governments to such catastrophic events cannot be considered innovative measures in the field of public welfare. On the contrary, in times of subsistence crises, we witness a backlash, a recurrence of repressive policies from the past which never achieved their intended goals. Thus trailblazing legislation that tried to cope with the growing number of beggars cannot be attributed directly to the impact of the climate on society in an age in which a large number of people depended on agriculture.

---

[38] Zum Zusammenhang von Reformation und Fürsorgereform vgl. den Überblick bei THOMAS FISCHER, Städtische Armut und Armenfürsorge im 15. und 16. Jahrhundert. Sozialgeschichtliche Untersuchungen am Beispiel der Städte Basel, Freiburg i. Br. und Straßburg (Göttinger Beiträge zur Wirtschafts- und Sozialgeschichte 4). Göttingen 1976 S. 261 ff.

[39] INGOMAR BOG, Über Arme und Armenfürsorge in Oberdeutschland und in der Eidgenossenschaft im 15. und 16. Jahrhundert, in: Jahrbuch für fränkische Landesforschung 34/35.1974/75 S. 983–1001, zitiert S. 1001.

Melancholische Eiszeit?

von

H. C. Erik Midelfort

Vor vierzig Jahren war es unter Wissenschaftlern immer noch üblich, das Zeitalter der Renaissance oder sogar die gesamte Frühe Neuzeit als eine Zeit des Optimismus und der Lebensbejahung zu betrachten. Man erinnerte sich an Giovanni Pico della Mirandola's *Oratio in hominis dignitate* (1486) oder an die Weltaufgeschlossenheit eines Francis Bacon im frühen 17. Jahrhundert. Es schien, als ob jede vorwärtstreibende Kraft jener Zeiten in Richtung Fortschritt, Entdeckung und menschliche Errungenschaften wies: »Weg mit dem alten! Weg mit der Scholastik, weg mit Schuldgefühlen, verkrusteten sozialen Hindernissen und mit altmodischen Hierarchien!« Die neue Zeit verlangte danach, die neuen Welten von Amerika, Afrika und Asien in eine neue Weltanschauung einzugliedern; sie erforderte neue und bessere Entwürfe für das menschliche Verständnis und die Wissenschaft. Eine naturwissenschaftliche Revolution entfaltete sich durch die Arbeiten von Andreas Vesal, Theophrastus Paracelsus, Johannes Kepler und Galileo Galilei. Eine »Goldene Zeit« stand bevor. Man zitierte gerne Erasmus, der gerade diesen Ausdruck verwendete, um seine Hoffnungen und seinen Glauben an die Wiederbelebung der humanistischen Studien seiner Tage in Worte zu fassen. Das Bild dieser Entwicklung ließe sich beliebig erweitern, aber wir erinnern uns daran ohne weitere Beispiele.

Demgegenüber entfaltete sich in der gleichen Epoche eine weitere Weltsicht. Einige Historiker erinnerten an Gegenbeispiele derselben Zeit: an John Colet, den englischen Humanisten und Kanzelredner, der offensichtlich viel von der humanistischen Bewegung besonders aus Italien gelernt hatte, aber weiterhin so sehr an der Erbsünde und an Vorstellungen von der Verderbtheit des Menschen festhielt, dass sich diese Ansicht mit den Worten der »Zerstörung des Natürlichen« fassen lässt. War er ein Mann der Renaissance oder ein Überrest des Mittelalters?[1]

---

[1] Eugene F. Rice, John Colet and the Annihilation of the Natural, in: Harvard Theological Review 45. 1952 S. 141–164.

Andere Stimmen vermerkten, dass Martin Luther und seine ganze Bewegung nur schwerlich in eine solche weltbejahende, optimistische neue Welt einzufügen waren. Aus der Perspektive der Reformationsforschung schien die optimistische, aber elitäre Bewegung der Renaissance an den Klippen einer volkstümlichen, breiten religiösen Erweckung zu zerbrechen. Denn mit dem Jahre 1517 begann ebenfalls eine neue Epoche der düsteren Ängste und wiederbelebten christlichen Eschatologie. Der Teufel stieg wieder empor und beherrschte die Vorstellungen von Menschen, die von nun an versuchten, seine Mitarbeiter, die Hexen auszurotten. Man sprach von einer »Gegen-Renaissance«, von einer *Counter-Renaissance* oder statt von einem goldenen, von einem neuen eisernen Jahrhundert.[2] Derartige Klischees zogen ihre Überzeugung und ihre Sprengkraft aus der vereinfachten Vorstellung einer optimistischen Renaissance.

Wir haben uns längst eines Besseren besinnen können. Schon vor fast fünfzig Jahren analysierte Eugene F. Rice verschiedene Arten von Weisheitslehren der Renaissance und stellte fest, dass *beide*, Lorenzo Valla mit seiner Vorstellung von der Knechtschaft des menschlichen Willens *und* Marsiglio Ficino mit seiner eher optimistischen neuplatonischen Akademie, charakteristisch für das Zeitalter waren.[3] Man musste sich nicht gegen die Renaissance wenden, um pessimistische, skeptische oder sogar depressive Weltansichten auszudrücken. Die Freude eines lachenden Rabelais und der private Rückzug eines Michel de Montaigne in das Studierzimmer seines Turmes sind echte Zeichen der Zeit. In diesem Sinne scheint es mir wichtig, davor zu warnen, kurzschlüssige und vereinfachte Verbindungen zwischen den nachweislichen Lebensbedingungen eines Zeitalters und den menschlichen Reaktionen auf solche Bedingungen zu ziehen. Vielmehr sei daran erinnert, dass der Schwarze Tod sicher eine Katastrophe für viele Menschen war, dass er aber für manche Überlebende die Voraussetzung für den Verzehr von mehr Fleisch auf dem täglichen Tisch darstellte, weil weniger hungrige Mäuler nach Fleisch verlangten.

Fragwürdig scheint mir hingegen eher, ob man deshalb eine Verbindung zwischen der sogenannten »Kleinen Eiszeit« und der Gefühlslage oder der Stimmung jener Zeit herstellen soll. Denn gegen jede depressiv gestimmte Aussage, gegen jedes Zeichen von Schwermut aus den 1590er Jahren wird man sicher heitere, lebenslustige Jubelrufe aus genau denselben Jahren zitieren können.

---

[2] Hiram Haydn, The Counter-Renaissance. New York 1950; Henry Kamen, The Iron Century. Social Change in Europe, 1560–1660. New York 1971.

[3] Eugene F. Rice, The Renaissance Idea of Wisdom. Cambridge/MA. 1958.

Nicht anders verhält es sich, wenn wir uns der historischen Epidemiologie der Geisteskrankheiten zuwenden. Die genaue oder auch nur die ungefähre Zahl von verschiedenen Krankheiten der Frühen Neuzeit zu bestimmen, ist durch die Geschichte der Medizin nicht möglich. Wir wissen nicht, wie viele Menschen an bestimmten Krankheiten litten; wir wissen nicht, wie viele an der Pest starben. Wir sind eigentlich nicht einmal sicher, *was* für eine Krankheit »die Pest« war.[4] War es die Beulenpest, wie wir sie heute noch in Indien oder in Arizona untersuchen können? War sie vielleicht eine Zusammenballung von verschiedenen Krankheiten, die an sich nichts Wesentliches gemeinsam hatten? Wenn wir uns den Geisteskrankheiten jener Zeit zuwenden, wird das Problem nicht leichter verständlich. Der Wortschatz über Wahnsinn, Irrsinn, Unsinn, Torheit, Narrheit, Unrichtigkeit, Mania, Furor und vielen anderen Begriffskomplexen war reich und breit. Vor dem 19. Jahrhundert versuchte man kaum die Zahl der Geisteskranken festzustellen, und selbst im 19. Jahrhundert merkte man schnell, dass jede Abschätzung ungenau war, dass man z. B. immer wieder neue Krankenhäuser errichten oder bestehende Krankenhäuser erweitern musste, um der steigenden Flut von Geisteskranken eine Zuflucht bieten zu können. Aber Krankenbetten, selbst wenn wir sie zählen könnten, sind kein Indiz für die Zahl der »Wahnsinnigen« einer Gesellschaft. Diese Zahl hängt immer von anderen Variablen ab, von wirtschaftlichen und politischen, nicht zuletzt von der Bereitschaft einer Gesellschaft oder eines Staates, sich für die Gesundheit seines Volkes verantwortlich zu zeigen.

---

[4] ANN G. CARMICHAEL, The Plague and the Poor in Renaissance Florence. New York 1986; SUSAN SCOTT / CHRISTOPHER J. DUNCAN, Biology of Plagues. Evidence from Historical Populations. Cambridge/MA/New York 2001; GRAHAM TWIGG, The Black Death in England. An Epidemiological Dilemma, in: Maladies et Société (XIIe–XVIIIe Siècles). Actes du Colloque de Bielefeld Novembre 1986. Hg. NEITHARD BULST / ROBERT DELORT. Paris 1989 S. 75–98; GRAHAM TWIGG, Plague in London. Spatial and Temporal Aspects of Mortality. 1993. Als pdf: http://ihr.sas.ac.uk/cmh/epitwig.html (9. Dezember 2003); PAUL SLACK, The Impact of the Plague in Tudor and Stuart England. London 1986; MICHEL DRANCOURT / GERARD ABOUDHARAM / MICHEL SIGNOLI / OLIVIER DUTOUR / DIDIER RAOULT, Detection of 400-Year-Old Yersinia Pestis DNA in Human Dental Pulp. An Approach to the Diagnopsis of Ancient Septicemia, in: Proceedings of the National Academy of Sciences of the United States 95. 13 Oktober 1998 S. 12637–12640; MICHEL DRANCOURT / DIDIER RAOULT, Review. Molecular Insights in the History of Plague, in: Microbes and Infection 4. 2002 S. 105–109; A. LYNNE MARTIN, Plague? Jesuit Accounts of Epidemic Diseases in the 16th Century. Kirksville/Miss. 1996; WILLIAM EAMON, Plagues, Healers and Patients in Early Modern Europe, in: Renaissance Quarterly 52. 1999 S. 474–486; ANDREW CUNNINGHAM, Transforming Plague. The Laboratory and the Identity of Infectious Disease, in: DERS. / PERRY WILLIAMS (Hg.), The Laboratory Revolution in Medicine. Cambridge 1992 S. 209–244; SAMUEL K. COHN, JR., The Black Death. End of a Paradigm, in: American Historical Review 103. 2002 S. 703–738.

Außerdem sind die Geisteskrankheiten, anders als einige körperliche Krankheiten kaum zu ermitteln, weil wir uns fast nie auf glaubwürdige, zuverlässige Definitionen der Geisteskrankheit stützen können. Selbst heute ist es schwer zu sagen, wie viele unserer Mitbürger an einer Geisteskrankheit leiden. Psychiater schätzen zwar, dass vielleicht ein Prozent der Menschen einer modernen Gesellschaft an Schizophrenie leiden, vielleicht fünf bis sieben Prozent weltweit an bipolaren Störungen; jedoch ist diese Zahl umstritten.[5] Wir leben heutzutage in einem sogenannten »Zeitalter der Angst«, einem »Age of Anxiety«, um W. H. Audens' Titel zu zitieren; Psychologen konstatieren, dass das Gefühl von Angst derzeit so häufig unter Kindern grassiert, dass es fast als normal erscheint.[6] Früher war es hingegen noch schwieriger zu sagen, wer und wie viele an bestimmten Verwirrungen und Störungen litten. Und wenn wir über keine zuverlässigen Zahlen verfügen, können wir sicher nicht schätzen, ob zu bestimmten Zeiten gewisse Zustände zu- oder abnahmen. Wir werden nie feststellen können, ob Epidemien oder ein Zuwachs von Geisteskrankheiten vorlagen. Selbst für jene Bevölkerungsteile, über die wir durch die günstige Quellenlage mehr wissen, wie den Adel, wird eine Einschätzung immer schwierig sein, welche Familienmitglieder eigentlich krank waren und welche nur exzentrische Sonderlinge.[7]

---

[5] IRVING GOTTESMANN, Schizophrenia Genesis. The Origins of Madness. New York 1991; JULES ANGST, Epidemiology of Bipolar Disorder. New Data, in: European Psychiatry 11. 1996 S. 302–303; ARTHUR KLEINMAN, Social Origins of Distress and Disease. Depression, Neurasthenia, and Pain in Modern China. New Haven 1986; ARTHUR KLEINMAN / BYRON GOOD (Hg.), Culture and Depression. Studies in the Anthropology and Cross-Cultural Psychiatry of Affect and Disorder. Berkeley 1985; V. PATEL, Cultural Factors and International Epidemiology [von Depressionen], in: British Medical Bulletin 57. 2001 S. 33–45.

[6] CHARLES. D. SPIELBERGER / R. L. RICKMAN, Assessment of State and Trait Anxiety, in: Anxiety. Psychobiological and Clinical Perspectives. Hg. NORMAN SARTORIUS ET AL. New York 1990 S. 69–83; JEAN M. TWENGE, The Age of Anxiety. Birth Cohort Change in Anxiety and Neuroticism, 1952–1993, in: Journal of Personality and Social Psychology 79. 2000 S. 1007–1021: »Anxiety is so high now that normal samples of children from the 1980s outscore psychiatric populations from the 1950s.« (S. 1018); JERRY L. RUSHTON / MICHELLE FORCIER / ROBIN M. SCHECTMAN, Epidemiology of Depressive Symptoms in the National Longitudinal Study of adolescent Health, in: Journal of the American Academy of Child and Adolescent Psychiatry 41. 2002 S. 199–206; ANONYMUS, Number Being Treated for Depression Has Tripled, in: Pain & Central Nervous System Week. 28 Januar 2002 S. 12; GREGORY E. SIMON ET AL., Is the Lifetime Risk of Depression Actually Increasing? in: Journal of Clinical Epidemiology 48. 1995 S. 1109–1118; MANDY MCCARTHY, The Thin Ideal, Depression and Eating Disorders in Women, in: Behavior Research and Therapy 28. 1990 S. 205–215.

[7] Siehe meine Überlegungen »Die Verlockungen der Genealogie« in: Verrückte Hoheit. Wahn und Kummer in deutschen Herrscherhäusern, übers. v. PETER A. MAIER. Stuttgart 1996 S. 213–218.

Aus diesen Erwägungen ziehe ich den folgenden nüchternen Schluss: Wir können derzeit und voraussichtlich auch für die Zukunft nicht sagen, ob die sogenannte Kleine Eiszeit bestimmte geistige Auswirkungen hatte, ob unter dem Stress von schlechtem Wetter, knapper werdenden Lebensmitteln, erhöhten Preisen, steigender Anzahl von Bettlern, anschwellenden Berichten von Wunderzeichen am Himmel und auf der Erde, wachsenden Zahlen von Hexenprozessen und einer gesteigerten Endzeiterwartung die Menschen tatsächlich geisteskrank oder zumindest melancholisch wurden. Deshalb warne ich vor der verlockenden Bezeichnung der »Melancholischen Eiszeit« als der Schilderung des menschlichen Zustandes während der wie auch immer eingegrenzten frühneuzeitlichen Kälteperiode. Wie mir scheint, werden wir nie über die schlüssigen Daten verfügen, um eine solche kulturelle Diagnose zu rechtfertigen.

Es gibt jedoch eine andere Perspektive. Selbst wenn wir das Projekt einer quantitativen Mentalitätsgeschichte aufgeben müssen, sollten wir nicht das Kind mit dem Bade ausschütten. Denn mit den literarischen Eliten und Fachwissenschaftlern können wir nachweisen, wie die Melancholie als wichtiger Bestandteil der frühmodernen Weltanschauung an Bedeutung zunahm. Das große Werk von Saxl, Klibansky und Panofsky über die Wiederbelebung der Idee von »Melancholia« in einer neuen Verbindung mit der Idee des Genies hat eine ganze Generation von Wissenschaftlern beeindruckt. Seit dem Erscheinen von *Saturn and Melancholy. Studies in the History of Natural Philosophy, Religion and Art* wusste jeder, dass der Melancholie eine überragende Bedeutung in der Frühen Neuzeit zukam.[8] Beginnend mit Ficino trugen viele frühneuzeitliche Schriftsteller und Künstler zu dem neuen Projekt bei, die geniale Beobachtung des (Pseudo) Aristoteles zu erklären oder zu erweitern: »Warum erweisen sich alle außergewöhnlichen Männer in Philosophie oder Politik oder in den Künsten als Melancholiker; und zwar ein Teil von ihnen so stark, dass sie sogar von krankhaften Erscheinungen, die von der schwar-

---

[8] ERWIN PANOFSKY / RAYMOND KLIBANSKY / FRITZ SAXL, Saturn and Melancholy. Studies in the History of Natural Philosophy, Religion and Art. London 1964; LAWRENCE BABB, The Elizabethan Malady. A Study of Melancholia in English Literature from 1580 to 1640. East Lansing 1951; DERS., Sanity in Bedlam. A Study of Robert Burton's Anatomy of Melancholy. East Lansing 1959; HARALD WEINRICH, Das Ingenium Don Quijotes. Ein Beitrag zur literarischen Charakterkunde. Münster 1956; GÜNTER BANDMANN, Melancholie und Musik. Ikonographische Studien. Köln usw. 1960; RUDOLF u. MARGOT WITTKOWER, Born under Saturn. London 1963; WOLF LEPENIES, Melancholie und Gesellschaft. Frankfurt a.M. 1969; HANS-JÜRGEN SCHINGS, Melancholie und Aufklärung. Melancholiker und ihre Kritiker in Erfahrungsseelenkunde und Literatur des 18. Jahrhunderts. Stuttgart 1977; WINFRIED SCHLEINER, Melancholy, Genius and Utopia in the Renaissance. Wiesbaden 1991.

zen Galle ausgehen, ergriffen werden?«[9] Bekanntlich bezog sich Ficino auf Theorien von Platon, um diese Frage zu beantworten; seine Lösung trug wesentlich zur weiteren Diskussion und Aufarbeitung des Problems bei. Sein Versuch, Platon mit Aristoteles, Theologie mit Medizin, den Geist mit dem Körper zu versöhnen, war erfüllt von dem Ehrgeiz, die Quadratur dieses philosophisch-theologischen Kreises vorzunehmen; erst mehr als einhundert Jahre später sahen die meisten führenden Intellektuellen ein, dass diese Aufgabe nicht zu erfüllen war.[10] Dies war somit unleugbar das Zeitalter der Melancholie. Fast jedes Fach, fast jeder Wissenschaftler, entfaltete seine Überlegungen über die schwarze Galle, über die Verbindungen – sei es wohltuend oder nicht – zwischen dem dunklen Saft und der Persönlichkeit, dem Selbst, zwischen Krankheit und Gesundheit, Genie, Inspiration und Besessenheit, zwischen Schwermut und Utopie. Aber wann hatte dieses europäische Interesse an Melancholie seinen Gipfelpunkt erreicht?

Um das Ausmaß dieser aufgeregten Diskussion anschaulicher zu machen, richten wir den Blick auf einige wissenschaftliche Fächer. Wenn wir zum Beispiel das Genre der »medizinischen Dissertationen« betrachten, kann man als Indiz die Bibliographie von Oskar Diethelm heranziehen und auswerten.[11]

Tabelle 1. Medizinische Dissertation zu psychatrischen Themen im Zeitraum (1550–1650)

	Melancholie	Hypochondria	Wahsinn	Phrenesis	Gesamt
1550–1580	2	0	0	2	9
1581–1590	3[12]	1	1[12]	6[12]	13
1591–1600	9[13]	1	1[13]	3	33
1601–1610	11	7	1	6	40
1611–1620	12	2	2	8	39
1621–1630	6[14]	8	2[14]	3	40
1631–1640	3	6	2	5	27
1641–1650	6	8	2	6	40
Gesamt	52[12,13,14]	33	11[12,13,14]	39[12]	241

---

[9] Aristoteles, Problemata Physica 1, in: Ders., Problemata Physica, übers. v. Helmut Flashar. Darmstadt 1962 S. 250.

[10] Noel L. Brann, The Debate over the Origin of Genius during the Italian Renaissance. Leiden 2002 S. 107, 333–412.

[11] Oskar Diethelm, Medical Dissertations of Psychiatric Interest Printed before 1750. Basel 1971.

[12] Sowie eine weitere Dissertation über Melancholie, Manie und Phrenesie.

[13] Sowie eine weitere Dissertation über Melancholie und Manie.

[14] Sowie eine weitere Dissertation über Melancholie und Manie.

Anzumerken ist, dass die Kategorie »Hypochondria« meist der Kategorie »Melancholia« untergeordnet wird, weil damals in der Regel von »Melancholia Hypochondriaca« die Rede war. Man glaubte, dass diese zwei Krankheiten vieles gemeinsam hatten.

Eine frühe Auswirkung dieser Entwicklung war die wachsende Zahl von Personen, die jetzt mit Begriffen aus dem Wortschatz der Krankheit und der »Melancholie« etikettiert wurden. Das geschah zuerst mit Mitgliedern des hohen Adels. In einem kleinen Buch habe ich vor acht Jahren versucht, die prominentesten geisteskranken deutschen Fürsten jener Epoche zu beschreiben. Ich versuchte, keine Epidemiologie zu entwickeln, nicht besondere Familien zu etikettieren oder besondere gesellschaftliche Ursachen zu betonen. Aber es ist bemerkenswert, dass aus einer Liste von etwa zwanzig Fürsten, verschiedene Herren aus dem späten Mittelalter und aus den ersten Jahrzehnten des 16. Jahrhunderts wahnsinnig oder »geisteskrank« wurden (um unser Wort zu gebrauchen): Prinzen wie Markgraf Christoph I von Baden (1453–1527), Graf Heinrich von Württemberg (1448–1519), Markgraf Friedrich der Ältere von Brandenburg-Ansbach (1460–1536) und Landgraf Wilhelm I (1466–1515) und Wilhelm II (1469–1509) von Hessen wurden deswegen abgesetzt und interniert. Aber eine -auf einer medizinischen Diagnose beruhende - medizinische Behandlung ist in diesen Fällen in den Quellen nicht nachzuweisen. Erst nach der Jahrhundertmitte häufen sich Akten, die eine immer intensiver werdende Therapie der geistesgestörten Hoheiten dokumentieren: Herzog Wilhelm der Jüngere von Braunschweig-Lüneberg (1535–1592) litt in den Jahren nach 1577 unter einer Geisteskrankheit, die die Landespolitik schwer belastete.[15] Im Verlauf des Sommers 1582 benahm Wilhelm sich immer sonderbarer. Mangelhaft bekleidet lief er durch die Straßen Celles, bot Passanten merkwürdige Geschenke feil, führte unverständliche Reden und machte befremdliche Gesten, so dass »ein jeder leicht hat sehen können, dass S. F. G. derselben Sinnen nicht mächtig« war. Der fürstliche Rat fasste Ende August 1582 schließlich den Beschluss, Wilhelm in Gewahrsam zu nehmen und ließ ein spezielles Gemach für ihn einrichten. Von nun an sollte von den Hofärzten, die bald regelmäßig in amtlichen Schriftstücken auftauchen, bestimmt werden, was der Herzog zu essen bekam. Allmählich wurden die medizinischen Akten und Berichte über den Zustand und die Behandlung von Herzog Wilhelm dichter. Die Hofärzte versuchten eine ganze Reihe von säfteändernden Maßnahmen: Klystieren, Schröpfen, warme Bäder, heitere Musik, besseres (feuchtes) Essen und weniger Bier, neun bis elf Stunden Nachtruhe – das ganze hippokratisch-gale-

---

[15] MIDELFORT, Verrückte Hoheit (wie Anm. 7) S. 88–99.

nische Programm. Dazu gesellten sich gelegentlich paracelsische Kurmittel wie Antimon und Salpetertabletten, besonders wenn die Humoraltherapie sich als nicht sehr erfolgreich erwiesen hatte.

Ausgeprägter war das Aufkommen einer medizinischen Behandlung von melancholischen Fürsten in den Fällen von Herzog Albrecht Friedrich von Preußen, Herzog Johann Wilhelm von Jülich-Kleve und Kaiser Rudolf II. Bei diesen Fürsten war die Diagnose von Melancholie dermaßen selbstverständlich, dass eine Debatte ausbrach, sobald die zuständigen Humoraltherapien keinen guten Erfolg bewirkten. Im Falle von Albrecht Friedrich gab es eine Reihe von Vorschlägen, die alle voraussetzten, dass der Fürst melancholisch sei.[16] Nach vier Jahren von säfteändernden Kuren erschien Ende 1576 eine unsignierte Schrift *Medicorum rationes, cur dux Prussiae curari non possit*. Die Ärzte gaben zu, dass es nicht nur natürliche, sondern auch übernatürliche Krankheitsursachen gab. Da die Sünde, die den Zorn Gottes auslöste, die Krankheit in die Welt brachte, musste jede Therapie mit Gott beginnen. Leider hatte Gott in jener Zeit, wie es scheint, allen Grund, die Preußen seinen Zorn spüren zu lassen. Des Herzogs Eltern hatten Preußen mit der Ketzerei (Andreas Osiander, die Calvinisten) infiziert, auch der Fürst selbst war daran nicht unschuldig: Albrecht Friedrich begegnete dem Evangelium, den Sakramenten und den Dienern Gottes (insbesondere den gnesio-lutheranischen Bischöfen Joachim Mörlin und Georg Venediger) mit Geringschätzung; er lästerte Gott mit blasphemischen Liedern und Lektüren; von dem »unsäglichen heimlichen Laster, das er seit vielen Jahren praktizierte, ließ er auch im Ehestand nicht ab«;[17] er bemühte sich sogar um die Hilfe des Teufels, indem er eine katholische »Zauberin« beschäftigte, die vermutlich den Dämon austreiben sollte.

Ungefähr zur gleichen Zeit gab es in Düsseldorf einen Fall von fürstlichem Wahnsinn. Johann Wilhelm, Sohn Wilhelms V. (des Reichen), wurde schon als Kind für krank und schwach gehalten.[18] Nach dem Tode seines älteren Bruders 1575 war es aber plötzlich wichtig, diesen Jungen auf die Aufgaben eines Herzogs vorzubereiten; das hieß, besonders eine geeignete Frau zu finden, die mit ihm die fürstliche Linie sichern könnte. Die 1590er Jahre hindurch erprobten die Hofärzte jedes Hilfsmittel, zuerst orthodox galenischhumoralische Kuren, die den Zweck hatten, Johann Wilhelms Melancholie aufzuheitern und seine Lebenskräfte auch im Ehebett zu stärken; es folgten heterodoxe Kuren durch fahrende Kurpfuscher sowie Altweiberkuren aus

---

[16] Ebd. S. 105–131.
[17] DERS., Mad Princes of Renaissance Germany. Charlottesville 1994 S. 86.
[18] DERS., Verrückte Hoheit (wie Anm. 7) S. 138–170.

der Nachbarschaft. Endlich zogen die Hofärzte den nüchternen Schluss, der Herzog sei nicht melancholisch, sondern vom Teufel besessen. Sie beschlossen, ihren Fürsten den Exorzisten auszusetzen. Aber selbst den erfahrensten und emsigsten Priestern ging es nicht besser. Nach jahrelangen Wallfahrten und Exorzismen bekannte Pater Johann Pistorius 1605 dem Nuntius Giovanni Stefano Ferreri, Johann Wilhelm werde nun mit Sicherheit ohne Erben sterben; kein Exorzismus könne ihm helfen, da er wirklich wahnsinnig sei (»essendo realmente pazzo«).[19] Bemerkenswert hieran ist, dass Stolz und Klugheit es nahelegen konnten, einen umstrittenen oder unerfolgreichen Fall an die andere Seite zu überweisen, um nicht die volle Verantwortung für das Scheitern der eigenen Therapie tragen zu müssen. Die Leibärzte verweisen auf übernatürliche Ursachen, die Priester auf natürliche.

Diese Art von Ausrede offenbart auch die Vorzüge einer Melancholie-Diagnose. Auf der einen Seite brachte die Melancholie ein völlig entfaltetes, wissenschaftlich entwickeltes medizinisches Armamentarium mit sich. Ärzte und Patienten konnten, wenn sie den von dieser medizinischen Richtung empfohlenen Maßnahmen folgten, durchaus viele Jahre sorgenfrei leben. Auf der anderen Seite schloss die normale Diagnose von Melancholie andere Ursachen nicht aus. Wenn die empfohlene Kur keinen Erfolg zeitigte, durfte ein Arzt eine andere Krankheitsursache annehmen, vielleicht eine göttliche oder gar eine teuflische. Die Entwicklung der medizinischen Literatur im späten 16. und im 17. Jahrhundert bot ihren Anhängern ein flexibles, kompliziertes, Unsicherheit reduzierendes System.

Wie erklärt es sich, dass man im 16. und im 17. Jahrhundert bei wahnsinnigen Fürsten – dann später bei Menschen aus den Mittelschichten – zu intensiven Therapien überging, um mit dem Etikett der Melancholie die geistigen (wie auch die leiblichen) Probleme ihrer Zeit zu erklären? Einst vertraten Historiker die Ansicht, die Ärzte seien um 1600 oder 1650 kompetenter oder humaner geworden als einhundert Jahre zuvor; jedoch lässt sich diese These schwerlich halten. Vom Sieg einer empirischen Wissenschaft über engstirnige, dogmatische und hoffnungslos aristotelische Reaktionäre kann keine Rede sein. Die Universitätsmedizin und die meisten Hofärzte blieben treue Anhänger von Aristoteles, Hippokrates und Galen und bildeten mit Hilfe von Konstrukten wie »Melancholia« eine bemerkenswert flexible, pragmatische und humane Arzneipraxis. Einen besseren Ansatzpunkt dürfte der soziale Aufstieg der Hof- und Leibärzte im 16. Jahrhundert bieten. In der generellen Verbesserung ihrer Stellung – die sich meiner Ansicht nach beweisen ließe – könnte eine der Ursachen liegen, dass der ärztliche Standpunkt seit der Jahr-

---

[19] Zitiert in: DERS., Mad Princes (wie Anm. 17) S. 122.

hundertmitte an Bedeutung zunahm. Allgemein formuliert: Im frühmodernen Staat war in zunehmendem Maße akademischer Sachverstand für die Sicherung der Legitimität und die Festlegung geeigneter Verfahren gefragt, so dass die Ärzte an dieser Entwicklung partizipierten.

Zu einer optimistischeren Einschätzung der therapeutischen Möglichkeiten für die Behandlung von Wahnsinn und Melancholie könnte aber auch die Ausstrahlung der akademischen Medizin auf die gebildeten Laien beigetragen haben. In England wandten sich Timothie Bright[20] und Robert Burton[21], in Frankreich André du Laurens[22] und Jacques Ferrand[23] an diese Kreise. Dass die wahnsinnigen Fürsten intensiver behandelt und dass sie zunehmend als Melancholiker betrachtet wurden, lag vielleicht auch daran, dass ihr Defekt von den Verwandten nicht mehr als unheilbar betrachtet wurde. Obwohl es merkwürdig klingt, implizierte die Lehre von der Melancholie oft eine ausgesprochen optimistische Diagnose: Die Behandlungsmethode für Melancholiker war bekannt. Der aufkommende Diskurs der Melancholie dürfte aber auch bestimmte Formen des Wahnsinns sichtbarer gemacht haben, besonders in den heute noch einsehbaren Akten, indem er sie für Historiker verständlicher und im Hinblick auf die Folgen vorhersehbarer machte.

---

[20] TIMOTHIE BRIGHT, A Treatise of Melancholie. London 1586 (ND Amsterdam 1969); vgl. GEOFFREY KEYNES, Dr. Timothie Bright, 1550–1615. A Survey of his Life with a Bibliography of his Writings. London 1962.

[21] ROBERT BURTON, The Anatomy of Melancholy, vvhat it is VVith all the kindes, cavses, symptomes, prognostickes, and sererall cvres of it. In three maine partitions with the seuerall sections, members, and svbsections. Philosophically, medicinally, historically, opened and cvt vp. By Democritvs Junior [pseud.] With a satyricall preface, conducing to the following discourse (printed by John Lichfield and James Short for Henry Cripps). Oxford 1621; JOEY CONN, Robert Burton and the Anatomy of Melancholy. An Annotated Bibliography of Primary and Secondary Sources. New York 1988.

[22] ANDRÉ DU LAURENS, Discours de la conservation de la veue. Des maladies melancholiques: des catarrhes: & de la vieillesse [...]. Tour 1594; A Discourse of the Preseruation of the Sight: of Melancholike Diseases: of Rheumes, and of Old Age. Composed by M. ANDREAS LAURENTIUS. Trans. out of French into English, according ot the last edition, by RICHARD SURPHLET, imprinted by FELIX KINGSTON, for RALPH IACSON. London 1599.

[23] JAQUES FERRAND, Traité de l'essence et guérison de l'Amour ou de la Méloncolie érotique. Toulouse 1610 (ND Paris 2001); JACQUES FERRAND, Traité de l'essence et guérison de l'amour ou mélanolie érotique. Paris 1623 (ND Nendeln 1978); vgl. DONALD A. BEECHER / MASSIMO CIAVOLELLA (Hg.), A Treatise on Lovesickness, Syracuse. New York 1990.

Melancholische Eiszeit? 249

An anderem Ort habe ich versucht, die Überzeugungskraft der Melancholie auch für Juristen zu beschreiben.[24] Seit langem suchten sie nach einer Zurechnungsfähigkeitslehre, die *furor* oder Wahnsinn als Unzurechnungsfähigkeit und deshalb als Unverantwortlichkeit verstand. Im späten 16. Jahrhundert und im Laufe des 17. Jahrhunderts aber entwickelten sie eine Lehre, die die Melancholie als einen Zustand von verminderter Verantwortung deutete. Diese eigentlich medizinische Vorstellung fasste auf diese Weise Fuß im Lager der Juristen.

Aus dem medizinischen wie dem juristischen Schrifttum ist klar ersichtlich, dass die Melancholie, wenigstens in diesen fachspezifischen Genres, keineswegs die früheste Periode um 1500 dominierte. Vielmehr waren die Jahrzehnte nach 1600 der Höhepunkt der Melancholiediskussion an den europäischen Universitäten und unter gebildeten Leuten.[25] Man kann sogar von einer wachsenden »Kultur der Melancholie« sprechen, die von Spanien bis Deutschland reichte.[26] Sie ermöglichte, ohne Rücksicht auf Konfession oder Nationalität, eine europaweite Diskussion über die Seelenkrankheiten und die wachsenden Gefahren für Körper und Seele durch bestimmte Lebensweisen. Aber die Melancholie erlaubte nicht nur ein Verständnis von leiblichen Störungen und Geisteskrankheiten; vielmehr war sie ein Maßstab, mit dem man den Kummer des Lebens und das ganze menschliche Gefühlsleben verstehen, kontrollieren, und mäßigen konnte. Auch war sie mit Visionen, Teufelsbesessenheit, Sünde und anderen extravaganten Verhaltensweisen von Genies eng verbunden. Jede Art von menschlicher Maßlosigkeit, Grenzenlosigkeit und Vortrefflichkeit wurde angeblich von der Melancholie gestiftet oder unterstützt.

Dieser Schluss lässt sich durch eine Analyse aller englischen Titel, die zwischen 1470 und 1800 veröffentlicht wurden (durch den English Short Title Catalog: ESTC), belegen:

Unter Stichwort »melancho?« (d. h. »melancholy, malancholia, melancholie, melancholic, melancholique«, aber wohlgemerkt nicht »melancolie«) findet man die folgende Zahl an Treffern:

---

[24] H. C. Erik Midelfort, A History of Madness in Sixteenth-Century Germany. Stanford 1999 S. 182–227.
[25] Ebd. S. 158.
[26] Hier schließe ich mich den Thesen von Roger Bartra an: Cultura y melancolía. Las enfermedades del alma en la España del Siglo de Oro. Barcelona usw. 2001. Siehe auch zu diesem Thema Christine Orobitg, Garcilaso et la mélancolie. Toulouse 1997.

Tabelle 2. »Melancholie« in englischen Büchertiteln (1470-1800)

1470-1580	0	1681-1700	47
1581-1600	17	1701-1720	48
1601-1620	20	1721-1740	21
1621-1640	21	1741-1760	56
1641-1660	56	1761-1780	47
1661-1680	35	1781-1800	94

Insgesamt 462 Titel

Der Höhepunkt ist offensichtlich in den Jahrzehnten nach 1680 zu finden, besonders im achtzehnten Jahrhundert. Hierzu muss man aber bemerken, dass der Gebrauch der Worte »melancholy« und »melancholic« unter Dichtern und Flugschriftenautoren des 18. Jahrhunderts anwuchs, so dass das Wort keinen zuverlässigen Index von gesellschaftlicher Angst oder von medizinischen Diagnosen darstellt.[27] »Melancholy« wurde im Laufe der Zeit gleichbedeutend mit »traurig« oder sogar »bedauerlich«. Vergleichen wir z. B. die folgenden Zahlen für neuerschienene *medizinische* Literatur über die Melancholie in England aus der Zeit 1660 bis 1800:[28]

Tabelle 3. Englische medizinische Arbeiten über Melancholie (1660-1800)

1660-1681	17 Titel (ohne Rücksicht auf spätere Ausgaben)
1681-1700	10 Titel
1701-1720	13 Titel
1721-1740	17 Titel
1741-1760	24 Titel
1761-1780	14 Titel
1781-1800	12 Titel
Insgesamt	107 Titel

Dieser Schluss wird verglichen mit einer Analyse des »Südwestdeutschen Bibliotheksverbundkatalogs«.[29]

---

[27] Die Liste von Büchern aus den letzten zwei Jahrzehnten des 18. Jahrhundert enthält z. B. elf Ausgaben eines Kinderbuches, The History of Little King Pippin, der einen »melancholy death« erlitt.

[28] Zahlen errechnet aus JOHN F. SENA, A Bibliography of Melancholy, 1660-1800. London 1970. Aus der gleichen Zeit (1660-1800) führt SENA insgesamt 324 Gedichte und 177 Prosawerke über die Melancholie.

[29] Dieser und andere Bibliothekskataloge lassen sich jetzt teilweise durchforschen über den »Karlsruher Virtuellen Katalog«. Der Bayerische Bibliotheksverbund verzeichnet z. B. 36 Titel

Tabelle 4. »Melancholia« als Stichwort im Titel der im Südwestdeutschen Bibliotheksverbundkatalogs aufgeführten Titel (1500-1800)

1500-20	0	1601-20	9	1701-20	17
1521-40	2	1621-40	8	1721-40	6
1541-60	0	1641-60	9	1741-60	8
1561-80	3	1660-80	10	1761-80	0
1581-1600	5	1681-1700	9	1781-1800	6

Insgesamt 92 Titel

Auch hieraus ist ersichtlich, dass die große europäische Diskussion über die Melancholie nicht ein besonderes Merkmal des 16. Jahrhunderts, sondern der nächsten zwei Jahrhunderte war. Zwar muss in Betracht gezogen werden, dass viele dieser Titel einfache Doktorarbeiten (Disputationen und Dissertationen) und schöngeistige Literatur darstellten und keineswegs bahnbrechende Zeichen von geistiger Originalität waren. Diese Beobachtung lässt aber den Versuch zu, das Normale, das Regelmäßige, das Übliche an der Kultur der Vergangenheit festzuhalten. Wir neigen allzu häufig zu kurzsichtigen Schlüssen, die einiges Aufsehen erregenden Werke zu überschätzen.

Demgegenüber ist es kaum übersehbar, dass in England das einzigartige Buch von Robert Burton *The Anatomy of Melancholy* (Erstausgabe 1621) ein neues Genre eröffnete mit meditativen, gelehrten, witzigen Überlegungen über wissenschaftliche Literatur zu den Themen Religion, Liebe, Politik und Geisteszustand. Vor Burton gab es kein einziges Werk, das so viele verschiedene Aspekte der Melancholiediskussion vereinigte. (Als partielle Ausnahme sei Jacques Ferrands faszinierende Arbeit *De la maladie d'amour ou mélancholie érotique*, 1610; erweiterte Ausg. 1623, zitiert.)[30] Jeder Leser erfährt die große, imponierende, wissenschaftliche Belesenheit Burtons, seine Vertrautheit mit klassischen, mittelalterlichen, theologischen, medizinischen, juristischen und moralischen Schriftstellern, seine Art, persönliche Probleme mit den Problemen seiner Zeit zu verbinden. Seine größte Leistung war, die religiösen Ausschreitungen und Fanatismen seiner Epoche nicht nur theologisch zu widerlegen (was schon oft gemacht worden war), sondern auch medizinisch, physiologisch als Wahn und Schwärmerei zu entlarven. Er löste auf diese Weise eine neue Diskussion darüber aus, wie die religiösen Leidenschaften eines heftigen, oft glühenden Zeitalters gebändigt werden könnten:

---

unter dem Stichwort »Melancholia« im Zeitraum 1500-1800. Wiederholungen und Überlappungen in diesen Listen lassen sich dabei nicht ausschließen.

[30] Die beste Ausgabe für den allgemeinen Leser ist derzeit die Übersetzung mit ausführlicher Einleitung von DONALD A. BEECHER / MASSIMO CIAVOLELLA (Hg.), A Treatise on Lovesickness. Syracuse usw. 1990.

nämlich als ein krankheiterregendes Fehlen von gesunder Vernunft. So gesehen gehörten Burton und seine vielen Nachfolger zur frühesten Frühaufklärung und zum »anthropologischen Modernisierungsprozess« der Frühen Neuzeit.[31] Dies bedeutet keineswegs, dass das Zeitalter an sich melancholischer geworden sei. Der Diskurs über Melancholie wurde *nicht* notwendig intensiver, weil die Menschen des 17. Jahrhunderts sich als depressiver ansahen, *sondern* weil moderierende, kontrollierende Kräfte den Begriff »Melancholia« gebrauchten, um weniger leidenschaftliche, weniger selbstsichere, mehr auf Kompromisse und Mitarbeit gezielte Persönlichkeitsideale zu empfehlen.

Um diese Überlegungen zusammenzufassen, möchte ich die Vorsicht betonen, ein ganzes Zeitalter mit einem psychologischen Etikett zu versehen. Was bedeutet es, die Kleine Eiszeit, wie wir sie auch immer begrenzen, für melancholisch zu halten? Gibt es überhaupt psychische Merkmale einer Zeit? Überall? Für alle Zeitgenossen?

Eine Epidemiologie der Geisteskrankheiten auch in der modernen Welt bleibt eine Illusion. Werden wir jemals über die entsprechenden Quellen verfügen, um eine historische Psychologie der Vergangenheit bemessen oder analysieren zu können? Kein Zweifel besteht meines Erachtens darin, dass es eine bestimmte und feingegliederte *Kultur* der Melancholie gab; dass diese Kultur unter gebildeten Leuten sehr stark vertreten war; dass ihre Themen die Kunst, die Literatur, das Drama, die Philosophie, die Theologie, die Fachwissenschaften und die Lebensweisen in der Zeit der Kleinen Eiszeit beeinflussten; dass sie die optimistischen wie auch die pessimistischen Eigenschaften der Frühen Neuzeit prägte.

Ob man aber eine überzeugende Verbindung zwischen dieser Kultur der Melancholie und dem ungünstigen Klima der Kleinen Eiszeit herstellen kann, bleibt völlig offen. Es gibt viele andere Gründe, die Melancholie als integralen Bestandteil der frühmodernen Kultur zu betrachten. Ein Zusammenhang zwischen Klima und Mentalität könnte deshalb bestenfalls indirekt und ergänzend sein. Die frühmoderne Weltanschauung war mit so vielen komplementären Ursachen und vermittelnden Gründen überdeterminiert, als dass man *post hoc ergo propter hoc* eine Ursache als *die* verbindliche, bedeutende, primäre Ursache für die neue kulturelle und metaphorische Position der Melancholie benennen könnte. Unter solchen Umständen könnte man eine differenzierte Bewertung der Rolle von Klima wagen, wenn man

---

[31] WOLFGANG WEBER, Im Kampf mit Saturn. Zur Bedeutung der Melancholie im anthropologischen Modernisierungsprozess des 16. und 17. Jahrhunderts, in: Zeitschrift für Historische Forschung 17. 1990 S. 155–192; MICHAEL HEYD, »Be Sober and Reasonable«. The Critique of Enthusiasm in the Seventeenth and Early Eighteenth Centuries. Leiden 1995.

sozusagen einen epidemiologischen Blickpunkt wählt: Wir müssten die von der säkularen Klimaverschlechterung am schwersten betroffenen Teile Europas mit den am wenigsten betroffenen vergleichen. Zu fragen wäre dabei, ob es eine ausgeprägtere Kultur der Melancholie in den von kühlerem und feuchterem Klima heimgesuchten Gebieten gab als in milderen oder wärmeren Gebieten? Selbst diese Einschätzung ist aber nur schwierig auszuführen. Jedoch ist ein solcher Schritt unverzichtbar, ehe wir behaupten können, dass das wohlklingende Etikett »Melancholische Eiszeit« für die Wirkung der Klimaverschlechterung auf die Menschen der damaligen Zeit angemessen ist.

Summary

For generations, scholars have known that both optimistic and pessimistic expressions were characteristic of the Renaissance and the early modern period. The difficulty of establishing a typical mood for any period is as great and insoluble as the problem of determining the epidemiology of the various mental illnesses. Not only was there no standard measure for diagnosing the mental illnesses in existence four hundred years ago, but there is now also no way to count how many people in a specific region or city were diagnosed as suffering from "mania", "phrenitis", "melancholy", or the other humoral disorders thought to affect thinking, imagination, memory, and feeling. Therefore, we cannot and will not be able to say that the "Little Ice Age" had some sort of meaningful effect upon the actual mental condition of the people who lived through it. And yet we can say with some certainty that melancholy arose as a topic talked and written about by educated Europeans. In this sense, the sixteenth century was indeed an "age of melancholy". Physicians also wrote increasing numbers of dissertations on melancholy toward the end of the sixteenth century and demonstrated an increasing willingness to diagnose their afflicted patients as being melancholic. In England and on the Continent, "melancholy" also dramatically emerged in the titles of printed works. But the Little Ice Age, as normally described, did not set the boundaries of this literary-scientific culture. Between 1470 and 1800, the highpoint for the appearance of the term melancholy in English book titles was, in truth, between 1780–1800. This paper discusses possible reasons for the cultivation of melancholy after 1600 and, in particular, after 1700. Meanwhile, connections between culture and climate perhaps must remain fragile and speculative.

Verzweiflung im Alten Reich

Selbstmord während der »Kleinen Eiszeit«[*]

von

DAVID LEDERER

1. Ein Zeitalter der Verzweiflung?

Nicht selten beschreiben die neueren mentalitätsgeschichtlichen Forschungen die Frühe Neuzeit als melancholisches Zeitalter. Ein im Jahr 2000 dazu erschienener Sammelband trägt den markanten Titel *Melancholie. Epochenstimmung, Krankheit, Lebenskunst*, wobei die rhetorische Frage aufgeworfen wird, ob der frühneuzeitliche Melancholiebegriff wirklich einen Geisteszustand oder eher eine zeitgenössische Modeerscheinung schildert.[1] Bedenkt man die ständig wachsende Zahl an Publikationen, die vom 16. bis zum Ende des 18. Jahrhunderts zum Thema Melancholie veröffentlicht wurden (z. B. Burtons berühmte *Anatomie der Melancholie* von 1621), dürfte die Bezeichnung »Zeitalter der Melancholie« tatsächlich eine der damaligen düsteren Zeit adäquate Mentalitätsschilderung sein, auch wenn diese Mentalität auch ein beträchtliches modernistisches Potential beinhaltete.[2] Dennoch, wenn die meisten Veröffentlichungen zum Thema »Melancholie« während des eher aufgeklärten bürgerlichen 18. Jahrhunderts erschienen sind,[3] unterlag der Begriff im Laufe der Zeit einem subtilen Bedeutungswandel, so dass wir es im 16. Jahrhundert bei Künstlern, Schriftstellern und Herrschern (etwa die *Melancholie II* von Albrecht Dürer oder bekanntlich melancholische Adelsfiguren wie Michel de Montaigne und Kaiser Rudolf II) kaum mit dem gleichen pathologisierten Phänomen zu tun haben wie in späteren Jahrhun-

---

[*] Für die Unterstützung bedanke ich mich bei der Alexander von Humboldt Stiftung.
[1] RAINER JEHL / WOLFGANG WEBER (Hg.), Melancholie. Epochenstimmung, Krankheit, Lebenskunst. Stuttgart 2000.
[2] Siehe z. B. WOLFGANG WEBER, Im Kampf mit Saturn. Zur Bedeutung der Melancholie im gesellschaftlich-anthropologischen Modernisierungsprozeß des 16. und 17. Jahrhunderts, in: Zeitschrift für Historische Forschung 17. 1990 S. 155-192.
[3] Siehe den Beitrag von H.C. ERIK MIDELFORT in diesem Band S. 239-253.

derten.[4] Ferner umschrieb der Begriff am Ende des 16. Jahrhunderts nicht nur eine Epochenstimmung, sondern auch eine adelige Tugend, in welcher Michael MacDonald das »Wappen des Hofmannes« erkennen will.[5] Nicht zuletzt war die Melancholie ein Krankheitsbild,[6] das ab 1570, gleichzeitig mit den großen Hexenverfolgungen und einer Welle von Fällen dämonischer Besessenheit, einen deutlichen Auftrieb erlebte.[7]

Es gibt allerdings auch andere sozialpsychologische Charakterisierungen dieser Epoche. 1985 beschrieb Jean Delumeau ausführlich eine während der frühen Neuzeit grassierende große kollektive »Angst« im Abendland.[8] Und schon 1862 hatte der französische Historiker Jules Michelet in seinem Buch *Die Hexe*[9] den europäischen Hexenwahn als *Zeitalter der Verzweiflung* bezeichnet. Im Folgenden will ich letzteren Begriff aufgreifen. War schon in einer 1977 erschienenen Sammlung von Hexenbildern die Rede von »der Zeit der Verzweiflung«,[10] so wurden erst wieder 1991 solche sozialpsychologischen Ansätze von Wolfgang Behringer mit der »Kleinen Eiszeit« als regional-spezifisches Erklärungsmodel mit den frühneuzeitlichen Hexenverfolgungen direkt in Verbindung gebracht.[11] Er suchte die Wurzeln eines allgemeinen Gefühls von Angst und Verzweiflung nicht nur in der Kirche – wie dies einst Michelet tat –, sondern auch in der empirischen Klimageschichte Mitteleuropas während des schlimmsten Zeitraums der Kleinen Eiszeit etwa zwischen 1570 und 1635. Kurzum – so Behringer –, eine von Teuerungen, Ernteausfällen und grassierenden Epidemien hervorgerufene Krisenstim-

---

[4] Über die Entwicklung der Melancholie zum moralisch-pathologischen Konzept in der bürgerlichen Gesellschaft des Aufklärungszeitalters siehe das jüngst erschienene Werk von ANDREAS BÄHR, Der Richter im Ich. Die Semantik der Selbsttötung in der Aufklärung. Göttingen 2002.

[5] MICHAEL MACDONALD, Mystical Bedlam. Madness, Anxiety and Healing in Seventeenth Century England. Cambridge 1981 S. 150–160.

[6] DAVID LEDERER, Melancholie und Geisteskrankheit im frühmodernen Europa. Plädoyer für eine Geschichte der Seele und deren Therapie, in: Melancholie (wie Anm. 1) S. 19–33.

[7] H. C. ERIK MIDELFORT, A History of Madness in Sixteenth-Century Germany. Stanford 1999 S. 377–381.

[8] JEAN DELUMEAU, Angst im Abendland. Die Geschichte kollektiver Ängste im Europa des 14. bis 18. Jahrhunderts. Reinbek bei Hamburg 1985.

[9] 1863 ins Deutsche übersetzt. Hier benutze ich die von ROLAND BARTHES kommentierte Ausgabe, Fulda 1988. Siehe die Einleitung und S. 38, »Kapitel II: Warum das Mittelalter verzweifelte«. Allerdings geht Michelet mit dem Begriff »Mittelalter« sehr freizügig um, da er sich auf Martin Luther und Martin Delrio bezieht.

[10] GABRIELE BECKER, Aus der Zeit der Verzweiflung. Zur Genese und Aktualität des Hexenbildes. Frankfurt a. M. 1977.

[11] WOLFGANG BEHRINGER, Das Wetter, der Hunger, die Angst. Gründe der europäischen Hexenverfolgungen in Klima-, Sozial- und Mentalitätsgeschichte. Das Beispiel Südddeutschlands, in: Acta Ethnographica Acad. Sci. Hung. 37 (1–4). 1991, 1992 S. 27–50.

mung sorgte für die schwersten Hexenverfolgungen in der europäischen Geschichte überhaupt.

Als ich 1994 eine neuere Version dieses Aufsatzes ins Englische übersetzte, beschäftigte ich mich gerade mit Forschungen über den Selbstmord im frühneuzeitlichen Bayern.[12] Mir war bereits bekannt, dass die Verzweiflung in einem engen Verhältnis zu der zeitgenössischen Wahrnehmung des Selbstmords stand.[13] Verzweiflung galt nach dem damaligen Verständnis als Inbegriff für einen *compos mentis*-Geisteszustand, in dem ein Mensch durch teuflische Anfechtungen den Glauben an die Gnade Gottes verlor und an seinem Seelenheil zweifelte.[14] In einem Selbstmordfall unterschieden sich Verzweiflung und Melancholie wesentlich, weil Erstere legale wie auch theologische Folgen implizierte, während Letztere als Unzurechnungsfähigkeitsbeweis anerkannt wurde.[15] Suizid aus teuflischen Anfechtungen der Verzweiflung wurde mit entehrenden Sanktionen (u. a. einem ehrlosen Begräbnis), mit gesellschaftlichen Nachteilen für Überlebende und vor allem mit ewiger Verdammnis und schweren Höllenqualen bestraft. Da gerade in dem von Behringer beschriebenen Krisenzeitraum in bayerischen Gerichtsverhandlungen zahlreiche Selbstmordfälle behandelt wurden, schien es mir sinnvoll, die Plausibilität von Behringers Anregungen einer erhöhten gesellschaftlichen Empfindsamkeit gegenüber teuflischen Aktivitäten zu diesen Zeiten anhand meiner eigenen Selbstmordforschungen empirisch zu überprüfen.

---

[12] Erschienen als DERS., Weather, Hunger and Fear. Origins of the European Witchhunts in Climate, Society and Mentality, in: German History 13. 1995 S. 1–27.

[13] DAVID LEDERER, Aufruhr auf dem Friedhof. Pfarrer, Gemeinde und Selbstmord im frühneuzeitlichen Bayern, in: Trauer, Verzweiflung und Anfechtung. Selbstmord und Selbstmordversuche in mittelalterlichen und frühneuzeitlichen Gesellschaften. Hg. GABRIELA SIGNORI. Tübingen 1994 S. 189–209.

[14] DAVID LEDERER, The Dishonorable Dead. Elite and Popular Perceptions of Suicide in Early Modern Germany, in: Ehrekonzepte in der Frühen Neuzeit. Identität und Abgrenzungen. Hg. SIBYLLE BACKMANN / HANS-JÖRG KÜNAST / BEVERLY ANN TLUSTY / SABINE ULLMANN. Augsburg 1998 S. 349–365, hier 352f.

[15] Dieser Unterschied hielt sich in Preußen bis ins 18. Jahrhundert und in Sachsen möglicherweise sogar bis ins 19. Jahrhundert hinein aufrecht, wo Leichname von verzweifelten Selbstmördern auf die Anatomie geschickt wurden. Siehe dazu JULIA SCHREINER, Zwischen Aufgeklärtheit und Moral, Zweckmäßigkeit und Pathologie. Wie preußische Juristen über den Selbstmord urteilten, in: Zeitwende? Preußen um 1800. Hg. ECKHART HELLMUTH / IMMO MEENKEN / MICHAEL TRAUTH. Stuttgart 1999 S. 207–228.

2. Selbstmord und Hexenverfolgung.
Statistische Querschnitte der Verzweiflung

Eine serielle Auswertung der kurbayerischen Hofratsprotokolle, eine Methode die Behringer in ähnlicher Weise und überaus erfolgreich für seine Untersuchung der bayerischen Hexenverfolgungen[16] benutzte, ermöglichte eine statistische Gegenüberstellung der jeweiligen Forschungsergebnisse – mit erstaunlich ähnlichen empirischen Resultaten.[17] Ab 1611 bilden die vierteljährlichen Protokollbände eine beinahe lückenlose serielle Quelle, die man systematisch durch das in jedem Band einführend angelegte Register durcharbeiten kann. Tatsächlich bilden die kurbayerischen Hofratsprotokolle eine der besten seriellen Quellen für die Erschließung der Kriminalitätsgeschichte im Reich für die erste Hälfte des 17. Jahrhunderts.[18] Genau wie bei den Hexenverfolgungen interessierten sich die Behörden auch bei Selbstmordfällen für jegliche Anzeichen, die darauf hindeuteten, dass die Hand des Teufels im Spiel sein könnte. Wurden Indizien aufgedeckt, die auf Verzweiflung als Motiv für einen Selbstmord hinwiesen, durfte der Leichnam nicht in geweihter Erde ruhen. Handelte es sich um einen Tatverdächtigen in der Untersuchungshaft, konnten seine Güter vom Hofrat konfisziert werden.[19] Ferner wurden alle Berichte an den Hofrat auf das Genaueste überprüft, nicht zuletzt weil die Umstände des Kapitalverbrechens Selbstmord grundsätzlich wegen der Möglichkeit eines vertuschten Mordes aufgeklärt werden mussten. Schließlich mussten besonders in Krisenzeiten die Behörden den Leichnam aus epidemiologischen Gründen so schnell wie möglich beseitigen, weil er durch seine Verwesung einen eventuellen Krankheitserreger darstellte. 1610 befahl beispielsweise der Hofrat das sofortige Vergraben einer »selbst strangulierte[n] Weibsperson [...] allein zu verhüttung ainer contagion« mit der Begründung, »der Cörper alberaith sehr geschmöckht, und daher zubefürchten gewest, es möchte ein anders übels dar-

---

[16] WOLFGANG BEHRINGER, Hexenverfolgung in Bayern. Volksmagie, Glaubenseifer und Staatsräson in der frühen Neuzeit. München ³1997.

[17] LEDERER, The Dishonorable Dead (wie Anm. 14) S. 362.

[18] WOLFGANG BEHRINGER, Mörder, Diebe, Ehebrecher. Verbrechen und Strafen in Kurbayern vom 16. bis 18. Jahrhundert, in: Verbrechen, Strafen und soziale Kontrolle. Studien zur historischen Kulturforschung III. Hg. RICHARD VAN DÜLMEN. Frankfurt a. M. 1990 S. 85–132, 287–293. Allerdings basieren seine Statistiken zum Selbstmord lediglich auf einer einzigen Rechnung des Münchener Scharfrichters.

[19] WALTHER ZIEGLER (Hg.), Dokumenten zur Geschichte von Staat und Gesellschaft in Bayern, Abteilung I: Altbayern von 1550–1651. München 1992 S. 165.

aus entstehen«.[20] Aus diesen Gründen bildete der Selbstmord in Bayern, zumindest seit dem 15. Jahrhundert, einen der sogenannten *causae domini*, war also eine Sache von unmittelbarem fürstlichen Interesse, die dem Hofrat sofort zu melden war.[21]

In den Krisenjahren während der schlimmsten Phase der Kleinen Eiszeit zwischen 1570 und 1635[22] – als Bayern von grassierenden Pestepidemien und schwerwiegenden Ernteausfällen heimgesucht wurde – stieg nicht nur die Zahl der Opfer von Hexenverfolgungen rapide an, auch Berichte über Selbstmordfälle nahmen immens zu. Zwischen 1611 und 1670 berichten die Hofratsprotokolle über knapp 300 Selbstmorde, wovon sich 269 in den ersten fünfundzwanzig Jahren dieses Zeitraums von insgesamt sechzig Jahren ereigneten; d.h. 89 Prozent aller untersuchten Selbstmorde ereigneten sich während der Krisenzeit zwischen 1611 (Anfang der Tauglichkeit der Hofratsprotokolle als zuverlässiger serieller Quelle) und 1635 (Ende der schwedischen Besatzung im Dreißigjährigen Krieg). Danach fiel die offizielle Selbstmordrate drastisch ab. Besonders während der verheerenden Schreckensjahre häuften sich die Berichte – etwa während der Missernten 1611/12 (14 Fälle) und 1614/15 (18) und während der Pestepidemien von 1623 (19) und 1627/28 (32). Die letzten beiden Pestjahre waren so schwerwiegend, dass die bayerische Regierung eine Sonderkommission ins Leben rief, um den Folgen der Pest überhaupt Herr zu werden. Nur die Zeit der schwedischen Besatzung von 1633/34 hatte schwerwiegendere demographische Folgen, zählte allerdings relativ weniger Selbstmordopfer (14) aufgrund der Bevölkerungsschrumpfung nach einem Jahrzehnt, das von gewaltigen Naturkatastrophen überschattet worden war.

Es gibt also in diesem Zeitraum eine merkwürdige quantitative Koinzidenz zwischen den drei Phänomenen: Selbstmord, Hexenverfolgungen sowie zyklischen Subsistenzkrisen in einer Agrargesellschaft. Auch MacDonald beobachtete, wenn auch verhalten, eine Verbindung zwischen Krisen-

---

[20] Hauptstaatsarchiv München, Kurbayern Hofrat, Bd. 219 S. 328 r-v.
[21] Zum Begriff siehe RICHARD HEYDENREUTER, Der landesherrliche Hofrat unter Herzog und Kurfürst Maximilian I. von Bayern (1598–1651). München 1981 S. 158-67.
[22] »Die erste, weitaus umfangreichste [kalte Anomolie] umfasst die Jahre 1566-1635 und zeigt um 1570 einen markanten Kippeffekt: Am meisten war der Hochsommer betroffen.« Nach den Angaben von PFISTER ist dieser Zeitraum durch eine Reihe von kalten Sommermonaten gekennzeichnet, die sich deutlich von allen anderen Perioden zwischen 1496 und 1985 unterscheidet. DERS., Raum-zeitliche Rekonstruktion von Witterungsanomalien und Naturkatastrophen 1496-1995. Zürich 1998 S. 38-43. Für eine plastische statistische Darstellung, siehe auch CHRISTIAN PFISTER, Wetternachersage. 500 Jahre Klimavariationen und Naturkatastrophen (1496-1995). Bern 1999 S. 206.

zeiten und Selbstmord für das frühneuzeitliche England.[23] Es handelt sich also hier nicht um ein absolutes Verhältnis, sondern lediglich um eine Tendenz, nicht mehr und nicht weniger. In ihrer Studie über Schleswig-Holstein äußerte sich Vera Lind allerdings kritisch zu dieser Feststellung, denn »es wäre auch denkbar, dass die entsprechende Steigerung der Selbstmordzahlen lediglich einer normalen zyklischen Auf- und Abwärtsbewegung entspräche«.[24] Eine solche quasi transzendente Eigendynamik erklärt aber nicht die merkwürdige Koinzidenz zwischen Krisenzeiten und Selbstmord, was uns folglich dazu berechtigt, nach den Gründen zu fragen. Die Kritik, es gebe nicht ausreichende Beweise, ein psychologisches Verhältnis zwischen Selbstmord und wirtschaftlichen Motiven festzustellen, ist gravierender, da für den Historiker die Motive von Selbstmördern schwer festzustellen sind.[25] Immerhin wissen wir, dass sich die Menschen während der Krisenzeiten nicht so sehr aus finanziellen Sorgen umbrachten, sondern vielmehr um dem durch Hungerkrisen hervorgerufenen Leiden sowie den daraus resultierenden chronischen Krankheiten ein Ende zu setzen. Georges Minois nennt auch psychologische Faktoren, die zahlreiche Menschen dazu bewegten, sich während der Pestepidemien das Leben zu nehmen.[26] Man kann sich hier nicht nur auf eine durchaus qualitative Auswertung hunderter von Fällen beziehen, sondern auch auf neuere medizinische Phänomene stützen, die zweifelsfrei beweisen, dass chronischer Schmerz durch Altern und tödliche Krankheiten wie Krebs oder Aids zu den Hauptmotiven von Selbstmord gehören (z. B. die von Dr. Jack Kevourkian beförderte ärztliche Sterbehilfe [auch *Medicide* genannt] in den Vereinigten Staaten oder der Selbstmord-

---

[23] MICHAEL MACDONALD / TERENCE R. MURPHY, Sleepless Souls. Suicide in Early Modern England. Oxford 1990 S. 270: »The vulnerability of the poor to hardship probably explains why the suicide rate occasionally soared in periods of poor harvests. But at the same time, there was no long-term correlation between prices and the suicide rate, as we have seen, and after about 1600, it would be fruitless to expect one. English agriculture became increasingly productive, and nation-wide famines vanished.« Dies war natürlich nicht der Fall in Mitteleuropa während der Kipper- und Wipperzeit und des Dreißigjährigen Krieges.
[24] VERA LIND, Selbstmord in der frühen Neuzeit. Diskurs, Lebenswelt und kultureller Wandel am Beispiel der Herzogtümer Schleswig und Holstein. Göttingen 1999 S. 243.
[25] Ebd.
[26] GEORGES MINOIS, Geschichte des Selbstmords. Düsseldorf 1996 S. 226–228: »In den Jahren schlechter Ernten und starker Preiserhöhungen bei Nahrungsmitteln 1638 und 1639 und vor allem während der Pestepidemien steigt in England die Zahl der Selbstmorde stark an. Angst, Verzweiflung und die Gewißheit, angesteckt worden zu sein, bringen die Gemüter durcheinander und bewegen zahlreiche Menschen dazu, sich das Leben zu nehmen.« Hier analysiert Minois nicht nur die steigenden Selbstmordstatistiken aus Pestzeiten, sondern auch das *Journal of the Plague Year 1665* von Daniel Defoe, indem berichtet wird, dass viele indirekte sowie direkte Freitode nicht in den *Bills of Mortality* erscheinen.

tourismus in der Schweiz; D. L.).[27] Im Gegensatz zu modernen Selbstmordwellen, die eindeutig mit Wirtschaftskrisen verknüpft werden können (man denke hier etwa an den Zusammenbruch der Börse von 1929 oder den im heutigen Japan), spielte in der Frühmoderne der durch die persönliche Finanzlage ausgelöste psychische Druck eine eher untergeordnete Rolle. In der frühneuzeitlichen Agrargesellschaft, die bekanntlich hinsichtlich ihres Wohlstandes hauptsächlich von der Landwirtschaft abhing, finden wir nicht selten Menschen, die sich in chronischer Hungersnot oder auf den letzten Stufen einer epidemischen Krankheit befanden (z. B. im Fieberwahn der sogenannten »ungarischen Krankheit«, d. h. Typhus)[28] und deswegen ihrem Leben rasch ein vorzeitiges Ende setzten. Der Augsburger Physikus und Leibarzt von Maximilian I. von Bayern, Raymund Minderer, schrieb ein Traktat über die »ungarische Krankheit«, die damals grassierte und den Leidenden zum Selbstmord trieb. Minderer behauptete, dass die Seuche unter anderem durch feuchte kalte Sommer befördert wurde, ein Anzeichen für die Kleine Eiszeit.[29] Heute ist es vor allem wichtig anzuerkennen, dass sich jene Krisenzeiten tatsächlich ereigneten.[30] Natürlich war die »zweite [und wegen ihrer Temperaturanomalien die schlimmste] Hauptphase«[31] der Kleinen Eiszeit zwischen 1570 und 1635 nicht eine einzige Krise, sondern es sind besonders schlechte Jahrgänge leicht zu identifizieren. Sie lassen sich durchaus anhand quantitativer sowie qualitativer Quellen belegen, etwa mittels Chroniken, Getreidepreis-Indices, Pfarrregistern und amtlichen Protokollen.[32] Für die Existenz normaler zyklischer Selbstmordraten als einer Art an-

---

[27] Zu Selbstmord, AIDS, Krebskranke und die Euthanasie-Debatte, siehe WILLIAM BREITBART, Suicide Risk and Pain, in: Current and Emerging Issues in Cancer Pain. Research and Practice. Hg. C. Richard CHAPMAN / Kathleen M. FOLEY. New York 1993 S. 49–65; DERS., Suicide in Cancer Patients, Ontology I. 1987 S. 49–53; Peter M. MARZUK ET AL., Increased Risk of Suicide in Persons with Aids, in: Journal of the American Medical Association 259. 1988 S. 1333–1337. Wertvolles findet man bei http://news.bbc.co.uk/1/hi/health/background_briefings/aids/235553.stm (BBC Website) oder http://www.health.state.ny.us/nysdoh/consumer/patient/chap2.htm (New York State Task Force on Life and the Law) (18. Januar 2004).

[28] HANS ZINSSER, Rats, Lice and History. A Study in Biography. New York 1934 S. 268 f.

[29] RAYMUND MINDERER, Consilium oder Räthliches Gutachten. Die jetzt schwebende / und under den Soldaten mehrtheils grassirende Sucht betreffendt. O. o. 1620 S. 8 f.

[30] Siehe die klassische Studie von WILHELM ABEL, Massenarmut und Hungerkrisen im vorindustriellen Europa. Hamburg usw. 1974.

[31] PFISTER, Raum-zeitliche Rekonstruktion von Witterungsanomalien und Naturkatastrophen 1496–1995 (wie Anm. 22) S. 42.

[32] Zwei Datenbanken (EURO-CLIMHIST an der Uni Bern und HISKLID an der Uni Würzburg) wurden bereits angelegt, um die Bewertung erzählender Quellen zu erleichtern. Für eine Projektbeschreibung und die Probleme solcher Quellen, siehe CHRISTIAN PFISTER ET AL., Documentary Evidence on Climate in Sixteenth-Century Europe, in: Climatic Variability in

thropologischer, soziologischer oder demographischer Konstanten fehlt jeglicher Beweis. Jedoch stellten Behringer und Roeck die gleichen Krisenjahre für den Südosten Deutschlands fest.[33] War es dann nur Zufall, wenn die benachbarten fränkischen Bistümer unmittelbar im Anschluss (1628/1629) die vielleicht schlimmsten Hexenverfolgungen aller Zeiten erlebten mit Abertausenden von Verbrennungen?

Anhand Augsburger Statistiken ist es möglich, die örtliche und zeitliche Koinzidenz zwischen Selbstmordraten und Hexenprozessen plastisch darzustellen. Behringer und Roeck haben Hexereiklagen gründlich untersucht. Sie kommen zu dem Ergebnis, dass sich Berichte über Selbstmorde und Hexenprozesse in Krisenzeiten häufen. Und deshalb scheint mir die Bemerkung von Bernd Roeck etwas übereilt, wenn er formuliert, »Wer den Tod selbst suchte, verspielte das ewige Leben. Aus Angst vor Hunger und Tod scheint auch kaum jemand Hand an sich gelegt zu haben [...].«[34] Sicherlich hat er recht, dass jedem Selbstmörder die potentiellen Folgen der Tat für sein Seelenheil bekannt waren. Dennoch haben wir es wiederum nicht mit der *Angst* vor Hunger oder chronischer Krankheit zu tun, sondern mit tatsächlichem Hungern und qualvollen Sterben. Sicherlich steht Roecks Vermutung völlig im Einklang mit der zeitgenössischen Theologie, auch wenn der Neostoiker Michel de Montaigne 1580 schreibt: »Unerträglicher Schmerz und die Befürchtung eines schlimmen Todes scheinen mir die verzeihlichsten Beweggründe für die Selbstentleibung zu sein.«[35] Praktisch gesehen aber basiert Roecks Vermutung nur auf einer Teilanalyse der relevanten Quellen – der Augsburger Baumeisterbücher (für jeden Selbstmord musste dem Scharfrichter für die Entsorgung des »unehrlichen« Leichnams ein Entgelt entrichtet und ein Fass zum Wegschwemmen des Körpers bezahlt werden). Dank der Genauigkeit seiner Angaben erwies sich eine serielle Verarbeitung dieser Quellen aber als möglich, wobei vier verschiedene und unabhängige Chronisten in punkto Selbstmord mit den Berichten aus den Baumeisterbüchern maßgeblich übereinstimmen. Das Ergebnis: In dem untersuchten Zeitraum häuften sich die Selbstmordzahlen auch in Augsburg zu Krisenzeiten. Ferner: Zwischen 1581 und 1649 zeigten in der Reichstadt Selbstmordhäufung,

---

Sixteenth-Century Europe and its Social Dimension. Hg. DERS. / RUDOLF BRÁZDIL / RÜDIGER GLASER. Dordrecht usw. 1999 S. 55–110.

[33] Etwa bei BEHRINGER, Hexenverfolgung in Bayern (wie Anm. 16) S. 98–106; oder BERND ROECK, Eine Stadt in Krieg und Frieden. Studien zur Geschichte der Reichstadt Augsburg zwischen Kalenderstreit und Parität. Göttingen 1989 S. 630–653, u. a.

[34] Ebd. S. 756.

[35] MICHEL DE MONTAIGNE, Essais. Frankfurt a. M. 1998 S. 180.

Hexenverfolgung und Krisenzeiten eine äußerst merkwürdige zyklische Parität.[36]

In seiner großen Untersuchung über die Stadt Augsburg spricht Roeck sogar von einer regelrechten »Hexenpsychose« um 1590 – mit mehr Anschuldigungen wegen Zauberei als je zuvor oder je danach.[37] Zur selben Zeit erreichte auch die Selbstmordrate ihren Höhepunkt für den gesamten Zeitraum vom Abschluss des Augsburger Friedens bis zum Ende des Dreißigjährigen Krieges: In einem einzigen Jahrzehnt (1581 bis 1590) ereigneten sich sogar 31 der insgesamt 134 berichteten Fälle (etwa 23 Prozent), also zweieinhalb Mal soviel wie üblich. Dieser Anteil ist aufgrund der Quellenlage noch erstaunlicher, wenn man bedenkt, dass die Baumeisterbücher für den ganzen Zeitraum ununterbrochen vorhanden sind – außer einer unerklärlichen Lücke, in der die Bände für August bis Dezember 1584, das gesamte Jahr 1585 und für Januar bis Juli 1586 fehlen (vier von insgesamt zwanzig Bänden für das gesamte Jahrzehnt). Drei der Selbstmörder waren sehr alt (es handelt sich um einen Siebzigjährigen und einen Achtzigjährigen), einer wurde als »arm« bezeichnet und zwei weitere kamen aus der Jakobervorstadt, einem Armenviertel, das nach Roeck zusammen mit dem Lechviertel wohl am schwersten von Hunger und Pestausbrüchen betroffen war.[38] Die meisten Betroffenen übten bescheidene Berufe aus (Weber, Karrenzieher oder Dienstleute). Drei Wirtsleute (ein kommunikativer Beruf, der nach den Angaben von Roeck überproportional von Epidemien betroffen war) erkrankten zu der Zeit; zwei brachten sich sofort um, der dritte weilte in einem verwirrten Geisteszustand (»in Kopf etwas verwirrt und mit höchster Blödigkeit behafft«)[39] bis er sich schließlich 1593 umbrachte. Obwohl ausführliche Angaben zum Todesort selten vorkommen, erwähnen vier Berichte ausdrücklich das Spital oder ein Brechhaus. Der Fall von Jörg Bredl ist beispielhaft: 1585 an der Pest erkrankt und »unrichtig« (d. h. wahnsinnig) geworden, kam der Weber ins Brechhaus, wo er am 22. November in Anwesenheit von 40 Leuten vom Teufel dazu getrieben wurde, sich aus dem Fenster zu stürzen:

»Der hat gar heftig geschryen, hat ihn der böse geist also in der Lufft geführt, biß hinab zu dem Abdecker, sein ihm 3 Mann als Sesselträger mit grossen geschray und

---

[36] Graphisch dargestellt bei LEDERER, The Dishonorable Dead (wie Anm. 14) S. 363.

[37] Um einen ausgewogeneren Vergleich der Hexenprozesse zu ermöglichen, sind die Hexenstatistiken von Bernd Roeck, die durch Prozessanfänge gekennzeichnet sind, vorteilhafter als die von Behringer, die die Urteilsvollstreckung, also das Ende eines Hexenprozesses notieren, weil ROECKs Statistiken in: Eine Stadt in Krieg und Frieden (wie Anm. 33) S. 112–116, sich näher am Krisenauslöser befinden.

[38] Ebd. S. 742–745.

[39] Stadtarchiv Augsburg, Geheime Ratspriratakten, 28. August 1590.

Rueffung deß names Jesu Christi nachgelaufen, hat ihn der böse Geist lassen in den Lech fallen, sein die bemelt 3 Sesseltrager zue ihm inns wasser gesprungen, wider inn dass Brechhaus lebendig aber gar schwach gebracht, darauf her eine guete Zeit ist er wider gesund Doch nicht recht besunnen worden, hat ihn volgendts in dass Spital gethon, der hat sich selber den 19 April 1596 Erhenckt, der Allmächtig Gott behuett unß von den Teuffels Trug und List. Amen.«[40]

Ähnlich erging es 1585 einem alten Karrenzieher. Er wurde wegen »der bösen Khrankheit« von seiner Frau und Tochter ins Brechhaus gebracht, wo er auch von dem »bösen Geist in Verzweiflung« getrieben wurde, so dass auch er sich erhängte.[41] Im Spital erhängte sich zudem 1588 ein anderer »verichter« Bauer. Ist es auch Zufall, wenn Augsburg ab 1580 von einer Reihe von Ernteausfällen betroffen war und zwischen 1585 und 1594 eine nachweisbare und andauernde Inflationsperiode erlebte, die den Lebensstandard deutlich beeinträchtigte?[42]

3. Selbstmord und Hexerei. Qualitative Belege der Verzweiflung

Es gibt auch qualitative Belege für die Annahme, es gebe eine Koinzidenz zwischen Selbstmordraten und Hexenprozessen: Die Erzählungen über den Selbstmord von beschuldigten Hexen in der Untersuchungshaft. Solche erzählenden Quellen verstärken die Annahme einer Beziehung zwischen Hexenprozessen und Selbstmord während der Krisenzeit der Kleinen Eiszeit in Mitteleuropa, weil Anschuldigungen der Hexerei ein weiteres Motiv für die Selbsttötung bilden. Berichte von Selbstmord in der Untersuchungshaft tauchen in den normalen Protokollserien, Rechnungsbüchern oder bei Chronisten nur unregelmäßig auf. Eine umfangreiche Untersuchung von Kriminalakten wurde bisher nicht durchgeführt. In der dämonologischen Literatur aber wurden solche Fälle zum Topos. Der Autor der *Malleus Maleficarum* glaubte, dass der Teufel die Hexen nach einem Geständnis zum Selbstmord treibe, damit sie nicht durch sakramentale Beichte Verzeihung von Gott erlangten.[43] Ferner warnte er die Richter, dass

---

[40] Staats- und Stadtbibliothek Augsburg 2 Cod. Aug. 53 fol. 326 r.
[41] Ebd.
[42] BEHRINGER, Weather, Hunger and Fear (wie Anm. 12) S. 14. Behringer stützt sich auf die Ergebnisse von DIETRICH SAALFELD, Die Wandlungen der Preis- und Lohnstruktur während des 16. Jahrhunderts in Deutschland, in: Beiträge zu Wirtschaftswachstum und Wirtschaftskultur im 16. und 19. Jahrhundert. Hg. WOLFRAM FISCHER. Berlin 1971 S. 9–28.
[43] HEINRICH KRAMER (INSTITORIS), Der Hexenhammer. Malleus Maleficarum. Kommentierte Neuübersetzung. München 2000 S. 672.

»beständig Wachen bei ihr [der Angeklagten] seien, damit sie nämlich nicht allein gelassen wird, weil sie vom Dämon heimgesucht werden wird, damit sie sich selbst den Tod antue, sei es, dass der Teufel sie Selbst zu verlassen sich anschickt oder sei es, dass er von Gott gezwungen wird, sie zu verlassen.«[44]

Der Lothringische Hexenjäger Nicholas Remy behauptete, dass Hexen sich in dem vergeblichen Versuch töteten, um ihren Pakt mit dem Teufel aufzulösen.[45] Bei den Hexengegnern trat dieser Topos noch markanter auf. In seiner *Schrift wider den Hexenwahn* von 1597 beklagte der Heidelberger Professor Hermann Witekind:

»Wiewol nun dem also, nicht desto weniger werden sie darumm auss dem geminen geschrey, nacht altem gebrauch, ins gefengnuss geworffen, da ligen die elenden blöden weyber in der finsternuss, da der böse geist lieber und mechtiger ist, dann anderswo, machet sie im da mit schrecken mehr underthenig und zu eigen dann sie zuvor waren, oder dass sie sich im kercker (welches die Oberkeit bey Gott zuverantworten hat) selbs entleiben. Ja beredet und bedröwet in so einsamer finsternuss auch offt die, so kein zauberinnen sind, keine gemeinschaft je mit im gehabt, dass sie seine genossen werden. Nach dem teufel kommt der Hencker mit seinem grewlichen folterzeug darzu.«[46]

Ähnlich berichtet der Hexengegner Antonius Praetorius 1613: »Solche Gefängnus hab ich selbst gesehen in Besuchung der Gefangenen: Glaube wol es seyn noch viel mehr und anderer Gattung etliche noch grewlicher etliche auch gelinder und träglicher.« Da liegen Gefangene »elender denn das Viehe [...] können nicht ruhig schlaffen, haben viel Bekümmernus, schwere Gedanken, böse Träume, Schrecken und Anfechtung« und werden

»mit Schimpff, Spott und Dräwung vom Stöcker und Hencker gequälet, und schwermüthig gemacht. [...] Wenn sie nun also bekümmert, trawrig, missmüthig und allein liegen: Als dann macht sich der Teuffel mit tausen-künsten herzu: Schrecket etliche durch grawsame Gesicht, dass sie für Angst und Leyd in Phantasey oder Unssinnigkeit, und verzweifflung gerahten, und nemen ihnen selbst das Leben. Etliche überredet er mit süssen Worten, dass sie sich ihm ergben, die es zwar noch nicht gethan, der Hoffnung und Verheissung, er wölle sie aus den Banden bringen. Dann drehet er ihnen den Hals umb, dass sie sterben und weg gethan werden müssen: so hat er ihnen ausgeholfen.«[47]

---

[44] Ebd. S. 677.
[45] BRIAN LEVACK, Hexenjagd. Die Geschichte der Hexenverfolgung in Europa. München 1995 S. 250.
[46] AUGUSTIN LERCHEIMER (PROF. H. WITEKIND), Schrift wider den Hexenwahn. Lebensgeschichtliches und Abdruck der letzten vom Verfasser besorgten Ausgabe von 1597. Strassburg 1988 S. 87 f. Ich bedanke mich beim Herrn Jürgen Michael Schmidt für seine Hilfe bei der Suche nach diesem Zitat.
[47] ANTONIUS PRAETORIUS, Von Zauberey und Zauberern Gründlicher Bericht. Heidelberg 1613 S. 212-239.

Praetorius wusste, wovon er schrieb: Als Geistlicher betreute er beschuldigte Hexen, die sich in der Untersuchungshaft umbrachten.[48] Auch in Friedrich Spees Cautio Criminalis (1631) erfahren wir von Gefangenen, die »oft in Verzweiflung verfallen, weil sie glauben, es sei nun ganz um ihr Seelenheil geschehen [...]«.[49] Spee widmete sogar zwei Kapitel (die Kapitel 41 und 42) den Themen: »Was man von den Angeklagten halten soll, die im Kerker tot aufgefunden werden?« und »Wann man mit gutem Gewissen annehmen darf, ein im Kerker aufgefundener Toter sei von eigener Hand oder vom Teufel erdrosselt?«

Obwohl noch keine systematische Studie über die Suizidalität der von Hexerei beschuldigten Frauen vorliegt, bilden sie tatsächlich eine wichtige Subgruppe. In Genf nahmen sich mindestens vier der Hexerei beschuldigte Frauen das Leben.[50] In Bamberg wurde 1617 Anna Rüthsin verbrannt, nachdem sie sich bereits im Gefängnis mit einem Strick das Leben genommen hatte. In einer einzigen Prozesswelle in Soest zwischen 1584 und 1594 (wieder während einer verheerenden Krisenzeit) suchten mindest vierzehn Menschen den Freitod im Kerker, darunter zehn Männer.[51] 1615 missglückte es einer der Hexerei angeklagten Bettlerin in München, sich mit Fliegenpulver zu vergiften.[52] Brian Levack unterscheidet sogar zwischen Personen, die sich in der Untersuchungshaft umbrachten, und dem »Selbstmord vor Gericht«, bei dem die Beschuldigten sofort ein »freiwilliges« Geständnis unter gütlicher Befragung lieferten, statt sich in die Hände des Folterknechts zu übergeben, oder nach schwerer Folter ein Geständnis lieferten – man bedenke hier den Fall des Bamberger Bürgermeisters Junius, der durch Geständnis und Selbstopferung versuchte, seine Familie zu retten.[53] Gehen wir davon aus, dass Gefangene sich regelmäßig umbrachten, ändern sich die statistischen Tenden-

---

[48] WALTER NEISS, Hexenprozesse in der Grafschaft Büdingen. Büdingen 1982 S. 72–81.

[49] FRIEDRICH SPEE, Cautio criminalis oder rechtliches Bedenken wegen der Hexenprozesse. München 1987 S. 84, 207–213.

[50] JEFFREY R. WATT, Choosing Death. Suicide and Calvinism in Early Modern Geneva. Kirksville 2001 S. 253 f.

[51] BARBARA KRUG-RICHTER, Hexenprozesse in Soest 1570 bis 1616, in: Soest. Geschichte der Stadt, III: Zwischen Bürgerstolz und Fürstenstaat. Soest in der frühen Neuzeit. Hg. ELLEN WIDDER. Soest 1995 S. 658 ff., 675 ff.

[52] WOLFGANG BEHRINGER, Gegenreformation als Generationenkonflikt. Oder: Verhörsprotokolle und andere administrative Quellen zur Mentalitätsgeschichte, in: Ego-Dokumente. Annäherung an den Menschen in der Geschichte. Hg. WINFRIED SCHULZE. Berlin 1996 S. 275–293.

[53] LEVACK, Hexenjagd (wie Anm. 45) S. 28 f., 75. Die berühmten Verhörprotokolle und der geheime Brief an seine Tochter wurden im 19. Jahrhundert von George Burr ins Englische übersetzt. Man findet sie mittlerweile im Internet, z. B. http://history.hanover.edu/courses/excerpts/244bamb.html (26. Januar 2004).

zen der Suizide in normalen Jahren eigentlich nicht. Gehen wir aber davon aus, dass die Selbstmordrate während der Verfolgungsjahre in den Krisenzeiten anstieg – und das vielleicht drastisch –, dann ist die Koinzidenz signifikanter. Liege ich mit meinen Statistiken also falsch, dann nur, weil sie die Verbindung zwischen Selbstmord, Hexenprozessen und Krisenzeiten zu konservativ einschätzen.

Und hiermit ist die phänomenologische Ähnlichkeit nicht beendet. Eine zwischen 1570 und 1635 durch die Kleine Eiszeit hervorgerufene Krisenstimmung zeigte ihre Auswirkungen nicht nur direkt in erhöhten Selbstmordraten und erhöhten Hexenverfolgungen, man findet auch ähnliche Strukturmerkmale bei den Wahrnehmungen der beiden Phänomene: Selbstmord und Hexerei. Agrarkrisen hatten sich längst im Volksglauben niedergeschlagen und wurden durch schon vorhandene Deutungsmuster verstanden und konsumiert. Dieser Volksglaube wurde zum Teil auch von der fundamentalistischen religiösen Erneuerung in Europa vor der Kleinen Eiszeit aktualisiert und intensiviert, besonders die Wahrnehmung der wachsenden Macht des Teuflischen in der Welt der Menschen. In der Mentalitätsgeschichte beobachtet man nämlich, dass nicht nur die Hexen, sondern auch die Selbstmörder allgemein für Wetterschäden verantwortlich gemacht wurden.[54] Heutzutage spricht man ungern von Aberglauben, dabei ist das Wort bei der Wahrnehmung des Selbstmordes jedoch nicht völlig fehl am Platz. Im Volksglauben wurden die erhöhten Selbstmordraten in Krisenzeiten tatsächlich erkannt, die Selbstmörder aber für die Krisen verantwortlich gemacht. Überall im Reich beklagte man das ehrliche Begräbnis solcher Menschen, die an der Wiederauferstehung und dem ewigen Leben zweifelten. In ihrer Arbeit über Unehrlichkeit beschreibt Kathy Stuart[55] diese als ein rein ländliches Tabu, dabei äußern sich Bürger wie Bauern dazu. In Bayern und Preußen z. B. erhoben sich Gemeinden wiederholt in Friedhofsrevolten; in der Reichstadt Augsburg vermutet der gebildete Chronist Kölderer, dass das »ehrliche« Begräbnis eines Selbstmörders auf dem Friedhof zum Unwetter führte; in Bad Cannstatt bei Stuttgart schickten Bürger Supliken an den Landesherrn, um Sodomiten, Mörder und Selbstmörder wegen Hagelgefahr vom Friedhof fern zu halten.[56] Sogar in Renaissancemetropolen wie Florenz und Rom wurden ähnliche Vorurteile geäußert und ereigneten sich Begräb-

---

[54] Dazu Hans Bächtold-Stäubli, Handwörterbuch des deutschen Aberglaubens, III. Berlin 1935–36 S. 1627–1633; Heinrich Wilhelm Heller, Über den Selbstmord in Teutschland. Frankfurt a. M. 1787 S. 53.

[55] Kathy Stuart, Defiled Trades and Social Outcasts. Honour and Ritual Pollution in Early Modern Germany. Cambridge 1999 S. 197–200.

[56] Über Preußen siehe Schreiner, Zwischen Aufgeklärtheit und Moral (wie Anm. 15) S. 208,

nisaufstände.⁵⁷ Hierbei sind immer die Beweggründe des Selbstmörders maßgeblich. Diejenigen, die sich in einem verwirrten geistigen Zustand umbrachten, waren nicht schuldig an ihrer Tat; diejenigen aber, die sich aus Gründen der Verzweiflung töteten, waren Teufelsverbündete, zu ewiger Verdammnis verurteilt und eines ehrlichen Begräbnisses unwürdig.

Ein Mentalitätswandel bei den Eliten nach 1640 vis-a-vis Hexerei, Selbstmord und einem dritten vom Teufel hervorgerufenen Geisteszustand – der dämonischen Besessenheit – schlug sich schließlich in einem neuen Denkmuster nieder. Michael MacDonald beschreibt eine Säkularisierung des Selbstmordglaubens in England, wobei immer mehr Opfer mit dem Argument *non compos mentis* entschuldigt wurden. Ähnlich war es in Bayern, wo ab 1650 in den Hofratsprotokollen kaum noch von Verzweiflung die Rede ist. In München agierten die Gegner der Hexenverfolgung, wie etwa der Rentmeister Bernhard Barth oder der jesuitische Hofbeichtvater Bernhard Frey, der kurz nach den Hexenverfolgungen in Oberstdorf geboren worden war. Frey setzte sich eifrig für die Unzurechnungsfähigkeitsverteidigung ein, so dass wir gleichzeitig im katholischen Bayern und im protestantischen England von einer Säkularisierung des Selbstmords nach der schlimmsten Phase der Kleinen Eiszeit sprechen können.

4. Verzweiflung im Luthertum

Ein qualitativ etwas andersartiger Mentalitätswandel lässt sich in den evangelischen Schriften zu den Themen Verzweiflung und Selbstmord feststellen. Im 16. Jahrhundert schrieben zu diesen Themen fast ausschließlich evangelische Theologen, was Erik Midelfort zu der Annahme führt, die Lutheraner seien wegen der Selbstmordproblematik außerordentlich besorgt gewesen.⁵⁸ Dies führt er zum Teil auf einen Mangel an konkreten heilsverbürgenden Sicherheiten (gute Werke, die Beichte, usw.) zurück, da der Lutheraner sich lediglich auf den Glauben allein stützen konnte. Diese Theorie hat Tradition

---

Fn. 5; sonst LEDERER, Aufruhr auf dem Friedhof (wie Anm. 13); DERS., The Dishonorable Dead (wie Anm. 14).

⁵⁷ JAKOB BURCKHARDT, The Civilization of the Renaissance in Italy. New York 1958 S. 495 f. Siehe auch MINOIS, Geschichte des Selbstmords (wie Anm. 26) S. 60, wo er die potentielle verunreinigende Wirkung des Leichnams des Selbstmörders beschreibt. In ebd. S. 216, spricht MINOIS von der »Verunreinigung« des Friedhofes.

⁵⁸ H. C. ERIK MIDELFORT, Selbstmord im Urteil von Reformation und Gegenreformation, in: Die Katholische Konfessionalisierung. Hg. WOLFGANG REINHARD / HEINZ SCHILLING. Aschendorf 1995 S. 296–310.

und wurde schon im 19. Jahrhundert als Grund für die erhöhte Selbstmordgefährdung unter Protestanten dargestellt.[59] Eine nähere Analyse des protestantischen Diskurses zum Thema Verzweiflung ergibt jedoch ein etwas differenzierteres Bild einer Entwicklungsgeschichte protestantischer Reflexion über den Selbstmord mit einer Zäsur um 1570, als Deutschland von einer katastrophalen Hungersnot betroffen wurde.[60] Vor dieser Zäsur betonte die erste Generation protestantischer Reformer (darunter Luther selbst) die positiven Aspekte des evangelischen Glaubens gegenüber ihren katholischen Gegnern. In der folgenden Generation wird die Stimmung zunehmend pessimistischer – jedoch nicht aus immanenten theologischen Gründen, sondern aus einem allgemeinen düsteren zeitgenössischen Weltverständnis, das vor allem durch die sich verschlechternden Umweltbedingungen verursacht wurde.

In seinem Trostbuch *Der Funffte Psalm David. Widder die heuchler und falsche Propheten. Von Hoffnung und Verzweiflung* (Wittenberg, 1525) predigte Luther gegen die Heuchelei der falschen Propheten (d. h. das Papsttum), ihre irreführende Lehre von guten Werken, ihren falschen Gottesdienst (die katholische Messe) und ihre Fabelpredigten.[61] Vor allem kritisierte er den Glauben an Werkgerechtigkeit, welchen er mit einer eher psychologischen Erklärung für die Verzweiflung verantwortlich machte:

»Also auch verzweifflung geystliche trawrigkeyt, Schmach und Schande eyns bekümmerten gewissens, kommen nicht eygentlich und zu förderst aufs der menge und größe der sunden, sondern viel mehr aus eym Affect und gemüte, das sich fur den sunden entsetzet, und das da unweyslich süche die fulle guter wercke der gerechtickeyt und der seligkeyt.«[62]

Seine Botschaft war für wahre Gläubige durchaus optimistisch. In gewissem Maße sei Gottesfurcht sogar gesund: Sie »kompt daher, wenn wyr sehen und Acht haben auff die drowung, und auff die erschreckliche gerichte Gottes«.[63] Niemand aber habe einen Grund an Gottes Gnade zu zweifeln. Die Sünden sind »nicht ursach zu verzweifeln«,[64] Hoffnung bleibt ein Werk der

---

[59] DAVID LEDERER, Selbstmord im frühneuzeitlichen Deutschland. Klischee und Geschichte, in: Psychotherapie in Psychiatrie, Psychotherapeutischer Medizin und Klinischer Psychologie 4. 1999 S. 206–212, besonders 207. Natürlich ist Midelfort weniger positivistisch und betrachtet die Debatte als Wahrnehmung ohne naturgesetzlichen Charakter.
[60] BEHRINGER, Weather, Hunger and Fear (wie Anm. 12) S. 14.
[61] MARTIN LUTHER, Der Funffte Psalm David. Widder die heuchler und falsche Propheten. Von Hoffnung und Verzweiflung. Wittenberg 1525 S. C ii–D.
[62] Ebd. S. H iiii
[63] Ebd. S. D vi.
[64] Ebd. S. H v.

Geduld und man sollte »nicht nach hohen ding forschen«[65] – eine eindeutige Anspielung auf die Prädestinations- und die Vorsehungslehre. In derselben Schrift fand Luther es weiterhin erwähnenswert, dass ein abgefallener Glaubensgenosse, Dr. Johann Krause aus Halle, sich aus Verzweiflung umgebracht hatte. Nachdem der Erzbischof von Mainz ihn dazu gebracht hatte, die Kommunion nach katholischer Art (*sub una specie*) zu empfangen, schlitzte Krause sich die Kehle auf, was Luther veranlasste, zu vermuten, dass der arme Sünder vom Teufel geholt worden sei.[66]

Einen ähnlichen Standpunkt nahm der Prediger und Reformator Urbanus Rhegius ein, der bis zu seiner Verbannung nach Celle in Augsburg wirkte. Auch Rhegius benutzte die Verzweiflungs- und Selbstmordthematik, um die Wahrheit des evangelischen Glaubens hervorzuheben und die katholische Lehre der guten Werke bloß zu stellen. In seiner Schrift *Gewisse lere, bewerter und unueberwindlicher Trost, wider Verzweiflung der Sünden* (Wittenberg 1532), einer eindeutig anti-papistischen Trostpredigt, die sich auf den Römerbrief bezog, bestärkte er seine Zuhörer darin, sie seien die Gerechten, weil sie ihren Glauben der Gnade Gottes und nicht römischen Ablässen schenkten. Nach Luther und Rhegius waren es also vielmehr die Katholiken, die durch Unsicherheit über ihr Seelenheil in die Verzweiflung getrieben wurden: »Es ist ein rechter Teuflischer irthumb, das man im Babstum geleret hat, ein mensch sol und müge nicht gewis sein, ob im Gott gnedig sey oder nicht.«[67] In seinem *Dialogus oder Gespräch zwischen dem Teuffel und einem biessenden Sünder, die Verzweiflung und hoffnung belangend* (Celle 1536) argumentierte Rhegius ebenso: Unterwegs zur Kirche sei ein bußfertiger Sünder vom Teufel aufgehalten und zum Gespräch eingeladen worden. Der Teufel habe versucht, ihn zu überreden, dass es ihm an nötiger Frömmigkeit fehle, um in das himmlische Reich zu gelangen, und argumentiert: »Nun dran, und verzweifell, es wirt nichts anders daraus.« Der schlaue Sünder aber sei allen teuflischen Anfechtungen mit einfachen (aber detaillierten) Bibelkenntnissen begegnet. Rhegius wettert also erneut gegen Ablässe und gute Werke und erinnert das Publikum daran, dass man Gott zwar fürchten, aber nie aufgrund begangener Sünden an seiner Gnade verzweifeln sollte.

Die 1541 erschienene Schrift *Christliche Verwarnung und Tröstung aus heyliger Schrift, wider die schwere Anfechtung der entleybung seyner selbest, so offt auß verzweifflung geschicht* (Nürnberg) des Aegidius Mechler beurteilte wiederum die Vorteile der Glaubenssäulen des Luthertums (Glaube, Gnade,

---

[65] Ebd. S. L vii.
[66] MIDELFORT, Selbstmord im Urteil von Reformation und Gegenreformation (wie Anm. 58).
[67] URBANUS REGHIUS, Gewisse lere [...]. Wittenberg 1532 S. A iii.

Schrift) sehr optimistisch. Sein Trostbuch ist eher systematisch als erzählend. Mechler analysiert die Sünde des Selbstmords, die Ursachen der Anfechtungen und die nötigen vorbeugenden Maßnahmen, um einen Selbstmord zu verhindern (u. a. die Bibel und die Psalmen lesen, besonders Psalm 13; Gesellschaft leisten; Anwendung von Vernunft und Glauben; ärztliche Beratung und die Entfernung von scharfen Gegenständen und Messern) in einem nüchternen Stil. Seine schlichten und praktischen Beispiele wurden später von anderen evangelischen Moralisten wie Andreas Celchius imitiert.[68]

Eine besonders bekannte Verzweiflungstat sorgte für viele literarische Nachahmer: Der Fall des abtrünnigen italienischen Lutheraners Francisco Spira, der 1548 aus Verzweiflung starb. In Zedlers *Universal Lexikon* wird die Geschichte Spiras folgendermaßen zusammengefasst:

»Ein man von ziemlichen Vermögen; welche sich insonderheit auf das Advociren legte [...]. Nachdem er aber zu der Lutherischen Lehre sich bekennet, ward er deswegen vor Johann de la Casa, Ertzbischoff von Benevento, und damahligen Päbstlichen Nuncium zu Venedig, gebracht. Da er denn wegen der vorgegangenen Aenderung um Vergebung bat, und hinfüro dem Apolstolischen Stuhle gehorsam zu seyn versprach. Doch damit wollte sich der Nuncius nicht begnügen lassen, sondern begehrte einen öffentlichen Widerruff von ihm: Wiewohl er nun einen grossen Wiederwillen dagegen bey sich empfand, so brachten es nichts destoweniger seine Freunde, mit Vorstellung der Gefahr, worein er widrigenfals sich, seine Frau und seine Familie, stürtzen würde, endlich so weit, dass er solenniter seine vorige Meynungen abschwur, und lästerte. Allein bald darauf fiel er in eine unbeschreibliche Schwermüthigkeit, welche zu gleicher Zeit seinen Leib so hart angriff; dannenhero man ihn, damit er besser curirt werden könnte, von Citadella nach Padua brachte. An statt der gehofften Besserung ward es täglich schlimmer mit ihm, und endlich seine Melancholie in eine vollkommene Verzweifelung verwandelt. Ungeachtet in solchem Zustande Peter Paul Vergerius, Bischoff zu Justinopel, ingleichen Dr. Gribaldus und andere Geistliche sehr grossen Fleiß anwendeten, ein Vertrauen auf die Barmhertzigkeit Gottes in ihm zu erwecken; so war doch alles umsonst, und gleichwie er schlechterdings an seiner Seelen Seeligkeit zweifelte, also suchte er auch theils durch ein Messer, theils durch Hunger sein zeitliches Leben zu verkürzen; welches man durch genaue Wahrnehmung seiner Person, und durch gewaltsame Eingiessung einiger Brühen nach Vermögen zu hindern bemühet war. Endlich führte man ihn zurück nach Citadella, allwo er wenig

---

[68] ANDREAS CELCHIUS, Nutzlicher und Notwendiger Bericht, Von den Leuten, so sich selbst aus angst=verzweifflung, oder andere ursachen, entleiben und hinrichten. Magdeburg 1578. Auch JOHANN M. NESER, Drei Christliche Predigten [...]. Von Melancholia [...]. Von den schrecklichen Anfechtungen der Verzweiflung und was von derer Seligkeit zu halten, die sich selbsten entleiben. Wittenberg 1613. Beide wandten sich aber auch gegen die wachsende Skepsis und neo-stoizistische Argumente für den Freitod unter bedingten Umständen.

Tage hernach, 1548, in dem 50sten Jahre seines Alters, als ein äuserst Verzweifelter, auf eine erschreckliche Art gestorben.«[69]

Die Geschichte erlangte unter Lutheranern verständlicherweise sofortigen Ruhm. Schon zwei Jahre nach diesem Selbstmord verfasste Sigmundus Gelous die erste deutschsprachige Spira-Biographie.[70] 1564 wiederholte Flacius Illyricus die gleiche Ermahnung, die Luther bereits in seinem Bericht über Dr. Johann Krause geäußert hatte: Eine Abwendung vom wahren Glauben und die Rückkehr zum Papismus führe zur Verzweiflung.[71] 1622 erschienen erneut nicht weniger als drei Spira-Geschichten, von Henricus Schottus, von einem anonymen Autor und eine zweite Auflage des Werks von Gelous.[72] Spira-Biographien von evangelischen Autoren erschienen in Deutschland bis ins 19. Jahrhundert hinein.[73] In England war die erste Spira-Biographie von Nathaniel Bacon ein Kassenschlager. Sie erlebte zwischen 1638 und 1688 nicht weniger als zehn Auflagen.[74] In England war die Geschichte so populär, dass es dort 1693 einen Nachahmer, einen »English Spira« gab, ja 1728 angeblich sogar einen dritten triumphierenden Spira.[75] Anfänglich als mahnendes Beispiel verstanden, wurde Spira langsam zum protestantischen Märtyrer. Eine 1695 verfasste Version der Spira-Legende versuchte sogar seine Verzweiflung ausdrücklich zu entschuldigen.[76] Durch die gesamte Spira-Literatur hindurch bleibt eines konstant: Obwohl seine Verzweiflung verwerflich war, konnten Protestanten sich damit trösten, dass er letzten Endes sei-

---

[69] Die Internetseite für den Volltext zur Lebensgeschichte Spiras bei ZEDLER, Universal Lexikon: http://mdz.bib-bvb.de/digbib/lexika/zedler/images/ze39/@ebt-link;nh=1;cs=default; ts=default; pt=1726624; lang=de?collection=images; book=ze39; target=IDMATCH(entity ref,ze390062);;__prev_hit__=1727040;__next_hit__=1727048 (26. Januar 2004).

[70] SIGISMUNDUS GELOUS, Historia de Francisco Spiera. Basel 1550.

[71] FLACIUS ILLYRICUS, Ein erschreckliche Historia, von Francisco Spira, wie er in grausame verzweifflung gefallen ist, nach dem er mündlich und schrifftlich, die erkandte warheit des heiligen Evangelij, von wegen des zeitlichen, unnd aus forcht der Menschen, wiederumb verleugnet. Frankfurt a. M. 1564.

[72] SIGISMUNDUS GELOUS, Von der Verläugnung und Verzweiffelung Francisci Spierae. Frankfurt a. M. 1622; HENRICUS SCHOTTUS, Ein denckwürdiges Exemple der Verzweiflung an Francisco Spiera wegen verlaugnung der wahren Religion vorgangen. Frankfurt a. M. 1622.

[73] Z.B. HENRICUS AMMERSBACH, Spira Desperans [...]. Halberstadt 1675; CARL LUDWIG ROTH, Francesko Spiera's Lebensende. Nürnberg 1829.

[74] NATHANIEL BACON, A Relation of the Fearful Estate of Francis Spira. London 1638. Über die Spira Rezeption in England, siehe MACDONALD / MURPHY, Sleepless Souls (wie Anm. 23) S. 39f., 67–69.

[75] RICHARD SAULT, The Second Spira. London 1693; ANONYMUS, The English Spira. London 1693; CHRISTIAN ZACHARIAS SCHULTZE, Der Triumphirende Christ, Und dritte Spira in den letzten Reden und dem ausserordentlichen Bezeigen Eines Englischen Edelmanns [...]. Berlin 1728.

[76] THOMAS JAMES, A Vindication of that Part of Spira's Despair. London 1695.

nen Glaubensfehler erkannt hatte und dass er sich selber nicht erfolgreich hat umbringen können. Also war er ein Zeuge des wahren evangelischen Glaubens und somit möglicherweise doch gerettet.

Ab 1570 lässt sich allerdings eine zweite Strömung im evangelischen Verzweiflungsdiskurs erkennen. Es handelt sich hier um die vorhin erwähnte pessimistische Epochenstimmung, die manchmal apokalyptische Züge trägt. Ab und an werden die düsteren Zeiten im Titel nur indirekt angedeutet, wie bei Leonhardus Schweigerus (Pfarrer und Kirchensuperintendent zu Blanckenburg) in seiner Schrift *Armatura Spiritualis. Geistliche wehre wieder die geferliche vielfeltige, und listige Anfechtungen des Teufels und erschecklichen felle der verzweifflung, so jetzt hin und wieder geschehen* [...] (Wittenberg 1575). Deutlicher kommt es bei Autoren wie Sigismund Suevus vor, wie in seiner Schrift *Trewe Warnung für der leidigen Verzweifflung, sampt nützlichen Bericht, wie und wadurch des Teuffels Leithstrick und Zweiffelsknotten auffgelöst und zertrennet werden. Allen angefochtenen und betrübten Leuthen, Sonderlich in diesen letzten geschwinden und gefehrlichen Zeiten zu gute gestellet* (Görlitz 1572). In der Vorrede schreibt Suevus über die List und Bosheit des Teufels, die sich in den vergangenen Jahren vermehrt habe. Dann beschreibt er die gegenwärtige Lage mit den markanten Worten:

»Denn in dieser gegenwertiger schweren Thewrung und grossen Hungers noth, die fast ganz Deutschlandt, und viel andere Länder eingenommen, viel ungleubige, verzweiffelte heilose tropffen, nach irem kopffe, rechnung machen, wie hoch die Thewrung steigen, und wie lange solches wehren solle, mit grosser vermessenheit, der es nicht anders werden könne noch müsse. Durch welche Teuffelische rechnung auch vile kleinmütige Leuthe, zur übermeßigen trawrigkeit, ungedult, und anderen Sünden sich reizen und bewegen lassen. Das heist ja um Gottes macht verzweifeln [...]. Auch aus großer Kranckheit [...] da finden sich auch Leuthe, die als balde schlieffen, es sey nun gar auß und umb sonst, gerner rath oder hülffe zu suchen, oder gewarten. Das heist um Gottes macht verzweifeln [...] [andere in] großem armut und hungersnoth oder in langwiriger schweren Kranckheit und grossen schmertzen oder in schweren gefengknussen, oder angst und Noth [...] Hand an sich legen.«[77]

Suevus bot sogar kleinste Details über den biblischen Wechselkurs, wenn er die gegenwärtige Teuerung allegorisch mit der Belagerung der Samariter verglich: »[...] so große Thewrung war, das ein Eselskopff um 8 Silberlinge, das ist umb 2. Reinische Gülden, den fl. Umb 64 Creutzer zu rechnen, und

---

[77] SUEVUS FREISTADIENSUS, Trewe Warnung für der leidigen Verzweifflung, sampt nützlichen Bericht, wie und wadurch des Teuffels Leithstrick und Zweiffelsknotten auffgelöst und zertrennet werden. Allen angefochtenen und betrübten Leuthen, Sonderlich in diesen letzten geschwinden und gefehrlichen Zeiten zu gute gestellet. Görlitz 1572 S. B iv-v.

ein viertel Tauben mist, so viel als 6 eyer schalen voll umb 5. Silberling oder Seckel, das ist um ein fl. und ein Orth gekaufft [...].«[78] Solche Angaben führen zu der Annahme, dass er persönlich Erfahrungen mit Teuerungen gemacht hatte.[79]

Manchmal wurde die Verzweiflung sogar als Krankheit geschildert oder mit Pestepidemien verglichen. In seinem apokalyptischen Werk *Schilt des Glaubens, wider die Sicherheit und verzweiffelung, auch wider die Anfechtung von der Versehung. Und ob Gesichten und Offenbarung in diesen letzten zeiten zu trauwen sey* (Wittenberg 1583) ordnete der Theologe Johann Schutz die Anwendung von Mitteln aus der Apotheke der Seelenarznei gegen die schweren Anfechtungen der teuflischen Verzweiflung an, die sich in der Zeit häuften,

»wie diese jar her der Satan etliche mit seinem scheinbarlichen vorgeben überweldigt, das sie inen selbst Grabschriften, Epitaphia, Testament oder letzten willen und anders geschrieben, darauff sich als denn schrecklich entleibt mit der Faust oder ins Wasser gesprungen, oder sonsten wieder das Gebot Gottes mit dem Stranck oder messer inen schade an irem leib zugefuget.«[80]

Hauptsächlich verschrieb er die Geselligkeit, die Vermeidung von traurigen Gedanken, die vom Satan kommen, und vor allem den Trost der Heiligen Schrift als Vorbeugungsmittel gegen die Anfechtungen der Verzweiflung.[81]

Ähnlich verschrieb Nicolaus Hemmingius die geistliche Arznei der Heiligen Schrift und des Glaubens ausdrücklich in seiner Schrift *Antidotum Adversus Pestem Desperationis. Heilsame Artzney, wider die arge Seuche der Verzweiffelung* (Berlin 1590). Die Verzweiflung als Seuche: Hier haben wir es zweifelsohne mit einem bewussten Vergleich zu tun und die Anspielung auf grassierende Epidemien müsste seinen Lesern um 1590 eng vertraut gewesen sein. Bei Hemmingius rückt die Thematik »Verzweiflung aus Furcht vor dem göttlichen Zorn und dem Gericht Gottes« in den Vordergrund. Der göttliche Zorn war eine gerechte Strafe für die Sünden, die damals wie die Pest grassierten. Eine der sechs aufgelisteten Hauptursachen für die Verzweiflung war »die schwere last des Menschlichen jamers und elendes, so uns für und für ohn unterlas drückt«. Die Verzweiflung wurde von Hemmingius ferner

---

[78] Ebd. S. B iii.
[79] Zu Suevus (1526–1596), siehe ZEDLER, Universal Lexikon: http://mdz.bib-bvb.de/digbib/lexika/zedler/images/ze40/@ebt-link; cs=default; ts=default; pt=1816625; lang=de?collection=images;book=ze40;target=IDMATCH(entityref,ze400895) (12. Februar 2004).
[80] JOHANN SCHUTZ, Schilt des Glaubens, wider die Sicherheit und verzweiffelung, auch wider die Anfechtung von der Versehung. Und ob Gesichten und Offenbarung in diesen letzten zeiten zu trauwen sey. Wittenberg 1583 Vorrede.
[81] Ebd. S. 50 f.

in pathologischen Metaphern geschildert, sie entstand durch »eine schreckliche zagung des Gemüts und Hertzens oder Gewissens, die sich erhebt aus dem fülen Göttliches zorns wider die Sünde«. Auch bei Schutz wurde die Verzweiflung als pathologisches Seelenleiden betrachtet. Im Allgemeinen streifte die evangelische Trostliteratur der Seelenarznei hautnah unsere moderne Vorstellung von der Psychiatrie.[82]

Erwähnenswert ist schließlich ein beispielhafter Text aus dem Jahre 1583, der eine klare zeitgenössische Wahrnehmung der konkreten Verbindung zwischen Subsistenzkrisen, Selbstmord und dem Teufel darstellt: die anonym erschienene Schrift *Erschreckliche, Warhafftige Zeitung, von einem Bawren, welche seinen Juncker umb korn zu leihen gebeten, das er ihm thet versagen, Und der Bawr darüber im verzweifflung gefallen, wegen hungers nott sich selbst sampt seinem Weib und Kinder erhengt, auch wie hernacher der Edelman versuncken, allen frommen Christen zur warnung in gesangs weise gestellet.* Der Untertitel ist auch aus anthropologischer Sicht nicht uninteressant, da es ein »Sonnengebet« ankündigt, »Ein ander Gesang. O Christe Morgensterne, leucht uns mit hellem schein«.[83] Darin wird Christus gebeten »mit hellem schein uns an diesem tuncklen ort« zu leuchten. Beschrieben wird dieser dunkle Ort folgendermaßen: »Ich kann und mag nicht schlaffen, ich kann nicht frölich sein, Mir ist verwundt meine Seele, und fürchte der Hellen pein.«

Diese vierseitige evangelische Zeitung berichtet von einem Ereignis am 24. April 1580 im preußischen Dorf Bietow bei Danzig. Dort bat ein Bauer namens Gurgen Schultze seine Nachbarn um Brot. Ihm wurde aber gesagt, er solle seine Not beim Junker klagen, da er dessen Untertan sei. Der Edelmann, Heinrich Rechenberg, aber weigerte sich, ihm Korn zu leihen oder zu verkaufen, mit der Begründung, er habe selber keines. Scheinbar handelte es sich hier um eine allgemeine Notlage, sonst wäre die Ausrede des Junkers unglaubwürdig. Zu Hause angekommen nahm Schultze seine vier kleinen Kinder und seine Frau mit in die Scheune, in der er, nachdem er sie alle aufgehängt hatte, sich selber mit dem Strick das Leben nahm, so »das ein jeder thet anschawen«.

Als der Edelmann dies erfuhr, »bedacht er seinen Eydt, auch war es im von Hertzen leid«. Er erkannte also sein Versagen, dass er das Korn nicht mit seinem armen hungernden Untertan geteilt hatte. Er ritt zum Haus des Bauers, wo er sofort einem schwarzen Hund begegnete, der ihn gräulich an-

---

[82] LEDERER, Melancholie und Geisteskrankheit (wie Anm. 6) S. 19–33.
[83] O. O. 1581. Eine Schlussbemerkung erwähnt, das Lied sei »aus einem Rostoker Exemplar gedruckt« übernommen worden.

bellte, »darob kam im an ein grausen«. Nach dieser teuflischen Erscheinung ist der Junker mit seinem Ross tief in der Erde versunken. Obwohl der Teufel dafür verantwortlich war, galt dies auch als Strafe Gottes. Wie wir aus dem Hexenglauben wissen, hielten es die Theologen für unmöglich, dass der Teufel ohne Gottes ausdrückliche Erlaubnis in der Welt agieren konnte. Der Junker konnte nicht herausgeholt werden und musste zwei Monate lang in der Erde weilen. Als er starb, sprang das Pferd aus der Erde und war frisch und gesund. Am Ende wurde aber auch die Verzweiflung und der Selbstmord des Bauern verurteilt, »das er gethan umb hungers not, vergas darüber den lieben Gott, der Teuffel bald zu ihme kame«. Das Stück endet mit einem pessimistischen Unterton und einer Ermahnung an das Publikum: »Betet das ir nicht in versuchung falt, der Teuffel umb uns herummer waldt, verschlünge uns gern allsamen, darumb hört Gottes Wort allzeit, das ihr nicht komet in hertzes leid, durch Jesum Christum, Amen.« Also ist diese »erschreckliche Zeitung« eine zweifache Warnung, zuerst an alle Gläubigen, sie sollten an der Gnade Gottes auch angesichts der gegenwärtigen Notlage nicht verzweifeln, aber vor allem an die Obrigkeiten, sie sollten ihren Verpflichtungen gegenüber der christlichen Gemeinde und insbesondere gegenüber den Armen nachkommen. Diese Ereignisse sind kein Einzelfall. Zwei weitere zeitgenössische Zeitungen aus Augsburg und Straßburg berichten von ähnlichen Familienmord- und Selbstmordfällen, die sich aus Geld- und Hungersnot zu dieser Zeit ereigneten.[84]

5. Anmerkungen zur Deutung

Es sei ausdrücklich davor gewarnt, meine Bemerkungen über den Selbstmord und dessen Wahrnehmung während der »zweiten Hauptphase« der Kleinen Eiszeit zwischen 1570 und 1635 als fest verankertes soziologisches Gesetz zu deuten. Ich betone dies, um mögliche Missverständnisse auszuräumen. Solche soziologisch gesetzmäßigen Ansprüche sind in der Geschichtswissenschaft – einer Wissenschaft der Kontexte – genau so fehl am Platz wie der einstige Universalcharakter des sogenannten »ersten Gesetzes« der Soziologie, nämlich: Protestanten bringen sich öfter um als Katholiken.[85] Äußerungen wie die folgende von Alexander von Öttingen können heutzutage nur mit beträchtlicher Skepsis vernommen werden:

---

[84] KARIN SCHMIDT-KOHLBERG, ... und hat »sich selbsten ... an ein Strickhalfter hingehenckt ...«. Selbstmord im Herzogtum Württemberg im 17. und 18. Jahrhundert, in: Zauberer – Selbstmörder – Schatzsucher. Magische Kultur und behördliche Kontrolle im frühneuzeitlichen Württemberg. Hg. JOHANNES DILLINGER. Trier 2003 S. 113–220, hier 132 und 161.

[85] MIDELFORT, Selbstmord im Urteil von Reformation und Gegenreformation (wie Anm. 58).

»[...] daß der Germane mit seiner Hochkultur und seinem tiefinnerlichen Gemütsleben, der Protestant mit seiner Neigung zum Zweifel und zur Selbstkritik auch eine größere Selbstmordgefahr in sich trägt als der leichtlebige, sanguinische Romane, dem seine Kirche, wenn er sich überhaupt um sie kümmert, nur eine geistliche Lebensversicherungsanstalt ist [...].«[86]

Für das 19. Jahrhundert mögen sie zutreffen, und vielleicht ist es passend, sie im Kontext des Kulturkampfes zu betrachten. Jeder Versuch aber, sie auf das Zeitalter der Reformation und der katholischen Erneuerung zurück zu projizieren, ist höchst problematisch. Eine erhöhte Selbstmordgefährdung bei Protestanten als Beweismittel für ihre Modernität anzuführen ist durchaus spekulativ, wobei Jeffrey Watt in seinen Studien über Genf die Frage aufwirft, ob die Verwerfung von traditionellen religiösen Werten in der Tat als ein Zeichen für Fortschritt zu verstehen ist.[87] Das Hauptproblem liegt darin, dass die Perspektive immer die des jeweiligen Betrachters ist, statt die des betrachteten Subjekts.

Das erste spezifische Problem besteht in der Frage, ob wir überhaupt berechtigt sind, die Protestanten des 16. Jahrhunderts mit denen des 19. Jahrhunderts zu vergleichen. Sicherlich sind ihre Lebenswelten und empirischen Lebensbedingungen nicht beträchtlich von der eines zeitgenössischen Katholiken zu unterscheiden. Für eine Beurteilung ihres allgemeinen Gemütszustandes in Bezug auf Selbstmord lediglich aufgrund von Aussagen einer Reihe von evangelischen Theologen fehlt die empirische Grundlage. Anhand statistischer Auswertungen (so grob sie auch sein mögen) ist bislang aber praktisch so gut wie kein Unterschied zwischen frühneuzeitlichen Katholiken und Protestanten festzustellen.[88] Zu fragen ist jedoch, warum praktisch fast alle Traktate zu den spezifischen Themen Verzweiflung und Selbstmord aus der Feder von evangelischen Autoren stammen? Die soziologische Standarderklärung ist, dass sich diese Autoren, wie es scheint, ausschließlich auf ihren häufig unsicheren Glauben stützen konnten, ohne jeden Rückgriff auf Riten, Ablässe und ohne naives Vertrauen in die kirchliche Hierarchie und den Papst in Rom. Verbreitete der evangelische »Individualismus« des 16. Jahrhunderts also wirklich das Gefühl von Desintegration und geistiger Verängstigung?

Betrachtet man diese Literatur näher, gibt es gute Gründe, an dem »ersten Gesetz« der Soziologie zu zweifeln, zumindest was das 16. und 17. Jahrhundert betrifft. Die Trostliteratur in Deutschland hat durchaus optimistische

---

[86] LEDERER, Selbstmord im frühneuzeitlichen Deutschland (wie Anm. 59) S. 207.
[87] WATT, Choosing Death (wie Anm. 50) S. 277 ff., 321–326.
[88] LEDERER, Selbstmord im frühneuzeitlichen Deutschland (wie Anm. 59) S. 211.

und triumphalistische Züge, sie sollte ja auch aufbauend wirken. Bezeugt die bloße Existenz der Trostliteratur also ein Bedürfnis unter Protestanten, getröstet zu werden? Warum hatten ihre katholischen Mitbürger nicht ihre eigene Trostliteratur zum Thema Selbstmord? Genauer betrachtet hatten Katholiken diese sehr wohl. Sie war bereits seit dem Mittelalter in der katholischen Kasuistik vorhanden, wurde aber nicht durch Drucke, sondern durch ihre Kirchenrepräsentanten vermittelt. Die protestantische Bewegung basierte demgegenüber durch und durch auf dem Schriftprinzip. Dieses förderte nicht nur das Lesen, sondern auch den Markt für Bücher und schließlich das Schreiben. In der Tat war die größte Zahl von allen Veröffentlichungen im deutschsprachigen Raum im 16. Jahrhundert ihrer Autorschaft nach evangelisch, und das in fast allen Bereichen des Wissens. Dazu kommt als zweiter Faktor, dass für Protestanten eine innere Notwendigkeit bestand, eine eigene, von der katholischen Tradition unabhängige Doktrin zu entwickeln. Nur so konnten sie sich als unabhängige Konfession behaupten. Deshalb mussten sie auch ihren eigenen Standpunkt zu dem Themenbereich »Verzweiflung und Selbstmord« entwickeln. Sigismund Suevus rechtfertigte seine eigene Schrift über den Selbstmord und die Verzweiflung mit den folgenden Gründen:

»Ob aber gewiß offenbar ist, das von solchem allen, in vielen Schrifften fürtrefflicher gelerter Leuthe, gar schöner Bericht zufinden, so ist doch solches entweder in Lateinischen Schrifften, oder in grossen Büchern, die dem gemeinen Volck entweder frembd und unbekandt, oder zuerzeugen unmüglich, oder in kleinen Tractetlin hin und wider verkaufft und auffgerafft, also das sie nicht mehr zubekommen sein.«[89]

Trotzdem ist die pessimistische Seite dieser späteren Literatur bemerkenswert. Der religiöse Pessimismus hatte durchaus eine feste Grundlage: Not und Elend. Zu »diesen Zeiten« schlug sich der Zorn Gottes überall in Teuerung, Hungersnot und Krankheit nieder. Darin sahen die Gläubigen den materiellen Beweis für die Sündhaftigkeit des menschlichen Geschlechts und seine »Verwüstung«[90] durch den Teufel und seine Verbündeten, die Hexen und die Selbstmörder, die sich in die Angelegenheiten der Menschheit einmischten und alle möglichen Schäden anrichteten. Und darin liegt die gewaltige Aussagekraft der Geschichte von dem preußischen Bauern Gurgen Schultze. Die Hungersnot trieb ihn, bei seinen Nachbarn zu betteln, aber bei ihnen dürfte es nicht wesentlich besser gewesen sein. Anders war es beim Junker Heinrich Rechenberg, der für seinen Geiz von Gott durch den Teufel

---

[89] FREISTADIENSUS, Trewe Warnung (wie Anm. 77) S. A v.
[90] So z. B. der Mediziner HIPPOLYTUS GUARINONIUS, Greuel der Verwüstung menschlichen Geschlechts. Ingolstad 1610.

bestraft wurde. Der Junker sank in die Erde und: »Darin stach er zwey Monat lang, man must im bringen Speis und Dranck, wol fast auff die fünff Manne, das ass und tranck er gar allein, noch kund er nicht gesettigt sein, so lang biß das sein stund kame.« Also lag der Grund für sein Versagen bei seinem Untertan nicht daran, dass er (wie er sagte) selbst nichts hatte. Im Gegenteil: Er hatte in einer Krise das übelste und durchaus übliche Verbrechen begangen – er hatte gehortet, um durch die Teuerung zu profitieren.[91] Obwohl sein Pferd während dieser zwei Monate nichts bekam, »noch hat es ernehrt der liebe Gott, der lesset nichts ungerochen«. Schließlich bleibt der Bauer der Protagonist der Geschichte, den wir zu bemitleiden haben und mit dem wir uns den Umständen entsprechend auch identifizieren können – auch wenn man vor den Anfechtungen der Verzweiflung behutsam bleiben soll. Für den Junker, den Bösewicht der Geschichte, der seinen obrigkeitlichen Pflichten in der Krise nicht nachkam, bleibt die teuflische Strafe, in die Erde zu sinken, durchaus berechtigt. Also ist diese »erschreckliche Zeitung« eine zweifache Warnung, zuerst an alle Gläubigen, dass sie an der Gnade Gottes auch angesichts der gegenwärtigen Notlage nicht verzweifeln sollen, aber vor allem an die Obrigkeiten, die ihren Verpflichtungen gegenüber der christlichen Gemeinde nachkommen sollen.

Seit der Antike wird die Verzweiflung stets der Hoffnung gegenübergestellt. In dem Zeitraum zwischen 1570 und 1635 fehlten aber alle materiellen Anzeichen für Hoffnung. In einer Kultur, die in Naturkatastrophen, Hungersnöten, Teuerungen, Pestilenz und Krieg sichere Zeichen für den Zorn Gottes und seine gerechte Strafe für Sünden sah, blieb nur die Hoffnung auf Gottes Liebe und seine Gnade. Verzweifelte man daran, drohte der Gesellschaft ohne Nächstenliebe der Zerfall in die Barbarei. Angesichts der Hungersnöte und der verheerenden Kriegswirren dieser Jahre müssen viele Menschen geglaubt haben, dass die Verzweiflung tatsächlich Herr über die Hoffnung geworden war. Als die ganze Menschheit willkürlich um sich zu schlagen schien, um die Ungläubigen und Teufelsverbündeten auszurotten, herrschte nicht nur in der Literatur eine apokalyptische Grundstimmung. Erst um 1650 kehrte die Hoffung wieder. Die großen Hexenverfolgungen und die konfessionellen Bürgerkriege fanden nun langsam ihr Ende. Gleichzeitig ersetzte die »Unzurechnungsfähigkeit« allgemein die »Verzweiflung« als Erklärungsgrund für den Selbstmord. Die frühen Funken der Aufklärung ließen sich zögerlich in ganz Europa erblicken. Dies zumindest ist die positivistische Standarderklärung der europäischen Entwicklungsgeschichte. Meistens schweigt sie über fortlaufende staatlich geführte Hexenprozesse, oder

---

[91] BEHRINGER, Weather, Hunger and Fear (wie Anm. 12) S. 20.

die Tatsache, dass der Selbstmord in weiten Teilen Europas bis ins 18. Jahrhundert (in England beispielsweise bis ins 20. Jahrhundert) kriminalisiert blieb. Wie ich anhand der Selbstmordforschung darzustellen versucht habe, besteht lediglich eine Interdependenz zwischen den materiellen Faktoren des Lebens und der Mentalitätsgeschichte der Epoche. Grundsätzlich ist abschließend anzumerken, dass wir es in der Frühen Neuzeit in der Frage der Selbstmorde auch mit einer komplizierten Interdependenz zwischen den materiellen Faktoren des Lebens und der Mentalitätsgeschichte der Epoche zu tun haben. Mentalitätsgeschichtlich betrachtet war vieles, was den Selbstmord betrifft, schon in der Lebenswelt vor 1570 festgelegt. Selbst klimatische Veränderungen blieben in der Religion und im Volksglauben nicht unbeachtet. Sie wurden anhand eines bereits bestehenden Wahrnehmungsmusters gedeutet, zu dieser Zeit aber verschärft bzw. verwandelt. Diese Wechselwirkung geschah ihrerseits in einem gewissen Kontext und repräsentiert kein Universalgesetz der Soziologie oder eine anthropologische Konstante, sie war ein durchaus historisches Phänomen. Da inzwischen immer mehr Beweise vorliegen, wird es immer schwieriger, dieses Phänomen abzustreiten. In meteorologischer Hinsicht können wir dieses Phänomen als Kleine Eiszeit bezeichnen. In mentalitätsgeschichtlicher Hinsicht können wir auch vom »Zeitalter der Verzweiflung« sprechen, ein Zeitalter, in dem für Manche alle Hoffnung auf Erlösung verloren schien.

Summary

Scholars sometimes psychologically characterise the early modern period as an age of melancholy and fear. However, writing on witch hunting, Jules Michelet suggested that it was an "Age of Despair". If one considers the classic juxtaposition of hope and despair in reference to suicide, this was surely the case. Suicidal despair was a terrible crime and a sin, prosecuted with increasing regularity from ca. 1570 until ca. 1630. Furthermore, quantitative evidence indicates that suicide rates tended to increase during crisis years. In evangelical literature, the optimistic tone of Luther's early consolations for suicidal despair gave way to pessimism "in these terrible times" after 1570. One ominous tract bore the specific title, "A shocking and true account of a peasant refused grain by his lord [...] and because of famine hanged himself together with his wife and children." This essay examines probable links between beliefs and practices surrounding suicide in the Holy Roman Empire and subsistence crises at the peak of the "Little Ice Age".

IV. Transformationen in der Kunst / Changes in the Arts

»Gerechter Gott, wo will es hin /
Mit diesen kalten Zeiten?«
Witterung, Not und Frömmigkeit
im evangelischen Kirchenlied*

von

Patrice Veit

»Gerechter Gott, wo wil es hin / Mit diesen kalten Zeiten? / Was Straffe hast du doch im Sinn / Mit uns verkehrten Leuten? / Was wird der stete Reiff und Schnee, / Der Schlossen Fall zu Land und See / Uns Armen noch bedeuten?«[1]

Die Erde ist so hart gefroren, dass der Pflug nicht greifen kann; die Vögel, kaum als Frühlingsboten angekommen, sind sofort wieder weggeflogen; es gibt wenig Fische; das Wild sucht vergebens nach Nahrung; man muss sogar das Stroh der Dächer für die Tiere zu Futter schneiden; Holz ist kaum noch zu fällen! Gott bleibt taub gegenüber den Klagen der Armen: »Es kömmt nicht deinem Hertzen bey, / Als wer auch dieß erfroren.«[2]

Dieses »Buß= und Beth=Lied […] von der kalten Zeit, Anno 1643«, verfasst von Simon Dach, dem Königsberger Dichter und Professor der Poetik, erscheint im *New Preussische[n] vollständige[n] Gesangbuch* von 1650. Dort steht es neben zwei weiteren von Dach verfassten Liedern: »Hertzliches Beth=Lied Bey diesem weichen und verkehrten Winter=Wetter ümb Abwendung aller hand Straffen […] Anno 1648«[3] und »Christliches Klag= und

---

* Ich danke Kaspar von Greyerz für seine Unterstützung.
[1] Albert Fischer, Das deutsche evangelische Kirchenlied des 17. Jahrhunderts. Hg. Wilhelm Tümpel. 6 Bde. Gütersloh 1904–1916, ND Hildesheim 1964, III, Nr. 109, Vers 1. Wegen der unterschiedlichen Orthographie in den verschiedenen Gesangbüchern werden im Folgenden die Lieder nach den Ausgaben von Fischer bzw. Wackernagel (Philipp Wackernagel, Das deutsche Kirchenlied von der ältesten Zeit bis zu Anfang des XVII. Jahrhunderts. 5 Bde. Leipzig 1864–1877, ND Hildesheim 1964) zitiert, soweit sie in diesen beiden Sammlungen vorhanden sind.
[2] Ebd. Vers 7.
[3] »Ach wie verkehrt es sich so sehr«, ebd. Nr. 110.

Beht=Lied Bey der jetzigen dürren und heissen Zeiten [...] Jm Jahr 1649«.[4]

Diese drei Lieder von Simon Dach, die um die Mitte des 17. Jahrhunderts auf drei verschiedene, aufeinander folgende katastrophale Wetterlagen reagieren, gehören zu einer Reihe ähnlicher Wetterlieder, die zusammen mit Kriegs-, Friedens- sowie Pestliedern insbesondere seit den 1560er Jahren und während des gesamten 17. Jahrhunderts gedichtet worden sind.[5] Zu den Dichtern, die solche Lieder verfasst haben, zählen unter anderem der Leipziger Theologe und Superintendent Nikolaus Selnecker (1528-1592),[6] der Mühlhäuser Pfarrer Ludwig Helmbold (1532-1598),[7] die schlesischen Pfarrer Martin Behm (1557-1622)[8] und Johann Heermann (1585-1647),[9] Johann Rist (1607-1667), Pfarrer in Wedel an der Elbe,[10] der Berliner Pfarrer

---

[4] »Gott, unsre Zuflucht in der Not«, ebd. Nr. 111.

[5] Die Pestwellen des 16. Jahrhunderts spiegeln sich auch in der Lied- und Kirchenlieddichtung der Zeit wider. Dazu HANS-GEORG KEMPER, Deutsche Lyrik der frühen Neuzeit, II: Konfessionalismus. Tübingen 1987 S. 105-117; zur Rolle des Singens und der Kirchenlieder in Pestwellen, siehe auch OTTO ULBRICHT, Gelebter Glaube in Pestwellen 1580-1720, in: Im Zeichen der Krise. Religiosität im Europa des 17. Jahrhunderts. Hg. HARTMUT LEHMANN / ANNE CHARLOTT TREPP (Veröffentlichungen des Max-Planck-Instituts für Geschichte 152). Göttingen 1999 S. 161-188; generell zur Rolle des Gebets siehe HEINRICH DORMEIER, Laienfrömmigkeit in den Pestzeiten des 15./16. Jahrhunderts, in: Maladies et société (XIIe-XVIIIe siècles). Hg. NEITHARD BULST / ROBERT DELORT. Paris 1989 S. 269-306, hier 301-306; zu den mentalitätsgeschichtlichen Aspekten, siehe JEAN DELUMEAU, La peur en occident XIVe-XVIIIe siècles. Paris 1978 S. 98-142 (»Typologie des comportements collectifs en temps de peste«); generell zur Pest in der frühen Neuzeit, der »Klassiker« von JEAN-NOËL BIRABEN, Les Hommes et la peste en France et dans les pays méditerranéens. 2 Bde. Paris-La Haye 1975-1976; sowie NEITHARD BULST, Krankheit und Gesellschaft in der Vormoderne. Das Beispiel der Pest, in: Maladies et société. Hg. DERS. / DELORT S. 17-47. Der Dreißigjährige Krieg ist ein weiterer Schub für die Kirchenlieddichtung. Zu den Naturkatastrophen des 16. Jahrhunderts, die sich unvermindert fortsetzten, kamen nun noch der Krieg und seine Folgen. Die Zeit des Dreißigjährigen Krieges gehört zu einer der Blütezeiten evangelischer Kirchenlieddichtung. Dazu PATRICE VEIT, Musik und Frömmigkeit im Zeichen des Dreißigjährigen Krieges, in: Zwischen Alltag und Katastrophe. Der Dreißigjährige Krieg aus der Nähe. Hg. HANS MEDICK / BENIGNA VON KRUSENSTJERN (Veröffentlichungen des Max-Planck-Instituts für Geschichte 148). Göttingen 1999 S. 507-529.

[6] WACKERNAGEL IV (wie Anm. 1) Nr. 307.

[7] Ebd. Nr. 934: »Ein Warnunglied, Wider den Geitz, aus Göttlicher Drawung, und Zeichen, der ungewöhnlichen Schlossen, zu Mülhausen in Düringen gefallen, am 17. Tag Julij, Anno 1571« (1575).

[8] WACKERNAGEL V (wie Anm. 1) insbesondere Nr. 283, 328-342. Zu den Liedern Martin Behms, siehe HARTMUT LEHMANN, Martin Behms Kirchenlieder als sozialhistorische Quelle, in: Historie und Eigen-Sinn. Festschrift für Jan Peters zum 65. Geburtstag. Hg. AXEL LUBINSKI / THOMAS RUDERT / MARTINA SCHATTKOWSKY. Weimar 1997 S. 227-235.

[9] FISCHER I (wie Anm. 1) Nr. 343-344.

[10] FISCHER II (wie Anm. 1) insbesondere Nr. 223-224, 229, 265-267.

Paul Gerhardt (1607–1676),[11] aber auch die Reichsgräfin Aemilie Juliane von Schwarzburg-Rudolstadt (1637–1706).[12]

Der Zeitraum zwischen 1580 und 1700 gilt außerdem allgemein als die Blütezeit des evangelischen Kirchenliedes. Die beiden großen Sammlungen von deutschen evangelischen Kirchenliedern des 16. und 17. Jahrhunderts, die am Ende des 19. und am Anfang des 20. Jahrhunderts herausgegeben wurden,[13] dokumentieren beinahe viertausend zwischen 1580 und 1700 veröffentlichte evangelische Lieder. Von diesen wurde etwa ein Drittel während der Zeit des Dreißigjährigen Krieges verfasst.

In diesem Beitrag werden Gesangbücher und Kirchenlieder des Zeitraums zwischen etwa 1570 und der zweiten Hälfte des 17. Jahrhunderts unter folgenden Blickwinkeln betrachtet: Erstens wird die Entwicklung der Gesangbücher im späten 16. Jahrhundert und im 17. Jahrhundert untersucht, um herauszuarbeiten, wie sich darin insbesondere die sogenannte »Kleine Eiszeit«[14] und ihre Folgen spiegeln. Zweitens wird dargestellt, wie in den entsprechenden Liedern Unwetter, Dürre und deren Folgen zum Thema werden und wie auf die damit zusammenhängenden Nöte der Menschen eingegangen wird. Daran werden sich, in der Form von Schlußbemerkungen, zusammenfassende Beobachtungen über die Rolle des evangelischen Kirchenliedes bei der Bewältigung klimatischer Katastrophen anschließen.

---

[11] FISCHER III (wie Anm. 1) Nr. 455 und 483. Siehe dazu den Beitrag von HARTMUT LEHMANN in diesem Band, S. 215–221.

[12] FISCHER V (wie Anm. 1) Nr. 610–614.

[13] WACKERNAGEL und FISCHER (wie Anm. 1).

[14] Dazu insbesondere HARTMUT LEHMANN, Frömmigkeitsgeschichtliche Auswirkungen der »Kleinen Eiszeit«, in: Volksreligiosität in der modernen Sozialgeschichte. Hg. WOLFGANG SCHIEDER (Geschichte und Gesellschaft, Sonderheft 11). Göttingen 1986 S. 31–50; ND in: HARTMUT LEHMANN, Religion und Religiosität in der Neuzeit. Historische Beiträge. Hg. MANFRED JAKUBOWSKI-TIESSEN / OTTO ULBRICHT. Göttingen 1996 S. 62–82; PAUL MÜNCH, Lebensformen in der Frühen Neuzeit. 1500 bis 1800. Berlin 1998 (1992) S. 111–135; sowie die Beiträge von CHRISTIAN PFISTER (S. 31–86) und von WOLFGANG BEHRINGER (S. 415–507) in diesem Band mit der entsprechenden Literatur. Siehe u. a. auch den »Klassiker« von EMMANUEL LE ROY LADURIE, Histoire du climat depuis l'an Mil. Paris 1967; MARCEL LACHIVER, Les Années de misère. La famine au temps du Grand Roi. Paris 1991; sowie JEAN DELUMEAU / YVES LEQUIN (Hg.), Les malheurs des temps. Histoire des fléaux et des calamités en France. Paris 1987 insbesondere S. 293–312; mentalitätsgeschichtlich JEAN DELUMEAU, Rassurer et protéger. Le sentiment de sécurité dans l'Occident d'autrefois. Paris 1989; sowie die anregenden Ausführungen von Robert Mandrou über »climats de sensibilité: les conjonctures mentales«, ROBERT MANDROU, Introduction à la France moderne 1500–1640. Paris 1998 (1961 und 1974) S. 343 ff. Zum Lied im Kontext der »Kleinen Eiszeit«, vgl. HANS-GEORG KEMPER, Das lutherische Kirchenlied in der Krisenzeit des frühen 17. Jahrhunderts, in: Das protestantische Kirchenlied im 16. und 17. Jahrhundert. Hg. ALFRED DÜRR / WALTER KILLY (Wolfenbütteler Forschungen 31). Wiesbaden 1986 S. 87–108.

I.

Manche der erwähnten Liederdichter, wie etwa Ludwig Helmbold (1598 an der Pest gestorben), Martin Behm oder Simon Dach, haben ihre Lieder im Anschluss an direkte und persönliche Erfahrungen mit Unwettern, mit einer Hungersnot oder mit Epidemien komponiert. Dennoch sollte man die Schnelligkeit der Aufnahme solcher Lieder in die Gesangbücher nicht überschätzen. Es konnten dabei Jahrzehnte vergehen. Das trifft zum Beispiel auf die Lieder Paul Gerhardts zu.[15] Hinzu kommen auch noch regionale Unterschiede.[16] Gesangbücher, die seit der Reformation ein wichtiges Mittel zur Verbreitung der Lieder wurden, unterlagen notwendig einem gewissen Zwang zur Auswahl, da das Festhalten an einem Grundbestand von Liedern nur eine allmähliche und bedingte Erweiterung des Liedschatzes der Gesangbücher erlaubte.[17]

Trotzdem lässt die Untersuchung von etwa zwölf zwischen 1580 und dem Ende des 17. Jahrhunderts veröffentlichen evangelischen Gesangbüchern unterschiedlicher geographischer Herkunft – mit Schwerpunkt auf den Leipziger Gesangbüchern[18] – deutliche Veränderungen und Trends quantitativer

---

[15] Die Lieder Paul Gerhardts finden oft erst in der zweiten Hälfte des 17. Jahrhunderts und während der ersten Hälfte des 18. Jahrhunderts allmählichen Eingang in die Gesangbücher. Dazu CHRISTIAN BUNNERS, Paul Gerhardt. Weg, Werk, Wirkung. München ²1994 S. 55, 271; INGE MAGER, Die Rezeption der Lieder Paul Gerhardts in den niedersächsischen Gesangbüchern, in: Jahrbuch der Gesellschaft für Niedersächsische Kirchengeschichte 80. 1982 S. 121–146.

[16] Zum Beispiel sind die Wetterlieder des Schlesiers MARTIN BEHM im Breslauer Gesangbuch von 1644 stark vertreten, dagegen kaum in den Leipziger Gesangbüchern der Mitte und der zweiten Hälfte des 17. Jahrhunderts.

[17] WALTER BLANKENBURG, Der Einfluß des Kirchenliedes des 17. Jahrhunderts auf die Geschichte des evangelischen Gesangbuches und der Kirchenmusik, in: Das protestantische Kirchenlied (wie Anm. 14) S. 73–85, hier 74.

[18] Folgende Gesangbücher und Liedersammlungen aus dem späten 16. und dem 17. Jahrhundert wurden untersucht:

Christliche Psalmen / Lieder / und Kjrchengesenge / Jn welchen die Christliche Lehre zusam gefasset und erkleret wird / Trewen Predigern in Stedten und Dörffern / Auch allen frommen Christen zu diesen letzten und schweren zeiten / nutz und tröstlich. Durch NICOLAUM SELNECCERUM [...]. Leipzig, JOHANN BEYER, 1587.

Geistliche Lieder [...]. Leipzig, ZACHARIAM BERWALDT, In Verlegung HENNINGI GROSSEN / Buchhendlers 1589.

Geistliche Deutsche Lieder. D. Mart. Lutheri: Und anderer frommen Christen / Welche durch gantze Jahr in den Christlichen Kirchen zu singen gebreuchlich / mit vier und fünff Stimmen nach gewöhnlichen Choral melodien richtig und lieblich gesetzet. Durch BARTHOLOMAEUM GESIUM Fracofurtensium ad Oderam Cantorem. Frankfurt an der Oder. Jn Verlegung JOHANN HARTMANS / Buchhendler 1601.

und qualitativer Art erkennen, die sich auch in den Wetterliedern spiegeln. Diese Trends sind in Ansätzen schon ab den sechziger und siebziger Jahren des 16. Jahrhunderts feststellbar, erfahren einen Schub zur Zeit des Dreißigjährigen Krieges und entwickeln sich in der zweiten Hälfte des 17. Jahrhunderts weiter.

Geistliche Lieder / So von den hocherleuchten Mannes Gottes Doctore Martino Luthero und andern Geistreichen Männer gefasset und zusammen getragen [...]. Leipzig. Cum Privilegio Bey THOMAS SCHÜRER. Anno 1606.

Geistliche Lieder / D. M. Luth. Und anderer from. Christen [...]. Leipzig / TYPIS LAMBERGIANIS. Druckts ANDREAS MAMITZSCH Anno 1621.

Vollständiges Gesangbuch / D. Mart. Luth [...]. Mit Churf. Sächs. Freyheit. Lüneburg / Gedruckt und verlegt bey JOHANN und HEINRICH STERN. Buchf. daselbsten. Anno 1635.

New-Zugerichtetes Lutherisches Gesangbüchlein [...]. Cum privilegio Elect. Sax. Leipzig / Jn Vorlegung GOTTFRIED GROSSEN SEEL. Erben 1638.

Vollständige Kirchen- und Haus-Music / Darinn außerlesen Gesänge / Psalmen und Hymni [...]. Durch D. Martin Luthern / und andere Gottfürchtige Männer gestellet [...]. Breßlau, JOHANN GÜNTHER RÖRER, 1644.

New Ordentlich Gesang-Buch / Sampt einer nothwendigen Vorrede und Erinnerung Von dessen nützlichen Gebrauch [...]. Hannover / Gedruckt und verleget von JOHANN FRIEDERICH GLASERN [...] Jm Jahr 1646.

Voll=ständiges Gesang=Buch / in welchem nicht allein die gewöhnliche alte Kirchen-Lider / sondern auch vihl neue / nützliche Gesänge / auf mancherlei Fälle zu befinden. Lüneburg / Gedruckt durch die Sternen / 1661.

Württembergisches Kirchen- und HaußGesang-Buch / Jn sich haltend vier Theil [...]. Für die Kirchen und Schulen im Land gerichtet. Gedruckt und verlegt zu Stuttgart / Bey JOHANN WEINRICH RÖSSLIN [...] 1661.

Geistliche Singe=Kunst / Und ordentlich verfassetes vollständiges Gesang=Buch [...]. Darinnen über zwölffhundert erbauliche Lieder auß Gottes Wort / absonderlich aber die Gesänge D. Martini Lutheri, und seiner getreuen Nachfolger [...]. Von JOHANNE OLEARIO, D. Fürstl. Sächsischen M. Ober=Hoff=Prediger Kirchen=Rath und General=Superintenden. Leipzig / Mit Churfl. Sächs. Privilegio. Jn Verlegung CASPAR LUNITII / Buchb. Im Jahr 1671.

Andächtiger Seelen geistliches Brand- und Gantz-Opfer / Das ist vollständiges Gesangbuch / In Acht unterschiedlichen Theilen / [...]. Aus vielen Gesang-Büchern und andern Autoren mit guter Unterscheidung und Sorgfalt zusammen getragen / durch eine große Menge nie gedruckter Lieder vermehret [...]. Leipzig / Gedruckt und zu finden bey ANDREAS ZEIDLERN / Anno 1697. Dieses Gesangbuch wird PAUL WAGNER (1617–1697) zugeschrieben, Leipziger Ratsmitglied und dann Bürgermeister. Paul Wagner hinterließ bei seinem Tod diese aus verschiedenen Gesangbüchern seiner Zeit hervorgegangene Sammlung, deren endgültige Veröffentlichung die Söhne besorgten. Dieses Werk, von dem es keine weitere Auflage gab, muss aufgrund seines Umfangs (über 5.000 Lieder in acht Bänden) eher als Sammel- und Nachschlagewerk denn als Gemeindegesangbuch angesehen werden; es war sicher an einen kleinen Benützerkreis von Pfarrern, Kantoren und Musikern gerichtet. So gehörte dieser Band auch zur Bibliothek Johann Sebastian Bachs, der ihn vermutlich bei seinem Leipziger Amtsantritt (1723) erstanden hatte: WERNER NEUMANN, Zur Frage der Gesangbücher Johann Sebastian Bachs, in: Bach-Jahrbuch. 1956 S. 112–123.

Seit dem 16. Jahrhundert nahm die Anzahl der lutherischen Gesangbücher und der in ihnen enthaltenen Lieder stetig zu. Letzteres lässt sich an zwei Leipziger Gesangbüchern eindrucksvoll belegen: Von 130 Liedern im Leipziger Gesangbuch von 1545 stieg die Zahl der Lieder in dem 1671 veröffentlichten Gesangbuch *Geistliche Singekunst* des Superintendenten des Herzogtums Sachsen-Weißenfels, Johannes Olearius, auf über 1.200.[19] Parallel dazu wandelten sich außerdem Art und Themen der Kirchenlieder. Neben dem Gottesdienst bezogen sie sich in steigendem Maß auch auf den häuslichen Raum. Diese Entwicklung ging mit dem im Luthertum seit dem späten 16. Jahrhundert und dem im Lauf des 17. Jahrhunderts wachsenden Bedürfnis nach Hausandacht einher.[20] Zugleich versuchten die Gesangbücher verstärkt auf die verschiedensten Lebenslagen der Menschen einzugehen; sie erhoben letztlich den Anspruch, für alle Situationen des menschlichen Daseins eine geistliche Antwort zu geben. Das zeigt sich an der Vielfalt neuer Rubriken, nach denen die Lieder geordnet wurden. Am Ende des 17. Jahrhunderts gewannen die Gesangbücher einen gleichsam enzyklopädischen Charakter, der »global auf die Bewältigung einer Vielzahl zentraler Lebenssituationen orientiert«[21] war – ein Phänomen, das ebenfalls für viele Gebetbücher dieser Zeit gilt.[22]

---

[19] Das Leipziger Gesangbuch von 1561, sowie eine weitere Ausführung des Babstschen Gesangbuches von 1545, enthält 158 Lieder. 191 Lieder sind im Leipziger Gesangbuch von 1583, 204 im Gesangbuch von 1606, 288 im Gesangbuch von 1621, 436 Lieder im Gesangbuch von 1638. Am Ende des 17. Jahrhunderts erreicht die Zahl manchmal über 2.000 Lieder. Das Leipziger Wagnersche Gesangbuch (1697) (wie Anm. 18), ist mit seinen 5.000 Kirchenliedern gleichwohl eine Ausnahme.

[20] Dazu PATRICE VEIT, Die Hausandacht im deutschen Luthertum. Anweisungen und Praktiken, in: Gebetsliteratur der Frühen Neuzeit als Hausfrömmigkeit. Funktionen und Formen in Deutschland und in den Niederlanden. Hg. CORNELIA NIEKUS-MOORE / FERDINAND VAN INGEN (Wolfenbütteler Forschungen 92). Wiesbaden 2001 S. 193–206. Zur Hausandacht zur Zeit des Pietismus, vgl. HANS MEDICK, Weben und Überleben in Laichingen 1650–1900. Lokalgeschichte als Allgemeine Geschichte (Veröffentlichungen des Max-Planck-Instituts für Geschichte 126). Göttingen 1996 S. 499 ff.

[21] Ebd. S. 543; dazu PATRICE VEIT, Das Gesangbuch in der Praxis Pietatis der Lutheraner, in: Die lutherische Konfessionalisierung in Deutschland. Hg. HANS-CHRISTOPH RUBLACK (Schriften des Vereins für Reformationsgeschichte 197). Gütersloh 1992 S. 435–454, hier 441 f. Zu dem enzyklopädischen Charakter, siehe OLEARIUS, Geistliche Singekunst (wie Anm. 18): »Erinnerung an den Christlichen Leser«: »[...] auf einander folgen / alles: was vom Morgen biß zum Abend / was Stündlich / Täglich / Monatlich und Jährlich in allen Ständen / bey Jungen und Alten / Armen und Reichen / Hohen un[d] Geringen im Glauben / Lieben und Hoffen / an Bösen und Guten / ja bey gesunden und krancken Tagen / im gantzem Leben / biß zum seeligen Sterben nöthig ist?«

[22] Johannes Wallmann stellt eine immense Verbreitung von Gebetbüchern ab den 1560er Jahren nahezu im ganzen deutschen protestantischen Raum fest. In der Zeit des Dreißigjährigen

Unter den neuen Liedgruppen, wie zum Beispiel den Buß- oder Sterbeliedern, die zusätzlich zu den seit dem Reformationszeitalter gängigen Fest- und Katechismusliedern von den 1560er Jahren an in die Gesangbücher aufgenommen wurden, ist eine besonders charakteristische Rubrik für die Entwicklung der Gesangbücher dieser Periode und für die Thematik des vorliegenden Bandes zu finden. Es ist die Rubrik mit der Überschrift »Kreuz, Verfolgung und Anfechtung«, die zum ersten Mal 1561 in einem in Frankfurt an der Oder veröffentlichten Gesangbuch erscheint.[23] Sie ist gleich in mehrfacher Hinsicht interessant.

Erstens: aufgrund ihres Titels. Dieser weist auf die Mannigfaltigkeiten des Leidens hin: äußere Nöte, Verfolgungen um des Glaubens willen, innere Anfechtungen des Glaubens, usw.

Zweitens: Diese Rubrik gehört zu denjenigen, die im Lauf des 17. Jahrhunderts einen überdurchschnittlichen Zuwachs erfahren. Dies belegt der Vergleich verschiedener Leipziger Gesangbücher des 17. Jahrhunderts: Mit fünf Prozent aller Lieder im Leipziger Gesangbuch von 1606 vertreten, steigt der Anteil der Kreuzlieder auf dreizehn Prozent in dem Gesangbuch von 1638,[24] wodurch die große Bedeutung der Zeit des Dreißigjährigen Krieges für diese Liedgruppe deutlich wird. Am Ende des 17. Jahrhunderts unterstreicht das Leipziger Wagner'sche Gesangbuch von 1697 – außergewöhnlich v. a. wegen seines Umfangs[25] – die weitere Zunahme der Bedeutung dieser Kreuz- und Trostlieder: Die im sechsten Band gedruckten Kreuzlieder machen elf Prozent der insgesamt etwa 11.000 Seiten der acht Bände des Gesangbuches aus, und sogar über 17 Prozent, wenn man die im achten Band veröffentlichten »Lieder in gefährlichen Zeiten« dazu rechnet. Damit sind sie die umfangreichste Liedgruppe, noch vor den Festliedern (16 Prozent) und den Liedern vom Sterben und vom ewigen Leben (elf Prozent).

Krieges erschienen laufend neue Gebetbücher. JOHANNES WALLMANN, Zwischen Herzensgebet und Gebetbuch. Zur protestantischen deutschen Gebetsliteratur im 17. Jahrhundert, in: Gebetsliteratur der frühen Neuzeit (wie Anm. 20) S. 13–46, hier 21, 35; zur Entwicklung der Gebetssammlungen, ebd. S. 39–41. Diese Flut von Gebetbüchern im Luthertum fällt mit einer Welle von Prozessionen in der katholischen Welt zusammen. Jean Delumeau spricht dabei von einer »civilisation de la procession«. DELUMEAU, Rassurer et protéger (wie Anm. 14) S. 90ff.

[23] HANS-CHRISTOPH PIPER, Anfechtung und Trost. Eine Untersuchung über die Kreuz- und Trostlieder im deutschen evangelisch-lutherischen Gesangbuch von der Reformation bis zum frühen 18. Jahrhundert. Diss. Göttingen 1964; auch DERS., Die Rubrik der Kreuz- und Trostlieder im deutschen evangelisch-lutherischen Gesangbuch von der Reformation bis zum frühen 18. Jahrhundert, in: Jahrbuch für Liturgik und Hymnologie 11. 1966 S. 137–145.

[24] Die Kreuz- und Trostlieder erreichen sogar 16 Prozent aller Lieder im Hannoverschen »New Ordentlich Gesang-Buch« von 1646 (wie Anm. 18).

[25] Dazu Anm. 18.

Drittens: Die Rubrik »Vom Kreuz, Verfolgung und Anfechtung« wird im Laufe des 17. Jahrhunderts immer stärker differenziert. Das Leipziger Gesangbuch von 1638 enthält nicht nur Lieder »Vom Creuz, Verfolgung und Anfechtung in gmein«; es zeigt zugleich eine Spezialisierung. Gesondert bezeichnete Liedgruppen enthalten Lieder zu den verschiedenen Nöten der Zeit: »Von Landplagen in gemein«, »Vom Kriege«, »Von Thewrung«, »Zur Zeit der Dürre und übrigen Nässe«, »Von Krankheiten und anfallenden Seuchen«. Diese Spezialisierung kommt im 1671 erschienenen Gesangbuch *Geistliche Singekunst* von Johannes Olearius noch stärker zum Ausdruck. Dort ist ein eigenständiger Teil den Liedern »von allerley Trübsal und Unglück« gewidmet. In diesem Teil finden sich Lieder »Um Trost und Geduld in allerley Trübsal und Unglück«, »Lieder in allgemeiner Noth und Landplagen« sowie auch Lieder in »sonderbahrer Noth und Anliegen / welche Seel und Leib / Haab / Ehr und Gut betreffen«, speziell in Seelennöten.[26] Die Rubrik der auf Landplagen bezogenen Lieder beinhaltet Gesänge über Kriege, Missernten, Teuerung, Hungersnot und Dürrezeit, Pestilenz und Krankheiten, Feuersnot, große Wassernot, Hagel, Donner, Blitz und Ungewitter, große Sturmwinde und Erdbeben. Zuerst nur vereinzelt in den Gesangbüchern des späten 16. und frühen 17. Jahrhunderts zu finden, werden die auf Wetter- und Landplagen bezogenen Lieder mit der angesprochenen zunehmenden Spezialisierung nicht nur zahlreicher, sondern erlangen in der zweiten Hälfte des 17. Jahrhunderts auch eine gewisse Selbständigkeit.[27]

Viertens: Die Plazierung der Lieder von Kreuz, Verfolgung und Anfechtung innerhalb der Gesangbücher des späten 16. und des 17. Jahrhunderts lässt eine allmähliche Verlagerung der Akzente im Laufe dieser Periode er-

---

[26] OLEARIUS, Geistliche Singekunst (wie Anm. 18): »Der 3. Titul begreifft die Lieder in sonderbahrer Noth und Anliegen / welche Seel und Leib / Haab / Ehr und Gut betreffen.
Die 1. Class Gesänge in allerley Seelennoth.
    1. In Anfechtung
    2. Wider des Satans List u. Macht
    3. Bey entstehender Furcht und Schrecken
    4. bey empfundener Gewissensangst
    5. bey verspürter Sorge und Hertenskummer
Die 2. Class-Gesänge in allerley Leibesnoth und Gebrechen.«

[27] Diese Spezialisierung ist schon im Breslauer Gesangbuch von 1644 (wie Anm. 16) bemerkbar: Unter den 62 Rubriken, die dieses Gesangbuch gliedern, haben 16 (S. 982–1030) das Wetter und seine Folgen zum Thema: »Von den vier Jahrs-Zeiten. Erstlich vom Frühling; Vom Sommer; Zu Donners-Zeiten; Dancksagung nach dem Ungewitter; Klag- und Trost-Lied bey erlidtenem Wetter-Schaden; Klag- und Trost-Lied bey erlidtenem Brand-Schaden; Zur dürren Zeit; Für erlangten Regen; Umb bequemes Gewitter; Für die Früchte auf dem Land; Umb gutt Weter; Zur Erndte Zeit; Umb gute Wetter zur Erndte; Wenn es in der Erndte sehr nässet; Danksagung nach verrichteter Erndte; Vom Herbst; Vom Winter.«

kennen. In den Gesangbüchern des späten 16. Jahrhunderts kreisen die Lieder mehrheitlich um das Thema der Not und Verfolgung der Kirche. Im Laufe des 17. Jahrhunderts dagegen treten dann das Elend der Menschen in der Not, das Kreuz des Einzelnen neben dem Kreuz und den Anfechtungen der Kirche immer mehr in den Vordergrund.[28] Diese Akzentuierung wird durch das Aufkommen einer neuen Liedgruppe in den Gesangbüchern seit der Mitte des 17. Jahrhunderts weiter verstärkt, die unter der Überschrift »Vom menschlichen Elend« erscheint.[29] Diese Spezifizierung und Diversifizierung entsprechen einer Individualisierung des Leides und dokumentieren den »Individualisierungsschub« (Thomas Kaufmann),[30] den die Gesangbücher und Kirchenlieder zu dieser Zeit und stärker noch mit und nach dem Dreißigjährigen Krieg erfahren.

Dieser Interpretation des Aufkommens der Kreuz- und Trostlieder möchte ich zwei weitere Bemerkungen zu den Gesangbüchern hinzufügen, die für den hier betrachteten Zeitraum besonders relevant sind.

Die erste Bemerkung betrifft die besondere Bedeutung der Psalme, insbesondere bei den Kreuz- und Trostliedern des späten 16. Jahrhunderts und der ersten Hälfte des 17. Jahrhunderts. So sind etwa im Leipziger Gesangbuch von 1638 ein Drittel der Kreuz- und Trostlieder Psalmlieder.[31] Deren Bedeutung wird noch dadurch verstärkt, daß sie am Anfang dieser Lied-

---

[28] PIPER, Die Rubrik (wie Anm. 23) S. 144 f.

[29] Wie zum Beispiel im Hannoverschen »New Ordentlich Gesang-Buch« von 1646 (wie Anm. 18).

[30] THOMAS KAUFMANN, Dreißigjähriger Krieg und Westfälischer Friede. Kirchengeschichtliche Studien zur lutherischen Konfessionskultur (Beiträge zur historischen Theologie 104). Tübingen 1998 S. 82. Was Johannes Wallmann hinsichtlich der Gebetbücher des späten 16. und des 17. Jahrhunderts feststellt, gilt auch größtenteils für die Gesangbücher der Zeit: Das Gesetz, unter dem Gebete und Lieder in immer voluminöseren Sammlungen zusammengestellt sind, »ist nicht das der Vollständigkeit, sondern der Individualisierung. Durch die Anordnung, dazu durch ein seitenlanges bis in kleinste Einzelheiten gehendes Register soll der Beter in den Stand gesetzt werden, dasjenige Gebet [oder Lied] aufzufinden, das für ihn in seinem Stand und seiner Situation am passendsten ist.« WALLMANN, Zwischen Herzensgebet und Gebetbuch (wie Anm. 22) S. 40.

[31] Außerdem sind die Hälfte der Kreuz- und Trostlieder im Nürnberger Gesangbuch von 1569 Psalmennachdichtungen. Im Magdeburger Gesangbuch von 1589 sind es elf Psalmen-Nachdichtungen unter den 20 Kreuz- und Trostliedern. Im Hannoverschen Gesangbuch von 1653 sind von den 14 »Trostgesängen« neun als »Psalme« gekennzeichnet, in der Gruppe »Vom Creutz und Unglück« sind es sieben von 15. PIPER, Anfechtung und Trost (wie Anm. 23) S. 21 f. Außerdem stehen die Psalme als Textvorlagen für manche Wetterlieder, wie im Fall von NIKOLAUS HERMANS Lied »Gott Vater, der du deine Sonn / lest scheinen uber bös und from« (1560) (»Ein Lied aus dem 56 und 104. Psalm / darinnen man bittet umb schön wetter / oder einen fruchtbaren regen / und für die früchte auff dem felde«) (WACKERNAGEL III [wie Anm. 1] Nr. 1386) oder des Wetterliedes von NIKOLAUS SELNECKER »Ach Gott im höchsten Throne / O

gruppe stehen. Seit den 1580er Jahren werden die sieben Bußpsalme außerdem zum integralen Bestandteil beinahe jedes evangelischen Gesangbuches.[32] Nimmt man die Musik der protestantischen, insbesondere der mitteldeutschen Kapellmeister und Kantoren des späten 16. und frühen 17. Jahrhunderts in den Blick, wird dabei die Rolle der Psalmenbearbeitungen für diese Kompositionen greifbar, etwa bei Michael Praetorius oder Heinrich Schütz.[33] Ob dies ein spezifisch protestantisches Phänomen ist, bleibt übrigens noch zu erforschen – denken wir nur an die »Sieben Bußpsalme« des Münchener Kapellmeisters Orlando di Lasso, die 1572 komponiert wurden. Auch ein Blick in die Leichenpredigten der Zeit belegt die Bedeutung der Psalme in der protestantischen Hausfrömmigkeit.[34] Die zeitgenössische Beliebtheit der Psalme lässt sich mit der Identifikationskraft und den Grundtendenzen zahlreicher Psalme erklären, spiegelt sich doch in ihnen eine Situation der Not und Bedrängnis wider. Offenbar fand man in den Psalmen einen Ausdruck eigener Anfechtungen und Nöte.[35]

Vater Herre Gott« »Ein Kinderlied / Wetterszeit zu singen / aus dem 18. Psalm«) (1587) (WAK-KERNAGEL V [wie Anm. 1] Nr. 307).

[32] Außerdem gibt es auch während dieses Zeitraums keinen anderen Psalm, der so viele Nachdichtungen als Psalmlied erfährt wie der Psalm 91, der sogenannte »Pestpsalm«. KEMPER, Deutsche Lyrik der frühen Neuzeit (wie Anm. 5) S. 108 f.; auch ULBRICHT, Gelebter Glaube (wie Anm. 5) S. 181.

[33] Zu Heinrich Schütz MICHAEL HEINEMANN, Heinrich Schütz und seine Zeit. Laaber 1993; KURT GUDEWILL, Die textlichen Grundlagen der geistlichen Vokalmusik bei Heinrich Schütz, in: Heinrich Schütz in seiner Zeit. Hg. WALTER BLANKENBURG (Wege der Forschung 614). Darmstadt 1985 S. 153–172. Zur Bedeutung der Psalme in der evangelischen Kirchenmusik des späten 16. und frühen 17. Jahrhunderts, auch HELMUT LAUTERWASSER, Angst der Höllen und Friede der Seelen. Die Parallelvertonungen des 116. Psalms in Burckhard Grossmans Sammeldruck von 1623 in ihrem historischen Umfeld. Göttingen 1999 S. 202 ff.

[34] Dazu PATRICE VEIT, Private Frömmigkeit, Lektüre und Gesang im protestantischen Deutschland der frühen Neuzeit. Das Modell der Leichenpredigten, in: Frühe Neuzeit – Frühe Moderne? Forschungen zur Vielschichtigkeit von Übergangsprozesse. Hg. RUDOLF VIERHAUS und Mitarbeiter des Max-Planck-Instituts für Geschichte (Veröffentlichungen des Max-Planck-Instituts für Geschichte 104). Göttingen 1992 S. 271–295.

[35] Martin Behm (1557–1622) hinterließ über die Psalme 463 druckfertige Predigten, denen er das Wort Augustinus' als Motto voranstellte: »Omnis morbus animae in psalmis habet medicamentum« (Jede Krankheit der Seele hat ihr Heilmittel in den Psalmen). WILHELM LUECKEN, Lebensbilder der Lieder und Melodisten (Handbuch zum Evangelischen Kirchengesangbuch II, 1). Göttingen 1957 S. 125. Die Bedeutung des Psalters bei den Frömmigkeitsübungen in Krisensituation geht besonders hervor aus den Notizen eines Breslauer Handwerkmeisters bei einer Pestwelle im Jahr 1585: »Auf den Dörfern, wo ich hindurchkam, waren die Toten in den Gärten angefroren. Darum gedachte ich täglich meines lieben Bruders Petrus, der mir gesagt hatte: Wo Dich die Traurigkeit erfasset, Wolfgang, nimm den Psalter vor dich, so hast du einen feinen hellen Spiegel, der Dir weiset, was christlich sei. Da wirst Du Dich selbst drinnen und das rechte

Die zweite Bemerkung betrifft die immer größer werdende Rolle der Passionslieder seit dem späten 16. Jahrhundert. Unter den Festliedern in den Gesangbüchern wächst nicht nur die Zahl der Passionslieder während des 17. Jahrhunderts kontinuierlich an, sondern diese übertreffen auch – was noch bemerkenswerter ist – zahlenmäßig allmählich die Weihnachts- und Osterlieder. Dies steht im krassen Gegensatz zu den Gesangbüchern des 16. Jahrhunderts, in denen die Weihnachts- und Osterlieder bei weitem am stärksten vertreten waren – Luther selbst hat Weihnachts- und Osterlieder geschrieben, aber kein einziges Passionslied.

Diese Entwicklung lässt sich deutlich in verschiedenen Leipziger Gesangbüchern erkennen. Mit acht Liedern vertreten, das heißt 15 Prozent der insgesamt 51 Festlieder, rangieren die Lieder vom »Leiden und Sterben Christi« im Leipziger Gesangbuch von 1606 noch deutlich hinter der Zahl der Lieder von der Geburt Christi und von der Auferstehung.[36] Im Gesangbuch von 1638 wächst die Zahl der Passionslieder auf 20 an und übertrifft mit etwa 16 Prozent von den 128 Festliedern zwar die Zahl der Osterlieder, bleibt aber immer noch hinter den Weihnachtsliedern zurück.[37] Mit 20 Prozent aller Festlieder sind die Passionslieder in der *Geistliche[n] Singekunst* von Johannes Olearius (1671) innerhalb dieser Liedgruppe am zahlreichsten vertreten.[38] Im Leipziger Wagnerschen Gesangbuch von 1697 machen sie sogar fast die Hälfte (46 Prozent) des Bandes der Festlieder aus.[39] Diese Entwicklung der Passionslieder entspricht sowohl der zunehmenden Bedeutung des Karfreitags unter den liturgischen Festen,[40] als auch der immer größeren Intensität der Thematisierung des Leidens, der Identifizierung des leidenden Menschen mit dem leidenden Christus. Dabei ist die zunehmende Fokussierung auf den Menschen Jesu entscheidend.[41] Diese Verlagerung ist auch Teil der angesprochenen zeitgenössischen Individualisierungstendenz.

---

nosce te ipsum finden und er wird Dir fröhlicher Trost und die allerbeste Stütze sein.« Zitiert in: ULBRICHT, Gelebter Glaube (wie Anm. 5) S. 180.

[36] Weihnachtslieder = 16 Lieder, d. h. 31 Prozent aller Festlieder; Osterlieder = zehn Lieder, d. h. 19 Prozent.

[37] Weihnachtslieder = 21 Lieder, d. h. 16, 5 Prozent aller Festlieder; Osterlieder = dreizehn Lieder, d. h. zehn Prozent.

[38] Zum Vergleich machen die Advents- und Weihnachtslieder 16 Prozent und die Osterlieder 9,5 Prozent aller Festlieder aus.

[39] Andächtiger Seelen geistliches Brand- und Gantz-Opfer (wie Anm. 18), II. Die Passionslieder decken 671 von den insgesamt 1.456 Seiten des Bandes. Zum Vergleich, Weihnachtslieder = 171 Seiten (11,7 Prozent) und Osterlieder = 128 Seiten (8,7 Prozent).

[40] Dazu der Beitrag von MANFRED JAKUBOWSKI-TIESSEN in diesem Band, S. 195–213.

[41] Dies wird noch deutlicher in den Liedern zur Zeit des Dreißigjährigen Krieges. Mit Recht definiert Thomas Kaufmann die Wandlung des Liedbestands durch die Zeit des Dreißigjähri-

II.

Die Art und Weise, wie Lieder Unwetter thematisieren und auf die damit verursachte Not der Menschen eingehen, lässt sich anhand verschiedener Gesangbücher des späten 16. und der ersten Hälfte des 17. Jahrhunderts veranschaulichen.[42] Auch wenn Lieder und Gebete sich in ihrer Sprache ähneln – denn das Lied ist zugleich auch ein Gebet –, wird im Lied jedoch in einer besonderen Art und Weise argumentiert. Ein Lied ist an seine Form, seine besondere Ausdrucksweise und seine Bestimmung, den Gesang, gebunden. Die Funktion des Liedes ist nicht allein das *docere*, sondern zugleich auch das *movere*.

Selbst eine bloß partielle Untersuchung der Kirchenliedersammlungen von Wackernagel (für das 16. Jahrhundert) und von Fischer (für das 17. Jahrhundert) verweist auf eine signifikante Zunahme der Wetterlieder während der Jahre 1570 bis 1600, die sich in der ersten Hälfte des 17. Jahrhunderts fortsetzt.[43] Es muss ein Zusammenhang zwischen dieser Zunahme und der Klimaverschlechterung seit etwa 1570 mit ihren bisher ungewohnten Wetterbedingungen vermutet werden. Diesem Kontext sind zum Beispiel die Wetterlieder aus der Feder des Oberlausitzer Pfarrers von Lauban, Martin Behm, zuzuordnen, die 1608 in Wittenberg erscheinen und vor allem dem Unwetter

---

gen Krieges u.a. »durch eine spezifische Intensität der persönlichen und christologischen Leidensthematik«. KAUFMANN, Dreißigjähriger Krieg (wie Anm. 30) S. 101. Dazu KEMPER, Das lutherische Kirchenlied in der Krisen-Zeit (wie Anm. 14) S. 101 ff.; VEIT, Musik und Frömmigkeit (wie Anm. 5) S. 516.

[42] Die folgenden Ausführungen basieren hauptsächlich auf der Basis der Lieder, die im Gesangbuch von NIKOLAUS SELNECKER (Leipzig 1587), im Leipziger Gesangbuch von 1638 (wie Anm. 19) und im Breslauer Gesangbuch von 1644 (wie Anm. 16) enthalten sind. Verschiedene weitere untersuchte Gesangbücher enthalten auch die unten zitierten Lieder. So befinden sich zum Beispiel die Lieder MARTIN BEHMS neben dem Breslauer Gesangbuch, auch größtenteils im Leipziger Wagnerschen Gesangbuch 1697 (wie Anm. 18); die Lieder JOHANN HEERMANNS in den folgenden Gesangbüchern: Hannover 1646, Lüneburg 1661, Stuttgart 1661, Leipzig 1671 (Olearius), Leipzig 1697 (Wagner); und die Lieder JOHANN RISTS in den folgenden Gesangbüchern: Lüneburg 1661, Leipzig 1671 (Olearius), Leipzig 1697 (Wagner). Siehe Anm. 18.

[43] Während hauptsächlich Lieder um schönes Wetter oder einen seligen Regen, wie das zuerst in den »Sontags Evangelia [...] Jn Gesenge gefasset« (Wittemberg 1560), veröffentlichte und später in zahlreichen Gesangbüchern weiter verbreitete Lied NIKOLAUS HERMANS (WACKERNAGEL III [wie Anm. 1] Nr. 1386) noch um 1560 zu finden sind, verdichten sich stattdessen die Lieder gegen Unwetter ab den 1570er Jahren, wie den Bänden IV und V von WACKERNAGEL (wie Anm. 1) zu entnehmen ist. Siehe zum Beispiel WACKERNAGEL IV (wie Anm. 1) Nr. 307 (1587), 810 (1569), 934 (1575); WACKERNAGEL V (wie Anm. 1) Nr. 15–16 (1587), 102 (1589), 264 (1592), 337–341 (Behm, 1608), 539–540 (1598).

gelten.[44] Sicherlich ist es ebenso wenig ein Zufall, dass sich im Gesangbuch des Leipziger Superintendenten Nikolaus Selnecker[45] *Christliche Psalmen / Lieder / und Kirchengesenge / Jn welchen die Christlichen Lehre zusam gefasset* (Leipzig 1587) unter den insgesamt 134 Liedern in einer bis dahin nicht üblichen Häufung nicht nur die Lieder »zu wetterzeiten«[46] und »in tewrungs nöten«[47] finden lassen, sondern auch Lieder mit den Titeln »Vom Elend des Menschlichen Lebens«,[48] »Umb ein seligen abschied aus diesem elenden Jammerthal«,[49] »in Schwermut«[50] sowie »Klaglied / von jetzigem zustand vieler armen Leute an manchen orten / und gebet für die Oberkeit«.[51] Wie in den Wetterpredigten und Wettergebeten, die im späteren 16. Jahrhundert zunehmen, artikuliert sich in diesen und vergleichbaren Liedern der nachfol-

---

[44] Centuria secunda precationum Rhytmicarum. EJnhundert Andechtige Getetlein reimweise [...]. Durch MARTINUM BOHEMUM LAUBANENSEM Lusatium Predigern daselbs. Wittemberg 1608. Vorher sind u. a. Lieder über Krieg, Teuerung und Pest 1601 veröffentlicht worden, sowie Lieder über die verschiedenen Monate des Jahres (1606). 1590 zum Beispiel erlebte Behm in Lauban, seiner Heimatstadt, eine grosse Dürre. Von Behm wurden beinahe 500 Texte mit Gebeten bzw. Liedern überliefert, davon finden sich 100 bei WACKERNAGEL V (wie Anm. 1) Nr. 274–374. Einige seiner Wetterlieder sind in spätere Gesangbücher, darunter das Breslauer Gesangbuch von 1644 (wie Anm. 16), aufgenommen worden. LUECKEN, Lebensbilder der Liederdichter (wie Anm. 35) S. 124 f.; LEHMANN, Martin Behms Kirchenlieder (wie Anm. 8).

[45] Christlichen Psalmen / Lieder / und Kirchengesenge / Jn welchen die Christliche Lehre zusam gefasset und erkleret wird / Trewen Predigern in Stedten und Dörffern / Auch allen frommen Christen zu diesen letzten und schweren zeiten /nutz und tröstlich. Durch NICOLAUM SELNECCERUM [...]. Leipzig: JOHANN BEYER, 1587. Nikolaus Selnecker, u. a. Mitverfasser der Konkordienformel (1577) und Superintendent an der Leipziger Thomaskirche, wirkte als Theologieprofessor, Prediger, aber auch als Dichter. Von den im Gesangbuch vorhandenen 134 deutschen Liedern stammen 120 von ihm. Nach seiner Vertreibung aus Leipzig, als die »Philippisten« in Kursachsen zwischen 1586 und 1591 wieder an die Macht kamen, gab der von den Calvinisten angefeindete Lutheraner Selnecker ein eigenes Gesangbuch heraus. Das Gesangbuch und die Lieder, wie zahlreiche weitere Lieder dieser Zeit, sind von dem innerprotestantischen Glaubensstreit zwischen Philippisten (Kryptocalvinisten) und Gnesiolutheranern im Kursachsen seit der Mitte des 16. Jahrhunderts geprägt. LUECKEN, Lebensbilder der Liederdichter (wie Anm. 35) S. 91–94; HEINZ SEIFERT, »Vor-Sänger« der lutherischen Kirche, in: Nikolaus Selnekker 1530-1592. Hg. ERICH BEYREUTHER / ALFRED ECKERT / WERNER HIRSCH / HEINZ SEIFERT / HELMUT SÜSS. Hersbruck 1980 S. 63–77; Artikel »Selnecker«, in: Biographisch-Bibliographisches Kirchenlexikon, IX. 1995 Sp. 1376–1379. Lieder: WACKERNAGEL IV (wie Anm. 1) Nr. 303–478. Zu dem innerprotestantischen Glaubenstreit und seiner Ausprägung in den Liedern, siehe KEMPER, Deutsche Lyrik der frühen Neuzeit (wie Anm. 5) S. 185–197; und insbesondere bei SELNECKER (wie in dieser Fussnote) S. 193 f.

[46] Christliche Psalmen (wie Anm. 45) S. 146; WACKERNAGEL IV (wie Anm. 1) Nr. 399.
[47] Christliche Psalmen (wie Anm. 45) S. 132.
[48] Ebd. S. 196–198. WACKERNAGEL IV (wie Anm. 1) Nr. 325, 385.
[49] Christliche Psalmen (wie Anm. 45) S. 159; WACKERNAGEL IV (wie Anm. 1) Nr. 335.
[50] Christliche Psalmen (wie Anm. 45) S. 199.
[51] Ebd. S. 129. WACKERNAGEL IV (wie Anm. 1) Nr. 409.

genden Jahrzehnte das Bedürfnis evangelischer Prediger und Pfarrer, ihrem Publikum die Gründe für Wetterkatastrophen nahezubringen. Solche Katastrophen sind für sie in erster Linie göttliche Zeichen. Im nun folgenden Abschnitt gilt die Aufmerksamkeit vor allem denjenigen Liedern über Unwetter und Gewitter, die am häufigsten in den zeitgenössischen Gesangbüchern vorkommen.[52]

Unter den verschiedenen Aspekten, die in den Liedern vorkommen, wähle ich im folgenden fünf Themen aus.

Erstens: Wie schon in dem Zitat aus dem Lied von Simon Dach zu Beginn dieses Beitrags deutlich wurde, gelten Dürre, Nässe und Gewitter als Strafe Gottes für das sündhafte Verhalten der Menschen. Es ist die Vorstellung von der Schuld der Menschen für das Wetter, die die Lieder bestimmt.[53] Als zum Beispiel 1649 in Königsberg auf einen milden und verregneten Winter ein heißer und trockener Sommer folgt, wird das umgehend in dem von Simon Dach gedichtetem Lied besungen: »Wir haben wieder misgethan.«[54] Und die Schilderung der Nöte als Folge der Hungersnot – Armut, Mangelernährung, hohe Sterblichkeit – in einem Lied von Nikolaus Selnecker, 1587 veröffentlicht, mündet ebenfalls in das Fazit: »Das macht alls unser sünde.«[55]

---

[52] Zum Beispiel, zwölf der 23 Wetterlieder im Breslauer Gesangbuch von 1644 (wie Anm. 16) behandeln das Thema »Gewitter«, »Unwetter«. Und im Leipziger Wagnerschen Gesangbuch von 1697 (wie Anm. 18) bilden die Lieder »Bei und nach dem Donnerwetter« beinahe die Hälfte der 65 Lieder, die die Themen Hungersnot, Dürre, Wetter, Unwetter behandeln.

[53] Das Wetter gehört zu einem breiten Komplex von Plagen, wozu in erster Linie die drei »Ruten« – Krieg, Pestilenz und Teuerung – zählen. In den Liedern ist dies entsprechend thematisiert, und nicht erst zur Zeit des Dreißigjährigen Krieges. So in einem schon 1561 veröffentlichten Lied: »Krieg und blut ist vor der thür, / hunger unnd thewrung rückt auch dafür, / Pestilentz die thut her schweben: / Das macht allein die grosse Sünd [...]. Last uns bessern, ist grosse zeit, / die Art schon an dem baume leit / drey Ruten sind vor handen / Krieg, Pestilentz unnd thewerung: / seind das nicht straff und plag genung / in unsern Deudschen Landen?« (»Ach Herr, du aller höchster Gott«, Verse 10–11; WACKERNAGEL IV [wie Anm. 1] Nr. 277). Siehe auch das entsprechende Lied von MARTIN BEHM »Ein täglich Gebet, wider die drey Plagen, Krieg, Thewerung, Pestilentz, und andern Jammer« (Wittenberg 1601) (WACKERNAGEL V [wie Anm. 1] Nr. 280). Mehr dazu VEIT, Musik und Frömmigkeit (wie Anm. 5) S. 514 f.

[54] SIMON DACH, »Gott, unsre Zuflucht in der Noth«, Vers 2 (FISCHER III [wie Anm. 1] Nr. 111).

[55] NIKOLAUS SELNECKER, »Klaglied von jetzigem zustand vieler armen Leut an manchen orten / unnd Gebet für die Oberkeit«: »Ach Gott, vom Himmel sich darein«, Verse 2–4: »Wie manches Haus, wie mancher Man, / wie manches Weib und Kinde / Leid hungers not, und jetzt nicht kan / ernehren das Gesinde, / Ja kaum das Brodt erwerben thut, / das er nur stercke seinen mut / und speiß sein Leib und Leben.
Von Hauß und hoff entlauffen viel, / ja sterben auch ohn massen; / Der vor das Brodt hat in der still / mit arbeit gros genossen, / Der mus arbeit offt umb sonst than, / und darzu haben wenig lohn, / das er den hunger stille.

»Gerechter Gott, wo will es hin / Mit diesen kalten Zeiten?« 297

In den Liedern wird der Mensch ständig an seine eigene Schuld erinnert und mit ihr konfrontiert, wie etwa im folgenden Lied aus dem frühen 17. Jahrhundert: »Zuletzt, so merck, jhr lieben Kind, / Wo Blitz, Donner und Hagl herkömpt: / Wo unser Sünd so groß nicht wer, / Das Wetter kem so offt nicht her.«[56]

Lapidar, und umso prägnanter, heißt es bei Martin Behm: »die Sündt ists die das Wetter macht.«[57] Es lässt sich feststellen – insbesondere in den im letzten Drittel des 16. Jahrhunderts erschienenen Liedern –, dass diese sich nicht darauf beschränken, die Sünden der Menschheit im Allgemeinen zu beklagen, sondern in Form eines eigentlichen Sündenkatalogs darauf eingehen, wie wir ihn aus Wetterpredigten kennen. In diesem Katalog figurieren einerseits die Untreue gegenüber Gott und der Heiligen Schrift,[58] was zweifelsohne durch die innerprotestantischen dogmatischen Streitigkeiten des 16. Jahrhunderts erklärt wird, sowie allgemeiner durch die Selbstsicherheit des Menschen.[59] Andererseits ist die Rede von Unzucht, Fluch, Ehrgeiz, Hoffart, Geldgier und Prachtsucht.[60] In einzelnen Liedern des späten

---

Die zeit gibt jetzt viel Bettler bald, / an manchem ort und Lande, / Es lauffen Man, Weib, jung und alt / dens vor wer gwesen schande: / Die not lehret solch jammer wol, / manchs Land ist jetzt der Bettler vol, / das macht alls unser sünde.« (WACKERNAGEL IV [wie Anm. 1] Nr. 409; Christliche Psalmen [...]. [wie Anm. 45] S. 129 f.).

[56] »Ejn grosses Wetter kömpt daher« (Jena 1614), Vers 31 (FISCHER I [wie Anm. 1] Nr. 190; Leipziger Gesangbuch 1638 [wie Anm. 19] S. 601. Das Lied befindet sich außerdem im Wagnerschen Gesangbuch von 1697 [wie Anm. 18]).

[57] MARTIN BEHM, »Weil das wetter wehret«: »Gott, der du sitzst ins Himmels schloß«, Vers 13: »Ach Herr, Der Menschen schuld und Sünd / hat dein zorn hefftig angezündt / die Sündt ists / die das Wetter macht / und Dich jtzt in Harnisch bracht.« (WACKERNAGEL V [wie Anm. 1] Nr. 338; Breslauer Gesangbuch 1644 [wie Anm. 16] S. 999–1002).

[58] NIKOLAUS SELNECKER, »Ein Kinderlied / Wetterszeit zu singen«: »Ach Gott im höchsten Trone« Vers 5: »Wir habens ja verdienet / daß du uns straffest recht. / Wir haben dich verhönet, dein Wort nicht ghalten schlecht, / Dein Güter und dein Segen mißbraucht zu allen wegen / die dir mißfellig sindt.« (WACHERNAGEL IV [wie Anm. 1] Nr. 307; Christliche Psalmen [...]. [wie Anm. 45] S. 146; Breslauer Gesangbuch 1644 [wie Anm. 16] S. 994 f.).

[59] Ebd. Vers 6: »[...] Es bringt uns grossen schmertzen, das wir gwesen so blind, / Dich haben je erzürnet / und hin und her geirret / in grosser sicherhait.«

[60] Lied »Ach Herr, du allerhöchster Gott« (Frankfurt an der Oder 1561) Verse 5–8: »Ehrgeitz der ist gesessen ein, / ein jeder will der beste sein, / kein maß will man nicht halte[n] [...]. Fluchen und schwern nimpt uber hand, / man achtet gar kein Sünd noch schand [...]. Die unzucht ist so gar gemein [...]. Gut und gelt liebt alle Welt / nach solchem sie stets tracht und stelt [...] Hoffart hat doch nie gut gethan: / schaw alle reich, auch Babilon, wo seind sie doch hinkommen?« (WACKERNAGEL IV [wie Anm. 1] Nr. 277). Siehe auch das Lied MARTIN MOLLERS »Djß ist doch ja die letzte Zeit« (1591), Vers 2: »Hohmut und Pracht nimpt uberhand, / Krieg, Thewrung, Sterben sind im Land.« (»Ein andechtig nützlich Gebete, damit from[m]e Hertzen in diesen letzten müheseligen Zeiten sich sehnlich trösten«; WACKERNAGEL V [wie Anm. 1] Nr. 75). Zu ähnlichen Sündenkatalogen in der katholischen Welt, siehe JEAN DELUMEAU, Le pé-

16. Jahrhunderts wird speziell die Verachtung der Armen in Zeiten der Hungersnot angeprangert sowie die entsprechende Nachlässigkeit der Obrigkeit.[61] In diesem Zusammenhang ist besonders auf Nikolaus Selneckers »Klaglied von jetzigem zustand vieler armen Leut an manchen orten, unnd Gebet für die Oberkeit« (1587) hinzuweisen. Die Hungersnot – so Selnecker – verstärkt die Kluft zwischen Arm und Reich durch soziale Spannungen, die dadurch entstehen, dass die Reichen sich nicht nur kaum um die Armen kümmern, sondern diese auch noch unterdrücken:

»Die Reichen fragen nichts darnach, / der Armen not sie spotten: / Nach grossem Gut ist jnen gach, / ja sich zusammen rotten / [...] Sie sind zumal gar stolz von mut, / haltn ander Leut wie Hunde. / Der Reich den Armen drücken thut, / und trotzt, und spricht gar runde / ›Wir sind die Leut, den solchs gezimbt, / ob man dir gleich nu alles nimpt, / du solst darumb nicht mucken‹.«[62]

Zweitens: Die Sünden machen das Wetter und Gott ist der »Wetter-Herr«.[63] Wetter und Naturereignisse werden als Zeichen seiner Schöpfungskraft und seiner Allmacht gedeutet.[64] Nach der lutherischen Auffassung der *creatio*

---

ché et la peur. La culpabilisation en Occident XIIIe-XVIIIe siècles. Paris 1983 S. 236–272 (»Le territoire du confesseur«).

[61] NIKOLAUS SELNECKER, »Klaglied« (wie Anm. 55) Vers 8: »Die Oberkeit nachlessig ist, / sucht jren lust on ende, / Damit Gerechtigkeit mit list / wird stets gedruckt behende, / Wenig acht sie der Armen sach, / daher entsthet gros ungemach: / ach Gott, lenck doch jr sinne.« Zur Obrigkeit, siehe den Beitrag von PETER BECKER in diesem Band mit weiteren Beispielen aus Liedern von Selnecker, S. 347–368.

[62] Ebd. Vers 5–6. Das »Warnunglied, Wider den Geitz, aus Göttlicher Drawung, und Zeichen, der ungewöhnlichen Schlossen, zu Mülhausen in Düringen gefalln, am 17. Tag Julij, Anno 1571« des Mühlhäuser Pfarrers LUDWIG HELMBOLD übt Kritik an dem Überfluss, dem Geiz und dem Wucher der Reichen in Krisenzeiten: »Der Wucher und der Ubersatz / ist so gemeine worden, / Das mans vor keine Sünde schatzt [...]. Die gwonheit sterckt den Reichen Mann, / er macht jm kein Gewissen, / Dem Dürfftigen kein Körnlein gan, / er künn sein dann geniessen: / Wer da viel Thaler bringt / bey jm Gedreylich findt, / dem armen nicht ein Meßlein würd / wenn er auch gleich Hungers stürb.« (WACKERNAGEL IV [wie Anm. 1] Nr. 934, Verse 3–4). Siehe auch in dieser Hinsicht das Lied des JOHANN RIST »Wen Gott mit theürer Zeit und schwehrer Hungersnoht das Land heimsuchet« (1654): »Der Hunger drückt uns treflich schwehr, / Daß Völklein muß verschmachten. Es läuft und bettelt hin und her; / Diß wil kein Reicher achten / Noch frembde Noht betrachten.« (»Wje bist du doch so from und guht«, Vers 2; FISCHER II [wie Anm. 1] Nr. 265). Siehe dazu WOLFGANG BEHRINGER, Die Krise von 1570. Ein Beitrag zur Krisengeschichte der Neuzeit, in: Um Himmels Willen. Religion in Katastrophenzeiten. Hg. MANFRED JAKUBOWSKI-TIESSEN / HARTMUT LEHMANN. Göttingen 2003 S. 51–156.

[63] MARTIN BEHM, »Wenn ein wetter auffzeucht«: »Jhr Kinder kompt in diser Not«, Vers 3 (WACKERNAGEL V [wie Anm. 1] Nr. 337; Breslauer Gesangbuch 1644 [wie Anm. 16] S. 992–994).

[64] Dabei wird erinnert an das alttestamentliche Bild des Schöpfergottes, Herr über Blitz und Donner, wie Hiob 38: »Weißt du, wie der Himmel zu regieren ist? Oder kannst du ihn meistern auf Erden? Kannst du deinen Donner in der Wolke hoch herführen? Oder wird dich die Menge

»Gerechter Gott, wo will es hin / Mit diesen kalten Zeiten?«   299

continua wirkt Gott auf sein Schöpfungswerk ununterbrochen ein, und regiert es als Herr des Himmels und der Erde es weiter.[65] Gott setzt die Elemente nach seinem Willen in einer positiven (als Zeichen seiner Güte)[66] oder negativen Weise (als Zeichen seines Zornes) ein.[67] Darin manifestieren sich sein Arm und seine Hand.[68] Gott setzt allein dem Wetter sein Ziel. Feuer,

---

des Wassers verdecken? Kannst du die Blitze auslassen, daß sie hinfahren und sprechen: Hier sind wir?« (Hiob 38, 33-35). HEINZ D. KITTSTEINER, Die Entstehung des modernen Gewissens. Frankfurt a. M. usw. 1995 S. 32.

[65] KEMPER, Deutsche Lyrik der frühen Neuzeit (wie Anm. 5) S. 27 ff. Zur Bedeutung von Natur und Religion im 16. und 17. Jahrhundert, insbesonderre im Luthertum, siehe ANNE-CHARLOTT TREPP, Im »Buch der Natur« lesen. Natur und Religion im Zeitalter der Konfessionalisierung und des Dreißigjährigen Krieges, in: Antike Weisheit und kulturelle Praxis. Hermetismus in der Frühen Neuzeit. Hg. DIES. / HARTMUT LEHMANN (Veröffentlichungen des Max-Planck-Instituts für Geschichte 171). Göttingen 2001 S. 103-143.

[66] Regen wird als Zeichen der Güte Gottes interpretiert. So im Lied NIKOLAUS HERMANS »umb schön wetter / oder einen fruchtbaren regen« (1560), Verse 1-2: »Gott Vater, der du deine Sonn / lest scheinen uber bös und from, / Und der gantzen Welt darmit leuchst, / mit regn und thaw die erd befeuchst:
Die Berg machst du von oben naß, / und lest drauff wachsen laub un[d] gras, / Jn geng und fletz gut ertz du legst, / fried, schutz und recht du selber hegst.« (WACKERNAGEL III [wie Anm. 1] Nr. 1386; Leipziger Gesangbuch 1638 [wie Anm. 19] S. 592-594, Breslauer Gesangbuch 1644 [wie Anm. 16] S. 1017).

[67] MARTIN BEHM, »Jhr Kinder Kompt in diser Not« (wie Anm. 63), Vers 1: »Sein allmacht hat kein maß noch ziel, / er thut und schaffet was er wiel; / Kein werck und wunder ist ihm schwer / im Himmel, Erden und im Meer.«; ebenfalls im Lied »zu singen, so es donnert«: »Bedencke heut, o lieber Gott« (Königsberg 1569), Vers 3: »Gott kert wolcken wohin er will / auff dem gantzen erdboden / Uber die menschen und das vih, / zuthun was er will haben [...].« (WAKKERNAGEL IV [wie Anm. 1] Nr. 810). Im 15. Kapitel »Von dem Ungewitter« seiner »Christliche ~ - Feld = Welt- und Gartenbetrachtungen« (1647) schreibt JOHANN MICHAEL DILHERR: »Der Schöpfer aller Creaturen braucht Himmel und Erden / nach seinem Befehl / uns Erdwürmern entweder zu Nutzen / oder zu Schaden« (JOHANN MICHAEL DILHERR, Christliche Feld- Welt- und Gartenbetrachtungen: darinnen Bewegliche Andachten / Andächtige Gebetlein / liebliche Historien / und Neue anmutige Lieder zu befinden [...]. Nürnberg / Jn Verlegung WOLFGANG ENDTERS 1647 S. 532). Das Ungewitter betreffend fügt er weiter hinzu: »Wenn nun Ungewitter entstehen: sollen wir gedencken / daß GOTT allein deß Him[m]els Meister und HERR sey; Und sölches nicht allein aus / un[d] wegen der Schöpfung; Sondern auch wegen der Erhaltung und Regirung. Denn gleichwie Er den Himmel Anfangs gewelbet / und an dessen Veste die Sonn und Gestirn gesetzet: Also muß ihm auch alles zu Gebot stehen / und aufwarten / wenn un[d] wohin / und wider wen / Er ein oder das andere brauchen / und haben will; Es sey Sonn oder Mond [...] Wolcken oder Schnee / Regen oder Hagel / Schlossen oder Reif / Blitzen oder Don[n]er / Feuer oder Dampf / Sturmwinde oder Wasser [...].« (Ebd. S. 557 f.).

[68] So bei JOHANN HEERMANN, »Jn grossem Ungewitter«: »Ach Gott, wie schrecklich ist dein Grimm« (1630), Vers 2: »Dein Arm ist starck, dein Hand ist schwer; / Wann du im Zorn sie hebest auff / Und wirffst die Stralen hin und her [...].« (FISCHER I [wie Anm. 1] Nr. 343; Breslauer Gesangbuch 1644 [wie Anm. 16] S. 995-997). Als Zeichen der Allmacht Gottes hat die Hand eine doppelte Funktion: sie strafft; sie kann aber auch beschützen, so im Lied MARTIN BEHMS

Hagel, Schnee, Nebel und Sturmwind sind von Gott geschaffen worden, um seinen Befehl auszuführen. So im bekannten Lied von Johann Heermann »Ach Gott, wie schrecklich ist dein Grimm«(1630):

»Du bist allein der Herr und Gott, / Dem Donner, Blitz, Fewr, Lufft un[d] Wind, / Dem alles stehet zu Gebot / Und seinen Willen thut geschwind. / Ach Herr, wo ist dir jemand gleich / Jm Himmel und in aller Welt? / Wer hat ein solch gewaltig Reich, / Da alles stracks zu Fusse felt?«[69]

Bei der Darstellung des Sturmwinds entsteht ein Bild Gottes, das sogar Anleihen bei der Mythologie der Antike macht: Gott ruft die starken Winde aus verborgenen Höhlen hervor und treibt sie wieder dorthin zurück, wenn sie seinen Auftrag ausgeführt haben.[70] Gewitter werden zudem als unmittelbare Stimme und Sprache des zornigen Gottes ausgelegt und erklärt: »Hört doch, wie donnert Gott der Herr / [...] Wie schrecklich geht zu dieser stund / ein hart gesprech auß seinem Mund.«[71] Dabei wird an die Übergabe der Zehn

---

»Dancksagung wenn das wetter füruber ist«: »Nu last unß Gott im Himmel Preisn / der sich im wetter thet erweisn / Und durch sein gros und mechtig handt / dasselbe hat gnedig abgewandt« (WACKERNAGEL V [wie Anm. 1] Nr. 341; Breslauer Gesangbuch 1644 [wie Anm. 16] S. 1007–1009); oder im Lied JOHANN RISTS »Allmächtiger und starcker Gott«, Vers 10: »Du hast verhütet Feür und Brand, / Dazu mit deiner Gnaden Hand / gehalten mich auff mein Begehr / wie dort Sanct Peter in dem Meer.« (FISCHER II [wie Anm. 1] Nr. 229; Breslauer Gesangbuch 1644 [wie Anm. 16] S. 1006 f.)

[69] JOHANN HEERMANN, »Ach Gott, wie schrecklich ist dein Grimm« (wie Anm. 68) Vers 8. Dieses Bild kommt in unterschiedlichen Ausführungen in den Liedern häufig vor, wie schon im Lied von NIKOLAUS HERMAN (1560): »[...] Schne, regen, wind un[d] Son[n]en schein / allzeit deim wort gehorsam sein« (»Gott Vater, der du deine Sonn / lest scheinen uber bös und from«, Vers 5. WACKERNAGEL III [wie Anm. 1] Nr. 1386). Dieses Bild ist noch deutlicher im Lied »Bedenke heut, o lieber Christ« (wie Anm. 67) Vers 5: » Feur, Hagel, hunger, thier und todt, / Scorpion, schwert und schlangen / Seindt zur rach geschaffen von Gott, / zum vorderb der Gottlosen: / Fewr, schne, dampff, sturmwind und hagel, / die al sein wort außrichten, / mit freuden thun sie sein befehl: / wo er jr darff auff erden, / da lassen sie nicht abe.« Siehe auch das Lied JOHANN RISTS »Wje gross, O Gott, ist deine Macht«, Vers 9: »Es muß ja Donner, Hagel, Blitz / Welch offt ein Land vernichten, / Dazu das Wasser, Wind und Hitz / Herr, dein Geboht außrichten [...]«. (FISCHER II [wie Anm. 1] Nr. 224; Breslauer Gesangbuch 1644 [wie Anm. 16] S. 998 f.; auch Lüneburg 1661, Olearius 1671).

[70] MARTIN BEHM, »Jhr Kinder kompt in diser Not« (wie Anm. 63) Vers 3: »[...] Du bringst herfür die starcken wind / die in verborgnen Löchern sind, / Und treibst sie wider in jr höl / wenn sie verricht han dein befehl.« Das Bild setzt sich im Vers 7 fort: »Drumb bitten wir demütiglich, / wend ab diß wetter gnediglich, / Jags in ein wilde wüsteney, / damits keim Menschen schädlich sey, / Schicks in ein ort da niemands wohnt, / so wird leut, Vieh und frucht verschont.«

[71] MARTIN BEHM, »Gott, der du sitzst ins Himmels schloß« (wie Anm. 57) Vers 6. Siehe auch JOHANN HEERMANN, »Ach Gott, wie schrecklich ist dein Grimm, / Wann du starck auff den Wolcken gehst / Und deine schwere Donner-Stimm / Mit starckem Krachen von dir stöst.« (wie

Gebote an Moses erinnert.[72] Vor dem Hintergrund der auf solche Weise evozierten Macht Gottes heben die Lieder die Machtlosigkeit des Menschen hervor: »Hier Kann Kein Mensch für dich bestehn, / man muß das wetter lassen gehn; / Niemandt Kans Kehren wie er weil, / allein du setzst ihm zeit und Ziel.«[73]

Man beachte im übrigen die doppelte Rolle, die in diesen Liedern der Natur zugedacht wird. Zum einen sind die Elementargewalten wie die Natur als Ganzes Teil der göttlichen Schöpfung und damit Instrumente in der Hand des zornigen Gottes.[74] Zum andern reagieren sie aber auch auf die Macht und den Zorn Gottes und sind gleichsam deren Rezipient:

Anm. 68); sowie Johann Rist, »Gott selber donnert grausahmlich« (»Wje gross, O Gott, ist deine Macht« [wie Anm. 69] Vers 2). Der Donner-Stimme wird die Wort-Stimme gegenübergesetzt, wie im Lied Martin Behms »Nu last unß Gott im Himmel Preisn« (wie Anm. 68) Vers 12: »Dein donner-Stim uns furcht bey bring / und unß allzeit in ohren Kling, / das wir unß nach dir richten bald / wenn bey unß deins worts Stimm erschalt.«

[72] Martin Behm, »Zu wetters zeiten umb wahre Büß« Verse 1 und 2: »Gewaltigster Herr Zebaoth, / du gabst die heiligen Zehn Geboth / Mit donner, Plitz, rauch, dampff und feur / und grossem wetter ungeheur: Domit hastu uns angezeigt / wie du zum eyfer seist geneigt / Und das dein zorn werd außgeschütt / wenn man dein willen übertrit.« (Wackernagel V [wie Anm. 1] Nr. 339; Breslauer Gesangbuch 1644 [wie Anm. 16] S. 1002 f.) In diesem Sinn bemerkt Heinz Kittsteiner: »Der Gott Israels ist ein sprechender, nicht ein sichtbarer Gott, und die Gewittertheophanie steht im Dienst der Wortoffenbarung, wie sein Erscheinen auf dem Sinai bei der Verkündigung des Gesetzes zeigt. Der Gott spricht, der Mensch hört: das Ohr nimmt das Grollen des Herrn auf, und das Gewissen als auditives Phänomen erinnert ihn an seine Sünden.« Kittsteiner, Die Entstehung des modernen Gewissens (wie Anm. 64) S. 32.

[73] Martin Behm, »Jhr Kinder kompt in diser Not« (wie Anm. 63) Vers 6.

[74] Siehe oben S. 298 f. In diesem Zusammenhang werden auch bestimmte Tiere, z. B. Ungeziefer, als Strafe Gottes dargestellt. Siehe Nikolaus Hermans Lied »Gott Vater / der du deine sonn« (wie Anm. 66) im Leipziger Gesangbuch 1638 (wie Anm. 19): »Hewschrecken und raupen sind dein ruth / alles was schadn an früchten thut / solch unziefer Herr du vertreib / daß dein gab unbeschadigt bleib.« Ähnlich schreibt Johann Michael Dilherr in seinen »Christliche Feld- Welt- und Gartenbetrachtungen« (1647): »Den Früchten sind sehr schädlich die Mäuse / die Mucke[n] oder Fliegen / die Raupen / die Kefer / die Heuschrecken / und dergleichen. Solch Geschmeiß sey so verächtlich anzusehen / als es immer wolle / so sollen wir es doch ansehen / als Compagnien und Regimenten deß Herrn Zebaoth / und deß Gottes der Heerscharen: der sie ausrüstet / und zur Rach wegziehen lässet. Was die Mäuse dem Getreide für grausam Schaden thun können / haben / vor wenig Jahre[n] / neben andern Oertern / sonderlich Thüringen und Meissen / erfahren: alda vieltausendmaltausend / ja eine unzehliche grosse Menge wund[er]licher Mäuse gewesen / so ungewöhnliche Farbe / grün / blau / roht / gelb / weiß / theils untereinander / theils allein / und Ringel um die Hälse gehabt: wie ich solche selber / mehr / als einmal gesehen. Solche haben die Aecker durchwühlet / den Samen entweder noch unausgewachsen / od[er] die Wurzeln an den Früchten / gefressen: daß / da ein Haußvater verneinet / er wolte zehn Säcke voll bekommen / er kaum einen einigen erlangen können. Und haben sich die Mäuse also vermehret / daß man in einem Neste / zwantzig und mehr junge gefunden. Hinauf ist nicht allein eine grosse Theurung erfolget / sondern es ist auch das Land

»Wenn Gott im zorn so umb sich schlegt, / so wirdt das Erdtreich sehr bewegt, / Die grossen berg gar hefftig bebn, / das sich jhr festen gründ erregn.
Der Himmel thut sich schrecklich auff, / das fewer hat ein schnellen lauff; / Felt in eim hui und Augenblick / wohin es Gott im Himmel schickt.«[75]

Es ist drittens zu fragen, welches Bild Gottes durch die Lieder vermittelt wird: Ist es der grimmige, zornige Gott oder vielmehr der barmherzige Gott, der liebende Vater?[76] Die Lieder zeigen beide Dimensionen. Diese können sogar unvermittelt nebeneinander stehen, wie zum Beispiel im Lied »zur Zeit großer Wetter« im Leipziger Gesangbuch von 1638: »Zeig uns dein frölichs Angesicht [...] dein zornigs Antlitz von uns wend.«[77]

Beide Dimensionen sind nicht einfach voneinander zu trennen; sie stehen in einer zeitlichen Beziehung zueinander. Der göttliche Zorn bezieht sich auf die Gegenwart und hat das Ziel, die Menschen zu bessern. Die göttliche Milde bleibt somit der Zukunft vorbehalten. Die untersuchten Lieder vermitteln das Bild des Vaters, der straft, um zu züchtigen, und der zugleich

---

mit fremden Völckern verderblich angefüllet worden.« DILHERR, Christliche Feld- Welt- und Gartenbetrachtungen (wie Anm. 67), das vierzehnde Kapitel »Von den Unziefer« S. 506–508. Zu katholischen Gebeten und Riten, um Ungeziefer aus den Feldern zu vertreiben, siehe DELUMEAU, Rassurer et protéger (wie Anm. 14) S. 61 ff.

[75] MARTIN BEHM, »Gott, der du sitzst ins Himmels schloß« (wie Anm. 57) Verse 9 und 10. Siehe auch »Bedencke heut, o Lieber Christ« (wie Anm. 67) Vers 6: »Sein donner erschreckt die erde / und berge zittert für jm, / Das wilde thier geht in sein höl / und die menschen förchten jn.« Das Lied JOHANN RISTS »Wje gross, O Gott, ist deine Macht« (wie Anm. 69) Verse 2 und 3, bringt Mitte des 17. Jahrhunderts ein ähnliches Bild: »Den Erdenkreiß bewegest du, / Daß seine Gründe beben, / Die Berge waklen sonder Ruh' / Und alles Land daneben/. [...] Das Erdreich sihets und erschrikkt, / Es Schmeltzen Berg' und Hügel. / Wen mancher Mensch den Blitz erblikkt, / Hett Er wol geren Flügel; / Den auch des starcken Donners Macht, / O Herr, bezeüget deinen Pracht, / Und wir, so grober Sünden vol, / Erkennen wol, / Daß Gottes Hand uns straffen sol.«; sowie ebenso das »Gebet in grossem Ungewitter und Donner« im »Paradißgärtlein« (1612) von JOHANN ARNDT: »Wir arme, schware, furchtsame und blöde Creaturen erkennen deine Gewalt, und grosse herrliche Macht, du bewegest die Erde, daß sie bebet von deinem Donner, und die Grundfeste der Berge regen sich, vom Glantz für dir her trennen sich die Wolcken, denn der Herr donnert im Himmel, und der Höchste lässet seinen Donner aus; Deine Blitze leuchten auf den Erdboden, das Erdreich siehets und erschricket, Berge verschmeltzen wie Wachs für dem Heeren für dem Herrscher des gantzen Erdbodens.« JOHANN ARNDT, Paradieß-Gärtlein [...]. Schmalkalden 1736 S. 289.

[76] Dazu auch den Beitrag von BENIGNA VON KRUSENSTJERN in diesem Band, S. 179–194.

[77] »Ejn grosses Wetter kömpt daher« (wie Anm. 56) Vers 30. Siehe auch die »Dancksagung Nach dem Ungewitter« von JOHANN HERMANN: »Wjr haben jetzt vernommen, / Wie du, HERR Zebaoth, zu uns bist schrecklich kommen / [...]. Dein freundlich Angesicht / Lest du uns wieder schawen, / die wir uns dir vertrawen / Mit starcker Zuversicht.« (FISCHER I [wie Anm. 1] Nr. 343, Verse 1 und 5; Breslauer Gesangbuch 1644 [wie Anm. 16] S. 1004 f.)

liebt.[78] Hinter dem zornigen Gott steht immer auch der liebende Vater. So kann es »im Bußlied beim Unwetter zu singen« von Johann Rist heißen: »Du VatterHertz von Anbeginn [...]. Wir sind vor deinem Grim und Zorn / Ja gar verlohrn.«[79] In demselben Lied wird die Anrufung der Barmherzigkeit Gottes durch Menschen in Not als Ausdruck einer Vater-Kind-Beziehung dargestellt: »Ach laß dein treües VatterHertz / Jn dieser Angst uns sehen; / Es muß ja deiner Kinder Schmertz / Dir schwehr zu Hertzen gehen.«[80] Durch die Vater-Kind-Metaphorik wird auch die Zuversicht hinsichtlich der rettenden Rolle Gottes artikuliert, wie in dem »Klag- und Trost-Lied bey erlidtenem Wetter-Schaden«: »Nicht wird Er dich / elendiglich / lassen verterb[e]n / für Hunger sterb[e]n. Ich bin Kind Er ist Vater.«[81]

Viertens: Die Wetterlieder verdeutlichen die Rolle des Wetters im Allgemeinen und des Gewitters im Besonderen als »Strafinstanz« (Heinz D. Kittsteiner),[82] die zur Umkehr und zur Buße mahnt:

»Das Wetter deut an Gottes Gricht, / Gott zeigt sein fewrigs Angesicht: / alsdenn wird er auch schlagen drein / Und stürtzen in die Höll hinein.
Gott lest offt sehn sein grosse Macht / Und zeiget uns sein göttlich Krafft / Vermahnt / wir sollen Buße thun / Daß wir ewig nicht untergahn.«[83]

Aus der Erkenntnis, dass schlechtes Wetter und die daraus folgende Not die Strafe für Schuld und Sünde der Menschen sind, ergibt sich die Bitte um Gnade und Barmherzigkeit Gottes, im konkreten Fall: die Bitte um Rettung vor dem Unwetter und seiner Beendigung. Aus der Einsicht in die Sünde er-

---

[78] Diese beiden Dimensionen des Vaters kommen im »Klag- und Trosttenem Wetter-Schaden«: »Dein Zorn und Grim[m] / gerechter Gott«, Vers 5, deutlich zum Ausdruck: »Zu ieder Frist / Er Vater ist / beyd wenn Er hertzt: und wenn Er schmertz / merck auff / du wirst es sehen.« (Breslauer Gesangbuch 1644 [wie Anm. 16] S. 1010).
[79] Johann Rist, »Wie gross, O Gott, ist dein Macht« (wie Anm. 69) Vers 4.
[80] Ebd. Vers 10.
[81] »Dein Zorn und Grim[m] / gerechter Gott / O schwere Noth«, Vers 6 (Breslauer Gesangbuch 1644 [wie Anm. 16] S. 1009f.). In dieser Vater-Kind-Beziehung erinnern auch die Lieder an den besonderen Status der Gläubigen als Kinder Gottes. So im Lied Nicolaus Hermans »Gott Vater, der du deine Sonn« (wie Anm. 66) Vers 7: »Denck, das wir arme würmelein / Dein gschöpff, erbgut und kinder sein / Und warten uff dein milte hand [...].«; oder im Lied Nikolaus Selneckers »Ach Gott im höchsten Throne« (wie Anm. 58) Vers 4: »Du hast uns außerkoren / zu Kindern allermeist [...].«
[82] Kittsteiner, Die Entstehung des modernen Gewissens (wie Anm. 64) S. 49. Nikolaus Selnecker bringt diesen Gedanken im Lied »in sehr grossen anfechtungen« (Vers 4) auf den Punkt: »Wer sündigt wider dich, O Gott, / der mus verurteilt werden, / da ist jammer unnd not.« (Wackernagel IV [wie Anm. 1] Nr. 452; Christliche Psalmen [...]. [wie Anm. 45] S. 203).
[83] »Ejn grosses wetter kömpt daher« (wie Anm. 56) Verse 15 und 16. Siehe auch den Vers 3 desselben Liedes: »Gott lesst uns seinen Donner hören, / Vermahnet, wir solln uns bekehren, / Von unserm sündgen Leben absthen / Daß wir nicht gehling untergehn.«

wächst das Vertrauen auf die Zusage der Gnade:[84] »Wer zu Gott setzt sein Zuversicht / Der darff das Wetter fürchten nicht / und wer ein guts Gewissen hat / Kein Blitz noch Donner jhm nicht schadt.«[85] Der Bußaufruf wird oft mit der Bitte um die Errettung von Leben, Hab und Gut verbunden, häufiger noch mit dem Ruf nach Schutz vor einem »schnellen, bösen Tod«.[86]

Buße und inniges Beten werden als einzig mögliche Schutzmittel gegen Gewitter empfohlen. Die nicht seltene Erwähnung von magischen Abwehrpraktiken, die von den evangelischen Pfarrern als »abgöttisch« verurteilt werden, belegt auf indirekte Weise das Weiterleben solcher Praktiken innerhalb der protestantischen Landbevölkerung. Denunziert werden dabei insbesondere die Anwendung von geweihten Palmenzweigen[87] und Ahornzwei-

---

[84] NIKOLAUS SELNECKER, »Ach Gott im höchsten Trone« (wie Anm. 58) Verse 3 und 5: »Dein Donner groß wir hören, / dein Blitz und Wetter hart, / Dein Wolcken schwartz wir sehen, / dein stral kompt zu der fart, / Dein Allmacht wir erkennen, / dein grimm wir auch vernemmen, / es rewt uns unser Sünd / [...] Wir habens ja verdienet / daß du uns straffet recht [...]:« Wie KITTSTEINER, Die Entstehung des modernen Gewissens (wie Anm. 64) S. 47–49, bemerkt, ist das Gewitter ein natürlicher Spiegel des Verhältnisses von Gesetz und Gnade, vom Alten und Neuen Testament: Im Gewitter predigt Gott in das Gewissen; seine Zornesstimme dringt an das Ohr und mahnt zur Buße. Insofern fügt sich das Gewitter auch in die beiden Hauptteile der protestantischen Bußlehre ein: »Das Gewitter führt zum ersten Teil der Buße. Es reizt den ›sicheren‹ Menschen zur Contritio [...]. Aus der Erkenntnis der Sünden aber erwächst der Glaube, das Vertrauen auf die Zusage der Gnade, und aus dem Glauben kommt als seine Frucht das Gebet.«
[85] »Ein grosses wetter kömpt daher« (wie Anm. 56) Vers. 23.
[86] MARTIN BEHM, »Gott, der du sitzst ins Himmels schloß« (wie Anm. 57) Verse 20 und 21: »Mit deinen flügeln uns bedeck, / das unß Kein wetter stral erschreck / Und unß nicht schad an unserm leib, / behüt gesind, Kind, man und Weib.
Bewahr unß und die Nachtbarn all, / die schewren, Hauß, Hoff, Vieh und Stall, / Die frücht erhalt unß auff dem Landt / nach deiner güt mit deiner Handt.« Darüberhinaus dokumentieren die Lieder die weitverbreitete Furcht vor dem »schnellen«, unvorbereiteten, »bösen« Tod. So in demselben Lied MARTIN BEHMS, Vers 23: »Behütt unß in der grossen not / fürm schnellen und bösen Todt.«; sowie in den Liedern NIKOLAUS SELNECKERS »Ach Gott im höchsten Throne« (wie Anm. 58) Vers 8; JOHANN HEERMANNS »Ach Gott, wie schrecklich ist dein Grimm« (wie Anm. 68), Vers 6; oder JOHANN RISTS »Wje gross, O Gott, ist deine Macht« (wie Anm. 69) Vers 7. Siehe dazu RUDOLF MOHR, Der unverhoffte Tod (Marburger Personalschriften-Forschungen, 5). Marburg 1982; auch BENIGNA VON KRUSENSTJERN, Seliges Sterben und böser Tod. Tod und Sterben in der Zeit des Dreißigjährigen Krieges, in: Zwischen Alltag und Katastrophe (wie Anm. 5) S. 469–496.
[87] Die geweihten Palmen hielten den Blitz ab. Bei drohendem Gewitter warf man sie ins Feuer, damit der aufsteigende Rauch das Gewitter vertreibt. In manchen Gegenden verbrannte man grünes Holz, das eine besonders starke Rauchenentwicklung hat. Artikel »Palm«, in: Handwörterbuch des deutschen Aberglaubens, IV. Hg. HANS BÄCHTOLD-STÄUBLI. Berlin 1927–1942, Reprint 1986 Sp. 1366–1381, hier 1375f. Ebenfalls Artikel »Gewitter«, in: Ebd. III, Sp. 815–833, hier 828.

»Gerechter Gott, wo will es hin / Mit diesen kalten Zeiten?«

gen[88] oder auch von weit verbreitetem Wettergeläute:[89] »Zu würtz un[d] palme[n] lauffen al, / zum achhorn und glocken klang, / haben also im jammertal / vorgessen gebet un[d] danck, / sich von Gott zum Teuffel gwandt.«[90] Im Gegensatz zur »abgöttischen« Wetterglocke betonen die Lieder das rechte »Herzensglöcklein« des Gebets.[91] Bei Unwetter sollen die »Bußglocken« läuten.[92]

Fünftens: In den Liedern wird wiederholt das Verlangen nach dem Leben im Jenseits ausgedrückt. Die Lieder spielen mit der Gegenüberstellung vom Jammertal im Diesseits und dem Himmelsaal, der Himmelsfreude sowie dem Vaterland im Jenseits. Der Blick aus Not und Leid wird zu den Freuden

---

[88] Ahornzweige sollten auch das Einschlagen des Blitzes verhindern. Artikel »Ahorn«, in: Ebd. I, Sp. 235 f.

[89] Der Küster, der die Gewitterglocke läutete, erhielt dafür ausdrücklich ein Entgelt, das man als Wettergarbe, Wetterkorn, Glockengarbe oder Donnerhocke bezeichnete. Artikel »Gewitter«, in: Ebd. III, Sp. 826. Siehe auch Eva Labouvie, Verbotene Künste. Volksmagie und ländlicher Aberglaube in den Dorfgemeinden des Saarraumes (des 16-19. Jahrhunderts) (Saarland Bibliothek 4). St. Ingbert 1992 S. 144 f.; Delumeau, Rassurer et protéger (wie Anm. 14) S. 81 ff. Evangelische Pfarrer erwiderten das katholische Wetterläuten: Der Pfarrer Thomas Rörer ließ zum Beispiel »Zwo Predig, wie man sich christlich halten soll, wann grosse Ungewitter oder Hagel sich erheben, mit [...] Unterrichtung von dem Leutten gegen Wetter [...].« (Nürnberg 1570) veröffentlichen. Zitiert nach Behringer, Die Krise von 1570 (wie Anm. 62) S. 122.

[90] »Bedencke heut, o lieber Christ« (wie Anm. 67) Vers 6, wie auch im Vers 2: »[...] und dem kan man nicht, wie man treumbt, / mit menschen tand vorkomen, / es hillfft weder wütz noch Palmen.« Siehe auch »Ein grosses Wetter kömpt daher« (Wie Anm. 56) Vers 21: »Mit keiner Abgötterey umbgeht, / der Palm und Weychbrunn müssig steht; / Lasst uns von Hertzen Buße thun, / Von unserm sündgen Lebn abstahn.«

[91] »Ein grosses Wetter kömpt daher« (wie Anm. 56) Vers 20: »Des Hertzens Glöcklein ziehet an / Und bitt Gott, daß er woll verschon / Uns armen Sündern gnädig seyn / Mit Hagl und Schaur nicht schlagen drein.« Der Ulmer Geistliche Bonifacius Stölzlin benützt ein ähnliches Bild in seinem »Geistlichen Donner- und Wetterbüchlein« (Ulm 1654): Wenn Gott am Himmel die »Sturmglocke« anzieht, dann antwortet ihm der Christ mit der »Betglocke«. Kittsteiner, Die Entstehung des modernen Gewissens (wie Anm. 64) S. 61.

[92] In einem impliziten Vergleich zur Wetterglocke hebt das »Haußliedlein für die Kinder, zur zeit des ungewitters, Donners und Blitzes« von Esaias Heidenreich (Hamburg 1598) damit die Rolle der Buße bei Gewitter hervor: »Dje Bußglocken am Himmel leuten / und thun viel bedrewung deuten / Uns die wir Gott erzürnen viel, / drumb eiln wir all zum Gnadenziel« (Wackernagel V [wie Anm. 1] Nr. 540). Die Lieder verdeutlichen die Bedeutung des Bußaufrufs. Hans-Georg Kemper stellt sogar in den Liedern eine »tiefgreifende Bußgesinnung« nach 1600 fest: »Während Wackernagels umfangreiche Liedersammlung aus dem 16. Jahrhundert nur 53 Buß- und Beichtgesänge enthält, bietet die Ausgabe Fischer / Tümpel für das 17. Jahrhundert auf die Häufigkeit ein ›völlig verändertes Bild‹: Sünde und Buße ersetzen geradezu das vorherige, genuin reformatorische Hauptthema von Gnade und Erlösung.« Kemper, Deutsche Lyrik in der frühen Neuzeit (wie Anm. 5) S. 250. Zur Bedeutung des Bußrufes im späten 16. und im 17. Jahrhundert, Udo Sträter, Meditation und Kirchenreform in der lutherischen Kirche des 17. Jahrhunderts (Beiträge zur historischen Theologie 91). Tübingen 1995 S. 9-33.

emporgelenkt, die den Gläubigen im Himmel erwarten. So kann es im Lied Martin Behms »wider die Thewrung« heißen: »Führ uns auß diesem Jammerthal / Zur Frewd und Wonn ins Himmel Saal, / Da wird kein Durst noch Hunger sein / und wird auffhören Angst und Pein.«[93] Gewitter galten außerdem als Vorzeichen und Vorboten des Jüngsten Tages: »Der jüngste Tag ist auch nicht ferr, / wird kommen wie ein groß Wetter, / Mit fewriger flamm sich sehen lohn: / Last uns bey zeiten Buße thun.«[94] In der Endzeitstimmung des späten 16. und frühen 17. Jahrhunderts wurden Unwetter – aber auch Hungersnöte und Seuchen – als Anzeichen des nahenden Jüngsten Tages erlebt. Besonders deutlich illustriert dies das Lied Martin Behms »Umb bereitung gegen dem Letzten Wetter« (1608).[95]

Zur selben Zeit, ab dem letzten Drittel des 16. Jahrhunderts, erscheinen in den Gesangbüchern auch Lieder vom Jüngsten Tag und vom ewigen Leben unter der Rubrik der Sterbelieder – darunter die bekannten Lieder von Martin Moller und Philipp Nicolai aus dem späten 16. Jahrhundert.[96] Sie werden

---

[93] MARTIN BEHM, »O frommer Vater, deine Kind«, Vers 3 (WACKERNAGEL V [wie Anm. 1] Nr. 284). Ähnlich ist das Lied NIKOLAUS SELNECKERS »in sehr grossen anfechtungen«: »Ach Gott, wem sol ich klagen / mein angst und elend schwer«, Vers 24: »Das best ist Himmelsfrewde, / das einig ewig gut, / Da nimmer ist kein leide / sonst seliger mut. / GOTT will in allen alles sein; / ach Gott, kom bald mit gnaden, / brich mit deim tag herein!« (WACKERNAGEL IV [wie Anm. 1] Nr. 452; Christliche Psalmen [...]. [wie Anm. 45] S. 203–207).

[94] »Ein grosses Wetter kömpt daher« (wie Anm. 56) Vers 17. Siehe auch JOHANN HEERMANNS Lied »Wir haben jetzt vernommen« (wie Anm. 77) Vers 7. Umgekehrt nimmt der Jüngste Tag die Züge eines Unwetters im Lied NIKOLAUS HERMANS »Vom Jüngsten Gericht« (1562): »Himel und Erd in einen klos / zerschmettern wird ein Wetter gros; / Balds Fewer die gantz Welt verzehrt, / wird Gott schaffen new Himel un[d] Erd.« (WACKERNAGEL III [wie Anm. 1] Nr. 1453, Vers 3).

[95] MARTIN BEHM, »Wje schrecklich ists, du grosser Gott, / weil wier jtzt sindt in wetters not !« (Wackernagel V [wie Anm. 1] Nr. 340; Breslauer Gesangbuch 1644 [wie Anm. 16] S. 1003 f.). Laut Thomas Kaufmann ist »Apokaplyptisches Denken [...] nicht selbst unmittelbar Ausdruck eines Krisenbewußtseins, sondern eine Form, dieses zu bearbeiten [...]. Die Vitalität apokalyptischen Denkens und der Individualisierungsschub der Frömmigkeit um 1600 sind nicht als gegensätzliche oder alternative religiöse und theologische Deutungs- und Verarbeitungsstrategien der ›Krise‹ zu werten, sondern verhalten sich komplementär zueinander.« THOMAS KAUFMANN, 1600. Deutungen der Jahrhundertwende im deutschen Luthertum, in: Jahrhundertwenden. Endzeit- und Zukunftsvorstellungen vom 15. bis zum 20. Jahrhundert. Hg. MANFRED JAKUBOWSKI-TIESSEN / HARTMUT LEHMANN / JOHANNES SCHILLING / REINHART STAATS (Veröffentlichungen des Max-Planck-Instituts für Geschichte 155). Göttingen 1999 S. 73–128, hier 74. Zu dieser eher spezifisch protestantischen Endzeitstimmung siehe DELUMEAU, Le péché et la peur (wie Anm. 60) S. 586–623 (»L'eschatologie et la prédestination«).

[96] WACKERNAGEL V (wie Anm. 1) Nr. 71, 75, 393–397. In diesen Liedern, die rasch Eingang in die Gesangbücher finden, kommt die Jenseitssehnsucht, kombiniert mit der Erlösungssehnsucht der körperlichen und seelischen Qualen der irdischen Existenz, häufig zum Ausdruck. So im Lied »Herr Christ thue mir verleihen« von JEREMIAS NICOLAI, am Ende des »Freudenspiegel des ewigen Lebens« (1599) von PHILIPP NICOLAI zuerst veröffentlicht: »Todt / Sünd / Noht /

im Verlauf des 17. Jahrhunderts nicht nur immer zahlreicher, sondern sie verselbständigen sich auch.[97]

Ein Hauptthema dieser Lieder ist die Situation des Menschen in seiner doppelten, wechselseitigen Beziehung zu Gott und zur Welt. Diese Bezogenheit auf den Menschen artikulieren die Lieder als eine erlebte Beziehung. Und insbesondere der Akzent auf das Erlebte ermöglicht es, die Lage des Menschen in seiner doppelten Beziehung zu Gott und zur Welt verständlich zu machen: Einerseits indem die Lieder Leiden, Angst, Kummer, Mattigkeit[98] evozieren, die das Verlorensein des Menschen in der Welt und in ihrer Not artikulieren, andererseits indem sie auf Trost, Friede, Freude verweisen, die das Vertrauen und die Gewissheit des Menschen in das Heil Gottes und in die Erwartung des Jenseits zum Ausdruck bringen.[99]

Kranckheit / Schmertzen / Angst / Jammer und Elend / Und was betrübt die Hertzen / Jm Himmel hat ein Endt. Fahr hin all Trawrigkeit / Mein Gott / dem ich getrawet / Ein Frewdensaal gebawet / Hat mir in Ewigkeit.« (WACKERNAGEL V [wie Anm. 1] Nr. 397, Vers 3). KEMPER, Deutsche Lyrik in der frühen Neuzeit (wie Anm. 5) S. 243 ff. Zu den Liedern Martin Mollers, siehe ELKE AXMACHER, Praxis Evangeliorum. Theologie und Frömmigkeit bei Martin Moller (1547–1606). Göttingen 1989 S. 138–168. Zu Philipp Nicolai, siehe MARTIN BRECHT, Philipp Nicolai. Lutherische Orthodoxie und neue Frömmigkeit, in: DERS., Ausgewählte Aufsätze, II: Pietismus. Stuttgart 1997 S. 11–34; auch JOHANNES WALLMANN, Reflexionen und Bemerkungen zur Frömmigkeitskrise, in: Krisen des 17. Jahrhunderts. Interdisziplinäre Perskriven. Hg. MANFRED JAKUBOWSKI-TIESSEN. Göttingen 1999 S. 23–42, hier 28 ff.

[97] Hartmut Lehmann bemerkt mit Recht: »In keiner Periode entstanden in der protestantischen Kirche mehr Lieder, in denen die Erlösung vom irdischen Leben durch den Tod und die Freude des ewigen Lebens besungen wurden als im 17. Jahrhundert.« HARTMUT LEHMANN, Das Zeitalter des Absolutismus. Gottesgnadentum und Kriegsnot (Christentum und Gesellschaft 9). Stuttgart 1980 S. 116.

[98] So zum Beispiel im Lied von NIKOLAUS SELNECKER »in sehr grossen anfechtungen« (wie Anm. 93): »Ach Gott, wem sol ich klagen / mein angst und elend schwer? / [...] Mein Sünd mein Hertz macht kranck und matt, / bey tag, bey nacht es bebet, / kein fried noch frewde hat.«

[99] Charakteristisch für die Zeit, die Strophe aus dem Sterbelied PHILIPP NICOLAIS »Der Welt-Abdanck / für eine himmeldürftige Seele«, gedruckt am Ende des »Freudenspiegel des ewigen Lebens« (1599) und in vielen Gesangbüchern des 17. Jahrhunderts weiter veröffentlicht: »So wündsch ich nun eine gute Nacht«: »Was kränckstu dich mein arme Seel? / Sey still und thue nicht wancken: / Gott ist mein Burg / mein Trost und Heyl / Deß werd ich jhm noch dancken. / Drück dich / und leid / eine kleine Zeit / Nach Angst kompt Frewd und Wonne.« (WACKERNAGEL V [wie Anm. 1] Nr. 396, Vers 7).

III.

Die untersuchten Lieder lassen sich nicht nur als direkte Reaktion auf unmittelbare klimatische Veränderungen lesen. Sie artikulieren vielmehr die spezifischen, zeitgenössischen Haltungen, die spezifischen, zeitgenössischen »Mentalitäten« des *homo peccator*.[100]

In diesem Sinne liefern sie ein wichtiges Bewältigungsangebot, das sie mit anderen Liedern teilen. Es muss daran erinnert werden, dass die Gesangbücher, neben den Hungersnot- und Wetterliedern, ein ganzes Repertoire von weiteren Liedern enthalten, die die einzelnen Menschen und die Gemeinden sowohl in der Kirche wie zu Hause singen konnten: Psalmlieder, Bußlieder,[101] Trostlieder, Sterbelieder und andere, die zu einem nicht unwesentlichen Teil aus dem Reformationszeitalter stammen. Auch diese älteren Lieder konnten zur Verarbeitung der Ängste und der Nöte der Menschen beitragen. Verschiedene Selbstzeugnisse zeigen, wie insbesondere Sterbelieder ein bevorzugtes Repertoire konstituierten, das man nicht nur beim Sterben, sondern während des ganzen Lebens zu singen pflegte.[102]

Für die religiöse Bewältigung ihrer Nöte bezogen sich die Zeitgenossen nicht allein auf die neuen Lieder. Es wurden auch weiterhin die alten, bewährten Kirchenlieder aus dem Reformationszeitalter gesungen, sei es in

---

[100] KAUFMANN, Dreißigjähriger Krieg (wie Anm. 30) S. 101. Generell dazu und vergleichend DELUMEAU, Le péché et la peur (wie Anm. 60) S. 369–623 (»La pastorale de la peur«), insbesondere 565–585.

[101] Wie u. a. aus dieser Anmerkung bei den Wetterliedern im Leipziger Gesangbuch von 1638 (wie Anm. 19) S. 602, zu entnehmen ist: »Zu Donnerszeit kann auch gesungen werden: Es wollt uns gnädig seyn [Luther; WACKERNAGEL III [wie Anm. 1] Nr. 7]. Herr von uns nimm [dein zorn und grimm; Wackernagel V [wie Anm. 1] Nr. 709] und mehr Bußlieder.«

[102] Bei weitem nicht nur für die Todesstunde bestimmt, waren die Sterbelieder und -gebete die Gefährten des ganzen Lebens. Sie trugen bei zu einer Vertrautheit mit dem Gedanken an den eigenen Tod in einer Welt, die gleichermaßen in Vertrautheit mit und in Furcht vor dem Tod lebte. Wie wir es aus verschiedenen Leichenpredigten der Zeit erfahren können, versah zum Beispiel ein Gutsbesitzer seine Bibel und Gebetbücher mit Anmerkungen aus Sterbeliedern und las »noch bey seinen gesunden Tagen« regelmäßig in der »Sterbekunst« von MARTIN MOLLER (Leichenpredigt für Burckhard von Bortfeld, 1664 gestorben); ebenfalls bevorzugte eine Leipzigerin seit ihrer Jugend die Grabgesänge »mit denen sie meistes theils sich hat belüstiget / unnd jmmer mit sterbens Gedancken umbgegangen« (Leichenpredigt für Regina Beger, 1613 gestorben). Die Sterbelieder »Ich hab mein Sach Gott heimgestellt« von JOHANN LEON (um 1530–1597) und »Von Gott will ich nicht lassen« von LUDWIG HELMBOLD gehören zu den Lieblingsliedern der Liselotte von der Pfalz, wie sie in zahlreichen ihrer Briefe versichert. BEATE LÜDER, Religion und Konfession in den Briefen Liselottes von der Pfalz. Mannheim 1987 S. 12, 33 f. Siehe auch VEIT, Das Gesangbuch in der Praxis Pietatis der Lutheraner (wie Anm. 21) S. 449 f.

»Gerechter Gott, wo will es hin / Mit diesen kalten Zeiten?«

den regelmäßigen Gottesdiensten und den zahlreichen Buß- und Betstunden, sei es auch in den Hausandachten.[103] Durch die eigene Erfahrung der Zeit bekam das ältere Liedrepertoire Aktualität und erhielt neue Qualitäten und Dimensionen.

Ein Blick auf die Tonangaben der Wetterlieder in manchen Gesangbüchern des 17. Jahrhunderts ist in dieser Hinsicht interessant: Es zeigt sich nämlich, dass diese Wetterlieder nicht in einer eigenen Melodie gesungen werden,[104] sondern auf die altbekannten Melodien der »alten Tröster« der evangelischen Kirchenlieddichtung zurückgreifen, wie zum Beispiel auf die Lutherlieder »Aus tiefer Not schrei ich zu dir« und »Vater unser im Himmelreich«,[105] auf ein weiteres reformatorisches Lied »Mag ich Unglück nicht widerstehn«[106] oder schließlich auf das Lied des Wittenberger Theologen Paul Eber aus der Mitte des 16. Jahrhunderts »Wenn wir in höchsten Nöthen sein«.[107] Diese wohlbekannten Melodien rufen einerseits eine gewisse Stimmungslage, die mit dem ursprünglichen Lied assoziiert wird, in Erinnerung und liefern somit für die neuen Lieder einen mentalen und musikalischen Hintergrund. Und mit neuen Texten werden diese alten Melodien andererseits aktualisiert, indem sie zu Trägern neuer Inhalte werden.

---

[103] Auf die Pest konzentriert, konstatiert Otto Ulbricht eine Intensivierung der Frömmigkeitspraktiken in Pest- und Krisenzeiten, sowohl kirchlich – in Form von z.T. täglichen Buß- und Betstunden oder von spezifischen, manchmal sogar landesweit abgehaltenen Buß- und Bettagen, wie zur Zeit des Dreißigjährigen Krieges – als auch zu Hause – in Form von Hausgebeten, wo u.a. das Singen von Liedern eine wichtige Rolle spielte. ULBRICHT, Gelebter Glaube (wie Anm. 5) S. 170–181. Generell zu den Bußpredigten PAUL GRAFF, Geschichte der Auflösung der alten gottesdienstlichen Formen in der evangelischen Kirche Deutschlands, I. Göttingen 1937 S. 221–236.

[104] Das ist u.a. der Fall im Leipziger Gesangbuch von 1638 (wie Anm. 19), im Breslauer Gesangbuch von 1644 (wie Anm. 16) sowie im Leipziger Wagnerschen Gesangbuch von 1697 (wie Anm. 18). Dies entspricht einer Entwicklung der Gesangbücher im späten 16. und im 17. Jahrhundert, als die Lieder immer mehr nur mit Tonangaben versehen wurden.

[105] WACKERNAGEL III (wie Anm. 1) Nr. 5 und 41.

[106] Ebd. Nr. 156.

[107] WACKERNAGEL IV (wie Anm. 1) Nr. 6. Die Melodie dieses Liedes dient einer Reihe von Wetterliedern im Breslauer Gesangbuch von 1644 (wie Anm. 16) und im Leipziger Wagnerschen Gesangbuch von 1697 (wie Anm. 18), wie zum Beispiel dem Lied von MARTIN BEHM »Gott, du sitzt im Himmels Schloß« und »Gewaltigster Herr Zebaoth / Du gabst die Heilgen Zehn Gebot«, von JOHANN RIST »Allmächtiger und starcker Gott / Du hocherhabner Zebaoth« oder von PAUL GERHARDT »O Herrscher in dem Himmel-Zelt, / Was ist es doch, das unser Feld«.

Summary

The period between 1580 and 1700 is generally regarded as the pinnacle of Protestant hymns. In this contribution, hymnbooks and hymns from 1570 up to the second half of the seventeenth century will be analysed according to the following aspects. First, it examines the development of hymnbooks from the late sixteenth to the seventeenth century in order to understand how they specifically reflect the "Little Ice Age" and its effects. Second, it describes how thunderstorms, droughts and the consequences therefrom became a subject matter in hymns and how such human problems were dealt with. In conclusion, it discusses the role of Protestant hymns as a means of coping with climatic disasters.

Bethlehem in the Snow and Holland on the Ice

Climatic Change and the Invention of the Winter Landscape, 1560–1620

by

LAWRENCE O. GOEDDE

Among the works of Pieter Bruegel the Elder, a group of snow scenes dating to the years 1565–67 are among the most famous. These include the *Return of the Hunters* (Figure 1) (Vienna, Kunsthistorisches Museum) of 1565, the *Village Scene with a Bird Trap* (Brussels, Musées Royaux des Beaux-Arts) of the same year, the *Census at Bethlehem* (Brussels, Musées Royaux des Beaux-Arts) of 1566, the *Adoration of the Magi in the Snow* (Winterthur, Collection Oskar Reinhart) dated 1567 in which he depicts snow falling, and an undated painting depicting the *Massacre of the Innocents* (Hampton Court).[1]

In these works, the celebrated Flemish artist painted for the first time in Western art snowy winter weather in a large-scale format. In recent years a number of scholars of climate history have linked Bruegel's invention to the bitterly cold winter of 1564–65 and to the onset – or maybe better the intensification – of the "Little Ice Age" of the late sixteenth and early seventeenth century. Their discussions of Bruegel's work participate in a larger discussion of the relation of works of art to meteorology and changes in climate.[2] Several of these studies share a number of related hypotheses or propositions.

---

[1] For the work of Bruegel: ROGER H. MARIJNISSEN, Bruegel. Tout l'oeuvre peint et dessiné (Antwerp and Paris, 1988). On Bruegel's winter scenes: EVERT VAN STRAATEN, Koud tot op het bot. De verbeelding van de winter in de zestiende en zeventiende eeuw in de Nederlanden ('s-Gravenhage, 1977), pp. 75–85; ARIANE VAN SUCHTELEN, Holland Frozen in Time. The Dutch Winter Landscape in the Golden Age (Zwolle, 2001), pp. 39–46.

[2] HUBERT HORACE LAMB, "Britain's Changing Climate", Geographical Journal, 133 (1967), pp. 445–66; HANS NEUBERGER, "Climate in Art", Weather, 25 (1970), pp. 46–56; STANLEY DAVID GEDZELMAN, "Cloud Classification Before Luke Howard", Bulletin of the American Meteorological Society, 70 (1989), pp. 381–95; ID., "Weather Forecasts in Art", Leonardo, 24 (1991), pp. 441–51; ID., "Atmospheric Optics in Art", Applied Optics, 30 (1991), pp. 3514–22; NATHALIE

Figure 1. "The Return of the Hunters (Die Heimkehr der Jäger)", Pieter Bruegel the Elder, 1565. Reproduced by Permission of the Kunsthistorisches Museum Wien (Austria).

First, there is the hypothesis that painted landscapes produced in specific areas depict or imply weather conditions that correspond to the observed weather characteristics of those regions. The second proposition is a corollary to the first: painted landscapes can be used to document local weather and, more broadly, climate change. And third, changes in climate are reflected in the development of art, or in some versions of this proposition, climate changes cause artistic changes.

All three of these hypotheses rest on a few largely unquestioned assumptions about the character and purposes of images in general and of landscape images in particular. The most basic of these assumptions is that one of the

---

NEUMANN / FRANZ OSSING, "Der Himmel in der holländischen Landschaftsmalerei des 17. Jahrhunderts und in der modernen Meteorologie", in WERNER WEHRY / FRANZ J. OSSING, eds., Wolken, Malerei, Klima in Geschichte und Gegenwart (Berlin, 1997), pp. 39-58; CHRISTIAN D. SCHÖNWIESE, "Europäische Klimageschichte und ihre Verbindungen zur Kunst, insbesondere Malerei", in ibid., pp. 143-58; BRIAN FAGAN, The Little Ice Age. How Climate Made History, 1300-1850 (New York, 2000), p. 48. For more cautious studies of the relationship between Dutch art and meteorological phenomena: JOHN WALSH, "Skies and Reality in Dutch Landscape", in DAVID FREEDBERG / JAN DE VRIES, eds., Art in History - History in Art (Santa Monica, CA, 1991), pp. 94-117; REINDERT FALKENBURG, "'Schilderachtig weer' bij Jan van Goyen", in CHRISTIAAN VOGELAAR, ed., Jan van Goyen (Zwolle, 1997), pp. 60-9.

primary characteristics or purposes of any image is to reproduce the visible world. That is, accurate reportage of the visible is a fundamental and constant feature of image making; or put another way, art imitates life and buyers of art want images of the world around them. Two other assumptions derive from the first – that if something is depicted in an image, it must have been so in life – the artist must have seen it. And that if there is a change in what is depicted, there must have been a change in what the artist saw. A final assumption is that if many artists depict the same thing in the same way or if their work changes in the same way, it is even stronger evidence that the corresponding phenomena existed in the world the artists experienced.

The highly descriptive character of a lot of Netherlandish[3] art – that is the realistic detail so characteristic of painting in this tradition – would seem to validate these assumptions. Nonetheless all of these assumptions, as well as the propositions that rest on them, prove highly problematic if examined closely. In this paper I would like to test them against a specific innovation in Netherlandish art of the period 1560-1620, the winter landscape or snow scene, which has been repeatedly linked to specific episodes in the Little Ice Age. I will conclude with some thoughts on the highly conventionalized and selective realism of Dutch landscape in general and the problems these pictures present if one wishes to use them as documents of climate in the seventeenth-century Low Countries.

Seeing the invention of the winter landscape as a direct consequence of the severe winters of the Little Ice Age is a thesis that at first glance seems almost self-evident and, indeed, so obvious that it hardly requires further comment.[4] The first large-scale independent snow scenes – the works of Bruegel just mentioned – date from 1565, and the winter of 1564-65 was an exceptionally cold winter at the beginning of a period of intensifying cold.[5] So too the Dutch snow scene of the seventeenth century became a distinct sub-category of Dutch landscape painting with specialist practitioners like Hendrick Avercamp in the decade after 1608, a very cold year (Figure 2).[6] Thereafter

---

[3] "Netherlandish" is used to refer to the entirety of the historical Netherlands, which included modern Holland, Belgium, Luxembourg, and parts of northeastern France. In art history "Netherlandish" is also used to refer to both the North and South Netherlands at once.

[4] VAN STRAATEN, Koud (see note 1), pp. 10-13; VAN SUCHTELEN, Holland Frozen (see note 1), pp. 12-15.

[5] Ibid., pp. 12-13, 39-46; VAN STRAATEN, Koud (see note 1), pp. 75-9. For weather in the Netherlands in the period covered by this paper: JAN BUISMAN, Duizend jaar weer, wind en water in de Lage Landen, vol. III and IV (Franeker, 2000); ID., Bar en boos. Zeven eeuwen winterweer in de Lage Landen (Baarn, 1984).

[6] Winter Landscape, Museum of Art, Toledo (Ohio), 1610-15; VAN STRAATEN, Koud (see note 1), pp. 96-7; VAN SUCHTELEN, Holland Frozen (see note 1), pp. 50-2, 82-4.

Figure 2. "Winter Scene on a Canal", by Hendrik Avercamp (Dutch, 1585-1634), about 1615, Oil on Wood Panel. Reproduced by Permission of the Toledo Museum of Art, Toledo/Ohio (United States of America).

the snow scene remained a steadily popular subject down to the 1670s. Reindert Falkenburg even suggests that Jan van Goyen's production of snow scenes corresponded to periods of more intense cold between 1620 and 1650.[7]

As with many apparently obvious historical explanations, this one presents problems on more critical consideration. Perhaps the most important is the fact that whereas the Little Ice Age was a European – indeed, global – phenomenon, the development of the winter landscape was localized. Bruegel alone rendered it in Antwerp in the 1560s; and it didn't become part of painting in the North Netherlands about 85 miles away until roughly forty years later around 1608 to 1610.[8] The entire Netherlands felt the grip of the Little Ice Age, but the pictorial response was limited. And in any case, most of Europe experienced severe weather in these decades – why was there no pictorial response in the rest of Europe if the experience of extreme winter weather brought the new subject into existence?

The answer to this question has to do with the fact that one of the assumptions underlying this explanation is invalid. Photography has conditioned us to expect that the purpose of images is to render the visible with great accuracy and a kind of neutrality or objectivity, whereas in most cultures this has not been the function of images at all. The rise of the winter landscape depended primarily on the culture of the Netherlands and even more specifi-

---

[7] FALKENBURG, "'Schilderachtig weer'" (see note 2), p. 66.
[8] VAN SUCHTELEN, Holland Frozen (see note 1), p. 50.

cally the artistic culture of Antwerp in the 1560s and of Holland and Zeeland in the period 1600 to 1610. The critical factor was the existence in those places of an artistic tradition with two distinctive features. One was an emphasis on depicting human beings and the world around them in terms of what we commonly call realism, a mode of depicting that convinces the viewer that what we see is either the Netherlands of that time or at least a plausible world like the one we experience. The other critical distinctive feature of this artistic tradition was an interest in depicting winter and other times of the year in terms of human behavior and the appearance of nature in different seasons.

Both of these traits are already evident in the early fifteenth century in the calendar illustrations of books of hours. The earliest and most famous scene depicting winter weather is the February miniature from the *Très Riches Heures of Jean de Berry* by the Limbourg Brothers, dating 1416 or a little before that.[9] These artists' close attention to the patterns of fallen snow on different materials and structures and the marks of humans and animals in the snow, as well as their study of the behavior of people of different social classes, foreshadow the interest in these subjects in later winter landscapes. The Limbourgs' rendering of winter was precocious and had no immediate followers until almost a century later around 1510, in calendars in books of hours by Simon Bening and his workshop.

The importance of this tradition for Bruegel's *Return of the Hunters* of 1565 is evident in the fact that it is part of a series of the months and many of its details derive from the older tradition of months and seasons.[10] Bruegel transformed the tradition with a largeness of scale and conception, and he turned the entire landscape into a paradigm of each season, in winter, for instance, using crisp frozen forms and sharp delineations of light and dark, as well as a focus on the details of nature and human behavior in the grip of winter. But his sensitive depiction depended on an existing and distinctively Netherlandish pattern of representation that was available for him to expand and transform. This he did, using the snow scene as the setting for religious

---

[9] Ibid., pp. 16–18; VAN STRAATEN, Koud (see note 1), pp. 70–5. Another early depiction of snowy weather is a fresco from a cycle of the months dating about 1400 in the Torre Aquila in Trent, attributed to Master Wenceslaus. This painting illustrates the month of January by depicting among other things a group of young aristocrats having a snowball fight. This image belongs to the same courtly culture that favored the International Gothic style and subject matter seen in the *Très Riches Heures*. FRANCESCA DE GRAMATICA, "Il ciclo dei Mesi di Torre Aquila", in ENRICO CASTELNUOVO / FRANCESCA DE GRAMATICA, eds., Il Gotico nelle Alpi 1350–1450 (Trent, 2002), pp. 342–65.

[10] As in note 1 above.

subjects, including the *Census at Bethlehem* and the *Adoration of the Magi*, as well as a winter scene without a narrative subject, the *Winter Landscape with a Bird Trap* of 1565 – developments only hinted at in the tradition.

In a similar way, the emergence of the snow scene in the work of Hendrick Avercamp between 1600 and 1610 in Holland depended on the existence of the Bruegel tradition as brought to Amsterdam by *emigrés* from Antwerp, in particular by Hans Bol, who directly influenced Avercamp.[11] It should be noted that while a number of Antwerp artists of the 1570s, 80s and 90s – notably Lucas van Valckenborch and Hans Bol – painted snow scenes deriving from Bruegel's model, it was only the immigration of Antwerp artists in the years after the fall of Antwerp to the Spanish in 1585 that made the snow scene available in the North Netherlands, where artists developed and enriched it after about 1608.[12]

The hypothesis that the Little Ice Age explains the artistic invention of the snow scene very much resembles the long-standing use of Dutch maritime history to explain the development of seascape in Netherlandish art.[13] The sea and seashore had appeared occasionally in European art of the fourteenth, fifteenth, and sixteenth centuries as a setting for specific religious, historical, or mythological subjects, but from the 1590s it became a major category of Dutch art with many specialist practitioners. Like the scenes of frozen canals, seascape painting became one of the most celebrated and recognizable achievements of Dutch Golden Age culture. And like the snow scene, the rise of the new genre of seascape is often linked to specific historical circumstances. From the time of Carel van Mander writing in 1604, it has seemed self-evident that the extraordinary expansion of Dutch naval and commercial shipping in the decades around 1600 was directly linked to the invention of seascape as a genre by the Haarlem painter Hendrick Vroom in the period between 1590 and 1610.[14] Indeed, the importance of seafaring for the Dutch economy and for Dutch success in resisting the might of Spain was as apparent then as it is now. Explaining the Dutch invention of seascape as a result of the historical importance of Dutch seafaring seemed then and

---

[11] VAN SUCHTELEN, Holland Frozen (see note 1), pp. 50–2.

[12] Ibid., pp. 46–9.

[13] LAWRENCE O. GOEDDE, "Seascape as History and Metaphor", in JEROEN GILTAIJ / JAN KELCH, eds., Lof der Zeevaart – Praise of Ships and the Sea (Rotterdam and Berlin, 1996), pp. 59–73, here 59; see also: ID., Tempest and Shipwreck in Dutch and Flemish Art. Convention, Rhetoric, and Interpretation (University Park, PA and London, 1989), pp. 21–3, 109–111.

[14] KAREL VAN MANDER, The Lives of the Illustrious Netherlandish and German Painters, from the First Edition of the Schilder-Boeck, 1603–1604. Ed. HESSEL MIEDEMA. vol. I (Doornspijk, 1994), fol. 288 r, pp. 410–411.

still seems obviously true. But as in the case of the snow scene the question still hangs there – if seascape is the result of Dutch experience and consciousness of seafaring, why didn't the other great maritime powers of Europe – Venice, Spain, Portugal, England – develop seascape long before the Dutch, who were relatively late in achieving their maritime dominance?

As with the winter landscape, the answer to this question lies in recognizing that the historical expansion of Dutch seafaring most likely would not of itself have produced a body of marine painting. That depended on the same artistic culture of the Low Countries in which a tradition of depicting the sea and ships in more or less naturalistic terms had developed in the preceding centuries, beginning in the time of van Eyck and receiving a major reformulation by Pieter Bruegel the Elder.[15] When Hendrick Vroom produced the first body of seascape imagery around 1600, he had a set of visual patterns to work with that were unavailable elsewhere in Europe, as well as an artistic environment in which the accurate and vivid depiction of the visible was valued and sought after.

Which leads us back to the original question: Are the snow scenes of Bruegel in the 1560s and of Avercamp around 1608 a response to the Little Ice Age? I would suggest the answer is a qualified "yes" or "yes, in part". It seems to me perfectly plausible that the experience of unusually cold, hard winters may well have played a role in Bruegel's and Avercamp's innovative depictions of winter scenes. But in both cases the artists had available a stock of motifs and compositions that could be modified and reworked to formulate new visions of winter.

I would also argue that both artists reworked the traditions they inherited for purposes that range far beyond the reporting of current events. In the case of Bruegel, we can see that the way he reformulated the snow scene is characteristic of his distinctive visual imagination. Bruegel largely turned away from the fashionable classicism of his fellow Antwerp artists, who tended to depict large-scale figures inspired by Italian Renaissance art. Instead, he looked towards native Netherlandish subjects and styles, and these he modified and reworked into new forms that express a strikingly thought-provoking, and indeed, skeptical vision of human nature, human institutions, and history.[16] In a number of pictures he adapted the world-landscape type developed in the first decades of the sixteenth century in order to com-

---

[15] MARGARITA RUSSELL, Visions of the Sea. Hendrick C. Vroom and the Origins of Dutch Marine Painting (Leiden, 1983), pp. 3–61; GOEDDE, Tempest (see note 13), pp. 47–86.

[16] Recent studies of Pieter Bruegel the Elder include MARGARET A. SULLIVAN, Bruegel's Peasants. Art and Audience in the Northern Renaissance (Cambridge, 1994); ETHAN MATT KAVALER, Pieter Bruegel. Parables of Order and Enterprise (Cambridge, 1999).

ment on the smallness of human beings and human ambition in the vastness of the world and in the scope of history – for example, the famous *Fall of Icarus* of the late 1550s in which Icarus is nearly invisible, displaced from the center of the composition and small in the expanse of the world. In a similar way, Bruegel relocates the census at Bethlehem and the adoration of the Magi to Flemish towns in the midst of winter and set amidst a profusion of human beings and their dwellings that make the actual subject of the images difficult to decipher. In the *Census* the crowd at the inn and the many other things to look at distract us from the small and unremarkable group of Mary and Joseph on their donkey. In the *Adoration of the Magi*, it takes some time to locate the stable off to the far left, concealed behind a veil of falling snow and its marginal position in the composition. Bruegel seems to insist on the almost secret presence of the sacred in the ordinary world of human beings, while at the same time by placing the scenes in the contemporary world he suggests that we would treat Christ in the same way if he were to turn up among us today.

In the same way, the Dutch snow scenes of the seventeenth century are not simply documentary reports of places and weather: most are not set in specifically identifiable locations even though they are immediately recognizable as Dutch. The activity of skating itself was seen as distinctively Dutch and viewed with astonishment by foreigners.[17] The flat landscapes and town views, crossed by canals and streams are very Dutch, and Dutch flags often appear in winter landscapes; but the places cannot be precisely named. Moreover, the vast majority of these pictures betray no sign of commemorating or portraying specific cold spells or dramatic incidents in the cold weather. These images do, however, have features that indicate their reference to wider social values and mores. One of these is the tendency to depict all social classes on the ice.[18] In these images we see men and women dressed in the height of fashion, juxtaposed with more simply dressed townsfolk and with people dressed in peasant costume, not to mention the ubiquitous children scurrying around. This levelling function of skating was recognized in the seventeenth century and viewed as a distinctive feature of Dutch society. In addition, there is a tendency for artists to depict couples on the ice, alluding to the opportunities that skating presented to meet the opposite sex.[19] These were widely noted in the seventeenth century, and

---

[17] VAN STRAATEN, Koud (see note 1), pp. 52–62; VAN SUCHTELEN, Holland Frozen (see note 1), pp. 16–20, 22–6.
[18] Ibid., p. 20.
[19] Ibid., pp. 20–2; VAN STRAATEN, Koud (see note 1), pp. 63–9.

skating was associated with courtship and the arousal of amorous passion. Interestingly, this is one of the few subjects in which we see seventeenth-century Dutch couples touching each other. Many Dutch snow scenes seem to be not just scenes of winter fun but also idealized or generalized representations of social behaviors and social values.

It is also revealing to observe what these scenes do *not* depict, that is, the severe hardships of winter, which routinely placed a large majority of the population in mortal danger from cold, malnutrition, and disease.[20] We also rarely find depictions of another deadly feature of these winters – catastrophic floods caused either by storms coming off the North Sea or by the thawing of heavy accumulations of snow and ice, which in some years was even deadlier than the cold.[21] In the years of the Little Ice Age, these inundations caused the deaths of thousands in the Netherlands, and wrought enormous material damage to buildings, bridges, mills, and dikes. Whole villages were sometimes wiped out in a single incident. The deadly effects of flooding also persisted in that it often resulted in poor harvests. It is remarkable how little visual evidence there is of the enormous suffering caused by the floods of the Little Ice Age. This is not to say that there are no illustrations of flooding at all, but the subject is relatively rare in prints and especially uncommon in paintings.[22] This is particularly notable when viewed in the context of the vast production of landscapes in late sixteenth-century Antwerp and especially in seventeenth-century Holland.[23]

One of the few artists to depict flooding in relation to the changing of the seasons is Pieter Bruegel the Elder, who treats it as a background element in the *Dark Day*, the second of his seasons, the series that begins with the *Return of the Hunters*. Interestingly, few followed Bruegel's innovation, and the storms and floods of winter and early spring rarely found their way into later landscape art. Instead, we encounter for the most part in Dutch winter scenes a world of social harmony and bustling life whose clear location in the contemporary world of the Dutch Republic successfully masks its selective, partial vision of that contemporary reality. In this context one might note that another major weather phenomenon of the Little Ice Age scarcely finds pictorial expression – indeed, it may be impossible to depict – that is,

---

[20] See the work of BUISMAN, Duizend jaar weer (see note 5).

[21] HERMAN PLEIJ, De sneeuwpoppen van 1511. Stadscultuur in de late middeleeuwen (Amsterdam, 1988), pp. 20–1.

[22] BUISMAN, Duizend jaar weer (see note 5), IV, provides a sampling of flood images.

[23] AD VAN DER WOUDE, "The Volume and Value of Paintings in Holland at the Time of the Dutch Republic", in Art in History (see note 12), pp. 285–329, esp. 304–305.

the late springs and short growing seasons that could wreak havoc with food supplies in a world often at the brink of famine even in good times.[24]

For all their realistic plausibility, closer examination reveals that these pictures are fictional constructs. If their inspiration is at least in part the severe weather of the Little Ice Age, they do not survey the experience of those winters objectively or comprehensively but rather selectively and interpretively. This function as a vehicle for articulating values and norms may well explain another feature of the seventeenth-century snow scene that is apparently unrelated to the real weather – that is, its disappearance in the late seventeenth century. From the 1670s onward the frequency of snow scenes in art declines precipitously despite the fact that the 1680s and 1690s witnessed some of the most severe winters of the Little Ice Age.[25] This decline is most likely linked to large-scale social changes in the later seventeenth century, involving the gentrification of the upper classes of Dutch society as they increasingly became rentiers and acquired country estates and noble titles. Skating, with its implications of unfettered socializing of the classes and sexes, became markedly less popular among the upper classes, and perhaps as a result demand for images of people enjoying themselves on the ice dropped.[26]

The highly selective way in which the Dutch snow scene renders the reality of contemporary winters, as well as its disappearance during a period of intensifying cold together cast doubt on the assumption that these pictures directly mirror contemporary reality. Even in the case of a highly naturalistic art like that of seventeenth-century Holland, the great majority of the images made in that time and place deviate from the ordinary visible world to one degree or another. Even city views and architectural paintings – views of identifiable buildings – often alter the observable world in important ways. It should not be surprising then that the clouds and weather in Dutch landscapes have to be viewed with some caution if one means to use them to draw conclusions as to the actual weather conditions of seventeenth-century Holland. In Jacob van Ruisdael's famous *Views of Haarlem*, for example, the weather is always fine, and the clouds, though plausible, are not really accurate since they lack the flat bases typical of cumulous clouds.[27] This selective and interpretive depiction of contemporary reality is entirely typical of Dutch landscape and of Dutch painting in general. Perhaps most telling is

---

[24] CHRISTIAN PFISTER, "Weeping in the Snow. The Second Period of Little Ice Age-Type Impacts, 1570–1630", in this volume, pp. 31–86.

[25] VAN SUCHTELEN, Holland Frozen (see note 1), pp. 15, 70.

[26] Ibid., p. 22.

[27] WALSH, "Skies and Reality" (see note 2), pp. 100, 109; GEDZELMAN, "Weather Forecasts" (see note 2), p. 449.

the rarity of images of one of the most celebrated of Dutch achievements, the diking and draining of the polder lands. The new lands won in this way from the sea in the seventeenth century only rarely appear in paintings, and just as revealing, the ubiquitous windmills in Dutch paintings are hardly ever drainage mills.

The realism of Dutch landscapes is famous and convincing, but the view of the visible world in these pictures is limited. Far from providing a comprehensive depiction of the world, these paintings depict a markedly selective range of landscape types, subjects, and especially important for our purposes, weather phenomena. Moreover, this limited vision of the world is not neutral or objective, but apparently articulates values, beliefs, and cultural identity in a variety of ways. Consequently, I would argue that attempting to use these images as evidence of climate and changes in climate fails to recognize that however believable they may be, they are representations, that is pictorial constructs or pictorial fictions, rather than direct reports surveying the life of the Dutch Republic. While the thesis that the Little Ice Age affected the art of the Netherlands is plausible in at least a partial way, it must be modified to acknowledge that what the artists achieved was not a neutral, comprehensive survey of life and weather in those times and places, but rather visions of human community, a nascent national identity, and harmonious existence in the ever-changeable, yet divinely-ordered, world of nature, including a world of increasingly cold weather.

Zusammenfassung

Der vorliegende Aufsatz versucht, den Einfluss der Naturphänomene während der »Kleinen Eiszeit« auf die Entwicklung einzigartiger und ortsgebundener Ausdrucksverfahren in der Malerei – hier die niederländische Winterlandschaftsmalerei – zu erklären. Die Darstellungen von Winterlandschaften in der niederländischen Malerei lassen sich scheinbar eindeutig auf die harten Winter der Kleinen Eiszeit zurückführen. Die ersten umfangreichen Schneelandschaftsszenen, bei Pieter Bruegel dem Älteren etwa, gehen auf das Jahr 1565 zurück. Dieser ungewöhnlich kalte Winter datiert den Beginn einer Periode zunehmender Kälte. Seit den Jahrzehnten nach 1608 – einem sehr kalten Jahr – war die Darstellung von Winterlandschaften wesentlicher Bestandteil der niederländischen Landschaftsmalerei. Die lokale Gebundenheit, die bestehende Antwerpener Maltradition und besonders die einzigartigen Maltechniken zeigen aber auch, dass weitere Faktoren in der Genese der Malerei ebenso wichtig waren wie die Wahrnehmung des kalten Wetters.

Die Bilder dokumentieren nicht nur eine sich intensivierende Kälte, sondern vielmehr spezifisch orts- und zeitgebundene Haltungen und Wertvorstellungen. So werden weder einzelne Aspekte noch herausragende Katastrophen der Kleinen Eiszeit explizit geschildert. Auffällig ist auch der relative Mangel an Winterlandschaftsdarstellungen in den Jahren nach 1670, obwohl sich insbesondere in diesem und den folgenden Jahrzehnten das Wetter zunehmend verschlechterte. Auch wenn die Winterdarstellungen ursprünglich durch das Klima der Kleinen Eiszeit inspiriert worden sein mögen, sind sie primär als erfinderische Versuche zu sehen, mit denen z. B. Bruegel seine Skepsis gegenüber dem Menschen und seiner Vergesellschaftung auszudrücken suchte. Später dokumentieren sie die Sitten und kulturellen Werte der entstehenden niederländischen Republik.

Renaissance – Manierismus – Barock

Sozial- und klimageschichtliche Hintergründe künstlerischer Stilveränderungen

von

BERND ROECK

Versuche, die kunstgeschichtliche Entwicklung des 16. und beginnenden 17. Jahrhunderts zu einer mehr oder weniger genau umschriebenen »Krise« in Beziehung zu setzen, sind nicht neu. Angelegt waren sie bereits in einer genetischen Sicht der Kunstgeschichte, die mit Giorgio Vasaris epochalem Werk ans Licht trat: Danach sah die Kunstgeschichte mit der Hochrenaissance – bei Vasari vor allem in Gestalt Michelangelos – einen einsamen Höhepunkt, zugleich eine Peripetie.[1] Noch Jacob Burckhardt deutete in seinem enorm einflussreichen *Cicerone* den großen Gang der Kunstgeschichte nicht wesentlich anders, nur dass im Zentrum seines ästhetischen Systems nicht Michelangelo, sondern Raffael stand. Dass er seine Überzeugung, nach dem Tod Raffaels setze ein allgemeiner Niedergang ein, in späteren Texten und Briefen zumindest einer Teilrevision unterzog, blieb den meisten seiner Leser verborgen. Sie avancierte jedenfalls zusehends zum dominierenden Gegenmodell zur Konzeption Ruskins und der Präraffaeliten, die in der Kunst des *Trecento* Frömmigkeit und edle Einfachheit, als Ausdruck einer reinen und tief religiösen Gesellschaft, erblicken zu können meinen. Jacob Burckhardt selbst war sehr zurückhaltend, wenn die Frage der Beziehung zwischen Kunst und Geschichte zur Debatte stand.[2] Er war zusehends zu der Auffas-

---

[1] Vgl. HANS BELTING, Vasari und die Folgen. Die Geschichte der Kunst als Prozess?, in: Historische Prozesse. Hg. KARL-GEORG FABER / CHRISTIAN MEIER (Theorie der Geschichte. Beiträge zur Historik 2). München 1978 S. 69–97.

[2] MAURIZIO GHELARDI, La scoperta del Rinascimento. L »Età di Rafaello« di Jacob Burckhardt. Turin 1991; auch BERND ROECK, Der verschlossene Bezirk. Burckhardts Synthese von Kunst- und Kulturgeschichte, in: Frankfurter Allgemeine Zeitung vom 8. September 1993. Das vorerst letzte Wort zur Frage der Beziehung zwischen Kunst und Geschichte stammt von FRANCIS HASKELL, History and Its Images. Art and the Interpretation of the Past. New Haven usw. 1993 (dt. 1995).

sung gelangt, dass die schönen Künste und die historische Entwicklung nur in einer sehr ephemeren Verbindung zueinander stünden und hat das in den *Weltgeschichtlichen Betrachtungen* auch klar ausgesprochen. Dennoch lieferte seine Ästhetik ein Modell, nach der die Zeit nach Raffael und den anderen Heroen der Renaissance als Zeit des Niedergangs, wenn nicht der Krise interpretiert werden konnte.

Burckhardt distanzierte sich auch in diesem Punkt von Hegel und dessen Geschichtsphilosophie, die genau von solchen Zusammenhängen ausging. Hegel postulierte bekanntlich, dass sich der Weltgeist auf jeder Stufe seiner Entwicklung in allen Äußerungen einer Kultur expliziere. Dies bedeutete nicht nur, dass es sich aus seiner Geschichtsphilosophie ableiten ließ, selbst ein einzelnes Detail ermögliche Schlüsse auf den gesamten Zusammenhang, es wies auch den Weg zu einer Interpretation von Werken der bildenden Kunst als Leitfossilien der Weltgeschichte. Lamprecht baut sein abstruses System der Kulturzeitalter im Grunde auf solche Konjekturen auf; subtiler, aber nicht weniger abwegig sind die psychohistorischen Spekulationen Aby Warburgs, die in eine frühe zivilisationstheoretische Konzeption münden.[3] Noch Panofskys berühmtes Werk *Gotik und Scholastik*, das von einer osmotischen Beziehung zwischen gotischem Baustil und scholastischer Philosophie ausgeht, könnte sich auf Hegel berufen. Den umgekehrten Weg, nämlich nach eben jenem Zusammenhang zwischen Kunst und Geschichte zu fragen, der von Hegel und seinen Nachfolgern vorausgesetzt worden war, sind bis dahin nur wenige gegangen, und sie haben dies keineswegs mit überzeugendem Erfolg getan. Der vielleicht bekannteste Versuch stammt von dem ungarischen Kunsthistoriker Arnold Hauser, dessen monumentales Werk die gesamte Weltkunst von der Steinzeit bis zu Picasso historisch zu verorten suchte. Hauser wird heute – mit Recht – kaum noch zitiert, da er die Phänomene mit einer gewissen Beliebigkeit miteinander in Beziehung bringt, stets nur beweisend, dass alles irgendwie mit allem zusammenhängt. An seiner Argumentation lässt sich demonstrieren, was Ernst Gombrich einmal über Hegels Dialektik gesagt hat: Sie sei eine Methode, immer Recht zu behalten.[4] Hauser war aber der erste, der dezidiert versuchte, die nachklassische Kunst des 16. Jahrhunderts, also jene irisierende Fülle von stilistischen

---

[3] Vgl. BERND ROECK, Schönheit und Krise. Die Ästhetik der Vernunft in der Psychohistorie Aby Warburgs, in: Zwischen den Welten. Beiträge zur Kunstgeschichte, für Jürg Meyer zur Capellen. Hg. DAMIAN DOMBROWSKI. Weimar 2001 S. 282–294.

[4] ERNST H. GOMBRICH, The Social History of Art, in: The Art Bulletin XXXV. März 1953; hier zitiert nach DERS., Die Sozialgeschichte der Kunst, in: DERS., Meditations on a Hobby Horse and Other Essays on the Theory of Art. London 1963; dt.: Meditationen über ein Steckenpferd. Von den Wurzeln und Grenzen der Kunst. Frankfurt a. M. 1978 S. 154–167, hier 160.

Entwicklungen, die man »Manierismus« nennt, mit einer krisenhaften Entwicklung in Zusammenhang zu bringen.[5] Hier wird das kunstgeschichtliche Phänomen der »Auslösung der Renaissance« (wie immer man diese fassen mag) mit allem in Verbindung gebracht, was »Neuzeit« ausmacht: Die Entstehung der naturwissenschaftlichen Weltanschauung wird geschildert, wirtschaftliche und gesellschaftliche Umwälzungen von der »Entstehung des modernen Kapitalismus« bis zur »Wirtschaftskrise in Italien« werden thematisiert, ausführliche Abschnitte sind dem Bauernkrieg, den religiösen Veränderungen, der politischen Theorie Machiavellis gewidmet.

So wie Hauser kann man es also nicht machen. Eigenheiten der manieristischen Kunst – die Fülle von komplizierten Inszenierungen, *sottinsù*, Überschneidungen, Verfremdungen – reflektieren nicht einfach »Leben«. Es ist nicht einmal gesagt, dass die merkwürdigen, irritierenden Virtuosenstücke, wie sie etwa von Parmigianino, Arcimboldo und anderen Meistern des Manierismus geboten werden, grundlegende Zweifel an der Kohärenz von Wirklichkeit oder auch nur Einsichten in die Kontingenz des Daseins reflektieren, wie sie sich in der Philosophie der Epoche andeuten.[6] Solche Zusammenhänge sind völlig unbewiesen, positive Quellenbelege fehlen jedenfalls.

Dementsprechend vorsichtig wird man mit der Frage umgehen müssen, ob bzw. welche Auswirkungen die »Kleine Eiszeit« auf die künstlerische Entwicklung des 16. Jahrhunderts gehabt haben könnte. Sie stellt ja nur einen Teilaspekt jener umfassenden »Krise« dar, die Hauser und seine Epigonen als Voraussetzung der »Krise« der Renaissance namhaft machen zu können glaubten.[7] Von ihrer Existenz wusste Hauser übrigens nichts; sicher hätte er ihr ein ausführliches Kapitel in seinem Werk gewidmet. Die Herausforderung des Themas liegt darin, kunstinterne Entwicklungen nicht außer Betracht zu lassen, sie abzuwägen gegenüber Einflüssen, die von »außerhalb« kamen und auf das Milieu, in dem die Kunstwerke entstanden, einwirkten. Dies kann im Folgenden natürlich nur in Form einer sehr knappen Skizze

---

[5] Arnold Hauser, Der Manierismus. Die Krise der Renaissance und der Ursprung der Modernen Kunst. München 1964, TB-Ausgabe München 1979 unter dem Titel: »Der Ursprung der modernen Kunst und Literatur. Die Entwicklung des Manierismus seit der Krise der Renaissance.«

[6] Neueste Literatur zum Manierismus bei Daniel Arasse / Andreas Tönnesmann, Der europäische Manierismus, 1520–1610. München 1997.

[7] Zur Kleinen Eiszeit zuletzt Wolfgang Behringer, Die Krise von 1570. Ein Beitrag zur Krisengeschichte der Neuzeit, in: Um Himmels Willen. Religion in Krisenzeiten. Hg. Manfred Jakubowski-Tiessen / Hartmut Lehmann. Göttingen 2003 S. 51–156. Unter dem Aspekt unseres Themas ist besonders hervorzuheben Hartmut Lehmann, Frömmigkeitsgeschichtliche Auswirkungen der »Kleinen Eiszeit«, in: Volksreligiosität in der modernen Sozialgeschichte. Hg. Wolfgang Schieder (Geschichte und Gesellschaft, Sonderheft 11). Göttingen 1986 S. 31–50.

geschehen. Dabei wird zunächst kurz auf jene viel beschworenen Krisenfaktoren einzugehen sein, die den historischen Hintergrund der stilistischen Entwicklung bildeten. Ich beschränke mich hier auf einige wenige Bemerkungen, da die Zusammenhänge in anderen Beiträgen dieses Buches ausführlicher thematisiert werden.

Als Kleine Eiszeit bezeichnet die Forschung bekanntlich eine große Epoche, die um 1300 beginnt und bis zum Ende des 19. Jahrhunderts reicht.[8] Ihre klimageschichtliche Einheit ist durch ein globales Vordringen der Gletscher gekennzeichnet, durch ein nachhaltiges Absinken der Durchschnittstemperaturen, durch verregnete, kalte Sommer und strenge Winter. Auch während der Kleinen Eiszeit gab es allerdings längere warme Perioden mit Sonnenschein und guten Ernten, und selbst während der *Cluster* kalter Jahre waren nicht alle Tage ohne Sonne. Auch wurden die Länder Europas in unterschiedlicher Weise von diesen Klimaveränderungen getroffen; das hält zur Zurückhaltung bei generalisierenden Aussagen an. Gerade die italienischen Verhältnisse scheinen nicht in dem Maße erforscht zu sein, wie dies wünschenswert wäre. Das ist für unsere Fragestellung auch deshalb wichtig, weil Italien im 16. Jahrhundert unbestritten die kulturell führende Nation war. Hier vollzogen sich wesentliche künstlerische Entwicklungen mit Ausstrahlungen über den ganzen Kontinent.

Einigkeit dürfte darüber bestehen, dass die Kleine Eiszeit mit ihrem nachhaltigen »Tief« seit den 1560 Jahren nur einen Krisenfaktor unter mehreren darstellt, die von unterschiedlichem Gewicht waren. Sie verschärfte eine bereits angespannte Versorgungssituation, die insbesondere aus dem bis in die neunziger Jahre des 16. Jahrhunderts ungebrochenen Bevölkerungsaufschwung resultierte. Die verregneten Sommer und kalten Winter führten dazu, dass einfach weniger Nahrungsmittel zur Verfügung standen; es kam zu Hungersnöten und in jedem Fall zu jenen Preissteigerungen, die in der Wirtschaftsgeschichte unter das Etikett »Preisrevolution« gebracht wurden. Durch Edelmetallzuflüsse aus den neu entdeckten amerikanischen Gebieten wurde die Inflation zusätzlich forciert. Wie gezeigt werden soll, war ein wesentlicher Faktor für die künstlerische Entwicklung in diesen säkularen und großräumigen Trends, die auch andere Bereiche der europäischen Wirtschaft nicht unberührt ließen, begründet: Es gab immer weniger Arbeit, und

---

[8] Hilfreich die Übersicht von RÜDIGER GLASER, Klimageschichte Mitteleuropas. 1000 Jahre Wetter, Klima, Katastrophen. Darmstadt 2001; CHRISTIAN PFISTER, Wetternachhersage. Bern 1999; DERS. ET. AL. (Hg.), Climatic Variability in Sixteenth Century Europe and Its Social Dimension (Climatic Change. An Interdisciplinary, International Journal Devoted to the Description, Causes and Implications of Climatic Change 32. 1999, Special Issue).

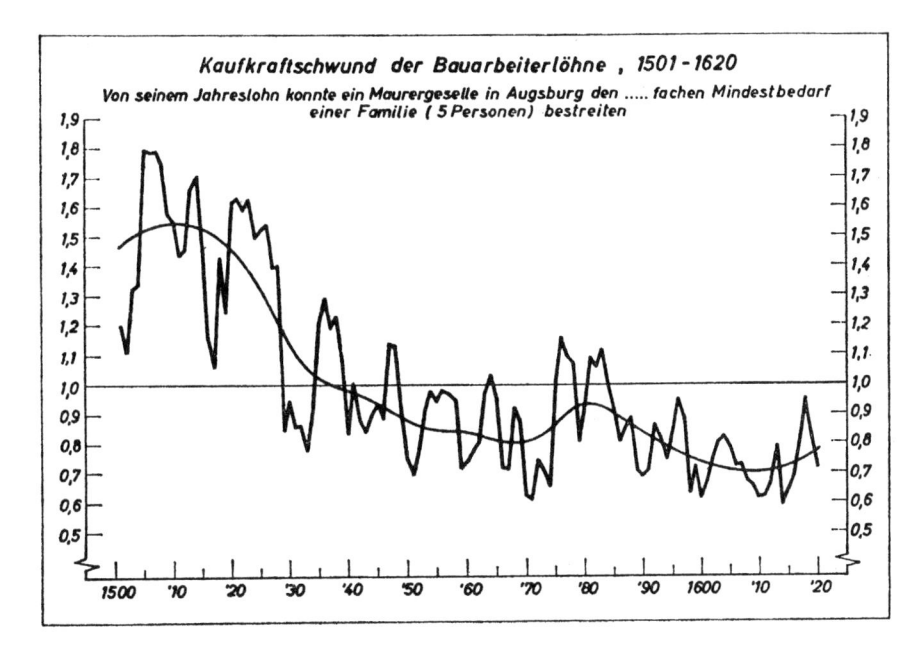

Kaufkraftschwund der Bauarbeiterlöhne, 1501-1620
Von seinem Jahreslohn konnte ein Maurergeselle in Augsburg den ..... fachen Mindestbedarf einer Familie (5 Personen) bestreiten

Abbildung 1. Warenkorbuntersuchung Augsburger Tagelöhner, aus: Die Wandlungen der Preis- und Lohnstruktur (wie Anm. 9) S. 16.

die Reallöhne sanken dementsprechend. Dieter Saalfeld hat dies in einer heute berühmten und vielzitierten Untersuchung beschrieben.[9]

Es sei nicht verschwiegen, dass dieser an Augsburger Verhältnissen erarbeiteten Studie gelegentlich viel Aussagekraft für die Verhältnisse des 16. Jahrhunderts aufgebürdet wird; es müssten Paralleluntersuchungen vor allem auch für andere europäische Regionen angestellt werden, damit ihre Aussagen verifiziert oder falsifiziert werden können. Insgesamt gibt es aber viele Indikatoren, die darauf hinweisen, dass die von Saalfeld diagnostizierte Tendenz zutrifft. Die Hinweise auf eine dramatische Verschlechterung der Verhältnisse sind jedenfalls unübersehbar; Wilhelm Abel hat sie unter die Schlagworte »Massenarmut« und »Hungerkrisen« gebracht.[10] Will man dazu noch die sich häufenden Seuchenzüge nehmen und die Eskalation der

---

[9] DIETER SAALFELD, Die Wandlungen der Preis- und Lohnstruktur während des 16. Jahrhunderts in Deutschland, in: Beiträge zu Wirtschaftswachstum und Wirtschaftsstruktur im 16. und 19. Jahrhundert. Hg. WOLFRAM FISCHER. Berlin 1971 S. 9–28.
[10] WILHELM ABEL, Massenarmut und Hungerkrisen im vorindustriellen Europa. Versuch einer Synopsis. Hamburg usw. 1974. Neuere Literatur bei OLE PETER GRELL / ANDREW CUNNINGHAM / JON ARRIZABALAGA (Hg.), Health Care and Poor Relief in Counter-Reformation Europe. London usw. 1999.

Hexenpaniken als besonders dramatisches Indiz, ergibt sich ein düsteres Szenario, mit Verdichtungen der Krisensymptome zwischen 1570 und 1590.[11] Dass die verschärfte Versorgungssituation in Verbindung mit dem zunehmenden Steuerdruck durch die sich formierenden frühmodernen Staaten zu den Ursachen jener Welle von Unruhen und Aufständen zählt, die ebenfalls zum Gesamtbild der Epoche gehören, sollte ebenfalls erwähnt werden.

Mit der Erinnerung an die Verdichtung frühmoderner Staatlichkeiten ist ein weiterer Faktor von wesentlicher Bedeutung für die Entwicklung der Künste genannt. Denn der Staat – in Gestalt des Fürsten oder der Ratsgremien der Städte – trat dominierend als Auftraggeber auf den Plan.[12] Am Hof, nicht in der bürgerlichen Lebenswelt wird sich seit dem 16. Jahrhundert immer deutlicher sichtbar die Emanzipation des Künstlers vollziehen.[13] Die Höfe sind es auch, die in Konkurrenz um die Spitzenkräfte treten und mit ihrer Hilfe den stillen »Krieg der Zeichen«, der die machtpolitischen Auseinandersetzungen auf dem Kontinent begleitet, ja prägt, ausfechten. Nicht weniger wichtig wird die konfessionelle Konkurrenz, deren Konsequenzen für die Künste sich gar nicht hoch genug einschätzen lassen.[14] Sie wirkt sich auf Themen aus, führt zu Versuchen der verschiedenen Parteien, kulturelle Differenzen zu markieren, kann aber zugleich Annäherungen evozieren, die der französische Historiker Étienne François auf den Begriff eines *Désir mimeti-*

---

[11] BEHRINGER, Die Krise von 1570 (wie Anm. 7).

[12] Neuere Literatur BERND ROECK, Kunstpatronage in der frühen Neuzeit. Studien zu Kunstmarkt, Künstlern und ihren Auftraggebern in Italien und im Heiligen Römischen Reich (15.–17. Jahrhundert). Göttingen 1999; FRANCIS HASKELL, Patrons and Painters. Art and Society in Baroque Italy. New Haven usw. 1980; BRAM KEMPERS, Kunst, Macht und Mäzenatentum. Der Beruf des Malers in der italienischen Renaissance. München 1989 (niederl. 1987); DANIEL BÜCHEL / VOLKER REINHARDT (Hg.), Die Kreise der Nepoten. Neue Forschungen zu alten und neuen Eliten Roms. Bern usw. 2001; CLAUDIA BANZ, Höfisches Mäzenatentum in Brüssel. Kardinal Antoine Perrenot de Granvelle (1517–1586) und die Erzherzöge Albrecht (1559–1621) und Isabella (1566–1633). Berlin 2000; ARNE KARSTEN, Künstler und Kardinäle. Vom Mäzenatentum römischer Kardinalnepoten im 17. Jahrhundert. Köln usw. 2003.

[13] MARTIN WARNKE, Hofkünstler. Zur Vorgeschichte des modernen Künstlers. Köln ²1986; RUDOLF WITTKOWER / MARGOT WITTKOWER, Born under Saturn. The Character and Conduct of Artists. London 1963; WOLFGANG RUPPERT, Der moderne Künstler. Zur Sozial- und Kulturgeschichte der kreativen Individualität in der kulturellen Moderne im 19. und frühen 20. Jahrhundert. Frankfurt a. M. 1998; SERGIO ROSSI, Dalle botteghe alle Accademie. Realtà sociale e teorie artistiche a Firenze dal XIV al XVI secolo. Milano 1980; zur technischen Seite künstlerischer Arbeit BRUCE COLE, The Renaissance Artist at Work. From Pisano to Titian. New York 1983.

[14] SERGIUSZ MICHALSKI, The Reformation and the Visual Arts. The Protestant Image Question in Western and Eastern Europe. London usw. 1993; zuletzt (mit der älteren Literatur) Iconoclasme. Vie et mort de l'image médiéval. AK Bern usw. 2001.

que gebracht hat.[15] Die Auseinandersetzung des konfessionellen Zeitalters haben aber noch eine weitere, in der Regel weniger bedachte Konsequenz. Indem Reformbewegungen in sämtlichen Konfessionsgruppen grundsätzlich entweder skeptisch gegenüber der Verwendung von Bildern überhaupt sind oder aber die Art der Bilder einem entschiedenen Reglement zu unterwerfen suchen, kommt es zu einer Neudefinition der Räume des Sakralen und dessen, was an Kunst innerhalb dieser Zonen erlaubt sein soll und was nicht.[16] Im zwinglianischen oder calvinistischen Bereich ist da so gut wie nichts statthaft, im lutherischen Bereich sind die Bilder immerhin *adiaphora*, zur Erinnerung, zur Unterweisung geeignete Nebensachen. Das Konzil von Trient versucht, wenn auch nicht immer mit durchschlagendem Erfolg, genauer festzulegen, wie die Darstellungen des Heiligen auszusehen haben, was erlaubt sein soll und was verboten.[17] Das bedeutet aber auch, dass sich langfristig neue Räume für eine weltliche Kunst öffnen. Sie wird ihren Platz jenseits des Sakralen haben, eben dort wird sich auch das Spiel des Manierismus zu seinem ganzen Glanz entfalten.

Es ist klar, dass unser eigentliches Thema – die Kleine Eiszeit – nur in einer sehr losen, indirekten Verbindung mit den gerade skizzierten komplexen Zusammenhängen gesehen werden kann. Mit der Glaubensspaltung hat sie ebensowenig etwas zu tun wie mit der Verdichtung moderner Staatlichkeit; in der Geschichte der Preisrevolution spielt sie schon eine deutlicher herausgehobene Rolle. Aber es lässt sich nicht leugnen, dass sie auf krisenhafte Trends verschärft eingewirkt hat, dass sie möglicherweise jenen pessimistischen Grundzug der Epoche, der aus zahlreichen Äußerungen der Intellektuellen – und auch einfacher Chronisten – zu erschließen ist, verstärkt hat.[18] Sie war sozusagen ein Ingredienz, das die Suppe bitterer machte.

---

[15] Etienne François, Die unsichtbare Grenze. Protestanten und Katholiken in Augsburg 1648–1806. Sigmaringen 1991.

[16] Hierzu Bernd Roeck, Das historische Auge. Kunstwerke als Zeugen ihrer Zeit von der Renaissance zur Revolution Göttingen 2004 S. 131–135.

[17] Freya Strecker, Augsburger Altäre zwischen Reformation (1537) und 1635. Bildkritik, Repräsentation und Konfessionalisierung. Münster 1997; Christine Göttler, Die Kunst des Fegefeuers nach der Reformation. Kirchliche Schenkungen, Ablaß und Almosen in Antwerpen und Bologna um 1600. Mainz 1996; Susanne Mayer-Himmelheber, Bischöfliche Kunstpolitik nach dem Tridentinum. Der Secunda-Roma-Anspruch Carlo Borromeos und die mailändischen Verordnungen zu Bau und Austattung von Kirchen. München 1984.

[18] Vgl. etwa Jean Delumeau, La peur en Occident, XVIe-XVIIIe siècles. Une cité assiégée. Paris 1978; dt.: Angst im Abendland. Die Geschichte kollektive Ängste im Europa des 14. bis 18. Jahrhunderts, 2 Bde. Reinbek 1985; Bernd Roeck, Geschichte, Finsternis und Unkultur. Zu Leben und Werk des Marcus Welser (1558–1614), in: Archiv für Kulturgeschichte 72, 1. 1990 S. 115–141.

Abbildung 2. PIETER BRUEGEL D. Ä., »Die Anbetung der Könige im Schnee«, 1567, in: RICHARD SEIFFERT-WATTENBERG (Hg.), Aus der Sammlung Oskar Reinhart. Hannover 1935 S. 66.

Eine direkte Auswirkung der Kleinen Eiszeit in der Kunst ist aber doch unübersehbar, nämlich die Serien von Winterbildern, die Pieter Bruegel in den sechziger Jahren des 16. Jahrhunderts anfertigte.[19] Das Zusammentreffen jener Innovation mit dem Einsetzen der Klimaverschlechterung ist evident. Denn gemalten Schnee hat es bis dahin äußerst selten gegeben, man muss auf die Buchmalerei des beginnenden 15. Jahrhunderts und das Grimani-Breviar des späten Quattrocento blicken, um Vorbilder zu finden; eine weitere Ausnahme ist ein Fresko im Adlerturm des Castello di Buonconsiglio in Trient, das seinerseits von Buchillustrationen nördlicher Provenienz abhängig sein dürfte. Zwar hat Bruegel keine realistischen Landschaften im Sinne fotografischer Abbildungen gemalt, obwohl ihm durch seine Italienreise Bergszenerien bekannt waren.[20] Doch hat er, wie die meisten Landschaftsmaler seiner Zeit, realistische Einzelheiten kombiniert, Szenerien zu

---

[19] Im Kunsthistorischen Museum Wien und in Winterthur (Sammlung Oskar Reinhart).

[20] Er habe, nach der derben Formulierung Carel van Manders, »als er in den Alpen war, die Berge und Felsen verschluckt und als Malbretter wieder ausgespien«. CAREL VAN MANDER, Das Leben der niederländischen und deutschen Maler (von 1400 bis ca. 1615). Übersetzung nach der Ausgabe von 1617 und Anmerkungen von HANS FLOERKE. Worms 1991 S. 154; vgl. TANJA MICHALSKY, L'atelier des songes. Die Landschaften Pieter Bruegels d. Ä. als Räume subjektiver Erfahrung, in: Imagination und Wirklichkeit. Hg. KLAUS KRÜGER / ALESSANDRO NOVA. Mainz 2002 S. 123–137; NILS BÜTTNER, Die Erfindung der Landschaft. Kosmographie und Land-

Abbildung 3. AERT VAN DER NEER, »Winterlandschaft mit Schlittschuhläufern bei Sonnenuntergang«, ca. 1655/60, in: RÜDIGER KLESSMANN (Hg.), Holländische Malerei des 17. Jahrhunderts (Bildhefte der Staatlichen Museen Preußischer Kulturbesitz Heft 11/12). Berlin ²1983 S. 59, Abb. 17.

Idealbildern zusammengefügt, die mentale Reisen möglich machten. Zu diesen Idealbildern gehörte eben auch der Schnee. Er war zweifellos aus der Lebenswelt seiner Zeit genommen. Das bekannte Winterbild der Sammlung Reinhart in Winterthur versteckt eine Anbetung der Könige inmitten eines verschneiten niederländischen Dorfes; ein kleiner Hinweis darauf, dass es darum ging, heiliges Geschehen buchstäblich zu vergegenwärtigen, dem Gläubigen zu helfen, das Ereignis »mitzuleben«, spielte es doch in einer vertrauten, nahen Umgebung.

Die Winterbilder Bruegels haben bekanntlich eine Tradition begründet, die über die Kälteperiode des 16. und der ersten Hälfte des 17. Jahrhunderts hinaus anhält. Die niederländischen Maler waren keine Pleinairisten, die mit der Staffelei im Freien die Wirklichkeit abgemalt hätten, und man kann nachweisen, dass etwa ihre Darstellung von Wolkenformationen nicht reali-

---

schaftskunst im Zeitalter Bruegels. Göttingen 2000 S. 174–177; JACEK WOZNIAKOWSKI, Die Wildnis. Zur Deutungsgeschichte des Berges in der europäischen Neuzeit. Frankfurt a.M. 1987.

Abbildung 4. Emblem »Res humanae in summo, declinant.« aus: Emblemata (wie Anm. 23) S. 114.

stisch war, sondern kompositionellen, stilistischen Erwägungen gehorchte. Der meteorologische Blick brachte Inkonsequenzen ans Licht. So konnte gezeigt werden, dass der Maler Aert van der Neer auf seiner Winterlandschaft mit Schlittschuhläufern bei Sonnenuntergang (um 1655/60, Berlin) eine unrealistische Wolkenstimmung wiedergab:

»für einen späten Winternachmittag ist das eher ungewöhnlich, wenn auch nicht unmöglich: Kumuli entstehen meistens durch aufsteigende Luftpakete, die sich vorher am Boden erwärmt haben. Das ist aber für die dargestellte Situation unwahrscheinlich: bei nachlassender Strahlungskraft kann auch im späten Winter die Sonne den Boden gegen Abend kaum noch soweit erwärmen, dass sich stark quellende Kumuli entwickeln, eher ist durch die Abkühlung zu erwarten, dass sich in der Nähe der Eisflächen Nebel bilden.«[21]

Diesen Umstand müssen wir also berücksichtigen, wenn wir die Bilder Bruegels und der anderen Maler des Winters als Dokumente der Kleinen Eiszeit nehmen. Auch ihre Themen empfingen durch die Wirklichkeit Berührungen, nicht mehr. Man könnte auch auf ein altes mentalitätsgeschichtliches Argument verweisen: Rein quantitativ ist die Kleine Eiszeit, geht man von der bildlichen Überlieferung aus, schon gar nicht zu fassen. Eine merkwürdige Statistik gibt darüber Aufschluss: Der russischstämmige Soziologe Pitirim Sorokin, der ein Sample von über 80.000 Gemälden unter anderem nach Themen behandelte und auch notierte, ob auf den Bildern schönes oder schlechtes Wetter zu sehen war, führt vor Augen, dass das 16. Jahrhundert

---

[21] FRANZ OSSING, Der unvollständige Himmel. Zu Wolkendarstellung der holländischen Meister des 17. Jahrhundert, in: Ausstellungskatalog »Die Kleine Eiszeit«. Hg. HEINZ J. ZUMBÜHL. Bern 1983 S. 41–53, hier S. 46.

alles andere als eine Epoche von Schlechtwettergemälden gewesen ist.[22] Noch eindeutiger sind die Aufschlüsse, die der Einblick in die von Arthur Henkel und Albrecht Schöne angelegte Sammlung von Emblemen ergibt.[23] Sie haben nicht weniger als 3.713 Emblemata aufgenommen. Eis und Schnee als Bildthemen kommen in dieser gewaltigen Fülle nur vier Mal vor; die einschlägigen *Picturae* entstanden zwischen 1566 und 1613, was dann doch wieder in die Klimageschichte passt. Besonders eindrucksvoll ist ein Emblem aus Johannes Sambucus' *Emblemata* von 1566, das unter dem Motto »Res Humanae in summo, declinant« steht.[24]

Es ist fast gleichzeitig mit Bruegels Winterthurer Heiligen Drei Königen entstanden. Es zeigt ein strandendes Schiff und in der Sonne schmelzenden Schnee, die *subscriptio* lautet:

»Wenn Phoebus mit seinem Licht den höchsten Punkt des Himmels erreicht hat, taut er mit seinen Strahlen den gefallenen Schnee. Wenn ein Menschenleben seinen Gipfel erreicht hat, sinkt es oft dahin, und nichts, was der schwarze Tag raubt, ist ewig. Den gewaltigen Königen hilft es nichts, in Palästen zu wohnen, und dieselbe Bestimmung harrt ihrer und der Armen. Der Tod macht alle gleich und schont den Reichen nicht eine Stunde lang. Und während die Worte prahlen, kommt er rasch. Wehe, mühelos treibt jeder Wind uns, die wir machtlos sind, und wir sinken schneller, als ein Hauch die Rosen entblättert.«

Es scheint wie ein Emblem für die Kleine Eiszeit, was Sambucus uns hier mitteilt.

Solche thematischen Anregungen sind nun in der Tat nur Berührungen, wenn man auch nur oberflächlich die reiche Überlieferung an Kunst seit der Mitte des 16. Jahrhunderts mustert. Es dürfte schwerfallen, hier – abgesehen von einigen einzelnen Werken – durchweg Krisenstimmung, Melancholie, Verzweiflung oder auch nur ungünstige Wetterstimmungen als Bildhintergründe nachzuweisen. Natürlich, wenn man konzediert, dass die Kleine Eiszeit nicht ohne Bedeutung für die Hexenverfolgung gewesen ist,[25] wird man auch den Niederschlag des Hexenwahns in der Kunst unter die kulturellen Auswirkungen des Klimaphänomens rechnen.[26] Doch geht selbst diese Glei-

---

[22] PITIRIM SOROKIN, Social and Cultural Dynamics, I: Fluctuations and Forms of Art. London 1937.
[23] ARTHUR HENKEL / ALBRECHT SCHÖNE, Emblemata. Handbuch zur Sinnbildkunst des XVI. und XVII. Jahrhunderts. Stuttgart 1967/96.
[24] Ebd. Sp. 114.
[25] WOLFGANG BEHRINGER, Weather, Hunger and Fear. The Origins of the European Witch Persecution in Climate, Society and Mentality, in: German History 13. 1995 S. 1–27.
[26] Hexen in der Kunst MARGARET A. SULLIVAN, The Witches of Dürer and Hans Baldung Grien, in: Renaissance Quarterly 53. 2000 S. 332–401; mit der neueren Literatur ROSMARIE BEI-

chung nicht ganz auf. Abgesehen von den natürlich auf Tagesereignisse bezogenen Holzschnitten der Flugschriftpublizistik sind vergleichsweise wenige Hexenbilder in direkter Konfrontation entstanden. Darstellungen von Hinrichtungen sind schon gar nicht darunter, die meisten Verbildlichungen von Hexenjustiz sind historistische Bilder des 19. Jahrhunderts. Die berühmtesten Bearbeitungen des Hexenthemas entstanden, wie die Ölbilder Hans Baldung Griens und Lucas Cranachs, *vor* den Höhepunkten der Verfolgungen, sie entstanden später – oder in Gegenden, in denen die Hexenverfolgungen bereits eingestellt bzw. nicht mehr allzu wichtig waren. Der weitaus reichste Bestand stammt aus den Niederlanden (man denke an die Hexenbilder des flämischen Malers David Teniers) oder auch aus Italien, wo Salvator Rosa seine Hexendarstellungen schuf. Auch sie wurden also in einer Gegend gemalt, die gerade nicht von Hexenverfolgungen betroffen waren.

Warum das so ist, lässt sich nicht ohne weiteres erklären. Ein wichtiger Grund könnte darin liegen, dass die Erfahrung des realen Grauens der Hexenprozesse eine Ästhetisierung fragwürdig machte. Jedenfalls scheint es in den von den Verfolgungen betroffenen Gebieten keinen Markt für solche Darstellungen gegeben zu haben. Eine Parallele hat das Phänomen darin, dass die meisten großen Kriege der frühen Neuzeit auch keine realistischeren Kriegsdarstellungen hervorbrachten.[27]

Die Auswirkungen jenes Konglomerats an problematischen Entwicklungen, zu denen die Kleine Eiszeit zählt, auf die Künste scheinen mir daher in einem anderen, von der Kunstgeschichte bisher kaum beachteten Zusammenhang zu liegen, nämlich in der Verschlechterung der wirtschaftlichen Rahmenbedingungen der Kunst. In diesem Zusammenhang ist daran zu erinnern, dass die Künstler des 16. Jahrhunderts noch Handwerker waren.[28] Sie waren eingebunden in zünftische Strukturen, ihre Werke unterlagen einer strikten Qualitätskontrolle durch die Zunft und auch die Preise bestimmten sich gewöhnlich nach Regeln, wie sie auch auf Handwerksprodukte angewandt wurden.[29] Allein im höfischen Ambiente lösten sich diese Strukturen

---

er-de Haan / Rita Voltmaer / Franz Irsigler (Hg.), Hexenwahn. Ängste der Neuzeit. AK Berlin 2002; auch Robert Muchembled, Magie et Sorcellerie en Europe du Moyen Age à nos jours. Paris 1994; Jane P. Davidson, The Witch in Northern European Art, 1470–1750. Freren 1987.

[27] Bernd Roeck, The Atrocities of War in Early Modern Art, in: Power, Violence and Mass Death in Pre-Modern and Modern Times. Hg. Joseph Canning / Hartmut Lehmann / Jay Winter. Aldershot 2004 S. 129–140.

[28] Vgl. die Literatur unter Anm. 13; außerdem Bernd Roeck, Die soziale Stellung oberdeutscher und venezianischer Künstler im Vergleich, in: Kunstpatronage (wie Anm. 12) S. 147–176.

[29] Vgl. Hannelore Glasser, Artists' Contracts of the Early Renaissance. New York ²1977; Susanne Kubersky-Piredda, Kunst und Markt. Die Preise von Tafelbildern und das wirtschaft-

auf, aber auch dies nicht vollständig. Es ist bezeichnend, dass in der zweiten Hälfte des 16. Jahrhunderts für die technische Ausarbeitung einer Kupferstichplatte mehr bezahlt wurde als für die eigentliche Entwurfszeichnung, also für die »schöpferische Tat«.[30] Kunstwerke wurden oft nach Format bezahlt oder auch nach der Zahl der darauf dargestellten Personen; noch das 17. Jahrhundert kennt Beispiele für Bildhauer, die nicht allein Kruzifixe und andere Skulpturen anfertigten, sondern, falls Mangel an Aufträgen herrschte, mit der Herstellung beispielsweise von Holzschuhen beschäftigt waren.[31]

Kurz, die Künstler waren ebenso von den Auswirkungen der krisenhaften wirtschaftlichen Entwicklungen – Reallohnverfall, Arbeitsmangel – betroffen, wie andere Handwerksberufe auch. Dies hatte zur Folge, dass sich auch im Bereich der bildenden Künste – im modernen Sinn – der Konkurrenzdruck verschärfte. Wie sich Sauerbäcker und Süßbäcker, Weiß- und Braunbierbrauer oder Gold- und Silberschmiede zankten, wer welche Produkte herstellen bzw. welche Tätigkeiten ausüben durfte, kam es auch im Bereich des Kunsthandwerks zu entsprechenden Abgrenzungsbestrebungen. Die Handwerksgeschichte kennt dergleichen natürlich schon aus früheren Epochen, doch hat es den Anschein, dass sich die Konkurrenz ganz allgemein im 16. Jahrhundert verschärfte. Dies ist bisher nicht eingehend untersucht worden und auch quantitativ kaum zu bewerten; doch liegt es in der Logik der bereits skizzierten krisenhaften Entwicklungen. Auffällig ist zum Beispiel, dass in Augsburg 1574 das »Contrafayen« rigiden Beschränkungen unterworfen wird.[32] Es sei ein »freye kunst«, die in der Stadt ohne Wissen des Rats und eine förmliche Genehmigung »weder heimblich noch offenlich nicht vergonnt, gestattet noch zugelassen« werden. Und in Württemberg kommt es im 17. Jahrhundert zur Trennung verschiedener künstlerisch relevanter Handwerksbereiche, so zwischen Kunst- und Flachmalern, Bildhauern und Steinmetzen sowie Gipsern und Stukkatoren. Das sind nur kleine Indizien, die um weitere Befunde ergänzt werden müssten.

Signifikanter ist, dass ebenfalls mit der zweiten Hälfte des 16. und des 17. Jahrhunderts Marketing-Strategien von Künstlern immer schärfer konturiert hervortreten; zugleich gewinnt auch der Typus des modernen Künst-

---

liche Umfeld des Malerberufes im Florentiner Quattrocento. Diss. Phil. (masch.) Köln 2001; grundlegend MICHAEL BAXANDALL, Painting and Experience in 15th Century Italy. A Primer in the Social History of Pictorial Style. Oxford 1972, dt. Frankfurt a. M. 1977.

[30] Mit der neueren Literatur WOLFGANG SCHMID, Dürer als Unternehmer. Kunst, Humanismus und Ökonomie in Nürnberg um 1500. Trier 2003.

[31] Dieses und andere Beispiele bei ROECK, Die soziale Stellung oberdeutscher und venezianischer Künstler im Vergleich (wie Anm. 28) S. 148.

[32] Ebd. S. 173.

Abbildung 5. Giuseppe Arcimboldo. Vertumnus, 1590/91. Skoklosters Slott, Balsta, Schweden.

lers deutlichere Umrisse. Die Melancholie als »Berufskrankheit« des schöpferischen Menschen wird zum Thema (so in Burtons *Anatomy of Melancholy*), der Typus des Künstlerfürsten – mit der alles überragenden Gestalt Tizians – tritt ebenso auf wie Erfinder bizarrster und damit origineller Einfälle, man denke allein an die Kunst Arcimboldos, der zahlreiche weitere Beispiele an die Seite zu stellen wären.

Tintoretto gehört zu jenen Malern, die sich nur durch überaus geschicktes strategisches Verhalten auf dem umkämpften venezianischen Markt behaupten konnten.[33] Rubens ist bereits ein moderner Kunstunternehmer. Er beschäftigte eine große Werkstatt, wobei den Mitarbeitern in erster Linie Ideen geliefert wurden. Signiert hat er kaum noch; seine Gehilfen lieferten perfekte Umsetzungen der Ideen ihres Meisters.[34] Was Dürer mit seinem berühmten Markenzeichen AD begonnen hatte, war nun allgemein. Alle diese Beobachtungen konvergieren in einem Punkt: Die Wirtschaftskrise zwang die Künstler dazu, sich auf einem immer heißer umkämpften Markt zu behaupten. Wer es nicht schaffte, dem drohte der soziale Abstieg; die weniger Geschickten mussten eben beispielsweise von der Porträtmalerei Abschied nehmen und sich als Fassmaler verdingen oder mit Wein handeln wie der Nürnberger Johann Hauer.[35] Der Markt, besser gesagt, die *art world*,[36] gewann Strukturen, die deutlich auf die Moderne vorausweisen. Theoretische Traktate und kritische Kommentare, die einem im 15. Jahrhundert nur vereinzelt begegnet waren, wurden immer häufiger. Das 16. und dann das 17. Jahrhundert werden eine Zeit der Kunstkritik sein, die entschieden Einfluss zu nehmen trachtet auf die Gestalt der Werke.[37] Dies alles war, um es nochmals zu betonen, nicht nur eine Folge der Kleinen Eiszeit. Aber sie hatte ihren Anteil an den tiefgreifenden Strukturveränderungen des Marktes und des Künstlerberufes, die ihren Ausdruck in jener stilistischen Entwicklung fanden, die wir Manierismus nennen.

Es war eine stilistische Entwicklung, die auch die religiöse Kunst nicht unberührt ließ; »überflüssiges Virtuosentum« wurde denn auch selbst vom Reformkatholizismus hart kritisiert.[38] Emblematisch dafür ist die Auseinandersetzung Veroneses mit der Inquisition, die überflüssiges und gefälliges Beiwerk an seinem »Gastmahl im Haus des Levi« inkriminiert hatte.[39]

---

[33] Vgl. Paul Hills, Tintoretto's Marketing, in: Venedig und Oberdeutschland in der Renaissance. Beziehungen zwischen Kunst und Wirtschaft. Hg. Bernd Roeck / Klaus Bergdolt / Andrew John Martin. Sigmaringen 1993 S. 107–120.

[34] Ein Grundgedanke bei Svetlana Alpers, Rembrandt's Enterprise. Chicago 1988; dt.: Rembrandt als Unternehmer. Sein Atelier und der Markt. Köln 1989.

[35] Über ihn Andreas Tacke (Hg.), »Der Mahler Ordnung und Gebräuch in Nürnberg«. Die Nürnberger Maler(zunft)bücher ergänzt durch weitere Quellen, Genealogien und Viten des 16., 17. und 18. Jahrhunderts. München usw. 2001 S. 11–141.

[36] Howard S. Becker, Art Worlds. Berkeley 1982 S. 34. Der Begriff selbst stammt von Arthur C. Danto, The Artworld, in: Journal of Philosophy 61. 1964 S. 571–584.

[37] Grundlegend mit weiterer Literatur Thomas Frangenberg, Der Betrachter. Studien zur florentinischen Kunstliteratur des 16. Jahrhunderts. Berlin 1990.

[38] Ebd. S. 90; vgl. z. B. Giovan Battista Armenini, De' veri precetti della pittura. Hg. Marina Gorreri. Turin 1988 (zuerst 1586); außerdem Göttler, Kunst des Fegefeuers; und Strecker, Augsburger Altäre (beide wie Anm. 17) mit weiteren Belegen.

[39] Creighton Eddy Gilbert, Italian Art, 1400–1500. Sources and Documents. Englewood

Abbildung 6. PAOLO VERONESE, »Gastmahl im Haus des Levi« 1573, Venedig, Akademie.

So feierte die manieristische Kunst ihren wahren Triumph jenseits des Sakralen. Überall aber avancierte sie zum Mittel, feine – und manchmal nicht einmal sehr feine – Unterschiede zu markieren. Gelegentlich auch eröffnete sie, wie das wohl für die Kunst aller Art und aller Zeiten gilt, Rückzugsmöglichkeiten aus einer Welt, die aus den Fugen geraten schien. Mitten in der Kleinen Eiszeit entstanden die schönsten, sonnenüberglänzten Landschaften; es ist kein Zufall, dass im letzten Jahrzehnt des 16. Jahrhunderts mit Caravaggios Früchtekorb das erste unbestritten als solches zu bezeichnende Stilleben erscheint, das vergängliche Natur unvergänglich auf Leinwand bewahrt.[40] Es schmeckt zwar ein wenig nach Hauserscher Dialektik – aber es kann kaum ein Zufall sein, dass üppige ausgestattete Metzgerläden, reichbestückte Früchtestände oder Fischhandlungen, die Jahreszeitenbilder Campis und anderer Maler fast gleichzeitig zu den schlimmsten Hungerkrisen entstehen, die der europäische Kontinent seit dem ausgehenden Mittelalter

---

Cliffs 1980 S. XIX; zusammenfassend NORBERT HUSE / WOLFGANG WOLTERS, Venedig. Die Kunst der Renaissance. München 1986 S. 352f.

[40] Vgl. etwa GEORG LUTZ, Gegenreformation und Kunst in Schwaben und in Oberitalien. Der Bilderzyklus des Vincenzo Campi im Fuggerschloß Kirchheim, in: Venedig und Oberdeutschland (wie Anm. 33) S. 131–154; zuletzt LARS OLOF LARSSON, Ästhetische Innovation als Krisenbewältigung? Die Entdeckung der Landschaft in der niederländischen Kunst um 1600, in: Krisen des 17. Jahrhunderts. Hg. MANFRED JAKUBOWSKI-TIESSEN. Göttingen 1999 S. 73–87.

erlebt hatte.[41] Während die Kleine Eiszeit die Polder und Kanäle der Niederlande zufrieren lässt, malen die Meister aufgeräumte, schöne Wohnungen, und sie führen die Menschen eines Landes, das noch immer im blutigen Krieg um seine Unabhängigkeit steht, hinaus in wohlgeordnete Städte und kultivierte Felder. Vor allem aber wird etwas immer wichtiger: das Divertissement, die Unterhaltung, die Freude am Schönen. Natürlich bleiben auch die Moraldidaxe, die religiöse Ermahnung und die Erbauung wichtige Themen der Kunst, und die religiöse Malerei stellt sicher alle anderen Sujets in den Schatten. Und doch macht sich zögernd, dann immer nachhaltiger ein Vordringen rein weltlicher Themen bemerkbar.[42]

So möchte ich zum Abschluss auf die Geschichte einer eigenen Ornamentform zu sprechen kommen, die ihrerseits zur Kleinen Eiszeit parallel läuft und Karriere macht: nämlich die Groteske, die sich von ihrem Entdeckungsort, der *Domus Aurea* des Nero in Rom, im Lauf des 16. Jahrhunderts über ganz Europa verbreitet und als typische Schmuckform des Manierismus gelten kann.[43] »Traumwerck«, wie Dürer dergleichen nannte, entzieht sie sich jeder Beschreibung: Pflanzen und Tiere, Monster und Ungeheuer in absurden Größenverhältnissen, auch einmal erotische, ja obszöne Szenerien verbinden sich mit Ranken, Pflanzen und Fantasieformen aller Art zu einer Ornamentik, die Wände und Decken der Paläste überzieht, Tapisserien und Möbel, ja sogar Goldschmiedearbeiten ziert. In ihr scheint das Schreckliche der Zeit gesichtet, fixiert, das Unfassbare dingfest gemacht.[44] Die bedrohlichen Monster sind nun zum Lachen, die gefährlichen Wesen der Phantasie

---

[41] Übersicht bei EBERHARD KÖNIG / CHRISTIANE SCHÖN, Stilleben. Berlin 1996.

[42] Vgl. JAN HARASIMOWICZ, Das Kunstmäzenatentum der ostmitteleuropäischen Städte in der frühen Neuzeit, in: Künstlerischer Austausch – Artistic Exchange. Hg. THOMAS W. GAEHTGENS (Akten des XXVIII. Internationalen Kongresses für Kunstgeschichte Berlin, 15.–20. Juli 1992), 3 Bde. Berlin 1993 hier II, S. 221–232, besonders 223f.; RUDOLF SCHLÖGL, Geschmack und Interesse. Privater Bildbesitz in rheinisch-westfälischen Städten vom 18. bis zum beginnenden 19. Jahrhundert, in: Bürgertum und Kunst in der Neuzeit. Hg. HANS- ULRICH THAMER. Köln usw. 2002 S. 125–157. Zu Amsterdam und Metz JOHN LOUGHMAN / JOHN MICHAEL MONTIAS, Public and Private Places. Works of Art in Seventeenth-Century Dutch Houses. Zwolle 2000; PHILIP BENEDICT, Towards the Comparative Study of the Popular Market for Art. The Ownership of Paintings in Seventeenth-Century Metz, in: Past and Present 109. 1985 S. 108–112; sowie zusammenfassend ROECK, Das historische Auge (wie Anm. 16).

[43] Grundlegend: CARSTEN-PETER WARNCKE, Die ornamentale Groteske in Deutschland, 1500–1650 (Quellen und Schriften zur bildenden Kunst 6). Berlin 1979.

[44] WOLFGANG KAYSER, Das Groteske. Seine Gestaltung in Malerei und Dichtung. Oldenburg usw. ²1961 S. 202; CHRISTIAN W. THOMSEN, Das Groteske im englischen Roman des 18. Jahrhunderts. Erscheinungsformen und Funktionen. Darmstadt 1974 S. 8f.; vgl. auch KURT SCHLÜTER, The Expedition of Humphry Chinker, in: Der englische Roman, I. Hg. FRANZ K. STANZEL. Düsseldorf 1969 S. 270–312.

finden sich wieder auf einer eingehegten Spielfläche, wo sie ihren Spaß treiben können. So wurde die Groteske auch als Versuch gesehen, den bedrohlichen Schrecken des Zeitalters mit seiner Dämonenfurcht und seinem Hexenglauben die Heiterkeit der eingehegten Ungeheuer gegenüber zu stellen.

Solche tiefenpsychologischen Deutungen mögen stimmen oder nicht; eines ist gewiss: Die Groteske ist sicher nicht nur überkonfessionell, sie ist auch zutiefst weltlich, eine klassische künstlerische Form jenseits der Formen des Sakralen, aus denen sie seit der zweiten Hälfte des 16. Jahrhunderts mit zunehmender Rigidität verbannt wird.[45] Spaßige überflüssige Dinge waren religiösen Reformern von jeher suspekt; bereits die Kritik Bernhards von Clairvaux an den Monstren der romanischen Kunst kann als Beleg für diese Auffassung herangezogen werden.[46] Im 16. Jahrhundert sind nicht nur protestantische Reformbewegungen »antigrotesk«, auch das Konzil von Trient wendet sich gegen die Ornamentgroteske, so dass sie sich bald in der Tat nur noch im weltlichen Bereich findet.

Aus dem späten 16. Jahrhundert ist der Fall eines Augsburger Goldschmieds dokumentiert, in dem sich die These dieses Beitrages auf paradigmatische Weise verdichtet.[47] Das bemerkenswerte an diesem in den Quellen außerordentlich gut dokumentierten Fall liegt darin, dass er, wie sonst selten, Einblicke gewährt in Beziehungen zwischen der Option des Goldschmieds für einen bestimmten künstlerischen Stil und seiner religiösen Haltung; er macht konkret einen Zusammenhang plausibel, der über Makrotheorien kaum zu fassen ist. Die gute Überlieferung ist dem Umstand zu verdanken, dass David Altenstetter – so war sein Name – 1598 verhört wurde, weil er nicht zum Gottesdienst erschienen war und man argwöhnte, dass er Täufer sei.[48] Altenstetter bestritt diesen Vorwurf vehement, aber er war auch

---

[45] Vgl. PHILIPP SCHMIDT, Die Illustrationen der Lutherbibel 1522–1570. Basel 1962 S. 25 f.; zur katholischen Kritik am Grotesken SUSANNE MAYER-HIMMELHEBER, Bischöfliche Kunstpolitik nach dem Tridentinum (wie Anm. 17) S. 130; GEOFFREY GALT HARPHAM, On the Grotesque. Strategies of Contradiction in Art and Literature. Princeton 1982 S. 34, 38 f.

[46] HANS BELTING, Bild und Kult. Eine Geschichte des Bildes vor dem Zeitalter der Kunst. München 1990 S. 342; vgl. insbes. die Kritik Horaz' an Kompositbildern (HORAZ, Ars poetica. Die Dichtkunst. Hg. ECKART SCHÄFER. Stuttgart 1984 S. 4 f.) und Bernhard von Clairvaux gegen die *ridicula monstruositas* der Mischwesen der Bauplastik (BERNHARD VON CLAIRVAUX, Apologia ad Guillelmum. Cap. 12, PL 182, Sp. 916a).

[47] Vgl. BERND ROECK, Eine Stadt in Krieg und Frieden. Studien zur Geschichte der Reichsstadt Augsburg zwischen Kalenderstreit und Parität (Schriftenreihe der Historischen Kommission bei der Bayerischen Akademie der Wissenschaften 37). Göttingen 1989 S. 117–121. Die relevanten Quellenstellen auch bei DERS., Gegenreformation und Dreißigjähriger Krieg, 1555–1648 (Deutsche Geschichte in Quellen und Darstellung 4). Stuttgart 1996 S. 104–109.

[48] Eine ausführlichere Darstellung des »Falles Altenstetter« bei BERND ROECK, Spiritualismus und Groteske. Der Fall David Altenstetter, in: Zeitschrift für Kunstgeschichte. 2005 (erscheint).

nicht bereit, sich zu einer der beiden reichsrechtlich anerkannten Konfessionen – die in Augsburg mehr oder weniger friedlich koexistierten – zu bekennen. Er sei in seinem Glauben bisher frei gewesen, sagte er ganz offen, weil die Theologen der beiden Konfessionen einander »zum heffigsten zu wider« gewesen seien. Das Verhör brachte ans Licht, dass der Goldschmied ein belesener Mann war. In seinem Bücherschrank befand sich eine offenbar vorreformatorische Bibel, außerdem Erasmus' Kommentar zum Neuen Testament und Schriften der spätmittelalterlichen Mystik, so die *Nachfolge Christi* und die Predigten Johannes Taulers. Im Laufe des Verhörs stellte sich die These als plausibel heraus, dass Altenstetter ein Anhänger Caspar Schwenckfelds war. In diese Richtung wiesen jedenfalls die Aussagen von zwei Mitangeklagten.[49]

Abbildung 7. David Altenstetter, Emaildöschen, Augsburg Städtische Kunstsammlungen.

---

[49] Aus kunsthistorischer Perspektive über Altenstetter Allgemeines Lexikon der bildenden Künstler. Begründet von ULRICH THIEME / FELIX BECKER, 37 Bde. Leipzig 1907–1950 hier I, S. 350; Ausstellungskatalog Welt im Umbruch. Augsburg zwischen Renaissance und Barock, II. Augsburg 1980 S. 284 f. (Hannelore Müller); HELMUT SELING, Die Kunst der Augsburger Goldschmiede 1529–1868, 3 Bde. München 1980, I: S. 34, 53, 60, 90, 121, 225 f.; II: Kat. Nr. I. II, IX, S. 27, 218, 223 f. 234 f.; III: S. 43, 62, 139; ULLA STÖVER, Goldschmiedekunst in Augsburg, in: Augusta 955–1955. Forschungen und Studien zur Kultur- und Wirtschaftsgeschichte Augsburgs. Hg. HERMANN RINN. Augsburg 1955 S. 363–370, hier 366; ANTON WERNER, Augsburger Goldschmiede. Verzeichnis der Augsburger Goldschmiede, Silberarbeiter, Juweliere und Steinschneider von 1346–1803. Augsburg 1913 S. 44.

Der Bücherschrank Altenstetters und seine Nähe zu Kreisen von Anhängern Schwenckfelds macht plausibel, warum sich in seinem Werk keinerlei bildliche Darstellungen religiöser Art finden. Er arbeitete für katholische wie für protestantische Auftraggeber, fertigte aber nur sehr wenige religiöse Gegenstände. Vor allem aber wird seine Option für die zutiefst weltliche Form der Ornamentgroteske verständlich, die ihren Platz eben auch jenseits des Sakralen und jenseits der Konfessionen hatte. Zu seiner Zeit galt er als einer ihrer bedeutendsten Meister, und das im europäischen Maßstab. Seine Spezialität waren Arbeiten in Schmelzemail, mit dem er seine phantasievollen Ornamentgebilde – kleine Libellen, Affen, Früchte, Blumen und dergleichen – auf Kelchen, zierlichen Dosen und anderen Luxusgegenständen anbrachte.

Es gab Zeitgenossen, die Altenstetter gar für den Erfinder dieser Technik hielten. Auf dem Höhepunkt seiner Karriere, der übrigens das Intermezzo des Verhörs keinen Abbruch tat, schuf er so bedeutende Werke wie die Hauskrone Kaiser Rudolfs II. und eine Prunkbüchse für denselben Auftraggeber. Es muss dies seine ausgefeilte, raffinierte Handwerkskunst gewesen sein, die ihm seine Karriere in Augsburg und als Lieferant europäischer Fürstenhöfe ermöglichte. Sie war es, die ihn in der erhitzten Konkurrenz des ausgehenden 16. Jahrhunderts bestehen ließ; in Augsburg wurde er schließlich sogar Vorgeher seines Handwerks, und er starb hochbetagt und geachtet 1617, kurz nachdem er einige Stücke für den berühmten Kunstschrank des Herzogs von Braunschweig-Wolfenbüttel geliefert hatte.

Die durch die Kleine Eiszeit forcierte Krise hatte, so kann man sagen, ein wenig Anteil an der Genese der feinen Schmelzemail-Kunst, als deren unübertroffener Virtuose Altenstetter galt. Zugleich legten die komplizierten Zeitverhältnisse des 16. Jahrhunderts diesem lesenden Handwerker nicht nur einen sehr eigenen religiösen Weg nahe, sie müssen ihn auch in eine bestimmte stilistische Richtung gedrängt haben. Es steht allerdings dahin, ob man seine sublime Kunst als Versuch werten will, die Ungeheuer, die ihn und seine Zeitgenossen umgaben, zu bannen.

Summary

This contribution discusses the relationship between climatic, economic and cultural changes and their development from the periods of the Renaissance to Mannerism and the Baroque. The worsening climatic situation beginning in 1560 must be seen within the larger context of crisis, in which the change in weather had a distinct, but not well-examined, importance at this time. One significant effect it had on the history of art was that the weather and social crises provided new material for painters as evident in scenes by Breughel, who depicted winter weather, witches and beggars. Crucial to the new dynamic in stylistic developments was also the intensified competition on the labour market that also resulted from climatic changes. In many occupational activities, there was an increasing lack of work, and artists were among those hit hardest. All fields of work were redefined or became more restrictive, and conflicts over market shares grew more intense. In the end, only specialists with certain skills managed to survive by securing work with contractors who were also under economic pressure. This changing social structure set the conditions for the dramatic stylistic developments found in sixteenth-century and seventeenth-century art, while the fantasy and genius of the individual artists remained unaffected. Consequently, new genres emerged (autonomous landscape, still life) and sensational sometimes even comical effects were employed. The story of the Augsburg goldsmith, David Altenstetter, best illustrates the complex interdependence between art, weather and social crisis.

V. Die Überwindung der Krise /
The Struggle for Stability

Zur Theorie und Praxis von Regierung und Verwaltung in Zeiten der Krise

von

Peter Becker

Es war einmal – damit beginnen die meisten Märchen und Sagen, und so auch die Sage von der *übergossenen Alm*, die im österreichischen Alpenraum zum weit verbreiteten Sagenmotiv zählt. Die Sage handelt von den grünen, saftigen Almmatten auf dem Dachsteingebirge, die durch Frevel und Übermut zum unfruchtbaren Gletscher wurden. Konkret erzählt die Sage die Geschichte von einer fruchtbaren und gesegneten Almwirtschaft, die eine überreichliche Milchproduktion ermöglichte. Die Sennerinnen als die Produzentinnen und Hüterinnen dieses *Segens* wurden jedoch übermütig: Sie begannen sich in Milch zu waschen, den Boden der Hütten mit Käselaiben auszulegen und die Fugen der Wände mit Butter zu verstopfen. Die Strafe für diesen frevelhaften Missbrauch von Nahrungsmitteln folgte umgehend: In einer stürmischen Nacht begann es zu schneien und es schneite wochenlang ohne Unterlass. Die Almen der frevelnden Sennerinnen wurden unter dem Schnee begraben, der schließlich zu Eis erstarrte.[1]

Dieses Sagenmotiv verquickt Sünde und langfristige, klimatische Veränderungen unmittelbar. Das Vordringen der Gletscher, das durch überdurchschnittlich häufige kalte und feuchte Jahre ausgelöst wurde,[2] erscheint in der Sage als Strafe des zürnenden Gottes. Er wandte sich gegen den Übermut und die Verschwendung der Sennerinnen, indem er den Menschen seinen Segen entzog und die Almen mit einer Eisschicht bedeckte – in manchen Versionen der Sage wurden auch die frevelnden Sennerinnen im Eis begraben. Daher kann man die Sage als eine weitere Variation über jenes Thema lesen, das Patrice Veit in seinem Beitrag zu den Kirchenliedern entfaltet und das er

---

[1] Dieses Sagenmotiv ist in Österreich weit verbreitet und wird mittlerweile touristisch genutzt. Vgl. dazu die Internet-Seite http://www.anisa.at/gletscher%20dachstein%20index.htm (9. Dezember 2003) mit weiterführender Literatur zur Klimageschichte des Dachsteins.

[2] Vgl. dazu Christian Pfister, The Little Ice Age. Thermal and Wetness Indices for Central Europe, in: Journal of Interdisciplinary History 10. 1980 S. 665–696, bes. 695f.

mit einer treffenden Wendung aus einem Kirchenlied von Martin Behm charakterisiert: »die Sünde ists die das Wetter macht.«[3] Diese Deutungen der Krise in Kirchenliedern, Sagen und anderen weitverbreiteten, populären Texten schreiben Gott die Macht zu, die Elemente nach seinem Willen in einer dem Menschen nützlichen oder nachteiligen Form einzusetzen, wie Veit argumentiert. Gleichzeitig bot dieser Bezug auf Gott und die göttliche Allmacht den Menschen der Frühen Neuzeit einen sinnstiftenden Umgang mit Krisenerfahrungen, der aktive Formen der Buße, Umkehr und Kritik einforderte, weil er die strafende Hand Gottes in einen ursächlichen Zusammenhang mit individuellem und kollektivem Fehlverhalten stellte.[4]

Der Hinweis auf den strafenden Gott und die Aufforderung zur Umkehr war die »orthodoxe Erklärung« der Theologen, wie Hartmut Lehmann argumentiert.[5] Dem stand eine vor allem volkstümliche Sicht entgegen, die nicht Gott, sondern den Teufel und seine Hexen für die Unbilden der Witterung und die daraus folgenden Subsistenzprobleme verantwortlich machte.[6] Die Zeit der Buß- und Bet-Lieder, in denen Gott um Gnade angerufen wurde, war auch die Zeit einer sich rasch ausbreitenden Hexenverfolgung. Missernten, Hunger und Krankheiten von Tier wie Mensch sollten durch die Eliminierung von Sündenböcken aus der eigenen Lebenswelt beseitigt werden. Ähnlich wie in der Auseinandersetzung mit außergewöhnlichen Naturerscheinungen, sah man die Macht von Teufel, Dämonen und Hexen jedoch begrenzt:

»Hexen agierten, so scheint es, zwischen den Extremen, und der Schadenszauber, den man ihnen zuschrieb, war in der Regel zeitlich limitiert, örtlich begrenzt und auf bestimmte Personen oder Sachen bezogen. Aus diesem Grunde war es durchaus möglich, gleichzeitig an Hexen und an Gottes Allmacht zu glauben.«[7]

---

[3] PATRICE VEIT, »Gerechter Gott, wo will es hin / Mit diesen kalten Zeiten?« Witterung, Not und Frömmigkeit im evangelischen Kirchenlied in diesem Band, S. 283–310. Vgl. dazu auch die Bemerkungen von WOLFGANG BEHRINGER in diesem Band zur Rolle der »Sündenökonomie« als Bindeglied zwischen Natur und Kultur S. 462–480.

[4] Vgl. HEINZ D. KITTSTEINER, Die Entstehung des modernen Gewissens. Frankfurt a. M. 1991 S. 31 ff.

[5] HARTMUT LEHMANN, Frömmigkeitsgeschichtliche Auswirkungen der »Kleinen Eiszeit«, in: Religion und Religiosität in der Neuzeit. Historische Beiträge. Hg. DERS. / MANFRED JAKUBOWSKI-TIESSEN / OTTO ULBRICHT. Göttingen 1996 S. 62–82, hier S. 74 (auch in WOLFGANG SCHIEDER [Hg.], Aus Volksreligiosität in der modernen Sozialgeschichte. Göttingen 1986 S. 31–50).

[6] Vgl. dazu den Beitrag von WOLFGANG BEHRINGER (Abschnitt Kulturelle Konsequenzen) in diesem Band S. 448–462.

[7] LEHMANN, Frömmigkeitsgeschichtliche Auswirkungen (wie Anm. 5) S. 75. Zur wissenschaftsgeschichtlichen Auseinandersetzung mit Naturkatastrophen vgl. JOSÉ MOUTHAAN, The

Gemeinsam war den Vorstellungen vom strafenden Gott und der Schuldzuweisung an die Hexen, dass man von konkreten Unbilden ausging – einem schweren Unwetter, einer Missernte, sowie einer schnellen Verbreitung von Krankheiten bei Menschen oder Tieren. Langfristige Veränderungen, wie das langsame Vordringen der Gletscher in landwirtschaftlich genutzte Almflächen wurden in der kollektiven Erinnerung zu konkret wahrnehmbaren Ereignissen verdichtet, wie die Sage von der übergossenen Alm belegt. Dadurch konnten Strukturkrisen verarbeitet werden, weil sie als Ereignisse zu verstehen waren, die vor dem Hintergrund eigener Erfahrung als nachteilige Veränderungen wahrgenommen wurden. Krisenerfahrungen waren in der Zeit des späten 16. und frühen 17. Jahrhunderts vor allem konkrete Differenzerfahrungen, die durch die Art des klimatischen Wandels dieser Zeit in großer Zahl vermittelt wurden.[8]

Die zweite Phase der sogenannten »Kleinen Eiszeit« von den 1560er Jahren bis 1630 brachte nämlich keine durchgängige Verschlechterung des Klimas, sondern eine erhöhte Varianz und eine Häufung von Witterungsanomalien, wie Christian Pfister argumentiert:

»the long term drop over the six decades from 1530 to 1600 took, after 1560, the form of clusters of bad years, which become increasingly long, frequent, and pronounced. [...] This patch of cold wet summers saw quick and far-reaching advances of the alpine glaciers during the 1590s. Another cluster of bad wine years (1618–1629) preceded a wave of glacial activity after 1630.«[9]

Die Häufung von Witterungsanomalien, von sogenannten »Little Ice Age-type Events«, hatten einen größeren Einfluss auf das wirtschaftliche System und dadurch auf die Lebensverhältnisse als langfristiger Klimawandel, an den man sich mit entsprechenden wirtschaftlichen Strategien anpassen konnte.[10] Im späten 16. und der ersten Hälfte des 17. Jahrhunderts gab es somit

---

Divine Wings of Tragedy. Perceptions of Natural Disasters in the Kingdom of Naples and the Dutch Republic, 1630–1735. PhD Thesis. European University Institute. Florence 2002 S. 83 ff.

[8] Vgl. dazu den Beitrag von CHRISTIAN PFISTER (v. a. Abschnitt 6) in diesem Band S. 82–84.

[9] CHRISTIAN PFISTER, The Little Ice Age (wie Anm. 2) S. 685. Vgl. dazu auch Pfisters systematische Rekonstruktion von Witterungsanomalien: DERS., Raum-zeitliche Rekonstruktion von Witterungsanomalien und Naturkatastrophen 1496–1995. Zürich 1998 S. 34 ff.

[10] Vgl. dazu die Beiträge von CHRISTIAN PFISTER (v. a. Abschnitte 1, 5 u. 6) S. 31–38, 68–84, und WOLFGANG BEHRINGER (Einleitung) in diesem Band S. 415–428; sowie JOHN D. POST, Climatic Variability and the European Mortality Wave of the Early 1740s, in: Journal of Interdisciplinary History 15. 1984 S. 1–30, hier 2; DERS., Climatic Change and Historical Explanation. Rez. zu H. H. Lamb's, Climate: Present, Past and Future, II: Climatic History and the Future. New York: Barnes and Nobles 1978, in: Journal of Interdisciplinary History 10. 1979 S. 291–301, hier 295 f.; ANDREW B. APPLEBY, Epidemics and Famine in the Little Ice Age, in: Journal of Interdisciplinary History 10. 1980 S. 643–663, hier 660.

vielfältige Erfahrungen von Veränderungen, die neben dem politischen und militärischen Bereich auch das Klima und die Landwirtschaft umfassten. Sie vermittelten den Eindruck einer grundlegenden Krise, die man auf der Ebene von Regierung und Verwaltung, aber auch im Bereich von Welterklärung und Heilserwartung zu bewältigen suchte.

Man würde der Erfahrungswelt der Menschen des späten 16. und frühen 17. Jahrhunderts keinesfalls gerecht, wenn man sie auf den individuellen, konkreten Wirklichkeitsbezug reduzierte. Es gab ein kulturelles Wissen über die Lebensverhältnisse in früheren Zeiten, das über schriftliche und mündliche Quellen vermittelt wurde und für die eigenen Veränderungserfahrungen einen wichtigen Referenzpunkt bereitstellte. Dieses Wissen war den Gelehrten – den Theologen wie den Autoren von Politiken – sowie den Laien in unterschiedlicher Form zugänglich. Gemeinsam war allen Beteiligten, dass sich das eigene Erleben von den tradierten Erfahrungen als negative Abweichung abhob. Diese Abweichung wurde unterschiedlich gedeutet – alle Deutungen hatten jedoch ein religiöses Element, das entweder zur Suche nach Sündenböcken, zur Vorbereitung auf das nahe Weltende oder wenigstens zur inneren Reform aufrief.[11]

Man kann somit von einem engen Zusammenhang zwischen klimatischen Veränderungen und religiösen Deutungsangeboten ausgehen. Die religiöse Verarbeitung von Krisenerfahrungen beschränkte sich nicht auf den Bereich des Glaubens, der Kirche und der Frömmigkeit, sondern hatte erhebliche Auswirkungen auf die Art der politischen und sozialen Bewältigung des Klimawandels.[12] Denn die religiös strukturierte Wahrnehmung der Ursachen und Bekämpfung von Notlagen prägte nicht nur die Beziehung zwischen Natur, Mensch und Gott, sondern schrieb auch der Obrigkeit eine spezifische Rolle bei der Bewältigung von wirtschaftlichen, sozialen und religiösen Krisen zu. Die Obrigkeit selbst stand nicht außerhalb dieses religiös fundierten kulturellen Wissens; dieses Wissen war vielmehr die gemeinsame Basis für die Krisenwahrnehmung und Krisenbewältigung der Obrigkeit, der Theologen und Liederdichter, der Autoren von Regimentsbüchern wie auch der Untertanen.

---

[11] Vgl. dazu auch LEHMANN, Auswirkungen (wie Anm. 5) S. 77.

[12] Zu den Einflüssen des klimatischen Wandels auf Wirtschaft, Gesellschaft und Kultur vgl. die allgemeinen Überlegungen bei H. H. LAMB, Climate, History and the Modern World. London 1982 S. 272 ff.; vgl. dazu auch die umsichtigen Überlegungen bei FERNAND BRAUDEL, The Mediterranean and the Mediterranean World in the Age of Philipp II, I. London 1972 S. 270 ff.; sowie das einleitende Kapitel bei GEOFFREY PARKER, Europe in Crisis, 1598–1648. Brighton, Sussex 1980 S. 17 ff.

Zur Theorie und Praxis von Regierung und Verwaltung in Zeiten der Krise 351

Im vorliegenden Beitrag werde ich mich mit den Konsequenzen des Klimawandels für die Theorie und Praxis von Herrschaft auseinandersetzen. Ich folge dabei keinem einfachen kausalen Modell, das sich auf die Reaktionen der Theoretiker sowie der Fürsten und Stände auf veränderte Umweltbedingungen konzentriert. Ich rekonstruiere vielmehr die Wechselwirkung zwischen den langfristigen Veränderungen von Regierungen in der Frühen Neuzeit, die dem Klimawandel teilweise vorausgingen, und der dadurch geschaffenen Möglichkeit für eine aktive Bewältigung der Krise. Abschließend werde ich nach den Auswirkungen der Krisenbewältigungsstrategien der Obrigkeit auf die Untertanen fragen.

Die »Oberkeit« als Subjekt von Kirchenliedern

Funktionsträger mit Leitungsaufgaben haben in Zeiten der Krisen eine ambivalente Rolle. Auf sie richtet sich die Hoffnung der Bewältigung der Krise ebenso, wie – möglicherweise – Zorn und Kritik wegen ihrer Schuld bzw. Mitschuld an der Auslösung der Krise. Das lässt sich für die aktuelle Klimadiskussion ebenso beobachten, wie für die Auseinandersetzung der Menschen des späten 16. und frühen 17. Jahrhunderts mit Subsistenzkrisen im Gefolge der beginnenden Klimaverschlechterung. Damals wie heute gründen sich Erwartungen wie Schuldzuweisungen an die Obrigkeit in einem kulturellen Wissen über die Ursachen der Krise – ein Wissen, das die Wahrnehmung der Veränderungen strukturierte und Strategien zur Bewältigung nahe legte.

Anders als die heutigen Experten verfügten Fürsten, Räte, Theologen und Bürger über keine Vorstellung von klimatischer Normalität und den sich daraus ergebenden Grenzwerten für die Ermittlung von anomischer Klimaveränderung. Der Erfahrungshorizont des späten 16. und des 17. Jahrhunderts war anders strukturiert. Neben eigenen Beobachtungen und den Berichten von Zeitgenossen standen die Schriften der antiken und biblischen Autoritäten, die auf andere klimatische Realitäten verwiesen und so den krisenhaften Charakter der eigenen Welt unterstrichen.[13] Das kulturelle Wissen über die Krise und ihre Ursachen ermöglichte einen sinnstiftenden Zugang zur Kontingenzerfahrung nicht nur im Gefolge von klimatischer Veränderung. Es dominierte dabei eine Vorstellung vom »Wetter« als dem Produkt einer paternalistischen und daher auch strafenden Gottesfigur. Man verstand

---

[13] Vgl. dazu die Bemerkungen von WOLFGANG BEHRINGER zum Beginn der Meteorologie in der Einleitung seines Beitrags zu diesem Band S. 415–428.

die Krise als Reaktion eines – väterlich – strafenden Gottes, der seine »Kinder« vom Weg der Sünde wegführen wollte.

In dieser Perspektive hatte die »Oberkeit« eine ambivalente Rolle: Sie war selbst sündig, aber gleichzeitig aufgefordert, im Auftrag Gottes die Sünde auszuschalten, wie man den Überlegungen zur Obrigkeit in einem Kirchenlied von Nicolaus Selnecker aus den 1570er Jahren entnehmen kann:

Klaglied, von jetzigem zustand vieler armen (409)
[…] [die Strophen 8 und 9]:
Die Oberkeit nachlessig ist,// sucht jren lust on ende,//
Damit Gerechtigkeit mit list// wird stets gedruckt behende,//
Wenig acht sie der Armen sach,// daher entsteht gros vngemach://
ach Gott, lenck doch jr sinne.
Was du jr offt befohlen hast// geht jr wenig zu hertzen.//
Daher kompt vns auch grosse last,// bringt Land vnd Leuten schmertzen.//
On jr wissen wir müssen sehr// getrieben werden hin vnd her,//
vnd dörffens niemand klagen.

[Strophe 18]:
Gib, das sie stets das Regiment// mit fleis in jr hend fasse,//
Dazu jr trewe Räthe send,// die nicht jr Ampt verlasten,//
Vnd nicht auff jren nutz allein, sondern sehen fein auff die gmein,//
vnd bhalten gut gewissen.[14]

In den Strophen eins bis sieben, die hier aus Platzgründen nicht wiedergegeben werden können, skizziert Selnecker die krisenhafte Situation seiner Zeit. Die wirtschaftliche Krise verstärkte die Unterschiede zwischen Arm und Reich – Handwerker und Bauern verarmten und wurden zu Bettlern, die »Reichen« nutzten die Notsituation der Armen aus, indem »der Reich den Armen drücken thut«, wie Selnecker in Strophe sechs betonte. Dieses Verhalten verletzte die bestehende Rechtsordnung, wie Strophe sechs weiter ausführt: »Der Reich […] spricht gar runde,// Wir sind die Leut, den solchs gezimbt,// ob man dir gleich nu alles nimpt,// du solst darumb nicht mukken.« In dieser Notlage richtete sich der Blick auf Gott und auf die Obrigkeit, die zur Verteidigung des Rechts und zur Wiederherstellung der guten Ordnung eingesetzt war.[15]

---

[14] PHILIPP WACKERNAGEL, Das deutsche Kirchenlied von der ältesten Zeit bis zu Anfang des XVII. Jahrhunderts 4. Leipzig 1874 (ND Hildesheim 1990 S. 295 f.). Ich danke Patrice Veit für den Hinweis auf die Kirchenlieder.

[15] Vgl. ROLAND AXTMANN, »Police« and the Formation of the Modern State. Legal and Ideological Assumptions on State Capacity in the Austrian Lands of the Habsburg Empire, 1500–1800, in: German History 10. 1992 S. 39–61, hier 44; vgl. dazu auch HELGA WESSEL,

Die Kritik an der Obrigkeit ist bei Selnecker undifferenziert und verbindet moralische und berufsethische Argumente. In Vers acht charakterisiert er die »nachlessige« Obrigkeit durch Hedonismus und Selbstsucht – *sucht ihren lust on ende* – und bezog sich dabei auf das persönliche Glücks- und Machtstreben des Fürsten, das in der politischen Theorie seiner Zeit als wesentliches Kennzeichen des »Tyrannen« genannt wurde.[16] Ergänzt wird diese Kritik durch den Hinweis auf die verletzte Rollenerwartung an den Fürsten als »Oberkeit«.[17] Dabei stand das Versagen der Obrigkeit im traditionellen Aufgabenbereich der Rechtssicherung im Vordergrund: Die Nachlässigkeit in diesem Bereich ging laut Selnecker vor allem auf Kosten der Armen, die dadurch ihren Adressaten für die Beseitigung von Unterdrückung und Ausbeutung verloren.

Die traditionellen Vorstellungen der Rechtswahrung als Hauptaufgabe der Obrigkeit waren bei Selnecker bereits um eine »modernere« Auffassung von Herrschaft ergänzt, die der »Oberkeit« eine gestaltende Rolle zuwies: Dazu bedurfte es eines *Regiments*, das sich aktiv um die Förderung eines ökonomisch definierten Gemeinwohls bemühte (»sehen fein auff die gmein«) und nicht den persönlichen Vorteil im Vordergrund sah (»Vnd nicht auff jren nutz allein«) – und zwar innerhalb eines zunehmend ausdifferenzierten Herrschaftsapparates.[18] Das Kirchenlied bat Gott daher in den Strophen 19 und 20 um Beistand für den Fürsten (»Beschütz, ach lieber trewer Gott,// vnsern Fürsten vnd Herren«) ebenso wie für seine Räte (»Gib vnd erhalt auch trewe Rähtt// die du vns hast gegeben«).

Selneckers Lied vermittelt einen interessanten Blick auf Regierung und Verwaltung an der Wende vom 16. zum 17. Jahrhundert. Die Erweiterung der traditionellen Aufgaben der Rechts- und Ordnungssicherung um eine aktive Förderung des Gemeinwohls war aus der Sicht des protestantischen Liederdichters eine Selbstverständlichkeit. Auch der immer komplexer werdende Verwaltungsapparat erscheint bereits als Teil der gesellschaftlichen Realität. Regierung und Verwaltung waren jedoch weiterhin in einem religiösen

---

Zweckmäßigkeit als Handlungsprinzip in der deutschen Regierungs- und Verwaltungslehre der frühen Neuzeit. Berlin 1978 S. 135 ff.

[16] Vgl. HORST DREITZEL, Protestantischer Aristotelismus und absoluter Staat. Die »Politica« des Henning Arnisaeus (ca. 1575–1636). Wiesbaden 1970 S. 235.

[17] Hartmut Lehmann hat bereits gezeigt, dass die Obrigkeit in Zeiten der Krise immer auch selbst im Visier der religiös motivierten Kritik stand. LEHMANN, Auswirkungen (wie Anm. 5) S. 74.

[18] Vgl. dazu ACHIM LANDWEHR, Policey im Alltag. Die Implementation frühneuzeitlicher Policeyordnungen in Leonberg. Frankfurt a. M. 2000 S. 62; sowie Winfried SCHULZE, Vom Gemeinnutz zum Eigennutz. Über den Normenwandel in der ständischen Gesellschaft der Frühen Neuzeit, in: Historische Zeitschrift 243. 1987 S. 591–626, hier 601.

Kontext verortet; die Fürsten und seine Räte wurden mit Verhaltenserwartungen konfrontiert, die sich auf moralische wie berufsethische Merkmale bezogen. Selneckers Kirchenlied verfolgte damit eine ähnliche Perspektive, wie die christliche Staatslehre seiner Zeit.[19]

Die Rolle der Obrigkeit wurde dabei pointiert als eine Stellvertretung Gottes herausgestellt. Nur wenn sie diese Rolle erfüllte - d. h. die Funktionsträger den weitreichenden sittlichen Ansprüchen an ihr Verhalten, sowie den Erwartungen an ihre Amtsführung entsprachen -, vermied sie die Strafen Gottes für ihr Gemeinwesen und konnte bei ihren Untertanen die Bekehrung zu einem gottesfürchtigen Leben als Voraussetzung für eine gedeihliche Entwicklung des Gemeinwesens und der Krisenbewältigung einleiten und auch durchsetzen. Nikolaus Selnecker hat diese Überzeugung in Strophe zwei seines »*Gebetleins, das Christus wolle vnser Oberster Regent sein vnd bleiben*« exemplarisch zum Ausdruck gebracht: »Wo du nicht selbst regierer bist// vnd stürtzst des Sathans gewalt vndd list,// So sind wir nichts, vergehn all sampt,// vnd thun nichts rechts in unserm Ampt.«[20]

Theorie der Regierung

Für die Theoretiker von Regierung und Verwaltung im 16. und 17. Jahrhundert spielte Religion eine zentrale, wenn auch differenziertere Rolle, als sie uns in den Kirchenliedern über die »Oberkeit« begegnet. Religion begrenzte und legitimierte individuelle Herrschaftspraktiken durch den Bezug auf das göttliche wie das natürliche Recht, wobei die religiöse Legitimation selten so direkt wie in der »Politik« des Herborner Juristen Johannes Althusius ausgesprochen wurde. In Althusius' Politik, so argumentiert Stolleis, bestand die Vertragsarchitektur für das Gemeinwesen aus drei Verträgen: dem Vertrag aller mit allen; dem Vertrag zur Einsetzung der Obrigkeit und schließlich dem Vertrag mit Gott: »Das Volk verspricht in ihm Unterwerfung unter Gottes Willen, also die Erfüllung seiner Gebote; Gott verspricht seinerseits, sich dem gehorsamen Volk gnädig zu erweisen, das ungehorsame aber streng zu bestrafen.«[21] Selbst in der neuaristotelischen Staatslehre des Henning Arnisaeus, die »Politik« als praktische und zugleich systematische Wissenschaft für die protestantischen Universitäten mit begründete, blieb Religion

---

[19] Vgl. LANDWEHR, Policey im Alltag (wie Anm. 18) S. 75 ff.; DREITZEL, Protestantischer Aristotelismus (wie Anm. 16) S. 162 ff.

[20] WACKERNAGEL, Kirchenlied (wie Anm. 14) S. 319.

[21] Michael STOLLEIS, Geschichte des öffentlichen Rechts in Deutschland, I: Reichspublizistik und Policeywissenschaft 1600–1800. München 1988 S. 108.

ein wesentlicher Bestandteil von Staat und Gesellschaft. Einerseits sah Arnisaeus die Souveränität durch das göttliche Recht begrenzt, das er als eine Variante des Naturrechts begriff, andererseits war die Religiosität der Bürger für ihn eine wichtige Voraussetzung für Recht und Ordnung in der Gesellschaft: »nichts vermag Vertrauen, Gehorsam und Gesetzestreue der Bürger besser zu garantieren als die Furcht vor der Strafe Gottes. Die wichtigste Funktion der Religion ist es also, diese Furcht in der staatlichen Gemeinschaft zu erhalten.«[22]

Die Überlegungen zur Organisation des Staates und der Gesellschaft, zum Verhältnis zwischen Kirche und Staat, zu den Techniken von Regierung und Verwaltung sowie zu den Anforderungen an Fürsten und Beamten unterschieden sich je nach dem Standpunkt der Autoren.[23] Sie bezogen sich jedoch alle auf einen Erfahrungsraum, der nicht nur durch konkrete Ereignisse bestimmt war. Er war entweder durch die Summe von Wahrnehmungen und Reflexionen einer langjährigen Tätigkeit in der Regierung oder durch eine systematische Analyse der historischen Ereignisse und philosophischen Kommentare bestimmt.[24] Wenn sich daher ein Autor wie Althusius in seiner *Politica* mit Notlagen und ihren Folgen für Staat und Gesellschaft auseinandersetzte, zitierte er neben der Bibel vor allem antike Autoritäten, aus deren Beschreibungen und Analysen ein Wissen über positive und negative Aspekte der Entwicklung eines Gemeinwesens erschlossen wurde.[25] Arnisaeus legitimierte mit der Konzentration auf diesen diskursiv vermittelten Er-

---

[22] Dreitzel, Aristotelismus (wie Anm. 16) S. 10 f., 196 ff. u. zuletzt 380.

[23] Einen knappen Überblick über die unterschiedlichen Standpunkte findet sich in: ebd. S. 129 ff.; und Ders., Reason of State and the Crisis of Political Aristotelism. An Essay on the Development of 17th Century Political Philosophy, in: History of European Ideas 28. 2002 S. 163–187.

[24] Ders., Absolutismus und ständische Verfassung in Deutschland. Ein Beitrag zu Kontinuität und Diskontinuität der politischen Theorie in der Frühen Neuzeit. Mainz 1992 S. 10 ff., skizziert die unterschiedlichen sozialen und institutionellen »Orte«, an denen sich politische Konzeptionen innerhalb eines spezifischen Traditionszusammenhanges etablierten. Er spricht von »spezifischen Schul- und Traditionskomplexen mit relativ autonomer Entwicklung, wie vor allem das römische Recht, der Aristotelismus und Neustoizismus, die *Philosophia christiana* und die ›politische Klugheit‹, Scholastik und ›Popularphilosophie‹, das säkulare Naturrecht mit dem Jus publicum universale und die kameralistische Wirtschaftslehre.« (10)

[25] Johannes Althusius, Politica methodicè digesta atque exemplis sacris & profanis illustrata […]. Herborn 1614 (ND Aalen 1964) S. 498. Althusius verwendete selbst bei der Reflexion über die besten Strategien zur Bewältigung von »schlechten Zeiten«, wie Krieg, Hungersnot, etc. Zitate aus der Bibel und den antiken Klassikern. Aufgrund dieser »Evidenzen« sah er – im Anschluss an Plutarch – sowohl die Obrigkeit als auch die Untertanen in Zeiten der Krise gefordert. Zur Bewältigung der Krise müssten die beiden eben gemeinsam agieren: »cum magistratus & civis conferunt omnia sua ad salutem vel commodum Rei pub.«

fahrungsbereich seine Autorität als – noch jugendlicher – Autor einer Staatslehre und begründete dadurch »die Politik als eine objektive, von den persönlichen Erfahrungen des Lehrenden und Lernenden unabhängige Wissenschaft«, wie Horst Dreitzel argumentiert.[26]

Die Autoren der Politiken des 17. Jahrhunderts versuchten, Regierung und Gemeinwesen in einer Form zu definieren, dass durch die Herrschaftssteigerung des Fürsten die Befriedung des Gemeinwesens möglich und Wohlfahrt wie Glückseligkeit gefördert werden sollte. Der Stärkung der Position des Fürsten korrespondierte eine Verpflichtung auf rechtliche und eudämonistische Ziele – auf die »friedliche Erhaltung und Ordnung der Bürger in ihren Rechten«.[27] Die Erreichung dieser Ziele schien durch die Organisation von Regierung und Verwaltung alleine nicht gewährleistet, sondern erforderte eine entsprechende Persönlichkeit des Fürsten. Die Autoren präsentierten daher einen Katalog von Tugenden für den Fürsten und seine Beamten, der sich im Anschluss an den Neostoizismus und den Humanismus entwickelte und mit dem Problembewusstsein der Kirchenlieder durchaus kompatibel war.

Selbst Arnisaeus, der die Politik von Lipsius als zu subjektgebunden kritisierte, orientierte sich in der fürstlichen Pflichtenlehre an dem niederländischen Autor. Weil Arnisaeus Politik als wertfreie Technik verstand, wollte er der Gefahr eines Missbrauchs durch die Radikalisierung der ethischen Erwartungen an den Regenten vorbeugen: »Gerade weil er den Staat positivistisch begriff, steigerte er die Regentenethik [...] zu einer kantischen Rigorosität in der moralischen Anforderung, die konsequenterweise mit der Feststellung endete, dass das Dasein des Herrschers eine lebenslange ›elende Sklaverei‹ sei.«[28]

Arnisaeus differenzierte einerseits zwischen der öffentlichen und privaten *persona* des Fürsten. Private Tugenden gehören aus dieser Perspektive nicht unmittelbar zum Wesen des Fürsten: Privatperson und Amtsperson waren für ihn unterschieden – das wurde mit einem Vergleich zwischen Arzt und Fürst zusätzlich unterstrichen. Andererseits sah Arnisaeus die Notwendigkeit einer vorbildlichen privaten Moral des Fürsten, weil dieser ein wichtiges Vorbild für seine Untertanen war. Dasselbe Argument wurde von Arnisaeus an anderer Stelle weiter ausgeführt, als er von den Qualitäten der Amtsinhaber im Allgemeinen handelte: »Er soll nicht nur in seiner Amtsverwaltung

---

[26] DREITZEL, Aristotelismus (wie Anm. 16) S. 111.
[27] Ebd. S. 123 f. u. 253 ff., zuletzt 124.
[28] Ebd. S. 152 f., 176, 184 u. 225, zuletzt 176.

tüchtig, sondern darüber hinaus ein moralisches Vorbild für alle Bürger sein.«[29]

Aus der Perspektive einer christlichen Staatslehre setzte Veit Ludwig von Seckendorff andere Akzente, betonte aber ebenfalls die hohen moralischen Ansprüche an den Fürsten. In seinem »Teutschen Fürstenstaat« aus der Mitte des 17. Jahrhunderts – einer Publikation, die zwischen Regierungslehre und Fürstenspiegel angesiedelt war – argumentierte er, dass der Fürst vor allem gottesfürchtig und fromm sein sollte, denn »wenn Gottes gnade und segen von einem herrn weichen, so ist auch alle dessen macht, ansehen und hoheit dahin und vergeblich [...]«.[30] Ausgehend von einem »lutherischen« Tugendverständnis forderte Seckendorff vom Fürsten, dass dieser ein exemplarisches Leben führen müsse, »weil er in einem hohen stande lebet, und mit seinem exempel, thun und leben das gantze land entweder bessern oder ärgern kann«.[31] Später führte Seckendorff näher aus, wie der Fürst das Land ruinieren konnte – nämlich durch Saufen und Schwelgen, Unkeuschheit, Unaufrichtigkeit und Ungerechtigkeit.[32] Zusammenfassend kann man mit Wolfgang Weber argumentieren, dass die Fürstenspiegel und Staatslehren eine *persona* des Fürsten entwarfen, die durch die folgenden Charakterzüge bestimmt war: Der Fürst musste gnädig und milde, bescheiden, höflich und aufrichtig sein; er musste eine »innerlich wie äußerlich gefestigte, belastbare, sich aber dennoch ihrer Grenzen bewusste Persönlichkeit« haben.[33]

Die Politiken und Fürstenspiegel des späten 16. und frühen 17. Jahrhunderts stellten Anforderungen an Regierung und Verwaltung, die mit den Vorstellungen der Liederdichter von der Bewältigung der sozialen, wirtschaftlichen und politischen Krise ihrer Zeit durchaus kompatibel waren. In beiden Fällen wird der Fürst in den Mittelpunkt einer geordneten Form der Bewältigung der Krise gestellt; es werden ihm weitreichende Kompetenzen

---

[29] Ebd. S. 271 f. u. 393.
[30] VEIT LUDWIG VON SECKENDORFF, Teutscher Fürstenstaat. Samt des Autoris Zugabe sonderbahrer und wichtiger Materialien. Jena 1737 S. 144.
[31] Ebd. S. 134; vgl. dazu auch MILOS VEC, Zeremonialwissenschaft im Fürstenstaat. Studien zur juristischen und politischen Theorie absolutistischer Herrschaftsrepräsentation. Frankfurt a. M. 1998 S. 316 f. Zur Bedeutung des »guten Beispiels« als Herrschaftsmittel vgl. WOLFGANG WEBER, Prudentia gubernatoria. Studien zur Herrschaftslehre in der politischen Wissenschaft des 17. Jahrhunderts. Tübingen 1992 S. 176.
[32] SECKENDORFF, Fürstenstaat (wie Anm. 30) S. 155 ff. Zur Gerechtigkeit vgl. WEBER, Prudentia (wie Anm. 31) S. 190 f.
[33] Ebd. S. 177. Vgl. dazu auch den KAISER FERDINAND II. zugeschriebenen Fürstenspiegel der Habsburger: Princeps in compendio, hoc es, puncta aliquot compendiosa, quae circa gubernationem reipublica observanda videntur. Wien 1668 S. 68 f.

zu ihrer Lösung zugesprochen.[34] Die Entwicklung dieses Verständnisses vom Fürsten und seiner Rolle geht jedoch der Krise am Beginn der Kleinen Eiszeit voraus und begleitet die institutionellen und politischen Veränderungen seit dem Ende des 15. Jahrhunderts. Selbst in den Politiken, die zur Zeit der Krise entstanden, dominiert nicht die religiöse Perspektive, sondern findet sich jene Vermischung ethischer, religiöser, politischer und juristischer Argumente, die Stolleis als charakteristisch für dieses *genre* hervorhebt.[35]

Der Beginn der Kleinen Eiszeit, die damit verbundenen wirtschaftlichen Krisenerscheinungen und kulturellen Deutungsmuster standen in einer engen Beziehung zu einem politischen Diskurs[36] und einer sich ausbildenden Form des fürstlichen Regiments, die mit den religiösen Deutungen der Krise und ihrer Bewältigung kompatibel waren, ohne darin aufzugehen. Die beiden wesentlichen Schnittstellen zwischen politischer Theorie und religiöser Bewältigung von Kontingenz waren der Gemeinwohlanspruch und die Anforderungen an die *persona* des Fürsten und seiner Räte. Religiös-sittliche Erwartungen wurden dadurch Teil von politischen Techniken, die weit über die in den Kirchenliedern anklingende Krisen- und Daseinsbewältigung hinausgingen und verschiedene Strategien zur Erschließung und Administration von Ressourcen entwickelten, wobei Ressourcen nicht nur im modernen Sinn zu verstehen sind, sondern neben der Wirtschaftskraft und den Bodenschätzen auch die sittliche Verfasstheit der Landesbewohner einschlossen.

Diese politischen Techniken gründeten in der *Klugheit* des Fürsten, wobei es durchaus unterschiedliche Vorstellungen von der Art dieser Klugheit gab. Arnisaeus betonte gegenüber Lipsius den technisch-instrumentellen Charakter, der Politik zu einer erlernbaren »Kunst« machen würde.[37] Die Anwendung dieser Kunst erforderte zwar Klugheit und Geschick, aber nicht unbedingt eine moralisch vorbildliche Persönlichkeit. Dagegen erscheint in Seckendorffs christlicher Staatslehre die fürstliche Klugheit als religiös überformt. Klugheit war aus seiner Sicht eine durch Praxis und Erfahrung

---

[34] Das trifft in geringerem Maße auf Althusius zu, der Staat und Gesellschaft durch eine differenzierte Form der Repräsentation in Ständen und deren Teilhabe an der Regierung integriert. Vgl. dazu Dreitzel, Absolutismus (wie Anm. 24) S. 24 ff.

[35] Stolleis, Geschichte des öffentlichen Rechts (wie Anm. 21) S. 82 ff. u. 113 ff. Sie enthalten teils antikisierende humanistische Erziehungslehren, Mahnungen der Theologen zum gottseligen Leben, sowie politisch-empirische Anleitungen zu guter Verwaltung. Bei Seckendorff stehen sie in der Tradition eines aristotelischen Politik-Begriffes und damit einer Gemeinwohlrhetorik, die sich gegen eine macchiavelistische Machtpolitik richtet. Vgl. Vec, Zeremonialwissenschaft (wie Anm. 31) S. 319 u. 324.

[36] Die Repräsentanten dieses Diskurses orientierten sich in unterschiedlicher Weise an Aristoteles: Stolleis, Geschichte des öffentlichen Rechts (wie Anm. 21) S. 85.

[37] Dreitzel, Aristotelismus (wie Anm. 16) S. 152 f.

ausgebildete Kompetenz, ließ sich daher auch nicht durch Unterricht erlernen. Er bezeichnete sie als »Verstand der Amtsverrichtung«: »Es kan aber solche übung und erhaltung, auchz vermehrung des verstandes nicht besser geschehen, als wenn der landesherr in seiner beruffs-arbeit fleissig ist, und andere unnöthige dinge, fürwitzige wissenschaften, vergebliche thörichte künste, müßiggang [...] [meidet].«[38] Trotz der unterschiedlichen Vorstellungen von der *Klugheit* des Fürsten gab es einen gemeinsamen Nenner: Klugheit betraf in jedem Fall die tätige, zielgerichtete und gleichzeitig maßvolle Sorge um das Gemeinwohl, die auf einer umfassenden Kenntnis der normativen, wirtschaftlichen und sozialen Verfasstheit des Gemeinwesens sowie einer Kenntnis über Existenz und Ursachen von Normabweichungen beruhte.[39]

Die *Klugheit* drückte sich vor allem in einer systematischen Organisation der Regierung aus – durch den Aufbau eines sich langsam ausdifferenzierenden Verwaltungsapparates von Räten, Sekretären und anderen Funktionsträgern. Der *kluge* Fürst nutzte diesen Apparat für seine Politik und zur Einholung von Informationen wie von Ratschlägen. Er durfte sich – laut Seckendorff – nicht dem schädlichen Einfluss von »Ohrenbläsern« aussetzen.[40] Der Fürst sollte die Geschäfte nicht aus der Hand geben, sondern die Amtsführung seiner Räte und »Diener« ständig beaufsichtigen, um etwaige Formen von Amtsmissbrauch sofort unterbinden zu können:

»[...] und also gottlose, ungerechte, böse leute, daran keine besserung hilfft, noch angewandt ist, von sich thut, dadurch er denn fremder sünden und schwerer verantwortung los wird, und bey den unterthanen und andern dienern, seine gerechtigkeit und fürstl. ansehen zu erkennen giebet.«[41]

Mit dieser Sorge um eine mögliche Disfunktionalität eines ausdifferenzierten Herrschaftsapparates beschrieb Seckendorff die Aufgabe und Verantwortung der Fürsten in ähnlicher Form, wie sie auch in den Kirchenliedern for-

---

[38] SECKENDORFF, Fürstenstaat (wie Anm. 30) S. 137.
[39] Ebd. S. 78 f. Vgl. dazu auch WEBER, Prudentia (wie Anm. 31) S. 180 f.
[40] SECKENDORFF, Fürstenstaat (wie Anm. 30) S. 138 f. Wie Weber betont, bedeutete das keinen Anspruch der Stände oder anderer politischer Gruppierungen auf Mitwirkung bei der Herrschaft, sondern die Optimierung der Grundlagen für die vom Fürsten zu treffenden Entscheidungen: WEBER, Prudentia (wie Anm. 31) S. 200. Wie das Zustandekommen von Gesetzen in dieser Zeit demonstriert, behielten die Stände eine wichtige Rolle sowohl im Bereich der Legislative als auch bei der Durchsetzung der Normen: WILHELM BRAUNEDER, Die Policeygesetzgebung in den österreichischen Ländern des 16. Jahrhunderts. Derzeitiger Forschungsstand und Perspektiven, in: Policey im Europa der Frühen Neuzeit. Hg. MICHAEL STOLLEIS. München 1996 S. 299–316, hier 306 f.
[41] SECKENDORFF, Fürstenstaat (wie Anm. 30) S. 196.

muliert wurden. Er reflektierte dabei aus der Perspektive eines leitenden Beamten einer herzoglichen Verwaltung, eines Kanzlers und Landschaftsdirektors den langfristigen Trend zur vermehrten normativen Regelung des Verwaltungshandelns seit dem späten 15. Jahrhundert, den Dietmar Willoweit als einen tiefgreifenden Wandel von Regierung und Verwaltung beschreibt. Dadurch nahmen die territorialen Ordnungen für die Organisation und Handhabung von Ämtern, Ratskollegien, Kanzleien, und nicht zuletzt für den Hof selbst, zu: »Die Verwaltungsordnungen dürften ebenso wie die parallel entstandenen Polizei- und Landesordnungen nicht lediglich einem aktuellen Regelungsbedürfnis, sondern einem breiten und allgemein überzeugenden Trend zur Normativität herrschaftlichen Handelns entspringen.«[42]

Seckendorff bezog sich in seinen Überlegungen zum Herrschaftsapparat nicht nur auf eine weit verbreitete Vorstellung von moralisch-sittlichen Anforderungen an den Fürsten, sondern auch auf eine weithin akzeptierte Vorstellung von *dem* Beamten. Der Beamte sollte fromm und gottesfürchtig sein, wobei die persönliche Konfession des Beamten im Laufe des 17. Jahrhunderts zunehmend an Bedeutung verlor; er sollte durch die Integrität seines Lebenswandels und seine Unbescholtenheit den untadeligen Staat repräsentieren. Von wesentlicher Bedeutung waren seine Treue, Verschwiegenheit und Unbestechlichkeit, d.h. eine erfolgreiche Trennung zwischen privaten Interessen und dem Gemeinwohl. Zusammenfassend charakterisiert Michael Stolleis den idealen Beamten dieser Zeit folgendermaßen: »Es ist der seinem Fürsten treu ergebene Rat, umfassend gebildet, vor allem aber ein solider Praktiker, persönlich fromm, integer, fleißig, bescheiden und unbestechlich.«[43]

Der Beginn der Kleinen Eiszeit, die damit verbundenen wirtschaftlichen Krisenerscheinungen und kulturellen Deutungsmuster trafen somit nicht nur auf einen politischen Diskurs, der mit den religiösen Deutungen der Krise und ihrer Bewältigung vereinbar war, sondern auch auf eine Praxis von Regierung und Verwaltung, die mit den Vorstellungen der Zeitgenossen nach einem effizienten Krisenmanagement kompatibel waren, ohne sich darauf vollständig zu beschränken.

---

[42] DIETMAR WILLOWEIT, Allgemeine Merkmale der Verwaltungsorganisation in den Territorien, in: Deutsche Verwaltungsgeschichte, I: Vom Spätmittelalter bis zum Ende des Reiches. Hg. KURT G. A. JESERICH / HANS POHL / GEORG CHRISTOPH VON UNRUH. Stuttgart 1983 S. 289–346, hier 289.

[43] MICHAEL STOLLEIS, Grundzüge der Beamtenethik (1550–1650), in: Die Verwaltung 13. 1980 S. 447–475, hier 466, sowie 461 ff.; vgl. dazu auch WOLFGANG WEBER, »Ein vollkommener fürstlicher Staats-Rath ist ein Phoenix«. Perspektiven einer politischen Ideengeschichte der hohen Beamtenschaft, in: Zeitschrift für historische Forschung 21. 1994 S. 221–233, hier 221 ff.

Strategien der Krisenbewältigung

Zu den politischen Aufgaben des 16. und 17. Jahrhunderts gehörte insbesondere die Sorge um die Erziehung, Kontrolle und Disziplinierung der Untertanen. Diese Sorge bezog sich nicht unbedingt auf konkrete Notlagen, sondern auf die allgemeine Pflicht zur Förderung von Sittlichkeit und Disziplin. In Seckendorffs Werk diente die »pflantzung« von »ehre und tugend in den gemüthern« daher nicht mehr der Abwehr einer spezifischen, sondern nur mehr einer allgemeinen Bedrohung durch den zürnenden Gott. Ähnlich argumentierte auch der *Princeps in compendio*, ein Ferdinand II. zugeschriebener Fürstenspiegel. Dort wurde der Zusammenhang zwischen der Disziplinierung von Untertanen und der Vermeidung von Gottes Strafe explizit angesprochen: »Es hat sich gar öffters zugetragen / dass gantze Königreiche mit den grösten plagen / als hunger / pest und krieg / bloß deßwegen von Gott seynd gezüchtiget worden / weil der Fürst das laster nicht abgestrafft.«[44]

Zur Erziehung und »Züchtigung« der Untertanen diente neben der traditionellen Rechtswahrung vor allem die neue Aufgabe der Rechtsgestaltung. Seckendorff beschrieb in seinem *Fürstenstaat* die »Aufrichtung guter gesetze und ordnungen« als eine wichtige Aufgabe des Landesfürsten, um Gerechtigkeit, Friede und Wohlfahrt zu garantieren. Diese Aufgabe teilte der Fürst auf Reichs- wie auf Landesebene mit den Ständen.[45] Er erteilte als Gesetzgeber zwar den »›Befehl‹ bezüglich des Gesetzestextes«, die Formulierung der Polizeiordnungen wurde jedoch von den Landständen – in den österreichischen Ländern in Zusammenarbeit mit dem Hofrat – vorgenommen.[46]

---

[44] KAISER FERDINAND II, Princeps (wie Anm. 33) S. 57.

[45] Auf Reichsebene erfolgte die Vorbereitung der Polizeiordnungen in Ausschusssitzungen des Reichstages, in der man die kaiserliche Proposition diskutierte und modifizierte. Wesentlich war der Dialog zwischen Kaiser und Fürsten, die Städte blieben weitgehend marginalisiert. Vgl. dazu ULRIKE LUDWIG, Der Entstehungsprozeß der Reichspoliceyordnung auf dem Reichstag von Augsburg 1547/48, in: Policey und frühneuzeitliche Gesellschaft. Hg. KARL HÄRTER. Frankfurt a. M. 2000 S. 383–411, hier 393 ff.

[46] BRAUNEDER, Policeygesetzgebung (wie Anm. 40) S. 306 f.; vgl. dazu auch AXTMANN, »Police« (wie Anm. 15) S. 40 ff. Die Stände übernahmen in manchen Fällen sogar die Initiative zur Entwicklung neuer Normen – und das selbst noch in der zweiten Hälfte des 17. Jahrhunderts, wie ein Beispiel von Michael Frank belegt: »Auf dem lippischen Landtag von 1687/88 monierten die Stände beispielsweise, dass die Landleute sich durch üppige Kindtaufen, Hochzeiten […] ruinierten. Daher verlangte man das Einschreiten der Obrigkeit, die auch prompt reagierte.« Zitiert aus MICHAEL FRANK, Exzeß oder Lustbarkeit? Die policeyliche Reglementierung und Kontrolle von Festen in norddeutschen Territorien, in: Policey (wie Anm. 45) S. 149–178, hier 159; vgl. dazu auch JOSEF PAUSER, »Verspilen / ist kein Spil / noch Schertz«. Geldspiel und Policey in

Die Mitwirkung der Landstände war nicht zuletzt deshalb von entscheidender Bedeutung, weil nur die Stände die Bestimmungen der Polizeiordnung in ihrem Herrschaftsbereich umsetzen konnten.

In den entstehenden Polizeiordnungen sollte neben der Verhinderung der »groben äusserlichen Mißhandlungen, welche wider die menschliche gesellschafft, einigkeit und Friede der unterthanen, ganz offenbarlich streiten«, auch die Förderung eines »erbar und züchtigen leben und wandels« stehen.[47] Entsprechend dem relativ »offenen« Bedeutungsfeld für den Begriff der Polizei (Zustand eines Gemeinwesens in politischer, gesellschaftlicher, wirtschaftlicher, aber auch sittlicher und religiöser Hinsicht) kann man unter Polizeiordnungen jene Normen verstehen, »die prinzipiell einen sozialen Gestaltungswillen aufweisen, das heißt die verändernd in das gesellschaftliche Gefüge eingreifen wollten«, wie Achim Landwehr betont.[48] Damit unterschieden sie sich deutlich vom *Recht*, das auf Strukturbewahrung und nicht auf eine bewusste Veränderung abzielte. Nur die Polizei als gesetzter Befehl konnte auf veränderte Lebens- und Wirtschaftsbedingungen reagieren und gestaltend wirken.[49] Wesentlich für die Existenz von Polizeiordnungen war daher der Gestaltungswille des Fürsten und der Stände, der sich seit dem 15. und 16. Jahrhundert zunehmend artikulierte.[50]

Die Präambel der Polizeiordnung von Württemberg vom 21. Januar 1610 lautete wie folgt:

»Friedrich etc. Liebe Getreue, demnach mäniglich bewusst, wie gefähr und sorglich es jetziger Zeit inn- und ußerhalb des heyl. Röm. Reichs mit sterbendt- und Kriegs-Läufften beschaffen, sonderlich aber weil duch Gottes gnädigen Seegen jüngst abgelauffenen 1599ten Jahrs guter Wein gewachsen, das überflüssige Zu- und Volltrinken, also überhand genommen, dass daraus ein Viehisch ohnvernünfftig weeßen also erfolget [...] dardurch dann der gerechte Zorn des Allmächtigen umb so viel mehr gehäuft und allerhand Landstraffen verursacht werden; dannenhero und zu Verhütung deßelbigen die hohe Nothdurft erfordern will, solches Alles abzuschaffen, und dargegen ein ordentlich, still, züchtig und christlich Leben zu führen, damit der Seegen des Allmächtigen und alle Wohlfahrt erhalten werden mögen [...].«[51]

---

den österreichischen Ländern der Frühen Neuzeit, in: Policey (wie Anm. 45) S. 179–233, bes. 188.

[47] SECKENDORFF, Fürstenstaat (wie Anm. 30) S. 206 ff.
[48] LANDWEHR, Policey im Alltag (wie Anm. 18) S. 60.
[49] Ebd. S. 65.
[50] Die »letzte Quelle des sittlichen Rechtsbewusstseins wurde damit [...] die Obrigkeit«, wie Wieacker im Hinblick auf die Rezeption des römischen Rechts formulierte. Zitiert nach ebd. S. 61.
[51] Ebd. S. 58.

Polizeiordnungen waren ein legislatives Genre im Übergang vom Spätmittelalter zur Frühen Neuzeit, wie Mathias Weber argumentiert. Die Rechtsetzung erforderte zu dieser Zeit noch Legitimation – daher war sie in der Regel begleitet von einer Präambel,[52] in der die Motivation zur normativen Regelung von Lebensbereichen präsentiert wurde. Die Präambel der württembergischen Polizeiordnung aus dem Jahre 1610 setzte die »Entgegenpflanzungen« von Zucht und Ehrbarkeit direkt mit dem »gerechten Zorn« und der Strafe Gottes in Verbindung. Die bedrohte Beeinträchtigung des Gemeinwohls forderte die obrigkeitliche Regelungskompetenz zur Publikation und Durchsetzung entsprechender Ordnungen heraus. Die in der Präambel angesprochene Bedrohungsvorstellung entspricht der – in der eingangs zitierten Sage ausgedrückten – Angst vor göttlicher Strafe als Antwort auf einen als Provokation Gottes verstandenen Frevel. Damit bezogen sich die Autoren der Polizeiordnung auf ein kulturelles Wissen von den Ursachen der Not, das mit den Klagen und Forderungen in den Kirchenliedern korrespondierte.

Anders als in den Kirchenliedern erschien die Obrigkeit hier jedoch nicht selbst als Adressat dieser Ordnungen. Sie präsentierte sich als verantwortliche, wenn auch nicht selbst betroffene Instanz. Als »Regiment Gottes« und aufgrund ihrer überlegen Disziplin und Situationsdeutung musste sie die Untertanen auf den rechten Weg zurückführen. Obwohl die Polizeiordnungen ähnliche Vorstellungen von den Ursachen der Krise und ihrer Bewältigung zum Ausdruck brachten, wie man sie in den Kirchenliedern dieser Zeit findet, waren die angesprochenen Adressaten und die vorgeschlagenen Strategien grundverschieden. Die Kirchenlieder, die Patrice Veit in diesem Band analysiert,[53] richteten sich an den an seiner Sünde leidenden Menschen und zeigten ihm Wege der erneuten Versöhnung mit Gott. Die Polizeiordnung wandte sich dagegen an den Frevler, der nicht nur Leid über sich, sondern auch über andere brachte. Seine Verhaltensänderung konnte nicht auf Einsicht beruhen, sondern musste durch Zwang erreicht werden.

Dieser Zwang wurde mit der Sorge um das Gemeinwohl – den gemeinen Nutzen – begründet. Achim Landwehr argumentiert, dass zu Beginn des 17. Jahrhunderts die Verbindung von individuellem und allgemeinem Wohl als Voraussetzung zur Erreichung des »transzendenten ›summum bonum‹« galt: »Gott wurde damit als das universale Ziel definiert und zwar sowohl als

---

[52] MATHIAS WEBER, Ständische Disziplinierungsbestrebungen durch Polizeiordnungen und Mechanismen ihrer Durchsetzung. Regionalstudie Schlesien, in: Policey (wie Anm. 40) S. 333–375, hier 334 u. 353ff.
[53] Vgl. den Beitrag von PATRICE VEIT in diesem Band S. 283–310.

das Ziel jedes einzelnen, wie als Ziel des Gemeinwesens.«[54] Ausgehend von der Vorstellung einer von Gott eingerichteten, durch menschlichen Übermut und menschliche Sündhaftigkeit jedoch gestörten Gesamtordnung, war es die Pflicht des Fürsten, der als Haupt des Staatskörpers für den Bestand des Ganzen verantwortlich und selbst an den Gemeinnutz gebunden war, die unchristliche Lebensart der Untertanen abzustellen. Damit sollte die Strafe Gottes in Form von Viehseuchen, Epidemien und Wirtschaftskrisen abgewendet bzw. beendet werden.[55]

Anfang des 17. Jahrhunderts gab es eine starke Konvergenz zwischen den religiösen Gattungen der Krisenbewältigung – Kirchenlied und Predigt – und den Begründungszusammenhängen in den Polizeiordnungen. Doch selbst diese Konvergenz darf nicht als ein kausaler Zusammenhang verstanden werden. Sie entstand aus einem gemeinsamen kulturellen Wissen über die Gründe und Bewältigung von Kontingenzerfahrung, über die Sündhaftigkeit der Welt (vor allem des sinn-orientierten *gemeinen Mannes*) und der zwangsläufigen Strafe Gottes. Wenn die Polizeiordnungen auf Krisen reagierten, bezogen sie sich außerdem nicht auf langfristige Trends, sondern auf kurzfristige Schwankungen, wie die Polizeiordnung von 1610 exemplarisch verdeutlicht. Man kann hier mit Jan de Vries argumentieren, »that the consequences of climatic changes do not flow only, probably not even primarily, from differences in *level*; they also flow from differences in *variances*«.[56]

Polizeiordnungen als ein flexibles Instrument der Normsetzung gab es bereits lange vor dem Einsetzen der Kleinen Eiszeit. Seit dem 15. Jahrhundert dienten sie dazu, den zunehmenden Regelungsbedarf des neuzeitlichen Gemeinwesens zu decken und die wirtschaftlichen, sozialen und politischen Veränderungen strukturierend zu begleiten.[57] Es zeigt sich somit eine ähnlich komplexe Beziehung zwischen klimatisch induzierten Krisen und der

---

[54] LANDWEHR, Policey im Alltag (wie Anm. 18) S. 62.

[55] Diese Entwicklung war begleitet von einer Ausdifferenzierung der Polizeiordnungen, wobei sich die wirtschaftlich orientierten Ordnungen am deutlichsten von einem religiösen Begründungszusammenhang entfernten: LANDWEHR, Policey im Alltag (wie Anm. 18) S. 68 ff. Den erhöhten Anstrengungen zur Regelung von Lebensbereichen entsprachen die Forderungen zur Selbstdisziplinierung, zur Durchsetzung eines neuen Arbeitsethos und zur sittlichen Lebensführung in den christlichen Traktaten. Vgl. dazu HARTMUT LEHMANN, Das Zeitalter des Absolutismus. Gottesgnadentum und Kriegsnot. Stuttgart 1980 S. 146.

[56] JAN DE VRIES, Measuring the Impact of Climate on History. The Search for Appropriate Methodologies, in: Journal of Intelligence History 10. 1980 S. 599–630, hier 626. Zur Kritik am cliometrischen Ansatz von de Vries, vgl. den Beitrag von CHRISTIAN PFISTER (Abschnitt 4) in diesem Band S. 58–68.

[57] LANDWEHR, Policey im Alltag (wie Anm. 18) S. 63 f.

Reaktion der »Oberkeit«. Das Instrumentarium zum Krisenmanagement war bereits vorhanden, seine Benutzung durch die Rechtsetzungskompetenz des Fürsten legitimiert. Die Verordnungen reagierten auf Problemkomplexe, die man aus heutiger Sicht mit klimatischen Veränderungen in Beziehung setzen kann, in ähnlicher Weise wie auf andere soziale, wirtschaftliche und politische Krisen. Im Laufe des 17. Jahrhunderts trat die unmittelbare Verknüpfung von Klima, Sünde und Wirtschaften zurück; die klimatischen Verhältnisse wurden zu einer neuen Form der Normalität, an die sich Wirtschaft und Gemeinwesen anzupassen hatten.

Schluss

Die deutlichste Reaktion auf die von den klimatischen Veränderungen verursachten wirtschaftlichen Notlagen lassen sich in Predigt und Kirchenlied finden. Dort bot man den Gläubigen vor allem Trost; einige Liederdichter wie Selnecker formulierten jedoch auch Erwartungen an die »Oberkeit«, um diese an ihre Verpflichtung als Statthalter Gottes zu erinnern. Diese Verpflichtungen waren Gegenstand von theoretischen wie praktischen Schriften, den Politiken und Regimentsbüchern, die schon vor der Krise einsetzten und die Position und Aufgaben des Herrschers und der Stände neu definierten. Diese Positionen waren nicht nur religiös begründet, sondern wurden ebenso im Rückgriff auf die antike und humanistische Literatur bestimmt.

Die von den Kirchenliedern eingeforderte Moralisierung der »Oberkeit« ist in diesen Schriften ebenso zu verfolgen, wie die zunehmende Verrechtlichung und Kontrolle des Herrschaftsapparates, der sich seit dem 15. Jahrhundert auch in den Territorien ausbildete. Er konnte zur aktiven Krisenbewältigung eingesetzt werden – vor allem auf normativer Ebene, was ebenfalls den Forderungen von Liederdichtern wie Selnecker entsprach. Diese konzeptuellen und institutionellen Ressourcen ermöglichten jene Reaktionen der »Oberkeit« auf die Krise, wie sie uns in zahlreichen Polizeiordnungen zugänglich sind. Welche Auswirkungen hatte jedoch diese Form des Krisenmanagements auf das Gemeinwesen? Diese Frage soll in einigen abschließenden Bemerkungen geklärt werden.

Die Umsetzung der in den Ordnungen formulierten Normen war kein eindimensionaler Prozess von Implementation. Dieser Prozess war vielmehr von vielfältigen Formen des Aushandelns von Geltungsansprüchen auf den unterschiedlichen Ebenen der Normanwendung bestimmt. Achim Landwehr hat den Begriff des *Programms* als treffende Charakterisierung für die Polizeiordnungen eingeführt. Der Landesherr, die Stände und seine Räte fungierten als Programmgeber, während die geistliche und weltliche Verwaltung als Programmanwender einen erheblichen Spielraum bei der Umsetzung des Programms hatten, das heißt bei der Durchsetzung der entsprechenden normativen Erwartungen an das individuelle Verhalten.[58] Diese Handlungsspielräume existierten allerdings nicht nur für die Obrigkeit, sondern auch für die Untertanen, die bei der Durchsetzung der normativen Erwartungen eine ganz wesentliche Rolle spielten. Sie waren nicht nur zur »Nachachtung« der Vorschriften, sondern auch zu Anzeigen von Verstößen verpflichtet, kamen dieser Verpflichtung aber häufig nur dann nach, wenn die Anzeige für ihre eigenen Konfliktlösungsstrategien Sinn machten.

Ein Beispiel aus dem österreichischen Alpenraum soll diesen Gesichtspunkt veranschaulichen. Am 27. Januar 1591 erschien Luzia, die Tochter einer Kleinbauernfamilie vor Gericht und klagte gegen

»Georgen Heinzen umb willen, dass er mit ihr zwey Kinder im ledigen Standt der Unzucht erzeugt, ihr zu ainem oder andern Kind in die Kindlbett nichts geben noch gehoffen, das elter nun in das vierte Jahr ohne all seine Hilf oder Handreichung auf die Zeit erzogen, weill aber die Jahr ungerathen und teuer, getraue sie ihr, wiewohl sie als Mutter soliches gern leisten wollte, nit zu vollbringen oder erhalten. Derwegen habe sie die Obrigkeit anruefen müssen [...].«[59]

In Zeiten der Krise gab es nicht nur einen erhöhten Bedarf an Sinnstiftung, sondern auch an Konfliktregelung innerhalb des lokalen Gemeinwesens.[60] Versorgungsansprüche und andere Probleme, die man früher informell regeln konnte, erforderten nun die Einschaltung der Obrigkeit, um ihre Verbindlichkeit zu garantieren. Dabei nahm man die Disziplinierungsangebote der Obrigkeit an, setzte diese aber für eigene Konfliktlösungsstrategien ein. Die Frauen, die im späten 16. und frühen 17. Jahrhundert in der kleinen Marktgemeinde St. Lambrecht vor dem klösterlichen Gericht erschienen, um sich wegen Unzucht und vorehelicher Sexualität anzuzeigen, unterwarfen sich nicht vollständig der obrigkeitlichen Logik von Schuld und Sünde. Die Inanspruchnahme der Gerichte durch die Untertanen sind ebenso wenig als eine ausschließliche Form der Instrumentalisierung zu begreifen, die sich nicht auf die Handlungsorientierung der Betroffenen ausgewirkt hätte. Denn die Logik der gerichtlichen und polizeilichen Problemdefinition legte ge-

---

[58] Ebd. S. 55.

[59] PETER BECKER, Leben und Lieben in einem kalten Land. Sexualität zwischen Ökonomie und Demographie. Das Beispiel St. Lambrecht, Steiermark 1600-1850. Frankfurt a. M. 1990 S. 263.

[60] CHRISTIAN PFISTER charakterisiert in seinem Beitrag (Abschnitt 5.2) S. 74-82, diesen Zeitraum als »Jahre ohne Sommer« mit erheblichen Auswirkungen auf die Lebensverhältnisse der Menschen.

meinsam mit anderen Elementen der Herrschaftspraxis einen Handlungsrahmen fest, in dem die bürgerlichen und bäuerlichen Subjekte durchaus eigensinnig agierten.[61]

Achim Landwehr sieht zu Recht die Wirkungen der Polizeiordnungen weniger in einer Disziplinierung, sondern eher in einer Strukturierung der Handlungsentwürfe:

»Frühneuzeitliche Policeyordnungen wirken insofern nicht direkt auf das Verhalten der historischen Akteure ein, als die formulierten Ansprüche und Ziele kaum in vollem Umfang erreicht wurden. Sie zeigen jedoch dadurch Wirkung, dass sie eine normative Struktur aufbauen, die das mögliche Handeln der Akteure beeinflußt, und indem sie als ständiger Bezugspunkt dieser Handlungen herangezogen werden.«[62]

Auswirkungen der Kleinen Eiszeit auf das gesellschaftliche und politische Leben lassen sich am ehesten in dem Bereich finden, in dem sich individuelle Krisenwahrnehmungen, Angebote der geistlichen Autoritäten zum Umgang mit Kontingenzerfahrungen und die von der Obrigkeit sowie der dörflichen und städtischen Gemeinschaft festgelegten normativen Erwartungen durchdrangen.

Summary

This chapter reconstructs the complex interplay between the long-term transformation in the mode of governance in early modern Germany, on the one hand, and the administrative, cultural, and religious responses to the social and economic crises related to the climatic changes of the "Little Ice Age" on the other. Changes in the mode of governance are not seen as resulting from climatic change, but rather as the precondition for a proactive approach toward the crisis. This approach was conditioned, it is argued here, by a religiously informed perception of hardship, which was related to specific expectations of the role of political authorities and which shaped the relationship between nature, men, and God.

---

[61] Vgl. dazu PETER BECKER, »Ich bin halt immer liederlich gewest und habe zuwenig gebetet«. Illegitimität und Herrschaft im Ancien Régime. St. Lambrecht 1600-1850, in: Frühe Neuzeit – Frühe Moderne? Zur Vielschichtigkeit historischer Übergangsprozesse (17.-19. Jahrhundert). Hg. RUDOLF VIERHAUS. Göttingen 1992 S. 157-179, hier 174 ff.; zum Konzept des Eigen-Sinns vgl. ALF LÜDTKE, Eigen-Sinn. Fabrikalltag, Arbeitererfahrungen und Politik vom Kaiserreich bis in den Faschismus. Hamburg 1993 S. 9.
[62] LANDWEHR, Policey im Alltag (wie Anm. 18) S. 325 f.

Climate and Crisis in the Mediterranean

A Perspective

by

Henry Kamen

Not all scholars, whether scientists or historians, are convinced by the arguments for a "Little Ice Age" and many are sceptical about the relevance of sunspots to human activity. However, the degree to which these concepts have become accepted can be illustrated by a recent (1997) article in the *Washington Post*, in which the author, a scientist, described a universal drama that took place throughout the Alps and Scandinavia during the late 1600s and early 1700s, as many glaciers grew farther down mountain slopes and valleys than they had in thousands of years. Sea ice choked much of the North Atlantic, causing havoc with fisheries in Iceland and Scandinavia. Eskimos paddled their kayaks as far south as Scotland. At the same time in China, severe winters in Jiang-Xi province killed the last of the orange groves that had thrived there for centuries. Throughout the world, from Norway to New Zealand, glaciers in mountainous areas advanced. Elsewhere, particularly in parts of Europe and North America, temperatures plummeted and harsh weather set in. It was a time of repeated famine and cultural dislocation, as many people fled regions that had become hostile even to subsistence agriculture.

"These and many similar events, bewildering and disruptive to the societies of the time", the scientist concluded, "are pieces of a global climatic puzzle that scientists and historians today call the 'Little Ice Age'". However, he went on to observe, "experts disagree on the duration of the Little Ice Age". For some experts it apparently lasted only three hundred years, he says, while for others it lasted six hundred.[1]

The statements we have quoted obviously lack any historical precision, and are moreover not backed up by scientific information, so that they do not even attain to the honest status of being a "puzzle". A crucial factor, evi-

---

[1] Alan Cutler, in Washington Post (August 13, 1997).

dently, is the absence of adequate continuous evidence for the alleged phenomena. Written sources for non-political history of the pre-industrial period are difficult to locate at the best of times, and in practice cannot be found for most European countries. Add to this the fact that evidence adduced for the theory is patchy and sporadic, rather than extensive and continuous. Nevertheless, scholars have given it widespread support, even in the Mediterranean, where the practice among many writers has been to accept the existence of the Little Ice Age without asking any questions about it.

As we know, existing studies of climate in history are limited largely to the area of central and northern Europe. Some recent studies have claimed that the Little Ice Age occurred also throughout the American continents and in Africa and Australia as well, but that is another issue, and I shall limit myself to the small area of Europe. From the stimulating work of Emmanuel Le Roy Ladurie to the recent popular writings of Brian Fagan, the experts have given us absorbing pictures of what happened in Switzerland, Norway, Denmark, Holland and England.[2] The evidence presented has been fascinating and, in some cases, very convincing.[3] But the scholars have not, as far as I know, contributed a single detailed study on the Mediterranean, an area which appears not to exist (for example) in Brian Fagan's vocabulary. My contribution today is limited exclusively to outlining the view from the Iberian Peninsula, where among historians there has been an almost total lack of interest in climatology and in the social consequences of climatic change.

The nature of the Little Ice Age, as normally defined, is that it was a period of global climatic change, when average temperatures dropped between one and two degrees Celsius for several hundreds of years. Once we have reached the stage of defining the change as "global", there can of course be no exceptions, and research becomes almost unnecessary, because acceptance of the thesis is logically obligatory. That creates problems for the Western Mediterranean, where to my knowledge no scientific research on the subject exists. The only significant data come from recent (year 2000) Italian research on Alpine glaciers. The authors analyzed available evidence to describe a shrinkage of the surface area of the Ghiacciaio del Calderone, the

---

[2] It is not the intention here to give a bibliography of the Little Ice Age.

[3] I must here express my admiration for the brilliant studies of Christian Pfister, presented in summary at the conference at the Max-Planck-Institute for History, Göttingen (Germany). A previous general perspective is his contribution Christian Pfister, "Five Centuries of Little Ice Age Climate in Western Europe," in Takehiko Mikami, ed., Proceedings of the International Symposium in Little Ice Age Climate, Tokyo 1992. Pfister's material is completely convincing within its context.

southernmost glacier of Europe.[4] Despite efforts, I have been unable to trace any research on glaciers or related phenomena in the Iberian world. Since there are no scientific proofs for its existence in the Mediterranean, the reality of the Little Ice Age can therefore be assessed only in terms of its presumed impact.

Wherever they have identified a Little Ice Age, scholars have normally associated it with a decline of agrarian production, on the grounds that falling temperatures led to a shorter growth period for grain. Though such an agrarian decline certainly occurred in some areas of Spain in modern times, it did not occur in others and indeed the whole early period of the Little Ice Age, from 1450 to 1600, is one of undeniable high production in the peninsula. The final decades of the sixteenth century and the early decades of the seventeenth were, however, times of falling production and population. Contemporaries penned analyses of the decay, and covered pages with their data.[5] It would be comforting to say that historical scholarship has succeeded in explaining the reasons for the decay and describing its consequences. Studies of specific localities have given us convincing profiles of cause and effect. But when we search for a broader covering model there appears to be no possibility of agreement. Non-economic historians have taken refuge in the concept of 'decline', which seems to offer all explanations, though in my view it offers none and really represents a refusal to look further for the evidence. Many historians have therefore become tired of the concept of 'decline' and looked for other metaphysical explanations. Some were fortunate to discover the concept of the Little Ice Age, and they now attribute everything to it. Recently a Spanish professor, who will not be identified here, has gone so far as to claim that the Little Ice Age coincided with the great age of Spain, and was therefore responsible for the successful creation of the Spanish empire. As the example shows, medieval metaphysics is not dead in Spain.

Let me offer a concise summary of the little that we know about the Little Ice Age in Iberia. No systematic study of the preindustrial climate has ever been done by any historian in Spain, and published work has paid attention only to the Mediterranean coast, for the simple reason that the records for that region are fuller. The pioneer in these themes was the Catalan scholar José María Fontana Tarrats, whose study on the climate in Catalonia was

---

[4] MAURIZIO D'OREFICE / MASSIMO PECCI / CLAUDIO SMIRAGLIA / RENATO VENTURA, "Retreat of Mediterranean Glaciers since the Little Ice Age. A Case Study of Ghiacciaio del Calderone, Central Apennines, Italy", Arctic, Antarctic, and Alpine Research, 32 (2000), pp. 197–201.

[5] See the 16th-century authors quoted in GONZALO ANES, Las crisis agrarias en la España moderna (Madrid, 1970), pp. 101–26.

privately printed in 1976 because he could not find a commercial publisher. Fontana leapt eagerly on the idea of a Little Ice Age, because it gave him a theory to back up his very exiguous data. He argued that the freezing of the river Ebro at its delta ten times between 1440 and 1790 (that is to say, once every 35 years) was adequate proof of a glacial revolution. But his most powerful argument was the following. Medieval documents, he wrote, say little or nothing about the sale of ice. By contrast, in the seventeenth century there are very frequent mentions of the sale of ice. "All that", he concluded,

"coincides with the Little Ice Age. In particular, from 1580 and throughout the seventeenth century the weather was in general continental, that is, severe cold and snow in winter and, in the interior of Spain, very hot and dry summers. This combination of an abundance of snow and the need of relief from the rigours of summer, coincide perfectly with the idea"

of a Little Ice Age.[6] Fontana was not a professional historian, and seems not to have realised that the frequent mention of ice in documents was exclusively because the item was taxed, and therefore records of taxation had to be kept. For him, the sale of ice proved that a Little Ice Age existed.

Fontana offered no other evidence for the Little Ice Age, but it seems clear that for him it coincided not with the sixteenth but with the seventeenth and eighteenth centuries, that is, two hundred years of peninsular history. A further substantial contribution to the question was made twenty years later by a researcher, Mariano Barriendos, who once again limited his evidence to the Mediterranean coast. In his article on "Meteorology Hazards in Barcelona as from Historical Records", Barriendos was slightly more specific about the duration of the Little Ice Age, which he put at three and a half centuries. "The dynamics of climate as deduced from the records of meteorological hazards in Barcelona", he concluded,

"do not differ from those observed in other parts of Europe. The most evident factor is the existence of two pulsations that mark the beginning and the end of the Little Ice Age in the Mediterranean latitudes, with maximum figures being centred on the 1590–1640 period and in the years following 1833."[7]

The chief feature of these meteorological hazards, writes Barriendos, was "excessive precipitation and a decrease in the frequency of droughts". Working with the same data as Fontana, namely chronicles written by diarists and

---

[6] José María Fontana Tarrats, Historia del clima en Cataluña (Madrid, 1976), pp. 55–8.
[7] Mariano Barriendos / Javier Martín-Vide, "Meteorology Hazards in Barcelona as from Historical Records (From the 14th to the 19th Century)", in Javier Martín-Vide, ed., Advances in Historical Climatology in Spain (Barcelona, 1997), p. 151.

historians of the time, Barriendos came to a slightly different conclusion: he concluded there were *fewer* droughts where Fontana had found *more* droughts (and the consequent sale of ice).

The only other significant contribution to this theme came from the geographer Font Tullot, in a book of 1988 which based its claims on no research of any sort and therefore produced some interesting conclusions. Of course, he wrote, there was a Little Ice Age; it lasted specifically from 1550 to 1700 and had a profound impact on "every aspect of society, political, economic, social and cultural". Barriendos, we have seen, suggested there were fewer droughts; Font by contrast sees a proliferation of droughts: "Considering the peninsula as a whole we find over seventy years in which droughts occurred."[8] But Font goes further than this. For him, the Little Ice Age created the basic features of contemporary Spain: "It was undoubtedly during the Little Ice Age that the peninsula experienced the greatest environmental revolution of its history." The central Meseta of Spain, he writes, shifted from fertility to drought, an economy of abundance was replaced by an economy of hunger.[9] At no point in his argument did Font offer any research support for these conclusions. His concepts were new and bold, but they were drawn entirely from his imagination and not from any patient investigation of climate, temperature, forests, glaciers or agriculture.

The truth is that there is no research support for any of the views I have summarised, and the authors contradict themselves at every point. We should also be wary of extending to the rest of the Iberian Peninsula the evidence for only one area. For example, in order to give wider validity to his conclusions for Barcelona, Barriendos repeatedly uses the term "Mediterranean latitudes", which invites us to think that the phenomena were general throughout the western Mediterranean. The fact is that I know of no relevant or related studies for the Iberian Peninsula or for the latitude of Italy, and it becomes necessary to conclude that there is no reliable evidence for a 300-year-long Little Ice Age in the Mediterranean. The only plausible part of Barriendos' argument is where he states that "the first obvious sign of the Little Ice Age in Barcelona can be dated from the end decades of the sixteenth century and the beginning of the seventeenth century, with the appearance of an important climatic oscillation that lasted around fifty years".[10] Even then, the argument cannot be extended to the whole peninsula. The data Barriendos uses are valid only for Barcelona and its region; they

---

[8] INOCENCIO FONT TULLOT, Historia del clima de España (Madrid, 1988), p. 84.
[9] Ibid., pp. 75, 88.
[10] BARRIENDOS / MARTÍN-VIDE, "Meteorology Hazards in Barcelona" (see note 7), p. 149.

are not valid for the interior of Catalonia, which has a different climate, nor are they valid for the rest of the Iberian Peninsula. As Font Tullot admits, those were years in which the northwest of Spain flourished, both economically and demographically. There is abundant literature on this characteristic of the northwest, but this is not the time to discuss it.

The authors that I have mentioned concentrate their comments principally on rain. Without adequate meteorological data, and none at all for temperature change of any sort, the presence or absence of rain is no proof of any ice age, since all public concern was inevitably directed towards the need for water. This is where historians from northern Europe should have no difficulty in understanding that there are major differences between, say, central Germany and Andalusia or Calabria. In the Mediterranean we have sunshine, we do not have glaciers; as a consequence, the climatic situation is wholly different. In the Mediterranean, which suffers from frequent droughts, virtually all religious processions were made in order to intercede for rain. Of 34 identified processions in eighteenth-century Barcelona, 33 were pleas for rain and only one was for protection against epidemic.[11] The evidence is not sufficient for us to conclude that it did not rain, and neither of course is it sufficient for us to conclude that it rained a lot.

The difficult problem we have, then, is that there are no continuous data for climatic change in Spain. Scholars in Spain have not studied tree-rings nor sunspots nor climatic change. All that we know is that there were good years and bad years, and that bad years, which were usually provoked by a lack of rain, were the principal cause of agrarian problems, that is, times of drought. We are all familiar with the picture. There is little need to repeat the conclusions of Wolfgang Behringer about the impact of agrarian crisis on rural communities. I shall quote merely his example from Mainz in 1593 of a local official who wrote that "the common man has become so mad from the consequences of crop failures that he no longer holds them for the just punishment of God, but blames witches". The situation was exactly the same in rural Catalonia in 1621, when (as a bishop reported) "the barons and seigneurs of the villages, on seeing the loss of crops and the clamouring of the people, have supplied a cure for the ills by punishing these women".[12] However, my personal view is that none of this is related to significant climatic change.

---

[11] MAGDA MIRABET, "Pregàries públiques", Ier Congrés d'Història Moderna de Catalunya, 2 vols. (Barcelona, 1984), vol. II, pp. 487-93.

[12] WOLFGANG BEHRINGER, "Weather, Hunger and Fear. Origins of the European Witch-Hunts in Climate, Society and Mentality", German History 13, 1 (1995), pp. 10-11; HENRY KAMEN, The Phoenix and the Flame (New Haven and London, 1993), p. 243.

The discussion needs to be conducted on the basis of broad and continuous data, which are sadly lacking for the entire pre-industrial period. Let me offer a perspective based on the climate of the Mediterranean just south of Barcelona, in the kingdom of Valencia. Here the problem seems to have been a reverse of the Little Ice Age: there was a rise rather than a fall in temperatures. From the last years of the sixteenth-century the main phenomenon noted in documentation was drought. The best study on the area speaks of "exceptional aridity in all or part of Valencia, in 1614, 1619, 1622, 1625, 1626, 1627, 1628, 1631, 1635, 1637, 1645, 1650 and 1683. And the inevitable counterpart of this dryness was a savage rainfall, which caused flooding."[13] Over the same century the problem of dryness, with consequences for the grape and grain harvests, was also observed in inland Castile, around the city of Valladolid.[14] Because the information we have is incomplete, the aforementioned study on Valencia sees no significant climatic change, and speaks of "the permanence of a traditional agrarian structure, even while factors such as wind, rain and manpower alternately increased and diminished the size of the end product".[15] To put it another way: what we know about the consequences of climate in early modern Spain, gives no support at the moment to the thesis of an extended and radical change in weather conditions.

This lack of evidence is no obstacle to uninformed writers like Brian Fagan, who can say confidently in his recent book *The Little Ice Age* that

"As climatic conditions deteriorated, a lethal mix of misfortunes descended on a growing European population. Crops failed and cattle perished by diseases caused by abnormal weather. Famine followed famine bringing epidemics in their train, bread riots and general disorder brought fear and distrust. Witchcraft accusations soared, as people accused their neighbors of fabricating bad weather. [...] Witchcraft accusations reached a height in England and France in the severe weather years of 1587 and 1588. Almost invariably, a frenzy of prosecutions coincided with the coldest and most difficult years of the Little Ice Age, when people demanded the eradication of the witches they held responsible for their misfortunes. As scientists began to seek natural explanations for climatic phenomena, witchcraft receded slowly into the background."[16]

---

[13] JAMES CASEY, The Kingdom of Valencia in the Seventeenth Century (Cambridge, 1979), p. 75.
[14] BARTOLOMÉ BENNASSAR, Valladolid au siècle d'or. Une ville de Castille et sa campagne au 16 ème siècle (Paris, 1967), pp. 39–51.
[15] CASEY, Valencia (see note 13), p. 78.
[16] BRIAN M. FAGAN, The Little Ice Age. How Climate Made History, 1300–1850 (New York, 2000), p. 91.

That is his view. The historical evidence available to us indicates that none of this happened in the Spanish Mediterranean, where the marginal role of witchcraft,[17] the virtual absence of popular rebellions, the rarity of famine conditions, and the non-existence of social disorder on any significant scale, are indications (if you will permit me a bit of irony) of a level of happiness that can only mean that the Little Ice Age did not occur there.

Zusammenfassung

Ob und wie die »Kleinen Eiszeit« auf den mediterranen Raum einwirkte, ist die zentrale Fragestellung dieses Aufsatzes. Leider sind die erhobenen Daten über Spanien sowohl inadäquat als auch widersprüchlich, da es keine fortlaufenden Klimaerhebungen für Spanien gibt. So wird z. B. die für eine Kleine Eiszeit sprechende Grundannahme eines durch niedrigere Temperaturen hervorgerufenen Rückganges der landwirtschaftlichen Produktion für Spanien widerlegt, da für die gesamte frühe Periode der Kleinen Eiszeit, von 1450 bis 1600, eine nicht zu verleugnende hohe Produktion auf der Halbinsel nachzuweisen ist. Weil in jener Periode häufig vom Verkauf von Eis berichtet wird, verortete der katalanische Forscher José María Fontana Tarrats eine Kleine Eiszeit im 17. Jahrhundert, während Mariano Barriendos in einer späteren Studie für die Kleine Eiszeit einen Zeitraum von dreieinhalb Jahrhunderten annimmt. Trotz Arbeit mit gleichem Quellenmaterial, nämlich Tagebüchern und Chroniken, kamen beide somit zu divergierenden Schlussfolgerungen: Während Fontana von einer *größeren* Trockenheit in dieser Periode ausging, nahm Barriendos eine *geringere* Trockenheit an, so dass derzeit ein allgemeiner Konsens über das »Phänomen« der Kleine Eiszeit in Spanien nicht zu ermitteln ist.

---

[17] The special case of Iberia in questions of witchcraft, was noted long ago by the chief authority on the subject, the American scholar Henry Charles Lea.

VI. Forschungsperspektiven / Perspectives for Future Research

Climate and Culture in Spain

Religious Responses to Extreme Climatic Events in the Hispanic Kingdoms (16th-19th Centuries)*

by

MARIANO BARRIENDOS

1. Society and Climatic Variability

1.1 Environmental and Historical Contexts

The Environmental Context

The geographic environment of Spain possesses several physical characteristics that produce exceptional climatic conditions. Within the predominant temperate climate, there are significant variations: the northern coast (Bay of Biscay) is oceanic in character, the inland high plateau (500–1000 meter above sea level) has a Mediterranean climate that includes a marked continental component, the central and northern Mediterranean coastline has a Mediterranean climate with dry winters and the south-east sector is sub-arid with areas that are almost deserts.

The temperatures are moderate, and temperature variations are only noteworthy in the inland high plateau. Nor do the inter-annual variations show significant anomalies. However, the distribution patterns of rainfall present important variations on different space/time scales. Some variations can be explained by differing climatic domains or patterns of a structural nature. For example, the average annual rainfall decreases along the northwest / southwest axis of the Iberian Peninsula from 1000/1200 millimeter down to 200 millimeter. A common characteristic is the summer drought favoured by the continual presence of the Azores High (Figure 1 and Table 1). But the marked inter-annual irregularity due to geographical factors is also a characteristic: masses of warm subtropical air are produced in subtropical latitudes,

---

* This work has been supported by "Ramon y Cajal" Research Contract Programme, and research project RAMSHES (REN2002-04584-C04-03/CLI).

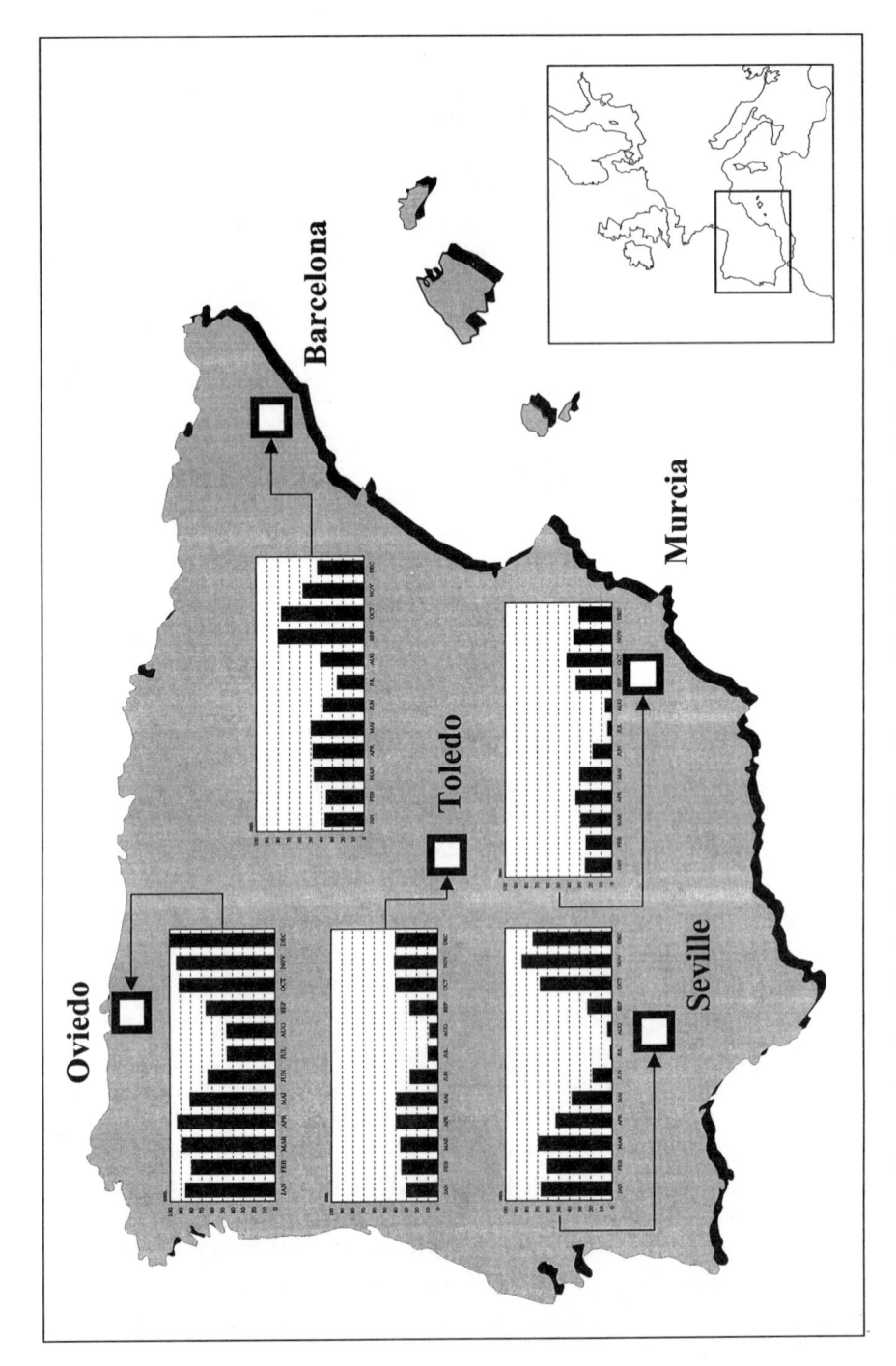

Figure 1. Location of the Area Studied. Values of Average Monthly Rainfall (mm.) in Several Important Cities.

Table 1. Average Values of Total Monthly Rainfall (mm.) in Towns Representing Different Climatic Regimes in Spain.

CATION	JAN	FEB	MAR	APR	MAY	JUN	JUL	AUG	SEP	OCT	NOV	DEC	YEAR
edo	85.2	79.3	89.1	93.0	80.8	63.7	45.2	45.5	65.0	90.6	93.3	98.8	928.0
edo	29.9	34.2	35.2	39.4	38.9	26.1	9.7	7.9	26.3	39.7	40.6	39.4	365.9
ille	66.6	60.6	69.1	52.5	37.4	17.7	1.5	3.9	22.3	66.9	83.8	73.5	568.2
celona	36.5	35.2	46.4	47.8	49.5	37.9	25.2	40.8	79.8	76.7	56.9	43.3	573.7
rcia	24.6	23.9	28.8	33.4	30.1	17.6	3.9	6.1	33.2	41.9	35.3	30.4	311.6

Table 2. Maximum and Minimum Values of Total Yearly Rainfall (mm.) for the Series from the Locations Represented in Table 1.

Data Period	Oviedo 1851–1994		Toledo 1908–1994		Sevilla 1858–1994		Barcelona 1786–1996		Murcia 1862–1994	
	Max.	Min.	Max.	Min.	Max.	Min.	Max.	Min.	Max.	Min.
(mm.)	1323.9	421.4	575.3	188.1	1063.0	158.6	1049.2	196.3	765.0	90.3
Year	1930	1876	1955	1994	1895	1874	1951	1817	1884	1945

but masses of cold polar air are also found. In addition, the location between the Atlantic Ocean and the Mediterranean Sea facilitates both the arrival of Atlantic storms and the cyclogenesis typical of an enclosed sea surrounded by prominent mountain ranges (Table 2).

These climatic conditions interact with the orographic configuration of the Iberian Peninsula. Several mountain ranges with heights of 2500/3500 meter are distributed around the peninsula with different orientations. The complexity of the resulting climate is evident. Apart from the mountain climates found at greater heights, the orographic systems promote the appearance of convection-type torrential rain, but can also cause the *foehn*, or rain-screen, effect, leading to aridity covering extensive areas.

Overall, the Iberian Peninsula presents thermal regimes that correspond to the Mediterranean climate. However, rainfall shows large variations in both space and time. In climatic records, rainfall, and the consequent availability of water reserves, constitute one of the basic concerns since historic times. All too often, the temporal behaviour of hydraulic resources leads to situations of climatic risk due to excess or to scarcity. The responses of the human communities have always been directed at mitigating the direct impact, adapting to these extreme conditions using the technological and material resources available at the time.

The Historical Context

The history of Spain during the Middle Ages and the Modern Ages is noticeably different from the evolution of the rest of Western Europe. Following Romanisation, the Early Middle Ages had begun with the cultural reference of the Catholic religion typical of the Western Empire, while political and military power was held by the Visigoths. The invasion by Arabs and North-African tribes in the 8th century (711 AD) supposed a complete disorganisation of the Visigoth kingdom. Small territorial units ("counties") appeared, in addition to the *Marca Hispanica*, under the influence Charlemagne's Holy Roman Empire. Their resistance to the Arab presence gave them sufficient stability to create a series of small kingdoms between the 10th and the 13th centuries. The common strategy of these kingdoms was the recuperation of the Visigoth territory, which they considered to be theirs. The efforts required by this *Reconquista* led to fusions or federations between kingdoms until there were three such advancing towards the south: Portugal, on the Atlantic coast, the Castilian Crown on the central mesa and the Crown of Aragon on the Mediterranean coast. The marriage of Isabel of Castile and Fernando of Aragon in 1469 represented the union between two of the Christian kingdoms and their efforts to occupy the peninsula. This was achieved with the conquest of the kingdom of Granada in 1492.

But geographic expansion had already reached beyond these limits. The Modern Ages began in these kingdoms with a pronounced maritime presence: Aragon had consolidated a federation of kingdoms in the Mediterranean and Castile had reached the Canary Islands and was exploring the West Indies, while Portugal controlled the circumnavigation of Africa and had reached the East Indies.

Specific Elements of the Hispanic Monarchy

In general terms, the Hispanic Monarchy was a collection of kingdoms that had been formed during the Middle Ages, united under one Crown and guided from the 16th century on by the Habsburg dynasty within a framework of respect for the structure and privileges of each kingdom. At the start of the 18th century, the emergence of the Bourbon dynasty signified the reform of the Crown, leading to a centralised state. In the course of this century, following the loss of the extrapeninsular European territories, the Spanish State consolidated its presence in the Americas and the Philippines, a presence that lasted until well into the 19th century.

Notwithstanding the differences that existed between the different kingdoms, Spanish society displayed the general characteristics of a society of the Ancient Regime: a rigid social structure, limited technological resources and little diversification in economic activities, which were based on the production of cereals as the basic food supply for the population.

Environmental crises led to reductions of cereal reserves. The problem of providing heavy transport at a reasonable cost in order to compensate for the deficits led to scarcity and increased costs of basic necessities. In subsequent phases, if the unfavourable situation persisted, increased poverty of the population could cause famines and reduction of the population due to disease, epidemics, social conflict or emigration. The economic resources generated in the Americas could have made a difference. However, the enormous quantities of precious metals were mainly used for the costly military campaigns aimed at maintaining the European territories and for the defence of the Catholic religion.

1.2 Limitations and Response Mechanisms in the Face of Extreme Hydrometeorological Events

The societies of the Ancient Regime possessed little capacity to confront any environmental anomaly that affected agricultural production. In the Mediterranean area, these crisis situations were relatively frequent. They were caused by climatic variability, and especially by the irregularity of rainfall regimes both on an inter-annual and an intra-annual scale.

Limitations

Irregular rainfall had a significant effect on a society that based its food supply on unirrigated cultivation of cereals, which was not very productive in spite of the efforts involved (wheat and barley on the central mesa and the Mediterranean coast, rye on the Atlantic coast). The technological limitations at all levels (fertilisers, transport, irrigation systems and cultivation methods) facilitated situations of risk with catastrophic effects: a climatic or meteorological anomaly on its own could cause severe losses of agricultural production or contribute to the development of plagues of pests or animal and human epidemics.[1] On the other hand, farmers were subject to an onerous tax system that was not particularly responsive to variations in production.

A secondary aspect that could also, on occasions, cause serious problems in the food supply was the ability to grind cereals to produce flour for bread-

---

[1] Antonio Domínguez Ortiz, El Antiguo Régimen. Los Reyes Católicos y los Austrias, 9th ed. (Madrid, 1983).

making. The best system involved the use of water mills, which had to be close to a water course. Their vulnerability was linked to the irregular nature of rainfall: a drought could reduce the milling capacity of the mills or render them unusable. Alternatively, torrential rainfall could cause rivers to overflow, which could damage or even destroy the water mills and the associated installations.

In such situations, the only available recourse was the use of windmills (of limited usefulness because of the mountain ranges), or *brute force* mills (moved by human or animal power). If they failed, the population suffered hardship due to the scarcity of bread. The following testimony was provoked by the floods that occurred in November 1617 in Barcelona:

"[…] and since no flour could be ground, […] they found themselves victims of the most severe hunger imaginable. […] and thus rich and poor alike suffered much from hunger; which in this city had never been seen, nor the elders heard to relate, nor was it written in any part, that for cause of an abundance of water should there be such hunger."[2]

The slow, inefficient means of transport were too costly for the distribution of basic necessities. These hardships could not be mitigated by sending shipments from regions with excess production or sufficient reserves. The terrain and the absence of large rivers prevented inland navigation, which in contrast was very effective on the European plains. The only exceptional recourse with an acceptable cost was the so-called "sea wheat". Coastal cities could survive a crisis by purchasing shipments of cereals being transported by sea. In critical situations, local authorities could use force when negotiating the acquisition of the cargo of transport ships, or could simply capture them, e.g., by applying the *Vi bel gratis* privilege.[3]

Practical Response Mechanisms to Environmental Crises

Societies suffering from environmental crises and those authorities that were in some way competent to deal with this type of situation adopted an active approach to dealing with the impact of climatic crises. Within the technological limitations and given the scarcity of economic resources, each player acted as far as possible to mitigate the state of emergency (refuges,

---

[2] MIGUEL DE VALDEOSERO, Relación verdadera, que truxo Miguel de Valdeosero Correo de a cavallo de su Magestad, del lastimoso diluvio, que uvo el mes de Noviembre deste año de 1617 en la ciudad de Barcelona, y en otros lugares, y de la perdida de Monasterios, y muertes de muchas gentes, y otros que milagrosamente escaparon, como por la relación se declara (Sevilla, 1617), p. 1.

[3] ALBERT CURTO, La intervenció municipal en l'abastament de blat d'una ciutat catalana. Tortosa, segle XIV (Barcelona, 1988).

help to needy families). The population, in general, also adopted the measures of self-protection that their accumulated experience suggested. Following a catastrophe, the reconstruction of public infrastructures had to be born by the population, via indirect taxation. The local authorities administered these activities, adjusting the repairs to their economic resources.

In the more serious situations, the State collaborated in the repairs by reducing taxes and participating in the investments for the reconstruction or repair of the infrastructures affected. The privileged classes of this seigniorial society, the nobles and the high clergy, could also offer support to the population, depending on the gravity of the situation, although their own economic resources and reserves of basic necessities were also limited. Such collaboration with the population bolstered the morale of the victims, although its effect in real terms was minor.

Finally, there were relatively effective preventive measures, although these never involved co-ordinated policies; rather, they constituted isolated cases. For example, the construction of retaining walls in the urban sections of some rivers only became a generalised public works policy in the last decades of the 19th century. In the case of agrarian crises, there was virtually no co-ordinated use of resources with prevention in mind. For example, during the reign of Felipe II, cereal depositories were established, but these were justified by the warlike context of the late 16th century, in which maritime powers (England and Turkey) could endanger maritime supply routes.

All in all, despite the willingness of the population and the authorities to react vigorously to climatic threats, the many limitations that they suffered from did not allow complete suppression or prevention of the risks. Even in the best cases, the reconstruction and repair of the damaged infrastructures was itself a great achievement. In other words, they could only re-establish the situation that existed prior to the climatic event that caused the damage.

Given this attitude, positive, but consisting of no more than palliative measures, it is easy to understand that in times of hardship, the authorities and the population turned to religious and spiritual recourses in order to recover from unfavourable environmental conditions, organising rogation ceremonies.

1.3 The Religious Response: Official and Popular Religiousness

Institutionalisation of the Catholic Church

Christianity began its institutional consolidation during the 4th century under the auspices of Rome, following its recognition by Constantine and Theodosius. This marked the start of the construction of large churches and the dignifying of the places where apostles, martyrs and saints had been born or had died. Between the 4th and the 8th centuries, the church extended its presence and developed the worship of and devotion to the saints. In the 9th century, Charlemagne attempted to organise worship of the relics of saints and martyrs. His final objective was to homogenise and centralise the practice of religion. This allowed religious worship to be promoted and provided a means of controlling the disordered initiatives that could arise in relation to new cults.[4]

One consequence was the propagation and intensification of the use of relics. The following centuries saw the development of intensive trading and transport of relics, favoured by the presence of the Crusaders in the Holy Land. This was a luxury trade involving unprecedented organisation and display. During the 11th and 12th centuries, the cult of relic worship was developed, giving it increased content: social and artistic manifestation, enrichment of the liturgies, reconstruction and diffusion of the lives of the saints and establishment of new churches and pilgrimage routes.[5]

By the 13th or 14th century, the material *corpus* constituted by the religious invocations of the Catholic Church had been established. Their integration into popular religion was to be one of the key aspects in the development of cultural elements with unequivocal religious implications (vows, processions, pilgrimages and rogations). But they also formed the basis for other cultural manifestations that over the course of time have lost their religious aspects: patron saint's days and theatrical representations based on the reproduction of religious events.[6] The relationship between religious institutions and expressions of popular culture was assured by these religious celebrations. The population had channels through which to demonstrate their preoccupations and social tensions, but these could be controlled by the ecclesiastical authorities, allowing situations that could lead to disturbances, revolts or even irreversible social changes to be avoided. From the moment in which the population knew that public demonstrations had an invariable format expressed in a fixed manner, the participants implicitly accepted the reigning social reality.[7]

---

[4] BARBARA ABOU-EL-HAJ, The Medieval Cult of Saints. Formations and Transformations (Cambridge, 1994).

[5] Ibid.

[6] RAMON MIRÓ, La Processó de Corpus i els entremesos. Cervera, segles XIV-XIX (Barcelona, 1998); VICENTE ADELANTADO, Rituales, procesiones, espectáculos y fiestas en el nacimiento del teatro valenciano (PhD Thesis, Universidad de Valencia, Departamento de Filología Española, 1995).

[7] JUAN ROBERT MURO, "El clero diocesano vasco en los siglos XV y XVI. Una imagen", in

The cultural framework that was gradually built up from individual local contributions constituted one of the unifying elements of the collective character of communities. When the 16th century reformers attempted to introduce humanism and introspection, elaborated in the higher social levels, popular religion had acquired its own dynamics, characterised by religious and professional corporativism, closed to innovations from outside but demonstrating great solidarity in the face of any adversities which threatened the community.

There was no state or other institution that could provide material assistance in any of the aspects of daily life: health, education, culture or social assistance. Since the people had no-one to depend on, they had few motives to absorb or individualise new attitudes. Quite the opposite; communities tended to be organised within the limits of their possibilities to confront the dangers that threatened everyday life and the survival of the group: wars, banditry, epidemics or environmental crises. In consequence, despite reforming influences emanating from the more cultured levels of the civil and ecclesiastical authorities, the continued existence of patterns of social conduct and their persistence over time in the form of local folklore is not hard to understand.[8]

The ecclesiastical authorities simply guarded against the popular religion degenerating into a pagan adoration of the saints and their relics. Anomalous behaviour was quickly dealt with by the hierarchy, but not with disproportionate harshness. For example, therapeutic and environmental pilgrimages to particularly venerated sanctuaries, with a pronounced pagan basis, could favour "disorderliness and indecency". The disapproval of the ecclesiastical authorities when faced with these excesses were not directed against the religious basis of popular attitudes, but rather, against unsuitable licentious behaviour.[9]

This watchful attitude led to a tense but stable equilibrium. The ecclesiastical authorities had to tolerate the relative independence of local and professional corporations, in return for their support in the struggle against reform movements. It is true that on occasions, there was excessive arbitrariness and license, such as feasts within the churches, festivities during pilgrimages or celebrations held at the doors of the churches, but these were folkloric and did not directly affect Christian doctrine or liturgy.[10] But all in

---

Ernesto García Hernández, ed., Religiosidad y sociedad en el País Vasco, segles XIV-XVI (Bilbao, 1994), pp. 53-82.

[8] William A. Christian, Religiosidad local en la España de Felipe II (Madrid, 1991).
[9] Philippe Loupès, La vie religieuse en France au XVIIIe siècle (Paris, 1993).
[10] Ibid.

all, both the liturgical and the secular functions were constituted by rigid behavioural mechanisms not given to modification, and these "manifestations are codified and controlled by the ideological and political classes of society".[11]

2. Rogation Ceremonies

Religious customs of a large proportion of human cultures provide some procedure whereby individuals or local communities can communicate with their gods or protective forces in order to obtain favours or recover the normal conditions necessary for daily life to continue. These acts may be ritual ceremonies of different degrees of complexity, but their basis and their discretionary nature are quite evident: the intention of rogation ceremonies is to recover from deteriorated social or environmental conditions, and they are only performed when their necessity is justified.

In the case of rogations in Spain motivated by environmental factors, despite their early development in the Christian communities, there are no continuous, useful documentary records until the 15th or 16th century. In fact, the oldest known rogations in Spain concerning climatic conditions are Muslim, not Christian, in origin: a widespread drought in 915 AD led the religious authorities in Cordoba to organise a public rogation on the 1st of May of that year, hoping for rain to save the cereal crop.[12]

2.1 History and Justification of Rogations in Catholic Society

Liturgy

Liturgy refers to the rules of procedure and formats established by the ecclesiastical authorities for religious services. The earliest known liturgy is the *Apostolic Tradition* of Hippolytus, dating from the year 220.[13] Initially, the Christian religion used the Eucharist as its basis celebration. Another function, the Divine Offices or Liturgy of the Hours, came from the Jewish religious tradition and its use spread among the first monastic communities dur-

---

[11] JACQUES LE GOFF, Lo maravilloso y lo cotidiano en el Occidente Medieval (Barcelona, 1985), p. 52.
[12] IBN HAYYAN DE CORDOBA, Crónica del califa Abderrahman III An-Nasir entre los años 912 y 942 (Al Muqtabis V) (Zaragoza, 1981).
[13] THEODOR KLAUSER, Breve historia de la liturgia occidental, 2 vols. (Barcelona, 2000).

ing the 4th century. This was the element that would later stimulate the creation of rogation ceremonies.[14]

Modifications to the liturgy were introduced over the course of time, being proposed in the church's councils and established in the corresponding liturgical books. Different liturgical styles could co-exist. In Spain, for example, there was a Mozarabic liturgy, although the most widespread and conventional was the Roman one. One indication of these variations are the efforts that were made to create a common liturgical system, via books of liturgy such as the *Leonine (or Verona) Sacramentary* (5th century), the *Gelasian Sacramentary* (7th century) or that introduced within the Empire by Charlemagne in the 8th century.[15]

The invention of printing allowed fast, efficient distribution of liturgical books. By the end of the 16th century, the Sacred Congregation of Rites was producing regulatory works for general observance. This was the age of Rubricism. In 1596, Clement VII published the *Pontificale Romanum*, which contained rituals for Bishops, and in 1614, Paul V published the *Rituale Romanum*, intended for liturgical functions in general.[16]

The efforts of the authorities to establish a common Catholic liturgy and to transmit this in the form of rules to the entire community of the faithful is extremely positive when it comes to analysing different rogation ceremonies motivated by environmental reasons in different times and places. To a large extent, the homogeneity of formats guided by a set of rules facilitates the interpretation of religious acts even though they form part of a series covering a long period of time. It would be difficult for other environmental indicators with a human or cultural origin to have maintained a homogeneity comparable to that of physical or biological indicators (glacial or sedimentary records, or dendroclimatological and palynological studies).

Worship of the Saints and Their Relics

Devotion to local saints and martyrs is another important element in rogation ceremonies. The formation of cults devoted to the first Christian martyrs can be explained by the Roman tradition of veneration of the dead. At first, the cult was centred on the tomb where the martyr was buried. The anniversary of the martyr's death was celebrated there, until the church constructed a *Cella Memoriae* around it, a building in which to dignify and facilitate these regular celebrations of the cult. These started out as small chapels,

---

[14] Ibid.; BERNARDIO LLORCA / RICARDO GARCÍA-VILLOSLADA / P. DE LETURIA / FRANCISCO J. MONTALBÁN, Historia de la Iglesia Católica, 4 vols. (Madrid, 1950), here vol. 1.
[15] Ibid.
[16] KLAUSER, Breve historia (see note 13).

but if the population or the cult increased in size, large basilicas would be built. In Spain, the earliest documentary evidence of official basilicas dates from the 5th century.[17]

In the Western Roman Empire, the remains of saints and martyrs were objects of devotion in the chapels and basilicas. In fact, from the 5th or 6th century on, it became a necessary condition for the consecration of a new church that relics of a saint be deposited in it. The worship of relics was also introduced in the Eastern Roman Empire, although later and to a lesser degree. The custom of dividing up the original complete relics and distributing the parts was not introduced in the West until much later, although this marked the appearance of public rites with elaborate ceremonies.[18]

The relics of martyrs and saints, and even objects related to the Holy Scriptures constituted a *corpus* for adoration that was suitably distributed throughout Christendom. In so doing, the intention of the ecclesiastical authorities was to increase the devotion of the population via the examples of the martyrs and saints that were represented. Popular religion, while accepting this, also saw in the relics a channel for the somewhat pagan necessity for an intercessor or "obtainer of favours" via which to satisfy both personal needs and those of the community.[19]

Processions and Vows

Initially, Christian liturgy included praying at certain times of day, but this was basically a personal act. The Mass was a public function, although it was performed in a closed environment obeying invariable formal procedures. There was room, therefore, for the development of other ceremonies, capable of congregating the population and allowing it to participate, in a way that could be adapted to different circumstances and objectives: these were the processions.

Christianity introduced processions as a manifestation of public devotion. Officially, their origin is identified with the transfer of certain relics to Constantinople, the capital of the Eastern Empire, in the year 398.[20] From this time on, the procession became a public gathering, with a mixed sacred and profane character, since the main protagonists were the people themselves.

The more frequent processions, and closest to the population, were closely related to relics. There was, however, a simple type of procession, required

---

[17] CARMEN GARCÍA RODRÍGUEZ, El culto de los santos en la España romana y visigoda (Madrid, 1966).
[18] Ibid.
[19] LOUPÈS, La vie religieuse en France (see note 9), p. 19.
[20] ERIC PALAZZO, Liturgie et société au Moyen Âge (Paris, 2000).

for the movement of the faithful from one church to another for the liturgical function of the Sacraments. The 9th canon of the second Council of Braga, in the year 572, included processions without relics lasting three days for the purpose of the Sacraments.[21] The 5th canon of the third council of Braga, in 675, described processions with relics: these were placed in a chest carried on their shoulders by deacons, in a replica of the liturgical procession of ancient Israel.[22]

As time went by, processions became more developed and diversified. Among these, the *Corpus Christi* procession deserves special note. Although this was a regular ceremony, repeated every year, its interest lies in its influence on the formal procedures of rogative processions. Its origin is attributed to Saint Juliana of Liège, who instigated the first *Corpus* procession in the year 1246. From 1264 on, this procession was promoted by Pope Urban IV.[23] It was first introduced into Spain in 1319, in Barcelona, followed by Vic (1330) and Valencia (1355).[24]

Another type of ceremony that was used during the Middle Ages was the votive Mass. These are attributed to Alcuin, Charlemagne's theologian, who died in 804. Their insertion into the calendar of regular liturgical acts was not a problem, and this system was used by numerous communities in response to adversities derived from human activities, climatic events or health problems.[25] The vow or promise that was issued in order to achieve the remittance of the problem established the date for the subsequent anniversaries, on which it was customary to summon the congregation to repeat the Mass and the complementary activities that had been promised. This regular and repetitive character is the origin of the local celebrations and patron saint's days found in many population centres. This very characteristic of regular and repetitive celebration means that the vows offer little information, since only the first celebration is directly connected with the adverse phenomenon or circumstance.

From Rogations to Discretionary Prayers

The origin of these ceremonies is to be found in the barbarian invasions that devastated Western Europe during the 5th century. Vandals, Alans, Visigoths and Huns invaded the empire, laying waste to the Christian commu-

---

[21] GARCÍA RODRÍGUEZ, El culto de los santos (see note 17).
[22] Ibid.
[23] KLAUSER, Breve historia (see note 13).
[24] LLORCA ET AL., Historia de la Iglesia Católica (see note 14).
[25] PALAZZO, Liturgie et société (see note 20).

nities of Western Europe and North Africa.[26] The destruction of populations and infrastructures caused a general collapse of agricultural production and consequent scarcities, famines and epidemics. Faced with this generally chaotic situation, the only recourse available to the ecclesiastical authorities was to offer moral support to the victims, praying for the restitution of the situation prior to the attacks. Saint Mamertus, bishop of Vienne (Dauphiné, France), using the sacramental processions as a base, instituted rogations or supplications in the year 469.[27] This devotional practice was initially performed regularly, on the eve of Ascension Day, 40 days after the feast of the Resurrection, so its character, within the liturgical calendar, was similar to that of the votive Masses. On the other hand, the contents of the rogations was general, i.e., the imprecations or prayers were aimed at achieving a general improvement, so it is impossible to determine and single out the specific factors that had placed the community in difficulties: "A fulgure et tempestate, Libera nos, Domine! A flagello terraemotus, Libera nos, Domine! Ut fructus terrae dare et conservare digneris, Te rogamus, audi nos!"[28]

Supplications in the form of rogations spread throughout the Catholic church, thanks to Pope Leo III, in the 8th century, in the unifying context of Charlemagne's Holy Roman Empire.[29] This diffusion was optimum, to judge by the testimonials that are available. However, the exact moment in which these religious functions acquired their discretionary character, allowing them to be applied to particular adverse circumstances, is not known.

Justifications for the Use of Rogations

There are various problems that can affect human communities and that justify the use of rogation ceremonies. This is due to the limited technological resources of the Middle Ages and the Modern Age. Time-independent studies allow the vulnerability of different communities to be evaluated, and their diachronic records allow us to identify the nature and frequency of the phenomena to which the community responded with rogation ceremonies.

The documentary records in which the details of these rogations are conserved allow us to identify two main groups of causative factors: social-political factors and environmental factors. Among the social-political factors, it is common to find rogations for acts in the common interest, such as success in a military campaign or in a peace treaty. But rogations related to personal

---

[26] PHILIP HUGHES, Síntesis de Historia de la Iglesia (Barcelona, 1996).
[27] ALFRED FIERRO, Histoire de la météorologie (Paris, 1991).
[28] PIERO BARGELLINI, Mille Santi del giorno (1971) (http://www.santiebeati.it; 17 February 2004).
[29] Ibid.

circumstances of members of the royal family or of the upper levels of the ecclesiastical hierarchy are also common, involving disease, marriages, coronations, journeys or pregnancies.

Environmental factors can be subdivided into two groups with different origins: threats of a biological or health nature, and natural disasters. In the first group, the most frequent and solemn rogations were in response to epidemics. Plagues affecting crops and livestock, such as plagues of locusts, were also dreaded because of the delayed impact they produced on the economy.

Natural disasters can be further divided into two types. When faced with an unpredictable, fast-developing phenomenon, such as an earthquake, "preventive" rogations are celebrated during several years after the event, to avoid a repetition. One clear example that led to a profusion of rogation ceremonies throughout Europe is the earthquake that devastated Lisbon in 1755. These rogations contain no useful information, since they follow a fixed calendar. In another case, the rogations could be discretionary if their intention was to halt the flow of lava from a volcanic eruption.

Climatic hazards are those that generated the greatest number of rogations. The irregularity of rainfall patterns in the Mediterranean area produces a good number of adverse meteorological situations:

a) Torrential rain. In itself, heavy rain was not the cause of rogation ceremonies. However, flooding and overflowing of watercourses was, due to the impact on the population. The rogations were aimed at limiting the level of the floods. There are early records in cities at risk of flooding: in Agen (France), relics were placed at the city gates to arrest flooding of the Garonne River.[30] In Valencia (Spain), a procession carrying relics was organised on the 6th of November 1340, hoping to reduce the level of the Turia River, since floods were destroying several bridges and buildings in the city.[31]

b) Persistent rain. Persistent rain has a delayed effect on agricultural activities, damaging the crops and causing a significant reduction of the yield. Faced with this danger, *ad petendam serenitatem*, *pro serenitatem* or *pro remissione* rogations were used.

c) Drought. Drought is simply the absence of a meteorological phenomenon, rainfall, although it is obvious that prolonged water shortages are themselves the result of particular patterns of atmospheric circulation. The effects caused by drought, apart from being long-lasting, could affect wide geo-

---

[30] LOUPÈS, La vie religieuse en France (see note 9).

[31] ANGELA ALDEA, "Procesiones de plegarias y rogativas en la Valencia de otros tiempos", in FRANCISCO JAVIER CAMPOS, ed., Religiosidad popular en España, Actas del Simposium, 2 vols. (Madrid, 1997), vol. II, pp. 443–60.

graphic areas and have serious effects on unirrigated cultivation for extended periods of time.

d) Storms. Storms were feared for the serious damage they caused, although their spatial extent was limited: rainfall during storms could cause flooding. Gale-force winds caused general damage. Hail could destroy crops of cereals and fruit. Lightning bolts were feared by those who worked out of doors. Also, lightning could damage the taller buildings in the city. Certain religious beliefs attributed a demonic origin, invoked by witches, to storms, and especially to hail. For this reason, the use of *ad repellendam tempestates* rogations was not common; rather, exorcisms or curses were used, proffered from high places such as the church belfry.

e) Cold. Finally, the Mediterranean climate produces few serious anomalies of a thermal nature. However, crops are sensitive to episodes of severe cold if these occur outside the winter season or if they affect areas of lowlands close to the coastline.

2.2 The Institutional Mechanism for Creating Rogation Ceremonies

Adversities suffered by human communities within the domains of the Catholic Church triggered mobilisations of the civil and ecclesiastical authorities aimed at responding to them by convening specific rogations. This mechanism, discretionary in nature, was only activated when the situation required it. Defining these anomalous climatic situations was not based on a personal perception or decision; it was the result of the deliberations of collegiate governing bodies in different institutions.

The Institutional Mechanism for Convening Rogations

Rogations were liturgical religious ceremonies, but the procedure for deciding when they were necessary corresponded to a series of institutions acting in co-ordination to evaluate the climatic anomaly and to determine when the most appropriate response was to convene a rogation ceremony.

The first corporate institutions to detect environmental problems were the farmer's guilds. Their governing bodies could debate the gravity of the situation and its exact cause. Correct development of crops was the criteria on which they based their evaluations. When a problem was detected, the local civil authorities were then informed.

The municipal authorities received these notifications from the guilds, warning them of the situation that was developing. These authorities discussed the exactitude of these warnings and decided when to request a corresponding rogation. Their decisions were communicated by messenger to the town's ecclesiastical authorities, which could be a simple parish priest, a community of presbyters or a cathedral chapter, depending on the size and importance of the township.

The ecclesiastical authorities analysed the request for the rogation, in case it implied any liturgical irregularities, and deliberated as to when and how to incorporate these ceremonies into the calendar of regular liturgical activities: "A ce calendrier festif de base s'ajoutent les cérémonies exceptionnelles sans periodicité pour demander la fin des crises de subsistances ou la cessation des calamités climatiques."[32] Following the pertinent announcements in the churches and via the town's system for public announcements, the population was convened to the rogation ceremony that had been organised.

This was a rigid system, in which so many institutions participated, at such high levels of authority, that no modifications or irregularities could be admitted, although it must be noted that its administrative and bureaucratic operation worked smoothly despite the different stages and discussions involved. No more than a week was required from the first warnings to the performance of the rogation ceremony (Figure 2).

The institutional mechanism for rogations included several curious aspects: the local civilian authorities imposed their criterion on the ecclesiastical authorities when deciding on the need to organise each rogation. This was an unwritten custom that was respected by both institutions. Nevertheless, the logistic aspects of the organisation and proceedings of the ceremony were the responsibility of the ecclesiastical authorities. In the case of large cathedral cities, these operations were complex and costly, and only the cathedral chapters had sufficient powers of organisation to manage the more important and spectacular religious celebrations, such as public processions and pilgrimages. At the same time, they possessed both economic and human resources and a tried and tested experience in other, regular types of ceremony, such as the Easter and *Corpus Christi* processions, or pilgrimages to local sanctuaries. The bishops remained apart from these celebrations. Possibly, their administrative role and their territorial jurisdiction inhibited their potential participation in rogations, which were seen entirely as local ceremonies. Finally, economic considerations complete the explanation of the functional mechanism of rogations: the cathedral chapters organised the rogation ceremonies following the indications they received from the municipal authorities, but they invoiced these authorities for the costs incurred in the ceremonies. If the rogation went beyond the scope of the church and required musicians, choirs or cleaning services to be contracted, decorations

---

[32] LOUPÈS, La vie religieuse en France (see note 9), p. 19.

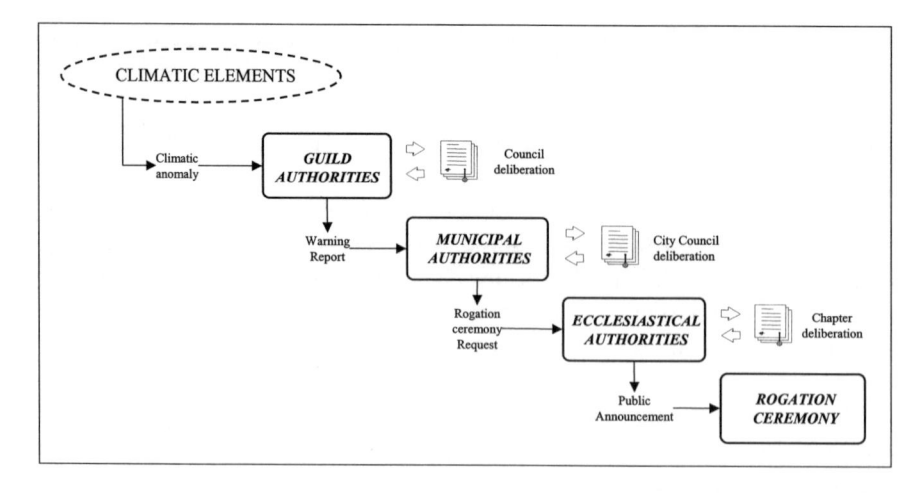

Figure 2. Institutional Mechanism for Convening Rogation Ceremonies Motivated by Environmental Factors, taken from: MARTÍN-VIDE / BARRIENDOS, "The Use of Rogation Ceremony Records", Climatic Change, 30 (1995), Modified (see note 34).

and candles to be purchased, or even food to be supplied to the participants, these costs had to be paid *a posteriori* by the local authority that had requested that particular event.

At the start of the 18th century, the Bourbon dynasty applied a policy of prevalence over the ecclesiastical authorities (regalism). The renewal and homogenisation of the legislation existing in the different kingdoms of the Hispanic Monarchy facilitated the legal definition of the powers of municipal authorities to convene rogation ceremonies. First, the *Real Cédula Instructoria* (Royal Warrant) of the 13th of October 1718 was promulgated, this being later confirmed by the "Real Orden" (Order in Council) dated the 20th of August 1770: "[...] in public rogations, the civil powers are those who induce and request them and propose their execution to the ecclesiastical authorities, while these latter are empowered to indicate the time for them to be performed".[33]

Some years later, another law harmonised this mechanism and established its definitive configuration (Law XX, dated the 18th of December 1804): the clergy were empowered to organise, on a personal level, the rogations that they thought necessary, but the municipal authorities had the responsibility

---

[33] ANTONIO LARA, "La lucha de la autoridad eclesiástica contra algunas prácticas de religiosidad en el obispado de Guadix (1750–1808)", in ANTONIO LLUIS CORTÉS / MIGUEL LUIS LÓPEZ-GUADALUPE, eds., Estudios sobre Iglesia y sociedad en Andalucía en la Edad Moderna (Granada, 1999), pp. 341–55, quotation 346.

for determining the need for the more important rogation ceremonies, even though they took place within the aegis of the church. If the ecclesiastical authorities thought that a rogation was necessary, they could suggest it to the municipal authorities, but they could never take the initiative themselves.

The Scale of Formats and the Severity of the Crisis

The key aspect when evaluating rogation ceremonies in paleo-climatic research is the possibility of determining the severity and duration of adverse climatic phenomena on the basis of the type of liturgical act organised by the authorities. Local customs and traditions defined an extremely precise system of rogations that offered ceremonies of increasing complexity and solemnity to respond to increased severity and duration of the phenomenon. Since this direct relationship exists between the climatic situation and the form of the rogation, it is possible to characterise the former on the basis of the scale of rogation ceremonies defined in each location (Table 3).[34]

Table 3. Formal Aspects of the Liturgical Acts Used at Different Levels of Rogation Ceremonies.

Level	**Level I**	**Level II**	**Level III**	**Level IV**	**Level V**
Status	Preventive	Light	Medium	Serious	Critical
Liturgy	Prayers in Masses or in Rogations	Display of Relics or Images	Processions Carrying Relics or Images	Water Immersion of Relics or Images	Pilgrimages to Especially-Venerated Sanctuaries
Domain	*Intra Ecclesiam* *Intra Civitatem*	*Intra Ecclesiam* *Intra Civitatem*	*Extra Ecclesiam* *Intra Civitatem*	*Extra Ecclesiam* *Intra Civitatem*	*Extra Ecclesiam* *Extra Civitatem*

For obvious reasons, only the longest-lasting phenomena allowed the sequence of rogation ceremonies to reach the highest levels. The only phenomenon of this type in the Mediterranean region is drought. For this reason, the most ostentatious and numerous rogation ceremonies are always associated with droughts.

There was a basic level of rogation, used as a preventive measure, consisting of prayers and chants inside the churches at the end of the Eucharist or in response to a specific summons. This rogation, therefore, took the form

---

[34] Javier Martín-Vide / Mariano Barriendos, "The Use of Rogation Ceremony Records in Climatic Reconstruction. A Case Study from Catalonia (Spain)", Climatic Change, 30 (1995), pp. 201–21.

of simple prayers directed by the community of the faithful directly to the Almighty.

At the second level, rogations also took place inside the church, using relics or images of saints as intermediaries, in order to obtain the desired favour. Various liturgical acts took place around these relics or images, such as Masses, special prayers or short processions, but always inside the church. One relevant aspect of this level of rogation is that the relics or images were left on display, normally on the High Altar, while the climatic anomaly lasted. This makes it easy to determine the duration of the problem, by calculating the time between the date on which the rogation was convened and the date of the thanksgiving ceremony (*Te Deum Laudamus*). This took place when it was considered that the situation had returned to normal and the relics or images could be returned to their customary location.

The third level of rogations consisted in a public procession. The procession followed the main thoroughfares of the town, carrying a relic or image of a saint, but not the one used in the second level. At this level, the rogation ceremony had reached beyond the church into the public domain, the roads of the town. This difference is important, because it meant that the gravity of the climatic anomaly was being given public notoriety. The general population could no longer ignore the situation. Frequently, the routes and formats corresponding to the *Corpus Christi* or Easter processions were used.

At the fourth level, the authorities had decided that it was necessary for relics or images corresponding to a different invocation to be immersed in water. The relics suffered greatly in these ceremonies. Concerned by the risk of losing these relics, the papal authorities prohibited immersions in 1619, and new ceremonies of similar solemnity and transcendence had to be designed to replace them.[35]

At the fifth and final level, the authorities organised a pilgrimage to a sanctuary with a dedication that was especially venerated. These dedications were invoked for critical situations of various types and normally had an extensive zone of influence (Figure 3). The ceremony extended beyond the area of the town itself and obliged a large number of inhabitants or pilgrims to undertake journeys that could last for several days.

Resolution of Doubts and Conflicts

The rigid configuration of the system of rogation ceremonies meant that it could pose problems in special circumstances. In the case of climatic phenomena, a predictable situation was that the highest level could be reached

---

[35] Fortia Solá Moreta, Història de Torelló, 2 vols. (Barcelona, 1947).

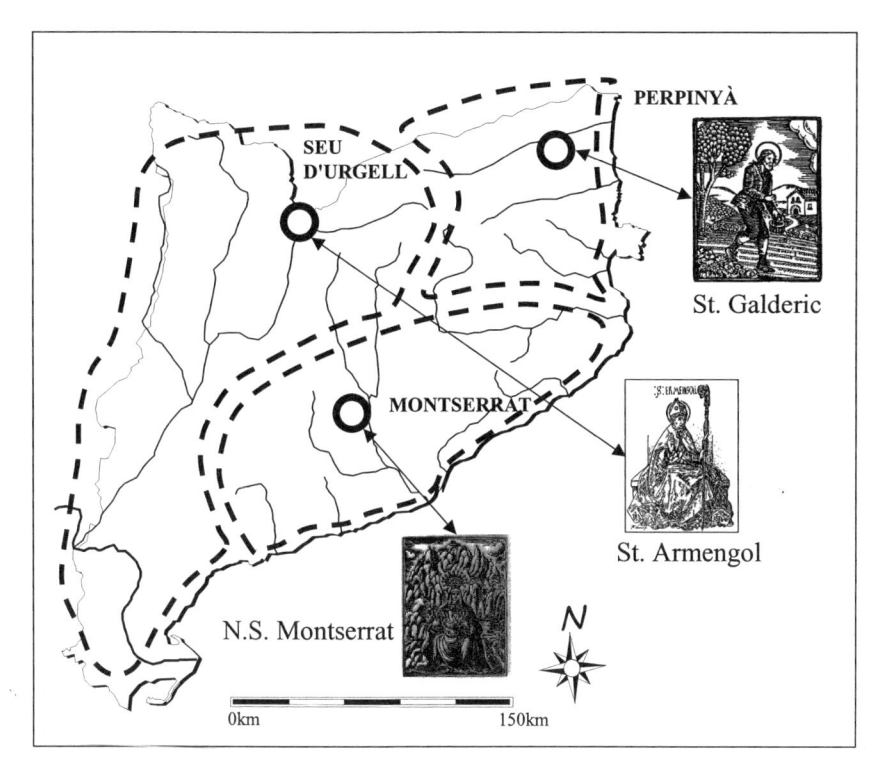

Figure 3. Geographical Areas of Influence of the Most Important Sanctuaries in Regard to Critical (Level V) Drought Situations in Catalonia (16th–19th Centuries).

without the crisis ending, for example, in the case of a prolonged drought. In exceptional circumstances of this type, the municipal and ecclesiastical authorities had to use special measures, since they were acting outside the framework defined by the customs of the affected population. The usual solutions were to repeat the sequence of rogations, starting again from the lowest levels, or to create a new, higher level that would be suitably inscribed in the civil and ecclesiastical records.

Communities affected by a climatic crisis could also alter the proceedings of the rogations, detracting from them by virtue of uncontrolled actions or private initiatives. The high degree of institutional control over rogation ceremonies made it almost impossible for situations of this type to be produced. In addition, any disorder of this type could constitute heresy, which was prosecuted by the special tribunals of the Inquisition. This punitive mechanism promoted self-control, even affecting the very authorities that had convened the rogations.

The complexity of the system could give rise to a lack of co-ordination at the institutional level, but in aspects of form, not of substance. The infrequent use of some of these ceremonies could lead to doubts about aspects such as protocols or the responsibilities of each of the institutions involved. To resolve these doubts, books of customs or ceremony would be consulted. The municipal and ecclesiastical archivists would also search for references to ceremonies of similar import that had taken place in the past.

All things considered, the system as a whole remained balanced because the institutions involved controlled each other, while the Inquisition dealt with any problems that affected liturgy or doctrine. For example, the local ecclesiastical authorities might attempt to make abusive or unjustified use of rogation ceremonies to increase their prestige in the eyes of the population, but they would come up against the limits imposed by the cost of the ceremonies being met by the municipal authorities, whose interest was exactly the opposite: to limit rogations to those that were strictly necessary.

The municipal authorities, on the other hand, might attempt to shorten the ceremonies or to alter their usual order. In such situations, the ecclesiastical authorities would remind them of the liturgical procedures defined by tradition and oblige them to accept these.[36]

The Case of Barcelona

It might seem that recourse to rogation ceremonies for climatic reasons would have little reason to exist in big cities, in which the economy is more diversified and where, to a certain extent, life is independent of climatic variations. This is true, but only in industrialised communities, based on models that have left behind the factors that condition a seigniorial society.

The case of Barcelona is a typical example: the system has a continuous documentary record in the municipal archives starting in 1520, and starts to fall into disuse at the start of the 19th century, as liberal and anti-clerical ideas took root among the population, whose economy was by then based on the textile industry and maritime trade.

The system, in the case of rogations *pro pluvia*, was composed of five levels:[37]

Level I was expressed in Barcelona by simple rogations following Mass in the parish churches.

Level II consisted of displaying the relics of Saint Madrona on the High altar of the Cathedral.

---

[36] LARA, "La lucha de la autoridad eclesiástica" (see note 33).
[37] MARTÍN-VIDE / BARRIENDOS, "The Use of Rogation Ceremony Records" (see note 34).

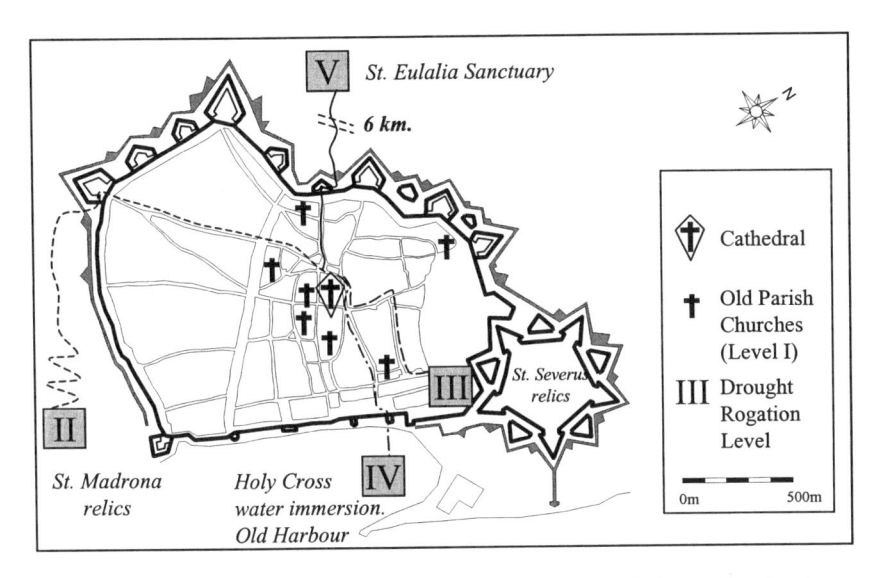

Figure 4. Locations of *Pro Pluvia* Rogations in Barcelona, 16th-19th Centuries, taken from: MARTÍN-VIDE / BARRIENDOS, "The Use of Rogation Ceremony Records", Modified (see note 34).

Level III involved a procession carrying the relics of Saint Severus through the main streets of the city.

Level IV implied the immersion by the bishop of the relic of the Holy Cross at the city harbour.

Level V consisted in a pilgrimage to the Hermitage of Saint Eulalia, about six kilometres from the city. This involved most of the city's population. In extremely serious situations, this pilgrimage was reinforced by a pilgrimage to the Sanctuary of Our Lady of Montserrat (Figure 4).

This system operated with no substantial changes, except during times of war (sieges), when the ceremonies could not go outside the town itself. Problems appeared in the city following the French occupation during the Napoleonic Wars and the introduction of anticlerical and liberal concepts. On the 9th of April 1812, the first case of mocking of a public *pro pluvia* rogation was recorded. The record is critical of this mocking, but itself measures the effectiveness of the rogation by the use of a barometer: "It has rained this morning most abundantly, thanks be to God, in such a manner that the Barometer indicates Showers. In the afternoon, and prior to the Rogations, [the rain] has continued to fall lightly."[38]

---

[38] Library of the University of Barcelona, Manuscript Section, Ms. 1803, RAIMUNDO FERRER, "Barcelona Cautiva", vol. II (18 April 1812).

2.3 Documentary Records of Rogation Ceremonies

The Direct Documentary Records

Following their creation in the 5th century and their diffusion in the 8th century, the history of rogation ceremonies is not easy to follow because during the Early Middle Ages, few systematic records were kept. Retrieval of these ceremonies for paleo-climatic analysis is unproductive when there is no systematic production of documents in which the convening of rogation ceremonies is recorded. Therefore, the identification of isolated ceremonies is merely anecdotal, an indication of a moment in which the documentation might allow the reconstruction of a data series.

The availability of systematic documentary records of an administrative nature in the institutions involved in the organisation of rogations started relatively late. In the case of Spain, the context of wars and recolonisation lasting until the end of the 15th century led to a tardy stabilisation of the cities and late development of their institutions. In general terms, the main cities in the Middle Ages achieved this level of administrative complexity and optimum resources towards the middle of the 14th century. The first series of records of rogations available in Spain can be found between the 14th and 16th centuries, but series that are valid for paleo-climatic analysis do not start until the 16th century (Table 4).

Table 4. Initial Dates of the Use of Rogation Ceremonies.

	First Documented Rogation	Start of the Continuous Series of Rogations	End of the Continuous Series of Rogations	Duration of the Useable Series
Girona	1438	1438	1881	444
Barcelona	1333	1521	1849	329
Tarragona and Reus	1514	1514	1874	361
Tortosa	1374	1565	1858	294
Seu d'Urgell	1539	1539	1843	305
Vic	1337	1568	1906	339
Cervera	1484	1484	1850	367
Toledo	1506	1506	1900	395
Seville	1491	1529	1900	372
Murcia	1473	1570	1900	331
Santiago de Compostela	1714	1714	1900	187

Basically, there were four reasons for the local institutions of government to record rogation ceremonies in detail:

1) Records were kept in the minutes books of the municipal and ecclesiastical councils because theirs were collegiate decisions, the results of deliberations that required recording in a document validated by a notary's seal to guarantee their authenticity.

2) The documentary record also served to justify and register the economic costs that the convening of the more complex rogations implied for the authorities that convened and organised the ceremony.

3) The participation of so many institutions and the summoning of the population to a public act required a firm decision, formally recorded, in order to prepare the necessary communications. This avoided confusion or disorder both within the institutions and among the population.

4) Finally, although the sources are not always of an official nature, rogation ceremonies in response to exceptional climatic conditions were also recorded by chroniclers and others who kept diaries of memorable events.

Collections and Series of Documents

The location of the records of rogation ceremonies in institutions is a positive factor as it regards their conservation and access to them. This aspect, although it may seem obvious in some cultural contexts, can represent considerable difficulty in places where the resources available for the organisation and conservation of collections of documents have been precarious. In other words, once the rogation ceremonies have been registered in some type of documentary record, it is essential that these documents be given the best possible treatment.

Fortunately, the institutional origin of rogations has justified their inclusion in the most important series of documents of institutions such as secular and ecclesiastical chapters: the minutes books of their governing councils. These receive special treatment and consideration in towns everywhere, since the daily life of the town for centuries past is recorded continuously and in detail in their hundreds of volumes.

Therefore, the preservation of the records of rogation ceremonies is guaranteed by their links with important collections of documents, reliably produced, and conserved in the best possible way.

The Procedure for Retrieving the Data

The nature of rogations and the quality of the documentary records that include them makes them suitable for use in paleo-climatic research. However, one proviso to this is the amount of work required to extract the data.[39]

---

[39] MARTÍN-VIDE / BARRIENDOS, "The Use of Rogation Ceremony Records" (see note 34).

In themselves, rogations constitute relatively objective and valid data, thanks to the collegiate and institutional nature of the deliberations that lie behind them. It is almost impossible for external factors to influence them (social panic, abuses, and incorrect interpretations). The rigidity of form and their organisation into levels with identifiable liturgical functions facilitates the objectivisation and quantification of the data that is potentially available. With respect to the documentary records that hold this data, these are organised into chronologically-continuous series, making it difficult for gaps to exist in the records. The data is available with a resolution of days and its reliability is guaranteed because the documents are produced and validated by public notaries.

As for the data contained in the records of rogations, it obviously does not consist directly of climatic data. It is proxy data that refers to the effects produced by the climatic anomalies on agricultural crops. The main problems that lead to rogations have basically to do with rainfall: periods of excessive water (prolonged rainfall) and periods of relative scarcity (droughts). Rogations constitute relatively homogeneous cultural proxy data, recorded continuously, easy to date and quantifiable by virtue of the liturgical ceremonies employed.

The validity of rogations as cultural proxy data is subject to any alterations of a social, political or cultural nature that causes the population to make substantial changes in its religious customs or in the agricultural technology it used. As regards the first point, the early effects of the disintegration of the Ancient Regime in cities like Barcelona provide a demonstration. One factor in favour of the reliability of rogations is that the procedure itself allows any problems that arise to be detected and evaluated. In this way, researchers can determine whether the use of rogations is affected by factors that are not strictly environmental.

With regard to the second point, which can also be detected in the documentation, this effect is only noticeable in Spain in restricted areas of irrigation where investment in technology is profitable. Cultivation systems and techniques used for unirrigated cereal production barely changed before the start of the 20th century.

The characteristics of the rogation ceremonies themselves, and especially the formal nature of the documents in which they are recorded, add some peculiar procedures, more typical of historical research, to the task of collecting the data. If what is required is the extraction of data concerning meteorological episodes that are already known, the chronological organisation of the records is an advantage. However, if the objective is to reconstruct a complete series of data, the series of documents must be examined systematically. In this case, the minutes books of the councils, whether municipal or ecclesiastical, must be examined in their totality. Since they contain administrative records dealing with numerous subjects and going back several centuries, these series normally consist of between 200 and 400 handwritten volumes. The efforts required to extract the desired data is therefore proportional to the facilities offered by the internal organisation of the documentation, whether there are instruments to help locate information (catalogues, indices) or marginal notes resuming the affairs treated in each record. When such instruments do not exist, each record has to be examined in detail.

To give an example, the seven series that have been reconstructed in Catalonia (North East Spain) involved examining collections of documents that contained a total of approximately two million pages.

3. The Use of Rogation Ceremonies in Paleoclimatology

Paleoclimatological research in Spain covering recent centuries is making systematic use of rogations motivated by climatic factors. Nevertheless, the accumulated experience in this field is not as great as is the case of other specialities such as dendroclimatology or palynology. The amount of data recovered so far, in comparison to the total potential of the documentary heritage, is as yet minute: data has been retrieved for twelve important locations, but there are between 80 and 100 cathedral cities and cities with large amounts of available documentation.

The quality of the details in the data extracted, especially the possibility of working with a resolution of days, augurs a bright future for research in historical climatology. It will always be preferable to obtain direct data from diaries containing qualitative observations, but at the present stage of this research, no relevant material of this nature has been discovered, as has been the case in other parts of Europe, such as Switzerland.[40]

3.1 Initial Results and the Current State of Research

The use of rogations to take advantage of the climatic data they contain had already caught the interest of the researchers in the first climatological studies in Spain. Collections of data, typical of the 19th century, already contained this type of data, although it lacked a systematic criterion.[41] The rich-

---

[40] CHRISTIAN PFISTER, Klimageschichte der Schweiz, 1525–1860, 2 vols. (Bern, 1988).
[41] MANUEL RICO SINOBAS, Memoria sobre las causas meteorológico-físicas que producen las

ness of the documents is evident, since the early investigations were applied to documents from all regions of Spain. This research started to retrieve significant amounts of data during the second half of the 20th century. From the start, the researchers who delved into the historical archives perceived the enormity of the task they were undertaking.[42]

Following these initial approaches, analysis started on specific regions and periods, investigating directly within the universities[43] or using collections of data.[44] These investigations soon acquired a significant quantitative content, and doctoral theses were undertaken covering wide intervals of space and time, such as Catalonia[45] or Western Andalusia,[46] developing systems of rainfall indices with an annual resolution.

At the present moment, international projection of the results that have been obtained is underway, with several lines of research open.[47]

---

constantes sequías de Murcia y Almería, señalando los medios de atenuar sus efectos (Madrid, 1851); HORACIO BENTABOL, Las aguas de España y Portugal (Madrid, 1900).

[42] RAFAEL COUCHOUD, Hidrología histórica del Segura. Efemérides hidrológica y fervorosa recopilada y escrita por el Dr. R. Couchoud (Madrid, 1965); JOSEP MARIA FONTANA TARRATS, Entre el cardo y la rosa. Historia del clima en las Mesetas (Madrid, 1971-77, 269 p. [unedited manuscript]); ID., Historia del clima del Finis-Terrae gallego (Madrid, 1977, 127 pp. [unedited manuscript]); ID., Historia del clima en Cataluña. Noticias antiguas, medievales y en especial de los siglos XV, XVI y XVII (Madrid, 1976, 248 pp. [unedited manuscript]); ID., Historia del clima en el litoral mediterráneo. Reino de Valencia más Provincia de Murcia (Javea, 1978, 206 pp. [unedited manuscript]); ID. / JAIME MIRÓ-GRANADA / JOSEP JUAN VIDAL, El clima de Baleares, hoy y ayer. 1450-1700 (Madrid, 1974-75, 104 pp. [unedited manuscript]); RAMON GONZÁLVEZ,, "El clima toledano en los siglos XVI y XVII," Boletín de la Real Academia de la Historia, 174 (1977), pp. 305-332.

[43] LUIS M. ALBENTOSA, "La importancia del conocimiento de las fluctuaciones climáticas en los estudios históricos. Aproximación al clima de Tarragona durante el siglo XVIII", Universitas Tarraconensis, 4 (1981-82), pp. 73-90; JOSE ANTONIO ALVAREZ VÁZQUEZ, "Drought and Rainy Periods in the Province of Zamora in the 17th, 18th, and 19th Centuries", in LÓPEZ VERA, ed., Quaternary Climate in Western Mediterraneann (Madrid, 1986), pp. 221-35; MIQUEL GRIMALT, Geografia del risc a Mallorca. Les Inundacions (Palma, 1992).

[44] INOCENCIO FONT TULLOT, Historia del clima de España. Cambios climáticos y sus causas (Madrid, 1988).

[45] MARIANO BARRIENDOS, El clima histórico de Catalunya. Aproximación a sus características generales, segles XV-XIX) (PhD Thesis, Department of Physical Geography, University of Barcelona, 1994).

[46] FERNANDO S. RODRIGO, Cambio climático natural. La Pequeña Edad de Hielo en Andalucía (PhD Thesis, Department of Applied Physics, University of Granada, 1994).

[47] RODRIGO / MARIA JESUS ESTEBAN-PARRA / YOLANDA CASTRO-DÍEZ, "The Onset of the Little Ice Age in Andalusia (Southern Spain). Detection and Characterization from Documentary Sources", Annales Geophysicae, 12 (1994), pp. 1228-38; ID., "Reconstruction of Total Annual Rainfall in Andalusia (Southern Spain) during the 16th and 17th Centuries from Documentary Sources", Theoretical and Applied Climatology, 52 (1995), pp. 207-18; ID. / DAVID VÁZQUEZ,

The projects that are now in progress give us an optimistic view of the future, with the co-ordination of groups in different geographical regions such as Aragon (Prof. José María Cuadrat, Zaragoza University), the Canary Islands (Prof. Lidia Ester Romero, University of Las Palmas, Gran Canaria) or Valencia (Prof. Jorge Olcina, Alicante University).

The study of rogations celebrated for environmental reasons is also being extended to other areas of the Catholic religion. Apart from the impressive work of Dr. Rosario Prieto (IANIGLA, Mendoza, Argentina), who has been producing prolific results since the 80s, there are other stimulating and co-ordinating efforts such as those headed by Dr. Alain Gioda, from the International Hydrology Programme in countries such as Peru, Ecuador, Bolivia and Mexico.[48] Nevertheless, works based specifically on rogation ceremonies are not too abundant and should be encouraged wherever there are suitable records, as in the case of the investigations, also involving the Mediterranean region, on the island of Sicily.[49]

"A 500-Year Precipitation Record in Southern Spain", International Journal of Climatology, 19 (1999), pp. 1233-53; MARIANO BARRIENDOS, "Climatic Variations in the Iberian Peninsula during the Late Maunder Minimum, AD 1675-1715. An Analysis of Data from Rogation Ceremonies", The Holocene, 7 (1997), pp. 105-111; ID. / JAVIER MARTÍN VIDE, "Secular Climatic Oscillations as Indicated by Catastrophic Floods in the Spanish Mediterranean Coastal Area, 14th-19th Centuries", Climatic Change, 38 (1998), pp. 473-91; BARRIENDOS / MARIA DEL CARMEN LLASAT, "The Study of Climatic Anomalies by Means of Zonality and NAO Indices. The Case of 'Malda' Anomaly in the Western Mediterranean Basin, AD 1760-1800", Climatic Change, 61 (2003), pp. 191-216; CHRISTIAN PFISTER / RUDOLF BRÁZDIL / RÜDIGER GLASER / MARIANO BARRIENDOS / DARIO CAMUFFO / MATHIAS DEUTSCH / PETR DOBROVOLNY / SILVIA ENZI / EMANUELA GUIDOBONI / OLDŘICH KOTYZA / STEFAN MILITZER / LAJOS RACZ / FERNANDO S. RODRIGO, "Documentary Evidence on Climate in Sixteenth Century Europe", Climatic Change, 43 (1999), pp. 55-110; RÜDIGER GLASER / RUDOLF BRÁZDIL / CHRISTIAN PFISTER / PETR DOBROVOLNY / MARIANO BARRIENDOS / ANITA BOKWA / DARIO CAMUFFO / OLDŘICH KOTYZA / DANUTA LIMANOWKA / LAJOS RACZ / FERNANDO S. RODRIGO, "Seasonal Temperature and Precipitation Fluctuations in Selected Parts of Europe during the Sixteenth Century", Climatic Change, 43 (1999), pp. 169-200; RUDOLF BRÁZDIL / RÜDIGER GLASER / CHRISTIAN PFISTER / J. M ANTOINE / MARIANO BARRIENDOS / DARIO CAMUFFO / MATHIAS DEUTSCH / SILVIA ENZI / EMANUELA GUIDOBONI / FERNANDO S. RODRIGO, "Flood Events of Selected Rivers of Europe in the Sixteenth Century", Climatic Change, 43 (1999), pp. 239-85.

[48] ALAIN GIODA / ROSARIO PRIETO / ANA FORENZA, "Archival Climate History Survey in the Central Andes (Potosí, 16th-17th centuries)", Prace Geograficzne, 107 (2000), pp. 107-12; GUSTAVO GARZA / MARIANO BARRIENDOS, "El clima en la historia", Ciencias, 51 (Universidad Nacional Autónoma de México [UNAM], 1998), pp. 22-5.

[49] EMANUELA PIERVITALI / MICHELE COLACINO, "Evidence of Drought in Western Sicily during the Period 1565-1915 from Liturgical Offices", Climatic Change, 49 (2001), pp. 225-38.

3.2 Results Obtained. Variability in Rainfall in Recent Centuries

The Perception of the "Little Ice Age"

Climatic variation within the temporal framework of the last five centuries is characterised by the presence of the climatic episode known as the "Little Ice Age." Little is known about its behaviour in subtropical latitudes, but everything seems to indicate that its most notable effect consists of irregularities in rainfall, with a high frequency of extremes such as floods or droughts.

From the attempts that have been made to determine the population's perception of this climatic behaviour, it can be said that these patterns were not perceived directly, at least, as far as is known at the moment. There are obvious reasons for this: the lack of instruments for meteorological observations during most of this period, the impossibility of remembering previous climatic conditions, due to the short life expectancy of the times and the limited scientific knowledge of atmospheric processes.

Rogation ceremonies could have served as a vehicle to channel the population's climatic perceptions. However, the documentary records do not conserve comments about the manner in which climatic crises were experienced, neither for torrential rains and floods, nor for long-term droughts causing loss of crops. The meteorological phenomena themselves were scarcely mentioned, and attention was focussed on the liturgical ceremonies intended to return the situation to normal.

The aspect that most held the attention of the human communities was agricultural production and the deficits that could be attributed to the climatic variations that occurred. This attitude is understandable, given the close interdependence between cereal crops and the provision of basic food supplies to the poorest and most numerous sectors of the population.

Signs of alarm only appear in the face of events of exceptional magnitude, such as major floods or prolonged droughts, prompted by the direct, general impact they caused. Another aspect to which there was a certain sensitivity was anomalous behaviour of the seasons, as occurred during the period from 1760–1800.[50]

In a country as mountainous as Spain, there is no doubt that the Little Ice Age caused serious and irreversible effects on populations located at greater heights. Unfortunately, these constituted small, extremely isolated communities that controlled their own affairs, and few administrative documentary

---

[50] BARRIENDOS / LLASAT, "The Study of Climatic Anomalies" (see note 47).

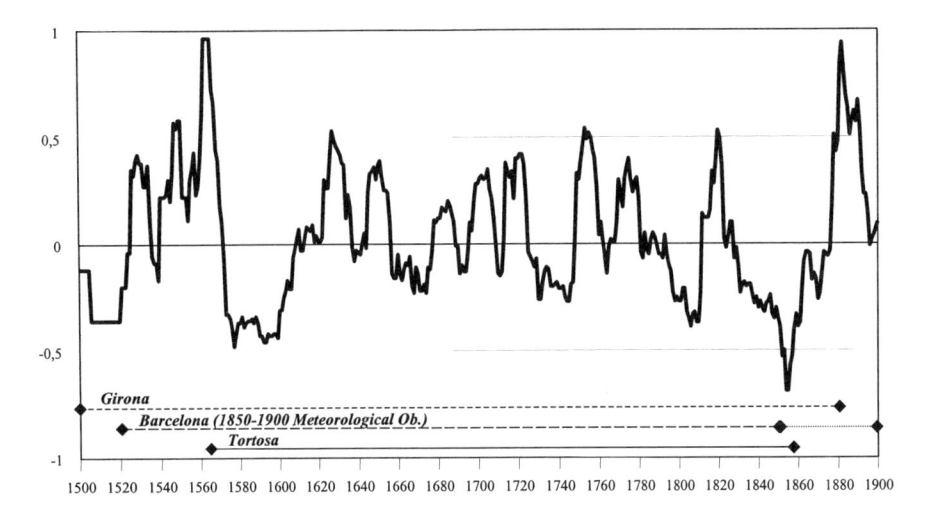

Figure 5. Occurrence of Droughts over the Course of Time in Girona, Barcelona and Tortosa, 1500-1900. Frequency of Values Standardised on the Basis of a Weighted Index of Drought Ceremonies: Level I = 1; Level II = 2; Level III = 3; Level IV = 4; Level V = 5. Results in 11 years moving average.

records have survived that might contain data on these problems. Perhaps mediaeval archaeology might succeed in obtaining information from the remains of settlements located at heights of about 2.000 meters, that must have been settled during more favourable climatological periods such as the warm mediaeval period, and of which some signs remain, although no details are known as to the causes of the disappearance of their populations nor as to their size.

Climatic Variability as Indicated by "pro pluvia" Rogations

The initial results of investigations of historical documentary sources reveal irregular behaviour within what has been termed the Little Ice Age. Specifically, between the 16th and the 19th centuries, the pattern of rainfall consists of a non-cyclic alternation of dry periods and rainy periods. Some of these present a magnitude and duration so noteworthy that they are more than just possible local climatic variations (Figure 5).

The most obvious behaviour is the persistent decrease in the frequency of droughts. For example, two phases can be observed in Catalonia that are almost drought-free, between 1575-1614 and between 1832-62. These phases coincide with marked increases in the frequency of floods along the Mediterranean coast of Spain.[51] They form climatic oscillations of about 40 years

---

[51] BARRIENDOS / MARTÍN-VIDE, "Secular Climatic Oscillations" (see note 47).

duration that are also reflected in physical paleo-climatic indicators outside the Mediterranean area, such as the advances of the Grindelwald glacier in the Bernese Alps.[52]

Drought is much harder to perceive globally, since its presence is much more frequent and it can affect different zones of the territory. Nevertheless, to continue with the example of Catalonia, abnormally dry phases or periods can be observed in the middle decades of the 16th century, in the second and third decades of the 17th, in the middle and final decades of the 18th century and in the second decade of the 19th century.

In all of these cases, the communities involved were seriously affected by the prolonged lack of rain. The difficulty of obtaining regular cereal crops and the impossibility of obtaining resources from the surrounding regions lead to a series of economic and health problems that had such a severe impact that the demographic growth of the regional population could even be affected.

Episodes of Extreme Drought

The greatest indications of rogation ceremonies occurred during the longest period of drought, when the critical period could last about two years. During the period during which rogations provide data, four serious episodes of drought can be detected in Spain. However, many more droughts occurred of similar gravity, although their geographical impact was more limited.

It is not the intention of the following to carry out a climatological or meteorological analysis of these droughts, but rather, to illustrate graphically the area they covered and the response of the population groups, who had scant possibilities of communicating with each other.

The drought of 1562–68 was especially serious on the Mediterranean coast. Over wide areas, one, and even two cereal crops were lost, and the drought even affected the supply of hydraulic power for the flourmills. The difficulty of grinding flour aggravated the problems of shortages, and therefore, of the possibility of ensuring suitable food supplies for ample sectors of society (Figure 6).

The drought of 1626 and 1631 was similar to the previous one (Figure 7). It caused new problems as regards guaranteeing crop production and milling, but this time, in a war setting that implied an additional fiscal burden. The city of Barcelona opted for the construction of windmills and revived a few plans to bring in water from distant resources via costly canals.

---

[52] PFISTER, Klimageschichte der Schweiz (see note 40).

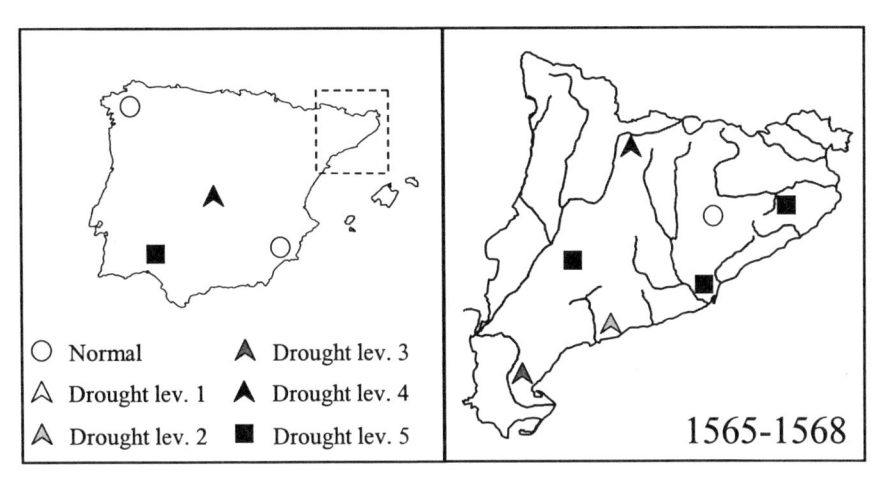

Figure 6. Maximum Levels of *Pro Pluvia* Rogations Registered during the Drought of 1562–68.

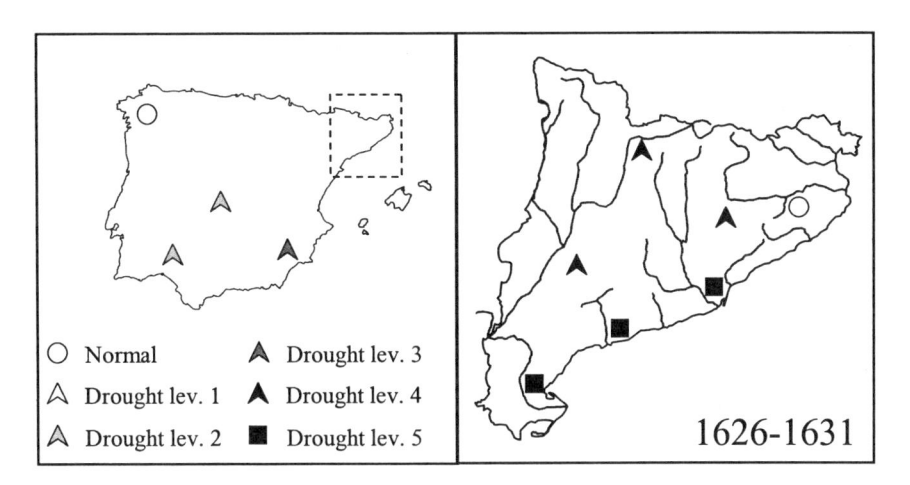

Figure 7. Maximum Levels of *Pro Pluvia* Rogations Registered during the Drought of 1626–31.

The drought of 1752–58 was less regular (Figure 8). It had been many decades since a drought of similar gravity had occurred, and some towns experienced severe difficulties. But one of the worst droughts of the Mediterranean coast occurred from 1812 to 1818 (Figure 9). In this case, meteorological observations are available for the city of Barcelona, that provide unequivocal results that parallel the use of *pro pluvia* rogations:[53] the sequence of dry

---

[53] MARIANO BARRIENDOS / ANDREAS DANNECKER, "La sequía de 1812–1824 en la costa central catalana. Consideraciones climáticas e impacto social del evento", in JUAN MIGUEL RASO / JAVIER

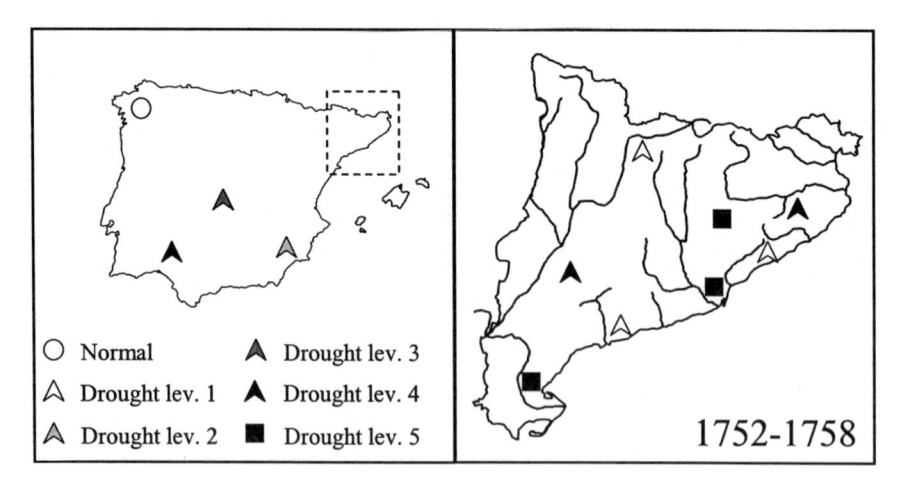

Figure 8. Maximum Levels of *Pro Pluvia* Rogations Registered during the Drought of 1752–58.

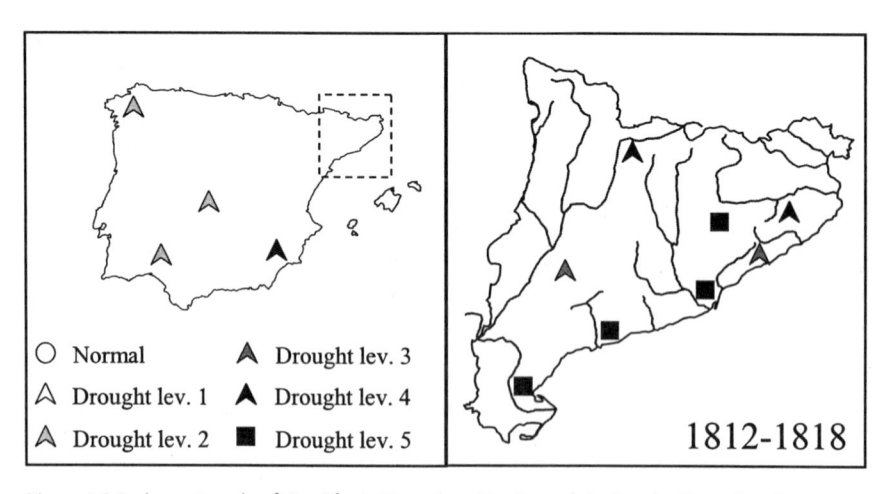

Figure 9. Maximum Levels of *Pro Pluvia* Rogations Registered during the Drought of 1812–18.

years is coherent with the episodes of drought registered during the 20th century, but during this episode, in the year 1817, only 196 millimeter of rain was registered in Barcelona, whereas the average yearly rainfall is about 590 millimeters. Since the start of the official records (c. 1860) up to the present, such a low figure of annual rainfall has not been observed.

Martín-Vide, eds., La climatología española en los albores del siglo XXI (Barcelona, 1999), pp. 53–62.

3.3 Projection and Potential of the Research

Paleo-climatic research based on the use of rogation ceremonies prompted by environmental causes is still in its infancy, and has a long way to go before a significant portion of the documents that contain climatic data has been examined. The task of extracting the data will require many years of work by different groups of researchers.

With respect to the methodological aspects, the data obtained should be integrated into rainfall indices similar to those used at higher latitudes, in order to facilitate comparative analyses. In this regard, although the data obtained is proxy data, rogation records allow high temporal resolutions, even down to the level of days, in many townships. Instrumental calibration of the datasets extracted from documentary sources is another unavoidable stage that will allow the integration of the results with modern meteorological series and with other proxy indicators, such as dendroclimatic indicators.

The results that can be obtained will always depend on the available resources. The time required to read so many documents is very considerable, and at the moment, there is little possibility of applying technical or computerised techniques that would accelerate or automate data extraction. When sufficient data has been collected, the investigation turns towards the specific objective of characterising the climatic variability of the Mediterranean region in long time series. This objective has two applications. On the one hand, the reconstruction of the climate of the last few centuries offers support for climate modelling. In other words, improved knowledge of the climate in the past, with a high temporal resolution, will contribute to improved predictions of climatic variability in the near future, and in consequence will help to evaluate the climatic changes caused by mankind. On the other hand, the study of extreme climatic phenomena, even without instrumental data on them, could contribute to a better understanding of the extreme atmospheric manifestations that occur in nature. A good way of developing preventive and palliative measures against climatic threats is to be able to supply the corresponding authorities and the general public with the experiences that our ancestors conserved in their documentary patrimony, in order that it might serve to pass on the lessons learned to their descendants.

Zusammenfassung

Der vorliegende Aufsatz versucht, die Möglichkeiten einer erweiterten paläoklimatologischen Analyse für den spanischen Raum insbesondere für den Zeitraum zwischen dem 16. und 19. Jahrhundert anhand von liturgischen, homiletischen und allgemein religiösen Texten, explizit anhand von Bittprozessionen, zu erschließen. Da diese Texte sozio-politische und umweltbedingte Faktoren implizieren und religiös zu überwinden versuchen, geben sie indirekt Anhaltspunkte über klimatische Bedingungen in einzelnen Regionen in Spanien. Inwieweit sich das besondere Phänomen einer »Kleinen Eiszeit« aus den Quellenbeständen der obengenannten Texte ablesen lässt, kann bei dem derzeitigen Bearbeitungsstand der Quellen noch nicht abschließend beurteilt werden.

»Kleine Eiszeit« und Frühe Neuzeit*

von

Wolfgang Behringer

»Die Wälder sind entlaubt, die Erde liegt erstarrt, die Flüsse sind vor Kälte ganz gefroren. Und Nebel und Regen, dazu der Überdruß endloser Nächte, haben die Erde ihrer Freuden beraubt.«[1]

Die Konzepte »Kleine Eiszeit« und »Frühe Neuzeit« entstanden etwa gleichzeitig. War der Zeitraum zwischen 1500 und 1800 traditionell von seinen Enden her bestimmt worden, zum Beispiel durch die politisch-weltanschaulichen Großprozesse Reformation und Revolution, oder durch den Beginn eines Zeitalters der Entdeckungen sowie die Transformation der Gesellschaft in der Industriellen Revolution, so setzte seit den 1950er Jahren ein verstärktes Interesse an seiner Mitte ein. Stimuliert durch das Interesse am Bürgerkrieg in England und der darin eingekapselten religiösen und politischen Revolution, wurde in der Mitte des 17. Jahrhunderts eine entscheidende Phase im Prozess der Moderne gesucht, inspiriert auch von der marxistischen Vorstellung eines Übergangs vom Feudalismus zum Kapitalismus als einem entscheidenden Schritt vorwärts in einer teleologisch gedachten Geschichte der Menschheit. Durch diesen Fokus rückten die damit einhergehende Wissenschaftsrevolution, aber auch die Krisenhaftigkeit der Epoche stärker ins Bewusstsein. Ausgehend von der Debatte um die »Krise des 17. Jahrhunderts«,[2] wurde der Beginn der »allgemeinen Krise« jedoch bald

---

* Für die Diskussion zu diesem Aufsatz danke ich Richard van Dülmen (1937–2004), der im Januar 2004 überraschend verstarb. Dem Autor der »Entstehung des frühneuzeitlichen Europa« sei er gewidmet.
[1] *Amisere comas sylvae, iacet horrida Tellus et stagnant crasso flumina cuncta gelu. Et nebulae et pluviae, et longae fastidia noctis Mundi delicias surripuere suas.* Aus: Matthäus Merian, Hyems, Basel 1622, in: Ders., Der Jahreskreis. Mit einem Nachwort von Renate Kroll. Zürich 1978 S. 13.
[2] Eric J. Hobsbawm, The General Crisis of the European Economy in the 17th Century, in: Past and Present 5. 1954 S. 33–53; Hugh Redwald Trevor-Roper, The General Crisis of the 17th Century, in: Past and Present 16. 1959 S. 31–64.

immer weiter vorverlegt, und schließlich so weit ins 16. Jahrhunderts hinein,[3] dass manche Autoren von der Verwendung des Krisenbegriffs überhaupt abrieten, da eine fortlaufende Abfolge von Krisen das Konzept der Krise selbst ad absurdum zu führen schien. Henry Kamen sprach lieber von einem »Eisernen Jahrhundert«.[4] Doch der Krisenbegriff hielt sich nicht nur, sondern dehnte sich geographisch weiter aus: Ende der 1970er Jahre wurde klar, dass man es mit einem weltweiten Phänomen zu tun hat, einer *General Crisis*, mit einem Krisenbogen von Europa über Afrika und Asien bis nach Amerika.[5] Jüngere Forschungen haben die Ansicht etabliert, dass nicht nur die europäische Geschichte des späten 16. und 17. Jahrhunderts durch Missernten, einen Rückgang der Bevölkerungszahl und politische Krisen geprägt war, sondern Russland, das Osmanische Reich, Indien, China, Japan und andere Teile Asiens, sowie Amerika mit ähnlichen Problemen zu kämpfen hatten, und dass diese Krisenphänomene etwas mit der zeitgenössischen klimatischen Ungunst zu tun hatten.[6]

Das ursprünglich mit sehr viel weiterer Bedeutung von dem amerikanischen Gletscherforscher Francois E. Mathes geprägte Konzept der »Kleinen Eiszeit«, zunächst in Kontrast zu den großen Eiszeiten gedacht zur Beschreibung minder großer Phasen der Abkühlung im Holozän,[7] gewann seit den 1950er Jahren an Bedeutung für die Geschichte der Frühen Neuzeit. Der schwedische Wirtschaftshistoriker Gustaf Utterström schlug vor, bestimmte ökonomische und demographische Schwierigkeiten Skandinaviens und Europas im 16. und 17. Jahrhundert durch eine Periode der Klimaverschlechterung zu erklären. Sein kühner Aufsatz, der zu den frühesten zählt, die den Begriff »Early Modern History« im Titel führen und den Begriff »Little Ice

---

[3] Trevor Aston (Hg.), Crisis in Europe 1560–1660. London 1965.

[4] Henry Kamen, The Iron Century. Social Change in Europe, 1550–1650. London 1971.

[5] Geoffrey Parker / Lesley M. Smith (Hg.), The General Crisis of the Seventeenth Century. London 1978.

[6] Susan L. Swan, Mexico in the Little Ice Age, in: Journal of Interdisciplinary History 11. 1981 S. 633–648; Frederic Wakeman, China and the Seventeenth-Century Crisis, in: Late Imperial China 7. 1986 S. 1–26; Ann Bowman Janetta, Epidemics and Mortality in Early Modern Japan. Princeton 1987; Anthony Reid, The Seventeenth Century Crisis in Southeast Asia, in: Modern Asian Studies 24. 1990 S. 639–659; Ders., Economic and Social Change, 1400–1800, in: The Cambridge History of Southeast Asia, I: From Early Times to c. 1800. Hg. Nicholas Tarling. Cambridge 1992 S. 460–506 (»A Seventeenth Century Crisis« S. 488–493).

[7] Francois E. Mathes, Report of Committee on Glaciers, in: Transactions of the American Geophysical Union 20. 1939 S. 518–523; Ders., The Little Ice Age of Historic Times, in: The Incomparable Valley. A Geological Interpretation of the Yosemite. Hg. Fritiof Fryxel. Berkeley 1950 S. 151–160.

Ace« verwenden,[8] wies explizit auf Unzulänglichkeiten in der Argumentation von Eric J. Hobsbawm und Fernand Braudel (1902-1985) hin. Utterström verwarf den von den Sozialhistorikern stets beachteten Grundsatz der Durkheimschen Soziologie, Soziales durch Soziales zu erklären,[9] und wies auf klimatische Faktoren, die von außen auf die Gesellschaft einwirkten, als Erklärung hin. Wegen dieses doppelten Sakrilegs brandmarkte Emmanuel Le Roy Ladurie den Aufsatz als Extremfall der – nicht näher bestimmten – »traditionellen Methode« in den Geschichtswissenschaften.[10] Le Roy Ladurie lehnte mit einiger Schärfe Utterströms Vorschlag ab, die Krise des 17. Jahrhunderts mit klimatischen Ursachen zu erklären. Allerdings wurde er bald selbst bis zu einem gewissen Grad von der Klimatheorie infiziert, die an sich nicht schlecht mit den strukturgeschichtlichen Interessen der Annales-Schule zusammenpasste.[11] Er beschäftigte sich mit der seriellen Analyse von Weinlesedaten, um dann ein frühes Standardwerk zur Klimageschichte vonseiten eines Historikers vorzulegen, das wesentlich auf Vorschlägen Utterströms zur Interpretation der Krise des 17. Jahrhunderts basierte, weit mehr Literatur integrierte und das Konzept der Kleinen Eiszeit allgemein bekannt machte.[12]

Trotz dieser Konversion, die ihr Echo noch im Spätwerk Braudels fand, der die Idee der Klimaverschlechterung quasi als seine eigene Idee verkaufte und beeindruckende Zitate über Frost- und Wintereinbrüche im Mittelmeerraum hinzufügte,[13] hat das Konzept der »Kleinen Eiszeit« nicht das Gefallen aller Historiker gefunden. Sogar manche Geologen blieben skeptisch: Robert S. Bradley und Astrid Ogilvie stellten es sogar noch einmal ganz in Frage, freilich ohne eine überzeugendere Alternative für die klimatischen Turbulenzen und seine Folgen anzubieten, wie Ogilvie und Jónsson selbst-

---

[8] GUSTAF UTTERSTRÖM, Climatic Fluctuations and Population Problems in Early Modern History, in: Scandinavian Economic History Review 3. 1955 S. 3-47.

[9] ÉMILE DURKHEIM, Les Règles de la Méthode sociologiques. Paris 1895; DERS., Die Regeln der soziologischen Methode. Hg. RENÉ KÖNIG. Frankfurt a. M. 1984.

[10] EMMANUEL LE ROY LADURIE, Histoire et climat, in: AESC 14. 1959 S. 3-34; DERS., History and Climate, in: Economy and Society in Early Modern Europe. Hg. PETER BURKE. New York 1972.

[11] PETER BURKE, The French Historical Revolution. The Annales School, 1929-1989. Cambridge 1990; DERS., Offene Geschichte. Die Schule der »Annales«. Berlin 1991.

[12] EMMANUEL LE ROY LADURIE, L'histoire du climat depuis l'an mil. Paris 1967. 2 Bde., Paris 1983; DERS., Times of Feast, Times of Famine. A History of Climate since the Year 1000. New York 1971.

[13] FERNAND BRAUDEL, Hat das Klima sich seit dem 16. Jahrhundert verändert. Nachtrag, in: Das Mittelmeer und die mediterrane Welt in der Epoche Philipps II, I. Übers. v. GRETE OSTERWALD nach der 4. korr. frz. Aufl. 1979. Frankfurt a. M. 1990. S. 385-398.

kritisch zugaben.[14] In ihren Augen wäre der Geist besser in der Flasche geblieben – doch der Begriff der Kleinen Eiszeit ist inzwischen weit verbreitet und erfüllt seinen Zweck so gut, dass man kleinere Bauchschmerzen von Spezialisten in Kauf nehmen kann. Wenn es diesen plakativen Begriff nicht gäbe, so müsste man ihn noch einmal erfinden, macht er doch darauf aufmerksam, dass der Zeitraum zwischen der mittelalterlichen und der modernen Warmzeit Probleme verursachte, die nicht nur in der Einbildung der Zeitgenossen existierten. Er nähert sich von naturwissenschaftlicher Seite jenem Krisenphänomen, das Historiker unabhängig davon entdeckt haben, und birgt die Chance eines interdisziplinären Austauschs. Das Konzept der Kleinen Eiszeit erfüllt den Zweck, nach Ursachen und Wirkungen im Verhältnis zwischen Natur und Kultur zu fragen und ihre Wechselwirkung zu erforschen. In zunehmendem Maße fließen daher Passagen über die Klima-Ungunst der Frühen Neuzeit in Gesamtdarstellungen dieser Epoche ein, wobei sie allerdings tendenziell in kleine Zusatzkapitel gesteckt werden und das heuristische Potential ungenutzt bleibt.[15]

Die Klimafluktuationen in der Geschichte Europas sind aufgrund der langfristigen Forschungsprojekte von Hubert Horace Lamb (1913–1997) in England,[16] Christian Pfister in der Schweiz,[17] Rudolf Brázdil in Tschechien,[18] und Rüdiger Glaser in Deutschland[19] so gut belegt, dass ihre Exi-

---

[14] ROBERT S. BRADLEY / P. D. JONES, When was the Little Ice Age? in: Proceedings of the International Symposium on the Little Ice Age Climate. Hg. TAKEHIRO MIKAMI. Tokyo 1992 S. 1–4; ASTRID E. J. OGILVIE / TRAUSTI JÓNSSON, »Little Ice Age« Research. A Persepctive from Iceland, in: The Iceberg in the Mist. Northern Research in Pursuit of a »Little Ice Age«. Hg. DIES. Dordrecht 2001 S. 9–52, hier 42.

[15] Am interessantesten bisher PAUL MÜNCH, Lebensformen in der frühen Neuzeit. Frankfurt a. M. 1992 S. 127–153. Völlig auf Münch basierend BEATRIX BASTL, Europas Aufbruch in die Neuzeit, 1450–1650. Eine Kultur- und Mentalitätsgeschichte. Darmstadt 2002 S. 179–184.

[16] HUBERT H. LAMB, Climate. Present, Past and Future. London 1972/1977.

[17] CHRISTIAN PFISTER, Klimageschichte der Schweiz 1525–1860. Das Klima der Schweiz von 1525–1860 und seine Bedeutung in der Geschichte von Bevölkerung und Landwirtschaft, 2 Bde. Bern usw. 1988.

[18] RUDOLF BRÁZDIL (Hg.), Climatic Change in the Historical and Instrumental Periods. Brünn 1990; DERS., Climatic Conditions of the Little Ice Age in Bohemia, in: Proceedings of the International Symposium on the Little Ice Age Climate (wie Anm. 14) S. 214–220; DERS. / OLDRICH KOTYZA, History of Weather and Climate in the Czech Lands, I: Period 1000–1500. Zürich 1995.

[19] RÜDIGER GLASER, Die Temperaturverhältnisse in Württemberg in der frühen Neuzeit, in: Zeitschrift für Agrargeschichte und Agrarsoziologie 38. 1990 S. 129–144; DERS., Klimarekonstruktion für Mainfranken, Bauland und Odenwald anhand direkter und indirekter Witterungsdaten seit 1500. Stuttgart 1991; DERS., Klimageschichte Mitteleuropas. 1000 Jahre Wetter, Klima, Katastrophen. Darmstadt 2001.

stenz außer Zweifel steht.[20] Die Witterungsbeschreibungen, die seit der Zeit um 1500 in Dutzenden systematisch angelegten »Wettertagebüchern« aufgezeichnet worden sind und die mit Einträgen in Chroniken, Protokollen und Tagebüchern kombiniert werden können, sind nach den Kriterien des Instrumentenzeitalters unpräzise, können jedoch aufgrund der Stichdaten des Erntejahres (Baumblüte, Getreideernte, Weinlese) und der natürlichen Umwelt (erster Schneefall, Dauer der geschlossenen Schneedecke, Zufrieren von Gewässern, etc.) zu »Proxydaten« weiterentwickelt werden, die mit »modernen« Daten kompatibel sind. Berichte von klimatischen Extremereignissen (Vordringen der Gletscher, Lawinen und Felsstürze, Zufrieren der großen Alpenseen, Märkte auf der zugefrorenen Themse bei London, Erfrieren der Olivenbäume in der Toskana, Zufrieren des Mittelmeers vor Marseille), von Dauerregen, Überschwemmungen und Sturmfluten, von »Little Ice Age type of Events« reichern diese Proxydaten generell an. Die »Archive der Natur« erlauben Sedimentanalysen, Pollenanalysen, dendrochronologische Untersuchungen (Baumringe) oder die Analyse von Sauerstoffisotopen und Ascheparticen in Gletschern der Hochgebirge und der Pole. Mehrere Kilometer lange Eisbohrkerne von den Polkappen geben Aufschluss über klimatische Veränderungen bis zurück zur letzten erdgeschichtlichen Warmzeit.[21] Die so gewonnenen Daten schließen jeden Zweifel an einer Abkühlung aus: Jean Grove (1927–2001) hat anhand von zahllosen Eisbohrkern- und Sedimentanalysen betont, dass auf ein klimatisches Optimum im Hochmittelalter, die sogenannte *Medieval Warm Period*,[22] mehrere Jahrhunderte folgten, in denen Wellen der Abkühlung zu einem Vorstoß der Gletscher führten, und zwar nicht nur in Europa, sondern weltweit.[23]

Was für Geologen und Glaziologen einen eindeutigen Befund darstellen mag, wirft jedoch für Historiker immer noch methodische Probleme auf. Das Geringere mag sein, dass sich der weltweite Vorstoß der Gletscher, der das Klimapessimum der Kleinen Eiszeit indiziert, über einen Zeitraum vom frühen 14. bis zum späten 19. Jahrhundert erstreckte, in dessen Behandlung sich mittlerweile mehrere Subdisziplinen teilen. Schwerer wiegt, dass es sich

---

[20] Zusammenfassend zuletzt CHRISTIAN PFISTER, Klimawandel in der Geschichte Europas. Zur Entwicklung und zum Potenzial der Historischen Klimatologie, in: Klima Geschichten. Hg. ERICH LANDSTEINER (Sonderheft ÖZG 12 [2001], Heft 2). Wien 2001 S. 7–43; siehe auch den Beitrag von CHRISTIAN PFISTER in diesem Band S. 31–86.
[21] CHRISTIAN PFISTER, Wetternachhersage. Bern 1999 S. 13–43.
[22] MALCOLM K. HUGHES / HENRY F. DIAZ (Hg.), The Medieval Warm Period. Dordrecht 1994 (= Climatic Change 26. 1994 Special Issue).
[23] JEAN M. GROVE, The Onset of the Little Ice Age, in: History and Climate. Memories of the Future? Hg. PHIL D. JONES / ASTRID E. J. OGILVIE / TREVOR D. DAVIES / KEITH R. BRIFFA. Dordrecht 2001 S. 153–187.

nicht um eine einheitliche Abkühlung handelt, sondern um mehrere Wellen der Klimaverschlechterung, die von Perioden der Erwärmung unterbrochen wurde und bei der neben der Temperatur andere Indikatoren wie etwa Niederschlagsmengen, differenziert nach Jahreszeiten, eine erhebliche Rolle spielen. Es gab sogar ausgesprochene Hitzejahre wie das »Mordbrennerjahr« von 1540, in dem Hitze und Dürre zu weit verbreiteten Waldbränden führten. Neben klimatischen Extremjahren sah das Zeitalter der Kleinen Eiszeit auch viele Jahre mit durchschnittlichem Klima und normalen Ernten. Die Generation zwischen 1530 und 1560 sah generell ein milderes Klima als die Generationen davor und danach. Was in geologischer Hinsicht als einheitlicher Prozess der Abkühlung erscheinen mag, weil Gletscherbildung und Sedimentation in Zeiträumen von Jahrzehnten oder Jahrhunderten ablaufen, sah aus der Sicht der Zeitgenossen auf der Suche nach ihrem »täglich Brot« ganz anders aus: Einerseits blieb ein gutes Maß an Normalität erhalten, doch waren die kurzfristigen Ernteschwankungen von verheerender Wirkung.

Wie Grove zusammengefasst hat, begann der Vorstoß der Gletscher um 1300 und dauerte mit einigen Unterbrechungen bis zum Ende des 19. Jahrhunderts an. Die kulturelle Antwort auf klimatisch induzierten Stress ist noch weitgehend unerforscht, doch kann man bereits auf den ersten Blick von sehr unterschiedlichen Reaktionen am Anfang und am Ende der Abkühlung ausgehen: Am Anfang wurden in einem religiös bestimmten Weltbild Klima-Extreme als Zeichen gedeutet, denn wie andere religiöse Systeme betrachtete auch die christliche Theologie ungewöhnliche meteorologische Erscheinungen als Teil eines semiotischen Kommunikationssystems mit dem Numinosen.[24] Die Reaktionen auf Missernten, Hungerkrisen oder Seuchen waren heftig und dramatisch. Der Große Hunger, der in ganz Europa zwischen 1315 und 1333 auftrat, führte zu den Pastorellenaufständen,[25] der Schwarze Tod, der nach der Hungerkrise zu Beginn der 1340er Jahre zum ersten Mal seit siebenhundert Jahren wieder in Europa Einzug hielt, hatte Geißlerzüge und Judenpogrome im Gefolge.[26] Einige Historiker maßen den Pestzügen der zweiten Hälfte des 14. Jahrhunderts Bedeutung für die Trans-

---

[24] HEINRICH RICHARD SCHMIDT, Environmental Occurences as the Lord's Immediate Preaching to Us from Heaven. The Moral Cosmos of the Early Modern Era, in: Bedingungen umweltverantwortlichen Handelns von Individuen. Hg. RUTH KAUFMANN-HAYOZ. Bern 1997 S. 35-42.

[25] WILLIAM CHESTER JORDAN, The Great Famine. Northern Europe in the Early Fourteenth Century. Princeton/NJ. 1996.

[26] FRANTISEK GRAUS, Pest – Geißler – Judenmorde. Das 14. Jahrhundert als Krisenzeit. Göttingen 1987.

formierung der westlichen Kultur bei,[27] anknüpfend an Huizingas klassische Studie über den »Herbst des Mittelalters«, welche bereits die Morbidität des Zeitalters und seine Obsession mit dem Sterben betont hatte.[28] Nach Ansicht mancher Autoren lebten die Menschen des Spätmittelalters überhaupt am Rande der Apokalypse.[29]

Für die Spätphase der Abkühlung im 19. Jahrhundert sind ähnlich tiefgreifende Auswirkungen bisher nicht behauptet worden. Eine weltweite vergleichende Untersuchung der Hungersnöte dieses Zeitraums steht allerdings noch aus. Den interessantesten Fall stellt dabei der Ausbruch des Vulkans Tambora auf der indonesischen Insel Sumbawa dar, der aufgrund seines Asche-Niederschlags in Gletschern weltweit als stärkster Vulkanausbruch der vergangenen zehntausend Jahre klassifiziert worden ist, mit einem »dust veil index« von 4.400 (der normative Ausbruch des Krakatau im Jahr 1883 = 1.000) und dem nur einmal vergebenen Grad Sieben auf dem »Vulcanic Explosivity Index« (VEI) der *Smithsonian Institution*.[30] Die von Tambora in die Atmosphäre eingebrachten Aschepartikel bewirkten eine weltweite mehrjährige Abkühlung um ca. drei bis vier Grad Celsius, die sogenannte Tambora-Kälte (*Tamborah-Freeze*).[31] Zu den Auswirkungen des »Jahres ohne Sommer« 1816 gehörten das Verschwinden des Sonnenscheins in Island, Missernten in den USA, Hunger in vielen Ländern Europas, die Auswanderungswellen verursachten, Seuchen in Indien,[32] und dramatische Hexenverfolgungen im Reich des Zulu-Herrschers Shaka (1789–1828, r. 1816–1828) und anderen Teilen des von langen Dürreperioden heimgesuchten südlichen Afrika.[33] Die sogenannte vorindustrielle Pauperisierung war nicht zuletzt auch das Resultat eines traditionellen, klima-induzierten Misserntezyklus, der zu vermehrter sozialer Unruhe, Kriminalität und Repression führte. In Europa und den USA dominierte jener technokratisch-administrative Um-

---

[27] DAVID HERLIHY, The Black Death and the Transformation of the West. Ed. and with an Introduction by SAMUEL K. COHN. Cambridge/MA 1997.

[28] JOHAN HUIZINGA, Herbst des Mittelalters [1919]. Stuttgart 1975.

[29] JOHN ABERTH, From the Brink of the Apocalypse. Confronting Famine, War, Plague and Death in the Later Middle Ages. New York 2001.

[30] TOM SIMKIN / LEE SIEBERT / LINDSAY MCCLELLAND / DAVID BRIDGE / CHRISTOPHER NEWHALL / JOHN H. LATTER, Volcanoes of the World. A Regional Directory, Gazetteer, and Chronology of Volcanism during the Last 10.000 Years. Stroudsberg/Pennsylvania 1981 S. 112–131.

[31] HENRY STOMMEL / ELIZABETH STOMMEL, Volcano Weather. The Story of the Year Without a Summer: 1816. Newport/R. I. 1983.

[32] CHARLES RICHARD HARRINGTON (Hg.), The Year Without a Summer? World Climate in 1816. Ottawa 1992.

[33] WOLFGANG BEHRINGER, Witches and Witch-Hunts. A Global History. Cambridge 2004.

gang mit der Krise, der typisch für die westliche Kultur geworden ist. Die Regierungen und Verwaltungen der deutschen Territorien wahrten Distanz zu den Hungernden und dämmten Unruhen und Übergriffe notfalls mit militärischer Gewalt ein, wie etwa bei den antisemitischen Hep-Hep-Krawallen von 1819.[34] Im Vergleich zu den Anfängen der Kleinen Eiszeit im Spätmittelalter blieben die Auswirkungen minimal, auch wenn gelegentlich ein Zusammenhang mit Reformbemühungen gesehen wird, etwa der Einführung von Verfassungen und einer parlamentarischen Mitbestimmung.[35] Man könnte jedoch weiter gehen und behaupten, dass die Hungerkrise im Gefolge der Tambora-Explosion zum Hintergrund der Restaurationszeit der Ära Metternich gehörte. Die Irische Hungerkrise der 1840er Jahre wird als eher regionales Ereignis begriffen, das zwar große Rückwirkungen auf die irische Gesellschaft hatte und Emigranten in den USA bis heute beschäftigt, aber für den weiteren Lauf der Geschichte irrelevant war.[36] Selbst der Ausbruch des Krakatau im Mai 1883 und seine Explosion im August desselben Jahres, die bei einem Ausstoß von geschätzten 18 Kubikkilometern Materie in die Atmosphäre weltweit Dämmerungserscheinungen über einen Zeitraum von drei Jahren hervorrief und eine Abkühlung um etwa einen Grad Celsius bewirkte (und dessen Einfluss auf das Klima heute als Maßstab für die Heftigkeit des Vulkanismus dient),[37] wurde eher als exotisches Naturschauspiel denn als globale Katastrophe begriffen, obwohl in beiden Fällen in abgelegeneren Teilen Europas immer noch gehungert wurde.[38]

Wenn wir uns hier mit der Kleinen Eiszeit speziell in der *Frühen Neuzeit* beschäftigen, dann nicht, weil die Probleme des Spätmittelalters oder des 19. Jahrhunderts relativiert werden sollen, sondern weil keine Epoche der

---

[34] Friedrich Battenberg, Das Europäische Zeitalter der Juden, II: Von 1650 bis 1945. Darmstadt 1990 S. 123 ff.; Jacob Katz, Die Hep-Hep-Verfolgungen des Jahres 1819. Berlin 1994.

[35] Jörn Sieglerschmidt, Untersuchungen zur Teuerung in Südwestdeutschland 1816/17, in: Festschrift Hans-Christoph Rublack. Frankfurt a. M. 1992 S. 113–144; Gerald Müller, Hunger in Bayern, 1816–1818. Politik und Gesellschaft in einer Staatskrise des frühen 19. Jahrhunderts. Frankfurt a. M. 1998.

[36] Christine Kinealy, A Death-Dealing Famine. The Great Hunger in Ireland. London 1997.

[37] Michael R. Rampino / Stephen Self, Historic Eruptions of Tambora (1815), Krakatau (1883), and Agung (1963). Their Stratospheric Aerosols, and Climatic Impact, in: Quaternary Research 18. 1982 S. 127–143; Tom Simkin / Richard S. Fiske, Krakatau 1883. Washington D. C. 1984.

[38] Thomas Martin Devine / Willie Orr, The Great Highland Famine. Hunger, Emigration and the Scottish Highlands in the Nineteenth Century. Edinburgh 1988.

jüngeren Geschichte stärker von Klima-Ungunst geprägt gewesen ist. Zudem bietet das frühneuzeitliche Europa mit seiner Scharnierfunktion im Prozess der Modernisierung aufschlussreiche Einblicke in die Reaktionsweisen traditioneller und »moderner« Gesellschaften auf Krisenzeiten. Europa befand sich in seiner entscheidenden Transformationsphase, große Teile des Klerus und der Bevölkerung reagierten noch ähnlich religiös motiviert wie im Spätmittelalter. Die Gesellschaft entwickelte jedoch aufgrund der offenkundigen Untauglichkeit dieser Reaktionsweisen alternative Strategien der Bewältigung, deren Teile die vielzitierte Säkularisierung der Philosophie, des Rechts, der Kunst und der Gesellschaft waren. Seit etwa 1500 bildete sich eine Wissenschaft vom Wetter aus, die *Meteorologie*, die sich – abseits der populären und metaphysischen Diskurse – explizit und ausschließlich mit der materiellen Erforschung klimatischer Erscheinungen in der, nach der klassischen aristotelischen Kosmologie,[39] sublunaren Sphäre auseinander setzte. Die systematische Wetterbeobachtung der Frühen Neuzeit könnte selbst als Krisenreaktion interpretiert werden, als impliziter Kommentar zu sich häufenden Klima-Extremen und den kulturellen Konvulsionen, die in den zeitgenössischen Gesellschaften dadurch ausgelöst wurden,[40] wie dies der Luzerner Patrizier Renward Cysat (1545–1614) ganz explizit zu verstehen gibt:

»Es wäre viellicht nit so notwendig geacht, solche ding zuo beschryben oder sich damitt zuo bemüeyen. Wyl aber leider umb unser sünden willen die jargäng jetz ein zytt har ye lenger ye strenger und härber sich erzeigent, und ein abnemmen jn den gschöpfften, wo wol menschen, thieren, alls ouch den früchten und erdgewächsen, deßglychen ungewonliche verendrungen an den elementen, gestirn und lüfften gespürt, habend wir ettliche denckwürdige verzeichnet uns und den nachkommenden zuor warnung und besserung.«[41]

Das Entstehen »moderner« Staatlichkeit brachte es zudem mit sich, dass Quellenmaterial in zuvor unbekanntem Ausmaß zur Verfügung steht und die Chancen, ein breitgefächertes Bild der Krisenreaktionen zu bekommen, besser sind als in jeder früheren Phase der europäischen Geschichte oder in außereuropäischen Gesellschaften.

---

[39] ARISTOTELES, Meteorologica, lib. 1–3, Cum commentariis Jacobi de Amorsfordia. Köln 1487.
[40] GUSTAV HELLMANN, Die Entwicklung der meteorologischen Beobachtungen in Deutschland von den ersten Anfängen bis zur Einrichtung staatlicher Beobachtungsnetze. Berlin 1926; HANS-GÜNTHER KÖRBER, Vom Wetteraberglauben zur Wetterforschung. Aus Geschichte und Kulturgeschichte der Meteorologie. Innsbruck 1987.
[41] RENWARD CYSAT, Collectanea, nach: PFISTER, Klimageschichte der Schweiz 1525–1860 (wie Anm. 17) II, S. 94.

Bei den bisherigen Krisendiskussionen blieb die Frage nach dem Zusammenhang von Abkühlung und Krise offen, obwohl sie Gegenstand einer Konferenz zum Thema »Klima und Geschichte« gewesen ist.[42] Die im *Journal of Interdisciplinary History* dokumentierten Beiträge dieser Konferenz widmeten sich vor allem naheliegenden Fragen der Ernährung und der epidemischen Krankheiten,[43] sowie in abstrakter Form dem generellen Verhältnis von Klima und Geschichte mit einem Akzent auf der politischen Geschichte.[44] Ganz offensichtlich schrillten in den 1980er Jahren bei Sozial- und Wirtschaftshistorikern die Alarmglocken angesichts einer befürchteten kurzschlüssigen Interpretation der Quellen.[45] Auch wenn solche Mahnungen stets ihre Berechtigung haben, könnte man fragen, ob das wohlfeile Selbstvergewisserungsritual nicht eine Verkrampfung bewirkt und eine Diskussion auf erweiterter Grundlage verhindert hat. Aus dem Abstand einer Generation erstaunt, wie sehr die Diskussion sozio-ökonomischen Selbstbeschränkungen verhaftet blieb. Kulturelle Veränderungen in einem weiteren Sinn – Mentalitäten, Verhalten, Kunst, Religion und Weltanschauung – wurden kaum in den Blick genommen und jedenfalls nicht so eingehend diskutiert, wie dies wünschenswert gewesen wäre. Aber möglicherweise wird sich gerade auf diesen Gebieten zeigen, wie wertvoll die Einbeziehung der ökologischen Rahmenbedingungen für die Erschließung und Redefinition der Frühen Neuzeit sein kann. Die kulturellen Konsequenzen der Kleinen Eiszeit werden sicher ein interessantes Gebiet zukünftiger historischer Forschung sein.

Bei der Frage, ob und inwieweit die Kleine Eiszeit die Epoche der Frühen Neuzeit beeinflusst hat, kann es, um den akademischen Konventionen auch hier Rechnung zu tragen, natürlich nicht um die Wiederbelebung eines *Klimadeterminismus* gehen. Brian Fagan, dessen populär geschriebenes Buch *The Little Ice Age. How Climate Made History* sich diesen Vorwurf gefallen lassen muss, ist als Spezialist für altamerikanische Archäologie an der Uni-

---

[42] HUBERT H. LAMB / MARTIN J. INGRAM, Climate and History. Report on the International Conference »Climate and History«, Climatic Research Unit, University of East Anglia, Norwich, England, 8–14. June 1980, in: Past and Present 88. 1980 S. 136–142.

[43] ROBERT I. ROTBERG / THEODORE K. RABB (Hg.), Climate and History. Studies in Interdisciplinary History. Princeton/N.J. 1981 (= Reprinted articles from: JIH 10. 1980).

[44] THEODORE K. RABB, The Historian and the Climatologist, in: JIH 10. 1980 S. 831–837. (Reprint in: ROTBERG / RABB, Climate and History [wie Anm. 43] S. 251–257); JAN DE VRIES, Measuring the Impact of Climate on Society. The Search for Appropriate Methodologies, in: Journal of Interdisciplinary History 10. 1980 S. 599–630 (Reprint in: ROTBERG / RABB, Climate and History [wie Anm. 43] S. 19–50).

[45] JAN DE VRIES, Analysis of Historical Climate-Society Interactions, in: Climate Impact Assessment. Studies of the Interaction of Climate and Society. Hg. ROBERT W. KATES / JESSE H. AUSUBEL / MIMI BERBERIAN. Chichester 1985 S. 273–292.

versity of California in Santa Barbara ein disziplinärer Außenseiter.[46] Historische Gleichzeitigkeit kann nur als Indiz, nicht aber als Nachweis von Kausalität dienen, wie beispielsweise die Debatte über den Untergang der Armada gezeigt hat: Der Sommer 1588 war außergewöhnlich sturmreich, und Stürme zerstörten die Invasionsflotte Philipps II. von Spanien – allerdings erst *nachdem* die geplante Vereinigung mit der spanischen Armee in den Niederlanden bereits gescheitert und die Seeschlacht um England bereits verloren, eine Invasion unmöglich geworden war. Selbst wenn bereits von Zeitgenossen die Ungunst der Winde als Fingerzeig Gottes aufgefasst worden war, so hat die historische Forschung dieses Argument doch als ideologisch motiviert eingeordnet, da die Witterung nicht mit dem Ausgang der Schlacht, oder pathetischer: der welthistorischen Entscheidung in Verbindung stand.[47] Auf der Ebene der Ereignisse wird man direkte Klimaauswirkungen meist nur auf lokaler Ebene nachweisen können, wo Sturmfluten Küstenabschnitte oder Gletschervorstöße und Erdrutsche Alpendörfer zerstört haben. Immerhin wurden die Zeitgenossen soweit aufmerksam, dass bereits zur Herbstbuchmesse von 1566 unter dem sinnigen Titel *Wasserspiegel* ein Werk über außerordentliche Niederschläge veröffentlicht wurde.[48] Überschwemmungen verwüsteten in der Tat ganze Landstriche, wie die »Thüringische Sintflut« von 1613, welche die Hochwasser des Jahres 2002 weit in den Schatten stellt, auch wenn Versicherungsgesellschaften aufgrund fehlender Langzeitstatistiken anderes glauben.[49] Allerdings setzt sich jedes Gesamtbild letztlich aus einzelnen Pinselstrichen zusammen und die Frage scheint berechtigt, in welchem Zusammenhang die vielen Einzelereignisse mit dem Gesamtbild gesellschaftlichen Wandels stehen.

Die Fragmentierung der Stressfaktoren, denen die frühneuzeitliche Gesellschaft ausgesetzt war, und ihre separate oder additive Behandlung unter Ausschluss des Faktors Klima führt zu einer unangemessenen Mystifizierung

---

[46] BRIAN FAGAN, The Little Ice Age. How Climate Made History, 1300–1850. New York 2000; dazu meine Rezension in: The Times Higher Education Supplement, 7. Dezember 2001.

[47] K. S. DOUGLAS / HUBERT H. LAMB / C. LOADER, A Meteorological Study of July to October 1588. The Spanish Armada Storms. Climatic Research Unit Research Publications 6. Norwich 1978; S. DAULTREY, The Weather of Northwest Europe during the Summer and Autumn of 1588, in: God's Obvious Design. Papers for the Spanish Armada Symposion. Hg. PATRICK GALLAGHER / DON W. CRUIKSHANK. London 1990 S. 113–141.

[48] Wasserspiegel Christophori Irenici / was nämlich durch ergießung des wässer den Menschen fürgehalten / und wie solches den Christen als ein Zorn / Creutz / und Trost fürgestelt werden. Sampt kurtzer erzelung / wa und zu welcher Zeit sich dergleichen grosse Wasserguß begeben haben. Eisleben 1566.

[49] STEFAN MILITZER / RÜDIGER GLASER, Die Thüringische Sintflut von 1613, in: Zeitschrift des Vereins für Thüringische Geschichte 48. 1994 S. 69–92.

und zum Rückgriff auf apokalyptische Metaphern,[50] nicht unähnlich der Reaktion der Zeitgenossen auf die lokalen oder überregionalen Katastrophen. Angesichts des Instrumentariums, welches von den Nachbardisziplinen zur Verfügung gestellt wird, wäre gerade das umgekehrte Verfahren sinnvoller: Zum einen müssen die vielen lokalen Ereignisse in einen größeren Rahmen gestellt werden, wo dies – wie etwa bei großflächigen Phänomenen der Abkühlung – möglich ist. Die Klima-Ungunst der 1780er Jahre wurde wahrscheinlich durch den Ausbruch des Laki und anderer Vulkane in Island und Japan verursacht. Die Laki-Eruption bewirkte schwere Beeinträchtigungen der Umwelt in Skandinavien, etwa in Norwegen, wo die Vegetation aufgrund sauren Regens Schaden nahm. Der Asche-Eintrag in die Atmosphäre bewirkte Schwefelgeruch bis in die Niederlande, sowie dichten »trockenen Nebel« und Sonnenverfinsterungen und -verfärbungen in weiten Teilen Europas und dem Osmanischen Reich, die ihrerseits zu Endzeiterwartungen und »Mutlosigkeit« führten. Die Dürre und Kälte führten zu Missernten, Krankheiten (Fieber, Dysenterie) und erhöhter Sterblichkeit.[51] Am Ende des 18. Jahrhunderts wurden diese Erscheinungen europaweit in den wissenschaftlichen Journalen berichtet und diskutiert. Der Jenaer Professor für Mathematik Johann Ernst Basilius Wiedeburg wies darauf hin, dass auch den kalten Jahren von 1709 und 1740 ähnliche Himmelserscheinungen vorausgegangen waren,[52] eine Beobachtung, die keineswegs mehr im Bereich des Aberglaubens angesiedelt war, sondern von heutigen Klimaforschern bestätigt wird. Benjamin Franklin war der erste, der 1785 explizit den Zusammenhang von Vulkanausbrüchen und Abkühlung hergestellt hat.[53] Die Auswirkungen der Klimaphänomene hingen jedoch ganz vom gesellschaftlichen und kulturellen Kontext ab. Das Dürrejahr 1788 wirkte sich im zaristischen

---

[50] ANDREW CUNNINGHAM / OLE GRELL, The Four Horsemen of the Apocalypse. Religion, War, Famine and Death in Reformation Europe. Cambridge 2000 S. 207 f.

[51] VILHJALMAR BJARNAR, The Laki Eruption [1783/84] and the Famine of the Mist, in: Scandinavian Studies. Hg. CARL F. BAYERSCHMIDT / ERIK J. FRIIS. Seattle 1965 S. 410–421; S. THORARINSSON, The Lakagigar Eruption of 1783, in: Bulletin Volcanologique 33. 1969 S. 910–929; M. G. PEARSON, Snowstorms in Scotland, 1782–1786, in: Weather 28. 1973 S. 195–201; JOHN KINGSTON, The Weather of the 1780s over Europe. Cambridge 1988; SUSAN L. SWAN, Mexico in the Little Ice Age, in: JIH 11. 1981 S. 641 f.; GASTON R. DEMARÉE / ASTRID E. J. OGILVIE, Bons Baisers d'Islande. Climatic, Environmental and Human Dimensions Impacts of the Lakagigar Eruption (1783–1784) in Iceland, in: History and Climate. Memories of the Future? (wie Anm. 23) S. 219–246.

[52] JOHANN ERNST BASILIUS WIEDEBURG, Über die Erdbeben und den allgemeinen Nebel von 1783, in: Göttingische Anzeigen von gelehrten Sachen 47. 1784 S. 470–472.

[53] BENJAMIN FRANKLIN, Meteorological Imaginations and Conjectures, in: Memoirs of the Manchester Literary and Philosophical Society 2. 1785 S. 373–377.

Russland anders aus als im aufgeklärten Frankreich in der Endphase des »Feudalismus«, wo »la Grand Peur« zum Durchbruch der Französischen Revolution beigetragen hat,[54] unter europäischen Siedlern in den vom Joch des Kolonialismus befreiten USA, die mit Mut in die Zukunft blickten, oder unter den indigenen Völkern Nordamerikas, welche die Not als Frucht der Unterdrückung durch die neue amerikanische Nation begriffen und nativistische Befreiungsbewegungen entwickelten.[55] Eine vergleichende Untersuchung, wie die einzelnen Zivilisationen auf globale Klimaschwankungen reagiert haben, steht noch aus.[56]

Unbestreitbar scheint, dass man auf der Ebene der unmittelbaren physischen Folgen, der Missernten und der Teuerung, des Hungers und der Krankheiten nicht stehen zu bleiben braucht. Bereits der Soziologe Pitirim Sorokin (1889–1968) hat – vor dem Hintergrund der sowjetrussischen Hungerkrise der 1920er Jahre – darauf hingewiesen, wie derartige Katastrophen zum Zusammenbruch der lokalen Ordnung und zu extremen psychischen Reaktionen, zur Veränderung des Denkens und Fühlens, des Verhaltens und der sozialen Organisation und des kulturellen Lebens führen.[57] Die jüngere soziologische und anthropologische Katastrophenforschung beschäftigte sich nicht nur mit definitorischen Fragen,[58] sondern hat auch die Analyse einzelner Aspekte vorangetrieben, etwa das Phänomen kollektiver Stresssituationen,[59] sowie die unterschiedliche Erfahrung von Notsituationen durch unterschiedliche soziale Klassen, Altersgruppen, sowie Männern und Frauen.[60] Die psychologische Forschung setzte sich nicht nur allgemein mit

---

[54] GEORGE LEFEBVRE, La Grande Peur de 1789. Paris 1970; DERS., The Great Fear of 1789. Rural Panic in Revolutionary France. Transl. by JOAN WHITE. New York usw. 1973.

[55] ALAN TAYLOR, »The Hungry Year«. 1789 on the Northern Border of Revolutionary America, in: Dreadful Visitations. Confronting Natural Catastrophe in the Age of Enlightenment. Hg. ALESSA JOHNS. New York usw. 1999 S. 145–181.

[56] FREDERIC L. PRYOR, Climatic Fluctuations as a Cause of the Differential Economic Growth of the Orient and the Occident. A Comment, in: Journal of Economic History 45. 1985 S. 667–673.

[57] PITIRIM SOROKIN, Man and Society in Calamity. The Effects of War, Revolution, Famine, Pestilence upon Human Mind, Behavior, Social Organization and Cultural Life. New York 1942.

[58] ANTHONY OLIVER-SMITH, What Is a Disaster? Anthropological Perspectives on a Persistent Question, in: The Angry Earth. Disaster in Anthropological Perspective. Hg. DERS. / SUSANNA M. HOFFMAN. New York usw. 1999 S. 18–34.

[59] ALLEN BARTON, Communities in Disaster. A Sociological Analysis of Collective Stress Situations. Garden City / NY 1969; JAMES F. PHIFER / KRZYSZTOF Z. KANIASTY / FRAN H. NORRIS, The Impact of Natural Disaster on the Health of Older Adults. A Multiwave Prospective Study, in: Journal of Health and Social Behaviour 29. 1988 S. 65–78.

[60] RONIT LENTIN (Hg.), Gender and Catastrophe. London usw. 1997.

dem Verhältnis von Stress und Angst auseinander,[61] sondern auch mit dem Einfluss von individuellem und kollektivem Unglück auf körperliche und psychische Erkrankungen.[62] Im Zusammenhang mit der niedrigen Lebenserwartung der Frühen Neuzeit, die religiöse Autoren wie der kaiserliche Leibarzt Hippolytus Guarinoni (1571-1654) auf die zunehmende Gottlosigkeit der Menschen zurückführten,[63] dürfte es nicht uninteressant sein, dass nach den Erkenntnissen der jüngeren Stressforschung sowohl chronisch ungünstige Lebensbedingungen als auch kurzfristige Schockzustände stressbezogene Krankheiten begünstigen und in der Phase der Kindheit bleibende Traumata hervorrufen können.[64] Dass sozialer Stress psychische Erkrankungen und speziell depressive Verstimmungen hervorruft, scheint unter Soziologen akzeptiert zu sein. Zu den spezifischen Stressoren gehören Phänomene, die während der Kleinen Eiszeit vermehrt auftraten, wie etwa unerwartete Krankheit, Tod eines Kindes, Tod des Ehegatten, physische Gewalt, der Verlust des Hauses durch Feuer, Flut oder anderes Unglück, finanzielle Krisen, Berührung mit Verbrechen, Streit in der Familie, verschlechterte Wohnbedingungen, Verlust des Arbeitsplatzes oder der Wohnung, sexuelle Unerfülltheit, Einsamkeit sowie unfreiwillige Kinderlosigkeit durch Unfruchtbarkeit.[65] Historiker kennen eine ähnliche Kasuistik bereits vom Anfang des 17. Jahrhunderts. Robert Burton (1577-1640) bezeichnete »Betrübnis und Kummer als Melancholieauslöser«, »Furcht«, »Scham und Schande«, »Neid, Bosheit und Haß«, »Verdruß und Sorgen«, nicht zu vergessen »Begierden und Ehrgeiz« oder Vergnügungssucht und Eigenliebe. Gefährlich sind auch »Wissensdurst und maßloser Lerneifer«, »Verlust der Freiheit« oder »Armut und Not«, sowie natürlich der Tod von Freunden und Angehörigen.[66]

---

[61] Irwin G. Sarason / Charles D. Spielberger (Hg.), Stress and Anxiety. Washington 1975.

[62] R. W. Perry, Environmental Hazards and Psychopathology. Linking Natural Disasters with Mental Health, in: Environmental Management 7. 1983 S. 331-339.

[63] Hippolytus Guarinoni, Von Grewel der Verwüstung menschlichen Geschlechts. Ingolstadt 1610; Jürgen Bücking, Kultur und Gesellschaft in Tirol um 1600. Lübeck 1968 S. 145.

[64] David H. Barlow, Anxiety and Its Disorders. The Nature and Treatment of Anxiety and Panic. New York usw. 1988.

[65] R. Jay Turner / Blair Wheaton / Donald A. Lloyd, The Epidemiology of Social Stress, in: American Sociological Review 60. 1995 S. 104-125.

[66] »Betrübnis und Kummer als Melancholieauslöser« in: Robert Burton, The Anatomy of Melancholy. Oxford 1621 [6. Aufl. 1651, danach die Übersetzung]: Anatomie der Melancholie. Zürich usw. 1988 S. 205; »Furcht«, in: ebd. S. 207; »Scham und Schande«, in: ebd. S. 209 ff.; »Neid, Bosheit und Hass«, in: ebd. S. 211-216; »Verdruss und Sorgen«, in: ebd. S. 217-227; »Begierden und Ehrgeiz«, in: ebd. S. 227-234; »Vergnügungssucht«, in: ebd. S. 234-239; »Eigenliebe«, in: ebd. S. 240-248; »Wissensdurst und maßloser Lerneifer als Ursachen«, in: ebd.

Speziell für die Kleine Eiszeit dürfte eine erst jüngst definierte psychische Erkrankung von besonderem Interesse sein: der »Winter Blues«,[67] auch »Seasonal Affective Disorder« (mit der schönen Abkürzung »SAD«) genannt, eine depressive Verstimmung, die durch den Entzug von Sonnenschein hervorgerufen wird und zu Depressionen und erhöhter Selbstmordanfälligkeit führt. Die akuten Symptome von SAD umfassen nach der homepage der *SAD-Association* (SADA) Schlafprobleme (übersteigertes Schlafbedürfnis, Schwierigkeiten, wach zu bleiben, Schlafstörungen), Lethargie (Gefühl der Müdigkeit und Schwierigkeiten bei der Bewältigung der täglichen Routine), Essprobleme (Lust auf Süßigkeiten und Kohlehydrate, die oft zu Gewichtsproblemen führen), Depression (Sich-schlecht-fühlen, Schuldgefühle, Verlust des Selbstwertgefühls, manchmal Hoffnungslosigkeit und Verzweiflung, manchmal Apathie und Gefühlsverlust), soziale Probleme, Angstgefühle (Anspannung und Stressvermeidung), Verlust der Libido (vermindertes Interesse an Sexualität und körperlichem Kontakt) sowie rasche Gefühlswechsel. Die meisten Betroffenen klagen über Anzeichen einer Immunschwäche und sind anfälliger für Infektionen und andere Krankheiten. Während der nichtakuten Phase der Krankheit verschwinden die Gefühle der Angst und Depression, doch die Symptome der Müdigkeit und der Schlaf- und Essprobleme bleiben in milderer Form erhalten.[68]

1. Abkühlung und veränderte Strukturbedingungen

Dass sich etwas in der Natur veränderte, ist den Zeitgenossen nicht verborgen geblieben. Im Jahr 1560, also zu Beginn der frühneuzeitlichen Phase der Kleinen Eiszeit, sah man in Mitteleuropa »feurige Striemen am Himmel«, *Polarlichter*, die man seit Menschengedenken hier nicht mehr gesehen hatte. In den 1560er Jahren traten sie im Gebiet der Schweizer Eidgenossenschaft siebenmal auf und in den beiden folgenden Jahrzehnten je sechzehnmal.[69] Im Winter 1570/71 berichten Schweizer Zeitungen »Von dem grosen tüfen

---

S. 248–276; »Verlust der Freiheit«, in: ebd. S. 276–279; »Armut und Not«, in: ebd. S. 279–290; »Tod der Freunde«, in: ebd. S. 290–306.

[67] Norman Rosenthal, Winter Blues. Seasonal Affective Disorder, What It Is and How to Overcome It. New York 1993.

[68] Raymond W. Lam, Major Depressive Disorder. Seasonal Affective Disorder, in: Current Opinion in Psychiatry. January 1994. Dazu auch die aufschlussreiche Homepage der SAD-Association: http://www.sada.org.uk/sadassociation.htm (4. Februar 2004).

[69] H. Fritz, Verzeichnis beobachteter Nordlichter. Wien 1873, nach: Matthias Senn (Hg.), Die Wickiana. Johann Jacob Wicks Nachrichtensammlung aus dem 16. Jahrhundert. Zürich 1975 S. 58f.

schnee«, in dem »vil lüth erfroren und im schnee erstikt und umbkommen« sind, in der »großen unsäglichen Kälte« dieses Winters, in dem die großen Alpenseen zufroren.[70] Ein Memminger Chronist berichtet, dass seit dem Nikolaustag

»ein beharrlicher Schnee gelegt / und von dieser Zeit an / ist ein grausamer Schneyiger / windiger / kalter / strenger und unveränderlicher Winter gewest / deßgleichen kein Mann gedencket. Dann es kamen unzahlbar viel Schnee auff einander über einen Hauffen zusamen / deßgleichen nirgend gelesen wird. Anno 1442 solle es 36 Schnee auff einander gelegt haben / dieses mal aber noch soviel / dann schier alle Nächt und Tag / einen Schnee gelegt. In solchem Schnee und Gehwinden seyn gar viel armer Leuth und Kunder / auch viel Wanders Gesellen verfroren und Todt gefunden worden / dann es uber Nacht alle Weg und Strassen also verwehet / daß wann einer schon ein Ort vor sich gesehen / doch dahin nicht hat kommen können. Worauff / weil die Frucht erfroren / grosse Theuerung erfolget.«[71]

Man muss nur beliebige Selbstzeugnisse der Zeit herausgreifen, um die Spuren der Kälte zu finden: Der Kölner Ratsherr Hermann Weinsberg (1518-1597) berichtete 1570/71, es sei seit Weihnachten so

»großer Schnee gefallen, wie ich mein Lebtag noch nicht gesehen, mehr denn knie- und gürtelshoch. Und in etlichen Straßen konnte man vor der Fastenzeit mit keinem Wagen oder Karren fahren. In etlichen Straßen war der Schnee wie ein Deich aufgeworfen, so daß man auf die andere Straßenseite nicht hinüberschauen konnte.«[72]

Er beobachtet im klimatisch begünstigten Rheintal, dass »die Luft so scharf und kalt ist, daß man sinen atem aus dem monde wol sehen und erkennen mach«. Wiederholt friert in den 1590er Jahren der Rhein bei Köln zu, was seit Anfang des Jahrhunderts zum ersten Mal vorkam, wie der beinahe 80-jährige glaubhaft vermerkte. Die Kälte und die Furcht vor Hypothermie bei oft unzulänglicher Beheizung erzwingt Veränderungen des Verhaltens: Die Mahlzeiten werden in einen besonderen Raum (»uff der hangenden stoben«) verlegt, wenn es in der großen Stube, die den gewöhnlichen Winterspeisesaal darstellt zu kalt ist. Weinsberg gewöhnt sich an, im Bett einen wollenen, pelzgefütterten Schlafanzug (»ich trage auch eitz einen danneten wullen nachtztabbert mit fuissen gefoddert, geit mir umb die bein bis uff die schoene, wan ich in oder baussen der stoiffen sin. Umb das leib bin ich zienmlich verwart mit kleider«) und eine gestrickte weiche Schlafmütze (»uff

---

[70] Von dem grosen tüfen schnee, und wie vil lüth erfroren und im schnee erstikt und umbkommen, [Zürich, Januar] 1571, in: Wickiana (wie Anm. 69) S. 186f.
[71] CHRISTOPH SCHORER, Memminger Chronik. Memmingen 1660 S. 97.
[72] ERNST WALTER ZEEDEN, Deutsche Kultur in der Frühen Neuzeit. Frankfurt a. M. 1968 S. 308.

»Kleine Eiszeit« und Frühe Neuzeit 431

Abbildung 1. Hagelwetter von 1567, in: Wickiana (wie Anm. 69) S. 97.

dem heubt trag ich ein flawilen sclapmutzgin«) zu tragen und sich generell vor der Kälte zu hüten: »Vur starken norden und sturmwinden hut ich mich, halt etwas vor die naise und hab alle zeit ein borstdoich vor.«[73] Auch südlich der Alpen macht sich die Abkühlung bemerkbar: »Gott zeigt uns seinen Zorn, indem er uns ewigen Winter schickt, den wir zu Hause in Kälte und mit den dicksten Pelzen zu fühlen haben«, schrieb etwa Conte Marco Antonio Martinengo am 18. Mai 1590 von seinem Stammgut Villachiara (südwestlich Brescia) an den Alchemisten Marco Bragadino (1545–1591) in Padua.[74]

Längere Winter bewirkten eine *Verkürzung der Vegetationsperiode*, insbesondere in landwirtschaftlich marginalen Regionen. Bereits 1569 berichtet Johannes Garcaeus, ein Student Melanchthons, dass die Sonne viel von ihrer ehemaligen Kraft verloren habe, gleich einem alten Mann, dessen Stärke von Tag zu Tag abnehme. Die Welt versinke in greisenhafter Kälte.[75] Thomas Rörer, evangelischer Prediger in der Reichsstadt Giengen an der Brenz, zog bereits 1571 die Schlussfolgerung: »Auch der Erdboden nimmt ab. Es wöllen die Weingärten nicht mehr so viel guten Wein, die Felder nicht so viel Schöber und Garben und die Bäume nicht so viel und gut Obst bringen, als nur vor wenigen Jahren geschehen.«[76] Der Züricher Wigand Spanheim hielt 1588 fest, dass »die Sonn ihren schein, hitz und lebendmachende krafft allem gewechs, die erd aber allerley frücht den thieren und menschen entziehet unnd versaget«.[77] Hartmut Lehmann hat auf Daniel Schaller (?–1630) hingewiesen, der 1595 in eindrucksvollster Weise die *Veränderungen in der Natur* beschrieben hat, darunter die nachlassende Fruchtbarkeit von Tier, Mensch und Boden, und sogar die nachlassende Kraft der Sonne:

»Wie in einem alten Haus die Fenster dunkel werden und an einem verlebten Körper das Gesicht abnimmt, also geht's jetzt mit der alten und kalten Welt auch, die nimmt zusehends ab, die Sonn, Mond, und andere Sterne leuchten, scheinen und wirken nicht mehr so kräft als zuvor. Es ist mehr kein rechter beständiger Sonnenschein,

---

[73] Das Buch Weinsberg. Kölner Denkwürdigkeiten aus dem 16. Jahrhundert, V: Kulturhistorische Ergänzungen. Hg. JOSEF STEIN. Bonn 1926 S. 121 (Schlafanzug), S. 213 (neuer Schlafanzug), S. 360 f. (Essen).

[74] IVO STRIEDINGER, Der Goldmacher Marco Bragadino. Archivkundliche Studie zur Kulturgeschichte des 16. Jahrhunderts. Mit einem Bildnis und einer Schriftprobe. München 1928 S. 107.

[75] JOHANN GARCAEUS, Eine Christliche kurtze Widerholung der warhafftigen Lere und bekentnis unsers Glaubens von der Zukunfft des Herrn Christi zum Gericht. Wittenberg 1569 fol. D v.

[76] Predig über Hunger- und Sterbejahre, von einem Diener am Wort, 1571, fol. 47 v.

[77] WIGARND SPANHEIM, Oratio Prognotica. Das ist: Deutung und Spiegel des [1588.] jars. Zürich 1588 fol. 10 v.

kein steter Winter und Sommer. Die Frücht und Gewächs auf Erden werden nicht mehr so reif, sind nicht mehr so gesund als sie wohl ehezeit gewesen.«[78]

Der sächsische Prediger Ambrosius Taurer führte aus, dass sich die Sonne immer häufiger hinter dunklen Wolken verberge und für so lange Zeit verschwinde, als ob sie nicht mehr erscheinen wolle: »Offtmals ist sie blutroth gewesen und in etlichen tagen wenig scheins von sich gegeben. Sie scheinet nicht mehr so lieblich und ist nicht mehr so warmer frölicher und bestendiger Sommer, sondern das Wetter und alles verendert sich.«[79] Literaturhistoriker hätten das vermutlich als Topos verbucht, wenn sie nicht überhaupt die Wirklichkeit als soziales Konstrukt betrachteten, auch wenn Rörer und Schaller mit ihren Beobachtungen nicht alleine standen. Polycarp Leiser sagte 1605 in einer Rede zu Torgau, »daß die Nahrung sehr abnimmt und Alles jetzo um gedoppelt Geld bezahlt werden muß. Die Ställe werden ledig an Vieh, die Wasser sind verödet an Fischen, die Luft gibt wenig Geflügel, Bürger und Bauern werden arm.«[80] Ohne dass hier näher auf die für Geophysiker und Meteorologen interessante Frage nach den Ursachen der Abkühlung – Schwankungen in der Intensität der Sonnenstrahlung, Verlagerung der Nordatlantischen Oszillation, El Nino, die Veränderung des Albedos der Atmosphäre, vulkanischer Asche-Eintrag in die Atmosphäre, etc. – eingegangen werden muss, kann man sagen: Eine Abkühlung im langjährigen Durchschnitt, mit ausgedehnten Wintern und verkürzten Vegetationsperioden, »Jahre ohne Sommer« mit anhaltend bedecktem Himmel waren typische Kennzeichen der Kleinen Eiszeit. Hinzu kamen Veränderungen in den Niederschlagsmengen, ausgiebige Niederschläge etwa in Mittel- und Nordeuropa, lange Dürreperioden in anderen Teilen der Welt, im südlichen Afrika etwa, aber auch auf der Iberischen Halbinsel.

Die Klimaveränderung hatte zahlreiche direkte Auswirkungen auf die Umwelt, die sich zunächst in den klimatisch sensiblen Breiten bemerkbar machten. Die Packeisgrenze schob sich nach Süden und erreichte mehrmals Island. Die weiter nach Süden driftenden Eisberge versperrten den nördlichen Seeweg nach Amerika für skandinavische Langboote und erschwerte die Kommunikation mit Grönland. Der Hafen von Spitzbergen, der derzeit – wie vermutlich auch mit Hochmittelalter – neun Monate im Jahr per Schiff

---

[78] HARTMUT LEHMANN, Frömmigkeitsgeschichtliche Auswirkungen der »Kleinen Eiszeit«, in: Volksreligiosität in der modernen Sozialgeschichte. Hg. WOLFGANG SCHIEDER. Göttingen 1986 S. 31–50.

[79] AMBROSIUS TAURER, Bussrufer ausgesand zu verkündigen und zu ruffen. Magdeburg 1596 fol. Fii v.

[80] POLYCARP LEISER, Landtagspredigt, zitiert nach: JOHANNES JANSSEN / LUDWIG PASTOR, Kulturgeschichte des deutschen Volkes, VIII. Freiburg i. Br. 1894 S. 337.

erreichbar ist, konnte während der Kleinen Eiszeit nur während der drei Sommermonate angelaufen werden. Die Zone des Permafrosts schob sich weiter von den Polen in Richtung Äquator und vereiste die mittelalterlichen Bestattungsplätze der Wikinger in Grönland. Die Gletscher in den Hochgebirgen wuchsen weltweit, die Baumgrenzen sanken. Mit den Vegetationsgrenzen verschoben sich die Lebensräume der Flora und Fauna, von Mikroorganismen über Insekten bis hin zu den Säugetieren. Eine Geschichte der Insekten mag auf den ersten Blick befremdlich erscheinen, doch angesichts ihrer Rolle bei der Übertragung von Krankheiten ist das Gegenteil der Fall.[81] Das Verschwinden bestimmter Insekten kann sogar per se als interessanter Indikator betrachtet werden, wenn es denn eindeutig von anderen Ursachen, etwa Veränderungen im Landschaftsbild, unterschieden werden könnte. Diese könnten allerdings, wie etwa das Sinken der Baumgrenze, selbst temperaturabhängig sein. Buckland und Wagner schließen aus dem Verschwinden des einheimischen Käfers *Hydraena britteni*, dass die kälteste Phase der Kleinen Eiszeit in Südisland nicht im Spätmittelalter, sondern in der Frühen Neuzeit gelegen hat. Etwa gleichzeitig scheinen einige Insekten aus Schottland und Nordengland zu verschwinden, die wie die *Hydrophilus piceus* bis heute nur noch in Südengland vorkommen. Der Wasserkäfer *Gyrinus colymbus* ist seit der Frühen Neuzeit völlig von den Britischen Inseln verschwunden und nur noch auf dem Kontinent zu finden.[82] Andererseits verbesserten sich die Lebensbedingungen mancher Parasiten durch den Rückgang der Badekultur im späteren 16. Jahrhundert, Resultat der Tabuisierung der Sexualität, bei gleichzeitig vermehrtem Kleideraufwand wegen der zunehmenden Kälte. Dies erklärt das plötzliche literarische Interesse an Flöhen, wie sie in Johann Fischarts (1546–1590) »Flöh Haz, Weiber Traz« zum Ausdruck kam,[83] vor allem aber in der makkaronischen Dichtung eines un-

---

[81] HANS ZINSSER, Rats, Lice and History. Being a Study in Biography, Which Deals With the Life History of Typhus. London 1935; JAMES R. BUSVINE, Insects, Hygenie and History. London 1976; JAMES C. RILEY, Insects and the European Mortality Decline, in: American Historical Review 91. 1986 S. 833–858.

[82] M. A. GIRLING, A Little Ice Age Extinction of the Water Beetle From Britain, in: Boreas 13. 1984 S. 1–4; PAT E. WAGNER, Human Impact or Cooling Climate? The »Little Ice Age« and the Beetle Fauna of the British Isles, in: Studies in Quaternary Entomology. An Inordinate Fondness for Insects. Hg. ALLAN C. ASHWORTH / PAUL C. BUCKLAND / JONATHAN P. SADLER, in: Quaternary Proc. 5. 1997 S. 269–276; PAUL C. BUCKLAND / PAT E. WAGNER, Is There an Insect Signal for the »Little Ice Age«? in: The Iceberg in the Mist. Northern Research in Pursuit of a »Little Ice Age«. Hg. ASTRID E. J. OGILVIE / TRAUSTI JÓNSSON. Dordrecht 2001 (Reprinted from: Climatic Change 48, 1. 2001 S. 137–149).

[83] JOHANN FISCHART, Flöh Haz, Weiber Traz. Straßburg 1573.

bekannten niederdeutschen Autors, der seine Heimat unhöflicherweise als »Floilanda« bezeichnete.[84]

Wie wir anhand der gegenwärtigen Erwärmung gelernt haben, bewirken bereits geringe Veränderungen der Temperatur eine Verschiebung der Vegetationsgrenzen von Süd nach Nord. Derselbe Vorgang ereignete sich – in umgekehrter Richtung – während der Kleinen Eiszeit. Die Verschiebung der Vegetationsgrenzen jenseits der Kulturpflanzen scheint bislang ebenso wenig erforscht worden zu sein wie *Veränderungen der Fauna*, des Bestandes an Insekten, Vögeln, Säugetieren und Fischen. Wieder geht Schaller weiter ins Detail: »Die Wasser sind nicht mehr so fischreich als sie wohl ehemals gewesen, die Wälder und Felder nicht mehr so voll Wild und Tieren, die Luft nicht so voll Vögel.«[85] Schallers Andeutung, dass nicht nur die Felder weniger Ertrag lieferten, sondern auch die Gewässer weniger fischreich seien, dürfte ebenfalls einer Beobachtung der Wirklichkeit entsprechen. In Nordeuropa war der Effekt recht eindeutig, da die Kabeljaubestände im Nordatlantik rapide zurückgingen. Die Leber des Fisches versagt bei Temperaturen unter zwei Grad Celsius und kann dadurch als Temperaturindikator dienen. Die Kabeljaufischerei vor Island und Norwegen ging bereits im Spätmittelalter zurück, doch in den kalten Jahren des 17. Jahrhunderts, zum Beispiel 1625 und 1629, sowie nach 1675, konnte auch bei den Färöer-Inseln kein Kabeljau mehr gefangen werden.[86] Über die Veränderungen des Ökosystems in der Frühen Neuzeit wissen wir bisher recht wenig. Nur an einigen Beispielen wird deutlich, dass solche Veränderungen drastischer Natur sein konnten. Erst kürzlich hat man herausgefunden, dass die anhaltenden Tiefdrucklagen des ausgehenden 16. Jahrhunderts zu einem Zusammenbruch der alpinen Avifauna geführt haben, da den Greifvögeln die zur Jagd nötigen Aufwinde fehlten.[87]

Man kann nur mutmaßen, wie sich das Fehlen dieser natürlichen Feinde etwa auf die Anzahl der Nagetiere ausgewirkt hat. Sie könnte gestiegen sein und in einzelnen Jahren wird in der Tat von Mäuseplagen berichtet. Sie könnte aber auch aufgrund der ungünstigen Lebensbedingungen gefallen

---

[84] Floia, cortum versicale, de flois schwartibus, illis deiriculis, quae omnes fere Minschos, Mannos, Weibras, Jungfras etc. behuppere et spitzibus suis schnaflis steckere et bitere solent. Autore GRIPHOLDO KNICKKNACKIO ex Floilandia. Anno 1593.

[85] DANIEL SCHALLER, Herold. Ausgesandt in allen Landen öffentlich zu verkündigen und auszurufen. Magdeburg 1595 S. 80–83, 101–105, zitiert nach: HARTMUT LEHMANN, Weltende 1630. Daniel Schallers Vorhersage von 1595, in: Jahrhundertwenden. Endzeit- und Zukunftsvorstellungen vom 15. bis zum 20. Jahrhundert. Hg. MANFRED JAKUBOWSKI-TIESSEN / HARTMUT LEHMANN ET AL. Göttingen 1999 S. 156 ff.

[86] FAGAN, The Little Ice Age (wie Anm. 46) S. 69–77.

[87] CHRISTIAN PFISTER, Beitrag in diesem Band S. 31–86.

sein. Der Rückgang ausbezahlter Fangprämien deutet etwa auf einen dramatischen Rückgang der Maulwurfspopulationen in bestimmten Jahren hin. Die Nachrichtensammlung des Johann Jacob Wick (1522–1588) berichtet von der »großen unsäglichen Kälte« und dem Zufrieren der großen Alpenseen im Winter 1570/1571, »Von einem großen tiefen Schnee, und wie vil lüth erfroren und im schnee erstikt und umbkommen«, von Menschen, die auf unter Normalbedingungen wohlbekannten Wegen erfroren oder in großen Schneemengen erstickten.[88] Wölfe kamen aus den Wäldern und fielen aus Hunger selbst Menschen an, wie in dem Fall dreier Näherinnen im Rheintal bei Zizers, über den der Churer Pfarrer Tobias Egli (1534–1574) an Heinrich Bullinger berichtete.[89] Als imaginierte Inkarnation des Bösen zogen die »wütenden Wölfe« einige Aufmerksamkeit auf sich,[90] was nicht unwesentlich zum Wiederaufleben der Werwolfvorstellungen in dieser Zeit beigetragen haben dürfte.[91] Die neue Gefährlichkeit der Wölfe und möglicherweise anderer Raubtiere dürfte erheblich zu ihrer Ausrottung in West- und Mitteleuropa beigetragen haben.[92]

Die *Verschiebung der Vegetationsgrenzen* betraf zentrale Nutzpflanzen der damaligen Agrikultur. Sigmund Riezler erwähnt in seiner *Geschichte Baierns*, dass die Produktion von »Bayerwein« an den Ufern der Donau im 16. Jahrhundert eingestellt werden musste, weil er sich immer häufiger als sauer erwies,[93] sogar in den begünstigten Lagen an Rhein und Mosel, wo sich der Weinbau bis heute gehalten hat, war der Wein in einigen Jahren ungenießbar.[94] Dem Kölner Patrizier Weinsberg ging im Oktober 1588 zu seinem ei-

---

[88] Wickiana (wie Anm. 69) S. 187.

[89] J. H. Tschudi, Glarner Chronik; Korrespodenz Bullinger, in: Wickiana (wie Anm. 69) S. 186.

[90] Johan Bauhin, Warhaffte denckwirdige Histori von etlichen wütenden rasenden Wöllfen / und Schaden / die sie das verloffne 90. Jahr umb Mompelgard und Beffort gethan haben. Mömpelgard 1591.

[91] Warhafftige und Wunderbarlich / Newe Zeitung von einem pauren / der sich durch Zauberey / des Tags siben stund zu einen Wolff verwandelt hat / und wie er darnach gericht ist worden durch den Cölnischen Nachrichter / den letzten October Im 1589 Jar. o. O. [Augsburg bei Johann Negele im kleinen Sachsen Gäßlin] 1589; Elmar M. Lorey, Henrich der Werwolf. Eine Geschichte aus der Zeit der Hexenprozesse mit Dokumenten und Analysen. Frankfurt a. M. 1998.

[92] Martin Rheinheimer, Wolf und Werwolfglaube. Die Ausrottung in Schleswig-Holstein, in: Historische Anthropologie 2. 1994 S. 399–422.

[93] Sigmund Riezler, Geschichte Baierns, VI. München 1890.

[94] Wilhelm Lauer / Peter Frankenberg, Zur Rekonstruktion des Klimas im Bereich der Rheinpfalz seit Mitte des 16. Jahrhunderts mit Hilfe der Weinquantität und Weinqualität. Stuttgart 1986; Karl Krames, Die »Kleine Eiszeit« und die große Weinbaukrise in unserer Region, in: Bernkastel-Wittlich Jahrbuch. 1994 S. 94–100.

genen Erstaunen der Wein aus, weil seit dreizehn Jahren kein neuer Wein mehr eingelagert worden war, da der Wein entweder sauer oder zu teuer war: »also moist der Weinsberg eitz feiren und hat keinen wein«.[95] Während im Hochmittelalter Weinbau sogar in Südnorwegen und England betrieben wurde, verschob sich die Weinbaugrenze im 14. und noch einmal im 16. Jahrhundert erheblich nach Süden.[96] Noch heute, nach der Erwärmung des vergangenen Jahrhunderts, liegt sie etwa 500 Kilometer weiter südlich als am Ende des Hochmittelalters. Nicht nur Weinreben reagierten auf die Abkühlung. Fernand Braudel erwähnt in seinem Mittelmeer-Buch die Süd-Verschiebung der Anbaugrenze von Oliven in der Frühen Neuzeit.[97] Zur Zeit Schallers war der Weinbau an der Ostseeküste bereits ganz aus dem Gesichtskreis geraten, doch immer noch gab es Probleme:

»Das Feld und Acker ist des Fruchttragens auch müde geworden und gar ausgemergelt, wie darüber groß Winselns und Wehklagens unter den Ackersleuten in Städten und Dörfern gehöret wird, und dannenher die große Teuerung und Hungersnot sich verursachet.«[98]

Die Veränderung der Vegetationsgrenzen zog in Nordeuropa und in Gebirgszonen auch eine *Verschiebung der Siedlungsgrenzen* nach sich. Die Aufgabe der skandinavischen Siedlungen in Grönland und der Kollaps der Bevölkerung Islands im 14. Jahrhundert sind Folgen der Kälteempfindlichkeit des Brotgetreides, wenn auch andere Faktoren, wie etwa die mangelnde Bereitschaft zur Veränderung des eigenen Lebensstils oder Bodenerosion durch Überweidung ebenfalls eine Rolle gespielt haben.[99] Die Aufgabe von Bauernhöfen, Einzelsiedlungen und Dörfern, sogenannte »Wüstungen«, die oft dem Bevölkerungsrückgang des 14. Jahrhunderts zugeschrieben werden, war eine Folge der Klimaveränderung, die in einem langfristigen Prozess bis weit in die Frühe Neuzeit hinein Opfer forderte.[100] Unter veränderten Umweltbedingungen wurden die Siedlungen auf marginalen Böden als »Fehlgrün-

---

[95] Das Buch Weinsberg (wie Anm. 73) S. 316.
[96] WILFRIED WEBER, Die Entwicklung der nördlichen Weinbaugrenze in Europa. Eine historisch-geographische Untersuchung. Trier 1980.
[97] BRAUDEL, Das Mittelmeer und die mediterrane Welt (wie Anm. 13).
[98] SCHALLER, Herold (wie Anm. 85) S. 157.
[99] BENT FREDSKILD, Agriculture in a Marginal Area. South Greenland from the Norse Landnam (A.D. 985) to the Present (1985), in: The Cultural Landscape. Past, Present and Future. Hg. HILARY H. BIRKS / ET AL. Cambridge 1988 S. 381–394; KIRSTEN A. SEAVER, The Frozen Echo. Greenland and the Exploration of North America, ca. A.D. 1000–1500. Stanford/CA. 1996.
[100] DOUGLAS P. WILLIS, Sand and Silence. Lost Villages of the North. Aberdeen 1986; GUDRUN SVEINBJARNARDOTTIR, Farm Abandonement in Medieval and Post-Medieval Iceland. An Interdisciplinary Study. Oxford 1992.

dungen« interpretiert. In Norwegen musste bis zu 40 Prozent der hochmittelalterlichen Siedlungen aufgegeben werden, denn ab einer Meereshöhe von über 300 Metern war Landwirtschaft kaum mehr möglich. Gleichermaßen mussten in Norddeutschland und auf den Britischen Inseln, vor allem im schottischen Hochland, tausende von Siedlungen aufgegeben werden, während im klimatisch begünstigten Mittelmeerraum ähnliche Prozesse kaum zu beobachten sind.[101]

Bereits die traditionelle Preisgeschichte hat auf die *steigenden Lebensmittelpreise* im 16. Jahrhundert hingewiesen.[102] Zunächst hat man diese »Inflation« mit Edelmetallimporten aus den Kolonien erklären wollen, später hat man malthusianisch argumentiert und auf das Missverhältnis zwischen stagnierender Agrarproduktion und einem langfristigen Bevölkerungsanstieg hingewiesen.[103] Dabei war bald unumstritten, dass Verknappung und Preissteigerungen nicht zu einer generellen Verarmung oder Verminderung der Lebensqualität, sondern zu gravierenden Verwerfungen des gesellschaftlichen und politischen Kräftegleichgewichts geführt haben. Generell profitierten die Eigner und Zwischenhändler des Brotgetreides, also zum Beispiel ostelbische Gutsbesitzer und Teile des Feudaladels in Mittel- und Westeuropa oder niederländische Großhändler. Damit im Zusammenhang steht, wie besonders seit der Übertragung der Dependenztheorie auf die europäische Geschichte betont worden ist,[104] die Transformation ganzer Gesellschaften. Während an der europäischen Peripherie, etwa in Osteuropa oder den spanischen Kolonien eine »Zweite Leibeigenschaft« eingeführt wurde, stieg im Zentrum der neuen »europäischen Weltwirtschaft« eine Händlerklasse zu politischer Dignität auf. Die Niederlande erlebten ihr Goldenes Zeitalter zu einem Zeitpunkt, an dem der Rest des Kontinents unter periodischen Hungerkrisen litt. Auch im Heiligen Römischen Reich oder Italien kam es zu einer steigenden Polarisierung zwischen Getreidebesitzern und denen, die am Aufstieg der Staatsgewalt und ihrer Umverteilungsgewalt partizipieren konnten auf der einen Seite, und dem Rest der Bevölkerung. Das Resultat dieses Mechanismus' konnte für den Adel sehr unterschiedlich ausfallen: Während in Norddeutschland der neue Reichtum der »Weser-Renaissance«

---

[101] KEITH J. ALLISON, Deserted Villages. London 1970; TREVOR ROWLEY / JOHN WOOD, Deserted Villages. Buckinghamshire 1982, ²1995.

[102] MORITZ JOHN ELSAS, Umriß einer Geschichte der Preise und Löhne vom ausgehenden Mittelalter bis zum Beginn des 19. Jahrhunderts. Leiden 1936/1949.

[103] WILHELM ABEL, Agrarkrisen und Agrarkonjunkturen in Mitteleuropa vom 13. bis zum 19. Jahrhundert. Berlin 1935, ²1966, Hamburg ³1978.

[104] IMMANUEL WALLERSTEIN, The Modern World System. Capitalist Agriculture and the Origins of the European World-Economy in the Sixteenth Century. New York 1974.

»Kleine Eiszeit« und Frühe Neuzeit 439

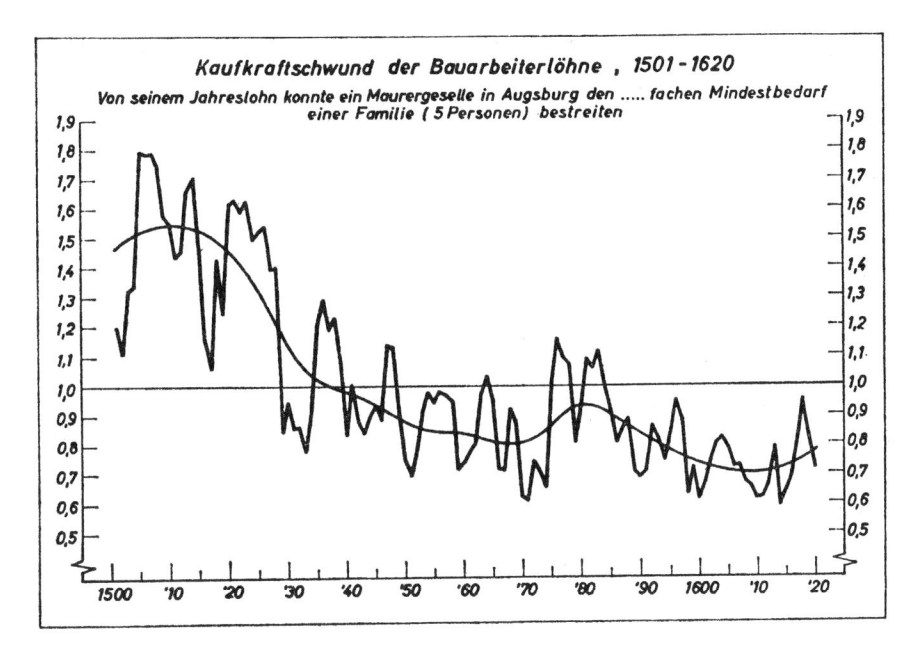

Kaufkraftschwund der Bauarbeiterlöhne, 1501–1620
Von seinem Jahreslohn konnte ein Maurergeselle in Augsburg den ..... fachen Mindestbedarf einer Familie (5 Personen) bestreiten

Abbildung 2. Warenkorbuntersuchung Augsburger Tagelöhner, aus: Die Wandlungen der Preis- und Lohnstruktur (wie Anm. 106) S. 16.

zu bestaunen war, mussten in Bayern Luxusgesetze gegen Bauern erlassen werden, die sich zum Teil reichere Hochzeiten als ihre Herren leisten konnten. Generell betroffen von der Teuerung waren jedoch Städter, die nicht am Getreideboom teilhatten und deren Einkommen bei stagnierenden Produktpreisen für handwerkliche Waren und gleichbleibenden Löhnen an Kaufkraft abnahm. Dies führte zu einer gravierenden Verschlechterung der Lebenssituation. Anhand von Warenkorbuntersuchungen hat man berechnet, dass seit den 1580er Jahren, als das Thema auch für zeitgenössische Theologen interessant wurde,[105] eine gesunde Ernährung für einen vierköpfigen Haushalt in einer mitteleuropäischen Stadt schwierig wurde und auf Jahrzehnte hinaus blieb.[106]

---

[105] JOHANNES RHODIUS, Christlich bedencken auß was ursachen vergangene Jar / und jetzung Theuwerung entstanden. Daneben einfeltige erinnerung / wie sich alle Stände / Geistlich und Weltlich / verhalten sollen / und mit was Sünde die Welt gegenwertigen Zorn und Straff Gottes verschuldet. Erfurt 1580.
[106] DIETRICH SAALFELD, Die Wandlungen der Preis- und Lohnstruktur während des 16. Jahrhunderts in Deutschland, in: Beiträge zu Wirtschaftswachstum und Wirtschaftsstruktur im 16. und 19. Jahrhundert. Hg. WOLFRAM FISCHER. Berlin 1971 S. 9–28.

Dabei ist zu bedenken, dass die Präsentationsform von Wirtschaftshistorikern an der Dramatik des Geschehens im Grunde vorbeigeht, da sie hinter den langfristigen Trends die Mikroanalyse vergessen haben. Die »gleitenden Fünf-, Zehn-, oder Dreißigjahresschnitte« der Statistiker ebnen die eigentlich problematischen Krisenjahre oder -monate oft bis zur Unkenntlichkeit ein. Bekanntlich orientierten sich die Preise für Brot – dem damaligen Grundnahrungsmittel –, das den Ärmeren das Auskommen sicherte und auf das auch die Einkommensstärkeren im Krisenfall umsteigen mussten, an der Getreideernte des jeweiligen Jahres. Die langfristigen Preissteigerungen der Statistiken ergaben sich nicht nur aus der zweifellos langfristig steigenden Nachfrage, sondern vor allem aus den enormen Preisspitzen der Missenrtejahre. Was im Alltag das Leben zum Risiko werden ließ, waren nicht die langfristigen Preissteigerungen, sondern die kurzfristigen Preisspitzen, bei denen der Preis für Grundnahrungsmittel über mehrere Monate auf ein Vielfaches des Normalen anstieg. Die Missenrtejahre häuften sich seit der zweiten Hälfte des 16. Jahrhunderts, etwa seit 1560 *dramatisch*. Ausgelöst werden sie durch jene Klima-Anomalie, die für die kontinentaleuropäische Landwirtschaft die verheerendsten Auswirkungen hatte, nämlich lange kalte Winter und feuchte, kühle Sommer. Mit dieser Kombination wurde sowohl das Sommer-, als auch das Wintergetreide im Wachstum beeinträchtigt und Ernte und Lagerhaltung beträchtlich erschwert. Zudem erlitten andere landwirtschaftliche Produkte schweren Schaden, namentlich der Weinbau in Mittel- und Nordeuropa, aber gelegentlich auch die Oliven- und Obsternte.

Wirtschaftshistoriker wie Wilhelm Abel waren von der Annahme ausgegangen, dass es zwar gute und schlechte Ernten gab, dass aber das Klima im Grunde wie ein neutraler Faktor behandelt werden kann.[107] Nach den jüngsten Datensammlungen der Klimahistoriker, die bis in die Zeit um 1500 zurück das tägliche, manchmal sogar das stündliche Wetter rekonstruieren und sogenannte *Wetternachhersagen* erstellen können,[108] ist ein solcher Ansatz nicht mehr haltbar. Wir kennen inzwischen die Extremwinter, in denen die großen Alpenseen und Flüsse wie Themse und Rhone zufroren, Rebstöcke und Olivenbäume sogar in der Toskana erfroren, sowie die »Jahre ohne Sommer«, in denen Vulkaneruptionen global Probleme bereiteten und große Teile der Wein- und Getreideernte ausfielen. Mit dem weltumspannenden Nachrichtennetz der Kolonialmächte besitzen wir Nachrichten über Vulkanausbrüche und klimatische Extremereignisse spätestens seit dem frühen

---

[107] WILHELM ABEL, Massenarmut und Hungerkrisen im vorindustriellen Europa. Hamburg usw. 1974.
[108] PFISTER, Wetternachhersage (wie Anm. 21).

»Kleine Eiszeit« und Frühe Neuzeit 441

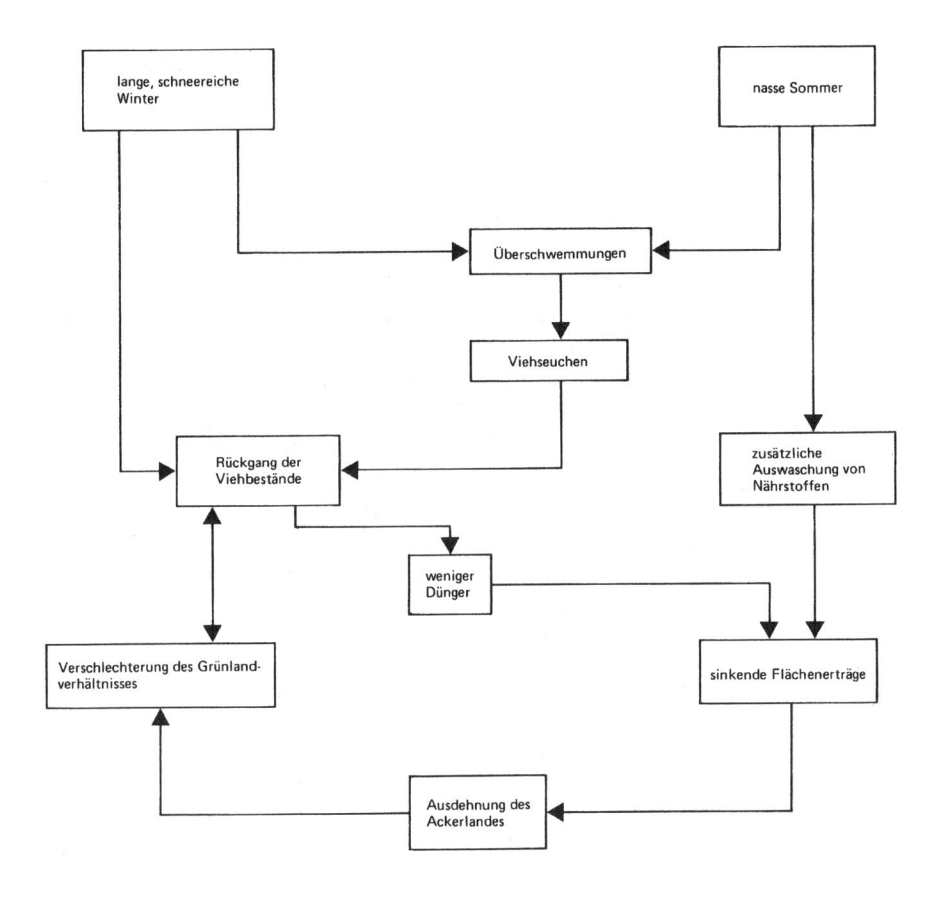

Abbildung 3. Hypothetische Konsequenzen der Klimaverschlechterung im späten 16. Jahrhundert, in: Klimageschichte der Schweiz 1525–1860 (wie Anm. 17) II, S. 83 Figur 2/25.

19. Jahrhundert von großen Teilen der Erde. Aus der retrospektiven Klima-Analyse kennen wir Extremjahre, die dem Extremjahr 1816 – dem Jahr des Tambora-Freeze – vergleichbar waren und deren Analyse noch aussteht. Sozial vielleicht noch einschneidender als klimatische Extremjahre waren »kumulative Kältesequenzen«, in denen jahrelang keine normale Ernte zustande kam wie in den berühmten Jahren zwischen 1582 und 1595, in denen sich Hexenverfolgungen epidemisch in Mitteleuropa ausbreiteten, weil die Bevölkerung ihre Obrigkeiten in drastischer Form zur Aktion drängte, wie es sehr deutlich in einer zeitgenössischen Trierer Chronik heißt. Und jenseits der Ereignisse lassen sich die ökologischen Folgen benennen, wie dies exemplarisch Christian Pfister in seiner »Klimageschichte der Schweiz« getan hat.

Historiker machen sich selten Gedanken über den Zusammenhang von *erhöhten Niederschlagsmengen*, Bodenerosion, sinkenden Flächenerträgen, geringerem Mineralstoff- und Vitamingehalt der pflanzlichen Nahrung, fallendem Viehbestand, Rückgang der Düngermengen, geringeren Milch- und Buttererträgen, etc. Dabei liegen die Auswirkungen auf die Ernährung hier ebenso auf der Hand wie bei *niedrigeren Temperaturen*, die zum Vorrücken der Alpengletscher, zur Verkürzung der Vegetationsperioden und zur Verschiebung der Anbaugrenzen führten, aber auch zu Veränderungen in der Natur, etwa einer Verringerung des Wild- und des Fischbestandes. Heftige Niederschläge in Form von Schnee oder Regen ließen vermehrt die Flüsse über die Ufer treten, was wiederholt zur Vergiftung der Weiden führte. Derartige Überschwemmungen lösten nicht selten Viehsterben aus. Diese haben bis jetzt keine historische Untersuchung erfahren, obwohl ihre dramatische Bedeutung für die ländliche Gesellschaft etwa an ihrer Funktion als Auslöser von Hexenverfolgungen sichtbar wird.

Nicht nur sinkende Flächenerträge der Felder, sondern ein *ökologischer circulus vitiosus* hat die Quantität und Qualität der produzierten Nahrungsmittel beeinträchtigt. Eine geringere Heuernte bedeutete weniger Viehnahrung, geringere Stückzahlen an Vieh bedeuteten weniger Dünger, was wiederum Rückwirkungen auf die Flächenerträge hatte. Weniger Vieh bedeutete nicht nur weniger Fleisch, sondern auch weniger Milch, Butter und Käse. Christian Pfister legt nahe, dass nicht nur die Quantität, sondern auch die Qualität des Viehfutters in klimatisch ungünstigen Jahren der Kleinen Eiszeit geringer war.[109] Jenseits der von Wilhelm Abel vermuteten Gründe für den Rückgang des Fleischkonsums in der Frühen Neuzeit, dem Bevölkerungsanstieg bei stagnierender Nahrungsmittelproduktion und einem Ausweichen auf billigere Kalorienlieferanten wie Brot und Hülsenfrüchte,[110] haben wir es auf jeden Fall mit einer geringeren Produktion von tierischem Fett und Eiweiß zu tun. Weniger Dünger bedeutete aber auch – zusätzlich zu den ungünstigeren Umweltbedingungen – schwierigere Bedingungen im Acker- und Gartenbau und damit vermutlich eine schlechtere Versorgung mit Kohlehydraten und Vitaminen. Dem Bevölkerungsanstieg des 16. Jahrhunderts stand damit ein verringertes Nahrungsangebot gegenüber. Das immer wieder betonte Phänomen eines Bevölkerungsanstiegs bis zum Dreißigjährigen Krieg muss dahingehend präzisiert werden, dass dies in der zweiten Hälfte des 16. Jahrhunderts mit einem hohen Preis erkauft war: In in immer kürzeren Abständen wiederkehrenden Mortalitätskrisen dezimierten sich die Einwohnerzahlen der Städte zum Teil so drastisch, dass nur eine starke Landflucht die Verluste ausgleichen konnte. Manche Städte wiesen – wie etwa die

---

[109] PFISTER, Klimageschichte der Schweiz 1525–1860 (wie Anm. 17) II, S. 85 f.
[110] WILHELM ABEL, Stufen der Ernährung. Eine historische Skizze. Göttingen 1981.

Reichsstadt Kaufbeuren, aber vermutlich auch zahlreiche andere Orte – bereits seit den 1570er Jahren eine negative Bevölkerungsbilanz auf.[111]

Bei der Veränderung der Ernährung muss im Sinne Braudels zwischen Entwicklungen unterschiedlicher Dauer unterschieden werden. Auf der einen Seite standen langfristige Entwicklungen, die mit den Anbaubedingungen von Grundnahrungsmitteln zusammenhingen, den berühmten Phänomenen der »longue durée«: Brot, Wein, Öl und Salz, die sakramentalen Nahrungsmittel des Mittelmeerraums, haben bekanntermaßen das Alltagsleben dieses Kulturraums über einen Zeitraum von mehreren Jahrtausenden geprägt und waren innerhalb der Grenzen des Römischen Reiches verbreitet. Im Spätmittelalter und in der Frühen Neuzeit verschoben sich jedoch die Anbaugrenzen für Oliven und Trauben wegen der Abkühlung südwärts. Weinbau in Südnorwegen, Norddeutschland und Britannien wurde unmöglich, und selbst in Teilen Süddeutschlands, etwa in Bayern, wurde der Wein zu sauer. Damit einher gingen langfristige Veränderungen des Konsumverhaltens, da trinkbarer Wein bei hohen Transportkosten aus Italien oder Frankreich importiert werden musste. Dies verteuerte den Wein so sehr, dass viele Konsumenten von Wein auf Bier umsteigen mussten. Die steigende Nachfrage machte sich in zahlreichen Brauereigründungen des 16. Jahrhunderts bemerkbar. In München verdoppelte sich die Zahl der Brauereien zwischen 1500 und 1600 annähernd auf zuletzt 80 Betriebe, eine Entwicklung, die jeder Vorstellung von einer vormodernen Statik des Handwerks spottet, denn jedes zweite oder dritte Jahr wurde ein neues Unternehmen in dieser Industrie gegründet.[112] Von diesen mittelfristigen Entwicklungen muss man das kurzfristige Krisenreaktionsverhalten unterscheiden, bei dem die Konsumenten von Fleisch auf Zerealien (Brot) umstiegen und teureres Getreide (Weizen) durch billiges (Hafer) zu ersetzen versuchten, eine so weit verbreitete Strategie, dass während der Hungerkrise von 1570 sogar die Pferde Hunger leiden mussten. Teilweise konnte Getreidemangel durch Obst ausgeglichen werden, doch gab es Jahre, in denen zusätzlich die Obsternte so gering ausfiel und alle Auswege verbaut waren.

Dass die Verschlechterung der Ernährung in Stadt und Land, insbesondere in den Misserntejahren, zu einer *höheren Krankheitsanfälligkeit und Sterblichkeit* geführt hat, wird in Teilen der Literatur bestritten.[113] Der italie-

---

[111] FRITZ JUNGINGER, Geschichte der Reichsstadt Kaufbeuren im 16. und 17. Jahrhundert. Neustadt / Aisch 1965.

[112] WOLFGANG BEHRINGER, Löwenbräu. München 1988 S. 44–47 und 58–63.

[113] JOHN D. POST, Famine, Mortality and Epidemic Disease in the Process of Modernization, in: EcHR 29. 1976 S. 14–37; dazu ANDREW B. APPLEBY, Famine, Mortality and Epidemic Disease. A Comment, in: EcHR 30. 1977 S. 508–512.

nische Ernährungswissenschaftler Massimo Livi-Bacci hat die These entwickelt, dass kaum eine der historischen Krankheiten durch Mangelernährung begünstigt worden sei, sondern im Gegenteil der Mangel das Wachstum der Vektoren oder gar der Krankheitserreger behindert und zu einer Verringerung der Krankheiten geführt habe.[114] Als Beispiel dafür wird unter anderem die Malaria diskutiert, wo dies zutreffen mag, die aber noch von niemandem als typische Erkrankung der Kleinen Eiszeit betrachtet worden ist. Für Pokken (Blattern, Kindsblattern, Smallpox) ist hingegen durch eine Neu-Interpretation englischer Quellen der positive Beweis erhöhter Sterblichkeit in Krisenjahren erbracht worden.[115] Manche Krankheiten, die man von den Klimabedingungen erwarten könnte, sind noch gar nicht in den Blick genommen worden, wie etwa Influenza, die sich hinter einigen der Epidemien verstecken könnte, die zeittypisch als »Fieber« bezeichnet worden sind.[116] Mit großer Sicherheit kann ein Zusammenhang mit den als »neu« bezeichneten Infektionskrankheiten hergestellt werden, wie dem sogenannten »ungarischen Fieber«, dem »englischen Schweiß«.[117] Der Begriff »Influenza« tauchte zuerst im Zusammenhang mit der Grippe-Epidemie von 1504 auf, die man in Italien dem Einfluss (Influenz) der Sterne zuschrieb. Spätere Berichterstatter führten die Grippe auf den Einfluss der Kälte (»influenza di freddo«) zurück. Eine der gefährlichsten Grippe-Epidemien des 16. Jahrhunderts passt gut mit den klimageschichtlichen Eckdaten zusammen. Lord Cecil berichtete 1562 aus Edinburgh von »einer neuen, in der Stadt weit verbreiteten Krankheit«, an welcher sich die gesamte Hofgesellschaft der Königin Maria Stuart (1542–1587) angesteckt habe. »Für diejenigen, die es haben, ist es eine Pest in ihren Köpfen und ein Schmerz in ihren Mägen mit einem großen Husten.«[118] Wie gefährlich die Grippe sein konnte, zeigt sich am *Geheimen Tagebuch* des kaiserlichen Gesandten Hans Khevenhüller, der im Sommer 1580 am spanischen Hof samt seinem Gesinde »an dem generalcatharr« erkrank-

---

[114] MASSIMO LIVI-BACCI, Populazione e Alimentazione. Saggio sulla storia demografica Europea, Bologna 1987, ²1989; DERS., Population and Nutrition. An Essay on European Demographic History. Cambridge 1991.

[115] S.R. DUNCAN / SUSAN SCOTT / C.J. DUNCAN, The Dynamics of Smallpox Epidemics in Britain, 1550–1800, in: Demography 30. 1993 S. 405–423.

[116] C.H. ANDREWS, Epidemiology of Influenza, in: Influenza. Geneva 1954 S. 9–12; F.J. FISHER, Influenza and Inflation in Tudor England, in: EcHR 18. 1965 S. 120–129; dazu die Kritik J.D. GOULD, F.J. Fisher on Influenza and Inflation in Tudor England, in: EcHR 21. 1968 S. 361–368.

[117] R.S. ROBERTS, A Consideration of the Nature of the English Sweating Sickness, in: Medical History 9. 1965 S. 385–389; R.S. GOTTFRIED, Population, Plague and the Sweating Sickness, in: The Journal of British Studies 17. 1977 S. 12–37.

[118] WILLIAM I. BEVERIDGE, Grippe. Die letzte große Seuche. Marburg 1978 S. 28.

te: »Vermelter catharr hat in ganzer Welt also überhand genommen, das ich aigentlich glaub als lang die welt steet von keiner solchen contagion gehört worden sei, dann derselb kaines verschont hat.« In Madrid und dem restlichen Spanien seien daran in kurzer Zeit mehrere tausend Menschen verstorben. Auch König Philipp II. wurde davon befallen. Khevenhüller verlor sechs Mitglieder seines Haushalts, darunter seinen persönlichen Diener. Er selbst überlebte, brauchte aber ein Jahr, um sich wieder völlig davon zu erholen.[119] Nach Beveridge war die Grippe von 1580 möglicherweise die erste weltweite Pandemie dieser Krankheit, mit Berichten aus Asien, Afrika, Europa und Amerika. Innerhalb von sechs Wochen waren alle Länder Europas befallen. Angeblich blieb nur jeder zwanzigste von der Krankheit verschont. In einigen Städten war die Mortalität groß. In Rom starben 9.000 Menschen und in Spanien wurden angeblich einige Städte »nahezu völlig durch die Krankheit entvölkert«.[120]

In der Veröffentlichung der UNO zu Hungerkrisen des 20. Jahrhunderts werden üblicherweise Infektionskrankheiten wie Tuberkulose,[121] Typhus,[122] Ruhr[123] und Dysenterie als Folgen von Unterernährung bezeichnet, sowie spezifische Mangelkrankheiten, die auf das Fehlen bestimmter Aminosäuren oder Vitamine zurückgeführt werden.[124] Seit längerem ist auch das Phänomen eines Rückgangs der Fruchtbarkeit bei Frauen für die Krisenperioden der Frühen Neuzeit statistisch erwiesen.[125] Inwieweit der Rückgang des Eiweißkonsums (Fleisch, Milch, Eier) im 16. Jahrhundert zu bestimmten Krankheitsbildern, etwa Zahnschäden, geführt hat, entzieht sich bisher unserer Kenntnis, doch bildet der Rückgang der durchschnittlichen Körpergröße, die man an Skelettfunden ablesen kann, einen zuverlässigen Indikator für verbreitete Ernährungsmängel. Die Menschen im späten 16. und frühen 17. Jahrhundert waren im Schnitt kleiner als jemals zuvor oder danach in den vergangenen zweitausend Jahren, vergleichbar nur mit Notzeiten des

---

[119] HANS KHEVENHÜLLER, Geheimes Tagebuch, 1548-1605. Hg. GEORG KHEVENHÜLLER-METSCH. Graz 1971 S. 108.
[120] BEVERIDGE, Grippe (wie Anm. 118) S. 28.
[121] JEAN DUBOS, The White Plague. Tuberculosis, Man and Society. Boston 1952.
[122] ANDREW B. APPLEBY, Disease or Famine? Mortality in Cumberland and Westmorland, 1580-1640, in: EcHR 26. 1973 S. 403-432.
[123] ERNST WOEHLKENS, Pest und Ruhr im 16. und 17. Jahrhundert. Grundlagen einer statistisch-topographischen Beschreibung der großen Seuchen, insbesondere in der Stadt Uelzen. Uelzen 1954.
[124] JOSUE DE CASTRO, The Geography of Hunger. Boston 1952.
[125] EMMANUEL LE ROY LADURIE, L'Aménorrhée de Famine (XVIIe-Xxe siècles), in: AESC 24. 1969 S. 1589-1601.

Frühmittelalters und des frühen 14. Jahrhunderts.[126] Zeitgenössische Chroniken betonen den Zusammenhang von Hunger und der sogenannten »Hauptwehkrankheit«: »Nach dieser langwierigen Theuerung folgete ein grausame Haupt-Kranchkeit, welche / so sie in ein Hauß kam / einen grossen Raum thäte / und sonderlich diejenige / welche ihr Leben kaum mit einem Stück Brod erhalten / hinweg nahm.«[127] In der medizinischen Literatur wird diese Krankheit mit Typhus identifiziert, einer durch Mangelernährung und mangelnde Hygiene begünstigten Salmonelleninfektion, die zu heftigem Kopfschmerz und hohem Fieber mit Bewusstseinstrübungen bis hin zum Delirium führt, und vor allem bei der Erstinfektion ohne moderne medizinische Behandlung oft tödlich verläuft.[128] Die Anzahl der zeitgenössischen Veröffentlichungen zu diesen Krankheiten stieg – etwa während der Hungerkrise von 1570 – auf ein Vielfaches des Normalbestandes an.[129]

Einen interessanten Fall stellt zweifellos die Beulenpest dar, die nach Ansicht der Medizinhistoriker unabhängig von der Ernährungssituation auftritt, und die bei Kälte wegen der Dezimierung der Überträger sogar zurückgeht.[130] Historiker müssten hier eigentlich ihr Veto einlegen, denn wenn auch sicher feststeht, dass eine Infektion mit dem Pestvirus völlig unabhängig von Krisenjahren stattfinden konnte, so ist doch festzuhalten, dass eine gewisse Korrespondenz auch zwischen Pest- und Misserntejahren besteht, und vermutlich nicht nur wegen der erhöhten Mobilität der Nahrungssuchenden oder gar der nahrungssuchenden Ratten, wie verschiedentlich behauptet worden ist. Die Pest-Epidemien brachen nicht unbedingt im selben Jahr und im Winter aus, sondern möglicherweise im folgenden Frühjahr oder

---

[126] HELMUT WURM, Körpergröße und Ernährung der Deutschen im Mittelalter, in: Mensch und Umwelt im Mittelalter. Hg. Bernd Hermann. Stuttgart 1986 S. 101–108. RICHARD H. STECKEL, Health and Nutritien in the Pre-Industrial Era. Insights from a Millenium of Average Heights in Northern Europe. Cambridge/MA 2001; Ders., The Backbone of History. Health and Nutrition in the Western Hemisphere. Cambridge/MA 2002.

[127] CHRISTOPH SCHORER, Memminger Chronik. Memmingen 1660. S. 101.

[128] GOTTFRIED LAMMERT, Geschichte der Seuchen, Hungers- und Kriegsnoth zur Zeit des Dreißigjährigen Krieges. Berlin 1890; DALE C. SMITH, Medical Science, Medical Practice, and the Emerging Concept of Typhus in Mid-Eighteenth-Century Britain, in: Theories of Fever From Antiquity to the Enlightenment. Hg. WILLIAM F. BYNUM / VIVIAN NUTTON (Medical History, Supplement No. 1). London 1981 S. 121–130.

[129] WOLFGANG BEHRINGER, Die Hungerkrise von 1570. Ein Beitrag zur Krisengeschichte der Neuzeit, in: Um Himmels Willen. Religion in Katastrophenzeiten. Hg. MANFRED JAKUBOWSKI-TIESSEN / HARTMUT LEHMANN. Göttingen 2003 S. 51–156.

[130] ANN G. CARMICHAEL, Infection, Hidden Hunger, and History, in: JIH 14. 1983 S. 249–264 (Reprint in: ROTBERG / RABB, Climate and History [wie Anm. 43] S. 51–66); ANDREW B. APPLEBY, Epidemics and Famine in the Little Ice Age, in: Journal of Interdisciplinary History 10. 1980 S. 643–663 (Reprint in: ROTBERG / RABB, Climate and History [wie Anm. 43] S. 63–83).

Frühsommer nach einer längeren Periode der Mangelernährung und Teuerung und hielten sich dann eine Zeit lang. Für Statistiker besteht damit möglicherweise kein relevanter Zusammenhang, für Historiker hingegen schon. Zeitgenossen mochten zwar noch nichts von Viren und Bakterien wissen, jedoch war ihnen der Zusammenhang von Krise und Krankheit präsent.[131] Bereits der Schwarze Tod der späten 1340er Jahre trat im Gefolge verheerender Missernten in Eurasien während der ersten Hälfte des Jahrzehnts auf, die möglicherweise die körperlichen Abwehrkräfte der Bevölkerung geschwächt haben. Das berühmte Fresko vom »Triumph des Todes« im Camposanto von Pisa, das immer als Beleg für die Rückkehr der Pest nach Europa gewertet worden war, wurde nach neueren Erkenntnissen bereits in der ersten Hälfte der 1340er Jahre in Reaktion auf eine vorhergehende Mortalitätskrise gemalt, die mit klimatischen Extrembedingungen zusammenhing, verheerenden Dürrejahren seit 1338, die von Heuschreckenplagen noch verschlimmert wurden, und dem »Jahrtausendhochwasser« des Jahres 1342, das durch sintflutartige Regenfälle im Sommer hervorgerufen wurde und weite Landstriche verwüstete und eine Hungersnot hervorrief. Klimaanomalien (Dürre, Kälte, Überschwemmungen) der folgenden Jahre verhinderten eine Erholung bis zum Einbruch der Pest.[132] Eine Diskussion der Pest im Zusammenhang mit der Frühen Neuzeit ist deshalb lohnend, weil sie auch während des 16. und 17. Jahrhunderts endemisch war und gelegentlich zu hoher Sterblichkeit führte.

Betrachtet man die strukturellen Veränderungen, die durch die Verschlechterung des Klimas herbeigeführt wurden, so kann man ähnliche Beobachtungen auf allen Kontinenten machen, soweit Daten vorliegen. Missernten führten zu erhöhter Krankheitsanfälligkeit und Sterblichkeit, sowie zu einem Rückgang der Bevölkerungszahl. Für Südostasien besitzen wir verlässliche statistische Daten wie auch für die spanischen Philippinen und das niederländische Ambon, sowie für Siam (Thailand). In allen diesen Fällen werden für das frühe 17. Jahrhundert Hungersnöte und verheerende Epidemien berichtet. In Java fiel in den Jahren 1625/26 ein beträchtlicher Teil der Bevölkerung einer Seuche zum Opfer. In den spanischen Besitzungen ging die Bevölkerung zwischen 1591 und 1655 um ein Drittel zurück. Mitte der 1660er Jahre wurde Indonesien wie Europa von einer stark erhöhten Sterblichkeit heimgesucht. Viele dieser ungünstigen Daten wurden traditio-

---

[131] WOLFGANG BEHRINGER, »Ettlich Hundert Herrlicher und Schöner Carmina oder Gedicht / von der langwirigen schweren gewesten Teuerung / grossen Hungersnot / und allerley zuvor unerhörten Grausamen Straffen / und Plagen«. Zwei Krisengedichte, in: Um Himmels Willen (wie Anm. 129) S. 294–356.
[132] GLASER, Klimageschichte Mitteleuropas (wie Anm. 19) S. 65 f.

Abbildung 4. Kornregen in Regensburg, 1579, aus: Wickiana (wie Anm. 69) S. 181.

nell mit Kriegen oder unzureichender Statistik erklärt, doch die Koinzidenzen verschiedener südostasiatischer Serien legt, wie Anthony Reid erklärt, eine breiter angelegte ökonomische oder klimatische Begründung nahe. Soweit die betroffenen Gebiete bereits in den internationalen Handel integriert waren, spielte natürlich der Preisverfall für Ausfuhrgüter nach Europa eine Rolle, etwa bei Pfeffer oder anderen Gewürzen. Insgesamt war die Krise jedoch nicht durch den Handel oder den Einfluss der europäischen Kolonialmächte, sondern durch Probleme der lokalen Ökonomie und Gesellschaft verursacht.[133]

2. Kulturelle Konsequenzen

Welche gesellschaftlichen Auswirkungen eines *Global Cooling* sind unter dem Gesichtspunkt zu erwarten, dass wir es vor der Industriellen Revolution weltweit mit einer Anzahl von Zivilisationen zu tun haben, die überwiegend

---

[133] REID, The Seventeenth Century Crisis (wie Anm. 6).

agrarisch geprägt waren, wenn auch mit urbanen Verdichtungszonen und beträchtlichen technischen Kenntnissen? Da die Stärke einer Gesellschaft in letzter Instanz von ihrer wirtschaftlichen Leistungskraft abhängt, wird man erwarten, dass politische Strukturen in von Niedergang betroffenen Gegenden Schaden nehmen. Tatsächlich kann man sehen, dass die Staatenwelt der nördlichen Hemisphäre einem beträchtlichen Wandel unterliegt. Die hochmittelalterliche Verbindung nach Amerika (Vinland, Markland) und Grönland reißt ab, die europäische Bauern-Zivilisation gibt diese Außenposten auf und überlässt sie nomadischen Völkern. Das freie Island muss sich dem Königreich Norwegen unterwerfen. Im ausgehenden 14. Jahrhundert kommen Norwegen und Schweden mit Finnland in der »Union von Kalmar« unter die Vorherrschaft Dänemarks, der südlichsten und stabilsten der skandinavischen Gesellschaften. Russland gerät unter die Vorherrschaft nomadischer Steppenvölker. Niemand wird diese Veränderungen monokausal als Klimafolge bezeichnen wollen. Andererseits passen sie gut zu der Neuverteilung der ökonomischen Gewichte.

Generell wird man erwarten, dass Zeiten extremer Klima-Ungunst Agrargesellschaften unter erheblichen Stress setzen, da sich die Ernteerträge verknappen. Dies kann zu sozialen Spannungen, Konflikten und Verteilungskämpfen auf allen Ebenen führen: innerhalb der Familien, zwischen den Generationen oder zwischen sozialen Gruppen oder Klassen. In diesen Kontext könnten zeitgenössische Klagen gehören »von der großen Uneinigkeit / Hader / Zank / Streit / zwischen den nächsten Blutsfreunden und Verwandten«, wie sie von Daniel Schaller als Zeichen der anbrechenden Endzeit gewertet wurden. Die christliche Liebe sei erloschen und Egoismus, Geiz und Selbstsucht seien an ihre Stelle getreten.[134] Aus Publikationen zur Erziehung der Jugend spricht Bitterkeit über mangelnden Respekt vor dem Alter und den Verlust an gemeinsamen Werten.[135] Man kann Anpassungsprozesse erwarten, die eine Veränderung der kulturellen Tradition implizieren, wenn die jeweilige Kultur dies zulässt: im Einklang mit der Tradition oder auch entgegen ihrer Barrieren. Die Verschlechterung der Lebensbedingungen, das Auftreten von Hunger und neuen Krankheiten führt zu politischem und metaphysischem Erklärungsbedarf. Je nach Plausibilität und Akzeptanz der Erklärungen kann man mit Unruhen, Rebellionen und Aufständen oder Sündenbockreaktionen rechnen. Es mag daher nicht von ungefähr kommen, dass eine globale Abkühlung so weit voneinander entfernte Zivilisationen

---

[134] SCHALLER, Herold (wie Anm. 85) S. 147–161.
[135] SAMUEL HOCHHOLZER, Von der Kinderzucht / wie die ungehorsam und böse Jugend dieser betrübten Zeit wider zu verbessern unnd die geschlachten Kinder wolgezogen werden. Zürich 1591.

wie die chinesische und die europäische in den selben Jahrzehnten des 14. Jahrhunderts in ökonomische, soziale und politische Schwierigkeiten stürzte, deutlich markiert durch Bauernaufstände und Rebellionen, ebenso im 17. Jahrhundert, wo in Europa die Stuart-Monarchie zeitgleich mit der Ming-Dynastie in China zusammenbrach.[136] Inwieweit die Preiskurven von Grundnahrungsmitteln beiderseits des Atlantiks parallel verliefen, wie dies für das 18. Jahrhundert anhand der Maispreise in Mexiko und der Getreidepreise in Europa behauptet worden ist, bedarf noch der Klärung.[137]

Klimatische Ungunst bewirkte ähnliche Probleme in allen Agrargesellschaften, die Antworten auf die dadurch aufgeworfenen Fragen fielen jedoch kulturspezifisch aus. Nach dem immer noch eingängigen Toynbeeschen Schema von »Challenge« und »Response« könnte man die Klimaveränderung als Herausforderung definieren, auf welche jede Gesellschaft gemäß ihrer Kultur antworten muss. Im Extremfall konnte eine kulturelle Disposition die notwendige Anpassung überhaupt verhindern. In Grönland, das von der Abkühlung naturgemäß besonders betroffen war, starben die Wikinger aus, da sie nicht von ihrer importierten europäischen Kultur (Landwirtschaft, textile Kleidung) lassen konnten und sich nicht an die Veränderung ihrer Umgebung anpassen wollten. Gleichzeitig expandierte die Kultur der Inuit, die auf Fischfang und Jagd basierte und deren Kleidung und Wohnungen den arktischen Bedingungen optimal angepasst waren. Ihre Lebensweise war von der Abkühlung nicht betroffen. Mangels schriftlicher Überlieferung bleiben die Ursachen für das Anpassungsdefizit der Skandinavier spekulativ, doch hat die intensive Diskussion der vergangenen Jahre vor allem in zwei Richtungen gewiesen: Der Herrschaftsanspruch des norwegischen Staates, der auf die Einhaltung seiner Gesetze pochte und den isländischen Handel kontrollierte, sowie die Römische Kirche, welche jede Annäherung an die Heiden und ihre Bräuche oder gar eine Vermischung mit den Inuit kategorisch ablehnte. Vielleicht ist es auch kein Zufall, dass eine der letzten Nachrichten, die Europa aus Grönland erreichte, von einer Hexenverbrennung berichtete.

Fernand Braudel hatte offenbar nicht nur das Klima im Auge, wenn er vieldeutig schrieb: »Wohin wir den Blick auch wenden, das frühe 16. Jahrhundert war überall vom Klima begünstigt, während die zweite Hälfte überall unter atmosphärischen Störungen litt.«[138] Die zunehmende Frequenz von

---

[136] KWANG-CHING LIU, World-View and Peasant Rebellion. Reflections on Post-Mao Historiography, in: Journal of Asian Studies 40. 1981 S. 295–326.

[137] WILLIAM H. BEVERIDGE, Weather and Harvest Cycles, in: Economic Journal 31. 1921 S. 429–453; SUSAN L. SWAN, Mexico in the Little Ice Age, in: JIH 11. 1981 S. 640, 644.

[138] BRAUDEL, Das Mittelmeer und die mediterrane Welt (wie Anm. 13) I, S. 398.

Jahren mit starker Teuerung verschlechterte die Lebensqualität breiter Bevölkerungsschichten in weiten Teilen Europas. Bereits seit den 1560er Jahren fraßen die Teuerungskrisen die Rücklagen, die Ersparnisse der einfachen Bevölkerung und die Vorräte in den Kornkästen der Städte auf.[139] Den ökonomischen Krisengewinnlern standen breite Kreise der Bevölkerung Europas gegenüber, deren Leben unkalkulierbarer wurde. Die *Marginalisierung der ärmeren Bevölkerung* wurde allenthalben sichtbar, obwohl die Zahl sozialer Einrichtungen (Hospitäler, Stiftungen, Bruderschaften) zunahm. Viele verloren ihr Eigentum oder ihre Arbeit und landeten auf der Straße, um ihre Nahrung anderswo zu suchen. Die steigende Zahl nichtsesshafter Personen, die am Rande der Gesellschaft unter schlechten hygienischen und ökonomischen Bedingungen lebten und aufgrund der zunehmend feindseligen Haltung der Obrigkeiten im Land umherwanderten, förderte die Verbreitung von Krankheiten und Kriminalität.[140]

Die frühneuzeitliche Strafjustiz bekam es mit immer größeren Zahlen von Delinquenten zu tun, vermutlich nicht nur aufgrund einer effektiveren Justizadministration, sondern auch wegen einer *Zunahme des Verbrechens*, vor allem in den Krisenjahren, aber damit auch generell.[141] Die Obrigkeiten reagierten mit einer Verschärfung der Gesetzgebung und der Strafmaßnahmen. Die Behandlung der Delinquenten war hart und verschärfte sich im Laufe des 16. Jahrhunderts. Der Einsatz der Folter als zulässigem Rechtsmittel im Strafprozess hatte sich seit dem Spätmittelalter allgemein eingebürgert und war – wenn sich auch Oberhöfe um die Eindämmung der gröbsten Exzesse bemühten – weiter verbreitet als jemals zuvor oder danach.[142] Die *Hinrichtungszahlen* für Eigentums- und Gewaltdelikte erreichten bis dato unbekannte Proportionen. Die Exekutionen wurden nicht nur zahlreicher, sondern sie wurden zur Abschreckung auch mit exemplarischer Grausamkeit und öffentlich durchgeführt. Reisende, die sich um 1600 den großen europäischen Städten näherten, sahen als erstes das Ergebnis dieser Strafjustiz, wenn sie die Richtstätten vor den Toren passierten, wo Leichen von Räubern an Galgen hingen oder geschundene Körper von Mördern auf Räder geflochten

---

[139] CLAUS PETER CLASEN, Die Augsburger Weber. Leistungen und Krisen des Textilgewerbes um 1600. Augsburg 1981; DERS., Armenfürsorge im 16. Jahrhundert, in: Geschichte der Stadt Augsburg. Hg. GUNTER GOTTLIEB. Stuttgart 1984 S. 337–342.

[140] ALBERT L. BEIER, Masterless Men. The Vagrancy Problem in England, 1560–1640. London 1985.

[141] WOLFGANG BEHRINGER, Mörder, Diebe, Ehebrecher. Verbrechen und Strafen in Kurbayern vom 16. bis 18. Jahrhundert, in: Verbrechen, Strafen und soziale Kontrolle. Hg. RICHARD VAN DÜLMEN. Frankfurt a. M. 1990 S. 85–132, 287–293.

[142] EDWARD PETERS, Torture. New York 1985; DERS., Folter. Geschichte der peinlichen Befragung. Hamburg 1991.

waren, was auf eine allgemeine Verrohung der Wahrnehmung deuten könnte,[143] wie dies Pieter Brueghel in seinem »Triumph des Todes« (Madrid, Prado) so anschaulich dargestellt hat.[144]

Dass die Krisenjahre der Frühen Neuzeit zu sozialen Konflikten führten, wird niemanden überraschen. Doch wird meist weniger genau gesehen, dass sich soziale Konflikte im weiteren Sinn in weltanschaulichen oder »kulturellen« Konflikten ausdrückten. Die soziale und religiöse Unruhe,[145] welche durch die Ressourcenverknappung hervorgerufen wurde, entwickelte ihre eigene Dynamik. Missernten bildeten den Hintergrund von *Untertanenrevolten*, da sich die Belastung durch Abgaben und Frondienste vor allem in Knappheitsjahren als besonders drückend erwies.[146] Die größten Hexenverfolgungen der europäischen Geschichte waren als *Sündenbockreaktionen* neben Rebellionen das zweite gewaltsame Ventil der steigenden sozialen Spannungen. Bereits Norman Cohn hat hervorgehoben, dass in der frühen Neuzeit Juden die Sündenbockfunktion weitgehend verloren, die sie während des späten Mittelalters eingenommen hatten, und dass das Hexenstereotyp an ihre Stelle trat.[147] Hexerei kann überhaupt als das paradigmatische Verbrechen der Kleinen Eiszeit betrachtet werden, denn die Hexen wurden direkt für das Wetter verantwortlich gemacht, für fehlende Fruchtbarkeit, Kinderlosigkeit, Hagelschlag und natürlich für jene ungewöhnlichen Krankheiten, die im Gefolge der Krise auftraten. Als soziales Konstrukt begann der Aufstieg des Hexereidelikts zeitlich parallel zur Entwicklung der Kleinen Eiszeit. Die Hexenjagden erlebten ihren Höhepunkt während der schlimmsten Jahre der Klimaverschlechterung in den Jahrzehnten um 1600, und das Delikt verschwand wieder aus dem Strafrechtskatalog nach dem Ende der Kleinen Eiszeit bzw. mit der Erfindung einleuchtenderer Deutungsmuster.[148]

---

[143] RICHARD VAN DÜLMEN, Theater des Schreckens. Gerichtspraxis und Strafrituale in der frühen Neuzeit. München 1985.

[144] Das Gesamtwerk von Brueghel. Einführung CHARLES DE TOLNAY. Wissenschaftlicher Anhang PIERO BIANCONI. Zürich 1967 Tafeln X–XIII.

[145] WILL-ERICH PEUCKERT, Religiöse Unruhe um 1600, in: Deutsche Barockforschung. Dokumentation einer Epoche. Hg. RICHARD ALEWYN. Köln usw. 1968 S. 75–93.

[146] WINFRIED SCHULZE, Untertanenrevolten, Hexenverfolgungen und »Kleine Eiszeit«? Eine Krise um 1600, in: Venedig und Oberdeutschland in der Renaissance. Beziehungen zwischen Kunst und Wirtschaft. Hg. BERND ROECK / KLAUS BERGDOLT / ANDREW JOHN MARTIN. Sigmaringen 1993 S. 289–312.

[147] NORMAN COHN, Europe's Inner Demons. An Enquiry Inspired by the Great Witch-Hunt. London 1975.

[148] WOLFGANG BEHRINGER, Climatic Change and Witch-Hunting. The Impact of the Little Ice Age on Mentalities, in: Climatic Variability in Sixteenth Century Europe and Its Social Dimension. Hg. CHRISTIAN PFISTER / RUDOLF BRÁZDIL / RÜDIGER GLASER (= Climatic Change. An

decision as soon as possible.

Suppositorien und Klistiere herbeigeführten Darmentleerung[21] bis zu den höfischen Ritualen des Aufstehens und zu Bett Gehens. Die dominante interne Fokalisierung von Héroards Aufzeichnungen, die eine mit den Augen des Dauphin gesehene Welt konstruiert, bildet die herausgehobene Position ihres Helden ab.

Früh entwickelt der Dauphin ein Bewusstsein seiner herausgehobenen Person und, als Kehrseite, wie manche Historiker urteilen, eine grausame Arroganz.[22] Zweck und Ziel der Erziehungsanstrengungen wird von den ersten Lebensmonaten an als vom ihrem Objekt gespiegelt und grundsätzlich verstanden dargestellt. Mit gut zwei Monaten: „Escoute fort attentivement à l'atre comme je [i.e. Héroard] luy disois qu'il faloit estre bon et juste, que Dieu l'avoit donné au monde pour cest effect et pour estre un bon Roy, s'il le estoit que dieu l'aimeroit. Il sousrioit a ces paroles."[23] Mit fast drei Monaten: „Je l'ay longtemps faict railler dans son berceau et, luy disant qu'un jour il emmeneroit une grande armée en Hongrie contre les Turcs, tressailloit tout d'allegresse."[24] Mit gut drei Monaten: „Mr de Ventelet l'entretient, luy dit qu'il n'avoit que Dieu pour Maistre. Repond en sousriant: «*Ouy*»."[25]

Durch Suggestion einer auf Einsicht basierenden, bedeutungsvollen Gestik und Mimik sowie durch offenbare Konjekturen, denen die Umdeutung von keinen Zweifel daran zu lassen, dass der Dauphin bereits im ersten Lebensquartal nicht nur seine Position wahr-, sondern sie auch angenommen habe, dass er bewusstes Subjekt seiner Behandlung ist.[26] Der Dauphin hatte umgekehrt nur seine hierarchische Identität für sich, nur die Anrede als Monseigneur, aber bis zum seinem sechsten Lebensjahr keinen Vornamen. Der Name als normalerweise erster Besitz des Kindes[27]

---

[21] Vgl. Marvicks psychoanalytisch orientierte Interpretation und Kritik in Marvick, Making of a King, 12f.

[22] Hunt, Parents & Children, 99.

[23] Héroard 1989, I, 381: 5. Dezember 1601. In den folgenden Zitaten ist das „je" immer als Héroard zu verstehen.

[24] Héroard 1989, I, 383: 24. Dezember 1601.

[25] Héroard 1989, I, 391: 3. Januar 1602.

[26] Erasmus' Forderung, die Erziehung solle vor Bewusstwerden der Position, also bevor der Prinz um seine Identität und seinen Rang wisse, einsetzen, erweist sich angesichts des französischen Beispiels als realitätsfremd. STELLE.

[27] Orme, Medieval Children, 36.

Dear Dr Dixon,

As you may know, the German Historical Institute London publishes a Bulletin twice a year. It consists mainly of reviews of recent books on German history. In general, German scholars are asked to review English publications, while British or American historians review German books. In this way the Bulletin tries to help bridge the gap between the British and German academic communities.

I wonder whether you would be prepared to review the following book for us:

Wolfgang Behringer, HARTMUT LEHMAN, and CHRISTIAN PFISTER (eds.), Kulturelle Konsequenzen der 'kleinen Eiszeit', Veröffentlichungen des Max-Planck-Instituts für Geschichte, 212 (Göttingen: Vandenhoeck & Ruprecht, 2005), 514 pp. EUR 74.90

The review could be up to 2.000 words long. As we would like to include it in the May issue 2007, we would need to have your script by 1 January 2007. If you agree to write a review, we will, of course, arrange for you to be sent a review copy immediately. After publication of your review you will receive two copies of the Bulletin

Weder Revolten noch Hexenverfolgungen waren durch den Konfessionskonflikt bedingt, bedienten sich jedoch mitunter dessen Sprache.

Die Diabolisierung der Randgruppen fand sicherlich ihr Pendant in der Verketzerung des politischen und konfessionellen Gegners. Jenseits unmittelbarer Sündenbockreaktionen ließe sich natürlich die kaum zu beantwortende Frage stellen, inwieweit *erweiterte Konflikte* wie der Bürgerkrieg in Frankreich oder der Aufstand der Niederlande mit den Konjunkturen der Kleinen Eiszeit zusammenhingen. Daten wie 1562 (Massaker von Vassy und Beginn des Bürgerkriegs in Frankreich) oder 1566 (Bildersturm und Beginn des Aufstands der Niederlande) klingen für Klimahistoriker und Hexenforscher gleichermaßen vielversprechend: Dies waren jenseits ihrer politischen oder religiösen Signifikanz ökologische Krisenjahre, gekennzeichnet durch Klimaextreme und Missernten, Teuerung und Hunger, und entsprechend war die Stimmung in den Straßen der Metropolen und teilweise auch auf dem Land. Der Bildersturm war sicher in erster Linie ein religiöses Ereignis, doch sollte es auch Religions- und Kunsthistoriker interessieren, dass der »gemeine Mann« speziell in diesem Jahr etwas gereizt war und zu Aktionen neigte, eine Stimmung, welche die Agitatoren des neuen Glaubens als »moralische Unternehmer« auszunutzen wussten.[149] Ebenso ereignete sich die Bartholomäusnacht in einer Periode erhöhter ökonomischer Anspannung, auf dem Höhepunkt einer europäischen Hungerkrise, die von Russland bis Frankreich den größten Teil des europäischen Kontinents betraf, allerdings weniger Paris und die französischen Küstenstädte, die über das Meer relativ gut mit Nahrungsmitteln versorgt werden konnten. Sicher wird man derartige Ausbrüche konfessionellen Eifers oder politischen Kalküls nicht der Witterung zuschreiben können, da sie ihrer eigenen Logik folgten. Allerdings dürfte es auch hier Sinn machen, den religiösen Erwartungshorizont mit der psychischen Befindlichkeit zu verknüpfen, etwa im Hinblick auf die Bereitschaft zu gewaltsamen Lösungen im Angesicht eines strafenden Gottes.[150]

Die *Hochkonjunktur theologischer Publikationen* im weiteren Sinn kann nur scheinbar problemlos mit dem Anstieg der konfessionellen Spannungen in den Zeitaltern der Reformation und der Gegenreformation erklärt werden. Die Frage, warum die aus heutiger Sicht so trockene Literatur überhaupt die seelischen Bedürfnisse der Zeit zu ergreifen wusste, ergibt unter dem Aspekt der Bedrohungen der Kleinen Eiszeit einen eigenen Sinn. Zu-

---

Interdisciplinary, International Journal Devoted to the Description, Causes and Implications of Climatic Change 43. 1999 Special Issue, September 1999). Dordrecht usw. 1999 S. 335–351.

[149] ERICH KUTTNER, Das Hungerjahr 1566. Eine Studie zur Geschichte des niederländischen Frühproletariats und seiner Revolution. Mannheim 1997.

[150] WOLFGANG BEHRINGER, Die Hungerkrise von 1570 (wie Anm. 129) S. 51–156.

nächst einmal verdient es festgehalten zu werden, dass besondere Wettererscheinungen nicht selten zum Ausgangspunkt theologischer Überlegungen gemacht wurden, nicht so sehr in lateinischen, aber in volkssprachlichen Publikationen, da das Wetter oder klimatische Ereignisse die Bevölkerung offenbar in hohem Maße beschäftigten.[151] Die Seelsorgeliteratur entwickelte ihre ganz eigene Dynamik: Sie war Literatur für die Verzweifelten, deren Angehörige plötzlich aus dem Leben gerissen worden waren, Kinder zumal, oder die selbst wegen chronischer oder akuter Krankheiten oder Sorgen verzagten. Manfred Jakubowski-Tiessen hat in seinem Beitrag zur Göttinger Tagung auf den Aufstieg des Karfreitags als höchstem Feiertag im Luthertum in der zweiten Hälfte des 16. Jahrhunderts hingewiesen, auf eine Entwicklung, die keineswegs durch die protestantische Theologie determiniert war, sondern ein aktuelles Identifikationsangebot zur Bewältigung von großem Schmerz darstellte.[152]

Die Allgegenwart des Todes, der jäh in allen Altersgruppen eintreten konnte, führte zu einer neuen Blüte der *Ars Moriendi*, die man eher mit den Pestzeiten des Mittelalters in Verbindung bringen würde, die aber jetzt erst ihren Höhepunkt erlebte.[153] Die ersten Frankfurter Buchmeßkataloge Georg

---

[151] JOHANNES BRENTIUS, Vom Donner und Hagel / und allem ungewitter. Frankfurt a. M. 1564; CHRISTOPHER IRENEUS, Wasserspiegel: was nämlich durch ergießung der Wäser den Menschen fürgehalten / und wie solche den Christen als ein zorn / Creutz / und Trost fügestelt werden. Sampt kurtzer erzelung / wa und zu welcher zeit sich dergleichen große wasserguß begeben haben. Eisleben 1565; Ein Predig Johannis Brentii von Hagel und Ungewitter / Sampt einer kurtzen Lehr und Trost Christophori Fischers / wie und weß man sich Christlich darin verhalten und trösten sol. Nürnberg 1570; VALENTIN GRESER, Predigt, wie das new Jar anzufahen / daß es glückselig und wol gerathen mög. Sampt erzelung zweyer schrecklicher Ungewitter. Leipzig 1575; ANDREAS CELICHIUS, Hertzliche Dancksagung für ein reich Korn unnd Wein Erndte / auß dem 65. Psalm gepredigt. Magdeburg 1576; GEORG MAYR, Wetterbüchlin. Schöne andechtige Letaney und Gebett / umb abwendung schädlicher Ungewitter. Tegernsee 1577; DAVID BRAUN, Vom Donner / Blitz / Hagel / Sturmwinden / und andern grossen Ungewittern / auß Gottes wort kützlicher Bericht. Erfurt 1577; JACOB HEERBRAND, Predig vom Straal / so zu Tübingen den 19. Brachmonats diß 1579. Jars eyngeschlagen. Tübingen 1579; JOHANN RHODIUS, Warhafftiger Bericht und Beschreibung deß grossen Schadens / welchen das Dorff Rockhausen / ein meil von Erffordt / durch schrecklich Gewitter empfangen. Erfurt 1582; VALENTIN LEUCHT, Schadenwach. Christlich schöne Gebetlein zur Zeit deß Donners / Hagels / Plitzen / Ungewitters und jetziger Gefährlichkeiten / andechtig zu sprechen. Mainz 1584; GEORG BREUNING, Wetterglöcklin / etliche Gebttlin auß heiliger Schrifft gezogen / in Ungewitters zeiten zu betten. Tübingen 1585; IAQUES CHOUET, Petit Traitté du Tonnere, Esclair, foudre, gresle & tremblement de terre: Auquel est Ausi parlé des Sorciers, du puvoir qu'ils ont, & de celui qu'ils cuident avoir. s.l. 1592.

[152] MANFRED JAKUBOWSKI-TIESSEN, siehe Beitrag in diesem Band S. 195–213.

[153] CARLOS M. EIRE, From Madrid to Purgatory. The Art and Craft of Dying in 16th Century Spain. Cambridge 1995.

Willers (1514–1593) zeigen den öffentlichen Stellenwert des Themas bereits in den 1560er Jahren, als Autoren aller Konfessionen vornehmlich in deutscher Sprache über dieses Problem zu publizieren begannen,[154] also bereits

---

[154] Allein für die Jahre 1564–1569 findet man in den Buchmeßkatalogen: Schöne Ermanung Erasmi Roterodami / von notwendiger vorberaitung zum sterben, auß dem latein verdeutscht. 1564; LEONHARD WERNER, Der gaistliche Bisemknopf / wider die erschröckhliche plag der pestilentz, 1564.- LUTHERI Bericht / Ob man für dem sterben fliehen möge / Sampt einer Vorrede und Vermanung Georgii Maioris. Wittenberg 1565; HIERONYMUS MENZEL, Trostpredigt für sterbende Christen. Frankfurt/Oder 1565; NIKOLAUS SELNECKER, Bericht vom sterben / und von sterbenden leuffen / und wie man sich Christlich darinn halten und trösten soll. Leipzig 1565; BASILIUS FABER, Von den letzten Händeln der Welt / als: Vom Jüngsten Tag; Vom Sterben; Von aufferstehung der Todten. Eisleben 1565; Die Lehr vom Todt und Sterben: durch Christliche außlegung etlicher fürnemer stück der heiligen Schrifft erklert. Frankfurt a. M. 1565; CYRIACUS SPANGENBERG, Amarum dulce. Von der waren Christen leid und freud. Sampt einer trostschrift wider den Trawgeist. Erfurt 1565; Christlicher Trostspiegel für alle betrübte Christen. Auß dem Lateinischen ANTONII HEMERTII verdeutscht. Dillingen 1565; MARTIN EISENGREIN, Sechs Leichpredigten / Wie man die verstorbne glaubigen klagen soll: Ind ob den verstorbnen mit betten / Vigilien / Seelmessen / und andern Ceremonien etwas geholffen werde. Sampt einem bericht vom Fegfeew. Ingolstadt 1565; JOHANNES MATHESIUS, Auslegung des tröstlichen Psalms / De profundis clamavi [...] sampt etlicher predigten [...] Von seeliger sterbkunst. Nürnberg 1565; PETRUS FIGULUS, Trostbüchlein auß Gottes wort / und vilen schönen Historien / darauß bey dem gesundheit und kranckheyt lehr und trost zunehmen. Ingolstadt 1565; Imagines Mortis, cum epigrammatis latinis GEORGII AEMILII, et libellus quibusdam consolatoriis, nunc denuo edita. Köln 1565; JOHANN LANG, Trostbüchlein. Wie man die krancken und sterbenden besuchen und trösten soll. Lauingen 1566; JOHANN LEON, Handbüchlin / von disem jamerthal seeligklich abzusterben. Mit christlicher underweisung / wie krancke / bekümmerte / und angefochtne personen zu trösten sein. Frankfurt a. M. 1566; AMBROSIUS BLAURER, Der geistliche Schatz Christlicher vorberaitung / und glaubies trosts / wider Todt und sterben. 1566; JOHANN CEMENTARIUS, Das leben und sterben des ellenden Menschen. Solothurn 1566; JAKOB SCHOPPER, Preparationis ad mortem epitome. Köln 1567; JOHANN MATHESIUS, Ein Lehr und Trost inn Sterbsleufften. Nürnberg 1567; JOHANNES REGIUS, Unterricht und Trostbüchlein für alle betrübte und bekummerte hertzen / zu disen letzten und gefehrlichen zeiten. Erfurt 1568; SIMON HUTTER, Ein predig von der Pestilentz. Frankfurt a. M. 1568; Trostschrifft Luce Lossii für die ihenigen / welchen Vatter / Mutter etc. / auß diesem leben verschieden. Item underricht vom Creutz und anfechtung ANDREE MUSCULI. Frankfurt a. M. 1568; JOHANNES BRENZ, Bericht / wie man sich Christlich zum sterben bereiten soll. 1568; WILHELM SARCER, Der hellische Trauwergeist. Eisleben 1568; ADAM SCHUBERT, Christlicher und kurtzer bericht von denen / so deß schnellen und deß gehlingen tods sterben. Item / von denen / so sich selbs erwürgen / und umbbringen / was von inen zu halten sey. Görlitz 1569; Ein Geistlich Regiment und gründlicher unterricht / wie man sich für der Pestilentz verwaren und darinn verhalten sol. Nürnberg 1569; GEORG WALTHER, Bettbüchlin für betrübte / krancke und angefochtene Menschen. Leipzig 1569; PETER GLASER, Zwey und viertzig wichtige ursachen / welche die Christen bewegen sollen / daß sie gern und willig sterben. Budissin 1569; ADAM WALASSER, Trostbüchlin für die krancken und sterbenden Menschen. Dillingen 1569; Kunst wol zu sterben / wie man sich nemlichen / zu einem seligen absterben bereyten / und den anfechtungen des Teuffels widerstehen sol / Sampt ettlichen schönen ermanungen / Fragstücklin und Gebättlin / bey den sterbenden zugebrauchen.

im Jahrzehnt vor der großen Hungerkrise von 1570 mit ihrer überbordenden Sterblichkeit, welche den Zeitgenossen verdeutlichte, dass man in ein neues Zeitalter eingetreten war. Die aus dem Spätmittelalter bekannten Totentanzdarstellungen erlebten eine neue Blütezeit, sowohl in Neudichtungen als auch durch Editionen älterer Werke.[155] Die Symbole irdischer Vergänglichkeit – Knochengerippe, Totenschädel, der Tod als im Hinterhalt lauernder Armbrustschütze – waren allgegenwärtig in Stammbüchern, Leichenpredigten, auf Münzen, Kupferstichen und Gemälden.[156] Die Vanitas-Symbolik erreichte – beispielsweise in den Gedichten von Andreas Gryphius – ihre Hochblüte. Erst kürzlich ist darauf hingewiesen worden, dass selbst die bekannten Pestheiligen erst seit dem Ausgang des Mittelalters zu großer Popularität gelangt sind, wenn man dies etwa an der Rochus-Verehrung und ihren künstlerischen Manifestationen messen will.[157]

Wie groß die Desiderate der Forschung sind, zeigen systematische Überlegungen zu den möglichen kulturellen Klimafolgen. Bisher wissen wir nicht allzu viel über jene Bereiche, in denen man offensichtliche Reaktionen erwarten müsste: Maßnahmen zum Schutz vor Regen, Kälte oder Schnee, etwa Veränderungen in der *Architektur*, der Beheizung, der Holzbewirtschaftung oder der Kleidung. Längere Heizperioden, die sich anhand der längeren Schneedecke in den phänomenologischen Befunden der Witterungstagebücher leicht herleiten lassen,[158] waren nicht nur ein Kosten-, sondern auch ein Umweltfaktor. Der Holzbedarf stieg an und führte gelegentlich zu Knappheit oder Auseinandersetzungen um Ressourcen. Tagebucheinträge verdeutlichen, dass jährliche Holzkäufe allein schon wegen des notwendigen Transports teuer waren und viel Arbeit und logistisches Geschick sowie Lagerfläche erforderten.[159] Hinzu kam, dass bei großer Kälte die Bäume langsamer

---

Dillingen 1569; JOHANNES CHORCANDUS, Die warhafftige güldene Kunst seligklich zusterben. Magdeburg 1569.

[155] KASPAR SCHEIDT, Der Todten Dantz, durch alle Stende und Geschlecht der Menschen. O. O. 1557; VALENTIN WAGNER, Imagines Morti. Kronstadt/Siebenbürgen 1557; Todtentantz durch alle Stendt der Menschen. St. Gallen 1581; HULDREICH FRÖLICH, Zwen Todentäntz, deren der eine zu Bern zu Sant Barfüssern, der Ander aber zu Basel auff S. Predigeren Kirchhof mit Teutschen Versen. Basel 1588.

[156] LEONHARD LENK, Augsburger Bürgertum im Späthumanismus und Frühbarock (1580–1700). Augsburg 1968 S. 82–86.

[157] HEINRICH DORMEIER, Pestepidemien und Frömmigkeitsformen in Italien und Deutschland (14.–16. Jahrhundert), in: Um Himmels Willen (wie Anm. 129) S. 14–50.

[158] GORDON MANLEY, Climatic Fluctuations and Fuel Requirements, in: Scottish Geographical Magazine 73. 1957 S. 19–28.

[159] Weinsberg kaufte sein Holz zum Teil in Düsseldorf und Monheim, aus: Das Buch Weinsberg (wie Anm. 73) S. 354.

wuchsen, wie wir auch von der Dendrochronologie wissen. »Das Holz im Wald wächset auch nicht mehr wie in Vorzeiten [...]. Eine gemeine Klag und Sag unter den Leuten ist, daß wenn die Welt länger stehen sollte, es ihr endlich und in kurzer Zeit an Holz mangeln und gebrechen würde.«[160] Die ärmere Bevölkerung nutzte untaugliches Brennmaterial und zog sich Vergiftungen oder Verbrennungen zu, nicht selten aufgrund übermäßigen Alkoholkonsums, der seinerseits eine Antwort auf die Kälte darstellen könnte. In der Städte-Ikonographie des ausgehenden 16. Jahrhunderts beeindruckt die übermäßige Betonung hochaufragender rauchender Schlote, die wie Zeigefinger in den Himmel zu weisen scheinen.[161] Auch gab es wohl Auswirkungen auf die Architektur, denn in Großbauten stieg die Zahl der beheizbaren Räume gegenüber dem Mittelalter stark an. Die zunehmende Zahl beheizbarer Räume in Schlössern war sicher auch ein Zeichen steigenden Reichtums, sie verdeutlicht jedoch ebenso, dass es mit einer einzigen beheizbaren Kemenate, dem Standard hochmittelalterlicher Schlossbauten, nicht mehr getan war. Heizungen wurden überlebensnotwendig und in Schlössern kam einem bis dato kaum beachteten Beruf eine größere Bedeutung zu, nämlich dem des Heizers. Im Hradschin, dem Prager Schloss Kaiser Rudolfs II. (1552-1612, r. 1576-1612), verfügte allein der Heizer über Schlüssel zu allen Räumen, denn er war der erste, der sie morgens betreten musste, um sie in gebrauchsfertigen Zustand zu versetzen. Der Prozess gegen Bartholomäus Blahel zeigt, dass man in dieser Position zu Reichtum gelangen konnte.[162]

Die generellen Veränderungen im Stadtbild, die Bauphase des ausgehenden 16. Jahrhunderts, während der »gotische« durch »barocke« Häuser ersetzt wurden, könnte ebenfalls im Zusammenhang mit den klimatischen Veränderungen gesehen werden. Zwar haben wir es hier mit langfristigen Wandlungsprozessen zu tun, doch wurden offenbar in den Jahrzehnten um 1600 Holzbauten vermehrt durch Steinhäuser ersetzt. Sehr oft wurden auch nur einfache Hütten durch Häuser ersetzt, was erklärt, dass vergleichsweise viele erhaltene »alte« Häuser aus dem späten 16. und dem 17. Jahrhundert stammen. Dies erlaubte eine rationellere Verwendung von Brennmaterial und dämmte trotz verlängerter Heizperioden die Brandgefahr ein. Die in den Städten und sogar auf dem Land zu beobachtende Tendenz zur Aufstockung und Erweiterung der Wohnhäuser trug nicht nur dem gestiegenen Wohlstand mancher gesellschaftlicher Gruppen Rechnung, sondern vor allem

---

[160] SCHALLER, Herold (wie Anm. 85) S. 157.
[161] WOLFGANG BEHRINGER / BERND ROECK (Hg.). Das Bild der Stadt in der Neuzeit, 1400-1800. Unter Mitwirkung zahlreicher Autoren. München 1999.
[162] FRIEDRICH HURTER, Der Kammerheizer Bartholomäus Blahel, in: DERS., Philipp Lang. Kammerdiener Kaiser Rudolphs II. Schaffhausen 1851 S. 56-63.

auch der Notwendigkeit einer erweiterten eigenen Vorratshaltung in Zeiten wiederkehrender Versorgungskrisen. Nicht nur die Obrigkeiten, sondern auch Privatleute schufen mehr Speicherraum, wenn sie sich dies leisten konnten. In den oberen Stockwerken der Häuser, die von der Beheizung der unteren Geschosse profitierten, wohnten häufig Dienstboten oder Tagelöhner, die sich keine eigenen Häuser mehr leisten konnten, sondern zur Miete wohnen mussten. Mehr Wohnraum war unter anderem auch deshalb notwendig, weil nach den steigenden Moralvorstellungen eine Trennung des Dienstpersonals nach Geschlechtern notwendig war, die eigenen Kinder strikter vom Dienstpersonal separiert wurden, und auch innerhalb der Familie weniger Menschen als zuvor dasselbe Bett teilten. Die Separierung der Schlafräume oder Betten dürfte zu einer Verringerung der Übertragungsgefahr von Ungeziefer und der Ansteckungsgefahr bei Krankheiten beigetragen haben. Auf dem Land und teilweise wohl auch in den Städten wurden die Aufenthaltsräume von Mensch und Vieh getrennt, was zu einer Verringerung der Seuchengefahr beitrug.[163] Die Frage hier wäre also, inwieweit die beispielsweise für England festgestellte »Revolution of Housing« in den Jahrzehnten um 1600, die durchaus ihr Gegenstück auf dem Kontinent besitzt, auch sinnvoll mit klimatischen Veränderungen zusammengebracht werden kann.[164]

Die Zusammenhänge zwischen Änderungen der *Wohnraumgestaltung* und Klima sind bisher noch weitgehend unerforscht. Die Zunahme von verglasten Fenstern im 16. Jahrhundert gegenüber der Verwendung bloßer Fensterläden oder Papier, terpentingetränkter Leinwand oder Pergament wird üblicherweise als Zeichen steigenden Reichtums interpretiert, könnte jedoch auch der besseren Energiedämmung gedient haben. Die Notwendigkeit längerer Heizperioden vergrößerte die Brandgefahr, zog Feuerschutzmaßnahmen nach sich und beeinflusste möglicherweise die Gestaltung der Feuerplätze. Der offene Kamin wich zwischen 1550 und 1620 in Bürgerhäusern dem luxuriöseren Ofen, der Energie sparte und die Rauchentwicklung eindämmte. Öfen wurden zunehmend zum Repräsentationsobjekt, in Museen deutlich sichtbar an bemalten Schmuckkacheln und verzierten oder reliefierten Gusseisenplatten.[165] Die von Reisenden – etwa Michel de Montaigne – im Deutschland des späten 16. Jahrhunderts oft beschriebenen dicken Federbet-

---

[163] RICHARD VAN DÜLMEN, Kultur und Alltag in der Frühen Neuzeit, I: Das Haus und seine Menschen. München 1990 S. 56–68.

[164] W. G. HOSKINS, The Rebuilding of Rural England, 1575–1625, in: Past and Present 5. 1954 S. 44–59.

[165] BERND ROECK, Lebenswelt und Kultur des Bürgertums in der Frühen Neuzeit. München 1991 S. 15 f.

ten und Kissenberge stellten sicherlich eine Antwort auf klimatische Herausforderungen dar.[166] Eine weitere Neuerung des 16. Jahrhunderts stellten in Bürgerhäusern eingebaute Toiletten dar, die teils steigender Bequemlichkeit, doch möglicherweise auch den klimatischen Bedingungen Rechnung trugen. Die aufwendigen Himmelbetten, die nun auch in Bürgerstuben Eingang fanden, dienten wohl nicht nur dem Schutz vor Ungeziefer, sondern auch vor Kälte. Dasselbe kann möglicherweise auch für die Beliebtheit von Holztäfelungen angenommen werden. Hölzerne Dielen waren sicher billiger als Steinfußböden, aber sie isolierten auch besser vor Kälte. Trotz der Zunahme der Feuerstellen blieben – außer Küche und Stube – die meisten Räume unbeheizt und schlecht beleuchtet. Im Vergleich zu modernen Wohnräumen dürften sie dunkel, kalt und feucht, bei Beheizung durch den Rauch der Feuerstelle verqualmt gewesen sein.[167] Die Gefahr von Atemwegserkrankungen ist jedoch angesichts der Bedrohung durch Hypothermie als gering zu schätzen. Während der langen Winter der Kleinen Eiszeit war Unterkühlung und die damit verbundene Erkältungs- und Erkrankungsgefahr eine reale Bedrohung, der mit entsprechender Kleidung entgegengearbeitet werden musste. Das neue wollene Nachtkleid, das sich Hermann Weinsberg Anfang September 1582 anfertigen ließ, reichte bis auf die Füße und besaß ein Innenfutter aus Fuchspelz.[168]

Das Thema *Kleidung* kann verdeutlichen, wie rasch komplexere Fragen entstehen. Bereits den Zeitgenossen fiel auf, wie grundlegend sich der Stil – hier im Unterschied zu den kurzfristigen Moden als mittelfristiger Habitus aufgefasst – in der zweiten Hälfte des 16. Jahrhunderts gegenüber früher veränderte. Der Kölner Chronist Hermann Weinsberg widmete der »vilfeltigen Verenderung der Kleider« seit seinen Jugendtagen im Jahr 1596 ein ganzes Kapitel seiner »Denkwürdigkeiten«, die dem, was wir aus der Kunstgeschichte kennen, im Wesentlichen entspricht.[169] Allem Anschein nach war zwar die Bekleidung der Oberschichten um 1500 um einiges leichter als später. Auf höfischen Bildern des frühen 16. Jahrhunderts, etwa dem berühmten Porträt König Franz I. von Frankreich von Jean Clouet (Louvre, Paris), betont die Kleidung den Körper mit ingeniöser Komposition und raffiniertem Schnitt, der reichlich fließende Stoff besteht erkennbar aus leichter Seide.

---

[166] MICHEL DE MONTAIGNE [1533–1592], Journal de Voyage [1580]. Paris 1906; DERS., Tagebuch einer Badereise. Aus dem Französischen von OTTO FLAKE. Bearbeitet von IRMA BÜHLER. Gütersloh 1963.
[167] VAN DÜLMEN, Kultur und Alltag (wie Anm. 163) S. 58.
[168] Das Buch Weinsberg (wie Anm. 73) S. 213 (»Nuwen nachtstabbert laissen machen«).
[169] Das Buch Weinsberg. Kölner Denkwürdigkeiten aus dem 16. Jahrhundert, III. Hg. FRIEDRICH LAU. Bonn 1897 S. 256–258.

Die Farben auf den Bildern der Schule von Fontainebleau sind wohl nicht nur aufgrund stilistischer Eigenheiten bunt, die Stoffe durchscheinend, der Halsausschnitt beträchtlich. Der Herrscher zeigt seine nackte Haut nicht anders als zeitgenössische Kurtisanen Venedigs oder Tänzerinnen auf bayerischen Kirchweihfeiern, deren knapp bemessene Röcke bald zum Gegenstand zahlreicher Verordnungen werden sollten. Die engen Beinkleider der Männer, der tiefe Ausschnitt der Frauen, die man auf den Zeichnungen einfacher Leute von Dürer und Holbein sehen kann, dürften kaum den Beifall reformatorischer Prediger gefunden haben, waren aber gleichwohl weit verbreitet. Der spielerische, bei Männern geckenhafte Umgang mit Stoff, etwa in den vielfarbigen geschlitzten Pluderhosen, deren Schlitze Einblicke auf farbige Unterstoffe oder gar die blanke Haut gewährten, haben stets den Zorn eifernder Theologen hervorgerufen, zusammengefasst in der berühmten Schrift vom *Hosenteufel* des sächsischen Theologen Andreas Musculus (1514–1581), Generalsuperintendent der Mittelmark, der gegen die »unzüchtigen Teufelshosen« wetterte.[170] Nicht minder spielerisch war die Kleidung der Frauen, die mit »durchlöcherten Ärmeln« und »güldenen Kettelein« ihre erotischen Qualitäten zum Ausdruck brachten. Nach Ansicht religiöser Eiferer trugen sie »durchsichtige Kleider von Nesselgarn mit bloßen Armen und offener Bubengasse«.[171] Nicht umsonst wurden ihnen ein eigener »Kleider-, Pluder-, Pauß- und Krauß Teuffel« und andere geistliche Ermahnungen gewidmet.[172] Die Mode der Zeit reflektierte vermutlich das zeitgenössische Klima, aber doch auch mehr als das: den Lebensstil einer Zeit, deren Lebenslust durch religiösen Ernst noch nicht gefährdet war, wenn es auch natürlich strenge Religiosität immer als Minderheitenposition gegeben hat.[173]

Modegeschichten verzeichnen das Aufkommen schwerer Stoffe im Laufe des 16. Jahrhunderts und ihre großzügigere Verwendung. In starkem Kontrast zur relativen Freizügigkeit in den ersten beiden Dritteln präsentierten sich die Oberschichten am Ende des Jahrhunderts hochgeschlossen, den Körper verborgen hinter dunklen und schweren Stoffen, und dies unabhän-

---

[170] ANDREAS MUSCULUS, Vermahnung und Warnung vom zerluderten, zucht- und ehrverwegenen pludrigten Hosenteufel. Leipzig 1555.
[171] Theatrum Diabolorum. Frankfurt a. M. 1569 S. 388 ff.
[172] JOHANN STRAUSS, Wider den Kleider / Pluder / Pauß / und Krauß Teuffel. Freiberg 1581; LUKAS OSIANDER, Ein Predig von Hoffertigen / ungestalter Kleydung der Weibs und Mannspersonen. Tübingen 1586.
[173] LUDMILA KYBALOVA / OLGA HERBENOVA / MILENA LAMAROVA, Das große Bilderlexikon der Mode. Vom Altertum bis zur Gegenwart. Deutsche Bearbeitung JOACHIM WACHTEL. Gütersloh usw. 1975 S. 139–162.

gig von Konfession, Nation, Alter oder Geschlecht. Etwa gleichzeitig begann der Siegeszug der Unterwäsche im engeren und im weiteren Sinn: die direkt auf dem Leib, unter mehreren Lagen von Hemden und Wämsern getragene Wäsche, wie etwa jene langen »gestrickte wullen underhoesen«, die Weinsberg im September 1585 neu anfertigen ließ und 1586 noch bis Ende Mai wegen großer Kälte tragen musste,[174] sowie jene Unterkleidung und Stützteile (Korsagen, Stützrippen, Drahtgestelle), die der sichtbaren Kleidung die gewünschte Form verlieh. Diese neue Form der Kleidung beeinflusste auch das Verhalten bzw. die Art der Bewegung, die schwerfälliger und zumindest bei den Oberschichten »würdevoller« wurde. Möglicherweise wurden davon auch die *Körperformen* beeinflusst. Auf Abbildungen scheinen sogar die Körper selbst schwerer und gedrungener zu werden, was möglicherweise wegen eingeschränkter Beweglichkeit und veränderter Ernährung der Wirklichkeit entsprach. Auf jeden Fall würde dieser Eindruck den anhand von Skelettuntersuchungen statistisch belegten Rückgang der Körpergrößen bestätigen, der allerdings eher die unteren Gesellschaftsschichten betroffen haben dürfte.

Der sogenannte *spanische Stil* dürfte mehr als eine bloße Modeerscheinung gewesen sein. Zahlreiche seiner Merkmale entsprachen einer kühleren Witterung. Dazu gehören zum Beispiel die lächerlich wirkenden, übergroßen steifen schwarzen Filzhüte, die tellergroßen weißen Halskrausen, die weiten schwarzen Mäntel, die schweren Stiefel oder die Handschuhe, die jetzt vermehrt am Kaiserhof und in Österreich Verbreitung fanden,[175] aber nicht nur dort, sondern auch in den Niederlanden, in England und sogar in Spanien. Modehistoriker betonen, dass die schweren, steifen schwarzen Hüte nicht nur im Freien, sondern auch im Haus getragen wurden.[176] Der kältebedingte Zwang zur Kopfbedeckung hatte auch Folgen für die *Haarmode*:

»Do ich jonk war, trog man lank har bis uff die schultern, das man krull nannte. Als das vur reisigen unbequeim, langt man das har in guldin und seidin hauben. Und das verginge mit der zit. Do sneit man das har kurz ab bis an die ohren und schoirs im nacken. Vürmals plach man nit vil berde zu tragen, jetzt ist es gemein.«[177]

Der Schutz gegen die Kälte, der die habsburgischen Erzherzöge ebenso wie den Lordkanzler Francis Bacon jenseits modischer Aspekte zum Tragen der

---

[174] Das Buch Weinsberg (wie Anm. 73) S. 256 f., 269.
[175] Prag um 1600. Kunst und Kultur am Hofe Kaiser Rudolfs II., 2 Bde. Freren/Emsland 1988.
[176] J. ANDERSON BLACK / MADGE GARLAND, A History of Fashion. London 1975 S. 165 f.
[177] Das Buch Weinsberg (wie Anm. 169) S. 257.

grotesken hohen Hüte getrieben haben dürfte,[178] und wegen der sich Weinsberg zuhause das Tragen warmer Pantoffeln angewöhnte und ein eigenes Paar Schuhe »uff der strassn, wan es gefrornen ist« anschaffte,[179] war aber nur ein Teilaspekt der Veränderung, und zwar vielleicht der weniger Bedeutende. Wie man auf dem Doppelporträt, das Hans von Aachen von Herzog Wilhelm V. »dem Frommen« von Bayern und seiner Gemahlin Renata von Lothringen angefertigt hat (Alte Pinakothek, München),[180] erkennen kann, ging die Veränderung buchstäblich tiefer: Die Körper wurden verborgen hinter massiven, schwarzen und damit in der Dunkelheit unsichtbaren Stoffbahnen, die noch dazu durch Wattierungen ausgestopft wurden, der Kopf vom Körper abgetrennt durch einen hohen Stehkragen. Speziell der weibliche Körper wurde zu einer nahezu geometrischen Dreiecksform karikiert, mit überdimensionalen Halskrausen, die jede Form der Bewegung erschwert haben müssen, jede Form der sexuellen Annäherung, jede Gefühlsregung, etwa ungezwungenes Lachen, und die jene steife Haltung erzwangen, die man auch auf den Abbildungen wiederfinden kann. Diese Haltung war bedingt durch die Schwere und Steife der Stoffe, bei Frauen zusätzlich durch ein steifes Miederleibchen und Wattierungen an den Schultern sowie schwere Applikationen auf den Gewändern. Die schweren bodenlangen Röcke wurden durch Stangen aus Fischbein oder Eisen gestützt, die ihnen eine Glokken- oder Fassform gaben. Beine und Hals waren vollkommen verdeckt und die Hände oft sogar noch in Handschuhen verborgen. Wie die Männer trugen jetzt auch Frauen schwere dunkle Hüte, sowie bei kühler Witterung Pelzkragen und Pelzmuff.[181]

Innerhalb der populären Lachkultur, falls es so etwas je gegeben hat, oder der Festkultur, waren solch spaßverderbende Innovationen schwer vermittelbar, wie man den Sittenmandaten entnehmen kann, die in dringlicher Sprache gegen Decolletés und kurze Röcke, oder enge Beinkleider der Männer wetterten. Das Thema der Sitten- und Kleidermandate aber war nicht Kälte, sondern *Sünde*. Beinahe unnötig zu sagen, dass es die Frauenkleidung war, welche die Phantasien der Bußprediger und Sittenreformer im besonderen Maße erregte. Gegenreformatorische Autoren wie Aegidius Albertinus, der

---

[178] JOHN VANDERBANK, Francis Bacon, National Portrait Gallery, London; Titel von FRANCIS BACON, The Essays. Ed. with an Introduction by JOHN PITCHER. Harmondsworth 1985.

[179] Das Buch Weinsberg. Kölner Denkwürdigkeiten aus dem 16. Jahrhundert, II. Hg. KONSTANTIN HÖHLBAUM. Köln 1887 S. 377.

[180] RÜDIGER AN DER HEIDEN, Die Porträtmalerei des Hans von Aachen, in: Jahrbuch der Kunsthistorischen Sammlungen 66. 1970 S. 135–226.

[181] KYBALOVA / ET AL., Das große Bilderlexikon der Mode (wie Anm. 173) S. 163–189.

Abbildung 5. Hans von Aachen, Porträt Herzog Wilhelms V. von Bayern.

gegen die »geflügleten, zerhackten, zerschnittenen und zerfetzelten Kleider« wetterte,[182] standen dabei ihren protestantischen Vorreitern in nichts nach. Neben der Kleidung ging es hier natürlich auch noch um »das Schminken, Stirnmahlen und Anschmieren von allerlei fremden Farben«.[183] Hier blieb der Zeigefinger hoch erhoben:

»Weil die Weiber Quecksilber, Schlangenschmalz, das Koth von Nattern, Mäusen, Hunden oder Wölfen, und sonst viel andere schändliche und stinkende Ding, die ich Scham halber hier nicht nennen darf, zu ihrem Anstrich gebrauchen und ihre Stirn, Augen, Wangen und Lefzen mit Gift damit reiben und salben, so haben sie gleichwohl eine kleine Zeitlang ein glänzendes und scheinendes Angesicht, aber über eine kurze Zeit hernach werden sie desto schändlicher, unflätiger, grausamer, ungestaltsamer und älterer, und in ihrem 40. Jahre scheinen sie 70 alt zu sein.«[184]

---

[182] AEGIDIUS ALBERTINUS, Haußpolizey. München s.d., Teil 4, fol. 228.
[183] JOHANN REINHOLD, Predig wider den unbändigen Putzteufel. Frankfurt a. M. 1609 S. 3.
[184] AEGIDIUS ALBERTINUS, Luzifers Königreich und Seelengejaid. München 1616 S. 106f.

3. Die Sündenökonomie als Motor des gesellschaftlichen Wandels

Am 28. Dezember 1560 erschien um viertel vor sechs Uhr morgens, als man zur Frühmesse läutete, ein Nordlicht am Himmel über Mitteleuropa, ein seltenes Schauspiel heute wie damals. Seit »Manns gedencken« hatte es keine derartige Himmelserscheinung gegeben. Das Polarlicht erschien anfangs weiß, doch dann nahm es eine rötliche Färbung an, bis es schließlich »bluotfarw verkert« war. Diejenigen, die schon wach waren, weckten ihre Nachbarn, so dass heftige Diskussionen entstanden. Viele meinten, im Norden den Widerschein eines großen Feuers zu sehen, so groß, als ob ein ganzes Land in Flammen stünde. An vielen Orten begann man daraufhin, die Sturmglocken zu läuten, Gefahr schien im Verzug zu sein. In Zürich ritt der Feuerhauptmann zur Stadt hinaus,

> »und an andern orten auch ein gross glöuff gäben hat; zuo letst ist man wider hindersich heimzogen, und wol gsähen, das es kein brunst gwäsen, sondern ein zeichen von Gott, uns allen zur warnung und besseren unsers läbens fürgestelt. Albrecht Küng, wächter uff dem münsterthurm, zeigt mir an [...] das er kein söllich Zeichen am himmel nie gesähen als das obgeampt fhürig und bluotig zeichen. Gott der herr wölle uns allen gnedig sin gnad verlihen, das wir uns ab dieser grusamen und erschrockhenlicher gesicht besseren und bekeren mögend, zuo sinem lob, eeren unnd uns zuo guotem. Amen.«[185]

Die *Polarlichter*, die sinnigerweise genau zu Beginn der frühneuzeitlichen Phase der Kleinen Eiszeit auftraten, wurden – wie die anderen Krisenzeichen, die schweren Schneefälle, Lawinen, Überschwemmungen, aber auch deren Folgen wie Missernten, Teuerung und Krankheit – als Zeichen Gottes interpretiert, entweder für das bevorstehende Ende der Welt oder für bevorstehende Strafen Gottes. »Fhürige zeichen am Himmel sind on Zwyfel vorbotten dess künfftigen jüngsten tags, in welchem alle element vor hitz zerschmelzen und die wält durch das fhür gereiniget werden«, meinte etwa der Züricher Nachrichtensammler Wick.[186] Das Weltende und die Strafen Got-

---

[185] Von einer grusamen und erschrohenlicher gesicht, die am himmel wyt und breyt gesähen am 28. Decemb. dess verschinen 1560. iars, 1561, in: Wickiana (wie Anm. 69) S. 55; Dazu Publikationen wie ADAM URSINUS, Beschreibung der Wunderzeichen am Himmel in dem 1563, 69, 70. jar / sampt kurtzer erinnerung von derselben ursachen und bedeutung. Erfurt 1570; VALENTIN RUDOLPH, Zeitbüchlein / darinenn gründtlich auffs kürtzest und einfeltigste angezogen / was nach Geburt Christi 1501 biß auff das 1586. Jar / an Kriegen / thewren Zeiten / Zeichen am Himmel und Erden / Hagel / Ungewitter / Sturmwinden / Erdbidemen / Dürrungen / Nässungen [...] Sterben / Zügen / Mißwächsen der Früchte, etc. [...] sich begeben und zugetragen. Erfurt 1586.

tes vor Augen, konnte die Zeitgenossen das in rascher Folge eintretende Unglück nicht wirklich überraschen, bzw. es war im Nachhinein leicht erklärlich:

»Uff den fhürigen himmel ist ein unsegliche grosse kelte gefolget; hatt gwäret vom Januario biss in mitten Aprellen. Uff disen fhürigen Himmel sind gevolget im summer grusam und erschrokhenliche hägel und windstürm, die der glichen in mans gedenken nie erhört noch gesähen. Der herr Gott wölle uns wyter gnedig sin und uns nütt noch unserem verdienen strafen. Es ist auch darauff gfolget ein grusame pestilenz und sterbend zuo Wien in Österrych, und dess volgenden 62. jars zuo Nürenberg, und an andern orthen mer.«

Der Beginn des Bürgerkriegs in Frankreich reihte sich in den Augen des Betrachters nahtlos ein in dieses Katastrophenszenario, das sich mit Missernten und Epidemien fortsetzte:

»Es ist auch darauff gfolget ein schwere langwirige thüre [Teuerung]; insonders im 63. iar nach pfinstag galt ein mütt ke [Mutt Korn = ca. 54 kg] VIII lib [Pfund Pfennige] und mer. Sölliche thüre hatt kein man nie erläpt [...]. Item was für ein grusam, wütende pestilenz im 1564 iar durch ganz Tütschland gregiert, insonders zuo Basel, da ob 9000 tuset personen gstorben, item vil fläken, dörffer schier gar ussgestorben. Wie auch in Frankrych insonders zuo Leyon vil tuset personen die pestilenz hingenommen, wie auch zuo Zürich findt sich in andern bücheren.«[187]

Wer die psychischen Reaktionen der Zeit verstehen will, muss sehen, dass die zeitgenössischen Katastrophen schockierend im Sinn der modernen Traumaforschung waren. Autobiographische Aufzeichnungen lassen gelegentlich die Intensität der psychosomatischen Reaktionen erahnen. Der Augsburger Maler Barnabas Holzmann beschreibt seine Reaktionen während der Hungerkrise von 1570 folgendermaßen: »Die Gall durch manchen Seufzer tief, mir bitter in den Magen lief, das Süß und Sauer in meinem Mund, ich kommerlich entscheiden kund, ich hab durch manche lange Nacht, wenig geschlafen, viel gewacht [...].«[188] Angst vor Erkrankung, Todesangst, Mitleid mit den Betroffenen führten zu Schlaflosigkeit und ande-

---

[186] Von dem grossen fhürigen zeichen, welches an unschuldigen kindlinen tag [28. 12. 1560] gesähen an vilen Orten, 1561 in: Wickiana (wie Anm. 69) S. 58.

[187] Uff den fhürigen Himmel ist ein unsagliche grose kelte gefolget, 1561, in: Wickiana (wie Anm. 69) S. 58 f.

[188] Ettlich Hundert Herrlicher und schönner Carmina oder gedicht / von der Lanngwürigen schweren gewesten Theuerung / grossen Hungers Not / und allerlay zuvor unerhörten Grausamen Straffen / und Plagen / so wir / Gott Lob zum tayl ausgestanden haben [...], in: Stadtarchiv Augsburg, Bestand Historischer Verein Schwaben, Sammlung Paris 233, Memorbuch Paul Hektor Mairs, fol. 800-834. Innerhalb dieses Memorbuches besitzen die Carmina ihre eigene Blattzählung von 1-33. Im Folgenden danach zitiert als Carmina 1571. Der volle Text ist

ren körperlichen Symptomen. Wer die Zeichen der Zeit lesen konnte, der war allerdings durch kein Unglück mehr zu überraschen. Doch was waren die Konsequenzen, welche die Zeitgenossen aus den himmlischen Warnungen ziehen zu müssen glaubten, und welche kulturellen Konsequenzen ergeben sich daraus in den Augen des Historikers? Wenn man die kulturellen Auswirkungen der Kleinen Eiszeit verstehen will, muss man diese Akzentsetzung ernst nehmen. Denn die zeitgenössische *Sündenökonomie* stellt das entscheidende Bindeglied zwischen Natur und Kultur her, also jenen Mechanismus, welcher dem meteorologischen Ereignis zu seiner gesellschaftlichen Bedeutung verhalf. Ganz im Sinne des Alten Testaments wurden Klimaextreme, Hagelstürme, Wasserfluten, Missernten, Pestilenz, Teuerung und Hungersnot in der Frühen Neuzeit von Theologen aller Konfessionen als Strafe Gottes für die Sünden der Menschen interpretiert. Katastrophen aller Art wurden als Äquivalent zu den menschlichen Verfehlungen betrachtet. Der Regensburger Domprediger Caspar Macer (ca. 1535-?), der als überzeugter Katholik in einer konfessionell geteilten Reichsstadt die Ketzerei des Protestantismus für eine der größten Sünden hielt, begründete dies in seiner ersten Predigt über die Teuerung der Jahre um 1570 folgendermaßen:

»Dieweil unsere Sünden unauffhörlich und uberhand genommen / und nun den höchsten grad und staffel angetroffen / also / das sie nicht mehr höher steigen mögen: Geliebte Freunde in Christo unserm Herrn: So kann warlich der Allmechtige Gott / als ein gerechter Richter / der kain ubel ungestrafft lassen will / nit lenger durch die Finger zusehen / sondern muß ain plag uber die ander / gleich wie sich unsere sünden hauffen uber uns zornigklich kommen lassen. Fürnemmlich aber straft uns jetzt (außerhalb der Sectischen verführer seines Christlichen Catholischen / altglaubigen Volcks) besonderbar / mit dreyen geisselen / nemlich mit der Thewerung / pestilentz und Kriegsläufften.«[189]

Interessanterweise bezog sich Macer nur mit dem ersten Teil dieser Aussage auf die aktuelle Lage in der Reichsstadt Regensburg, ansonsten jedoch auf das fünfte Buch des Propheten Ezechiel, wo es hieß: »So war als ich lebe / spricht der Herr / sol das dritte thail von dir an der Pestilentz sterben / und durch hunger verzeret werden / Und das ander dritte thail durchs Schwert fallen / rings umb dich her« (Ez 5,12).

Von *Sündenökonomie* soll hier gesprochen werden, weil versucht wurde, die klassische Argumentation von Gottes Strafen für die Sünden der Men-

---

mit Verszählung im Anhang wiedergegeben, hier zitiert: Carmina 1571, Vers 27-32; »Elent, kumer, angst und not«, in: ebd. Vers 57.
[189] CASPAR MACER, Drei Bittpredigten: 1. Von der großen Theuerung, 2. Vom Krieg und Blutvergießen, 3. Von der Pestilentz, gehalten zu Regensburg. München 1572.

schen in aktuelle rechnerische Kalkulationen zu transformieren. Je größer die Sünden, desto größer die Strafen, hieß es in der Kalkulation, und dies nicht nur – wie man vielleicht hätte erwarten können – im katholischen, sondern auch – jenseits der reformatorischen Rechtfertigungslehre – im protestantischen Europa. Ob München oder Zürich, Dresden oder Genf: Nicht nur Laien, sondern auch Theologen wie Heinrich Bullinger unterstellten eine Art kollektives *Sündenkonto*, das nur bei Strafe überzogen werden durfte, und diese Strafe traf wieder nicht nur das Individuum, sondern ganze Gruppen, Glaubensgemeinschaften oder die ganze Gesellschaft. Alle zeitgenössischen Prediger, etwa der Rektor der Universität Ingolstadt und Bamberger Weihbischof Jacob Feucht (1540–1580) mit seinen *Fünf Predigten zur Zeit der grossen Theuerung / Hungersnoth und Ungewitter*,[190] der reformierte Züricher Theologe Ludwig Lavater (1527–1585), Schwiegersohn und Nachfolger des Kirchenoberhaupts Heinrich Bullinger, mit seinen Sermones über Teuerung und Hunger,[191] oder auf lutherischer Seite Thomas Rörer (1542-nach 1580),[192] der württembergische Superintendent Wilhelm Bidembach (1538–1572)[193] und eine Reihe unbekannter Autoren, die sich die Frage stellten, »weßhalb in Ländern, Städten und Dörfern Alles zusehends ärmer wird und verderbt«,[194] operierten mit demselben theologischen Fundus an Beschreibungen von Gottes Zorn über die Sünden der Menschen, der in Bibelkonkordanzen nachgelesen werden kann.[195] Im Unterschied zu den »Umweltsünden« unserer Zeit, welche für eine eher metaphorische Strafe oder gar »Rache« der Natur verantwortlich gemacht werden, stellten die

---

[190] JACOBUS FEUCHT, Fünf Predigten zur Zeit der grossen Theuerung / Hungersnoth und Ungewitter / darinn die fünff fürnembsten ursachen des Göttlichen Zorns angezeigt werden. Köln 1574.

[191] LUDWIG LAVATER, Von thüwre und hunger dry Predigen […]. Zürich 1571; Three Christian Sermons of Famine and Dearth of Victuals. London 1596.

[192] THOMAS RORARIUS, Fuenff und zwentzig Nothwendige Predigten von der Grausamen regierenden Thewrung. Frankfurt a. M. 1572 (bei Nikolaus Basse). In einem Sammeldruck erscheint RÖRER, Zwo Predig, wie man sich Christlich halten soll, wann grosse Ungewitter oder Hagel sich erheben, mit […] Underrichtung von dem Leutten gegen Wetter […]. Die erst D. Johannes Brentzen. Die ander Thoman Roerers. Das dritt M. Christoffen Vischers. Nürnberg 1570.

[193] WILHELM BIDEMBACH, Wie zur Zeit der Thewrung und Hungersnoth die einfältige Pfarrer und Kirchendiener das Volk ermahnen, lehren und trösten sollen [1570], in: Consiliorum theologicorum decas, II. Hg. FELIX BIDEMBACH. Frankfurt a. M. 1608 S. 168–175.

[194] Predig über Hunger- und Sterbejahre, von einem Diener am Wort. s.l. 1571; ausgibig zitiert bei: JANSSEN / PASTOR, Kulturgeschichte (wie Anm. 80) S. 336 ff., 347 f.

[195] Neue Konkordanz zur Einheitsübersetzung der Bibel. Erarbeitet von FRANZ JOSEPH SCHIERSE, neu bearbeitet von WINFRIED BADER. Darmstadt 1996 S. 632 f. (Hagel), 782 ff. (Hunger), 1241 (Pest), 2024–2031 (Zorn Gottes).

Theologen des 16. und 17. Jahrhunderts ganz konkrete Strafaktionen eines personal gedachten Gottes in Aussicht. Und diese Strafaktionen konnten sich gegen alle nur möglichen Verbrechen, spirituellen oder moralischen Verfehlungen richten. Die Denkfigur des Sündenkontos führte zu interessanten theoretischen Erwägungen. In einem staatsrechtlichen Gutachten für Bayerns »eisernen« Herzog Maximilian I. heißt es um 1600, der Fürst repräsentiere sein Land gegenüber Gott und sei verantwortlich für die Sünden seiner Untertanen. Blieb der Fürst untätig, so machte er sich nicht nur schuldig gegenüber Gott. Der originelle Gutachter stellte vielmehr die Frage, ob der Fürst nicht im Sinne einer Gesamthaftung schadenersatzpflichtig werde, wenn er bei der Sündenzucht säumig sei.[196]

Nicht wenige Zeitgenossen gewannen den Eindruck, dass es in ihrer Gesellschaft mehr Not, Streit und Kriminalität bzw. Sünden gebe als jemals zuvor.[197] Sexualdelikte erlebten in diesem religiös aufgeheizten *Meinungsklima* einen rasanten Aufstieg, denn die vielfachen Formen der vor- und außerehelichen Sexualität schienen den Zorn Gottes in besonderem Maße zu erregen, und auch gravierendere Verfehlungen oder Verbrechen wie Teufelsbuhlschaft, Sodomie, Inzest, Bestialität und Vergewaltigung schienen häufiger als früher aufzutreten, was vermutlich auf eine gesteigerte Aufmerksamkeit gegenüber diesen Delikten hindeutet.[198] Hier könnte man immer noch vermuten, dass allein die »konstruierten« Verbrechen an Häufigkeit zunahmen und die gesteigerte Aufmerksamkeit gegenüber dem Komplex Sünde und Verbrechen auf reinem Alarmismus beruhte. Die Ergebnisse der historischen Kriminalitätsforschung machen es jedoch wahrscheinlich, dass auch der solide Grundbestand an Eigentums- und Gewaltdelikten, wie Raub und Mord, der in den meisten Gesellschaften mit einiger Sicherheit sanktioniert wurde, eine nummerische Zunahme erlebte. Wenn die Daten der Kriminalregister zutreffen, korrespondierte auch im 16. und 17. Jahrhundert die Zahl der Diebstähle mit den Krisenjahren, was bei einer steigenden Frequenz von Krisenjahren notwendigerweise dazu führte, dass sich Eigentumsdelikte während der Kleinen Eiszeit sowohl in relativen, als auch in absoluten Zahlen häuften. Und nicht nur die Zahl der registrierten Delikte, sondern auch

---

[196] WOLFGANG BEHRINGER, Hexenverfolgung in Bayern. Volksmagie, Glaubenseifer und Staatsräson in der frühen Neuzeit, München 1987 (^{2}1988, ^{3}1997).

[197] HEINZ SCHILLING, »Geschichte der Sünde« oder »Geschichte des Verbrechens«? Überlegungen zur Gesellschaftsgeschichte der frühneuzeitlichen Kirchenzucht, in: Annali dell' istituto storico italo-germanico in Trento / Jahrbuch des italienisch-deutschen historischen Instituts in Trient 12. 1986 S. 169-192.

[198] WILLIAM MONTER, Sodomy and Heresy in Early Modern Switzerland, in: Journal of Homosexuality 8. 1980/81 S. 41-53.

die der überführten und verurteilten Täter erreichte unbekannte Größen. Und die grausamen Abschreckungsrituale, mit denen der Staat auf die ausufernde Kriminalität reagierte, die immer häufigeren und härteren Todesstrafen für eine immer größere Palette von Delikten, stieß in der Bevölkerung nicht nur kaum auf Widerstand, sondern im Gegenteil auf breite Zustimmung.[199]

Die *Gesetzgebungsflut* der Jahrzehnte um 1600 hatte insofern nicht nur eine obrigkeitsstaatliche oder religiöse Komponente, sondern folgte einem verbreiteten und populären Bedürfnis nach Regulierung und Ordnung. In ihrer Reaktion auf die Hungerkrise von 1570 bediente die Regierung Bayerns eindeutig das Bedürfnis der Bevölkerung nach einer Bestrafung der »Fürkäufler« und Wucherer, denen der hohe Getreidepreis angelastet wurde und deren marktwirtschaftlich verständliches Verhalten nicht nur »eigennützig«, sondern auch sündhaft und politisch gefährlich war. Doch kaum minder populär dürfte das große landesherrliche Blasphemiemandat gewesen sein, welches nach damaligem Verständnis das Übel insofern bei der Wurzel packte. In den Mandaten findet man häufig religiöse Begründungen, die zwar vordergründig mit dem Komplex der *Konfessionalisierung*, aber eigentlich mehr mit der genannten Sündenökonomie zu tun haben: Ob Fastnacht oder Getreideexporte, Hexerei oder Wucher, Tanz oder Kartenspiel, stets war die Ehre Gottes betroffen, befleckt durch die Sünden der Menschen. Unter allen möglichen Delikten rangierten spirituelle Verfehlungen wie blasphemisches Fluchen weit oben, und die staatlichen oder städtischen Dekrete, von der älteren Forschung oft als »Sittenmandate« bezeichnet, zielten in der Tat auf eine Reform des praktischen Alltagsverhaltens, auf den »Habitus« der Untertanen. Selbst in allgemeinen »Policey-Mandaten«, die während der Krise von 1570 in einer ganzen Reihe von Städten, Territorien und einigen Reichskreisen erlassen wurden, standen an erster Stelle Bestimmungen wegen Gotteslästerung und Sittlichkeitsdelikten.[200]

Sexualität stand nach Ansicht christlicher Theologen stets in einem engen Verhältnis zur Sünde. Die *Verdrängung der Sexualität* aus dem öffentlichen Leben bildete sicher ein vorrangiges Ziel frühneuzeitlicher Innenpolitik.[201] Die Durchsetzung moralischer Mäßigung war ein langfristiges Ziel moralischer Unternehmer, doch kaum jemals wurde dieses Ziel so vehement ver-

---

[199] RICHARD VAN DÜLMEN, Theater des Schreckens (wie Anm. 143).
[200] WOLFGANG WÜST (Hg.), Die »gute« Policey im Schwäbischen Reichskreis, unter besonderer Berücksichtigung Bayerisch-Schwabens. Die »gute« Policey im Reichskreis. Zur frühmodernen Normensetzung in den Kernregionen des Alten Reichs, I. Berlin 2001.
[201] GÜNTER PALLAVER, Das Ende der schamlosen Zeit. Die Verdrängung der Sexualität in der frühen Neuzeit am Beispiel Tirols. Wien 1987.

folgt wie seit der zweiten Hälfte des 16. Jahrhunderts, als selbst auf dem Land noch versucht wurde, ein strenges Regime der Kirchenzucht durchzusetzen.[202] Besonders ins Visier der Sittenreformer geriet neben dem Ehebruch die voreheliche Sexualität, die zuvor mehr oder weniger geduldet worden war und vielerorts zur normalen Eheanbahnung diente. Zu den Formen außerehelicher Sexualität, die vollkommen beseitigt werden sollten, gehörte die Prostitution. Eine Stadt nach der anderen schloss ihre »Frauenhäuser« bzw. Bordelle, oftmals wurden die Häuser als solche abgerissen und vom Erdboden getilgt, wie in dem sehr späten Beispiel der Reichsstadt Köln von 1594.[203] Auf katholischer Seite stellte die Beseitigung des Priesterkonkubinats bzw. der Priesterfrauen und die tatsächliche Durchführung des Zölibats ein vorrangiges Ziel dar. Bei den Sittenreformen zeigt sich wieder, dass die Konfessionen, die sich so heftig bekriegten, zahlreiche gemeinsame Züge aufwiesen, denn die intendierten Sittenreformen waren im gegenreformatorischen Bayern kaum weniger rigide wie im calvinistischen Schottland, wo etwa zeitgleich in den 1590er Jahren Ernst gemacht wurde mit den Programmen der Lebensreform.

Von hier aus ließe sich natürlich die schwer zu beantwortende, aber interessante Frage stellen, inwieweit die Tabuisierung der Sexualität im Zusammenspiel mit der Einführung rigider Verhaltensnormen den mentalen Haushalt der Bevölkerung ganz generell veränderte. Die Antwort auf die Frage nach dem *Mentalitätswandel* dürfte sicher je nach Region, Konfession und sozialer Gruppe unterschiedlich ausfallen. Immerhin sollte es zu denken geben, dass jener Typus des autoritären Politikers, den wir zu Beginn des 17. Jahrhunderts vermehrt antreffen, gut zusammenpasst mit psychoanalytischen Theorien über zwanghafte Charaktertypen, die sich selbst und andere zur rigiden Einhaltung von Normen verpflichten und auch vor der Anwendung von Gewalt nicht zurückschrecken.[204] Gott selbst wurde in dieser Form imaginiert, wie Michel de Montaigne in seinem Essay über die Knabenerziehung feststellte: »Wenn in meinem Dorf die Weinstöcke erfrieren, sieht mein Pfarrer darin einen Beweis für den Zorn Gottes auf die Menschheit insgesamt.«[205] Friedrich Spee, Verteidiger von der Hexerei angeklagter Frauen, bemerkte in seiner *Cautio Criminalis*, der Gott der Hexenverfolger gleiche mehr dem grausamen Moloch der Heiden denn dem barmherzigen

---

[202] HEINRICH RICHARD SCHMIDT, Dorf und Religion. Reformierte Sittenzucht in Berner Landgemeinden der Frühen Neuzeit. Stuttgart 1995.
[203] Das Buch Weinsberg (wie Anm. 73) S. 193 f.
[204] THEODOR W. ADORNO / ET AL., The Authoritarian Personality. New York 1950.
[205] MICHEL DE MONTAIGNE, Essays [1580]. Übersetzung von HANS STILETT. Frankfurt a. M. 1998 S. 86.

und verzeihenden Gott der Christen.[206] Es ist sicher kein Zufall, wenn zeitgenössische Politiklehren den Fürsten dazu mahnten, charakterlich ungefestigte und zu jähen emotionalen Ausbrüchen neigende Berater zu meiden. Johann Weyer, ein Gegner der Hexenverfolgungen, reagierte in seiner eigenen Weise auf die Gefahren, die durch die Fanatiker an den Schalthebeln der Macht entstanden. Er verfasste keine Politiklehre, sondern konzentrierte sich auf eine einzige Gemütsregung: Die »gefährliche Krankheit« des Zorns.[207]

Die mentale Disposition der zeitgenössischen Falken, die die Zeit zum Handeln und zum Durchgreifen gekommen sahen, die Anhänger der reformierten Aktionspartei, der Gnesiolutheraner oder der »Jesuitenpartei« in den katholischen Ländern, waren bereit, wie der zornige Gott, über Leichen zu gehen. Diese *Disposition zum Aktionismus*, religiöse Ideologien in die Tat umzusetzen, war in der Außenpolitik so gefährlich wie in der Innenpolitik. Bereits manche Zeitgenossen erkannten, dass Hexenjagden oft zusammenfielen mit Kampagnen der Sittenreform, wenn »moralische Unternehmer« oder »crusading reformers«, wie Howard S. Becker (geb. 1928) sie auch genannt hat, die Initiative übernehmen konnten:

»Er handelt von der Position einer absolut gesetzten Ethik; was er im Auge hat ist das wirkliche und totale Böse, ohne jeden Abstrich. Jedes Mittel ist erlaubt, um es zu beseitigen. Der Kreuzzügler ist leidenschaftlich und gerecht, oft selbstgerecht. Diese Art von Reformern können als Kreuzzügler bezeichnet werden, weil sie typischerweise ihre Mission für eine heilige halten.«[208]

Es klingt beinahe wie eine Selbstverständlichkeit, dass die Verfolger vermutlich weniger offen waren als die Verteidiger der Verfolgten, dass sie weniger Mitleid fühlen konnten mit ihnen und dass sie stattdessen lieber Autoritäten und Dogmen verteidigten, wie Milton Rokeach (1918–1988) nahegelegt hat.[209] Die Rolle der moralischen Unternehmer wurde bereits von Zeitgenossen genau beobachtet: »Die Hexen in meiner Nachbarschaft geraten jedes Mal in Lebensgefahr, wenn ein neuer Autor den Wirklichkeitsgehalt ihrer Visionen nachzuweisen sucht.« Montaigne machte keinen Hehl aus seinem Unglauben gegenüber den Hexereivorwürfen, doch die Diskussion mit den religiös inspirierten Fanatikern war kein Vergnügen: »Ich merke natür-

---

[206] Friedrich Spee, Cautio Criminalis. Rinteln 1631.
[207] Johann Weyer, Vom Zorn. Iracundiae antidotum. Von der gefährlichen Kranckheit dem Zorn / und deselbigen Philosophischer / und Theologischer Cur oder Ertzeney [1577]. Wittenberg 1585.
[208] Howard S. Becker, Outsiders. New York 1963 S. 147–163, hier S. 148.
[209] Milton Rokeach, The Open and the Closed Mind. New York 1960.

lich, dass man über meine Einstellung in Zorn gerät: Unter Androhung der abscheulichsten Strafen untersagt man mir, die Existenz von Hexen und Hexerei zu bezweifeln. Eine neue Art, andre zu überzeugen!«[210]

Das Klima des religiösen Drucks und der Gewalt, die wiederkehrenden Agrarkrisen, die Wellen von Bettlern, die durch die Lande zogen, der Anblick von Kindern mit Hungerödemen in den Straßen, die sogenannten »unnatürlichen« Krankheiten, die von den Ärzten nicht behandelt werden konnten, aber auch soziale Spannungen und Kriege haben zu einer zeittypischen Stimmung beigetragen, die psychische Krankheiten begünstigte. Erik Midelfort hat die Schwierigkeit betont, die seelischen Krankheiten vergangener Zeiten zu klassifizieren oder zu quantifizieren,[211] aber es mag doch bei der Beurteilung helfen, dass seelische Verstimmungen, wie Verzweiflung oder Melancholie, von den Zeitgenossen als besorgniserregend eingestuft wurden, wie die geistliche Trostliteratur über Betrübtheit, Verzweiflung und Traurigkeit anzeigt. Bereits das zweite der über hundert von Montaignes Essays handelt *Über die Traurigkeit*, weil in den 1570er Jahren »alle Welt sich wie auf Absprache in den Kopf gesetzt hat, sie vorrangig mit ihrem Wohlwollen zu beehren«.[212] Im Gefolge der Hungerkrise boomte nicht nur die Trostliteratur, sondern der Hang zur Traurigkeit selbst wurde in einem *Melancholischen Teufel* aufs Korn genommen.[213] Prediger berichten »von der Schwermütigkeit der Menschen auf Erden«:

»Den Leuten entfällt fast aller Mut, ihnen ist angst und weh ums Herz, sehen aus wie eine tote Leich, wie ein Schatten, hängen den Kopf zur Erden als ob sie mit lebendigem Leib unter die Erde kriechen wollen und wünschen sich ihrer viel lieber tot als lebendig«.[214]

Manche halfen wohl auch ein wenig nach. Die Selbstmordziffern erreichten in Krisenjahren unbekannte Größen, wie David Lederer in seiner Untersuchung zum frühneuzeitlichen Bayern feststellt.[215] Eine neue Spezialitera-

---

[210] DE MONTAIGNE, Essays (wie Anm. 205) S. 520.
[211] ERIK MIDELFORT, A History of Madness in Sixteenth-Century Germany. Stanford/CA 1999.
[212] DE MONTAIGNE, Über die Traurigkeit, in: Essays (wie Anm. 205) S. 11–12.
[213] SIMON MUSAEUS, Melancholischer Teufel nützlicher Bericht / wie man alle Melancholische Teufflische gedancken von sich treiben soll. Tham in der Neumark 1572; DERS., Spekulationischer Teufel / darin heilsamer Bericht und rath / auß Gottes wort zusammenverfaßt / und gezogen / womit man die Melancholische Teufflische Gedancken von sich treiben soll. Magdeburg 1579.
[214] SCHALLER, Herold (wie Anm. 85) S. 129 f.
[215] DAVID LEDERER, Verzweiflung im Alten Reich. Beitrag in diesem Band, S. 255–280. Siehe auch MICHAEL MACDONALD, Sleepless Souls. Suicide in Early Modern England. Oxford 1990.

tur über Selbstmord spiegelt diesen Sachverhalt wider,[216] doch ist diese erst in Anfängen und bezogen auf die »hohe« Literatur untersucht.[217] Suizide, das sei nur am Rande erwähnt, generierten eine Reihe interessanter Folgekonflikte um die Form der Beisetzung, die über lokale Konflikte zwischen Angehörigen und Gemeinden, Gemeinden und Pfarrern bis hin zu Auseinandersetzungen zwischen Lokalbevölkerung und Zentralregierung führten und in offenen Aufruhr ausarten konnten. Die größte Furcht der Lokalbevölkerung bestand darin, dass die falsche Beisetzung Gottes Zorn und damit weitere Wetterschäden in einer missernteireichen Zeit verursachen könnte. »Zum Schutz von Ernte, Vieh und menschlicher Arbeitskraft musste der Selbstmörder aus der Gemeinschaft der Lebenden und der Toten ausgestoßen werden.« Wie David Lederer bemerkt, wurden in der zeitgenössischen Bewertung Ursache und Wirkung vertauscht. Möglicherweise führte die klimatische Depression zu einem Anstieg der Selbstmordhäufigkeit, doch entsprach es der populären »Vorstellung, daß Selbstmord schlechtes Wetter verursache«.[218]

Unabhängig davon, ob man einen Zusammenhang zwischen den steigenden Selbstmordziffern und der neu entdeckten psychischen Depression der »Seasonal Affective Disorder« zugestehen will, ist es sicher nicht verfehlt, von der *Melancholie als einer Modekrankheit der Zeit* zu sprechen. Künstler, Intellektuelle und Fürsten entdeckten diese Krankheit bei sich selbst, in Frankreich wie in Spanien.[219] Es mag ja durchaus zutreffen, dass der Aufstieg des Galenismus im 16. Jahrhundert die Diagnose der Melancholie befördert hat, wie Erik Midelfort meint, und dies mag zum Teil erklären, warum dazu mehr akademische Dissertationen als jemals zuvor oder danach in

---

[216] Die Meßkataloge nennen ADAM SCHUBERT, Christlicher und kurtzer Bericht von denen / so deß schnellen und gehlingen Tods sterben. Item / von denen / so sich selbs erwürgen / und umbbringen / was von ihnen zu halten sey. Görlitz 1569; JOHANNES CEMENTARIUS, Christlicher Bericht von dem schweren immerwehrenden Streit zwischen dreyen starcken gewapneten / nemlich / zwischen dem Menschen und dem Teuffel / und zwischen Gott. Item was eiygentlich die ursach sey, daß sich jetzund so viele Menschen selbst entleiben. Basel 1570; ANDREAS CELICHIUS, Nützlicher und nothwendiger Bericht / von den Leuten / so sich selbst auß Angst / Verzweiflung / oder andern ursachen / entleiben und hinrichten. Magdeburg 1578; THOMAN SIGFRID, Tractat von der hohen Frage / ob ein Mensch / der sich selbst umb sein leben bringt / selig oder verdampt / zu loben oder zu schelten sey. O.O. 1590.

[217] SAMUEL E. SPROTT, The English Debate on Suicide. From Donne to Hume. La Salle 1961.

[218] DAVID LEDERER, Aufruhr auf dem Friedhof. Pfarrer, Gemeinde und Selbstmord im frühneuzeitlichen Bayern, in: Trauer, Verzweiflung und Anfechtung. Selbstmord und Selbstmordversuche in mittelalterlichen und frühneuzeitlichen Gesellschaften. Hg. GABRIELA SIGNORI. Tübingen 1994 S. 189–209, hier 201 f.

[219] ANDRES VELASQUEZ, Libro de la Melancholia, s.d. 1585; ANDRÉ DE LAURENS, Des Maladies Melancholiques. Paris 1597; ALONSO DE SANTA CRUZ, De Melancholia, s.d. 1613.

der Frühen Neuzeit zwischen 1590 und 1620 gedruckt wurden.[220] Aber dies allein erklärt kaum, warum mehr Menschen als je zuvor diese Krankheit wahrnahmen. In England, wo diese depressive Verstimmung entsprechend ihrem zeitlichen Kulminationspunkt während der späteren Regierungszeit der Queen Elizabeth I. (1533-1603, r. 1558-1603) als »Elizabethan Malady« bezeichnet worden ist,[221] lieferte der Anglikaner Robert Burton eine barocke Summe aller Lebenssituationen, in welchen der Überfluss an schwarzer Galle entsprechend der Galenischen Krankheitslehre das Leben beeinträchtigen konnte.[222] Die autobiographischen Aufzeichnungen des puritanischen Drechslers Nehemiah Wallington (1598-1658) zeigen, dass die protestantische Ethik mit ihrem Zwang zur Selbstprüfung die Zeitgenossen unter Umständen noch tiefer in ihre Depressionen riss, da sie aufgrund aller äußeren Zeichen von der Ungeheuerlichkeit ihrer Sünden überzeugt wurden.[223]

Es ist ein treffendes Symbol, dass der führende Fürst des Zeitalters, Kaiser Rudolf II., selbst als Melancholiker, als verhext oder als wahnsinnig galt,[224] wenn auch nicht im gleichen Ausmaß wie sein unehelicher Sohn Don Julio Cesare d'Austria (1585-1609), der seine Geliebte massakrierte, zerlegte und ihre Körperteile einzeln aus den Fenstern des Schlosses von Krumau warf.[225] Doch auch wohlwollende zeitgenössische Beobachter wie der kaiserliche Botschafter in Spanien Graf Khevenhüller berichten von der eigenartigen Stimmung des Kaisers, wie übrigens auch seines Onkels auf dem spanischen Thron, König Philipp II., und anderer Angehöriger des habsburgischen Herrscherhauses: Philipps Schwestern Maria (1528-1603), Johanna (1537-1573) und besonders sein Sohn Don Carlos (1545-1568). Der Umgang mit den Mitgliedern der kaiserlich-königlichen Familie war nicht einfach. Oft waren sie nicht ansprechbar, waren tieftraurig und zogen sich selbst vor engen Beratern zurück. Diese »melancholische« Stimmung konnte

---

[220] MIDELFORT, A History of Madness (wie Anm. 211) S. 157-164.

[221] LAWRENCE BABB, The Elizabethan Malady. A Study of Melancholia in the English Literature from 1580 to 1642. East Lansing/MI. 1951.

[222] ROBERT BURTON, The Anatomy of Melancholy. London 1621 (^{6}1651, [danach die Übersetzung = Anatomie der Melancholie. Zürich usw. 1988]).

[223] PAUL S. SEAVER, Wallington's World. A Puritan Artisan in Seventeenth Century London. Stanford 1985.

[224] ROBERT J. W. EVANS, Rudolf II. and His World. A Study in Intellectual History. Oxford 1973.

[225] ANTON BLASCHKA, Das Schicksal Don Julios de Austria. Akten und Regesten aus seinen letzten Lebensjahren, in: Mitteilungen des Vereins für Geschichte der Deutschen in Böhmen 70. 1932 S. 220-255; H. C. ERIK MIDELFORT, Mad Princes of Renaissance Germany. Charlottesville/VA 1994; (= Verrückte Hoheit. Wahn und Kummer in deutschen Herrscherhäusern. Übersetzt von PETER E. MAIER. Stuttgart 1994 S. 171-195).

Tage, aber auch wochenlang dauern.[226] Die Depressionen des Kaisers rührten aus Ängsten, die wir auch heute noch als real anerkennen würden, etwa der Angst vor der Pest, vor der er mehrmals aufs Land fliehen musste, möglicherweise auch zeittypische Angst vor Vergiftung und jedenfalls die Angst vor den politischen Intrigen seiner leitenden Beamten Sixt Trautson und Wolfgang Rumpf, besonders aber seiner machthungrigen Brüder Matthias und Ernst, die ihn letztlich ja auch absetzten. Andere Ängste würde man eher als irrational oder zeitbedingt definieren, wie etwa die Furcht vor Verhexung (insbesondere durch Kapuziner oder Jesuiten) und die Gewissenskonflikte wegen seiner Sündhaftigkeit, die sich unter anderem auf seine Leidenschaft für Katharina Strada bezogen, der Tochter seines Bibliothekars Jacopo Strada, mit der er eine exzessive Sexualität pflegte und mehrere uneheliche Kinder zeugte. Felix Stieve hat ausgeführt, dass

»in je schrofferem Widerspruche seine geschlechtlichen Ausschweifungen zu den religiösen Anschauungen standen, die ihm in der Jugend eingeprägt waren und die ihn nach wie vor beherrschten, desto mehr musste ihn in seiner angstvollen Erregung der Gedanke an die Beichte und an die Verantwortung vor Gott erschrecken.«[227]

Gemütskranke Fürsten konnten zu einem *politischen Problem ersten Ranges* werden, wenn ihre Melancholie Entscheidungen verzögerte, die Regierung lähmte oder ihre dispositionsbedingte Kinderlosigkeit zu politischen Krisen führte. Die Ursachen der jeweiligen melancholischen Depressionen sind natürlich komplex, doch dürfte es kein Zufall sein, dass unter den Bedingungen eines neuen moralischen Rigorismus und der Tabuisierung von Sexualität einige fürstliche Melancholiker ehelos und damit ohne legitime Erben blieben – Elizabeth I. von England und Kaiser Rudolf II. vorneweg. Dies bedeutet nicht, dass die Betreffenden nicht an Sexualität interessiert oder unfruchtbar waren, sondern vor allem, dass unter den herrschenden politischen und moralischen Zwängen die Produktion legitimer Erben schwieriger war als zu Beginn des 16. Jahrhunderts für Monarchen wie Karl V., Franz I., oder Heinrich VIII. Zeitgenössische Gutachter legten nahe, dass die moralischen Zwänge die Thronerben in Verzweiflung stürzten. Prinz Johann Wilhelm von Jülich-Kleve (1562–1609), Sohn des mit einer Habsburgerin verheirateten melancholischen Wilhelm V. von Jülich-Kleve (1516–1592), glaubte 1589, dass ihn der Zorn Gottes treffen würde und verfiel in tiefe Depressionen. Er fürchtete sich vor protestantischen Anschlägen, unter anderem von den Ärzten und Apothekern seines Vaters, und litt daran, dass seine Ehe mit

---

226 KHEVENHÜLLER, Geheimes Tagebuch (wie Anm. 119) S. 108 f., 134, 230, 238, 257, 266.
227 FELIX STIEVE, Die Verhandlungen über die Nachfolge Kaiser Rudolfs II. in den Jahren 1581–1602. München 1879 S. 48.

Jacobe von Baden kinderlos blieb. Diese Unfruchtbarkeit trotz eines immer hektischer werdenden Sexuallebens führte dazu, dass der zukünftige Herzog immer stärker in Hoffnungslosigkeit und geistige Verwirrung versank, die ihn letztlich auch regierungsunfähig machen würde, wie wenig später drei führende Ärzte – darunter Rainer Solenander und Galenus Weyer – diagnostizierten. Das Fehlen eines legitimen Erben beschwor immer eine Krise der dynastischen Erbfolge und die Gefahr eines Sukzessionskriegs herauf. Die Kinderlosigkeit Heinrichs III. von Frankreich (1551–1589, r. 1574–1589) läutete eine neue Runde in den französischen Bürgerkriegen ein, die Kinderlosigkeit Kaiser Rudolfs II. legte die Lunte an das böhmische Pulverfass und führte zu ersten Kriegshandlungen. Die Kinderlosigkeit des melancholischen und geisteskranken Herzogs Johann Wilhelm von Jülich-Kleve (1562–1609), die weder durch galenische Ärzte, durch Paracelsisten, durch Exorzisten, noch durch Quacksalber und Kräuterweiber behoben werden konnte, brachte Europa an den Rand eines allgemeinen Krieges, der nur durch die Ermordung Heinrichs IV. (1553–1610, r. 1589/94–1610) zufällig verhindert wurde und im Jülich-Kleveschen Erbfolgekrieg in einer regionalen Auseinandersetzung verebbte.[228]

Erik Midelfort kommt zu dem Schluss, die Wurzeln des Dreißigjährigen Krieges nicht zuletzt im Wahnsinn damaliger Regenten zu suchen.[229] Dieser hing aber mit den psychologischen Auswirkungen der Kleinen Eiszeit zusammen. War Hexerei das Verbrechen der Kleinen Eiszeit, so war Melancholie seine symptomatische Krankheit. Zwar kannten schon die Zeitgenossen das berühmte Diktum des Aristoteles, dass weder in Kunst noch Politik jemand Großes zu leisten imstande sei, ohne melancholisch zu sein.[230] Allerdings wurde Melancholie von der zeitgenössischen Medizin als ernste somatische Erkrankung klassifiziert, die aus einem Ungleichgewicht der Körpersäfte (*humores*) resultierte. Gemäß der an den Universitäten dominierenden Galenischen Medizin wurde die Krankheit durch ein Übermaß an Schwarzer Galle (melancholischer Saft) gegenüber Blut (sanguinischer Saft), Phlegma (phlegmatischer Saft) und Gelber Galle (cholerischer Saft) verursacht. Die vier Körpersäfte korrespondierten nach Ansicht der Zeitgenossen nicht nur mit den vier Elementen (Erde, Luft, Wasser, Feuer), sondern auch mit den vier Jahreszeiten, den vier Lebensaltern des Menschen und den Planeten Sa-

---

[228] MIDELFORT, Mad Princes (wie Anm. 225) S. 132–170.
[229] Ebd. S. 178.
[230] RAYMOND KLIBANSKY / FRITZ SAXL / ERWIN PANOFSKY, Saturn and Melancholy. Studies in the History of Natural Philosophy, Religion and Art. New York 1964 S. 15–42 (= erweiterte deutsche Ausgabe DIES., Saturn und Melancholie. Studien zur Geschichte der Naturphilosophie und Medizin, der Religion und der Kunst. Frankfurt a. M. 1992).

turn, Venus, Mond und Mars. Die Mischung der Körpersäfte entschied über das Temperament (die Komplexion) des Menschen, seine Gesundheit, das Spektrum seiner Aktivitäten und seine Weltanschauung. Übermaß oder Mangel an Speise, Trank, Schlaf, Hitze, Feuchtigkeit, Musik, Geselligkeit oder sexueller Erregung konnten das gesunde Verhältnis des Warmen und Kalten, des Feuchten und Trockenen im Körper stören.[231] Das Interessante ist nun, dass die Krankheit der Kleinen Eiszeit in mehrfacher Weise mit den Verbrechen der Kleinen Eiszeit zusammenhing. Nicht nur dass Schwarze Galle mit ungesunder Kälte assoziiert wurde – Melancholie wurde assoziiert »mit der windigen, kalten und trockenen Jahreszeit des Herbstes, der Zeit trauriger Stürme«[232] – und Saturn, »der Welt Schwermutplanet«,[233] das Verbrechen und die Zauberei regierte; Melancholie schwächte vielmehr die Abwehrkräfte des Körpers und öffnete den Dämonen Tür und Tor. Dies konnte das Einfahren eines Teufels begünstigen, weswegen bei seelischen Störungen gerne Exorzisten beigezogen wurden, sogar in fürstlichen Häusern wie dem von Jülich-Kleve oder bei Elisabeth von Lothringen, der unfruchtbaren ersten Frau des Bayernherzogs Maximilian I. (1573–1651, r. 1598–1651).[234]

Ein Übermaß an Schwarzer Galle wurde verantwortlich gemacht für Angstzustände, Halluzinationen, heftige Wutanfälle, Apathie und tiefe Traurigkeit. Und letztere machte die Menschen – und nach zeitgenössischem Verständnis insbesondere Frauen als dem ohnehin schwächeren Geschlecht – anfällig für die Verlockungen des Teufels. Der Widersacher versprach den Armen und Alleingelassenen Reichtum, sexuelle Erfüllung und wenn nötig Rache. Der Preis dafür war der Pakt mit dem Teufel und das Verbrechen hieß Hexerei. Johann Weyer sah hier einen Ansatzpunkt zur Entschärfung des Hexereiproblems, indem er es als körperliche Erkrankung definierte. Er zog das radikale Fazit, dass nicht nur Fürsten Melancholiker sein konnten, sondern auch die runzelige Alte in der Nachbarschaft:

»Daß sie aber an ihrem Gemuet durch den Teufel / so ire phantasey mit viel und mancherlay gespoet und verblendung verwirret hat / seind betrogen / und hinder das liecht gefuehrt worden / also daß sie selbst vermeint haben / es sey von ihnen beschehen / deß sie aber kein gewalt nie gehabt / gleich wie andere besessenen / Melancholischen / die das Schrettelich druckt / die sich in Hund und Woelf vermeinen verwandelt [zu] sein / dessen trage ich keinen zweiffel.«

---

[231] OWSEI TEMKIN, Galenism. The Rise and Decline of a Medical Philosophy. Ithaca/NY 1973; MIDELFORT, A History of Madness (wie Anm. 211).
[232] ANDREAS PLANER [praes.] / JOHANN FABER [resp.], De morbo Saturnino seu melancholia. Tübingen 1593, zitiert nach: MIDELFORT, A History of Madness (wie Anm. 211) S. 162.
[233] ROBERT BURTON, Anatomie der Melancholie (wie Anm. 222) S. 7.
[234] SIGMUND RIEZLER, Geschichte der Hexenprozesse in Bayern. Stuttgart 1896 S. 196f.

Hexen waren damit kein Fall mehr für den Richter, sondern für den Arzt.[235] Andreas Tscherning (1611–1659) personifizierte in seinem Gedicht »Melancholey redet selber« die Gemütskrankheit selbst als eine Art Königin der Hexen. Mit Schlangen und Kröten als Attributen stiftetete die »Melancholey« andere zu Zauberkraft und Teufelsdienst an: »Von mir kommts her / daß offt ein schuldenreiner Geist, Ein Hexer bey der Welt und Teufelsbanner heist«.[236]

Dass die Zeichen der Zeit zu verstärkter religiöser Erregung geführt haben, ist nicht erst eine Erkenntnis der jüngeren Mentalitätsgeschichte, sondern gehörte zu den Gemeinplätzen der älteren Kulturgeschichte, wenn nicht zum europäischen Traditionswissen bis zurück ins Zeitalter der Religionskriege. Dieses Zeitalter war geprägt von einem Übermaß an Glauben, mit Aspekten, die im modernen Sprachgebrauch als Fundamentalismus oder Fanatismus bezeichnet werden würden.[237] Gemäß den in der Kulturanthropologie entwickelten Kriterien könnte man die reformatorischen Bewegungen, angefangen mit Luther, doch insbesondere seit dem Einsetzen der »Zweiten Reformation« und der Festigung der Freikirchen, mit Konzepten wie Nativismus,[238] Revitalisierungsbewegung[239] oder *Millennarismus* beschreiben. Erst in jüngerer Zeit ist deutlich geworden, dass der Welle der Endzeiterwartung der Reformationszeit eine mindestens ebenso große Welle am Ende des 16. Jahrhunderts gegenüberstand, die natürlich mit der Deutung von Gottes Vorzeichen zusammenhing. Des Güstrower Superintendenten Andreas Celichius' *Erinnerung von des Satans letztem Zornsturm*, der das Auftreten von Besessenheitsepidemien in Mecklenburg dementsprechend interpretiert,[240] bildet nur die Spitze eines großteils noch unerforschten Kon-

---

[235] JOHANN WEYER, De Praestigiis Daemonum. Basel 1563. Frankfurt a. M. 1986. Ediert in: WOLFGANG BEHRINGER (Hg.) Hexen und Hexenprozesse in Deutschland. München ⁵2001 S. 144. Dazu ERIK MIDELFORT, Johann Weyer and the Transformation of the Insanity Defense, in: The German People and the Reformation. Hg. RONNIE PO-CHIA HSIA. Ithaca/London 1988 S. 234–262

[236] ANDREAS TSCHERNING, Melancholey Redet selber, in: »Komm, heilige Melancholie«. Eine Anthologie deutscher Melancholie-Gedichte. Mit Ausblicken auf die europäische Melancholie-Tradition in Literatur- und Kunstgeschichte. Hg. LUDWIG VÖLKER. Stuttgart 1984 S. 303–305.

[237] DENIS CROUZET, Les Guerriers de Dieu. La Violence au temps des troubles de Religion, vers 1525 – vers 1610, 2 Bde. Paris 1990; L. TWOMEY (Hg.), Faith and Fanaticism. Religious Fervour in Early Modern Spain. Aldershot 1997.

[238] RALPH LINTON, Nativistic Movements, in: American Anthropologist 45. 1943 S. 230–240.

[239] ANTHONY F. WALLACE, Revitalization Movements, in: American Anthropologist 58. 1956 S. 264–281.

[240] ANDREAS CELICHIUS, Nothwendige Erinnerung von des Sathans letztem Zornsturm. O. O. 1594.

tinents, wie Robin Barnes gezeigt hat.[241] Dies ist um so interessanter, als millennaristische Bewegungen in den Entwicklungsländern Asiens, Amerikas und Afrikas nicht selten eine übersteigerte Heilserwartung in Krisenzeiten mit der Neigung zum gewaltsamen Vorgehen gegen unreine Elemente in der eigenen Kultur, das personifizierte Böse, Hexen oder kulturell Fremde, auch Minoritäten, verbinden.[242]

Wie interkulturelle Untersuchungen gezeigt haben, ist die Vorstellung, dass böse Menschen der eigenen Kultur, wissentlich oder unwillentlich, einen Pakt mit dem metaphysisch Bösen oder unreinen Geistern eingehen, die durch spezielle Rituale und Exorzismen wieder vertrieben werden müssen, mitnichten ein Spezifikum der europäischen oder der christlichen Kultur.[243] In diesem Zusammenhang ist es natürlich interessant, dass die Periode der Kleinen Eiszeit eine intensive Beschäftigung mit dämonischer Besessenheit kannte. Auf katholischer Seite waren es gerade Protagonisten der Reformbewegung wie Petrus Canisius, welche mit spektakulären Exorzismen Aufsehen für ihr Anliegen zu erregen versuchten.[244] Die Abschaffung des Exorzismus bei der Taufe während der Regentschaft des Kurfürsten Christian II. von Sachsen (1583–1611, r. 1591–1611) führte nach kurzer Zeit zum Sturz der Regierung und zur Hinrichtung des Kanzlers Nikolaus Krell, den man für diese Neuerung verantwortlich machte. Pfarrer, welche die Direktiven der Regierung befolgt hatten, waren von aufgebrachten Eltern tätlich angegriffen worden.[245] Fälle von dämonischer Besessenheit und Teufelsaustreibungen erlebten in ganz Europa ihre Hochkonjunktur, unabhängig von Sprache oder Konfession.[246] Die institutionalisierten Glaubenswächter in Südeuropa, die Inquisition in Italien, Spanien und Portugal sahen sich jedoch nicht nur mit teuflischen, sondern mit allen möglichen Fällen von Be-

---

[241] ROBIN B. BARNES, Der herabstürzende Himmel. Kosmos und Apokalypse unter Luthers Erben um 1600, in: Jahrhundertwenden (wie Anm. 85) S. 129–145.

[242] BRYAN R. WILSON, Magic and the Millennium. A Sociological Study of Religious Movements of Protest among Tribal and Third-World Peoples. London 1973.

[243] GEOFFREY PARRINDER, Witchcraft. European and African. London 1958; DEWARD E. WALKER (Hg.), Witchcraft and Sorcery of the American Native Peoples. Moscow/Idaho 1989; C. W. WATSON / ROY ELLEN (Hg.), Understanding Witchcraft and Sorcery in Southeast Asia. Honolulu 1993; WOLFGANG BEHRINGER, Witches and Witch Hunts. A Global History. Cambridge 2004.

[244] BERNHARD DUHR, Geschichte der Jesuiten in den Ländern deutscher Zunge, 4 Bde. Freiburg 1907–1928, I, S. 731–754; II/2, S. 481–533; IV/2, S. 313–778.

[245] B. BOHNENSTÄDT, Das Prozeßverfahren gegen den kursächsischen Kanzler Dr. Nicolaus Krell 1591–1601. Diss. phil Halle-Wittenberg 1901; THOMAS KLEIN, Der Kampf um die zweite Reformation in Kursachsen 1586–1591. Köln usw. 1962.

[246] DANIEL P. WALKER, Unclean Spirits. Possession and Exorcism in France and England in the Late Sixteenth and Early Seventeenth Centuries. London usw. 1981.

sessenheit konfrontiert. Etwa gleichzeitig mit den Hexenverfolgungen und Teufelsaustreibungen erreichten in den Jahrzehnten um 1600 auch Fälle von Entrückungen, Engelsvisionen und Prophetien einen statistisch nachweisbaren Höhepunkt,[247] mit entsprechendem Niederschlag auch auf dem deutschen Buchmarkt.[248] Die Zeit der existenziellen Nöte und der religiösen Bedrängnis, soviel ist klar, bewegte die Gesellschaft nicht nur auf der oberflächlichen Ebene der sozialen Konflikte, sondern verfolgte ihre Mitglieder bis in ihre Träume.[249]

4. Kunst und Krisensymbolik

Eines der erregendsten Gemälde der Frühen Neuzeit wurde von Rudolf II., dem »saturnischen Kaiser«,[250] zu einem Zeitpunkt in Auftrag gegeben, als er sich noch besserer psychischer Gesundheit erfreute. Derjenige, der nach Ansicht der katholischen Partei die Gegenreformation in Mitteleuropa anführen sollte, ließ sich als heidnischer Gott porträtieren, das eigene Antlitz zusammengesetzt aus exotischen und heimischen Früchten, Getreide-Ähren, Esskastanien, Mais, Zucchini und Pfirsichen, ein Arrangement mit surrealistischen Zügen. Das Porträt Giuseppe Arcimboldos (1527–1593) zeigt das Oberhaupt der Christenheit in Gestalt des *Vertumnus*,[251] eines Gottes der *Fruchtbarkeit* (Kunsthistorisches Museum, Wien). Manche Kunsthistoriker werden dieses Sujet als topisch abtun. Doch Unfruchtbarkeit war ein entscheidendes Problem der Jahre um 1570, der Zeit einer der entsetzlichsten Hungerkrisen in Mitteleuropa. Die Schandtaten der Hexen gehören genau in diesen Kontext: Sie bewirken Unfruchtbarkeit der Felder, des Viehs, der Frauen und Männer. Hexerei stellte, wie an anderer Stelle angeführt, das idealtypische Verbrechen der Kleinen Eiszeit dar, denn die Figur der Hexe

---

[247] JAIME CONTRERAS / GUSTAV HENNINGSEN, Forty-Four Thousand Cases of the Spanish Inquisition (1540–1700). An Analysis of a Historical Data Bank, in: The Inquisition in Early Modern Europe. Studies on Sources and Method. Hg. GUSTAV HENNINGSEN / JOHN TEDESCHI. Dekalb/III. 1986 S. 100–129.

[248] SIGMUND FRIDRICH, Beschreibung und Auslegung von der wunderbarlichen Entzückung etlicher Menschen. Item / Ob Gott durch die Zauberer und Zauberinnen warnen und straffen lasse? Neben einem kurtzen Appendix von Treumen / was davon zuhalten sey. Erfurt 1592.

[249] RICHARD L. KAGAN, Lucrecia's Dreams. Politics and Prophecy in Sixteenth Century Spain. Berkeley 1990.

[250] GERTRUDE VON SCHWARZENFELD, Rudolf II. Der saturnische Kaiser. München 1961.

[251] THOMAS DA COSTA KAUFMANN, Arcimboldo and Propertius. A Classical Source for Rudolf II. as Vertumnus, in: Zeitschrift für Kunstgeschichte 48. 1985 S. 117–123; DERS., The School of Prague. Painting at the Court of Rudolf II. London 1988.

konnte in vielfacher Weise mit der Klima-Ungunst in Verbindung gebracht werden: Die Sünde der Hexerei provozierte die Rache Gottes, doch die Hexen konnten auch direkt – als Wettermacherinnen – für das Wetter verantwortlich gemacht werden, und sie konnten mit den Klimafolgen noch einmal in Verbindung gebracht werden: den Missernten und Krankheiten, die regelmäßig im Gefolge der Hungerkrisen ausbrachen, und die nicht selten – wie das Wetter – als »unnatürlich« bezeichnet wurden.[252] Arcimboldos häufig nachgeahmte allegorische Darstellung des Winters (Wien, Kunsthistorisches Museum) von 1563 war Bestandteil eines Jahreszeitenzyklus.[253] Allerdings könnte man den Zeitpunkt seiner Anfertigung in den Kontext der Extremwinter zu Beginn der 1560er Jahre stellen und fragen, ob die steigende Beliebtheit der Jahreszeiten als Sujet nicht mit der auffälligen Wechselhaftigkeit des Klimas in dieser Zeit zusammenhängt.

Der Vorschlag Rabbs, den Kunststil des *Manierismus* als Indiz für das Gefühl der steigenden gesellschaftlichen Instabilität und Unsicherheit zu betrachten, für die Gebrochenheit des Zeitalters, wie dies etwa von Arnold Hauser (1892–1978) vorgeschlagen worden war,[254] den Barock dagegen für den Wiedergewinn einer neuen Balance, findet derzeit unter Kunsthistorikern wenig Gegenliebe.[255] Hans Neubergers Idee, Klimaveränderungen durch eine Statistik der Wolken in der Landschaftsmalerei nachweisen zu wollen,[256] reißt wegen ihrer methodischen Unzulänglichkeit die Fachleute zu blankem Hohn hin: Auf mittelalterlichen Tafelbildern mit Goldhintergrund wird man sowenig Wolken erwarten können wie in der abstrakten Malerei des 20. Jahrhunderts. Andererseits ist es schon erstaunlich, wie häufig dunkle Wolken nicht nur in der nordeuropäischen Malerei, sondern sogar bei mediterranen Künstlern wie Domenikos Theotokopoulos »El Greco« (1541–1614) auftauchen. Es mag ja sein, dass die Gestaltung des Himmels, etwa bei der »Entkleidung Christi« (München, Bayerische Staatsgemäldesammlung) zur »Spiritualisierung des Themas« beiträgt,[257] doch spricht

---

[252] Wolfgang Behringer, Weather, Hunger and Fear. The Origins of the European Witch Persecution in Climate, Society and Mentality, in: German History 13. 1995 S. 1–27.

[253] Georg Kauffmann, Die Kunst des 16. Jahrhunderts. Berlin 1990 S. 180 f.

[254] Arnold Hauser, Der Manierismus. Die Krise der Renaissance und der Ursprung der modernen Kunst. München 1964 (Mannerism. The Crisis of the Renaissance and the Origin of Modern Art, 2 vols. London 1965); auch Tibor Klaniczay, Die Krise der Renaissance und der Manierismus, in: Ders., Renaissance und Manierismus. Zum Verhältnis von Gesellschaftsstruktur, Poetik und Stil. Berlin 1977.

[255] Andreas Tönnesmann, Der europäische Manierismus 1520–1610. München 1997.

[256] Hans Neuberger, Climate in Art, in: Weather 25, 2. 1970 S. 46–56.

[257] Johann Georg Prinz zu Hohenzollern, Von Greco bis Goya. Vier Jahrhunderte Spanischer Malerei, Ausstellungskatalog. München 1982 S. 52 f., 156–167.

nichts dagegen, sie auch mit den Veränderungen der Natur, wie sie von den Zeitgenossen wahrgenommen wurden, zusammenzubringen. Düstere Wolken tauchen häufig im Bildhintergrund von Holzschnitten und Kupferstichen des späten 16. Jahrhunderts auf, beides Techniken, bei denen sie nicht gerade einfach darzustellen sind. Klimahistoriker würden vermutlich sagen, dass Neubergers Schlussfolgerung einiges für sich hat, auch wenn sie für Kunsthistoriker unerwartet kommt. Überdies ist nicht von der Hand zu weisen, dass abseits genrehafter Jahreszeitenbilder die Witterung erstmals in großformatigen Bildern thematisiert wird, etwa in Pieter Brueghels d. Ä. (1525–1569) »Düsterem Tag« (Wien, Kunsthistorisches Museum), in welchem »unter einem grauen Himmel, an dem ein feuchter Wind und kalter Wind die grauen Wolken vor einem bleichen Mond herjagt [...] die stählerngrauen Berge mit ihren verschneiten Gipfeln« sich über einer wie festgefroren daliegenden Stadt erheben. Ein Sturm bringt Schiffe in Seenot und verwüstet ein ufernahes Dorf.[258]

Noch suggestiver ist die Erfindung eines neuen Zweiges der Landschaftsmalerei in den 1560er Jahren: der *Winterlandschaft*. Brueghels »Heimkehr der Jäger« (Kunsthistorisches Museum, Wien), vermutlich der Prototyp aller Winterlandschaften, strahlt in seiner müden Farbgebung ein beträchtliches Ausmaß an Strenge und Trostlosigkeit aus.[259] Dieses auf 1565 datierte Bild transzendiert mit seinem bleigrauen, eisigen Himmel die genrehaften Züge der spätmittelalterlichen Jahreszeitendarstellung.

»In der ›Heimkehr der Jäger‹ nimmt jede Form auf ihre Art an der Wesenheit des Winters teil: die Bäume scheinen eher in den Boden eingerammt als der Erde zu entsprießen, in ihrer komplizierten Verwicklung sind die Äste ausgetrocknet und brüchig; wie fröstelnd ducken sich die Häuser unter ihren Schneehüten; die spitzen Formen der Berge lassen diese wie Eisblöcke erscheinen, Menschen und Tiere werden zu finsteren Silhouetten, ihrem eigenen Schatten ähnlich.«[260]

Vermutlich dürfte sich kaum eindeutig nachweisen lassen, dass der Künstler durch eine Serie von europaweiten Extremwintern Anfang der 1560er Jahre zu dieser Motivwahl angeregt worden ist, doch in diesem Fall scheint es mir angebracht zu sein, die Beweislast umzukehren: Es wird kaum nachzuweisen sein, dass Brueghel *nicht* durch jene klimatischen Extremereignisse inspiriert wurde, die auch in den Niederlanden mit ihrem maritimen Klima die Flüsse

---

[258] Das Gesamtwerk von Brueghel. Einführung von CHARLES DE TOLNAY. Wissenschaftlicher Anhang von PIERO BIANCONI. Zürich 1967 S. 6 und Tafeln XXXII und XXXIII.

[259] F. GROISSMANN, Pieter Bruegel. Complete Edition of the Paintings (1955). London usw. ³1973.

[260] Das Gesamtwerk von Brueghel (wie Anm. 258) S. 6 und Tafeln XXVIII bis XXXI.

»Kleine Eiszeit« und Frühe Neuzeit 483

Abbildung 6. PIETER BRUEGHEL d. Ä., Heimkehr der Jäger, 1565.

zum Gefrieren brachten.[261] Brueghel testete das Thema der Winterlandschaft in seinen letzten Lebensjahren in zahlreichen Varianten, wie etwa der »Anbetung der Könige im Schnee« (Winterthur, Sammlung Reinhart), der »Volkszählung von Bethlehem« (Brüssel, Musées Royaux des Beaux-Arts) aus dem Jahr 1566 oder dem »Bethlehemitischen Kindermord« (Wien, Kunsthistorisches Museum), in dem die römische Soldateska in einem verschneiten niederländischen Dorf wütet. Ihr Anführer trägt nach Ansicht Delevoys die Züge des Fernando Alvarez de Toledo, Herzog von Alba (1507–1582, von 1567–1573 Statthalter in den Niederlanden), und römischer und spanischer Terror, Heils- und Nationalgeschichte, gehen nahtlos ineinander über. Eines seiner verblüffendsten Beispiele, die »Anbetung der Heiligen Drei Könige im Schnee«, hat trotz der heilsverheißenden Thematik nichts Liebliches an sich. Vielmehr fällt es schwer, den Stall von Bethlehem in der grimmigen Winterlandschaft hinter schwerem Schneefall überhaupt zu entdecken.[262]

---

[261] H. M. VAN DEN DOOL / H. J. KRIJNEN / C. J. E. SCHUURMANS, Average Winter Temperatures at de Bilt (The Netherlands), in: Climatic Change 1. 1984 S. 319–330.
[262] Das Gesamtwerk von Brueghel (wie Anm. 258) Tafeln XL bis XLIII und XLVII.

Die Trostlosigkeit der ohne Beute heimkehrenden Jäger, die Allegorien der gescheiterten Hoffnung im »Düsteren Tag«, die Grausamkeit der Unterdrückung durch Römer oder Spanier, die in der »Plünderung eines Dorfes« ein weiteres Mal in den Kontext einer Winterlandschaft gestellt werden,[263] verdeutlichen die negativen Konnotationen, die der Künstler mit der Winterkälte verbindet. In dieselbe Kategorie gehört Karel van Manders »Kalvarienberg im Schnee« (Bury St. Edmunds, Sammlung McKergow) von 1599, die auf dem entsprechenden Bild Jan Brueghels (München, Alte Pinakothek) aus dem Vorjahr basiert.[264] Der Kontrast zu den Produktionen eines Hendrik Averkamp, oder anderer Künstler, die sich nach 1600 auf Winterbilder spezialisierten und Tausende davon produzierten, könnte kaum größer sein. Die Düsternis, die auf den meisten Bildern Brueghels aus den späten 1560er Jahren zu finden ist, auch auf der häufig kopierten »Winterlandschaft mit Schlittschuhläufern« (Brüssel, Sammlung Delporte),[265] weicht bei späteren Malern zunehmend idyllischen Genreszenen mit Wintervergnügungen vor dem Hintergrund eines heiteren Himmels. Dieser Bedeutungswandel der Winterbilder, die seit der zweiten Hälfte des 17. Jahrhunderts nichts Bedrohliches mehr an sich haben, kann mit der Abkoppelung der reichen Niederlande von der Unsicherheit der Hungerkrisen zusammengebracht werden, zunächst durch die strategische Position in der neu entstandenen Weltökonomie, der Kontrolle des Zwischenhandels mit baltischem Getreide, den neuen Reichtum, aber auch die dort zuerst einsetzende Revolutionierung der Landwirtschaft.[266] Bombastische Gewitterszenen behielten aber unabhängig davon ihre Faszination, und bedeutende Künstler bedienten diese Vorliebe ihrer Kundschaft, wie etwa Rembrandt mit seiner »Gewitterlandschaft« aus dem Jahr 1639 (Braunschweig, Herzog-Anton-Ulrich-Museum).[267]

Den Winterlandschaften könnte die ikonographische Repräsentation anderer Formen von Desastern zur Seite gestellt werden, etwa die Darstellung von Überschwemmungen, Bergstürzen, Sturmfluten, hohem Seegang und Schiffbruch. Speziell der *Schiffbruch* ist nach Lawrence Goedde in einem Maße symbolisch befrachtet, dass man kaum versuchen würde, nach einem realen Substrat zu suchen. Und zweifellos dienten die Stürme und Schiffbrüche in der Malerei einem epochenübergreifenden Diskurs, der im späten 16. und 17. Jahrhundert speziell in den Niederlanden ohne aktuelle theologische

---

[263] Ebd. S. 106.
[264] GEORG KAUFFMANN, Die Kunst des 16. Jahrhunderts (wie Anm. 253) S. 201 f.
[265] Das Gesamtwerk von Brueghel (wie Anm. 258) S. 104.
[266] MARK OVERTON, Agricultural Revolution in England. The Transformation of the Agrarian Economy, 1500–1850. Cambridge 1996.
[267] ERICH HUBALA, Die Kunst des 17. Jahrhunderts. Berlin 1990 S. 178 ff.

»Kleine Eiszeit« und Frühe Neuzeit 485

Bezüge kaum zu verstehen ist.[268] Andererseits sollte man sich auch nicht darüber hinwegtäuschen, dass Schiffbruch in Zeiten vermehrter Sturmhäufigkeit und zunehmend wertvoller Frachten auch eine sehr reale Gefahr darstellte, nicht nur für die Besatzungen der Schiffe oder für Passagiere, sondern auch für die Schiffseigentümer und die Kapitalgeber der interkontinentalen Handelsexpeditionen. Auch hier ging es um Leben und Eigentum, und selbst das in dieser Zeit sich ausbildende Versicherungswesen konnte die Gefahren nicht hinreichend mindern. Khevenhüller berichtet etwa vom Februar 1576 vom Untergang von acht spanischen Galeonen in einem Unwetter im Hafen von Villafranca, samt Besatzung und Geldsendungen.[269] Die symbolischen Bezüge von Sturm und Schiffbruch sollen nicht geleugnet, sondern um die Erkenntnis ergänzt werden, dass diese in Zeiten stark vermehrter Sturmfrequenz besondere Bedeutung erhielten.[270] Bei Bergstürzen, Lawinenkatastrophen, und Flutkatastrophen, wie nach einem Gewittersturm im Maggiatal im September 1570, dessen Regenfluten 195 Wohnhäuser, 45 Mühlen und sechs gewölbte Steinbrücken hinwegschwemmte, und die in der Berichterstattung immer wieder mit besonderer Aufmerksamkeit bedacht wurden,[271] würde man einen eher direkten Zusammenhang mit Kälte und Niederschlag annehmen und eine allegorische Deutung ausscheiden. Andererseits war es gerade die Allegorie des Scheiterns, welche Sturm und Schiffbruch für Künstler so viel attraktiver machte als die Darstellung von Naturkatastrophen, deren Interpretation nur kruder sein konnte, da der menschliche Entscheidungsspielraum minimiert war.

Die Beantwortung der Frage, inwieweit die Kleine Eiszeit Veränderungen in der *Musik* bewirkt hat, kann wegen der Komplexität der Thematik nur angedacht werden. Dass der große Orlando di Lasso (1532–1594) ausgerechnet während einer dramatischen Hungerkrise das Genre wechselte

---

[268] LAWRENCE O. GOEDDE, Tempest and Shipwreck in Dutch and Flemish Art. Convention, Rhetoric, and Interpretation. London 1989.
[269] KHEVENHÜLLER, Geheimes Tagebuch (wie Anm. 119) S. 89.
[270] KNUT FRYDENDAHL / H. H. LAMB, Historic Storms of the North Sea, British Isles and Northwestern Europe. Cambridge 1991.
[271] Z. B.: Als diesen Winter gar streng gewäsen, 1561, in: Wickiana (wie Anm. 69) S. 60 f.; Von einem grosen windsturm, 1561, in: ebd. S. 65; Von dem schädlichen und grewelichen Hagel, der sich am 6 Julii dises 1561 jars zuogetragen. Auch von anderen ungewitter, windstürmen mer, etc., 1561, in: ebd. S. 71 f. [Bergrutsch in Neuenburg am Rhein], Ostern 1562, in: ebd. S. 53. Grose wassergüse, [7. Juli] 1562, in: ebd. S. 129; Was Schadens ein schwere Löuwin [Lawine] am Gotthart gethon, [13. Dezember] 1563, in: ebd. S. 137; Ein Schreiben uss Bern von disem berg, herren Joannis Haller, [6. Juli] 1564, in: ebd. S. 138 f.; Von dem grusamen Wassergüse zuo Dieterichs Bern, Verona 1567, in: ebd. S. 146 f.; Ein schryben herren landvogt Gimpers uss dem Meytal [Maggiatal] von einer grosen wassergüse, [12. September] 1570, in: ebd. S. 173 f.

Abbildung 7. Hochwasser von Verona, 1567, aus: Wickiana (wie Anm. 69) S. 147.

und »Bußpsalmen« veröffentlichte, kann man sicher nicht allein damit erklären, dass die Münchner Hofkapelle wegen finanzieller Engpässe am Hof von der Auflösung bedroht war und der Komponist durch den aktuellen Zeitbezug ihre (und seine) Bedeutung in der Zeit der Krise unter Beweis stellen wollte.[272] Die Komposition von Bußpsalmen entbehrt nicht einer gewissen Logik in einer Zeit, als die Obrigkeiten – katholische wie protestantische – wegen zahlreicher Katastrophen zusätzliche Bußgebete und Bußtage ein-

---

[272] ORLANDO DI LASSO, Bußpsalmen. München 1572.

richteten, um einen zornigen Gott zu besänftigen. Musikhistoriker betonen die Vertonung eines traditionellen Themas in neuer Aufführungstechnik und die Intensität der Erforschung einer psychologischen Befindlichkeit, die eine Parallele vielleicht in jesuitischen Meditationsübungen besitzt, aber einem ganz bestimmten aktuellen Problem gewidmet war. Die Hinwendung zu Bußübungen und neuen Formen der Vertonung war eine internationale Erscheinung, der sich führende Komponisten Spaniens und Italiens, etwa Palestrina, widmeten. Patrice Veit hat an deutschen Beispielen gezeigt, dass die Bewältigung von Krankheit und jähem Tod eine unverhältnismäßig große Rolle im lutherischen Liedgut einzunehmen begann.[273] Inwieweit formale Veränderungen der Musik, etwa die Einführung des Generalbass, die Verdrängung polyphoner Traditionen, die Vorliebe für Dissonanzen oder die Einführung des Taktstrichs in der Notierung mit Veränderungen der Befindlichkeit interpretiert werden können, müssen Musikhistoriker entscheiden. Die Einführung neuer musikalischer Großformen wie der Oper kann man sicher besser mit dem politischen Strukturwandel, d.h. der gestiegenen Rolle des Hofes verbinden, und nur insoweit solche Formen der Zentralisierung als Krisenbewältigungsstrategie bezeichnet werden können, auch mit dem allgemeineren Zeithintergrund.[274]

Betrachtet man die *Literatur* der Zeit, so fiel bereits den Kulturhistorikern des 19. Jahrhunderts der Aufstieg der Wunder- und Schauerliteratur auf, die sich mit Missgeburten, Wunder- und Teufelsgeburten beschäftigten, mit Monstern, unbekannten Tieren und Pflanzen und Missbildungen in der Natur.[275] Diese populäre Vorliebe findet ihre Entsprechung in der handwerklichen, akademischen und höfischen Kunstproduktion, in der Goldschmiede, Bildhauer und Maler auf außergewöhnliche Formgebung achteten, die berühmten gedrehten Formen des Manierismus,[276] die in der schiefen Perle des Barock ihre Fortsetzung fanden. Der populären Suche nach dem Außergewöhnlichen – dem Zeichen in der Natur – entsprach die fürstliche Samm-

---

[273] PATRICE VEIT, siehe Beitrag in diesem Band S. 283–310.
[274] PAUL MÜNCH, Das Jahrhundert des Zwiespalts. Deutsche Geschichte 1600–1700. Stuttgart 1999 S. 139ff.; KARL G. FELLERER, Der Stilwandel in der europäischen Musik um 1600. Opladen 1972. Mein Dank an Michael Fend (London/York) für die Diskussion dieser Thematik.
[275] JOHANNES JANSSSEN, Geschichte des deutschen Volkes seit dem Ausgang des Mittelalters, VI: Kunst und Volksliteratur bis zum Beginn des dreißigjährigen Krieges. Freiburg i. Br. 1893 S. 425–457.
[276] Prag um 1600 (wie Anm. 175); THOMAS DA COSTA KAUFMANN, The School of Prague. Painting at the Court of Rudolf II. Chicago usw. 1988; ELISKA FUCÍKOVÁ / JAMES M. BRADBURNE / BEKET BUKOVINSKA ET AL. (Hg.), Rudolf II. and Prague. The Court and the City. Prag 1997 (Rudolf II. und Prag. Kaiserlicher Hof und Residenzstadt als kulturelles und geistiges Zentrum Mitteleuropas [Ausstellungskatalog Prag 1997]. Prag usw. 1997).

lung von ungewöhnlichen Gegenständen in Kuriositätenkabinetten, die allerdings bereits den Keim der Systematisierung in sich trugen, da das Unbekannte in eine neue Ordnung überführt werden sollte.[277] Dem Wunderbaren in der Natur stand das Interesse für außergewöhnliche *Himmelserscheinungen* gegenüber. Der zeitgenössischen Begeisterung für die Astronomie stand nicht nur ein kaum minder großes Interesse für die Astrologie gegenüber, wie bereits Johannes Kepler bemerkt hatte, sondern generell eine hohe Aufmerksamkeit für Himmelserscheinungen aller Art: Die Kometen von 1577 und 1618 haben bekanntermaßen ganze Fluten von Publikationen ausgelöst, die nicht zuletzt auch für die politische Geschichte und die Wissenschaftsrevolution relevant geworden sind, aber auch andere Zeichen am Himmel wurden mit Erstaunen und Schrecken registriert, wie etwa Nordlichter, Blut- und Kornregen oder »feurige Drachen«. Zusammen mit Berichten über Verbrechen, Hinrichtungen, Teufel und Hexen bildeten sie den Grundstock an Material für Einblattdrucke, die so charakteristisch für die Volksliteratur des ausgehenden 16. Jahrhunderts geworden sind.

Auf einer breiteren Ebene kann man fragen, welche neue Textgattungen in Buchform seit 1560 ihren Aufstieg erlebt haben. In erster Linie wird man hier an die *Erbauungsliteratur* denken, die bereits auf eine längere Tradition zurückblicken kann, aber im späteren 16. Jahrhundert durch die Verbreitung des Buchdrucks und die Konkurrenz der Konfessionen einen konfessionsübergreifenden Aufschwung sondergleichen erfährt. Wie bereits erwähnt, reagierten die Theologen aller Konfessionen auf die zeitspezifischen Nöte der Menschen, insbesondere die hohe Sterblichkeit und das Gefühl des Ausgeliefertseins gegenüber höheren Mächten, und empfahlen konfessionsübergreifend Reue und Buße, sowie gute Werke auf katholischer Seite. Neu war dabei sicherlich, dass um 1600 auch im Heiligen Römischen Reich Deutscher Nation die volkssprachigen Drucke die Lateinischen an Zahl übertrafen. Als Sonderform der Erbauungsliteratur könnte man die protestantische *Teufelsliteratur* bezeichnen, die in der Nachfolge der traditionellen Narrenliteratur menschliche Unzulänglichkeiten als Sünden diabolisierte. Der »Saufteufel« geißelte die Trunksucht in neuer Form, der »Hosenteufel« die Modetorheiten der Zeit, der »Spielteufel« (1561) mangelnde Hin-

---

[277] HEINRICH ZIMMERMANN, Das Inventar der Prager Schatz- und Kunstkammer vom 6. Dezember 1621, in: Jahrbuch der kunsthistorischen Sammlungen des Kaiserhauses 25. 1905 S. 13–75; ROTRAUD BAUER / HERBERT HAUPT, Das Kunstkammerinventar Kaiser Rudolfs II. (1607–1611), in: Jahrbuch der kunsthistorischen Sammlungen in Wien 72. 1976 S. 1–191; ELISKA FUCÍKOVÁ, The Collection of Rudolf II at Prague. Cabinet of Curiosities or Scientific Museum?, in: The Origins of the Museum. Hg. OLIVER IMPEY / ARTHUR MACGREGOR. Oxford 1986 S. 49–53.

wendung zum Jenseits, der »Fluchteufel« (1561) die Sünde der Blasphemie, der »Zauberteufel« (1563) des Ludwig Milichius die angeblich vermehrte Beschäftigung mit Zauberei und den grassierenden Aberglauben. Diese Form der moralischen Verhaltenskritik unter religiösen Vorzeichen, welche die ältere Narrenliteratur ablöste, fand bereits 1569 im *Theatrum Diabolorum* ihre erste Summe,[278] doch bereits wenig später erschien ein zweites Teufelstheater mit 24 neuen Schriften, und bis zum Ende des Jahrhunderts wurden noch weitere sechzehn Teufelsbücher geschrieben und gedruckt.[279] Mit zeitlicher Versetzung von einer halben Generation, nach dem Beginn umfangreicher Hexenverfolgungen im Reich, in Frankreich und in der Schweiz, wurde dem Teufelskompendium ein ähnliches Produkt für Hexen zur Seite gestellt.[280]

Das *Theatrum de Veneficis* des Frankfurter Verlegers Nikolaus Basse, das ein Jahr vor dem Frankfurter Erstdruck der *Historia von D. Johann Fausten* erschien, markierte den ersten Höhepunkt einer internationalen Welle *dämonologischer Literatur*, die von etwa 1563 bis 1635 andauerte und in den Werken berühmter Autoren wie Lambert Daneau, Jean Bodin oder König James VI. von Schottland (1566–1625), der seit 1604 als James I. auch England regierte und in dessen *Demonologie* der Wetterzauber eine so große Rolle spielt,[281] kulminierte. Man kann es für bezeichnend halten, wenn am Anfang und am Ende dieser Welle skeptische Autoren wie Johann Weyer und Friedrich Spee standen, die mit einigem Erfolg versuchten, dem Unverstand ihrer Zeitgenossen Einhalt zu gebieten. Das Meinungsspektrum innerhalb der Dämonologien im weiteren Sinn ist geradezu unglaublich groß, doch stellt diese Textgattung ein charakteristisches Produkt der Epoche dar, versuchte sie doch verzweifelt, die kosmische Ordnung zu reparieren und eine sichere Grundlage für menschliches Wissen jenseits teuflischer Illusionen herzustellen.[282] Das Thema des Teufelsbündners zählte zu den beliebtesten Themen der Jahre um 1600. Auf den anonymen Erstdruck der Faustlegende vom Jahr 1587 folgten in den nächsten zwölf Jahren mehrere erweiterte deutsche Fassungen von konkurrierenden Druckern. Bereits 1588 wurde das Faustbuch ins Englische übertragen, 1592 ins Niederländische, 1598 ins Französische. Christopher Marlowe (1564–1593) dramatisierte die Englische Fassung und ließ sie 1590 in London aufführen. Doch Faust war nicht der einzige literarische Teufelsbündler dieser Jahre, er war nur die protestantische Version: Im selben Jahr wie das erste Faust-Buch brachte der Jesuit Jacob Gretser

---

[278] SIGMUND FEYERABEND (Hg.), Theatrum Diabolorum. Frankfurt a. M. 1569.
[279] PETER SCHMIDT (Hg.), Erster und ander Theil Theatri Diabolorum. Frankfurt a. M. 1587.
[280] ABRAHAM SAWR (Hg.), Theatrum de Veneficis. Frankfurt a. M. 1586.
[281] JAMES VI. OF SCOTLAND, Daemonologie, in forme of a dialoge. Edinburgh 1597.
[282] STUART CLARK, Thinking with Demons. Oxford 1999.

(1562-1625) die erste Fassung seines *Udo* auf den Markt, der 1598 seine endgültige Gestalt erhielt. Doch nur vier Jahre später erblickte mit Jacob Bidermanns (1578-1639) *Cenodoxus* eine zweite jesuitische Faustgestalt das Licht der Welt, in dem der Teufel allerdings bereits in vergeistigter Version agiert.[283]

Das Anliegen der Dämonologie erhält seine Signifikanz erst vor dem Hintergrund des »wilden« Forschens, um einen Begriff von Claude Lévi-Strauss abzuwandeln. Seit Paracelsus wurde in der Medizin leidenschaftlich experimentiert und dasselbe gilt für andere - aus heutiger Sicht - protowissenschaftliche Fächer, wie etwa die Alchemie. Sucht man nach den Vorformen der modernen Naturwissenschaften, so stößt man im ausgehenden 16. Jahrhundert auf jene von faustischem Erkenntnisdrang beseelten Forscher, bei denen sich die Grenzen von Experiment und Magie verwischten.[284] Die *Magia Naturalis* - wie diese Naturwissenschaft von ihren Protagonisten bezeichnet wurde - stellte in den Augen der zeitgenössischen Theologen eine höchst zweifelhafte Disziplin dar. Manche Magier, aber auch Künstler wie Benvenuto Cellini (1500-1571), kokettierten mit Dämonenbannungen, die zweifellos theologisch in großer Nähe zu Teufelsanrufungen standen.[285] Doch Naturmagier wie Thurneysser von Thurn genossen an den Höfen einiges Ansehen, das nicht einmal durch die gelegentliche Hinrichtung von Scharlatanen und Betrügern nachhaltig zu beschädigen war. Führende Naturmagier wie Girolamo Cardano (1501-1576)[286] und der Neapolitaner Gianbattista della Porta repräsentierten das Wissen ihres Zeitalters.[287] Und der Engländer John Dee (1527-1608) war mit seinen Experimenten und Zukunftsvorhersagen gleichermaßen am Hofe Elizabeth I. von England und am Hof Kaiser Rudolfs II. in Prag gefragt.[288] Die Geheimwissenschaften bil-

---

[283] HANS RUPPRICH, Die deutsche Literatur vom Spätmittelalter zum Barock. Der zweite Teil: Das Zeitalter der Reformation. München 1973 S. 191-198.

[284] LYNN THORNDIKE, A History of Magic and Experimental Science, 8 vols. New York 1923-1958.

[285] BENVENUTO CELLINI, Vita [1566]. Neapel 1728. Leben des Benvenuto Cellini Florentinischen Goldschmieds und Bildhaurs von ihm selbst erzählt. Aus dem Englischen von JOHANN WOLFGANG VON GOETHE. Tübingen 1803 (ND Berlin 1913; München 1993).

[286] GIROLAMO CARDANO, Opera Omnia, 10 Bde. Lyon 1663 (ND Stuttgart 1966); DERS., De propria vita [1576]. Paris 1643; Amsterdam 1654; Lyon 1666; Des Girolamo Cardano von Mailand eigene Lebensbeschreibung. Aus dem Lateinischen übersetzt von HERMANN HEFELE. Jena 1914 (Kempten ²1969).

[287] GIANBATTISTA DELLA PORTA, Magia naturalis in libri XX. Neapel 1589 (Natürliche Magie. Magdeburg 1612).

[288] PETER J. FRENCH, John Dee. The World of an Elizabethan Magus. London 1972; New York 1989.

deten eine Leidenschaft dieses Zeitalters, das mit den alten Antworten auf neue Probleme nicht mehr zufrieden war und nach neuen Wegen suchte.[289]

Analysiert man die Kataloge der Frankfurter Buchmesse, so stellt man etwa gleichzeitig zur Flut der kontroverstheologischen und dämonologischen Werke ein Anwachsen der Sachliteratur fest. In den Buchmeßkatalogen des Augsburger Buchhändlers Georg Willer wurde ausgerechnet im Krisenjahr 1570 eine neue Rubrik »Philosophici, artium liberalium atque mechanicarum, & libri miscellani« eingerichtet, die anzeigt, dass das *Sachbuch* zu neuer Dignität aufgestiegen war.[290] In diesem Sachbuchverzeichnis, das im deutschen Teil des Katalogs eher unbestimmt als »Mancherley Bücher in allerley Künsten und andern Sachen« überschrieben wird, finden sich von Anfang an Werke zur Reform der Landwirtschaft und zur Witterung. Bereits im ersten Jahr wird hier Konrad von Heresbachs (1496-1576) neues Lehrbuch der Landwirtschaft aufgeführt,[291] das in den nächsten Jahren viermal nachgedruckt, an derselben Stelle angezeigt, und sogar ins Englische übersetzt wurde.[292] In den Folgejahren bot die Frankfurter Buchmesse mehrere italienische und französische Werke zur Theorie und Praxis der Agrikultur feil.[293] Und in den 1590er Jahren folgte Johannes Colers (1566-1639) Stan-

---

[289] BRUCE T. MORAN, The Alchemical World of the German Court. Occult Philosophy and Chemical Medicine in the Circle of Moritz of Hessen (1572-1632). Stuttgart 1991.

[290] WILLER, Herbstmesse 1570. Edition von FABIAN (1972) I, S. 308-311.

[291] [KONRAD VON HERESBACH], Rei Rusticae libri quattuor, una cum appendice Oraculorum rusticorum Coronidis vice adiecta. Köln 1570 [bei Johann Bickmann]; DERS., Rei rusticae libri quatuor. Vier Bücher über Landwirtschaft. Hg. WILHELM ABEL. Nach der Köln. Originalausg. übers. v. HELMUT DREITZEL. Meisenheim 1970.

[292] CONRAD HERESBACHIUS, Rei Rusticae Libri Quatuor: Universam Rusticam Disciplinam Complectentes; acc hiuc postremae editioni a pluribus mendis repurgatae, operum rusticorum persingulos meses digestio, & vocum sententiarumque tam Graecam, quam Latinam explicatio perspicua. Köln 1573 [VD 16 H 2291]; DERS., Rei rusticae libri 4, universam agriculturae disciplinam continents. Speyer 1595. Sehr bald erschien die englische Übersetzung DERS., Fovre bookes of Husbandry, Conteyning the whole arte and trade of Husbandry, with the antiquitie, and commendation thereof. Newely Englished, and increased, by BARNABE GOOGE. London 1977 [Reprint Amsterdam 1971].

[293] CHARLES ESTIENNE, L'Agriculture & Maison rustique. Paris 1572 [Erstausgabe von 1564, ²1567. Spätere Ausgaben 1576, 1583, 1589, 1598, 1602, 1625, 1653, 1677, Deutsche Übersetzung DERS., Sieben Bücher von dem Feldbau. Straßburg 1579. Spätere Ausgaben: 1580. Fünfzehn Bücher vom Feldbau. Von CARL STEPHAN und JOHANN LIEBHALTO. Aus dem Frz. von MELCHIOR SEBIZIO. Straßburg 1587, Spätere Ausgaben 1588, 1592, 1607. Englisch CHARLES ESTIENNE, Maison resutique, or the countrie farme. London 1600, spätere Ausgaben 1606, 1616. Niederländisch KAERLE STEVENS, De Velt-bow ofte Landt-winninge. Amsterdam 1627. Trattato dell' agricultura di M. Africo Clemento Padoano. Nel quale si contiene il vero & utilissimo modo di coltivare le cose di villa. Accomodato all' uso de nostri tempi. Venedig 1573.

dardwerk der Hausväterliteratur, die *Oeconomia ruralis et domestica*, das bis ins 18. Jahrhundert hinein zahlreiche Auflagen erleben sollte.[294] Gemeinsam ist diesen Werken, dass sie bereits verbesserte Fruchtfolgen und Düngereinsatz vorschlugen, also in jene Richtung deuteten, die wenig später in den Niederlanden und England zur Revolution der Landwirtschaft führte.[295] Im weiteren Sinne zählen zu dieser Sachbuchliteratur, zu der seit den 1570er Jahren vermehrt Reiseliteratur, inklusive der *Ars Apodemica*, gehört, sowie mehr oder minder innovative Werke zu Astronomie und Mathematik, auch zeitgeschichtliche Werke, die auf die Krise Bezug nehmen, wie etwa Chroniken der Teuerung.[296]

Bei den meteorologischen Werken ist vom Titel her nicht immer einfach zu entscheiden, ob man es mit geistlicher Erbauungsliteratur zu tun hat oder nicht. Nicht selten handelt es sich um Mischformen, welche Naturbeobachtungen mit einer Zukunftsvorhersage[297] oder zeitgenössische Chronistik mit einer theologischen Deutung verband.[298] Manche Prediger spezialisierten sich, wie der Tübinger Professor Johann Georg Sigwart, regelrecht auf die theologisch korrekte Interpretation extremer Klima-Ereignisse.[299] Angesichts der grassierenden Hexenverfolgungen in den Jahrzehnten um 1600 bildeten Abhandlungen, welche die Unschuld der Hexen an den meteorologischen Unbilden zum Gegenstand hatten, eine dauerhafte Sonderform der Beschäftigung mit dem Wetter.[300] Doch auch nachdem diese Gefahr weit-

---

[294] MARTIN GROSSER, Kurtze und einfeltige anleytung Zu der Landtwirtscafft; beyder im Akkerbaw, und in der Viehzucht; Nach arth und gelegenheit dieser Land und Orth Schlesien. O. O. 1590; JOHANNES COLERUS, Oeconomia ruralis et domestica. 1593 (Deutsch: DERS., Oeconomia oder Hausbuch. Wittenberg 1593 [spätere Ausgaben 1598, 1601, 1602, 1603, 1665, 1680]).

[295] KLAUS HERRMANN, Pflügen, Säen, Ernten. Landarbeit und Landtechnik in der Geschichte. Reinbek bei Hamburg 1985 S. 112.

[296] ANDREAS ANGELUS, Theuerungs-Spiegel. Hamburg 1598; JOHANN HESSELBACH, Thewrungs Spiegel. Darinnen zwar kürtzlich / aber doch eygentlich und nutzlich berichtet wirdt: Erstlichen was Thewrung sey / darnach woher Thewrung rühre und komme / zum dritten wie man sich zu thewrer Zeit verhalten soll. Würzburg 1627.

[297] BARTHOLOMÄUS SCULTETUS, Ein ewigwerend Prognosticon / von aller Witterung in der Lufft / und der Wercken der andern Element. Görlitz 1572.

[298] TOBIAS LOTTER, Gründlicher und nothendiger Bericht, was von denen ungestümen Wettern, verderblichen Hägeln und schädlichen Wasserfluten, mit welchen Teutschland an sehr vielen orten in dem 1613. Jar ernstlich heimgesucht worden, zuhalten seye [...]. Stuttgart 1615.

[299] JOHANN GEORG SIGWART, Ein Predigt Vom Reiffen und Gefröst, den 25. Aprilis [...] 1602 (als die nächste Tag zuvor, nemblich den 21., 22., und 23. gemelten Mondts das Rebwerck erfroren), [...]. Tübingen 1602; JOHANN GEORG SIGWART, Ein Predigt Vom Hagel und Ungewitter, Im Jahr Christi 1613, den 30 May [...] als am Sambstag Abends zuvor Nachmittag vor 5 Uhren ein schröcklicher Hagel gefallen [...]. Tübingen 1613.

[300] JOHANNES BRENZ, Homilia de Grandine, in: Pericopiae evangeliorum quae usitato more in praecipuis Festis legi solent. Frankfurt 1557 (= DERS., Ein Predig von dem Hagel und Ungewit-

»Kleine Eiszeit« und Frühe Neuzeit 493

gehend beseitigt war, wurden »Hagelpredigten«, welche beängstigende Gewitterstürme zu allgemeinen moraltheologischen Betrachtungen nutzten, weiterhin gedruckt.[301] Im weiteren Sinn der Meteorologie zugerechnet werden kann des Astronomen Bartholomeus Scultetus (1540–1614) »Prognosticon von aller Witterung«.[302] Die im engeren Sinne meteorologischen Werke sowie Aristoteleskommentare bedürfen für das 17. Jahrhundert noch der genaueren Untersuchung. Dass diese lohnen könnte, zeigt das häufig aufgelegte »Wetterbüchlein« Leonhard Reynmanns, in dem jede metaphysische Erklärung des Wetters, sei es durch Gott, den Teufel oder Hexen, vermieden wird, was bei der damaligen öffentlichen Diskussion wohl bedeutet: ausgeschlossen.[303]

---

ter, in: Evangelien der fürnembsten Fest- und Feyertagen [...], übersetzt von JACOB GRETTER. Frankfurt a. M. 1558; Predigt vom Hagel, Donner und allem Ungewitter 1564. Straßburg/Eisleben 1565). JOHANNES BRENZ, Ein predig / Wie man sich Christlich halten soll / Wann grosse Ungewitter oder Hagel sich erheben / mit sampt einer Unterrichtung von dem Leutten gegen dem Wetter / Warumb sie kommen / und wie sie vertrieben werden. Auch ein Kutze Lehr und Trost / Wie man sich in grossen Ungewittern erinnern / weß man sich Trösten soll, etc., [Nürnberg] 1570; MATTHÄUS ALBER / WILHELM BIDEMBACH, Ein Summa etlicher Predigen vom Hagel und Unholden, gethon in der Pfarrkirch zuo Stuotgarten im Monat Augusto Anno MCLXII [...] sehr nützlich und tröstlich zuo diser Zeit zuo lesen. Tübingen 1562, Tübingen 1589. Auch in FELIX BIDEMBACH (Hg.), Consiliorum theologicorum Decas I. Frankfurt a.M. 1608 S. 119–133; DANIEL SCHOPFF, Wetter Glöcklin, das ist Erinnerung und Auffmunderung, Wie jetziger zeit vilfältige schwere Wetter zubetrachten [...] Auch werden unter andern diejenige hierinn widerlegt, so solche Wetter den Hexen und Unholden frevenlich und unbedächtig zuschreiben. Tübingen 1603; JOHANN MÜLLER [Praes.] / GOTTLOB FREYGANG [Resp.], Disputatio physica de magis tempestates cientibus. Wittenberg 1676.

[301] ABRAHAM HOSSMANN, De Tonitru et Tempestate, Das ist: Nothwendiger Bericht / Von Donnern und Hagel-Wettern / wannen und woher sich dieselben verursachen / Ob sie natürlich: item / Ob Teufel und Zauberer auch Wetter machen können / Durch was mittels sie gestillet und abgewendet werden / Auch was man sich dabey erinnern / und in großen Ungewittern zu trösten hat / So wol / was von denen zu halten sey / so durch solche ungestüme Wetter umb ihr Leben kommen. Leipzig 1612; Magdeburg 1618; BONIFACIUS STOELTZLIN, Christliche Erinnerung vom Hagel, in: Geistliches Donner- und Wetter-Buechlin [...]. Nürnberg 1653, cap. VII. Ulm 1692 S. 238–247; GEORG C. GANSHORN, Donnernder Wetter-Knall und auffsteigender Himmels-Schall. Das ist / Richtige Erklärung / was von Donner-Wettern zu halten [...]. Nürnberg 1672.

[302] BARTHOLOMEUS SCULTETUS, Ein ewig werend Prognosticon / von aller Witterung der Lufft und der Wercken der andern Element. Görlitz 1572.

[303] LEONHARD REYNMANN, Von warer erkantnus des Wetters, Also das ain jeder, er sey gelert oder ungelert, durch alle natürliche anzaigung die Änderung des Wetters aygentlich und augenscheinlich erkennen mag. München 1510; Augsburg 1510; Augsburg 1515; Nürnberg 1517; Wetterbüchlein. Von warem erkantnus des wetters. Augsburg 1514.

Trotz dieser Ansätze zur Erholung spiegelt sich der Zeitgeist in der zeitgenössischen *schönen Literatur*, die gemeinhin unter Epochenbegriffen wie Renaissance oder Barock, seltener des Manierismus klassifiziert wird.[304]

»Bis zum Überdruß wird die Schiffahrt mit oder ohne Fortunasegel als Lebenssymbol abgewandelt. Damit wird der Sinn des irdischen Lebens in Frage gestellt, treten Vergänglichkeit und Eitelkeit der Welt in den Vordergrund. Die flüchtige Zeit, das Dahinschwinden, der Blick auf das Ende sind Vorstellungen und Erscheinungen, die man häufig antrifft. Solcher Entwertung des Zeitlichen wird ein leidenschaftliches Streben nach dem Ewigen entgegengesetzt. Man schwelgt gleichsam in Sorge, Not und Angst. [...] Verzicht, Bescheidenheit, Sehnsucht nach innerem Frieden und Ruhe, weise, aus Erfahrung gewonnene Resignation, Müdigkeit, Gleichgültigkeit gegenüber dem Leben und dem, was es bringt, die Vorstellung, als Schauspieler und Zuschauer an einer Theateraufführung teilzunehmen, welche das Leben ist: dies alles deutet auf eine Entwertung, auf eine bewusste Herabsetzung der äußeren Lebensgüter.«[305]

Die Verkörperung dieses Zeitgeistes kann man auf vielen Gebieten sehen: in der Prosa des Cervantes, in den Dramen Shakespeares, oder – wegen den Unbilden des Dreißigjährigen Krieges, der alle zeitgenössischen Katastrophen in einen neuen Rahmen stellte und von nationalistischen Historikern sogar als deren Ursache gesehen wird[306] – in den Gedichten des Schlesiers Andreas Gryphius (1616–1664), der auf seinen Reisen Holland, Italien und Frankreich kennen gelernt hatte und dennoch überwältigt war von der Not seines Zeitalters. In metrisch streng geordneten Sonetten wie der »Vanitas Vanitatum Vanitas« beschreibt der Syndikus der schlesischen Landstände die Sinnlosigkeit der Zerstörungen seines Zeitalters, dessen Krisenhaftigkeit jede menschliche Planung zwecklos erscheinen lässt: Städte, heute gebaut, werden morgen zerstört sein, das menschliche Antlitz, Ebenbild Gottes, »ist morgen Asch und Bein«.[307]

Wie im Falle der Malerei ist auch in der Interpretation der Literatur mit großem Aufwand die Ansicht vertreten worden, im Grunde habe man es le-

---

[304] GUSTAV RENÉ HOCKE, Manierismus in der Literatur. Sprach-Alchemie und esoterische Kombinationskunst. Beiträge zur vergleichenden europäischen Literaturgeschichte. Reinbek bei Hamburg 1959.

[305] RICHARD NEWALD, Die deutsche Literatur vom Späthumanismus zur Empfindsamkeit 1570–1750. München ⁶1967 S. 18f.

[306] WOLFGANG BEHRINGER, Von Krieg zu Krieg. Neue Perspektiven auf das Buch von Günther Franz »Der Dreißigjährige Krieg und das deutsche Volk« (1940), in: Zwischen Alltag und Katastrophe. Der Dreißigjährige Krieg aus der Nähe. Hg. BENIGNA VON KRUSENSTERN / HANS MEDICK. Göttingen 1999 S. 543–591.

[307] ANDREAS GRYPHIUS, Gesamtausgabe der deutschsprachigen Werke. Hg. MARIAN SZYROCKI / HUGH POWELL, 8 Bde. Tübingen 1963–1972, hier I, S. 33.

diglich mit topisch gebundenen Motiven zu tun, die mit der zeitgenössischen Wirklichkeit nichts zu tun hätten.[308] Der Dreißigjährige Krieg habe lediglich zum Anlass gedient, allgemein auf die Problematik des Krieges hinzuweisen, und die vermehrt auftretenden Soldaten wären lediglich eine Abwandlung des antiken Motives des *Miles gloriosus*. Landschaftsschilderungen unterlagen natürlich der topischen Klassifikation.[309] Persönliche Gefühle wurden den Schriftstellern vor dem Zeitalter des Sturm und Drang nur ungern zugebilligt. Allerdings scheint sich eine vorsichtige Wende anzudeuten, wenn Nikola Kaminski anhand des Gedichtes über »Loths Weib« (»Eh als der ernste Gott mitt plitz und schwefell regen, Mitt fewer pech und sturm hatt Sodom umbgekhert, Eh erd und Himmel kracht vor seines eyvers schwerdt, Eh als er Zeboim lies in die Asche legen, Eh als die heisse lufft erklang von donnerschlägen [...]«), das sich doch nicht nur auf »eine zu vermittelnde Botschaft« im Sinne der lutherischen Dogmatik oder barocker Poetik festlegen lässt, als »normatives Exempel von Gehorsam und Ungehorsam«, sondern »hermeneutisch auf das Widerspiel verschiedener möglicher Lesarten« zielt.[310]

Vor allem aber wird man als Historiker festhalten wollen, dass diese Gedichte eine sehr spezifische Zeiterfahrung widerspiegeln, die man freilich nur mit einiger Kenntnis der Zeit entschlüsseln kann. Nicht selten weisen die Schriftsteller selbst auf die Zeiterfahrung hin, etwa in Gryphius' »Trawrklage«, wo es heißt: »Ich schweige noch von dem / was stärcker als der Todt / (Du Straßburg weist es wol) der grimmen Hungersnoth / Und daß der Seelen-Schatz gar vielen abgezwungen.« Wäre es dem Dichter um eine »zeitlose Botschaft« gegangen, hätte er die konkrete Lokalisierung in Raum und Zeit leicht vermeiden können. So aber dürfte es kaum schwer fallen, von seinem Straßburg-Aufenthalt im Winter 1646/47 den realen Zeithintergrund in der Lokalgeschichte zu ergründen, wobei natürlich die psychologische Beobachtung, dass Hunger zu Verzweiflung führen konnte, exemplarisch steht. Der besondere Reiz für den Leser lag wohl darin, dass Straßburg immer noch als eine der wohlhabendsten Städte des Reiches galt.[311] Besondere Aufmerksamkeit verdienen in unserem Kontext die intensiven Winterschilderungen, die man als Pendant der Winterlandschaften in der Malerei be-

---

[308] WILFRIED BARNER, Barockrhetorik. Tübingen 1870; PETER JEHN (Hg.), Toposforschung. Eine Dokumentation. Frankfurt a. M. 1972; MAX L. BAEUMER (Hg.), Toposforschung. Darmstadt 1973.

[309] KLAUS GARBER, Der locus amoenus und der locus terribilis. Bild und Funktion der Natur in der deutschen Schäfer- und Landlebendichtung des 17. Jahrhunderts. Köln usw. 1974.

[310] NIKOLA KAMINSKI, Andreas Gryphius. Stuttgart 1998 S. 45 f.

[311] Ebd. S. 63.

trachten kann. Der Königsberger Simon Dach (1606–1659) schreibt etwa: »Jetzt schlafen Berg' und Felder, mit Reif und Schnee verdeckt, auch haben sich die Wälder, in ihr weiß Kleid versteckt. Die Ströme stehn geschlossen, und sind in stiller Ruh', die lieblich sonst geflossen, mit Laufen ab und zu.«[312] Natürlich ist auch hier wie bei der Darstellung der Jahreszeiten Topik im Spiel, aber nicht nur das. Johann Rist (1607–1667), Prediger in Wedel, dichtet etwa im »Auff die nunmehr angekommene kalte Winterszeit« folgende eindrucksvolle Beschreibung: »Der Winter hat sich angefangen / der Schnee bedeckt das gantze Landt / der Sommer ist hinweg gegangen, der Waldt hat sich in Reiff verwandt. Die Wiesen sind von Frost versehret, die Felder glänzen wie Metall, die Blumen sind in Eis verkehret, die Flüsse stehn wie harter Stahl.«[313]

Kann man einen solchen Text vernünftig interpretieren ohne Kenntnis der Tatsache, daß in den Kaltwintern der Kleinen Eiszeit tatsächlich wiederholt die Wintersaat erfror und Flüsse wie Rhein und Themse, aber auch Rhone und Guadalquivir bis auf das Flußbett erstarrten? Ohne diese Information kann man solche Bilder – »die Ströme stehn geschlossen« bzw. »die Flüsse stehn wie Stahl« – nur als barocke Übertreibung begreifen oder gar als Schwulst klassifizieren. Für die Zeitgenossen der Kleinen Eiszeit war dies jedoch grimmige Wirklichkeit. Nicht viel anders sieht es mit der Bedrohung durch Krankheit und Tod aus, die in der Literatur so stark hervortreten,[314] die aber von manchen Literaturwissenschaftlern hinweginterpretiert werden. So verliert für Wolfram Mauser »jeder biographische Bezug des Krankheitssonetts vollends an Wahrscheinlichkeit«, obwohl es von Gryphius genau datiert und als autobiographisch ausgegeben wird:

»Thränen in schwerer Kranckheit. Anno 1640. Mir ist ich weiß nicht wie / ich seuffze für und für. Ich weyne Tag und Nacht / ich sitz in tausend Schmertzen; Und tausend fürcht ich noch / die Krafft in meinem Hertzen Verschwindt / der Geist verschmacht / die Hände sinken mir. Die Wangen werden bleich / der muntern Augen Zir Vergeht / gleich als der Schein der schon verbrannten Kertzen. Die Seele wird bestürmt gleich wie ein See im Mertzen. Was ist diß Leben doch [...] als ein mit herber Angst durchaus vermischter Traum.«[315]

---

[312] MARIAN SZYROCKI, Die deutsche Literatur des Barock. Stuttgart 1979 S. 147.
[313] Ebd. S. 170 ff.
[314] FRIEDRICH-WILHELM WENTZLAFF-EGGEBERT, Das Problem des Todes in der deutschen Lyrik des 17. Jahrhunderts. Leipzig 1931.
[315] WOLFRAM MAUSER, Was ist dies Leben doch? Zum Sonett »Thränen in schwerer Kranckheit« von Andreas Gryphius, in: Gedichte und Inerpretationen, I: Renaissance und Barock. Hg. VOLKER MEID. Stuttgart 1982 S. 222–230.

Was die Zeitgenossen zu einer Hinwendung zum Jenseits, einem vermeintlich »ewigen Leben« veranlasste, erscheint uns heute nur noch als Ausdruck der Verzweiflung in einer Welt der Not.[316]

5. Der Kampf um Stabilität

Die Diskussionen um Hunger und Unterernährung im 20. Jahrhundert haben gezeigt, dass Agrargesellschaften nicht nur deshalb krisenanfällig waren, weil sie unter ungünstigen klimatischen Bedingungen (Dürre, zuviel Niederschlag, Kälte oder Hitze) in besonderem Maße zu leiden hatten, sondern auch, weil kulturspezifische Faktoren erschwerend hinzukamen: ungünstige Besitzstrukturen in der Landwirtschaft (wie etwa Großgrundbesitz oder »feudale« Pachtverhältnisse), ungünstige politische Strukturen (mangelhafte öffentliche Institutionen, Korruption in der Verwaltung, der Staat als Appropriationsinstrument einer Minderheit), ungünstige wirtschaftliche Strukturen (Kapitalmangel, Grad der Marktintegration, mangelhafte Organisation der Lagerhaltung, Organisation der Landwirtschaft), eine defiziente Infrastruktur des Erziehungswesens (Alphabetisierung, Ausbildung der Eliten, Unterricht über Landwirtschaft, Ernährung, Hygiene und Krankheiten), des Gesundheitswesens (dürftige Hygiene, medizinische Unterversorgung) und der Kommunikation (Wissen um Ressourcen und Preise, effiziente Transportwege für Lebensmittel zu Land oder Wasser) und des Versicherungswesens.[317] Nicht umsonst haben Modernisierungstheoretiker die Gesellschaften der Frühen Neuzeit als Testfälle für ihre Theorien entdeckt, denn alle genannten Punkte waren für diese Gesellschaften relevant.[318]

Die Erfahrung der Unsicherheit und Unordnung war für das frühneuzeitliche Europa so kennzeichnend wie heute für einige unterentwickelte Länder. Bei der Analyse der Lebenssituation in afrikanischen Ländern haben in der jüngeren soziologischen und anthropologischen Literatur nicht von ungefähr die Kategorien der sozialen und spirituellen »Uncertainty« oder »Insecurity«

---

[316] MARIAN SZYROCKI, Andreas Gryphius. Sein Leben und Werk. Tübingen 1964; FERDINAND VON INGEN, Vanitas und Memento Mori in der deutschen Barocklyrik. Groningen 1966; WOLFRAM MAUSER, Dichtung, Religion und Gesellschaft im 17. Jahrhundert. Die Sonette des Andreas Gryphius. München 1976.
[317] Eine kürzere Liste bei JAN DE VRIES, Analysis of Historical Climate-Society Interactions, in: Climate Impact Assessment. Studies of the Interaction of Climate and Society. Hg. ROBERT W. KATES / JESSE H. AUSUBEL / MIMI BERBERIAN. Chichester 1985 S. 273–292, hier 286f.
[318] CHARLES TILLY (Hg.), The Formation of National States in Western Europe. Princeton 1975.

eine steigende Rolle gespielt.[319] In der europäischen Frühen Neuzeit bildete der Kampf um mehr Stabilität als Strategie der Krisenbewältigung eine Grundtendenz der Epoche.[320] Dieses *Ordnungsbedürfnis* hatte weitreichende Konsequenzen. Die Bildung starker Kernstaaten unter monarchischer oder parlamentarischer Ägide macht im Rahmen der Ausbildung eines globalen Wirtschaftssystems, Wallersteins »European World Economy« Sinn,[321] aber sie stellte auch eine Reaktion dar auf das Gefühl der Unsicherheit in einer Periode verstärkter Spannungen. Militärische Präsenz durch ein stehendes Heer sollte innere und äußere Bedrohungen in Schach halten, eine ausgereiftere Bürokratie die unzulängliche Infrastruktur verbessern. Sozialdisziplinierung gehört in diesen Kontext, aber sie hatte auch besondere Bedeutung im Rahmen der frühneuzeitlichen Sündenökonomie, und sie spielte natürlich eine eminente und charakterbildende Rolle in den neuen zentralisierten und stabilisierten Herrschaftsapparaturen der Zeit, in deren innerstem Zirkel psychologische Raffinesse eine größere Rolle spielte als Muskelkraft. Selbstdisziplinierung und die Verinnerlichung neuer Werte erfolgte hier auf freiwilliger Basis, aber die Beweggründe dafür waren doch komplexer als von Norbert Elias gesehen.[322] Natürlich wird man nichts anderes als eine »Soziogenese« des verfeinerten Verhaltens erwarten, aber es gab doch zahlreiche andere soziale Orte als gerade den absolutistischen Hof und andere Gründe für eine »Psychogenese« des zivilisierten Verhaltens als eine Disziplinierung »von oben«. Den wichtigsten Motor für eine freiwillige Veränderung des Verhaltens wird man in dem neuen Sündenbewusstsein einer gläubigen Gesellschaft unter dem Eindruck äußerer Katastrophen sehen können. Und in den sich entwickelnden Strukturen des europäischen Welthandels und des frühneuzeitlichen Kommunikationswesens gab es genügend andere gute Gründe zur Rationalisierung von Abläufen und mithin zur Selbstdisziplinierung. Die Motivation durch eine protestantische Ethik war darin nur ein Teilaspekt,[323] denn wo sich die Beteiligten unter ähnlichen Zwängen sahen, spielte es keine Rolle, ob sie jüdischen, katholischen, anabaptistischen, spiritualistischen oder gar keinen religiösen Glaubensrichtun-

---

[319] SUSAN REYNOLDS WHYTE, Questioning Misfortune. The Pragmatics of Uncertainty in Eastern Uganda. Cambridge 1997; ADAM ASHFORT, Reflections on Spiritual Insecurity in a Modern African City (Soweto), in: ASR 41,3. 1998 S. 36–67.

[320] THEODORE K. RABB, The Struggle for Stability in Early Modern Europe. New York 1975.

[321] IMMANUEL WALLERSTEIN, The Modern World-System. Capitalist Agriculture and the Origins of the European World-Economy in the Sixteenth Century. New York usw. 1974.

[322] NORBERT ELIAS, Über den Prozeß der Zivilisation. Soziogenetische und psychogenetische Untersuchungen, 2 Bde. Bern 1939, ²1969; Frankfurt a. M. ⁵1978.

[323] MAX WEBER, The Protestant Ethic and the Spirit of Capitalism. Trans. by TALCOTT PARSONS. New York 1930, London 1985.

gen anhingen. Reichsgeneralpostmeister Lamoral von Taxis argumentierte 1623 gegenüber dem Reichskanzler, dass willkürliche Änderungen des Postlaufs nicht mehr möglich seien, da in der »schweren machina der Post« ein Amt am anderen hänge »gleich wie die klider einer ketten«.[324] Postordnungen des 18. Jahrhunderts betonen die Werte der Pünktlichkeit und Akkuratesse allein aus sachlichen Gründen.[325]

Versuche, die Welt neu zu ordnen, kann man in den fürstlichen Kuriositätenkabinetten ebenso erblicken[326] wie in den Versuchen einer *Neuordnung der Wissenschaft* aus dem Geiste des Ramismus,[327] der Neuordnung des Himmels in der Astronomie oder der Natur in den neu entstehenden Naturwissenschaften, welche nach Francis Bacon oder René Descartes die religiöse und die Geisterwelt aus dem Reservoir der Erklärungen ausschieden. Jenseits eines abstrakten Säkularisierungsbegriffes könnte die Mechanisierung des Weltbildes als Versuch begriffen werden, mit sehr konkreten weltanschaulichen und politischen Problemen fertig zu werden und die Welt unter Umgehung ideologischen Drucks zu verändern.[328] Die große Erneuerung der Wissenschaften speiste sich nicht zuletzt aus einer Verregelmäßigung des »wilden Denkens«, der Normierung experimenteller Verfahren und der Vision eines Fortschrittes der Wissenschaften durch die Akkumulation von Wissen in einer weltweiten Gemeinde von Naturwissenschaftlern. Dies setzte neben der Ordnung des Denkens auch die Schaffung neuer »Orte« oder Institutionen für die wissenschaftliche Arbeit sowie die Institutionalisierung neuer Kanäle der Kommunikation voraus. Dem Paradigmenwechsel in den Naturwissenschaften, den Thomas S. Kuhn im Sinne eines Konsensmodells zu beschreiben versucht hat,[329] gingen die neuen Institutionen der Kommunikation voraus, die Reform des Postwesens und die Erfindung der periodischen Presse, die Gründung akademischer Gesellschaften und akademischer peri-

---

[324] WOLFGANG BEHRINGER, Im Zeichen des Merkur. Reichspost und Kommunikationsrevolution in der Frühen Neuzeit. Göttingen 2003 S. 280.

[325] Abdrucke kompletter Ordnungen in: Post-Ordnung, in: Großes vollständiges Universal-Lexicon aller Wissenschaften und Künste, 64 Bde. und 4 Ergänzungsbde. Hg. JOHANN HEINRICH ZEDLER. Halle usw. 1732-1754, Bd. 28 (1741) Sp. 1812-1827.

[326] THOMAS DA COSTA KAUFMANN, The Collections of the Austrian Habsburgs, in: The Cultures of Collecting. Hg. JOHN ELSNER / ROGER CARDICAL. London 1994 S. 137-154; ELISKA FUCÍKOVÁ, The Collection of Rudolf II at Prague. Cabinet of Curiosities or Scientific Museum? in: The Origins of the Museum. Hg. OLIVER IMPEY / ARTHUR MACGREGOR. Oxford 1986 S. 49-53.

[327] JUSTIN STAGL, Das Reisen als Kunst und Wissenschaft (16.–18. Jahrhundert), in: Zeitschrift für Ethnologie 108. 1983 S. 15-34.

[328] EDUARD J. DIJKSTERHUIS, Die Mechanisierung des Weltbildes. Berlin usw. 1956.

[329] THOMAS S. KUHN, The Structure of Scientific Revolutions. Chicago 1962 (= Die Struktur wissenschaftlicher Revolutionen. Frankfurt a. M. 1973).

odischer Zeitschriften, welche jede wissenschaftliche Kommunikation erst ermöglichten.[330] Die Entzauberung der Welt und die Wissenschaftsrevolution speisten sich aus vielen Quellen, doch auch im Kontext der Kleinen Eiszeit macht sie Sinn.

Die langdauernde Leidenszeit in der Mitte der Frühen Neuzeit, so könnte man argumentieren, führte zu dauerhaften Lernprozessen. Der Prozess der Säkularisierung oder *okzidentalen Rationalisierung* wird meist aus strukturellen und langfristigen Ursachen abgeleitet: dem Frühkapitalismus bei Werner Sombart, dem Protestantismus bei Max Weber oder dem absolutistischen Hof bei Norbert Elias. Solche Theorien sind aufgrund ihres Abstraktionsgrades ebenso wenig beweisbar oder widerlegbar wie die These, dass sich der religiöse Eifer unter dem Leidensdruck der Krise einfach abgenutzt hat. Allerdings fiel einigen Zeitgenossen auf, dass heilige Kriege und Hexenverfolgungen weder das Wetter, noch die Ernten besserten, sondern lediglich zusätzliches Leid bewirkten. Friedrich Heer hat einst die Idee von einer »Dritten Kraft« zwischen den Konfessionen zu skizzieren versucht.[331] Dieser Vorschlag hat keine begeisterte Resonanz gefunden, doch könnte die Diskussion um die Mentalität im Hintergrund der Reformvorschläge an Bedeutung gewinnen, nachdem sich herausgestellt hat, dass das spiritualistische Konzept der Verstellung unter Intellektuellen des späten 16. Jahrhunderts größere Bedeutung besaß als bisher angenommen.[332] Nicht nur Gegner der Hexen- und Ketzerverfolgungen wie Johann Weyer und Reginald Scot standen der »Family of Love« nahe, sondern auch der führende Drucker-Verleger des Zeitalters, Christopher Plantin, und ein führender Philosoph und Politiktheoretiker wie Justus Lipsius.[333] Zu den Drucker-Verlegern, die keine kontroverstheologische Literatur in ihr Programm aufnahmen, sondern Sachbücher aller Art bevorzugten, gehörten so illustre Figuren wie Matthäus Merian und Johann Carolus, der Erfinder der periodischen Presse. An seinem Beispiel lässt sich zeigen, wie sehr die neuen Medien des 17. Jahrhunderts Programm waren: Konfessioneller Eifer und Wundergeschichten fanden hier keinen Platz mehr, doch dem Erlass des böhmischen Majestätsbriefs oder den Nachrichten vom Jülich-Kleveschen Krisenschauplatz wurde in den wöchentlichen Ausgaben der *Relation* von 1609 breiter

---

[330] HERBERT BUTTERFIELD, The Origins of Modern Science. London ³1965.
[331] FRIEDRICH HEER, Die dritte Kraft. Der europäische Humanismus zwischen den Fronten des konfessionellen Zeitalters. Frankfurt a. M. 1959.
[332] PEREZ ZAGORIN, Ways of Lying. Dissimulation, Persecution, and Conformity in Early Modern Europe. Cambridge/MA 1990.
[333] ALASTAIR HAMILTON, The Family of Love. Cambridge 1981.

Raum eingeräumt. Das Medium war nicht nur Botschaft, sondern es transportierte auch eine solche: Die Welt war in Unordnung, doch Hoffnung lag nicht im Bereich der Metaphysik, sondern der Politik.

Die Einhegung der Leidenschaften mit Hilfe des *Neostoizismus*[334] machte hier ebenso Sinn wie Galileis methodische Naturbeobachtung und Diskussion der Ergebnisse,[335] oder Francis Bacons kontrolliertes Experiment, welches Erkenntnis normieren und den intendierten wissenschaftlichen Fortschritt methodisch absichern sollte.[336] Die Tendenz zur Verregelmäßigung und Normierung erfasste im frühen 17. Jahrhundert immer neue Lebensbereiche. Wie die Zeitgenossen mag man die Astronomie als symbolische Leitwissenschaft nehmen, die durch Johannes Kepler nach den neuplatonischen Maßstäben der Weltharmonik in mathematische Gesetze gegossen wurde.[337] Henning Eichberg hat auf die »Geometrie als barocke Verhaltensnorm« hingewiesen, ein universales Muster zur Generierung regelmäßiger Ordnung, vom Fechtsport und Tanz, über die Planung von Verkehrsnetzen, der Organisation der Verwaltung und von Texten, bis zur Festungsarchitektur und zum Gartenbau.[338] Die neuen Ordnungen, die im 17. Jahrhundert gesucht und teilweise gefunden und etabliert wurden, waren die Antwort neuer Generationen auf vergangene Leidenschaften. Eine monarchische Ordnung war besser als keine – so könnte man den *Leviathan* des Thomas Hobbes deuten.[339] Diese Legitimierung des Absolutismus nach dem Ende des Bürgerkrieges spiegelte nur die gemeineuropäische Tendenz zur Akzeptanz starker Zentralstaaten, die nach außen und innen eindeutige Grenzen festlegten und damit Ordnung garantierten.[340] Mit der Ausbildung moderner Staatlichkeit einer gingen als systemstabilisierende Elemente die Ausbildung der politischen Wissenschaften, des Naturrechts, des Völkerrechts und des öffentlichen Rechts als Lehrfach an den Universitäten.[341] Die Suche

---

[334] Günter Abel, Stoizismus und Frühe Neuzeit. Berlin 1978.
[335] Galileo Galilei, Dialogo sopra i due massimi sistemi [1632]. Dialog über die beiden hauptsächlichsten Weltsysteme. Hg. Roman Sexl / Karl von Meyenn. Darmstadt 1982.
[336] Francis Bacon, Novum Organon scientarum [1620]. Neues Organ der Wissenschaften. Leipzig 1830 (ND Darmstadt 1981).
[337] Johannes Kepler, Harmonices mundi. [1619].
[338] Henning Eichberg, Geometrie als barocke Verhaltensnorm, Fortifikation und Exerzitien, in: Zeitschrift für Historische Forschung 4. 1977 S. 17–50.
[339] Thomas Hobbes, Leviathan. London 1651.
[340] Markus Raeff, The Well-Ordered Police State. Social and Institutional Change through Law in the Germanies and Russia 1600–1800. New Haven 1983.
[341] Michael Stolleis, Staat und Staatsräson in der frühen Neuzeit. Studien zur Geschichte des öffentlichen Rechts. Frankfurt a. M. 1990.

nach Ordnung war aber nicht nur ein »von oben« implementierter Vorgang, sondern entsprach bei aller Renitenz auch einem Bedürfnis »von unten«.[342]

Die *politische Stabilität* wurde nach den großen Kriegen des 17. Jahrhunderts durch stehende Heere garantiert. Die Distanzierung der Herrschenden und ihrer Agenten von den Untertanen, das auch architektonischen und zeremoniellen Ausdruck fand, vergrößerte das Gefühl der Sicherheit und schuf auf der Ebene der neuen Nationalstaaten Freiräume für die Wissenschaften, wie sie in den Stadtstaaten der Renaissance nie existierten. Die große Zeit der Unruhen war beendet, der ideologische Sprengsatz der Konfessionalität entschärft. Die Unbilden der Natur waren jedoch weder beendet noch bewältigt. Die Zeit der Kälte verlangte nach Garanten der Fruchtbarkeit und vielleicht nach *Sonnenkönigen*.[343] Die lange Regierungszeit Ludwigs XIV. (1638-1715, r. 1643/1651-1715) sah nicht nur den Aufstieg Frankreichs zur europäischen Großmacht, sondern auch schwere Kälteeinbrüche zur Zeit des Maunder-Minimums.[344] In diesen kältesten Jahren des letzten Jahrtausends kam es zu gravierenden Missernten, die wiederum Mangel und Hunger sowie epidemische Krankheiten mit hohen Mortalitätskrisen in weiten Teilen Europas[345] nach sich zogen. Die Bürokratie war noch in den letzten Jahren des absoluten Monarchen unfähig, den Mangel wirksam zu beheben, doch wiesen die Ansätze zur Verwaltung und Linderung der Not in die richtige Richtung, auch wenn sie sich im zeitgenössischen Kompetenzgerangel verfingen.[346]

Doch einige europäische Reformprojekte des 17. und 18. Jahrhunderts wiesen in die Zukunft und zeigten mittelfristig Wirkung. Auffälligerweise

---

[342] THOMAS ROBISHEAUX, Rural Society and the Search for Order in Early Modern Germany. Cambridge 1989.

[343] PETER BURKE, Ludwig XIV. Die Inszenierung des Sonnenkönigs. Berlin 1993.

[344] JOHN A. EDDY, The »Maunder Minimum«. Sunspots and Climate in the Reign of Louis XIV., in: The General Crisis of the Seventeenth Century. Hg. GEOFFREY PARKER / LESLEY M. SMITH. London 1978 S. 226-268; BURKHARD FRENZEL (Hg.), Climatic Trends and Anomalies in Europe, 1675-1715. Stuttgart usw. 1994; JÜRG LUTERBACHER, The Late Maunder Minimum (1675-1715). Climax of the »Little Ice Age« in Europe, in: History and Climate. Memories of the Future? (wie Anm. 23) S. 29-54.

[345] E. JUTIKKALA, The Great Finnish Famine in 1696-97, in: Scandinavian Economic History Review 3. 1955 S. 48-63; S. LINDGREN / J. NEUMANN, The Cold Wet Year 1695. A Contemporary German Account, in: Climatic Change 3. 1981 S. 173-187; PATRICE BERGER, The Famine of 1692-94 in France. A Study in Administrative Response. PhD Diss. Chicago 1972; DERS., French Administration in the Famine of 1693, in: European Studies Review 8. 1978 S. 101-127; MARCEL LACHIVER, Les Années de Misère. La Famine au Temps du Grand Roi, 1680-1720. Paris 1991.

[346] W. GREGORY MONAHAN, Years of Sorrows. The Great Famine of 1709 in Lyon. Columbus/Ohio 1993.

sind alle diese Reformprojekte säkularer Natur und verkörpern somit den Prozess der *Säkularisierung* als Gegenpol zu den früheren religiösen Reformprogrammen mit ihren verheerenden Auswirkungen. Die Einführung effektiver Nachrichtensysteme, die Organisation des Fernhandels zur See, der Straßen- und Kanalbau erleichterten Handel und Hilfeleistungen. Der Verbesserung der Infrastruktur des Verkehrs standen Verbesserungen in der Lagerhaltung, Verbesserungen in der Verwaltung und der medizinischen Versorgung zur Seite. Die in den Niederlanden schon am Ende des 16. Jahrhunderts einsetzende Agrarrevolution,[347] der die englische mit geringer zeitlicher Verzögerung folgte, Eindeichung, Moorkultivierung, Bewässerung und Fruchtwechselwirtschaft und der Anbau neuer Kulturpflanzen packten das Übel bei der Wurzel und schufen ein solides Fundament für die sich beschleunigende Urbanisierung in Westeuropa, die ihrerseits das Bewusstsein der Abhängigkeit von der Natur und ihren Kräften verminderte.[348] Mit dem Abstand zur Urproduktion verringerte sich die Anfälligkeit für Aberglauben und religiöse Konvulsionen. Die Einführung der stehenden Heere machte die Gesellschaft nicht gerechter, aber berechenbarer und sicherer, indem sie die Bedrohung der Oberschichten durch Rebellionen und Revolutionen verminderte und die bestehenden Verhältnisse stabilisierte.[349] Reichtum schuf ein wirksames Gegengift gegen die Härten der Natur, wie nicht nur das Beispiel der europäischen Oberschichten, der Höfe, Aristokraten und Kaufleute zeigte, sondern auch die zu allgemeinerem Wohlstand gelangten Niederlande, die gerade während der Kleinen Eiszeit zum Motor des Welthandels aufstiegen. Hier konnte auf Hexenverfolgungen verzichtet werden, Ketzern und Juden wurde (relative) Toleranz eingeräumt, und selbst die harten Winter erschienen weniger bedrohlich. Bereits am Ende des 16. Jahrhunderts entwickelte sich das Genre der Winterlandschaft zu einer Abbildung der Freuden des Wintersports. Hendrik Averkamp und andere Maler spezialisierten sich gar auf die Produktion von Winterbildern, die in vielen hundert leicht veränderten Kopien für die Wohnstuben der reichen Bürger angefertigt wurden.[350]
Um zu sehen, wie grundlegend das Ordnungsbedürfnis der Frühen Neuzeit gewesen ist, soll abschließend ein weiterer unerwarteter Bereich ange-

---

[347] JONATHAN ISRAEL, The Dutch Republic. Its Rise, Greatness, and Fall 1477–1806. Oxford 1995 S. 334 f.
[348] HERRMANN, Pflügen, Säen, Ernten (wie Anm. 295) S. 115–138.
[349] SAMUEL E. FINER, State- and Nation-Building in Europe. The Role of the Military, in: The Formation of National States in Western Europe, Hg. CHARLES TILLY. Princeton 1975 S. 84–163.
[350] MICHAEL BUDDE (Hg.), Die »Kleine Eiszeit«. Holländische Landschaftsmalerei im 17. Jahrhundert. Berlin 2001.

sprochen werden: die *Sprache*. Auf dem Gebiet der Sprachentwicklung mögen die Schlussfolgerungen besonders gewagt erscheinen, doch auch hier überlagern sich lediglich langfristige Entwicklungen mit kurzfristigen Impulsen. Eher diffus könnte man behaupten, dass der Grobianismus der Sprache und der anarchische Spieltrieb des ausgehenden 16. Jahrhunderts, der sich etwa in Johann Fischarts *Affenteuerlich naupengeheuerlichen Geschichtklitterung* äußert, die allgemeine Unordnung der Epoche widerspiegelt. Wie im menschlichen Verhalten wurde die Erotik und Anarchie der Sprache unter dem Schock der Ereignisse einer radikalen moralischen Kritik unterzogen, der zuallererst die zotigen Passagen der sogenannten Volksliteratur zum Opfer fielen, die derbe Komik des Meistersangs und der Schwankliteratur, die jedoch deren eigentlichen Reiz ausmachte. Diese Genres fielen damit direkt oder indirekt der Propaganda im Glaubenskampf und der damit verbundenen moralischen Säuberung der Sprache zum Opfer.[351] Die Literatur des 17. Jahrhunderts orientierte sich an der klassischen Poetik und ihrem strengen Regelwerk in Lyrik und Dramatik sowie an der ordnungsstiftenden gesellschaftlichen Kraft des Zeitalters, dem Hof. Dieser Prozess fand in den westeuropäischen Monarchien – inklusive England – ihr natürliches Zentrum in der Hauptstadt. In Deutschland, dessen Sprachentwicklung durch das lange Festhalten an der Gelehrtensprache Latein zusätzlich behindert wurde, verlief dieser Prozess mit einiger zeitlicher Verzögerung. Umso klarer tritt die Konstruktion neuer Regeln zutage. Martin Opitz (1579–1639) schuf mit seiner auf Julius Caesar Scaliger beruhenden Poetik so etwas wie die Formen-Bibel des Zeitalters, von der Metrik bis hin zur Dramenkonstruktion.[352] Der barocke Stil des *decorum*, des Ausprobierens aller möglichen Ausdrucksformen mag aus heutiger Perspektive unordentlich erscheinen, kann aber als frühneuzeitliches *Brainstorming* interpretiert werden, welches der Materialsammlung der Kuriositätenkabinette und Bibliotheken entsprach: Das gesammelte Material wurde übersichtlich gegliedert und kategorisiert. Aus der Systematisierung ergab sich die neue Ordnung. Die berühmte Begriffsorientiertheit der deutschen Sprache, die von romanischen Philosophen gerühmt wird, hat ihre Ursprünge in der exzessiven Sprachreinigung eines Zeitalters der Unordnung.

---

[351] NEWALD, Die deutsche Literatur (wie Anm. 305) S. 10 ff.
[352] MARTIN OPITZ, Buch von der deutschen Poeterey. O. O. 1624.

6. Resümee

Lässt man die Entwicklung Revue passieren, so könnte man folgern: Die Abkühlung des Klimas hat zu einem Hochkochen der Emotionen geführt, zu einer Verschärfung aller existierenden Konflikte, die ihrerseits unter den Bedingungen einer traditionalen Gesellschaft den Charakter einer religiösen Überhitzung angenommen haben. Während der spätmittelalterlichen Phasen der Kleinen Eiszeit hat dies zu ebenso gewalttätigen Reaktionen geführt wie in der Frühen Neuzeit, zu Judenprogromen und zur Entstehung der neuartigen Verschwörungsvorstellung von den Wetter und Krankheit machenden Hexen, die mit dem personifizierten Bösen, dem Teufel im Bunde standen. In der frühneuzeitlichen Phase sind die Reaktionen zunächst durchaus von vergleichbarer Schärfe. Hartmut Lehmanns Idee, dass die säkulare Klimaverschlechterung für viele Zeitgenossen »so etwas wie ein Urerlebnis, jedenfalls eine Art Primärerfahrung« gewesen sein muss, »deren Bedeutung sie nicht anders begreifen konnten denn als Endzeitzeichen«, hat einiges für sich.[353] Aufbauend auf den Traditionen der antiken Medizin und Meteorologie hat es jedoch auch Versuche gegeben, die Ursachen und Symptome der Krise mit natürlichen Mitteln zu erklären und Abhilfe durch praktische Maßnahmen zu schaffen, die allerdings noch nicht besonders effektiv waren. In der frühneuzeitlichen Phase der Kleinen Eiszeit war die europäische Kultur nicht zuletzt aufgrund der religiösen Spaltung stärker differenziert und fragmentiert. Dies bot nach dem Scheitern aller religiösen Bewältigungsversuche Freiräume zum Ausbau profaner Interpretationen. Das Abhalten noch so vieler Prozessionen, Wallfahrten, das Töten noch so vieler Ketzer, Hexen und Gotteslästerer verbesserte weder das Wetter noch den Ertrag der Landwirtschaft oder die Gesundheit der Bevölkerung, wie von protestantischer Seite bemerkt wurde. Protestantische Bußtage, Gottesdienste und das Bestrafen von Sünden half allerdings genauso wenig. Gebete schadeten nicht, nützten aber auch nicht. Nur eine Stabilisierung der Versorgung mit Nahrung und die Verbesserung der medizinischen Versorgung und der Hygiene versprachen Besserung. Dazu bedurfte es vieler kleiner Schritte, politischer Entscheidungen zum Bau von speziellen Hospitälern, die Quarantänemaßnahmen erleichterten, zur Versorgung der Armen in eigenen Institutionen bis hin zur Verbesserung der Infrastruktur nicht nur des Nachrichtenwesens, sondern auch des Transports. Genau die Art von Maßnahmen zur Selbsthilfe, die Entwicklungsexperten zur Vermeidung von Hungerkrisen in der Drit-

---

[353] LEHMANN, Weltende (wie Anm. 85) S. 160.

ten Welt empfehlen, wurde von den Obrigkeiten der Frühen Neuzeit in Angriff genommen. Diese Maßnahmen waren nicht aus dem Wort Gottes ableitbar, widersprachen ihm aber auch nicht. Die Säkularisierung der Politik im Zeitalter der Aufklärung macht auch vor dem Hintergrund der Kleinen Eiszeit Sinn.

Theodore K. Rabb hat die Hoffnung auf das Auftauchen neuer Erklärungen für die frühneuzeitliche Krisenzeit geäußert, »frameworks with sufficient cogency, precision and substance to give shape to the course of early modern history«.[354] Diese Hoffnung ist mit der Diskussion der besonderen Klimasituation – der kältesten Jahrzehnte der letzten 8000 Jahre[355] – zumindest soweit erfüllt, dass das Konzept der Kleinen Eiszeit Anlass bietet, alle Krisenphänomene und Veränderungen des Zeitraums zusammen zu diskutieren. Zwar macht es wenig Sinn, Mode, Kunst, Literatur oder Politik als Resultat von Umweltveränderungen zu interpretieren und die Eigengesetzlichkeit ihrer Entwicklung zu verleugnen. Ebenso wenig Sinn macht es allerdings, die genannten Veränderungen oder Phänomene wie die Entstehung der Winterlandschaft als Genre der Malerei ohne Kenntnis der klimatischen Besonderheiten der Epoche erklären zu wollen. Das übersteigerte Sündenbewusstsein und die Radikalität der versuchten Lösungen kann kaum ohne den Stimulus der äußeren Bedrohung verstanden werden, welche die europäischen Gesellschaften unter Druck setzte.

Frühneuzeithistoriker haben zugleich mit ihrer Epoche deren Krisenhaftigkeit entdeckt. Utterströms Aufsatz zur Kleinen Eiszeit war daher nicht zufällig einer der ersten, der den Namen der neuen Epoche im Titel führten. Die Kleine Eiszeit hat die Frühe Neuzeit nach dem Toynbeeschen Mechanismus von *Challenge and Response* geprägt, wenn man die Suche nach Ordnung als eine Reaktion auf große Unordnung begreifen will. Man könnte die kulturvergleichende Frage aufwerfen, warum Europa eine stärkere Krisenresistenz entwickelt hat als andere Zivilisationen, schlussendlich mit solchem Erfolg, dass Wissenschaftler zu dem vielsagenden Fehlurteil gelangen konnten, die Entwicklung der menschlichen Gesellschaft verlaufe unabhängig von der Umwelt. Die Frage, warum Europa überzeugende Lösungsversuche für die Krise finden konnte, wird uns vielleicht in Zukunft wieder stärker beschäftigen. Dabei verdient Beachtung, dass die frühen Verwendungen des Begriffes Frühe Neuzeit / Early Modern Period, die der Epoche einen ei-

---

[354] THEODORE K. RABB, The Struggle for Stability in Early Modern Europe. New York 1975 S. 151.
[355] WOLFGANG H. BERGER / L. D. LABEYRIE, Abrupt Climatic Change. An Introduction, in: Abrupt Climatic Change. Evidence and Implications. Hg. DIES. Dordrecht 1987 S. 3–22, hier 9.

genständigen Charakter zuerkennen, soweit sie sich nicht auf Lautverschiebungen in der Sprachgeschichte beziehen, genau aus diesem Kontext stammen. Sie beschäftigen sich mit Aspekten der Wissenschaftsgeschichte,[356] insbesondere dem Zusammenhang der Idee des wissenschaftlichen Fortschritts, die im 16. und 17. Jahrhundert entwickelt wurde, mit den gleichzeitigen Veränderungen der Ökonomie.[357] Die Diskussion der Interdependenz des frühneuzeitlichen Kulturwandels mit den widrigen Umweltbedingungen der Kleinen Eiszeit steht erst am Anfang. Dieser Tagungsband bietet Einblicke in den augenblicklichen Forschungsstand und Hinweise auf künftige Themen. Unabhängig davon, wie hoch man den Einfluss des Klimas auf die Kultur einzuschätzen bereit ist, besteht die Chance, das Konzept der Kleinen Eiszeit als »Erkenntnismaschine« zu benutzen, mit der lange bekannte Phänomene neu beleuchtet und diskutiert werden können. Die Kleine Eiszeit leistet damit einen wichtigen Beitrag zur Definition der Frühen Neuzeit.

Summary

Not by coincidence was the concept of "Little Ice Age" developed parallel to the concept of "Early Modern Period". At the core of this period scholars found a general crisis of society and at the same time an intellectual change of an unprecedented scale. This essay suggests to link these defining aspects – crisis and progress – to the frightening experience of climatic change. Propelled by devastating social crises and a widespread mood of gloomy desperation, the contemporaries were alerted to explore the reasons for increasing imbalance of nature and economic insecurity. The prevailing religious interpretation – God's wrath – and the contemporary "economy of sin" – the more sins, the more punishment, and the more changes in lifestyle and behaviour were necessary for reconciliation – caused those major mental and cultural changes typical for the early modern period. Neither scape-goating nor

---

[356] LYNN THORNDYKE, The Blight of Pestilence on Early Modern Civilization, in: American Historical Review. 1927 S. 455–474.

[357] EDGAR ZILSEL, The Genesis of the Concept of Scientific Progress, in: Journal of the History of Ideas 6. 1945 S. 325–349, hier 326, mit Bezug auf Werner Sombarts Konzept des Frühkapitalismus. THORSTEIN VEBLEN, The Place of Science in Modern Civilization, in: American Journal of Sociology 11. 1906 S. 585–609, hier 595, spricht von »Early-Modern Industry«, was ebenfalls auf Sombart zu verweisen scheint. ABBOT PAYSON USHER, Interpretations of Recent Economic Progress in Germany, in: American Historical Review 23. 1918 S. 797–815, hier 805, bezieht sich mit seiner »Early Modern Period« direkt auf Sombart und Schmoller.

repenting proved effective in scaring off the hardship. As the confessional regimes became ever less convincing intellectuals began to separate science and religion and ventured for secularised explanations of causation in nature and society. The essay suggests that the multitude of cultural consequences of the Little Ice Age are yet unexplored, and outlines a number of related developments in the areas of agriculture, ecology, economy, demography, medicine, religion, mentality, sexuality, fashion, architecture, art, and literature. Riots and rebellions, the creation of police forces and standing armies, administration, and sciences; the civilizing process, state formation and the scientific revolution make sense in the light of an universal struggle for stability, as a response to the challenge of increased insecurity. Enlightenment is rooted in the "Winter Blues".

Personenregister

Aachen, Hans von 462
Abel, Wilhelm 24, 69, 96, 101, 104, 327, 440, 442
Achelis, Ernst Christian 213
Aemilie Juliane von Schwarzburg-Rudolstadt 285
Albertinus, Aegidius 462
Albrecht Friedrich von Preußen (Herzog) 246
Alcuin 391
Altenstetter, David 340, 342 f.
Althusius, Johannes 354 f., 358
Anna von Österreich 8
Anwander, Georg 196
Arcimboldo, Giuseppe 325, 336, 480 f.
Aristoteles 243 f., 247, 358, 476
Arndt, Johann 197 f., 210
Arnisaeus, Henning 354 ff., 358
Auden, Wystan Hugh 242
Augustinus 292
Averkamp, Hendrik (engl.: Hendrick Avercamp) 313, 316 f., 484, 503
Axmacher, Elke 200

Baase, Nikolaus 489
Bach, Johann Sebastian 287
Bacon, Francis 19, 239, 461, 499, 501
Bacon, Nathaniel 272
Barnes, Robin 479
Barriendos, Mariano 372 f., 376
Barth, Bernhard 268
Bauernfeind, Walter 72 f.
Becker, Howard S. 471
Behm, Martin 284, 286, 292, 294 f., 297, 306, 348
Behringer, Wolfgang 32, 69, 256 ff., 262 ff., 374
Bening, Simon 315
Berger, Wolfgang H. 37

Bernhard von Clairvaux 340
Beveridge, William I. 445
Bidembach, Wilhelm 467
Bidermann, Jacob 490
Blahel, Bartholomäus 457
Blarer, Ambrosius 164
Bloch, Marc 124
Bodin, Jean 489
Bog, Ingomar 237
Bol, Hans 316
Borscheid, Peter 83
Bouwsma, William J. 78, 216
Bradley, Robert S. 417
Bragadino, Marco 432
Brahe, Tycho 76 f.
Braudel, Fernand 34, 87 f., 97, 128, 147, 417, 437, 443, 450
Brázdil, Rudolf 418
Bredl, Jörg 263
Bright, Timothie 248
Brueghel der Ältere, Pieter (engl.: the Elder) 16, 311, 313 ff., 321 f., 330 ff., 343, 452, 482 ff.
Brueghel, Jan 484
Buckland, Paul C. 434
Bullinger, Heinrich 24, 149 ff., 156, 158 ff., 164 ff., 175, 436, 466
Burckhardt, Jacob 323 f.
Burtenbach, Sebastian Schertlin von 7
Burton, Robert 22, 248, 251, 255, 336, 428, 474
Butzer, Jacob 232

Calvin, Johannes 202
Campi, Vincenzo 338
Canisius, Petrus 479
Caravaggio 338
Cardano, Girolamo 490
Carolus, Johann 500

Cazolla, Franco 120
Celchius, Andreas 271, 478
Cellini, Benvenuto 490
Cervantes, Miguel de 494
Charlemagne 382, 386, 389, 391 f.
Christian II. von Sachsen 479
Christoph I. von Baden (Markgraf) 245
Chrysanders, Wilhelm C. J. 212
Clajus, Christian 204
Clement VII. 389
Clouet, Jean 459
Cohn, Norman 452
Coler, Johannes 491
Colet, John 239
Conrad, Christian 189
Constantine 385
Coornhert, Dirck Volkertsz 236
Cranach, Lucas 334
Crusius, Martin 149
Cuadrat, José María 407
Cysat, Renward 77 f., 83, 86, 156, 423
Dach, Simon 283 f., 286, 296, 496
Daneau, Lambert 489
Davenant, Charles 98, 143
Dee, John 490
Defoe, Daniel 260
Delevoy, Robert L. 483
Delrio, Martin 256
Delumeau, Jean 216, 256, 289
Descartes, René 499
Diethelm, Oskar 244
Dietrich, Joseph 31, 55
Dietrich, Urs 42
Dietrich, Veit 212
Dilherr, Johann Michael 210
Dirlmeier, Ulf 113
Don Carlos (Kronprinz von Spanien) 474
Don Julio Cesare d' Austria 474
Dreitzel, Horst 356
Dülmen, Richard van 415
Duncan, Christopher 80
Dürer, Albrecht 255, 337, 339, 460
Durkheim, Emile 417

Eber, Paul 309

Eduard VI. (König von England) 235
Egberts, Sebastiaan 236
Egli, Tobias 436
Elias, Norbert 17, 498, 500
Elizabeth I. (Königin von England) 22, 230, 474 f., 490
Elisabeth von Lothringen 477
Elliot, John 11
Erasmus von Rotterdam 239, 341
Ernst von Habsburg 475
Eyck, Jan van 317

Fabricius, David 76 f.
Fagan, Brian 26, 370, 375, 424
Faigele, Hans 180 f.
Falkenburg, Reindert 314
Ferdinand I. (Großherzog der Toskana) 130
Ferdinand II. 361
Fernando of Aragon 382
Ferrand, Jacques 248, 251
Ferreri, Giovanni Stefano 247
Feucht, Jacob 467
Ficino, Marsiglio 240, 244
Findlay, Ronald 73
Fischart, Johann 434, 504
Fischer, Albert 294
Fogel, Robert W. 98, 115, 143 f., 146
Font Tullot, Inocencio 374 f.
Fontana Tarrats, José María 371 ff.
Foucault, Michel 235
François, Étienne 328
Frank, Michael 361
Franklin, Benjamin 426
Franz I. (von Frankreich) 459, 475
Frey, Bernhard 268
Friedrich der Ältere von Brandenburg-Ansbach (Markgraf) 245
Fugger, Hans 8 f.

Galen 247
Galilei, Galileo 239, 501
Garcaeus, Johannes 432
Gediccus, Simon 211
Gelous, Sigmundus 272

Personenregister

Gerhardt, Paul 24, 211, 215 ff., 285 f.
Geyer, Hermann 198
Gioda, Alain 407
Giulio Romano at Mantua 343
Glaser, Rüdiger 418
Goedde, Lawrence 484
Gombrich, Ernst 324
Goubert, Pierre 97
Goyen, Jan van 314
Graff, Paul 207
Granvelle, Antoine Perrento de 8
Gretser, Jacob 489
Grien, Hans Baldung 334
Groh, Dieter 62
Grove, Jean 418 f.
Gryphius, Andreas 456, 494 ff.
Guarinoni, Hippolytus 428
Güntzer, Augustin 184
Gwalther, Rudolf 173

Habermann, Johann (Avenarius) 209 f.
Hackfurt, Lucas 225, 233
Haller, Johann 173
Haller, Wolfgang 149, 158, 173
Happe, Volkmar 180, 193
Hauer, Johann 337
Hauser, Arnold 16, 324 f., 338, 481
Heberle, Hans 179, 185 f., 191
Hedio, Caspar 232
Heer, Friedrich 500
Heermann, Johann 284, 300
Hegel, Georg Wilhelm Friedrich 324
Heinrich (Kardinal) 8
Heinrich III. (König von Frankreich) 476
Heinrich IV. (König von England) 476
Heinrich VIII. (König von England) 475
Heinrich von Württemberg (Graf) 245
Hellmann, Gustav 174
Helmbold, Ludwig 284, 286
Hemmingius, Nicolaus 274
Henkel, Arthur 333
Heresbach, Konrad von 491
Hermann IV. (of Hesse) 50
Hippokrates 247

Hippolytus 388
Hobbes, Thomas 501
Hobsbawm, Eric J. 81, 417
Holbein, Franz Ignaz von 460
Holzhauser, Hanspeter 43 f.
Holzmann, Barnabas 234, 465
Hopper, John 150
Huizinga, Johan 420

Illyricus, Flacius 272
Ilsung, Georg 8
Imhof, Arthur E. 59
Isabel of Castile 382

Jacobäa von Baden 8
Jacobe von Baden 476
Jakubowski-Tiessen, Manfred 454
James VI. (König von Schottland) 489
Johann Wilhelm von Jülich-Kleve (Prinz, später Herzog) 246 f., 475 f.
Johanna die Wahnsinnige 21, 474
Jónsson, Trausti 417
Juliana of Liège 391
Junius, Johannes 266

Kamen, Henry 235, 416
Kaminski, Nikola 495
Kanold, Johann 40
Karl V. 7, 475
Kates, Robert W. 60 f.
Kaufmann, Thomas 291, 293, 306
Kemper, Hans-Georg 305
Kepler, Johannes 33, 239, 488, 501
Kern von Wasserburg, Abraham 203
Kevourkian, Jack 260
Khevenhüller, Hans 8, 444 f., 474, 485
King, Gregory 98, 225
Kittsteiner, Heinz D. 301, 303 f.
Klibansky, Raymond 243
Koerner, Fritz 81
Kölderer, Georg 267
König, Joachim 129
Körner, Martin 79
Krause, Johann 270, 272
Krell, Nikolaus 479
Kuhn, Thomas S. 499

Labrousse, Ernest 71, 97, 100
Lamb, Hubert Horace 418
Lamprecht, Karl 324
Landsteiner, Erich 151
Landwehr, Achim 362f., 365, 367
Lasso, Orlando di 292, 485
Laurens, André du 248
Lavater, Ludwig 173, 226, 467
Le Roy Ladurie, Emmanuel 34f., 39, 45, 370, 417
Lea, Henry Charles 376
Lederer, David 472f.
Lee, Ronald 113
Lehmann, Hartmut 59, 172, 307, 348, 353, 432, 505
Leiser, Polycarp 433
Lenke, Walter 76
Leo III. 392
Leopold, Georg 181, 189
Letscher, Esaias 185
Levack, Brian 266
Levi, Giovanni 124, 163
Lévi-Strauss, Claude 490
Limburg, Herman 315
Limburg, Jean 315
Limburg, Paul 315
Lind, Vera 260
Lindner, Wolfgang 139, 141
Lipsius, Justus 356, 358, 500
Liselotte von der Pfalz 308
Livi-Bacci, Massimo 444
Loewenich, Walther von 196
Lord Burleigh (auch: William Cecil) 230f., 444
Ludwig XIV. 502
Luhmann, Niklas 84
Luterbacher, Jürg 42f., 53, 74
Luther, Martin 166, 196f., 208f., 240, 256, 269f., 272, 280, 293, 478

MacDonald, Michael 256, 259, 268
Macer, Caspar 466
Machiavelli, Niccolo 325
Mamertus (Bishop of Vienne) 392

Mander, Karel van (engl.: Carel) 316, 330, 484
Maria von Habsburg (auch genannt Maria von Spanien) 8, 474
Marlowe, Christopher 489
Martinengo, Conte Marco Antonio 432
Mathes, François E. 43, 416
Matthias (Kaiser) 475
Mauser, Wolfram 496
Maximilian I. (Herzog von Bayern) 261, 468, 477
Mayer, Johann Friedrich 209
Mechler, Aegidius 270f.
Melanchthon, Philipp 432
Melchior im Hoff 184
Merian, Matthäus 500
Merrimens, John 11
Metternich, Clemens Wenzel Lothar Graf 422
Meuschen, Johann Gerhard 211f.
Meuvret, Jean 97
Michelangelo 323
Michelet, Jules 256, 280
Midelfort, Eric 21, 268f., 472f., 476
Milichius, Ludwig 489
Militzer, Stefan 37
Minderer, Raymund 261
Minois, Georges 260, 268
Mirandola, Giovanni Pico della 239
Moller, Martin 306
Montaigne, Michel de 240, 255, 262, 458, 470ff.
Montfort, Hans Graf von 8
Montfort, Jörg Graf von 8
Morhard, Johann 183f., 186, 192
Mörlin, Joachim 246
Moses 301
Müller, Johann Tobias 212
Münch, Paul 59
Musculus, Andreas 460

Neer, Aert van der 332
Nero 339
Neuberger, Hans 481f.
Nicolai, Philipp 306

Personenregister

O' Rourke, Kevin 73
Ogilvie, Astrid 417
Olcina, Jorge 407
Olearius, Johannes 288, 290, 293
Olsen, Elias 76
Opitz, Martin 504
Osiander, Andreas 246
Öttingen, Alexander von 276

Palestrina, Giovanni Pierluigi da 487
Panofsky, Erwin 243, 324
Paracelsus, Theophratus 239, 490
Parmigianino 325
Paul V. 389
Payr, Georg 138
Persson, Karl Gunnar 72, 97, 144
Pfister, Christian 149, 156, 162, 187, 215, 219, 259, 349, 366, 418, 441 f.
Pflacher, Moses 195 ff., 204
Philipp II. (span.: Felipe II.) 8, 385, 425, 445, 474
Picasso, Pablo 324
Pistorius, Johann 247
Plantin, Christopher 500
Platon 244
Plutarch 355
Porta, Gianbattista della 490
Praetorius, Michael 292
Praetorius, Zacharias 198 f., 265 f.
Prieto, Rosario 407

Rabb, Theodore K. 18, 82, 481, 505
Rabelais, François 240
Radkau, Joachim 42
Raffael 323 f.
Raph, Christoph 188
Rechenberg, Hans von 33
Rechenberg, Heinrich 275, 278
Reid, Anthony 448
Rembrandt 484
Remy, Nicholas 265
Renata von Lothringen 462
Reynmann, Leonhard 493
Rhegius, Urbanus 270
Rice, Eugene F. 240
Ridley, Nicolas 235

Riezler, Sigmund 436
Rist, Johann 284, 303, 496
Rochus von Montpellier 456
Roeck, Bernd 262 f.
Rokebach, Milton 471
Romero, Lidia Ester 407
Rörer, Thomas 305, 432 f., 467
Rosa, Salvator 334
Rosarius, Thomas 199
Rubens, Peter Paul 337
Rudolf II. (Kaiser) 8, 18, 21, 246, 255, 342, 457, 474 ff., 480, 490
Ruisdael, Jacob van 320
Rumpf, Wolfgang 475
Ruskin, John 323
Rüthsin, Anna 266
Rüttel, Friedrich 33

Saalfeld, Dieter 327
Salomon, Georg 188, 190 f.
Sambucus, Johannes 333
Saxl, Fritz 243
Scaliger, Julius Caesar 504
Schaller, Daniel 432 f., 435, 437, 449
Schmoller, Gustav 507
Schöne, Albrecht 332
Schottus, Henricus 272
Schultze, Gurgen 275, 278
Schütz, Heinrich 292
Schutz, Johann 274 f.
Schweigerus, Leonhardus 273
Schwenckfeld, Caspar 341 f.
Scot, Reginald 500
Scott, Susan 80
Scultetus, Bartholomeus 493
Seckendorff, Veit Ludwig von 357 ff.
Selnecker, Nikolaus 201, 284, 295 f., 298, 303, 352 ff., 365
Sen, Amartya 99, 126
Shakespeare, William 494
Shelley, Mary 46
Siegenthaler, Hansjörg 84
Siemann, Wolfram 37
Sigmund von Hardegg (Graf) 129
Sigwart, Johann Georg 492

Smith, Adam 125 f.
Solenander, Rainer 476
Sombart, Werner 500, 507
Sorokin, Pitirim 332, 427
Spanheim, Wigand 432
Spee, Friedrich 266, 470, 489
Spener, Philipp Jakob 213
Spiegel, Jan Laurensz 236
Spinola, Battista 132
Spira, Francisco 271 f.
Stieve, Felis 475
Stolleis, Michael 354, 358, 360
Stölzlin, Bonifacius 305
Strada, Jacopo 475
Strada, Katharina 475
Stuart, Kathy 267
Stuart, Maria 444
Suevus, Sigismund 273, 278

Tauler, Johannes 341
Taurer, Ambrosius 433
Taxis, Lamorla von 499
Ternier, David 334
Theodosius (Flavius) 385
Theotokopoulos, Domenikos 481
Thomas, Hartmann 183, 188
Thompson, Edward P. 163
Thurn, Thurneysser von 490
Tintoretto (Jacopo Robusti) 337
Tizian (Vecellio Tiziano) 336
Toledo, Fernando Alvarez de 483
Toynbee, Arnold Joseph 450, 506
Trautson, Sixt 475
Trevor-Roper, Hugh 81
Tschering, Andreas 478

Ulbricht, Otto 309
Urban IV. 391
Utterström, Gustaf 416 f., 506

Valckenborch, Lucas van 316
Valla, Lorenzo 240

Vasari, Giorgio 323
Veit, Patrice 347 f., 363, 487
Venediger, Georg 246
Veronese, Paolo 337
Vesal, Andreas 239
Vries, Jan de 61, 72, 83, 125, 364
Vroom, Hendrick 316 f.

Wackernagel, Philipp 294
Wagner, Pat E. 434
Wagner, Paul 287, 289
Wallerstein, Immanuel 498
Wallington, Nehemiah 474
Wallmann, Johannes 288, 291
Wanner, Heinz 36, 45, 85
Warburg, Aby 324
Watt, Jeffrey 277
Weber, Erich 74
Weber, Mathias 363
Weber, Max 46, 66, 500
Weber, Wolfgang 357, 359
Weinsberg, Hermann 7, 229, 430, 436, 459, 461 f.
Weyer, Galenus 476
Weyer, Johann 22, 471, 477, 489, 500
Wick, Johann Jacob 94, 150, 158, 173, 436, 464
Wieacker, Franz 362
Wiedeburg, Johann Ernst Basilius 426
Wilhelm der Jüngere von Braunschweig-Lüneburg (Herzog) 245
Wilhelm I. von Hessen (Landgraf) 245
Wilhelm II. von Hessen (Landgraf) 245
Wilhelm V. von Bayern (Herzog) 462
Wilhelm V. von Jülich-Kleve 246, 475
Willer, Georg 454 f., 491
Willoweit, Dietmar 360
Wingerkind, Johannes 200
Witekind, Hermann 265

Zwingli, Huldrych 149

Veröffentlichungen des Max-Planck-Instituts für Geschichte

211: Otto Gerhard Oexle /
Hartmut Lehmann (Hg.)
**Nationalsozialismus
in den Kulturwissenschaften**
Band 2: Leitbegriffe – Deutungsmuster –
Paradigmenkämpfe. Erfahrungen und
Transformationen im Exil
Unter Mitwirkung von Michael Matthiesen und
Martial Staub.
2004. 548 Seiten mit 18 Abbildungen, Leinen
mit Schutzumschlag
ISBN 3-525-35862-8

210: Frauke Volkland
Konfession und Selbstverständnis
Reformierte Rituale in der gemischt-
konfessionellen Kleinstadt Bischofszell im
17. Jahrhundert
2005. 213 Seiten mit 1 Abbildung, Leinen mit
Schutzumschlag
ISBN 3-525-35863-6

209: Rebekka von Mallinckrodt
Struktur und kollektiver Eigensinn
Kölner Laienbruderschaften im Zeitalter
der Konfessionalisierung
2005. 513 Seiten mit 6 Abbildungen, 7 Karten
und 15 Tabellen, Leinen mit Schutzumschlag
ISBN 3-525-35861-X

208: Hans-Joachim Müller
Irenik als Kommunikationsreform
Das Colloquium Charitativum in Thorn
1645
2004. 232 Seiten, Leinen mit Schutzumschlag
ISBN 3-525-35860-1

207: Patrick J. Geary
Phantome der Erinnerung
Memoria und Vergessen am Ende
des ersten Jahrtausends
Aus dem Amerikanischen von Ylva Eriksson-
Kuchenbuch. 2005. Ca. 320 Seiten mit 14 Ab-
bildungen, 3 Karten, 7 Grafiken und Tabellen,
Leinen mit Schutzumschlag
ISBN 3-525-35859-8

206: Uwe Grieme / Nathalie Kruppa /
Stefan Pätzold (Hg.)
Bischof und Bürger
Herrschaftsbeziehungen in den Kathedral-
städten des Hoch- und Spätmittelalters
Studien zur Germania Sacra, Band 26.
2004. 318 Seiten mit 13 Abbildungen, Leinen
mit Schutzumschlag
ISBN 3-525-35858-X

205: Marek Derwich / Martial Staub (Hg.)
**Die ›Neue Frömmigkeit‹ in Europa
im Spätmittelalter**
2004. 351 Seiten mit 13 Abbildungen
und 1 Karte, Leinen mit Schutzumschlag.
ISBN 3-525-35855-5

204: Kurt Nowak / Otto Gerhard Oexle /
Trutz Rendtorff / Kurt-Victor Selge (Hg.)
Adolf von Harnack
Christentum, Wissenschaft und Gesell-
schaft. Wissenschaftliches Symposion aus
Anlaß des 150. Geburtstags
2003. 318 Seiten, Leinen mit Schutzumschlag
ISBN 3-525-35854-7

V&R
Vandenhoeck
& Ruprecht

Veröffentlichungen des Max-Planck-Instituts für Geschichte

202: Gisela Meyer
Die Familie von Palant im Mittelalter
2004. 568 Seiten mit 24 Abbildungen und 6 Schaubildern, Leinen mit Schutzumschlag
ISBN 3-525-35852-0

200: Hartmut Lehmann / Otto Gerhard Oexle (Hg.)
Nationalsozialismus in den Kulturwissenschaften
Band 1: Fächer – Milieus - Karrieren
Unter Mitwirkung von Michael Matthiesen und Martial Staub. 2004. 672 Seiten, Leinen mit Schutzumschlag. ISBN 3-525-35198-4

198: Frank Fätkenheuer
Lebenswelt und Religion
Mikro-historische Untersuchungen an Beispielen aus Franken um 1600
2004. 395 Seiten, Leinen mit Schutzumschlag
ISBN 3-525-35196-8

197: Christophe Duhamelle / Jürgen Schlumbohm (Hg.)
Eheschließungen im Europa des 18. und 19. Jahrhunderts
Muster und Strategien
In Zusammenarbeit mit Pat Hudson. 2003. 410 Seiten mit 21 Schaubildern, 39 Tabellen und 1 Karte, Leinen mit Schutzumschlag
ISBN 3-525-35195-X

196: Reinhard Laube
Karl Mannheim und die Krise des Historismus
Historismus als wissenssoziologischer Perspektivismus
2004. 676 Seiten mit 4 Abbildungen, Leinen mit Schutzumschlag
ISBN 3-525-35194-1

195: Johannes Heinßen
Historismus und Kulturkritik
Studien zur deutschen Geschichtskultur im späten 19. Jahrhundert
2003. 615 Seiten, Leinen mit Schutzumschlag
ISBN 3-525-35193-3

194: Hartmut Lehmann / Jean Martin Ouédraogo (Hg.)
Max Webers Religionssoziologie in interkultureller Perspektive
2003. 388 Seiten, Leinen mit Schutzumschlag
ISBN 3-525-35192-5

192: Bernd Carqué
Stil und Erinnerung
Französische Hofkunst im Jahrhundert Karls V. und im Zeitalter ihrer Deutung
2004. 648 Seiten mit 201 Abbildungen, Leinen mit Schutzumschlag
ISBN 3-525-35190-9

191: Natalie Fryde / Dirk Reitz (Hg.)
Bischofsmord im Mittelalter / Murder of Bishops
2003. 392 Seiten mit 10 Abbildungen, Leinen mit Schutzumschlag
ISBN 3-525-35189-5

V&R
Vandenhoeck & Ruprecht